일 잘하는 **편집 디자이너**의

실무
인디자인
테크닉

문수민 · 앤미디어 지음

BM (주)도서출판 성안당

일 잘하는 편집 디자이너의
실무 인디자인 테크닉

'1차 편집본은 언제쯤 받을 수 있을까요?' 편집 디자이너라면 편집 디자인은 항상 시간과의 싸움이란 사실을 누구나 다알 것입니다. 수백 페이지의 단행본 편집부터 브러슈어, 포스터, 다양한 인쇄물까지 항상 시간에 쫓겨 작업하기 십상입니다. 저자는 저자대로, 기획자는 기획자대로 작업과 제작 일정이 있기 때문에 결국 편집 시간을 줄여 제작 과정을 맞추는 경우가 허다합니다. 인쇄 사고라도 나면 모든 작업이 협업으로 진행되지만 결국 편집 디자이너의 책임으로 귀결되기도 하며, 좋은 성과가 나더라도 편집 디자인의 공로(功勞)는 온데간데없이 사라져 버리고 오롯이 저자나 기획자만의 공이 되기도 합니다.

그 힘든 편집 디자이너를 왜 할까요? 매년 졸업 시즌이 다가오면 편집 디자이너를 꿈꾸며 이력서를 제출하는 학생들을 볼 때마다 드는 생각입니다. 학교나 학원에서 편집 관련 디자인 교육을 배우고 입사하지만, 실제 실무 편집을 위해서는 반드시 재교육이 필요합니다. 단편적인 편집 디자인 교육만으로는 제작 일정을 맞추기도 어려울 뿐만 아니라, 최적의 작업 프로세스의 이해와 고품질의 편집 결과물을 얻을 수 없기 때문입니다.

본서는 이러한 입사 초년생들을 실무에 투입하기 위해 교육시키는 과정을 그대로 담았습니다. 단순히 강의를 위한 예제 학습이 아닌 실제 인쇄물이나 제작된 작업 소스를 기준으로 실무 작업이 가능하도록 프로젝트 예제를 분야별로 다루었습니다. 특히, 24년 동안 편집사를 운영해온 노하우를 살려 편집 디자인 작업 시간을 줄이고, 작업 과정을 시스템화, 압축시키는 실무 인디자인 테크닉을 담았습니다.

이론편에서는 인디자인을 배우기 전에 편집 디자이너라면 알아두어야 할 기본 편집 디자인 작업 프로세스부터 편집 레이아웃 작업을 위한 기본 개념을 소개하였습니다. 또한 어도비 인디자인의 핵심 기능들을 요약(Summary) 형태로 구성하였습니다. 마지막으로 실무에 사용된 예제를 기반으로 프로젝트를 따라하기 형식으로 제공하고 있습니다. 이론과 프로젝트를 학습하면서 편집 디자인 실무자로 거듭날 수 있을 것입니다.

아무리 좋은 기획물과 디자인 제안이 완성되더라도 눈으로 보고 만질 수 있도록 편집 디자인하는 과정 없이는 결과물이 나올 수 없습니다. 편집 과제를 위해 고생하는 편집 디자이너의 수고로움을 인정 받고, 가치 있는 편집 디자인 결과물을 얻을 수 있었으면 좋겠습니다. 이 책을 위해 편집 디자인을 담당한 앤미디어 유선호, 박기은, 이미자, 이송이 님 그리고 편집 자료를 정리한 김예련, 곽성은 인턴에게도 감사함을 전합니다.

앤미디어

이 책은 크게 편집 디자인 실무 이론과 프로젝트로 구성되어 있습니다. 디자인 구성 이론부터 인디자인 기능, 실무 프로젝트 예제를 학습하여 편집 디자인을 완성해 보세요.

이론편 | 편집 디자인 이론
편집 실무에서 사용되는 디자인 기본 구성과 설계 방법 등 꼭 알아야 한 기본 편집 이론을 소개합니다.

이론편 | 인디자인 핵심 기능
편집 디자인에 사용되는 작업 설정부터 패키지 저장까지 인디자인의 핵심 기능을 소개합니다.

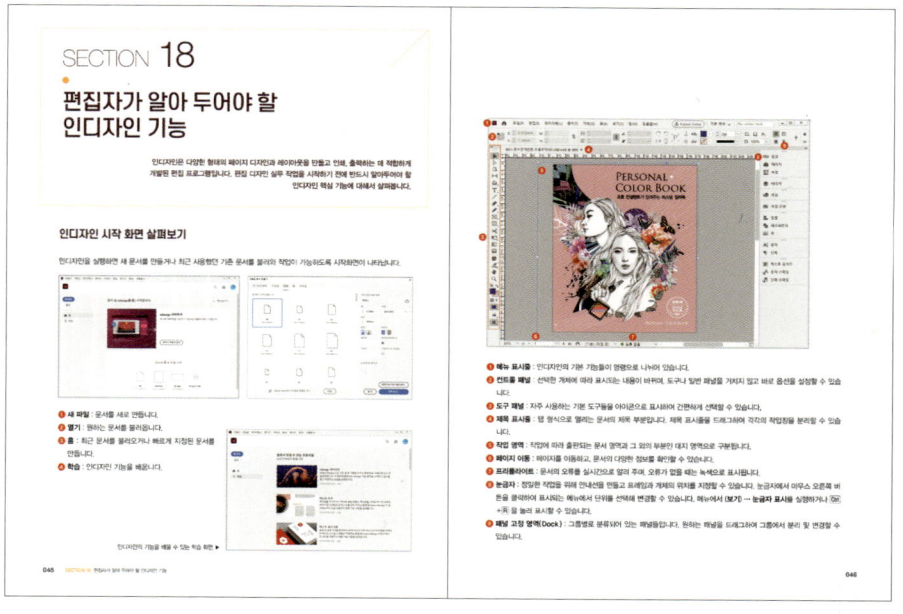

프로젝트 따라하기

실무 작업 과정 그대로 프로젝트 소스를 제공하고, 작업 패턴을 학습할 수 있도록 예제 따라하기를 제공합니다.

PREVIEW | **프로젝트 지시서**

편집 작업 전에 편집 작업 브리핑과 작업 지시 목록을 표시하며, 완성된 편집 작업 결과물을 표시합니다.

목차

PART 01

좋아 보이는 편집 레이아웃 & 인디자인 012

PART 02

실무 편집 디자인 프로젝트　　　092

CONTENT

PROJECT 03

날개가 있는
단행본 표지
디자인 · 170

PROJECT 04

표지 시안을 위한
3D 목업
디자인 · 198

PROJECT 05

아트북 표지와
속표지 디자인
• 208

PROJECT 06

스타일로 빠르게,
단행본 본문
편집 디자인 • 248

PROJECT **07**

4도와 2도 별색으로
구성된 **단행본**
본문 디자인 · 306

PROJECT **08**

단행본 목차와
색인 부속
페이지 · 334

PROJECT 09

단행본 내지에
제본되는 **접지**
리플릿 디자인

• 366

CONTENT

PROJECT 10

칼선이 포함된
부록 도안
디자인 • 394

좋아 보이는
편집 레이아웃 & 인디자인

편집 레이아웃을 시작하기 전에 미리 알아두어야 할 내용으로 구성하였습니다. 인쇄물이 만들어지기까지 필요한 공정과 구체적으로 레이아웃 작업에 들어가기 위해 필요한 개념을 알아봅니다. 실무 작업에 도움이 되도록 현장에서 사용하는 페이지 기본 구성과 설계 방법, 편집 디자인을 위해 꼭 필요한 핵심 기능을 중심으로 인디자인을 소개합니다.

INDESIGN

PART 01

SECTION 01

편집 디자인 인쇄물이 만들어지는 과정

인터넷과 멀티미디어의 발달로 컴퓨터를 통해 신문이나 책을 읽는 경우도 늘어나고 있지만 흔히 볼 수 있는 신문과 광고지, 다양한 잡지와 소설책 등의 인쇄물은 우리 주변에서 어디서나 쉽게 찾아볼 수 있습니다. 이러한 인쇄물은 어떻게 만들어지는지 알아봅니다.

인쇄물이 만들어지기까지
Editorial Layout Design Progress

과거에는 인쇄물을 만들기 위해 많은 시간과 노력이 필요하였지만 하드웨어와 소프트웨어의 발달로 복잡한 출판 과정을 컴퓨터가 대신하게 되었습니다. 이처럼 컴퓨터를 이용하여 출판물을 만드는 것을 DTP, 또는 전자출판이라고 합니다. DTP는 Desktop Publishing의 약자로 컴퓨터를 사용하여 높은 품질의 인쇄물을 만드는 것을 의미합니다. 우리가 쉽게 접하는 인쇄물들은 모두 DTP를 통해 만들어집니다.

DTP 시스템에서는 다양한 서체를 사용할 수 있고, 요소의 배치와 설정이 간편하며, 다양한 이미지와 일러스트레이션을 쉽게 만들 수 있습니다. 특히 작업 결과물을 모니터 화면을 통해 쉽게 확인할 수 있으므로 수정이 용이하며, 결과물을 프린터로 직접 인쇄하거나 고해상도 출력소에 가져가 인쇄를 위한 필름 출력이 가능합니다. 현재의 인쇄물은 모두 DTP 시스템을 거쳐 완성되며 광고, 브로슈어, 포스터, 편지지, 달력, 잡지, 카탈로그 등 어떠한 형태의 인쇄물이라도 제작할 수 있습니다.

모든 일에는 순서가 있듯이 인쇄물 또한 일정한 과정을 거쳐 제작됩니다. 인쇄물이 만들어지는 과정은 일반적으로 기획, 제작/편집, 인쇄의 세 가지 공정으로 이루어집니다. DTP는 기존의 제작/편집 과정을 편집 소프트웨어가 처리하는 시스템이라고 할 수 있습니다.

1. 기획

인쇄물을 만들기 위한 첫 단계로 출판할 인쇄물의 콘셉트를 정하고 독자층을 고려하여 내용을 구상합니다. 인쇄물의 판형과 인쇄 방법, 인쇄 용지 등을 결정하고, 페이지 분량과 인쇄 부수, 작업 기간, 예산 등 세부적인 계획을 세웁니다.

2. 원고 작성

기획한 의도에 맞게 저자를 섭외하거나 원고를 청탁합니다. 저자로부터 원고를 받을 때에는 계약서를 작성하고, 사진이나 일러스트레이션 등의 자료를 수집합니다.

3. 레이아웃 작업

저자로부터 원고를 받으면 기본적인 레이아웃을 구상합니다. 레이아웃은 인쇄물의 종류에 맞게 요소들이 효과적으로 배치되어야 하며, 서체나 색상 등 다양한 설정을 통해 최대한 시각적 효과를 이끌어내도록 구성되어야 합니다. 대표적인 편집 소프트웨어에는 어도비 인디자인이 있으며, 이러한 편집 프로그램을 이용하여 마스터 페이지를 구성하고 제목이나, 본문 서체, 그림과 선 등의 요소를 배치합니다.

스캔 받은 이미지나 디지털 카메라로 촬영한 이미지는 포토샵 등의 그래픽 프로그램을 이용하여 보정 작업을 거쳐야 깨끗한 인쇄물을 얻을 수 있으며, 특정한 일러스트레이션이 필요한 경우에는 일러스트레이터 등의 드로잉 프로그램을 이용하여 직접 제작합니다.

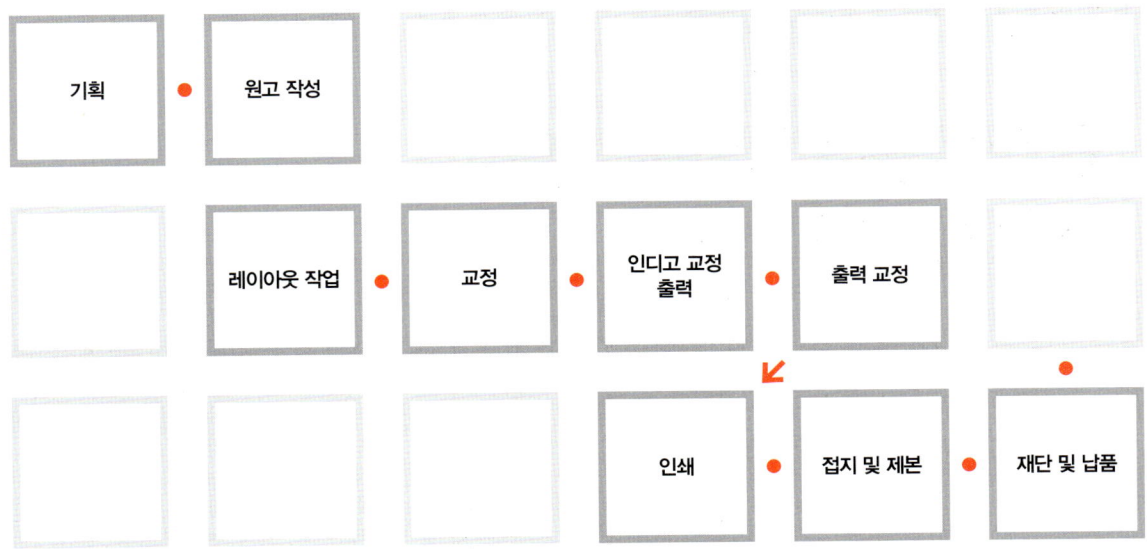

4. 교정

레이아웃 작업이 완성되면 레이저 프린터로 출력하여 교정 작업을 합니다. 모니터 화면상에서 페이지를 확인할 수 있지만 모니터로 보는 것과 출력물을 보는 것에는 차이가 있기 때문에 반드시 페이지를 프린트하여 검토해야 합니다. 교정 작업은 글자의 오자나 탈자를 검사하기도 하지만 서체 설정이 바르게 되었는지. 그림과 선 등은 올바른 위치에 있는지의 여부도 확인합니다.

5. 인디고 교정 출력

본인쇄를 하기 전에 미리 출력하여 색상이나 교정상 문제가 없는지 확인하기 위해 동일한 인쇄 사양으로 출력하는 샘플링 출력 작업입니다. 인쇄 대비 컬러의 채도가 높게 출력되는 편입니다.

6. 인쇄

교정 작업 후 수정하여 최종적으로 작업을 완성하면 저장된 데이터를 출력소로 보내 CTP(Computer To Plate) 출력이나 필름 출력을 합니다. CTP 출력은 출력 작업물을 필름으로 출력하는 것이 아니라, 곧바로 인쇄판에 출력하는 출력 방식입니다. 즉, 컴퓨터와 연결된 출력기에서 필름이 아닌 인쇄판에 편집 데이터를 노광시켜 구워 내는 방식을 말해요. 일반적으로 지금까지는 필름 출력기에서 필름을 뽑아

다시 인쇄판을 만들어 썼지만 이제는 한 단계 더 나아가 필름 대신 인쇄판을 뽑을 수 있게 된 것입니다. PDF 파일 사용이 보편화 되면서 CTP를 많이 사용하며 필름 대신 PDF로 인쇄 전 출력 교정을 보게 됩니다. CTP 출력은 인쇄 과정에서 필름과 소부 작업이 없으며, 고급 인쇄에 적합합니다. 인쇄 전에 인디고 교정 출력하여 샘플 형식으로 검수가 가능하여 필름 검판의 번거로움을 줄일 수 있는 장점이 있습니다. 필름을 이용한 출력의 경우 인쇄판을 만들기 위해 페이지 내용을 그대로 담고 있는 포지티브 이미지 출력을 말합니다. 마스터 인쇄의 경우에는 인화지로 출력하며, 오프셋 인쇄의 경우에는 필름 출력을 합니다. 필름 출력인 경우에는 단도 필름과 CMYK의 4도 분판 필름을 출력하여 오프셋 인쇄를 하게 됩니다.

7. 접지 및 제본

인쇄 작업이 끝나면 접지 기계를 사용해 페이지 단위로 인쇄물을 접는 접지 과정에 들어갑니다. 보통 8페이지나 16페이지로 인쇄 종이를 접게 되며, 접지가 끝나면 책에 풀칠을 하는 제본 과정에 들어갑니다.

8. 재단 및 납품

제본이 끝나면 페이지 크기에 맞게 재단기를 이용하여 자른 후 납품에 들어갑니다.

SECTION 02

레이아웃 디자인을 위한
소프트웨어 선택

효율적인 전자 출판 작업을 위해서는 좋은 도구를 선택하는 일이 중요합니다. 좋은 도구를
선택할수록 출력물의 결과도 좋아지며 작업 능률도 오르게 되므로
필요한 도구를 체크하고 구입 품목을 정합니다.

어도비 인디자인
Adobe Indesign

전문적인 페이지 레이아웃 프로그램 중 하나인 어도비 인디자인

흑백 인쇄로 무방한 서류나 간단한 보고서 파일 등을 위해 페이지 레이아웃 프로그램을 구입할 필요는 없습니다. 이런 작업들은 일반적인 워드프로세서로도 충분히 결과물을 만들 수 있기 때문입니다. 그러나 많은 분량의 페이지 레이아웃 작업이나 전문적인 레이아웃 기능이 필요한 인쇄물은 일반 워드 프로세서로 작업하기는 불가능합니다. 전문적인 페이지 레이아웃 프로그램인 어도비 인디자인의 장점은 다음과 같습니다.

텍스트와 그림 작업의 자유로움
페이지 레이아웃 프로그램에서는 텍스트와 그림을 디자이너가 원하는 위치에 손쉽게 배치할 수 있습니다. 일반 워드 프로세서에서 지원하는 텍스트 상자와 그림 상자와는 달리 다양한 모양의 상자를 만들 수도 있으며 원하는 어떤 형태로든 변형이 가능합니다. 또한 마우스의 드래그 앤 드롭을 이용하여 직관적으로 디자인할 수 있습니다.

페이지 레이아웃 설정 기능
대부분의 레이아웃 프로그램에서는 편집 면의 단 설정이나 좌우 마스터 페이지를 설정할 수 있습니다. 마스터 페이지는 일반 워드프로세서의 서식 파일에 비해 고급스러운 기능을 제공하며 많은 양의 페이지에 똑같은 요소를 반복적으로 배치해야 하는 경우 유용합니다. 또한 인쇄 후의 출력물을 보는 것처럼 작업할 수 있기 때문에 출력하지 않고도 결과물을 볼 수 있습니다.

폰트 조절 용이
일반 워드 프로세서에 비해 전문적인 레이아웃 프로그램에서는 단어 및 글자 간격에 대해 좀 더 정교한 설정이 가능합니다.

스캔 이미지 조절이 간편함
대부분의 레이아웃 프로그램에서는 스캔 이미지의 고급 옵션을 제공합니다. 특히 용량이 큰 일러스트레이션이나 스캔 이미지로 작업하는 경우 일반 워드 프로세서에서보다 빠른 속도로 작동합니다.

폰트 파일(서체) 사용하기
Fonts

인쇄물에서 글자는 중요한 커뮤니케이션의 도구입니다. 글자는 인쇄물의 이미지와 느낌을 전달하는 중요한 요소로서 적당한 서체를 사용하는 것 또한 중요한 일입니다.

사용 가능한 폰트 형식

트루타입 폰트(TTF)는 가장 일반적인 폰트 형식으로, 비교적 빠른 응답 속도로 작업이 가능합니다. 주로 웹디자인이나 문서 작업에 사용되며, 저사양의 PC에서도 사용할 수 있는 폰트 형식입니다. 이에 반해 오픈타입 폰트(OTF)는 해상도가 높은 인쇄 편집 작업에 사용되며, 확대해도 깨짐 현상이 적은 장점이 있습니다. 파일 용량이 커서 고사양의 PC에 적합합니다.

공개 폰트와 상용 폰트

공개 폰트는 윈도우나 맥 운영체제에 포함되어 있습니다. 또한 출판 관련 소프트웨어를 설치하는 경우 포함되는 폰트들도 무료 폰트입니다. 이러한 공개 폰트는 비용면에서는 유리하지만 종류에는 한계가 있기 때문에 필요한 경우에는 상용 폰트를 구입하여 사용합니다.

어도비 사에서 제공하는 폰트

어도비 사에서 제공하는 다양한 언어의 글꼴 스타일과 특징을 검색하여 개인적, 상업적 사용이 모두 가능한 글꼴을 사용할 수도 있습니다. 어도비 구독 사용자라면 어도비 제공 폰트를 모두 사용할 수 있으며, 어도비 폰트를 활성화하면 PC의 프로그램 폰트 메뉴에 폰트가 표시됩니다.

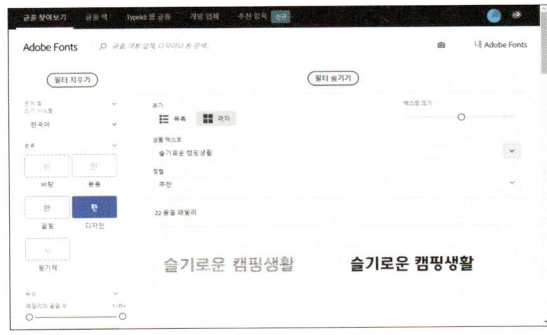

Adobe Fonts의 글꼴 검색

그래픽 프로그램
Graphic Program

편집 작업에 필요한 그래픽 요소들은 원본 그대로의 이미지를 사용하기도 하지만 그래픽 프로그램에 의해 다듬어지기도 합니다. 또한 필요한 이미지의 그림 파일이 없을 경우 디자이너가 직접 그려 사용할 수도 있습니다.

벡터 이미지를 제작하는 어도비 사의 일러스트레이터는 다양한 드로잉 도구와 고급 기능을 제공합니다. 이외에도 코렐 드로우나 프레스코와 같은 벡터 이미지 제작 프로그램이 있습니다.

드로잉 작업을 위한 어도비 일러스트레이터

스캔 받은 이미지나 비트맵 이미지는 포토샵과 같은 전문 그래픽 프로그램을 이용하여 편집할 수 있습니다. 포토샵은 고급의 그래픽 기능뿐만 아니라 다양한 필터를 제공하여 평범한 그림도 색다르게 표현할 수 있는 도구입니다.

DTP Guide 기타 유틸리티

전자출판 작업에는 기본적으로 전문적인 레이아웃 프로그램과 서체, 그래픽 프로그램 등이 필요합니다. 이외에도 서체 파일을 관리해 주는 전문 폰트 매니저나 서체 편집을 위한 문자 편집기 프로그램이 있으면 훨씬 다양한 작업이 가능합니다.

SECTION 03

책의 각 부분 명칭 알아보기

책은 하나의 상품으로 내용과 디자인뿐만 아니라 어떤 소재로 만들지의 선택이나 소재의 특성을 살리는 것도 중요하며 품격도 갖추어야 합니다. 그렇기 때문에 재료의 선택뿐만 아니라 책 그 자체에 대한 깊은 지식이 필요합니다. 또한 책을 합리적으로 읽기 쉽게 구성하는 것이 중요하며 책의 내용적인 구성도 잘 짜여져야 합니다. 여기서는 책의 각 부분 명칭에 대해 알아봅니다.

책의 각 부분 명칭
Editorial Layout Design

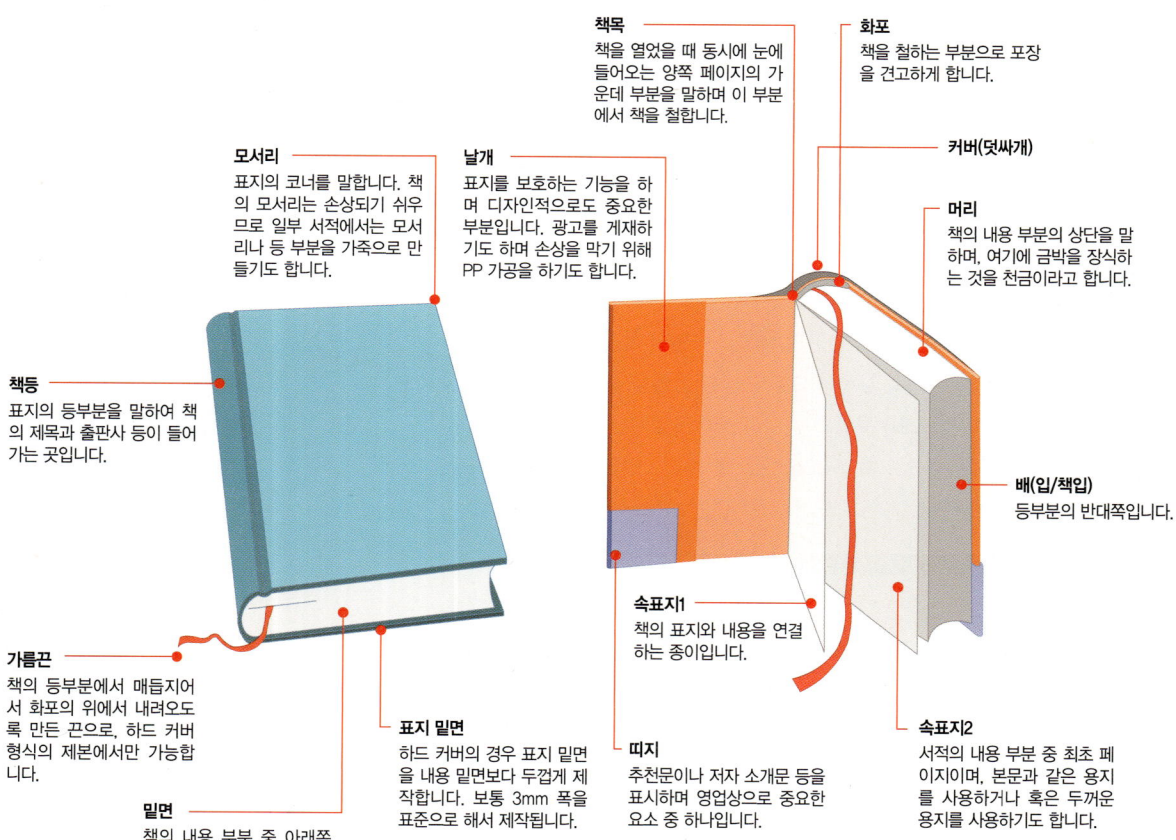

책목
책을 열었을 때 동시에 눈에 들어오는 양쪽 페이지의 가운데 부분을 말하며 이 부분에서 책을 철합니다.

화포
책을 철하는 부분으로 포장을 견고하게 합니다.

모서리
표지의 코너를 말합니다. 책의 모서리는 손상되기 쉬우므로 일부 서적에서는 모서리나 등 부분을 가죽으로 만들기도 합니다.

날개
표지를 보호하는 기능을 하며 디자인적으로도 중요한 부분입니다. 광고를 게재하기도 하며 손상을 막기 위해 PP 가공을 하기도 합니다.

커버(덧싸개)

머리
책의 내용 부분의 상단을 말하며, 여기에 금박을 장식하는 것을 천금이라고 합니다.

책등
표지의 등부분을 말하여 책의 제목과 출판사 등이 들어가는 곳입니다.

배(입/책입)
등부분의 반대쪽입니다.

속표지1
책의 표지와 내용을 연결하는 종이입니다.

가름끈
책의 등부분에서 매듭지어서 화포의 위에서 내려오도록 만든 끈으로, 하드 커버 형식의 제본에서만 가능합니다.

표지 밑면
하드 커버의 경우 표지 밑면을 내용 밑면보다 두껍게 제작합니다. 보통 3mm 폭을 표준으로 해서 제작됩니다.

띠지
추천문이나 저자 소개문 등을 표시하며 영업상으로 중요한 요소 중 하나입니다.

속표지2
서적의 내용 부분 중 최초 페이지이며, 본문과 같은 용지를 사용하거나 혹은 두꺼운 용지를 사용하기도 합니다.

밑면
책의 내용 부분 중 아래쪽 단면을 말합니다.

SECTION 04

책이 구성되는 순서

책의 내용 구성을 나누어 보면 서문, 목차, 본문, 색인 등으로 나누어집니다.
책의 앞부분은 그림처럼 속표지부터 그림형 목차까지, 뒷부분은 부록부터 판권까지입니다.
물론 이 모든 것이 필요한 것은 아니며 책에 따라서 구성이 달라집니다.
또한 참고서적이나 광고 등 많은 요소를 넣을 수 있습니다.

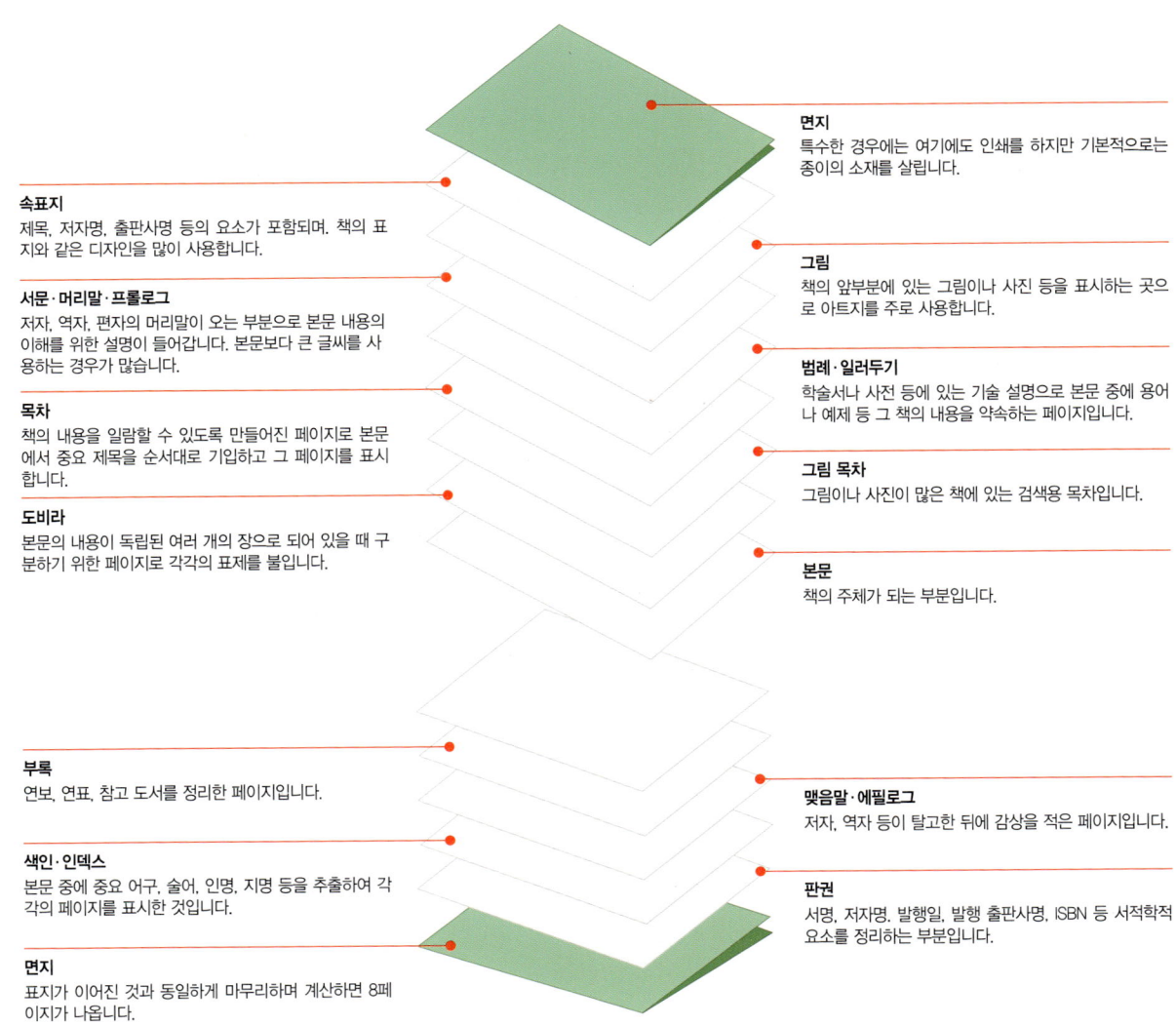

면지
특수한 경우에는 여기에도 인쇄를 하지만 기본적으로는 종이의 소재를 살립니다.

속표지
제목, 저자명, 출판사명 등의 요소가 포함되며, 책의 표지와 같은 디자인을 많이 사용합니다.

그림
책의 앞부분에 있는 그림이나 사진 등을 표시하는 곳으로 아트를 주로 사용합니다.

서문·머리말·프롤로그
저자, 역자, 편자의 머리말이 오는 부분으로 본문 내용의 이해를 위한 설명이 들어갑니다. 본문보다 큰 글씨를 사용하는 경우가 많습니다.

범례·일러두기
학술서나 사전 등에 있는 기술 설명으로 본문 중에 용어나 예제 등 그 책의 내용을 약속하는 페이지입니다.

목차
책의 내용을 일람할 수 있도록 만들어진 페이지로 본문에서 중요 제목을 순서대로 기입하고 그 페이지를 표시합니다.

그림 목차
그림이나 사진이 많은 책에 있는 검색용 목차입니다.

도비라
본문의 내용이 독립된 여러 개의 장으로 되어 있을 때 구분하기 위한 페이지로 각각의 표제를 붙입니다.

본문
책의 주체가 되는 부분입니다.

부록
연보, 연표, 참고 도서를 정리한 페이지입니다.

맺음말·에필로그
저자, 역자 등이 탈고한 뒤에 감상을 적은 페이지입니다.

색인·인덱스
본문 중에 중요 어구, 술어, 인명, 지명 등을 추출하여 각각의 페이지를 표시한 것입니다.

판권
서명, 저자명, 발행일, 발행 출판사명, ISBN 등 서적학적 요소를 정리하는 부분입니다.

면지
표지가 이어진 것과 동일하게 마무리하며 계산하면 8페이지가 나옵니다.

SECTION 05

책자와 인쇄 용지의 규격

인쇄물의 용지 선택에 따라 책의 품질이 결정되기 때문에 책을 만들 때에는 종이의 선택이 매우 중요합니다. 종이의 판형과 규격 등에 대한 지식을 미리 알고 있으면 레이아웃 작업에 도움이 되므로 디자이너는 인쇄 용지의 규격에 대해 알아 둘 필요가 있습니다. 여기에서는 책의 판형을 기준으로 용지 크기를 알아봅니다.

종이의 크기와 판형
Paper Shape

상자 안에 책을 쌓으면 책의 크기에는 일정한 법칙이 있음을 알 수 있습니다. 대부분의 인쇄물은 전지를 사용하여 인쇄하며, 전지는 용지의 낭비를 막기 위해 가로/세로를 비율에 맞게 나누기 때문에 판형에 일정한 규칙이 있는 것입니다. 그러므로 대부분의 인쇄물은 크기에는 차이가 있지만 가로나 세로의 비율은 일정합니다.

A1 사이즈의 가로 길이를 반으로 나눈 것이 A2 사이즈입니다. A1의 세로 길이와 A2의 가로 길이가 같은 것은 이 때문입니다. 같은 원칙으로 A3 사이즈는 A2 사이즈의 긴 부분을 두 개로 나눈 크기입니다. 다시 말해서 A1 종이를 반으로 나누면 A2가 4페이지 생기고(원래 A1을 자르지 않은 상태가 앞뒤 2페이지) 또 반으로 나누면 A3가 8페이지 생기는 것입니다.

주간지는 B5 사이즈가 주로 사용되며, 단행본은 A5 사이즈와 B6 사이즈가 많이 사용됩니다. 비주얼 중심의 잡지는 이들보다 큰 판형인 A4 사이즈가 주류를 이룹니다. 실제 인쇄물은 A4, B5 등의 규격 사이즈에서 조금씩 다르게 변형된 것도 확인할 수 있으며, 변형된 판형으로는 4×6판이나 국판형, 타블로이드판 등이 있습니다.

전지의 규격과 적용

국전지

규격은 939×636mm이며 본래 '국전지'는 '국판형의 책을 만들 수 있는 전지'라 하여 붙여졌으며, 국판형은 국전지의 16절(1/16) 크기의 책을 말합니다.

46전지

규격은 788×1,091mm이며 '46판'이란 '46전지를 인쇄하기 위한 인쇄판형'을 말하며 46전지와 혼용되어 사용되기도 합니다.

- **국전지와 46전지의 적용 판형**

  국전지를 사용하는 판형은 A계열 판형이, 46전지는 B계열 판형이 대부분입니다. '절수'는 전지를 동일한 크기로 재단했을 때 나올 수 있는 재단된 종이의 최대 수를 말합니다.

용지	판형		절수	규격(mm)	용도
국전지	국배판	A4	8절	210×297	디자인 잡지, 여성지
국전지	국판	A5	16절	148×210	교과서, 단행본
국전지	국반판	A6	32절	105×148	문고판
국전지	신국판	–	16절	152×225	학술서, 단행본
국전지	타블로이드판	B4	9절	254×374	생활정보지, 신문
46전지	46배판	B5	16절	188×257	여성지, 대학교재, 교과서
46전지	46판	B6	32절	128×188	교양잡지
46전지	크라운판	–	16절	176×248	사진집

■ 국전지 규격과 절수

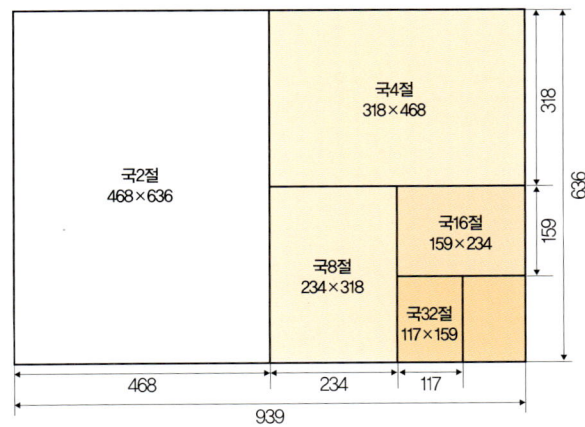

■ 46전지 규격과 절수

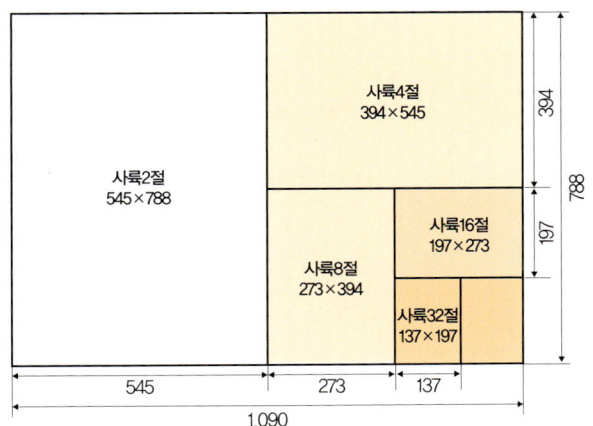

A계열 전지

용지	판형	절수	규격(mm)	용도
A0		국원지	841×1,189	
A1		국절지	594×841	
A2		국2절	420×594	
A3		국4절	297×420	
A4	국배판	국8절	210×297	여성지, 전문잡지
A5	국판	국16절	148×210	교과서, 참고서, 문예지
A6	문고판	국32절	105×148	문고판
A7		국64절	74×105	
A8		국128절	52×74	

B계열 전지

용지	판형	절수	규격(mm)	용도
B0		원지	1,030×1,456	
B1		전지	728×1,030	
B2		2절	515×728	일간지(546×813, 좌우대칭 크기)
B3		4절	364×515	일간지 1면 크기
B4	타블로이드판	8절	257×364	일간지 1/2면 크기
B5	46배판	16절	188×257	일간지 1/4면 크기
B6	46판	32절	128×188	교양잡지
B7		64절	91×128	단어장
B8		128절	64×91	

■ A계열 전지 규격과 절수

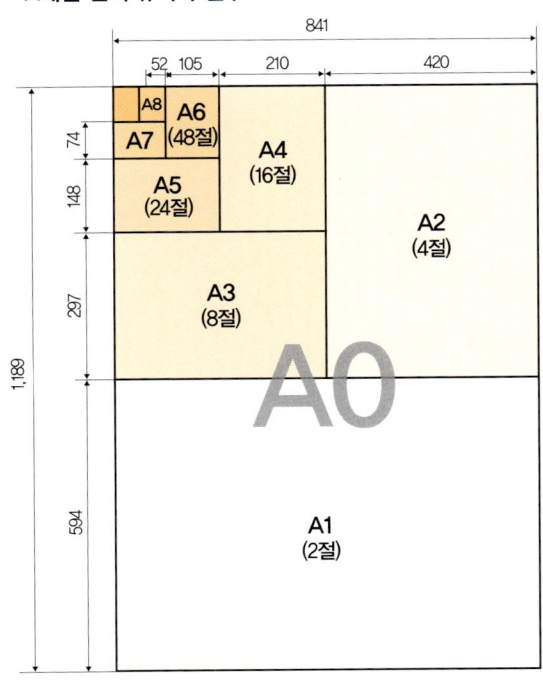

■ B계열 전지 규격과 절수

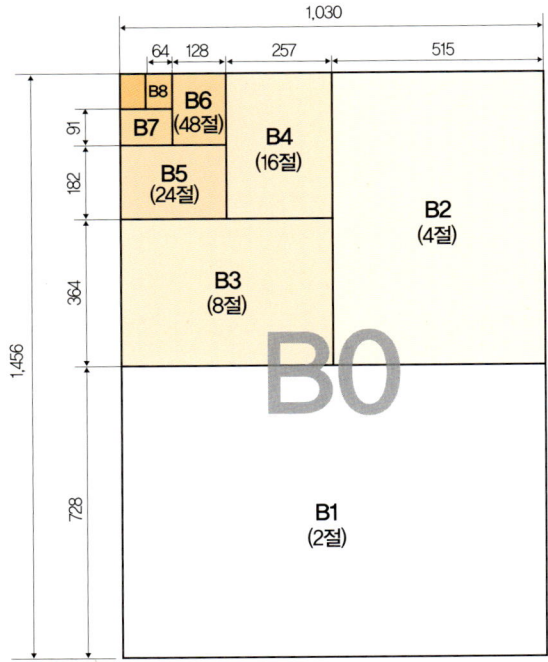

SECTION 06

실무에서 자주 사용되는 레이아웃 용어

레이아웃 디자인 실무에서 사용되는 용어들을 알아두면 작업이 훨씬 편리하며 신속한 작업을 할 수 있습니다. 이번 섹션에서는 레이아웃 관련 용어와 의미를 알아봅니다.

실무 레이아웃 디자인 용어

레이아웃 툴에 관한 용어

- **그리드(Grid)** : 레이아웃 디자인에서 가장 기본적인 요소이며, 정해진 지면을 효율적으로 사용할 수 있게 하는 표본입니다. 템플리트(Templates)라고도 하며 그래픽, 문자, 판형 페이지, 헤드라인 등의 위치를 기본적으로 설정합니다.

- **더미(Dummy)** : 한 섹션의 표본이 되는 페이지를 구상하여 러프 스케치(Rough Sketch)한 것을 말합니다.

- **안내선(Guide Line)** : 그리드 내의 단과 여백의 일반적인 위치를 나타내는 선입니다. 도큐먼트를 출력할 때에는 안내선이 표시되지 않습니다.

디자인 요소에 관한 용어

- **단** : 지면(紙面)을 위아래나 좌우로 나누어 놓은 구분을 말하며 단과 단 사이의 공간을 단간이라 합니다.

- **마진(Margin : 여백)** : 페이지 재단선과 단 안내선 사이에 주는 여유 공간을 말합니다

- **블리드(Bleed)** : 시각적 효과를 위해 마진(Margin)의 부분까지 인쇄 영역으로 활용하는 것을 말합니다. 보통 그림이나 사진을 마진에 배치하는 경우가 많은데, 이 경우 이미지를 재단선보다 3mm 정도 바깥으로 배치하여야 최종 재단 시 생기는 여백을 막을 수 있습니다.

- **둘러싸기(Wrap)** : 집중 효과 높이기 위해 단 안에 배치된 그림이나 문자들을 주변의 글들이 둘러싸는 것을 의미합니다.

- **페이지 자리 잡기(Folio)** : 페이지 번호나 소제목, 출판사명 등을 반복적으로 매 페이지에 삽입하는 것을 말합니다.

- **화이트 스페이스(White Space)** : 글과 그래픽이 서로 효과적으로 강조될 수 있도록 주어지는 빈 공간이며, 일반적으로 설정하는 여백과는 차이가 있습니다.

제작 공정을 위한 용어

- **맞춤선(Registration Marks)** : 원색 필름을 인쇄할 때 맞춤 선으로 정확하게 새 위치를 설정해 주면 정밀한 인쇄를 할 수 있습니다.

- **재단선(Crop Marks)** : 인쇄된 원고를 정해진 규격대로 자를 수 있도록 표시해 놓은 선입니다.

- **트랩핑(Trapping)** : 두 가지 컬러가 인접하는 부분이 인쇄되지 않는 현상을 방지하기 위해 그 두 컬러의 영역을 약간씩 확장하여 겹쳐 인쇄하는 기술을 말합니다. 이 기술을 이용하면 인쇄상의 미세한 갭을 방지할 수 있습니다. 오버프린트(Overprint)라고도 합니다.

SECTION 07

원고 교정 부호의 종류와 의미

교정 부호는 1차로 원고를 출력한 후 오타나 잘못된 부분을 수정하기 위해 사용되는 기호를 말합니다.
교정 부호는 공통된 기호로, 그 모양과 의미를 파악하고 있어야 원고 작성자와 편집자 사이의 소통이
가능합니다. 교정 부호를 사용할 때에는 교정자와 편집자 사이에 미리 정해진 기호를 사용해야 하며,
교정 부호를 표시하는 펜은 원고의 색상과는 다른 펜을 선택하여 교정 부호가 눈에 잘 보이게 합니다.
또한 교정하려는 글자나 문장을 정확하게 지적해야 하며 원고가 너무 복잡해지지 않도록 합니다.

교정 부호의 종류와 의미

기호	명칭	예문	수정한 결과
♂	수정하기	종류와 모양과 의미를	종류와 의미를
∨∧	사이 띄기	공통된 기호로	공통된 기호로
⌒	서로 붙이기	원 고를 출력한 후	원고를 출력한 후
⌐	줄 바꾸기	말합니다. 교정 부호는	말합니다. 교정 부호는
♂~	삭제하기	부호의 종류와 의미를	부호의 의미를
♂~	내용 바꾸기	부분을 잘못된 곳을 수정하기	잘못된 부분을 수정하기
∽	자리 바꾸기	부호는 교정	교정 부호는
∨	삽입하기	부분을 잘못된 수정하기	잘못된 부분을 수정하기
⌐→	줄 잇기	공통된 기호로	공통된 기호로
{	들여쓰기	모양과 의미를 파악하고 있어야	모양과 의미를 파악하고 있어야
}	내어쓰기	모양과 의미를 파악하고 있어야	모양과 의미를 파악하고 있어야
⊓	끌어 내리기	의미를 종류와 알아봅시다.	종류와 의미를 알아봅시다.
⊔	끌어 올리기	종류와 알아봅시다. 의미를	종류와 의미를 알아봅시다.
生	되살리기	종류와 의미를 알아봅시다.	종류와 의미를 알아봅시다.

SECTION 08

편집 문서(도큐먼트)의 구성 요소와 기능

편집 작업을 능률적으로 수행하려면 먼저 편집 문서의 명칭과 기능을 잘 익혀 두어야 합니다.
편집 문서는 여러 가지 이름으로 불리는데 인디자인에서는 도큐먼트라는 명칭을 사용합니다.
여기서는 편집 문서의 구조와 명칭을 알아봅니다.

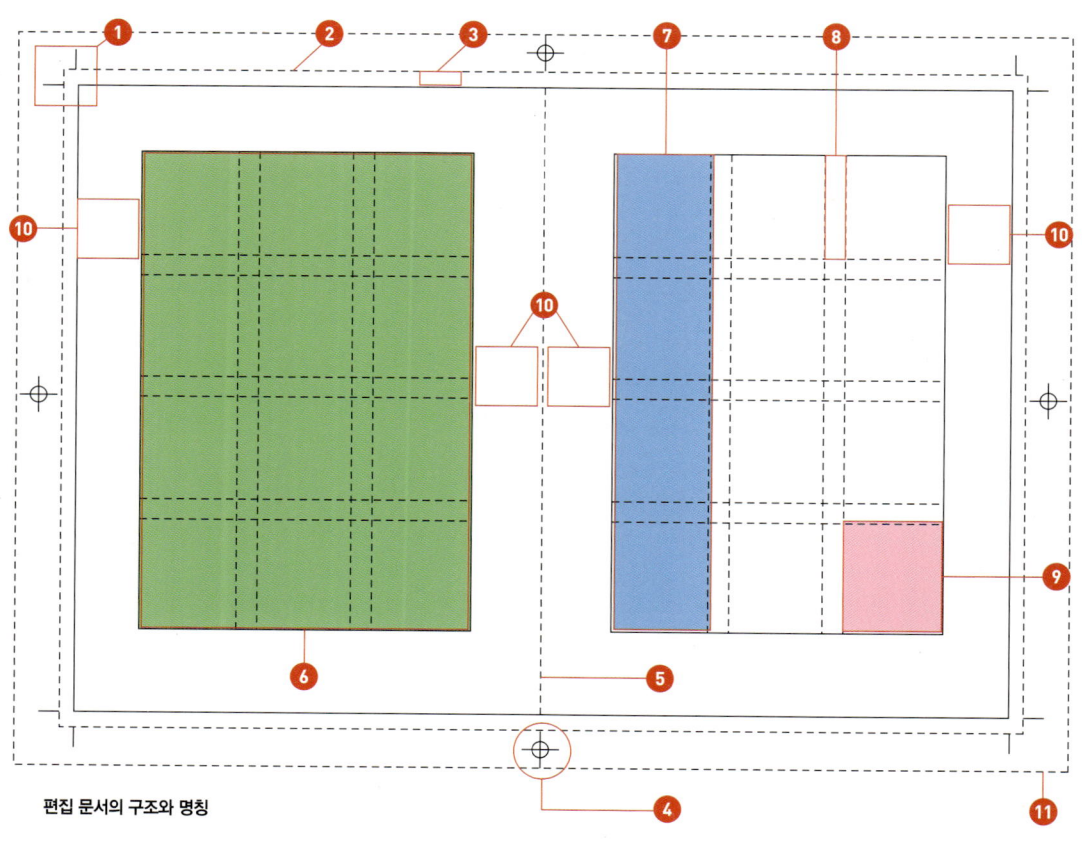

편집 문서의 구조와 명칭

❶ 재단 맞춤표	❷ 여유선	❸ 여유분	❹ 중앙 맞춤표
❺ 가름선	❻ 편집 면	❼ 단(칼럼 : Column)	❽ 단 간격
❾ 필드(Field)	❿ 여백	⑪ 인쇄 용지의 크기	

1. 재단 맞춤표

최종적으로 편집 작업물이 완성되는 크기이며, 인쇄 후에 바깥 면을 다듬는 경계선이 됩니다. 편집 면을 구성할 때 블리드 구성이 아니라면 적어도 내용을 재단선에서 5mm 이상 안쪽에 배치해야 내용이 잘려 나가지 않습니다.

2. 여유선

여유 인쇄선이라고도 불립니다. 그림을 편집 면 가장자리에 꽉 차게 배치하는 블리드(Bleed) 구성의 경우에는 여유선까지 그림을 배치하여 인쇄 후에 생기는 여백이 없도록 구성합니다.

3. 여유분

재단선에서 여유선까지의 간격입니다. 이 부분은 최종 재단 시 잘려 나가는 부분이므로 블리드 구성 시 중요한 부분은 이곳에 배치되지 않도록 주의합니다.

4. 중앙 맞춤표

실무에서는 톰보선이라는 일본 말을 주로 사용합니다. 정확한 인쇄를 위한 기준선이며 대부분 판 굽기를 할 때 중앙 맞춤표만 인쇄판에 남기고 나머지는 지웁니다.

5. 가름선

접지선이라고도 하며 양면 페이지의 경계선입니다. 펼침면으로 구성할 경우 중요한 요소나 텍스트가 가름선에 걸치지 않도록 주의해야 합니다.

6. 편집 면

여백을 뺀 나머지 부분으로 텍스트와 그림 등의 요소가 배치되는 곳입니다. 인디자인에서는 용지의 크기와 여백을 설정하면 자동으로 편집 면의 크기가 결정됩니다.

7. 단(칼럼 : Column)

편집 면을 세로로 분할한 면을 말합니다. 큰 판형의 인쇄물인 경우에는 가독성을 위해 단을 나누어야 하는데, 적당한 단의 길이는 10~12cm 정도입니다. 단의 폭은 편집 면에서 단 간격을 뺀 나머지 부분을 일정한 비율로 나누어 줍니다. 인디자인에서는 단 폭이 자동으로 일정하게 만들어집니다. 그러나 변화 있는 레이아웃을 위해 불규칙한 분할이 사용되기도 하는데 이 경우에는 새로운 텍스트 상자를 이용하여 단을 구성합니다.

8. 단 간격

단과 단 사이의 여백으로 글을 읽을 때 옆 단과의 구별이 쉽게 되도록 하는 영역입니다. 일반적인 단 간격은 5~10mm 정도가 적당하나 본문의 서체 크기에 따라 적당한 비율로 조정합니다. 간혹 단 간격 중앙에 선을 넣어 레이아웃을 구성하기도 합니다.

9. 필드(Field)

단을 세로와 가로로 분할한 한 면의 최소 단위를 필드라고 합니다.

10. 여백

편집 면을 뺀 나머지 부분을 여백이라고 하며 편집 면의 내용이 효과적으로 보이게 하는 중요한 역할을 합니다. 의도적으로 만드는 여백인 화이트 스페이스와는 구별되며, 이 여백은 편집 작업 시 필수적인 요소입니다. 여백의 크기는 내:외:상:하가 1.5:2:3:4 정도의 비율을 갖는 것이 보통이며 판형이나 편집자의 의도에 따라 다르게 구성할 수도 있습니다.

11. 인쇄 용지의 크기

인디자인에서 작업한 문서의 크기는 인쇄할 용지 크기에 비해 적어도 10mm 정도 작게 설정합니다. 이것은 기계에 용지를 걸 때 필요한 공간과 출력에 필요한 맞춤 표가 인쇄되는 공간입니다.

SECTION 09

도큐먼트의 레이아웃 구조 설계

편집 면은 실질적으로 텍스트와 그래픽 요소가 표시되어 독자들에게 내용을 전달하는 부분입니다. 이 편집 면이 얼마나 효과적으로 구성되어 있는가는 독자들의 시선 고정과 가독성을 높여 주는 중요한 척도가 됩니다.

편집 면의 레이아웃 구성은 출판물의 종류와 목적에 따라 다양한 구조로 디자인됩니다. 한정된 페이지에 많은 내용의 정보를 담아야 하는 홈쇼핑의 제품 카탈로그나 백화점의 광고지 등은 효과적인 내용 전달을 위해 텍스트와 그래픽 요소를 적절히 배치하는 기술이 필요할 것입니다. 반면에 감각적인 디자인을 요구하는 예술 작품집이나 브로슈어, 포스터 등 기타 출판물은 텍스트와 그래픽 요소의 적절한 배치와 함께 여백을 이용한 독특한 느낌 전달도 필요할 것입니다.

이처럼 레이아웃 구조는 출판물의 종류와 목적에 따라 달라지는데 편집 면의 레이아웃 구조를 디자인할 때에는 단순히 단을 나누어 편집 면을 구성하거나 그리드 시스템과 화이트 스페이스를 이용하여 복잡한 구조의 레이아웃을 만들기도 합니다.

그리드 시스템을 이용한 편집 페이지
Grid System

편집 페이지를 구성할 때 그리드 시스템을 이용하면 보다 효과적인 방법으로 페이지 디자인을 구성할 수 있습니다. 그리드(Grid)란 격자를 의미하며 편집 페이지에서는 지면을 수직/수평으로 분할한 가상의 선을 말합니다. 이러한 그리드 시스템을 응용하여 페이지를 구성하면 레이아웃에 조직적인 체계를 부여하여 보다 객관적이고 기능적인 디자인을 얻을 수 있습니다. 또한 여러 페이지에 걸쳐 일정한 구조를 적용할 수 있기 때문에 일관성 있고 안정적인 느낌의 레이아웃을 이끌어 낼 수 있습니다.

그리드 시스템을 이용하면 결과물을 보다 빠르고 편리하게 만들어 낼 수 있습니다. 그러나 지나치게 그리드 시스템에 의존하여 레이아웃을 구성하다 보면 일률적이고 경직된 느낌의 디자인이 되기도 합니다. 그러므로 그리드 시스템을 고정된 틀로써 사용하기보다는 디자인을 만들기 위한 하나의 방법일 뿐 절대적으로 사용하는 것은 피해야 합니다.

그리드 시스템을 활용할 때에는 페이지를 수평 방향과 수직 방향으로 나누어 임의의 가이드 라인을 결정하고 이 라인에 맞게 텍스트 상자와 그림 상자를 배치합니다. 수평/수직 방향으로 가이드 라인을 형성할 때 정해진 사이즈는 없으며 판형이나 배치할 요소를 고려하여 적당한 크기의 라인을 만들면 됩니다. 그리드 시스템은 정형적인 구조 그대로 레이아웃에 응용할 수도 있으나 기본 구조를 변형하여 응용하기도 합니다. 또한 페이지 레이아웃뿐만 아니라 타이포 그래피나 그래픽 디자인, 웹 디자인 등 다양한 분야에서 그리드 시스템이 활용됩니다.

페이지를 분할하는 칼럼과 필드
Column & Field

본문의 레이아웃을 구성할 때에는 칼럼과 필드를 이용하여 페이지를 디자인하기도 합니다. 칼럼(Column)이란 페이지를 세로 방향으로 분할한 단을 의미하며 필드(Field)는 가로와 세로로 분할하여 생기는 단위 면을 의미합니다. 페이지를 구성할 때에는 단순히 단을 나누어 레이아웃을 완성하기도 하지만 단의 변형이나 필드의 조합을 이용하여 레이아웃을 구성할 수도 있습니다.

칼럼을 이용한 레이아웃 구조

작은 사이즈의 서적은 하나의 단으로 구성되는 것이 보통이지만 큰 사이즈의 책이나 많은 내용을 담아야 하는 잡지 등은 다수의 단과 필드 조합으로 구성하기도 합니다. 일반적으로 단을 구성할 때에는 인접한 비율로 단을 나누지만 불규칙한 비율로 단을 나누기도 하며 혹은 특정 단을 병합하여 변화된 형태의 단을 만들 수도 있습니다.

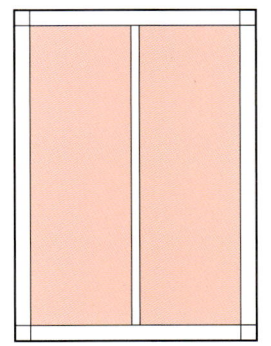 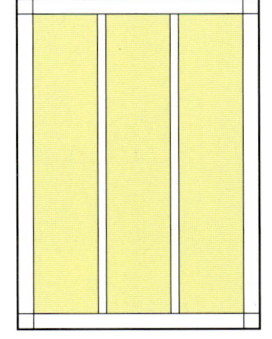 

일정한 비율로 구분한 단 설정

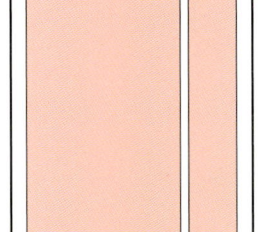  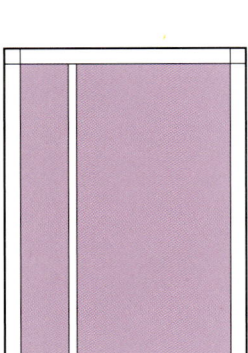

변화된 단 구조

필드 조합의 레이아웃 구조

필드는 기본 크기에 맞게 텍스트나 그림을 배치하기도 하지만 몇 개의 필드를 조합하여 다양한 레이아웃을 만들기도 합니다. 특정 그림을 강조할 때에는 인접한 필드를 조합한 영역에 그림을 배치하여 크게 표시함으로써 독자들의 시선을 끄는 효과를 가져옵니다.

단과 필드의 수가 많아질수록 다양한 구성이 가능하지만 지나치면 레이아웃이 복잡해지고 가독성을 떨어뜨릴 수도 있습니다. 그러므로 판형과 출판물의 종류에 따라 적절한 단과 필드 조합이 필요합니다.

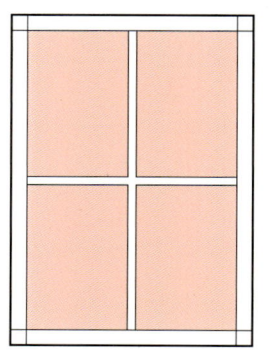   

수평/수직으로 분할하여 생기는 필드

 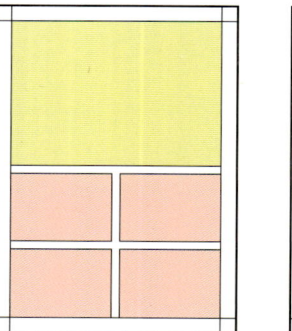  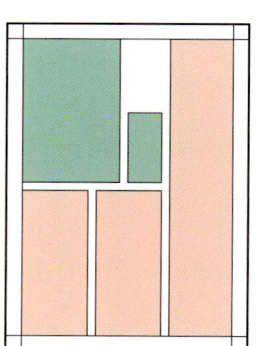

필드를 조합하여 응용한 형태

펼침 면을 이용한 레이아웃

그림과 텍스트를 배치할 때 텍스트보다 그림을 강조하여 크게 표시하면 독자들의 시선을 집중시키는 효과를 볼 수 있습니다. 그림을 배치할 때에는 한편에 크게 표시할 수도 있지만 펼침 면에 걸쳐 그림을 배치하여 극적 효과를 얻을 수도 있습니다. 칼럼이나 필드를 조합한 레이아웃 디자인에서 배치할 그림이나 사진이 어떤 내용인가에 따라 펼침 면의 가로로 배치하기도 하며 한 면 전체와 다른 면의 일부에 걸쳐 배치하기도 합니다. 또는 텍스트가 그림을 둘러싸는 형태로 배치하여 텍스트나 그림 중 어느 한쪽을 강조하기도 합니다.

펼침 면에 그림을 배치할 때에는 그림이나 사진의 중요한 부분이 펼침 면의 가름선에 놓이지 않도록 주의해야 합니다. 그림의 내용, 크기 등에 따라 수직/수평 구성을 응용하거나 혹은 텍스트가 그림을 둘러싸는 형태의 여러 가지 변형된 방법으로 디자인합니다.

1 | 수평 일(─)자형 배치 : 수평성이 강조되는 구성 방법이며 그림이 상단에 배치되면 가벼운 느낌을, 하단에 배치되면 무거운 느낌을 줍니다.
2 | 수직 일(I)자형 배치 : 수직성이 강조되는 구성으로 우측에 구성되는 요소를 강조하는 형태입니다.
3 | 모서리 배치 : 그림을 어느 한쪽 모서리에 배치하여 강조하는 방법입니다. 비대칭 구조의 구성 방법으로 변화감을 줄 수 있습니다.

1

2

3

화이트 스페이스의 중요성

화이트 스페이스(White Space)는 여백이란 의미가 있지만 페이지의 상하/좌우에 기본적으로 설정되는 여백과는 차이가 있습니다. 화이트 스페이스는 의도적으로 그림이나 텍스트를 배치하지 않고 빈 공간으로 남겨 둔 여백으로 그림이나 텍스트를 더욱 부각시키고 보는 이의 시선을 집중시킬 수 있습니다.

화이트 스페이스는 작은 부분으로 구성하여 여유로운 느낌을 주기도 하지만 때로는 커다란 공간의 여백에 텍스트나 그림만을 배치하여 시원한 분위기나 세련된 연출을 이끌어 내기도 합니다. 이러한 화이트 스페이스는 평면적인 레이아웃 디자인에 입체적 공간성을 부여하며 단조로운 레이아웃에서 그림이나 사진 이상의 극적 효과를 가져오기도 합니다.

4

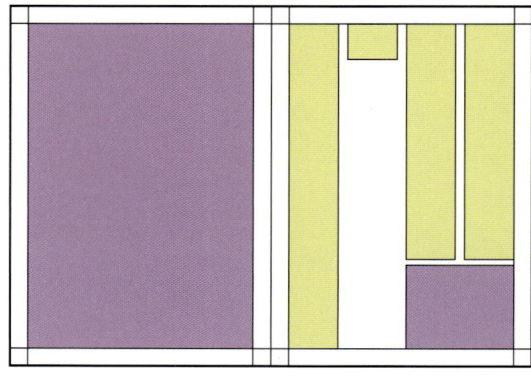

5

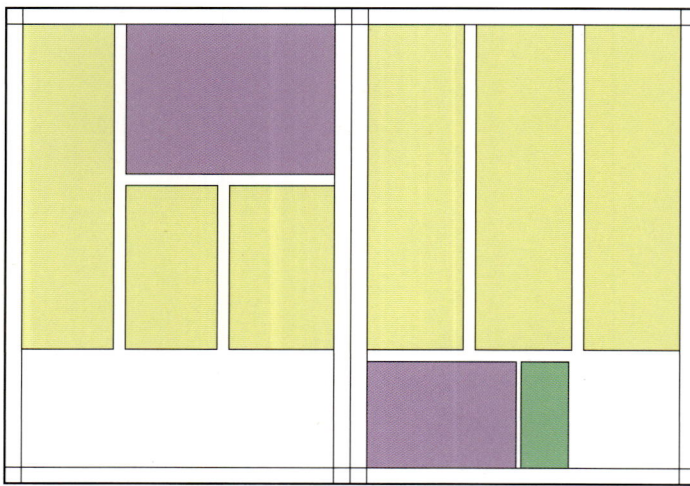

6

4. 5. 6
화이트 스페이스를 사용하여 시원한 느낌을 주는 레이아웃

SECTION 10

편집 작업을 위한 재료 준비하기

편집 작업의 재료인 텍스트와 그래픽 요소들은 워드나 그래픽 프로그램에서 작성된 파일을 인디자인에서 불러와 작업합니다. 그러므로 인디자인에서 사용할 수 있는 텍스트 파일이나 그래픽 파일은 어떤 것인지 체크하여 호환되지 않는 파일은 사용 가능한 파일로 변환하거나 재 포맷합니다. 특히 표나 차트의 경우 워드 프로세서나 스프레드시트에서 작성된 파일을 인디자인으로 가져오는 것은 불가능하므로 인디자인에서 새로 작성할 수 있도록 데이터를 준비합니다.

인디자인에서 작업 가능한 텍스트 파일
Indesign Text File

인디자인에서 간단한 텍스트는 직접 입력하기도 하지만 수십~수백 페이지에 이르는 텍스트를 직접 입력하는 것이 아니라 다른 워드 프로세서에서 작성된 텍스트 파일을 불러들인 후 편집 작업을 합니다. 기존의 워드프로세서에서 작성된 텍스트 파일을 인디자인으로 불러오면 파일에 적용되어 있던 서식이나 페이지 형식 등은 유지되지 않습니다. 이것은 인디자인이 기존의 워드프로세서와는 달리 더욱 복잡한 편집 기능을 지원하며 향상된 기능을 제공하기 때문입니다.
인디자인에서는 기본적으로 TXT 형식의 텍스트 파일을 불러올 수 있습니다. 윈도우용 워드 프로세서인 MS 워드나 한글 등에서 작성된 텍스트 파일은 인디자인으로 불러올 수 없으므로 이 파일을 인디자인에서 작업하려면 TXT 형식의 파일로 변환한 후 가져와야 합니다.

그래픽 요소 준비하기
Graphic Elements

사진이나 클립아트, 일러스트레이션 등은 의미 전달과 독자의 시선을 고정시키는 중요한 요소입니다. 인디자인에서 작업한 그래픽 요소를 출력하려면 프린터나 인쇄기로 출력하기에 적당한 그림 파일 형식을 선택해야 합니다.

비트맵 이미지와 벡터 이미지

그래픽 파일은 크게 비트맵 이미지와 벡터 이미지의 두 가지로 구분됩니다. 비트맵 이미지는 픽셀의 조합으로 구성된 이미지로 자연스러운 색상을 표현할 수 있습니다. 비트맵 방식 외 이미지는 그러데이션이나 음영과 같은 효과를 자연스럽게 표시할 수 있으며 복잡한 색상 이미지를 부드럽게 표현해 주므로 사진과 같은 섬세한 이미지를 표현하는 데 적합합니다. 반면 비트맵 방식으로 만들어진 이미지를 확대할 경우에는 픽셀도 확대되어 나타나므로 이미지가 깨져 선명하지 못합니다. 대표적인 그래픽 프로그램인 포토샵에서 제작된 그림이 비트맵 이미지에 속합니다.

벡터 이미지는 픽셀의 정보를 저장하는 비트맵 이미지와 달리 선의 길이나 방향과 같은 수학적 정보로 이루어진 파일로 일러스트레이터나 코렐 드로우 등의 프로그램에서 작성된 이미지가 이에 속합니다. 벡터 이미지는 확대하거나 축소하여도 용량에 변화가 없고 이미지가 깨지지 않아 일러스트레이션에 적합합니다. 그러나 자연스러운 색상 표현이 불가능하기 때문에 사진이나 복잡한 그림에는 적당하지 않습니다.

비트맵 이미지

비트맵 이미지를 확대한 모습

백터 이미지   백터 이미지를 확대한 모습

인디자인에서 사용 가능한 그래픽 파일 형식

인디자인에서 편집 작업을 할 때에는 경우에 따라 비트맵 이미지나 벡터 이미지를 모두 사용할 수 있지만 파일 형식에는 제한이 있습니다. 프린터에서 출력 가능한 그림 파일을 사용한 도큐먼트를 인쇄하려면 그림 파일을 모두 인쇄용 데이터로 변환하는 작업이 필요합니다.

인쇄기로 출력 가능한 파일

- **TIFF(Tagged Image File Format)** : 편집 디자인에 가장 많이 사용되는 비트맵 형식으로, 맥뿐만 아니라 윈도우 등에서도 사용되기 때문에 서로 다른 운영체제에서 데이터 교환이 가능합니다. TIFF 형식의 파일은 24비트 색상의 RGB와 CMYK 형식을 제공합니다. 색 분해 작업이 필요한 컬러 인쇄의 경우에는 TIFF 형식의 그림 파일을 CMYK 포맷으로 저장해야 합니다.
- **EPS(Encapsulated PostScript)** : 편집 디자인에 가장 많이 사용되는 벡터 이미지 파일로 포스트스크립트를 지

원합니다. EPS 파일 역시 TIFF 형식의 그림 파일과 마찬가지로 컬러 인쇄할 경우에는 CMYK 포맷으로 저장해야 합니다.

- **DCS(Desktop Color Separation)** : EPS 그림을 표시용 그림과 C, M, Y, K의 네 가지 색 분해 파일을 포함한 5개의 파일로 나눈 형식입니다. 표시용 그림은 데이터의 용량이 작으므로 작업 속도와 프린터 속도가 빠릅니다. 이 파일을 이용하면 EPS 파일보다 더 좋은 출력물을 얻을 수 있습니다.

기타 그래픽 파일

- **PNG** : 그래픽 이미지를 저장하는 형식의 하나로 비손실 데이터 압축을 이용한 파일 포맷입니다. 압축률이 좋아 손실 없이 파일을 저장할 수 있습니다.
- **PCX** : Zsoft 사가 개발한 형식의 그림 파일로 TIFF와 비슷하며 컬러와 회색도, 흑백 이미지를 지원합니다.

- RIFF : TIFF 파일을 압축한 형식으로 Fractal Design 사가 개발한 Colorstudio에서 제작된 그림 파일입니다.
- JPEG : 그림을 압축한 파일 형식으로 축소하는 것은 가능하지만 그림을 확대하면 화질이 손상됩니다.

그래픽 파일을 다룰 때 주의 사항
Precautions

인디자인에서 그래픽 파일을 다룰 때에는 다음과 같은 점에 유의합니다.

일러스트레이터에서 만든 파일은 저장할 때 EPS 형식으로 저장

일러스트레이터에서 작업한 파일은 반드시 EPS 형식으로 저장합니다. 다른 형식으로 저장하면 인디자인에서 불러올 수 없기 때문입니다. 일러스트레이터에서 작업한 파일은 아이콘 모양으로 구별할 수 있는데, 아이콘에 〔EPS〕 표시가 있는 파일만이 인디자인에서 작업할 수 있습니다.

일러스트레이터에서 작업한 파일을 확대/축소할 때는 일정한 비율 유지

일러스트레이터에서 작업한 파일을 인디자인에서 확대하거나 축소하면 선 폭이나 문자 크기가 변하게 됩니다. 그러므로 일러스트레이터 파일은 100%의 비율로 넣을 수 있도록 작업하는 것이 좋으며, 확대/축소할 경우에는 가로/세로 같은 비율로 조정하는 것이 좋습니다.

포토샵에서 작업한 파일은 TIFF나 EPS 형식으로 저장

포토샵에서 작업한 파일을 저장할 때에도 인디자인에서 작업 가능한 형식인 TIFF나 EPS 형식으로 저장합니다. 다른 형식의 그림 파일인 경우에는 인디자인에서 작업 가능한 파일 형식으로 변환합니다.

비트맵 이미지를 넣을 때에는 고해상도 이미지를 선택

비트맵 이미지를 확대하면 픽셀도 확대되어 그림이 거칠게 표시되므로 비트맵 이미지를 편집 문서에 넣을 때에는 원본 이미지 크기로 넣는 것이 좋습니다. 이미지 크기를 확대할 경우에 대비하여 원본 이미지는 가급적 높은 해상도의 그림 파일을 선택합니다.

그림 상자에 그림을 넣을 때 그림 크기를 상자 크기보다 조금 크게 설정하면 그림 상자와 테두리 사이에 여백이 생기는 것을 막을 수 있습니다.

표로 작성할 데이터 준비하기
Chart

일반 워드프로세서의 막강한 표 그리기 기능과 달리 인디자인에서는 표 작성 기능이 미비합니다. 스프레드시트나 워드프로세서에서 작성한 표의 형식을 유지하면서 인디자인으로 가져오는 방법은 없으며, 단지 데이터 정보만을 가져올 수 있습니다. 그러므로 표 작업이 포함되는 편집 작업을 할 때에는 표로 만들 데이터를 미리 준비합니다.

SECTION 11

편집 페이지의 디자인 계획

레이아웃 작업에 들어가기 전에 어떤 작업을 어떤 순서대로 진행할 것인지 계획을 세우고 이에 따라 진행하면 작업 효율을 높일 수 있습니다. 여기서는 레이아웃 디자인 작업을 위해 어떤 계획이 필요한지 알아봅니다.

개요 작성과 정보 수집

계획 수립의 첫 단계는 의뢰인이 무엇을 원하는지 알아내야 하며, 의뢰인과의 미팅을 통해 가능한 많은 배경 정보를 얻어냅니다. 이때 프로젝트 보고서(Project Report)를 이용하여 의뢰인의 정보와 작업의 콘셉트 특징, 납기일 등을 기록합니다. 프로젝트 보고서의 형식이 정해진 것은 아니지만 디자인 계획에 꼭 필요한 정보를 포함하도록 작성합니다. 클라이언트의 담당자와 연락처, 레이아웃의 주제와 목적, 독자 대상, 콘셉트와 부여할 의미, 예산과 납기일 등을 포함하여 프로젝트 보고서를 작성합니다.

레이아웃 스케치

클라이언트와의 미팅을 통해 디자인의 목적과 콘셉트가 정해지면 인디자인으로 페이지를 만들기 전에 먼저 노트에 펜으로 직접 페이지를 구상해 봅니다. 이렇게 본 디자인 전에 임의로 아이디어를 기록한 것을 러프 스케치(Rough Sketch)라고 합니다.

인디자인에서의 레이아웃 완성

러프 스케치를 통해 전체적인 레이아웃 구성이 완성되면, 인디자인에서 직접 도큐먼트를 제작합니다. 인디자인은 페이지 디자인을 위한 최적의 도구이며, 다양한 텍스트와 그림 지원 기능을 제공하므로 쉽고 빠르게 레이아웃을 만들 수 있습니다.

먼저 도큐먼트의 크기를 결정하고 그리드를 제작합니다. 페이지의 판형과 여백 등 전폐 구조가 완성되면 텍스트 상자를 만들고 텍스트를 불러옵니다. 헤드라인과 서브헤드, 본문 텍스트를 러프 스케치에서 디자인한 것처럼 배치하고 서체 스타일을 적용합니다.

이미지가 필요한 경우에는 일러스트레이터를 이용하여 직접 드로잉하거나, 기존의 이미지는 포토샵 등에서 리터칭 과정을 거쳐 인디자인으로 불러옵니다. 그림과 텍스트의 배치가 완료되면 마지막으로 페이지의 전체 모양을 검토하면서 수정하여 레이아웃을 완성합니다.

도큐먼트가 완성되면 반드시 작업을 저장하여 파일로 만들어 둡니다. 이 도큐먼트에는 필요한 서체와 컬러, 스타일 정보가 함께 저장되기 때문에 도큐먼트가 저장되지 않으면 본 작업에 들어갈 때 불편함을 겪게 됩니다.

레이아웃 출력과 피드백

구상 단계에서 의도한 대로 인디자인에서 도큐먼트가 완성되면 프린터로 출력해 봅니다. 같은 페이지라도 화면에서 보는 것과 인쇄물을 볼 때의 느낌이 다르므로 본 작업에 들어가기 전에 반드시 출력 후 확인해 보아야 합니다.

레이아웃에 문제가 없다면 완성된 도큐먼트를 컬러 프린터로 출력하여 클라이언트와의 미팅을 통해 문제점을 보완하고 수정합니다. 이러한 과정을 거쳐 최종 레이아웃이 결정되면 본 작업에 들어갑니다.

SECTION 12

레이아웃 디자인의
기본 요소와 유형

페이지를 디자인하는 방법은 다양합니다. 디자인의 목적과 콘셉트에 맞는 다양한 형태의 구성이
필요하며, 여러 가지 디자인 요소를 이용하여 특색에 맞는 페이지 구성이 가능합니다.
이번 섹션에서는 레이아웃의 기본 요소와 유형을 알아봅니다.

레이아웃의 기본 요소
Layout Element

레이아웃이란 주어진 평면 공간 안에 형태, 색채, 구성 등의 요소를 조합하여 시각화하는 작업입니다. 레이아웃의 기본이 되는
요소에는 다음과 같은 것들이 있습니다.

선

선은 두 개의 점을 연결하는 모든 표시를 의미하며, 레이아웃 디자인에서는 단순한 선 자체의 선이 아닌 이미지와 텍스트의 흐
름 등을 이용한 선이 사용되기도 합니다. 굵거나 가는, 혹은 점선이거나 장식이 있는 선은 그 자체로 디자인적 의미를 표현하기
도 하며 페이지의 내용 전달 효과를 높이는 기능도 합니다.

선은 다음과 같은 효과를 가져옵니다.

- 정보의 의미 전달
- 단어를 강조
- 정보의 연결
- 모양 정리
- 그리드 완성
- 그래프와 표의 작성
- 패턴과 리듬의 형성

질감

질감은 페이지의 표면에 느껴지는 외관이나 촉감을 말합니다. 인쇄되는 용지의 종류에 따라 질감이 달라지지만 레이아웃에서도 디자인적으로 질감의 요소를 배치하기도 합니다. 예를 들면 특이한 서체가 적용된 의미 없는 텍스트들의 나열은 독특한 질감이 나타납니다. 또는 질감이 느껴지는 이미지나 텍스타일 등을 페이지의 배경으로 설정할 때에도 레이아웃에 질감이 느껴집니다. 이와 같이 다양한 질감 효과를 이용하여 독특한 구성을 하기도 합니다.

질감은 다음과 같은 효과를 가져옵니다.

• 배경과 이미지의 연결
• 레이아웃에 분위기나 개성을 부여
• 대조를 통한 흥미 유발과 시각적 효과
• 생기와 활동성 있는 페이지 효과
• 풍부함과 깊이 있는 느낌

공간

공간은 사물 사이의 간격이나 사물 주변의 지역을 의미합니다. 그림이나 텍스트를 배치할 때에는 각 요소들 사이에 어느 정도의 공간이 필요한지 고려해야 합니다. 페이지 안에 많은 요소들이 배치된 경우 복잡하고 타이트한 구성이 되기 쉬우므로 의도적으로 여백을 배치하거나(화이트 스페이스) 텍스트와 그림 사이의 공간을 조절하여 어느 정도의 공간을 만들어 줍니다.

공간은 다음과 같은 역할을 합니다.

• 눈의 피로감을 덜어 주는 효과
• 레이아웃에 입체감 부여
• 특정 요소의 강조
• 두 요소 사이의 긴장감 부여
• 역동적인 페이지 구성
• 텍스트를 읽기 쉽게 하는 효과

크기

그림이나 텍스트를 어떠한 크기로 배치하는가에 따라 레이아웃의 느낌도 달라집니다. '크기'라는 것은 단순히 어떤 개체가 크다, 작다를 의미하는 것이 아닌 하나의 레이아웃 요소로 사용될 수 있습니다. 단순한 이미지나 텍스트를 배치한 것에 지나지 않는 레이아웃도 크기를 이용하여 의미를 부여하고 강조된 페이지로 만들 수 있습니다.

크기는 다음과 같은 역할을 합니다.

• 요소들의 크기 변화를 이용한 거리감 형성
• 시선을 끄는 레이아웃 효과
• 큰 요소와 작은 요소의 대비를 이용한 흥미 유발
• 레이아웃에 텍스트와 그림이 적절히 배치되도록 하는 기능

명암

어두움과 밝음을 의미하는 명암은 레이아웃에 모양과 질감을 부여하는 역할을 합니다. 레이아웃에서 모든 요소들은 명암을 갖게 되며, 이러한 명함은 서로 연관되기 때문에 요소의 배치에 따라 생겨날 수 있습니다. 명암을 이용하여 고요하고 조용한 분위기를 표현하거나 밝음과 어두움의 대비를 통해 흥분된 감정을 전달할 수 있습니다.

명암은 다음과 같은 역할을 합니다.

- 서로 다른 문구를 시각적으로 분리
- 밝음과 어두움을 교차시켜 새로운 패턴 창조
- 부피와 깊이감 부여
- 레이아웃을 극적으로 표현
- 절제와 미묘한 느낌 부여
- 요소를 강조하는 기능

컬러

색(Color)은 그 자체가 전해 주는 고유의 느낌을 갖고 있기 때문에 훌륭한 레이아웃 요소가 됩니다. 의도적으로 흑백을 배치하지 않는 한 레이아웃 디자인에서는 다양한 컬러를 이용하여 디자인의 목적과 콘셉트를 전달합니다. 같은 텍스트라도 어떤 색을 이용하는가에 따라 느낌이 달라지며, 같은 디자인이라도 색상 톤을 달리함에 따라 다른 이미지로 보일 수 있습니다.

컬러는 다음과 같은 역할을 합니다.

- 중요한 요소의 강조
- 시선을 집중시키는 효과
- 컬러를 통한 감정 전달
- 차트나 그래프의 요소를 구분하는 역할
- 레이아웃에서 요소를 고정하는 역할

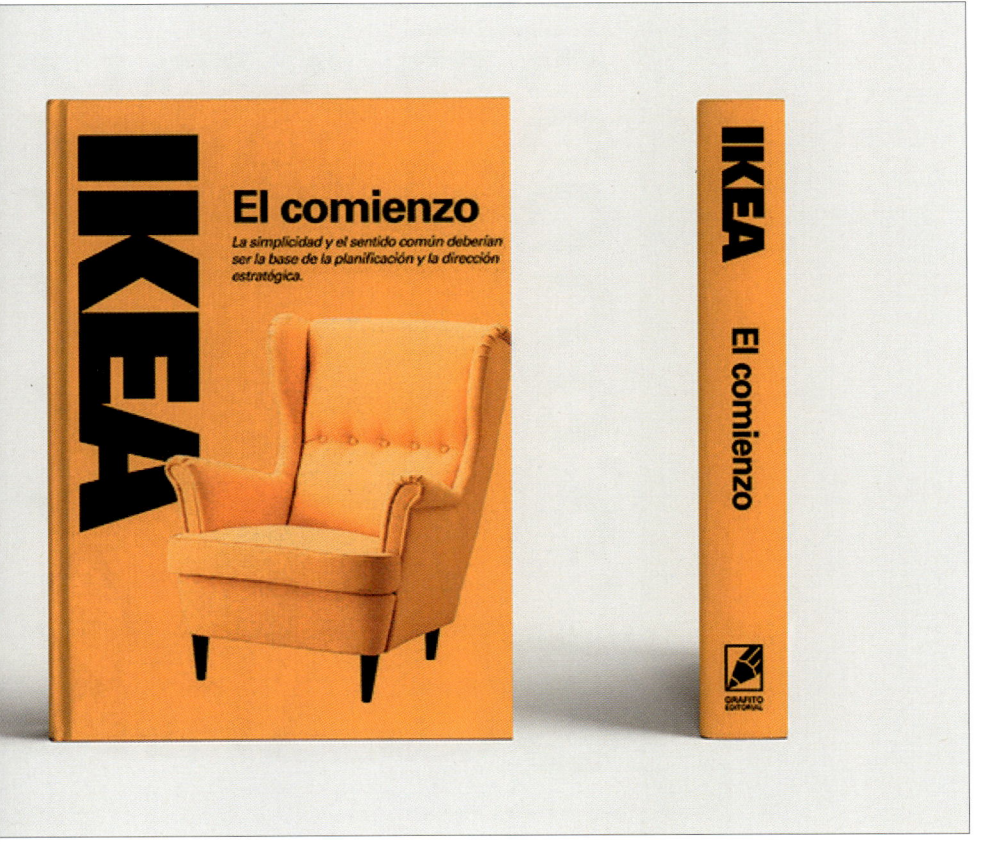

다양한 레이아웃 유형
Layout Type

레이아웃은 포함될 텍스트와 그래픽 요소에 따라 다양한 형태로 배치할 수 있습니다. 텍스트와 그래픽 요소를 배치하는 방법인 여러 가지 레이아웃 유형을 알아봅니다.

대비/균형/조화를 이룬 레이아웃

대비, 균형, 조화 이 세 가지 디자인 요소는 각기 다른 역할을 하지만 어느 한쪽에 치우치는 것보다는 페이지에서 전달할 내용과 목적에 따라 적절히 배합하여 사용합니다. 대비는 단조로운 분위기에 변화를 주는 역할을 하며 색채, 크기, 형태, 질감, 방향 등의 요소를 대비적으로 배치하여 레이아웃을 구성합니다.

균형에는 대칭적 균형과 비대칭적 균형이 있습니다. 대칭적 균형은 전통적이고 보수적인, 혹은 안정적인 느낌을 주며, 비대칭적 균형은 동적이며 변화가 필요한 레이아웃에 적합합니다.

조화는 대비와 반대 개념이지만 조화의 또 다른 표현이 되기도 합니다. 텍스트와 텍스트, 그림과 그림, 그림과 텍스트 등 각 요소를 배치할 때에는 대비라는 요소를 응용하여 강조하면서도 조화가 이루어지게 배치해야 합니다.

동적인 레이아웃

동적인 레이아웃이란 요소를 반복함으로써 얻어지는 율동감을 페이지에 반영하거나 일반적인 시선의 흐름을 깨고 새로운 형태로 디자인하는 것입니다. 어떠한 형태의 반복이나, 텍스트의 반복, 색채의 반복 등은 페이지에 율동감을 부여합니다. 텍스트 상자의 각도에 변화를 주면 시선의 흐름을 변화시켜 동적인 레이아웃이 완성됩니다.

통일감 있게 구성한 레이아웃

통일된 구성은 하나의 인쇄물에서 본문 구성을 통일하는 역할을 합니다. 통일감을 부여하는 가장 효과적인 방법은 그리드 시스템을 이용하는 것이며, 잡지와 같은 다양한 형태의 레이아웃이 혼합된 인쇄물에서도 일정한 그리드 시스템을 적용하면 통일감 있게 디자인됩니다.

강조를 활용한 레이아웃

페이지에서 가장 중심되는 내용이나 이미지는 강조하여 배치합니다. 단순히 텍스트만 있는 페이지에서도 강조를 이용하여 충분한 의미를 전달할 수 있습니다.

SECTION 13

타이포그래피의 이해

출력물에서 독자에게 내용을 전달하는 가장 중요한 요소는 텍스트입니다. 이러한 텍스트를 얼마나 효과적으로 디자인하고 배치하는가에 따라 독자들의 반응은 달라지게 됩니다. 텍스트를 디자인하고 배치하는 방법인 타이포그래피의 의미와 제반 사항을 알아봅니다.

타이포그래피란?
Typography

편집 디자인에서 중요시되는 타이포그래피(Typography)는 문자 디자인을 일컫는 말입니다. 좁은 의미로는 텍스트의 모양을 디자인하는 서체 디자인을 의미하며 좀 더 확장된 의미로는 서체의 디자인뿐만 아니라 조판 방식, 가독성을 위한 단락의 구조 설정까지도 포함된 것입니다.

과거의 타이포그래피는 단순히 서체의 모양을 미려하게 만드는 디자인적인 면을 중요시하였다면 현재의 타이포그래피는 독자의 가독성을 높이기 위한 기능적인 면을 중요시합니다. 같은 내용이라도 타이포그래피에 따라 그 의미 전달 효과가 달라지기 때문에 타이포그래피는 인쇄용 출력물이나 화면 출력용 웹 문서 등 모든 편집 디자인에서 매우 중요한 요소입니다.

서체의 분류
Fonts

편집 디자인에서 중요한 부분을 차지하는 서체는 표현 방식과 모양, 제조 업체에 따라 다양한 종류로 구분할 수 있습니다. 여기서는 다양한 서체의 종류와 특징을 알아봅니다.

트루타입과 포스트스크립트
컴퓨터에서 서체를 표현하는 방식에는 비트맵 방식(비트맵 서체)과 아웃라인 방식(윤곽 서체)이 있습니다. 비트맵 방식은 글자를 픽셀의 조합으로 표시하는 방법이고 아웃라인 방식은 글자의 테두리를 먼저 표시하고 내부를 채우는 방법입니다. 현재 우리가 사용하는 아웃라인 방식의 서체는 다시 포스트스크립트(PostScript)와 트루타입(TrueType) 방식으로 나누어집니다.

포스트스크립트 서체는 화면에서 편집 작업을 할 때에는 비트맵 형태로 표시하고 출력할 때에는 아웃라인 형태로 바꾸어 출력하는 서체입니다. 이 서체의 장점은 폰트 박스가 출력기에 부착되어 있으므로 대용량의 폰트를 사용할 때에도 컴퓨터의 하드 디스크 공간을 절약할 수 있습니다. 그러나 이 서체를 출력하려면 프린터가 반드시 포스트스크립트를 지원해야 하므로 프린터나 출력기 구입 시에 이를 확인해야 합니다. 포스트스크립트 서체는 주로 레이저 프린터나 필름 출력기에서 많이 쓰이는 서체입니다.

트루타입 서체는 컴퓨터 자체의 프로그램으로 글자를 처리하여 출력기로 보내는 방식입니다. 이 서체는 화면상에서 글자가 알아보기 쉽게 표시되고 출력 속도가 빠르지만 서체를 처리하기 위한 컴퓨터 프로그램의 작동으로 화면 표시 속도는 느린 단점이 있습니다.

세리프와 산세리프
서체를 모양에 따라 크게 두 가지로 분류하면 세리프(Serif)와 산세리프(Sans-serif)로 나누어집니다. 세리프는 명조 계열의 서체로 글자의 좌우 가장자리에 마무리 획이 있어 부드러운 느낌을 주는 서체입니다. 산세리프는 고딕 계열의 서체로 세리프에서 볼 수 있는 글자 가장자리의 마무리 획이 없기 때문에 딱딱한 느낌을 주는 서체입니다. 일반적으로 글자 가장자리에 획이 있는 세리프체(명조체)는 마무리 획이 다음 글자로 시선을 자연스럽게 이동시켜 주는 역할을 하기 때문에 가독성이 높습니다.

밝고 귀여운, 젊은 이미지, 봄 유형

봄 유형은 반짝반짝 빛나는 맑은 눈동자를 지니고 있어 밝은 인상의 사람이 많고 풍부한 표정이 매력적이다. 호기심도 왕성하고 활발하며 행동적인 성격으로 사교성도 많아 주위를 밝게 만들어 인기가 많은 유형이다.

Autumn

머스터드 소스와 같은 Yellow는 Brown, Khaki와 잘 어울리며, 특히 피부색을 건강하게 빛나게 한다. 그뿐만 아니라 Gold와 함께 사용하면 화려하면서도 고급스러운 스타일을 연출할 수 있다.

국내 제조 업체에 따른 서체 분류
국내의 서체 제조 업체에서는 각 업체마다 다양하고 독특한 서체를 개발하고 있습니다. 같은 서체라도 제조 업체에 따라 크기나 자간 등 서체의 생김새가 조금씩 다르며 서체 이름 앞에 기호를 표시하여 제조 회사를 표시하기도 합니다. 서체를 사용할 때에는 인쇄나 출력을 원활히 지원하는지의 여부를 확인해야 하며 일반적으로 한컴서체, 신명서체, 산돌체, 한양체 등의 서체가 많이 사용됩니다. 국내의 대표적인 서체는 오른쪽 표와 같습니다.

서체 이름	제조 업체	이름 표시 방법
한컴서체(#서체)	한국컴퓨터그라피	#신명조, #중고딕, #신문명조 등
SM서체(*서체의 업그레이드)	소프트매직	sm신명조, sm중고딕, sm신문명조 등
신명서체(*서체)	소프트매직	*신명조, *중고딕, *신문명조 등
윤서체	윤디자인그룹(www.yoonfont.co.kr)	윤명조, 윤고딕, 윤체 등
산돌서체(@서체)	산돌(www.sandoll.co.kr)	@산돌제비, @산돌개벽, @산돌아트 등
묵향서체(HY서체)	한양정보통신(www.hanyang.co.kr)	HY목판파임, HY깊은샘물, HY선고딕 등

TIP 서체 이름에 표시되는 영문 기호의 의미

서체 이름 뒤에 UL, L, M, UB같은 영문 기호가 붙어 있는데 이것은 서체의 굵기를 표시하는 것입니다.

영문 기호와 의미

영문 기호	의미
UL	Ultra Light 매우 가는 서체
L	Light 가는서체
M	Medium 중간 정도 굵기의 서체
B	Bold 굵은서체
UB	Ultra Bold 매우 굵은 서체

서체 구입 요령과 서체 사용 시 주의 사항
Precautions

PC에 포함되어 있는 기본 서체만으로는 편집 디자인에서 다양한 느낌을 표현하기 어렵습니다. 그러므로 기본 서체 이외에 다양한 서체를 구비해 두면 좀 더 고급스러운 작품을 만들 수 있습니다.

어도비 사의 CC 2022에서는 영어부터 한국어, 일본어, 중국어 등 2만 개 이상의 다양한 언어 폰트를 어도비 크리에이티브 클라우드에서 제공하고 있습니다. 다양한 언어의 글꼴 스타일과 특징을 검색하여 개인적, 상업적 사용이 모두 가능한 폰트를 선택할 수 있으며, 다운로드할 필요 없이 〈활성화〉 버튼만 클릭하면 모든 프로그램에서 사용이 가능합니다.

영문 서체인 경우에는 포스트스크립트를 지원하므로 별도의 출력용 서체를 구입하지 않아도 출력 시에 무리가 없습니다. 그러나 한글 서체를 사용한 경우 출력하려면 반드시 출력용 서체가 준비되어 있어야 합니다. 잉크젯 프린터로 출력할 경우에는 별도의 출력용 서체가 필요하지 않으므로 따로 서체를 구입하지 않아도 됩니다. 그러나 레이저 프린터로 출력할 때에는 출력용 서체가 필요하므로 프린터 구입 시 출력용 서체를 함께 구입할 수도 있습니다. 또한 출력소에서는 대부분의 출력용 서체를 구비하고 있으나 출력 사고를 방지하기 위해서는 미리 출력소에 문의하여 편집 디자이너가 사용하려는 서체가 출력소에 있는지 등의 여부를 확인해야 합니다.

SECTION 14

시선 고정을 위한 헤드라인 구성

편집 페이지에서 제목, 즉 헤드라인은 가장 눈에 띄는 크기와 의미를 가지며 독자들의 시선을 붙잡는 역할을 하는 중요한 요소입니다. 미려한 레이아웃 구조로 디자인된 페이지도 독자들의 시선을 끌게 되지만 잘 만들어진 헤드라인 역시 독자들의 관심을 유발하여 독자 수를 늘리는 역할을 합니다.

헤드라인에 적합한 서체와 크기
Headline Fonts

헤드라인의 타이포그래피 디자인은 적절한 서체를 선택하는 것이 가장 큰 관건입니다. 일반적인 서체보다는 눈에 띄고 디자인이 강조된 서체를 사용함으로써 독자들의 흥미를 유발할 수 있습니다.

헤드라인에 적당한 서체

글자에 마무리 획이 있는 세리프(Serif)체는 일반적으로 가독성이 높은 글자체이지만 헤드라인에는 이러한 세리프체보다 산세리프체를 사용하는 것이 더욱 효과적입니다. 산세리프체 중에서는 다양한 디자인이 가미된 디스플레이체가 많기 때문에 더욱 눈에 들어오는 헤드라인을 만들 수 있습니다.

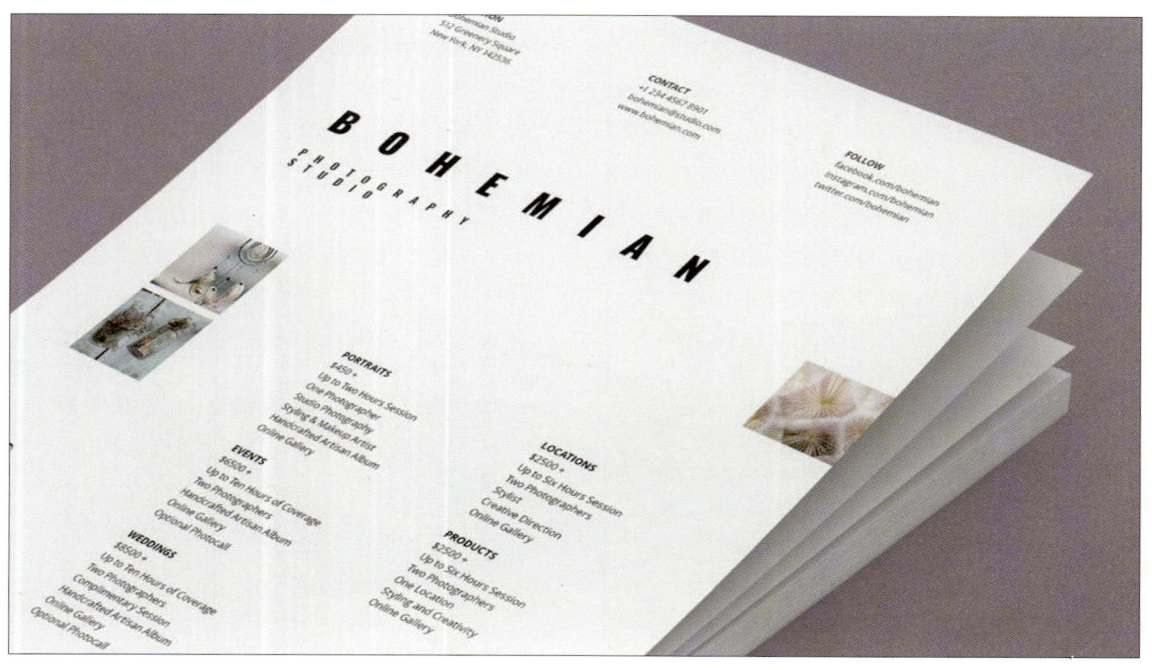

헤드라인의 크기는 본문이나 서브헤드와는 확실히 구별되도록 글자 크기를 크게 설정합니다. 헤드라인에 본문 텍스트보다 약간 더 크거나 굵을 뿐이라면 편집 페이지에서 별다른 흥미를 느낄 수 없을 것입니다. 헤드라인은 다음과 같은 방법으로 선택할 수 있습니다.

방법 1 동종 접근법

본문에 사용한 서체보다 더 크고 굵은 서체를 사용합니다. 전체적으로는 통일적인 느낌을 주지만 헤드라인이 명확하게 강조되지는 않습니다.

고전적이고 우아한 분위기를 전달하고 싶은 경우에는 세리프체를 이용한 동종 접근법을 선택합니다. 반대로 모던한 분위기의 문서를 만들고 싶다면 산세리프체를 이용한 동종 접근법을 선택합니다. 동종 접근법을 사용할 때 적용하는 서체로는 다양한 굵기를 제공하는 서체를 사용하는 것이 좋습니다.

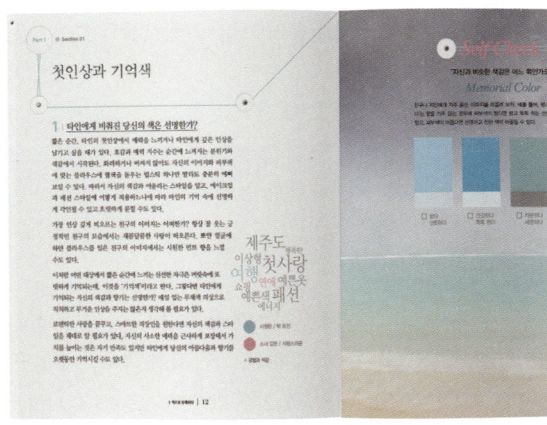

방법 2 이종 접근법

헤드라인의 서체를 본문과 완전히 다른 서체로 지정합니다. 본문에 세리프체(명조체)를 사용했다면 헤드라인에는 산세리프체(고딕체)를 사용하는 것입니다. 헤드라인을 강조하는 일반적인 방법입니다.

방법 3 혼성 접근법

한 서체 안에 세리프체(명조체)와 산세리프체(고딕체)의 특징을 동시에 갖고 있는 스톤(Stone)체와 같은 서체를 사용하거나, 혹은 두 성격의 서체를 혼합하여 사용합니다. 이는

세리프체와 산세리프체의 차이점으로 인해 헤드라인을 본문에 비해 돋보이도록 하며, 크기나 색상을 조합함으로써 헤드라인을 더욱 강조할 수 있습니다.

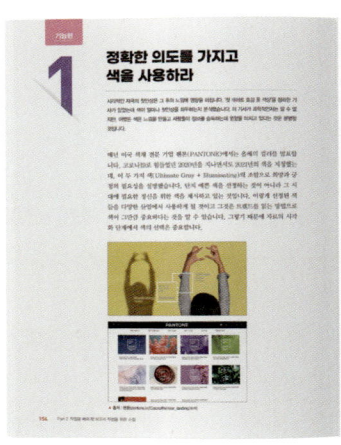

헤드라인의 글자 굵기 설정

헤드라인 서체를 선택할 때에는 글자의 폭과 굵기를 고려해야 하며, 다양한 폭과 굵기를 사용할 수 있는 서체를 사용하는 것이 좋습니다. 같은 이름의 서체라도 볼드체(B)나 울트라 볼드체(UB) 등 보통체보다 더 굵은 서체가 포함된 서체를 선택합니다. 영문 서체의 경우에는 헤비(Heavy) 혹은 블랙(Black) 등의 이름을 붙여 더 굵은 서체로 표시하기도 합니다.

헤드라인에 헤비, 블랙, 울트라 볼드 등의 굵기를 가진 서체를 사용하면 본문과 확실하게 구별되며 페이지에 시각적인 흥미를 더하여 줍니다.

헤드라인의 글자 폭 설정

헤드라인 서체를 설정할 때에는 굵기와 함께 글자 폭을 고려합니다. 대부분의 산세리프체는 수평으로 공간을 적게 차지하도록 글자의 가로 폭을 조정하는데, 이를 장체(컨덴스드 : Condensed)라 하며 인디자인에서는 문자 폭이라 합니다. 가장 좋은 헤드라인은 굵은 굵기의 산세리프체를 선택 후 글자 폭을 조정하는 것입니다. 대부분의 굵은 산세리프체는 강한 인상을 주지만 글자 폭이 넓은 경향이 있으므로 글자의 가로 폭을 줄여서 사용하는 것이 바람직합니다. 글자 폭을 줄인 헤드라인 서체는 그렇지 않은 서체에 비해 공간을 절약할 뿐만 아니라 훨씬 더 강한 인상을 줍니다.

헤드라인의 행 간격과 정렬 방법 선택
Distance & Alignment

헤드라인에 적당한 서체와 크기를 선택한 후에는 행 간격의 정리 방법을 선택합니다. 적절한 행 간격 설정과 정렬 방법 설정은 헤드라인의 강조 효과를 더욱 높여 줍니다.

헤드라인의 행 간격 줄이기
행 간격은 행과 행 사이의 위아래 간격입니다. 헤드라인이 두 줄 이상으로 표시되는 경우에는 행 간격을 줄임으로써 시선을 집중시킬 수 있습니다.

헤드라인 서체는 대부분 굵은 서체이고 크기가 큰 경우가 많기 때문에 행 간격 또한 넓은 경우가 많습니다. 그러므로 행들이 좀 더 가깝게 보이도록 행 간격을 줄이는 것이 좋습니다. 행 간격을 줄이면 공간을 절약하는 효과뿐만 아니라 헤드라인이 시각적으로 통일된 느낌을 줍니다.

헤드라인의 정렬 방법 선택
대부분의 헤드라인은 가운데 정렬을 사용하는 경우가 많습니다. 가운데 정렬은 고전적인 느낌을 주며 조금은 보수적인 느낌이 들기 때문에 형식을 중요시하는 편집물에 사용합니다. 현대의 출판물에는 꼭 가운데 정렬을 고수하지는 않습니다.

헤드라인이 가운데 정렬되어 있으면 여백이 한쪽으로 집중되는 것이 아니라 좌우로 나누어지므로 시선이 분산되게 됩니다. 헤드라인이 오른쪽이나 왼쪽 중 어느 한쪽으로 치우치게 되면 커다란 공백이 생기게 되므로 작은 공백에 비해 더욱 강한 시각적 효과를 줄 수 있습니다. 또한 행의 시작점을 명확히 보여 주며 시선을 자연스레 아래쪽으로 흐르게 만들기 때문에 가운데 정렬보다 효과적입니다.

헤드라인의 정렬 방식을 결정할 때 어떤 방식이 원칙이 될 수는 없습니다. 편집 페이지의 성격에 따라 헤드라인과 본문이 조화를 이루고 헤드라인이 돋보일 수 있도록 올바른 정렬 방법을 선택하는 것은 편집 디자이너의 몫입니다

헤드라인의 글자 간격과 길이 조정
Tracking

한눈에 들어올 정도의 헤드라인의 길이는 독자의 시선을 자연스레 붙잡게 됩니다. 반대로 헤드라인의 길이가 지나치게 길다면 독자의 흥미를 떨어뜨리는 요소가 됩니다. 그러므로 의미를 전달할 만큼의 적당한 길이로 단어를 선택하는 것도 중요하지만 더 이상 단어를 줄일 수 없는 경우에는 자간을 줄임으로써 헤드라인의 길이가 지나치게 길어지는 것을 방지할 수 있습니다.

헤드라인의 길이 조정
헤드라인의 전체적인 글자 간격을 조정할 때에는 '선택 문장 자간 조절' 방법을 사용하며 특정한 두 글자 사이의 간격을 조정할 때에는 '문자쌍 자간 조절' 방법을 사용합니다.

'문자쌍 자간 조절' 방법은 특히 영문 대소문자의 글자 조합에서 중요한 역할을 합니다. T, Y, W 등의 문자가 a, o, e 등과 같이 작은 소문자와 함께 쓰일 때에는 글자 사이의 간격이 다른 글자에 비해 크게 보입니다. 그러므로 이 두 글자 사이의 간격을 조정해 줌으로써 다른 글자 간격과 형평성을 맞추는 것입니다. 비록 글자 간격 차이는 미세할지라도 글자 간격을 조정한 것과 하지 않은 헤드라인은 그 느낌이 다릅니다.

긴 문장의 헤드라인은 행을 나누어 표시
긴 헤드라인은 짧은 것에 비해 읽기가 어렵습니다. 헤드라인이 긴 경우 더 이상 단어를 줄일 수 없다면 길게 표시하는 것보다는 적당한 곳에서 끊어 줄을 바꾸는 것이 효과적입니다. 강제로 줄을 바꾸어 헤드라인의 길이를 조정할 때에는 헤드라인의 의미와 전체적인 헤드라인 모양을 고려하여 적당한 위치에서 끊어 주는 것이 중요합니다.

헤드라인은 보통 하나의 문장으로 이루어지는 것이 일반적이지만 부득이하게 두 개의 문장으로 이루어진다면 강제로 행을 바꾸어 헤드라인의 효과를 높여 줍니다. 이 경우 각 행마다 문장의 글자 크기를 서로 다르게 하면 더욱더 헤드라인을 강조할 수 있습니다.

SECTION 15

독자의 관심을 끌기 위한 서브헤드 구성

전체 텍스트를 그대로 페이지에 구성하는 것보다는 내용에 맞게 잘게 나누어 놓으면
훨씬 보기 좋은 레이아웃이 됩니다. 길고 난해한 텍스트를 짧게 끊어 서브헤드를 붙이면
독자의 관심을 유도할 수 있을 뿐만 아니라 내용을 파악하기도 훨씬 쉽습니다.
이번 섹션에서는 서브헤드를 디자인하는 방법에 대해 알아봅니다.

서브헤드의 서체 선택과 크기 조절
Subhead Font & Size

서브헤드의 목적

서브헤드의 목적은 독자들의 관심을 유도하는 것입니다. 일반적인 인쇄물을
볼 때 관심 없이 지나칠 독자들도 보기 좋게 다듬어진 서브헤드에 따라 내용
에 흥미를 가질 수 있게 되기도 합니다. 긴 텍스트가 나열된 지루한 페이지를
읽는 것보다 짧게 끊어진 텍스트를 읽는 것이 훨씬 빠르며 내용 파악도 쉽기
때문입니다.

서브헤드는 본문 텍스트로의 진입점 역할을 합니다. 내용에 맞게 단락에 맞추
어진 서브헤드는 독자의 주의를 끌기 때문에 반드시 읽게 됩니다. 또한 서브
헤드의 서체가 본문보다 큰 서체 크기로 설정되어 있으면 독자들
의 관심을 끌어 그 주위의 단락까지 읽게 만드는
효과를 가져올 수 있습니다.

서브헤드에 적합한 서체 선택하기

서브헤드는 헤드라인보다 작은 크기의 서체를 사용하며 서체 설정은 동종 접근과 이종 접근의 두 가지 방법으로 설정할 수 있습니다.

1. **동종 접근** : 본문으로 사용된 서체보다 크게 하거나 볼드체를 사용하는 방법으로, 고전적인 느낌이나 우아한 느낌의 레이아웃에 사용됩니다.
2. **이종 접근** : 본문 서체와 뚜렷하게 대비되는 서체를 사용합니다. 즉 세리프체 본문에 산세리프체 서브헤드를 사용하는 것입니다. 이와 같은 방법을 사용할 때에는 서브헤드의 서체를 헤드라인의 서체와 같은 것으로 설정합니다.

서브헤드의 단락 간격과 정렬 방법
Distance & Alignment

서브헤드의 단락 간격

서브헤드를 추가할 때에는 단락 간격에 주의를 기울여야 합니다. 서브헤드와 본문 사이의 간격보다는 서브헤드 위의 간격을 넉넉하게 주는 것이 더 효과적입니다.

서브헤드의 정렬 방법

서브헤드의 정렬 방식은 본문 정렬 방식에 따라 달라집니다. 본문이 왼쪽 정렬로 설정되어 있으면 서브헤드 역시 왼쪽 정렬로, 본문이 오른쪽 정렬이면 서브헤드도 오른쪽 정렬로 설정합니다. 본문이 좌우 정렬로 설정된 경우에는 서브헤드를 가운데 정렬로 설정하면 훨씬 보기 좋습니다.

서브헤드를 강조하는 방법
Emphasis

괘선을 이용한 서브헤드 강조

인디자인에서는 단락에 선을 설정할 수 있습니다. 서브헤드에 괘선을 적용하면 텍스트를 강조하여 내용을 더욱 돋보이게 만듭니다. 또한 서브헤드는 하나의 주제가 시작됨을 알리는 역할을 하므로 선을 이용하여 강조하면 필요한 부분이

한눈에 들어오는 레이아웃이 됩니다.

---

4 │ 메이크업 & 헤어 컬러 스타일링

헤어 스타일과 컬러는 대비색으로 개성 있게

쇼트 컷 등 개성 있고 샤프한 스타일을 추천한다. Black에 가까운 Dark Brown이 좋으며, 특히 Red 계열의 Cool Brown이 스타일리시하고 모던한 인상을 강조한다.

노란빛이 강한 Brown은 피부색을 오히려 노랗게 표현하여 팽창시킬 수 있으므로 주의한다.

사이드 헤드 만들기

서브헤드를 단락의 위쪽에 위치시키지 않고 오른쪽 혹은 왼쪽에 위치시킴으로써 시각적 효과를 높일 수 있습니다. 이와 같은 사이드 헤드는 왼쪽에 좁은 단이 있고 오른쪽에 하나의 텍스트 단이 있는 레이아웃에 효과적으로 사용될 수 있습니다. 사이드 헤드는 오른쪽 혹은 왼쪽 정렬을 사용합니다. 왼쪽 정렬을 할 때에는 본문을 읽을 때 방해되지 않도록 사이드 헤드와 본문이 시각적으로 연결되어 있어야 합니다.

문장의 첫 글자를 내린 대문자로 만들기

영문 문장의 첫 글자를 내린 대문자로 설정한 단락은 첫 단어가 시선을 끄는 역할을 하기 때문에 자연스레 본문으로 시선을 옮기게 만듭니다. 내린 대문자는 서브헤드가 없거나 서브헤드를 삽입할 여유가 없는 곳에 사용하여 단락을 구분하는 역할을 합니다.

다양한 모양의 강조 구문 만들기

강조 구문은 헤드라인이나 서브헤드와는 다르게 본문 중에서 특정 내용을 강조할 때 사용합니다. 강조 구문은 짧고 명확하게 만들어야 하며 최대 3~4줄로 길이에 제한을 두어야 합니다. 또한 헤드라인이나 서브헤드와 잘 어울리게 서체를 설정하고 배치해야 합니다. 강조 구문은 서브헤드와 혼동되지 않도록 단과 단에 걸치는 것보다 한 단에 배치하는 것이 좋습니다.

가독성을 높이기 위한 본문 구성

페이지 구성이 읽기 어렵게 디자인되어 있다면 그 페이지는 독자들이 외면하게 됩니다.
헤드라인과 서브헤드가 잘 구성되어 있더라도 본문의 서체 선택이 잘못되었거나
크기, 행 간격 등의 단락 설정이 잘못되어 있다면 가독성이 떨어집니다.
이번 섹션에서는 본문의 가독성을 높이기 위한 방법을 알아봅니다.

본문에 적절한 서체 선택하기
Text Fonts

본문에는 주로 세리프체(명조체)와 같이 작은 마무리 획이 있는 글자가 주로 사용됩니다. 세리프체와 명조체의 마무리 획이 시선을 다음 글자로 자연스레 넘어가도록 하는 역할을 하기 때문입니다. 세리프체에 비해 사용 빈도는 약하지만 산세리프체(고딕체)가 본문 서체로 사용되기도 하며, 이 경우에는 많은 양의 본문 텍스트보다는 적은 양의 텍스트일 때 적합합니다.

서체 크기 선택하기

본문 서체의 크기는 단의 너비에 따라 달라집니다. 보통 한 단에 26~40개 정도의 글자가 들어가는 것이 읽기 쉬운 형태가 됩니다. 작은 서체 크기의 장문이나 큰 서체의 단문은 가독성을 떨어뜨리므로 피해야 합니다.

본문 서체에 적절한 크기를 설정하려면 여러 번의 설정을 통해 적당한 크기의 포인트 값을 찾아내는 것이 중요합니다. 서체의 종류에 따라 글자 크기가 약간씩 다르기 때문에 서체 종류 선택 후 서체 크기를 0.5 포인트 크기씩 증가시키면서 적당한 크기를 찾아 적용합니다.

올바른 인용 부호와 기호 사용

본문에 올바른 인용 부호와 기호를 사용하면 다른 경우에 비해 돋보일 수 있습니다. 특히 작은 따옴표는 [' '] 표시보다는 [' '] 표시를, 큰따옴표는 [" "] 표시보다는 [" "] 표시를 사용합니다. 또한 적절한 하이픈 설정이 필요하며 저작권 표시, 등록 표시, 등록 번호 표시(ⓒ, ™, ®) 등의 문자는 단어를 사용하는 대신 각 기호를 사용하여 표시하는 것이 효과적입니다.

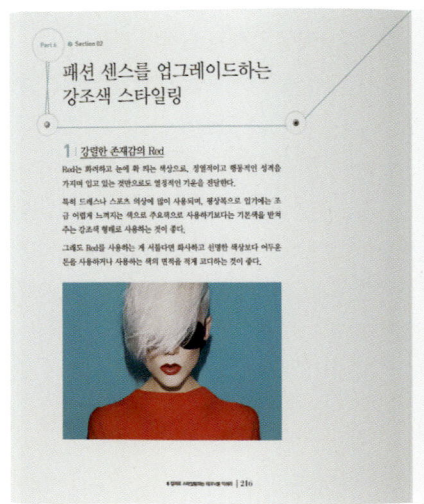

목록을 소개할 때에는 키보드의 별표 표시(*)보다는 특수 문자를 이용하는 것이 더 깔끔해 보입니다.

본문의 단락 설정하기
Paragraph

읽기 쉽게 행간 조절하기
서체와 크기를 설정한 후에는 행간을 조절합니다. 행간은 한 행의 기준선과 다음 행의 기준선 사이의 간격을 말합니다. 줄이 바뀔 때에는 기본적으로 행간이 설정되지만 전체 레이아웃 형태나 디자인 의도, 혹은 본문 텍스트에 적용한 서체의 느낌에 따라 행간을 조절합니다. 행간을 조절할 때에도 몇 번의 시행착오를 거쳐서 적당한 행간 값을 알아내는 것이 중요하며, 0.5 포인트씩 행간을 변화해 가면서 가장 읽기 쉬운 형태의 행간 값을 찾아 적용합니다.

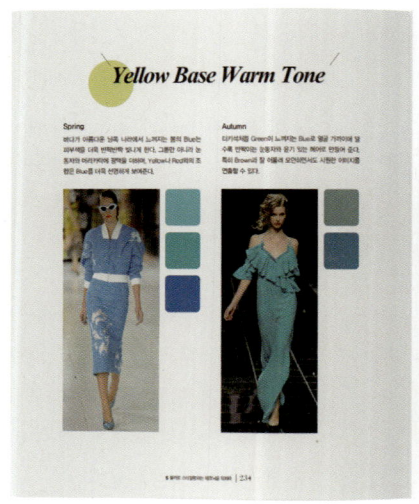 

단락의 정렬 방법 선택하기
본문 텍스트에는 좌측 정렬/우측 정렬이나 좌우 정렬을 사용하는 것이 보통입니다. 본문의 정렬 방법을 결정할 때에는 전체 페이지의 여백과 사용된 이미지의 위치 등을 고려해야 합니다. 영문 텍스트의 경우에는 본문을 좌우 정렬하는 것보다 좌측/우측 정렬하는 것이 읽기 쉬운 형태가 됩니다. 또한 행 간격이나 단의 너비 등을 고려하여 적당한 정렬 방법을 적용합니다.

단락 사이의 간격 설정하기
단락 사이의 간격은 주제별 내용을 명확히 전달하는 역할을 합니다. 단락 간격을 설정할 때에는 키를 눌러 단락 사이의 간격을 띄우는 것보다 단락 속성 대화상자를 이용하여 단락 사이의 간격을 설정하는 것이 정확한 방법입니다. 단락 속성 대화상자를 이용하여 단락 간격을 설정하면 페이지나 단이 넘어갈 때 들여쓰기 등의 설정에 의해 단 간격이 틀어지는 일을 방지할 수 있습니다.

단어, 글자, 문장 간격 조정하기
Adjusting the Distance

본문의 자간 조절
서체 중에는 기본 설정된 글자 간격이 넉넉하여 전체적으로 풀어진 느낌을 주는 서체가 있습니다. 이러한 서체를 적용한 경우에는 인디자인의 선택 문장 자간 조절 기능을 이용하여 전체적인 자간을 줄여야 합니다. 영문 페이지를 편집할 때에는 특정 두 문자 사이의 자간이 넓어 보이는 경우가 생기는데 이런 문자들은 문자쌍 자간 조절을 이용하여 두 글자 사이의 자간을 조절합니다.

좌우 정렬된 단락의 조절
영문 텍스트를 편집할 때에는 특히 자간 설정에 신경 써야 합니다. 좌측/우측 정렬을 하는 경우보다는 좌우 정렬을 할 때 자간의 공백이 생겨 전체 페이지에 불필요한 여백이 생기기 때문입니다. 영문 텍스트를 편집할 때에는 하이픈 설정을 통해 단락에 공간이 생기는 것을 막고 보기 좋은 형태로 디자인합니다.

컬러의 이해

레이아웃 디자인에서 색채를 자유롭게 사용하려면 색의 기본 원리를 알고 있어야 합니다. 색의 표현 방법에는 여러 가지가 있으며, 디자인 의도에 따라 어울리는 색을 찾아내 적용하는 것이 중요합니다. 이번 섹션에서는 컬러의 기본 원리와 배색 방법에 대해 알아봅니다.

모니터용 컬러와 인쇄용 컬러
Monitoring Color & Printing Color

모니터에 표시되는 컬러는 인쇄물에 표시되는 컬러와 다른 체계를 갖습니다. 모니터의 색상 표현 방식과 인쇄기의 색상 표현 방식이 다르기 때문입니다. 레이아웃은 인쇄를 위한 디자인 작업이므로 컬러 작업이 매우 중요합니다. 모니터용 컬러와 인쇄용 컬러인 RGB 컬러와 CMYK 컬러에 대해 알아봅니다.

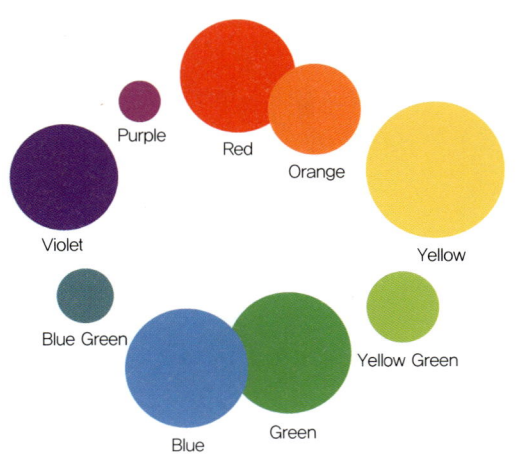

RGB(Red, Green, Blue)
RGB 컬러는 국제 조명 위원회(CIE)에서 정한 컬러 체계로 Red, Green, Blue의 세 가지 색을 조합하여 표현하는 방식입니다. 빨강, 초록, 파랑의 세 가지 색을 0부터 255까지의 농도로 조합하여 모든 색상을 표현할 수 있는데 모니터에서 표현하는 컬러 방식이 바로 이 RGB 방식입니다. 일반적인 RGB 데이터는 출력 방법에 따라 색이 일정하지 않기 때문에 인쇄용 색상 체계와는 차이가 있습니다. RGB 컬러는 색을 혼합할수록 밝은 색상이 만들어지며, 모든 색상을 255의 값으로 혼합하면 흰색이 만들어집니다.

CMYK(Cyan, Magenta, Yellow, Black)
CMYK 컬러는 인쇄할 때의 컬러 체계이며, Cyan, Magenta, Yellow, Black 색을 조합하여 표현하는 방식입니다. 사이언, 마젠타, 노랑, 검정의 네 가지 색을 0부터 100%까지의 농도로 조합하여 인쇄에 필요한 색상을 만들어 냅니다. CMYK 컬러는 색을 혼합할수록 어두운색이 만들어지며 모든 색상을 100%의 값으로 혼합하면 검은색이 만들어집니다. 이론상으로는 모든 색을 100% 값으로 혼합하면 검은색이 만들어지지만 실제 인쇄 기기에서는 이론과 같이 100%의 검은색이 표현되지 않기 때문에 검은색을 추가하여 표현합니다.

RGB와 CMYK 컬러의 차이점
같은 파란색을 적용하더라도 RGB 컬러를 적용하는가 CMYK 컬러를 적용하는가에 따라 상당한 차이가 있습니다. 특히 인쇄물에서는 RGB 컬러가 제대로 표시되지 않기 때문에 레이아웃 작업에서는 CMYK로 설정해야 합니다.

작업 중에 화면상에 표시되는 컬러와 인쇄 후의 출력물의 컬러가 차이 날 수밖에 없는데, 두 가지 컬러의 오차를 줄이기 위해 컬러 견본을 참조하거나 모니터 보정 등의 작업이 필요합니다.

별색

PANTONE, TRUMATCH, TOYO, DIC 등의 이름을 가진 컬러를 별색이라 하며 이러한 색상은 CMYK 방식이 아닌 다른 방식으로 표현된 색상입니다. 레이아웃에 별색을 사용하면 편집물을 출력할 때 별도의 잉크를 사용하게 됩니다. 주로 CMYK로 만들어 낼 수 없는 금색, 은색 등의 컬러나 형광색 컬러를 표시할 때 사용됩니다.

컬러 견본 서적

앞서 알아본 것과 같이 화면에 출력되는 컬러와 인쇄 시 출력되는 컬러에 차이가 있기 때문에 모니터상에서 보이는 색상을 그대로 적용하다가는 낭패를 봅니다. 반드시 컬러 견본 서적을 참조하여 인쇄 시의 컬러를 확인하고 적용해야 합니다. 컬러 견본 서적은 CMYK 컬러 혼합 책자와 분색 책자가 있으며 우리나라에서는 DIC 컬러 차트가 많이 사용됩니다.

색상환

색상환이란 미국의 알버트 먼셀(Albert Munsell)이 1905년에 발표한 색의 체계로 색상, 채도, 명도 등 색의 3속성을 이용하여 표시한 것입니다. 후에 미국 광학회에 의해 개편되어 현재의 먼셀 체계가 정립되었습니다. 색상환은 색의 상호 관계와 기본 구조를 나타내며, 색상환을 제대로 이해한다면 디자인에 어울리는 컬러를 적용할 수 있습니다. 색상환에서 대칭되는 위치에 있는 두 가지 색은 서로 보색의 관계를 가집니다.

배색의 방법

색상환에서 같은 환에 있는 색을 조합하면 색상이 잘 어울리며 배색의 기준이 됩니다. 또한 어떤 색상을 어떤 면적으로 어디에 위치시키는가에 따라 레이아웃의 인상이 달라지게 됩니다. 하나의 페이지에 너무 많은 색상을 사용하면 산만한 느낌을 주며 의도한 것과 다른 구성이 될 수 있기 때문에 지나치게 많은 색상을 사용하는 것은 피합니다. 어떤 색을 사용할지 결정할 때에는 사용되는 사진이나 그림을 고려하여 소재에 어울리게 배색하는 것이 중요합니다.

색의 분류와 배색
Color Classification

레이아웃을 할 때에는 어떤 색상들을 어떻게 조합하여 사용할 것인지가 중요합니다. 사용되는 색상에 따라 페이지의 느낌이 달라지기 때문에 편집물의 목적에 맞는 색상 배합이 필요합니다. 디자인 목적에 가장 근접한 인쇄물을 얻기 위해 컬러 차트에서 제시하는 배색 방법을 사용하는 습관을 들입니다.

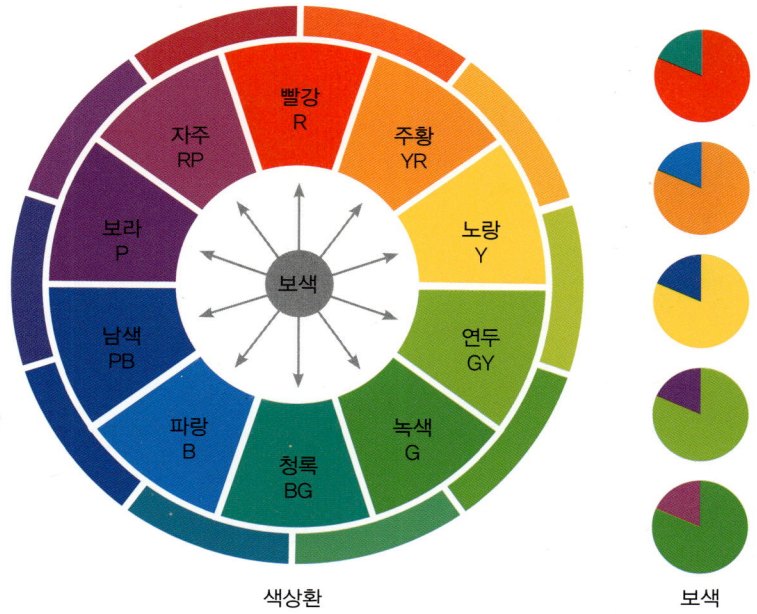

색상환

보색

SECTION 18

편집자가 알아 두어야 할 인디자인 기능

인디자인은 다양한 형태의 페이지 디자인과 레이아웃을 만들고 인쇄, 출력하는 데 적합하게 개발된 편집 프로그램입니다. 편집 디자인 실무 작업을 시작하기 전에 반드시 알아두어야 할 인디자인 핵심 기능에 대해서 살펴봅니다.

인디자인 시작 화면 살펴보기

인디자인을 실행하면 새 문서를 만들거나 최근 사용했던 기존 문서를 불러와 작업이 가능하도록 시작 화면이 나타납니다.

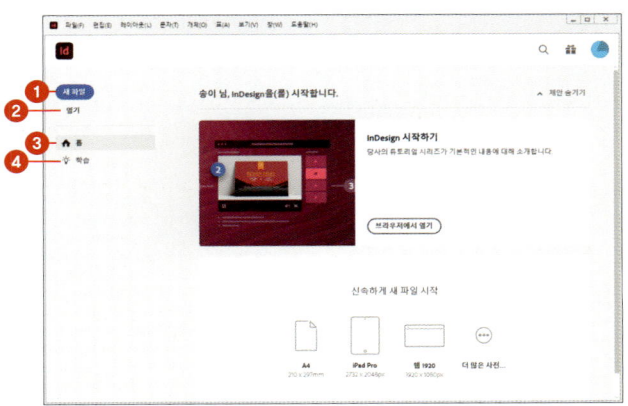
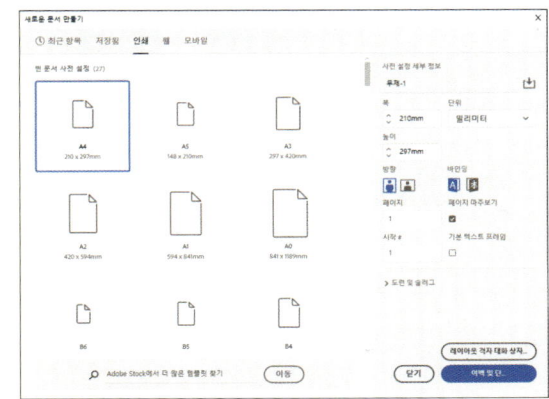

❶ 새 파일 : 문서를 새로 만듭니다.

❷ 열기 : 원하는 문서를 불러옵니다.

❸ 홈 : 최근 문서를 불러오거나 빠르게 지정된 문서를 만듭니다.

❹ 학습 : 인디자인 기능을 배웁니다.

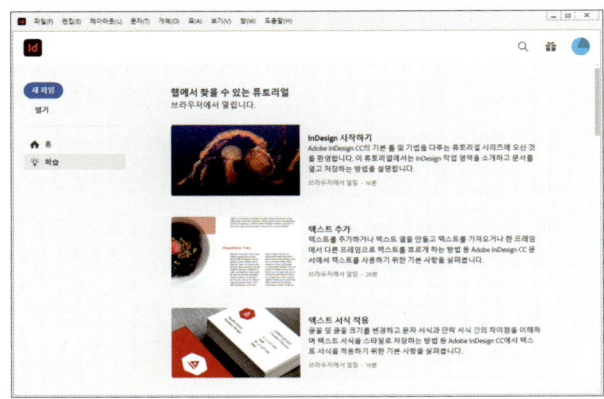

인디자인의 기능을 배울 수 있는 학습 화면 ▶

인디자인 작업 화면 살펴보기

인디자인 작업 화면은 포토샵이나 일러스트레이터와 비슷한 구성을 가지나, 페이지를 효율적으로 디자인할 수 있는 도구와 패널들이 나타납니다. 작업 화면의 구성 요소에 대해 알아보겠습니다.

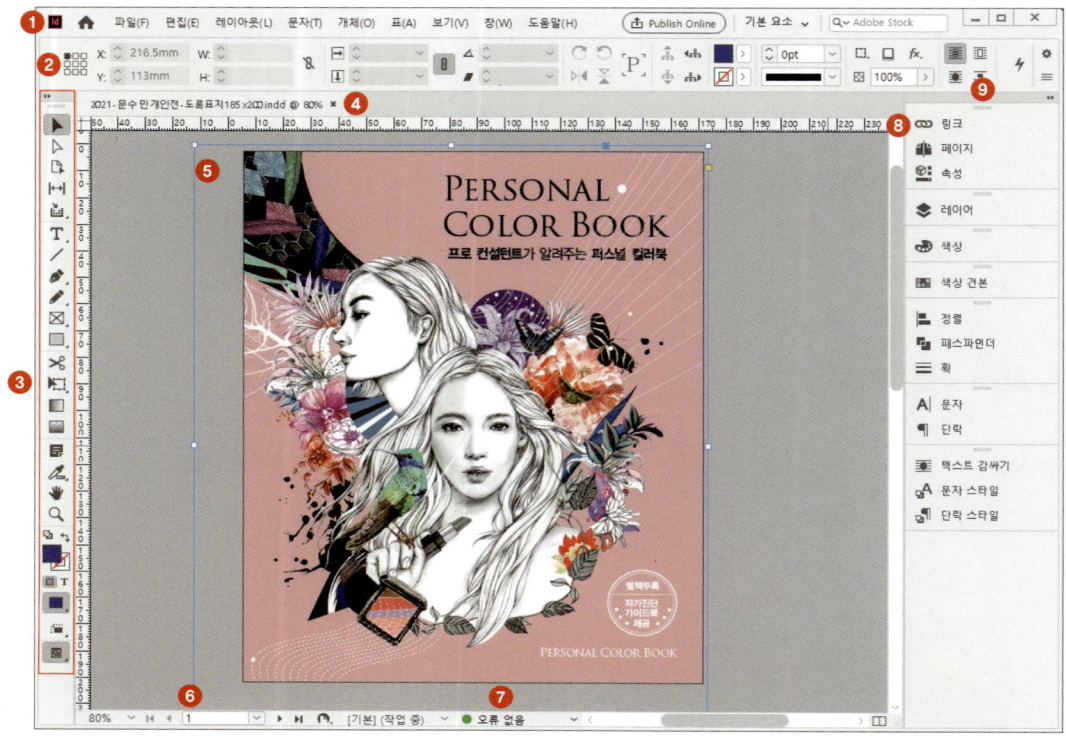

❶ **메뉴 표시줄** : 인디자인의 기본 기능들이 명령으로 나뉘어 있습니다.

❷ **컨트롤 패널** : 선택한 개체에 따라 표시되는 내용이 바뀌며, 도구나 일반 패널을 거치지 않고 바로 옵션을 설정할 수 있습니다.

❸ **도구 패널** : 자주 사용하는 기본 도구들을 아이콘으로 표시하여 간편하게 선택할 수 있습니다.

❹ **제목 표시줄** : 탭 형식으로 열리는 문서의 제목 부분입니다. 제목 표시줄을 드래그하여 각각의 작업창을 분리할 수 있습니다.

❺ **작업 영역** : 작업에 따라 출판되는 문서 영역과 그 외의 부분인 대지 영역으로 구분됩니다.

❻ **페이지 이동** : 페이지를 이동하고, 문서의 다양한 정보를 확인할 수 있습니다.

❼ **프리플라이트** : 문서의 오류를 실시간으로 알려 주며, 오류가 없을 때는 녹색으로 표시됩니다.

❽ **눈금자** : 정밀한 작업을 위해 안내선을 만들고 프레임과 개체의 위치를 지정할 수 있습니다. 눈금자에서 마우스 오른쪽 버튼을 클릭하여 표시되는 메뉴에서 단위를 선택해 변경할 수 있습니다. 메뉴에서 (**보기**) → **눈금자 표시**를 실행하거나 [Ctrl] +[R]을 눌러 표시할 수 있습니다.

❾ **패널 고정 영역(Dock)** : 그룹별로 분류되어 있는 패널들입니다. 원하는 패널을 드래그하여 그룹에서 분리 및 변경할 수 있습니다.

작업 영역 살펴보기

인디자인 문서에 표시되는 여백과 단 외에 기본 안내선과 영역에 대한 표시가 나타납니다. 작업 문서의 구성과 각각의 용도에 대해 알아보겠습니다.

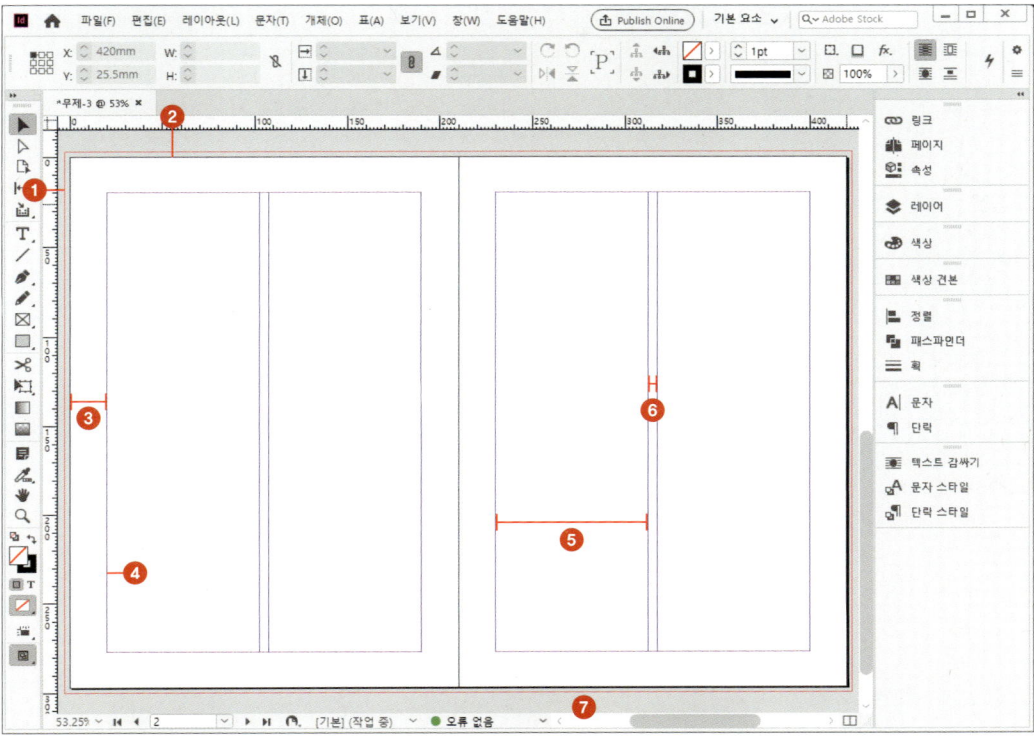

① **도련(Bleed)** : 인쇄 시 재단할 때 생기는 오차를 막기 위한 여유 작업 안내선입니다. 보통 3~5mm 정도를 권장하며 인디자인 기본 설정에서는 빨간색 안내선으로 3mm로 설정되어 있습니다.

② **문서(Document)** : 실제로 작업하여 출력할 영역이며 설정한 문서 크기대로 나타납니다.

③ **여백(Margin)** : 문서 외곽에 중요한 요소를 배치할 경우 재단 시 잘리거나 사용자 눈에 띄지 않을 수 있으므로 상황에 따라 설정합니다. 인디자인에서는 기본적으로 상하좌우 20mm로 설정되어 있습니다.

④ **판면** : 한 페이지 지면에서 상하좌우 및 행간 등과 같은 모든 여백을 제외하고 실제로 문자나 도판이 앉혀지는 부분입니다.

⑤ **열(Column)** : 1열, 2열, 3열 등 레이아웃에 따라 설정합니다. 2열로 설정하면 판면은 2단으로 구성됩니다.

⑥ **단 간격** : 단 사이의 간격입니다.

⑦ **대지** : 문서를 제외한 부분으로 인쇄되지 않아 자유롭게 여러 요소를 두고 사용할 수 있습니다. 최종 작업을 마무리할 때에는 삭제하거나 정리하는 것이 좋습니다.

알아 두면 유용한 환경 설정

인디자인 작업 전에 알아 두면 좋은 환경 설정이 있습니다. 효율적인 작업을 위해 각자에 맞는 환경 설정법을 터득한다면 작업이 훨씬 편리해집니다.

환경 설정은 기본적으로 문서를 열거나 만들지 않은 상태에서 합니다. 만약 문서를 만든 상태에서 환경 설정을 하면 해당 문서에만 환경 설정이 적용되고, 이후에 만들어지는 모든 문서에는 환경 설정이 적용되지 않습니다.

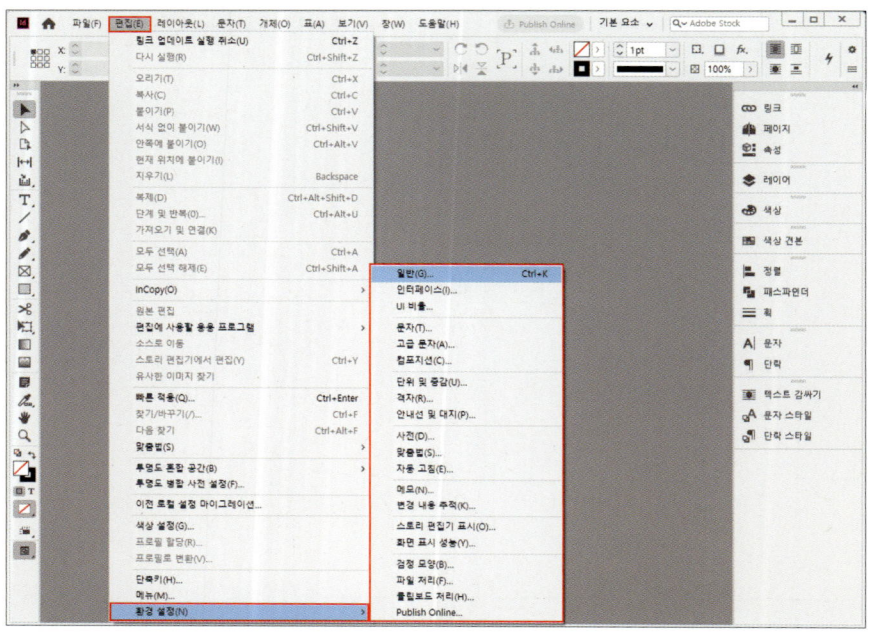

▲ [편집] → 환경 설정에서 원하는 메뉴를 실행하여 환경 설정을 할 수 있습니다.

시작 화면 감추기

인디자인을 실행하면 제일 먼저 표시되는 시작 화면이 거추장스럽게 느껴진다면 **[편집] → 환경 설정 → 일반**([Ctrl]+[K])을 실행하여 표시되는 환경 설정 대화상자의 '일반'에서 '문서를 열지 않을 때 홈 화면 표시'를 체크 해제합니다.

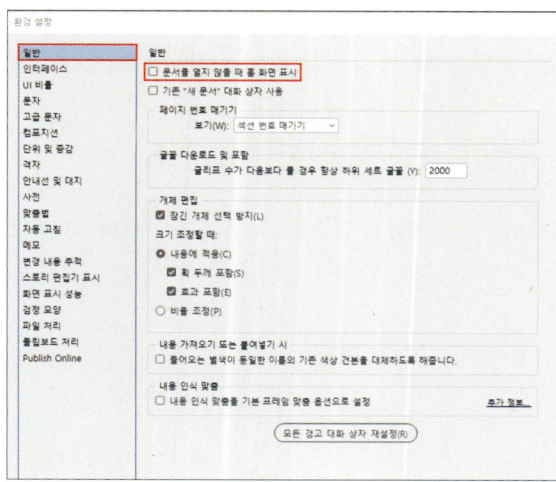

◀ '문서를 열지 않을 때 홈 화면 표시'를 체크 해제

▲ 시작 화면이 표시된 경우

▲ 시작 화면이 표시되지 않은 경우

작업 화면 색 조절하기

인디자인을 처음 실행하면 어두운 화면이 기본으로 나타납니다. 가독성을 위해 인터페이스의 환경 설정에서 가장 밝은 화면으로 밝기를 조절해 봅니다.

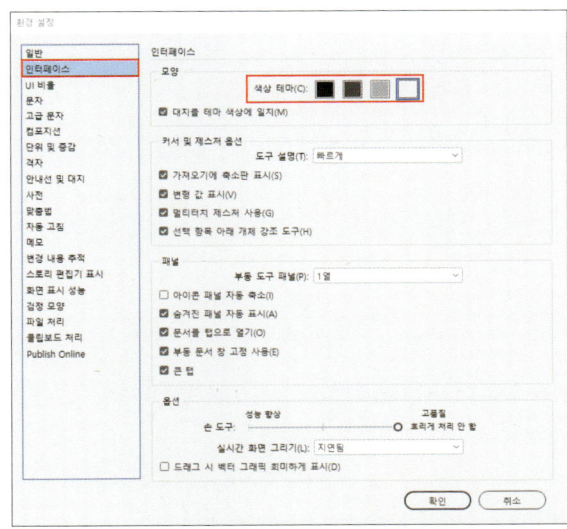

◀ 색상 테마에서 색상 선택

▲ 어두운 색상의 작업 화면

▲ 밝은 색상의 작업 화면

문자 탭 환경 설정하기

메뉴에서 (편집) → 환경 설정 → 문자를 실행하거나 환경 설정 대화상자에서 '문자'를 선택한 다음 다음과 같은 두 항목을 체크 표시합니다.

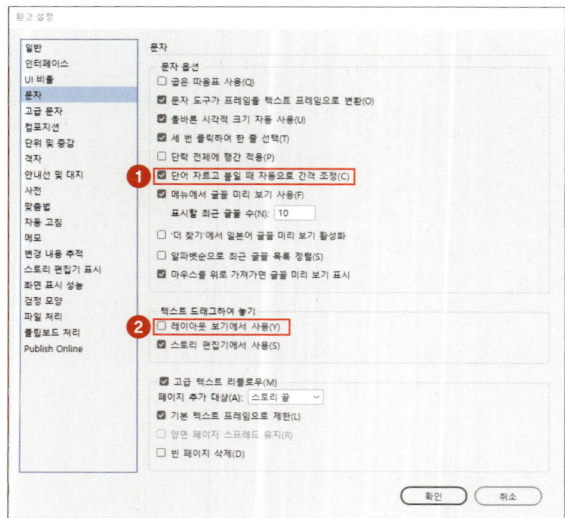

❶ 단어 자르고 붙일 때 자동으로 간격 조정 : 어떤 단락에서 단어를 추가하거나 삭제할 때, 단락 구간에 공백이 많거나 너무 없을 경우 자동으로 조절이 되는 옵션입니다.

❷ 레이아웃 보기에서 사용 : 이동/복사를 원하는 텍스트를 선택 후 드래그하면 다른 텍스트 프레임 위에 이동/복사가 가능합니다.

작은 문자도 보이게 하기

메뉴에서 (편집) → 환경 설정 → 화면 표시 성능을 실행하거나 환경 설정 대화상자에서 '화면 표시 성능'을 선택합니다. '다음 크기 이하일 때 흐리게 처리'에 문자 크기를 입력하여 설정할 수 있습니다.

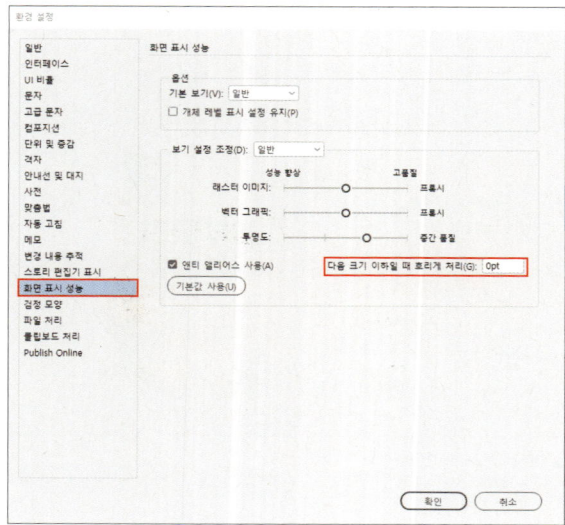

▲ 문자가 흐릿하게 처리된 경우

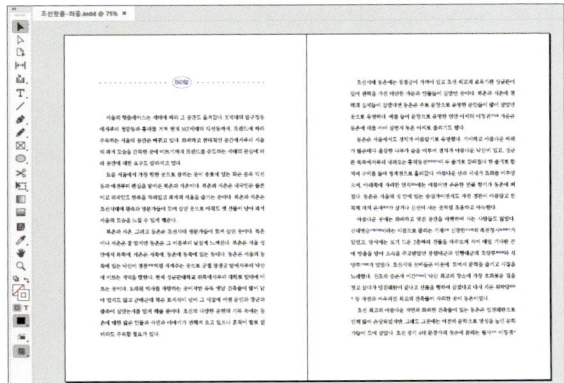

▲ 작은 문자도 모두 보이는 경우

환경 설정 초기화하는 방법

환경을 설정하다 보면, 의도하지 않은 설정을 하게 될 수도 있습니다. 이럴 때는 인디자인의 환경 설정을 초기화할 수도 있습니다.

① 인디자인을 실행합니다.

② 로고 창이 표시되기 전에 Ctrl + Alt + Shift 를 누릅니다.

③ 환경 설정 파일 삭제 여부를 묻는 대화상자가 표시되면 〈예〉 버튼을 클릭합니다.

④ 환경 설정이 초기화됩니다.

정밀한 조절을 위한 수정하기

메뉴에서 (**편집**) → **환경 설정** → **단위 및 증감**을 실행하거나 환경 설정 대화상자에서 '단위 및 증감'을 선택합니다. 키보드 증감에서 기준선 이동, 크기/행간, 커닝/자간을 기본 설정 값보다 적게 설정하면 좀 더 정밀하고 세밀하게 폰트 조정이 가능해집니다.

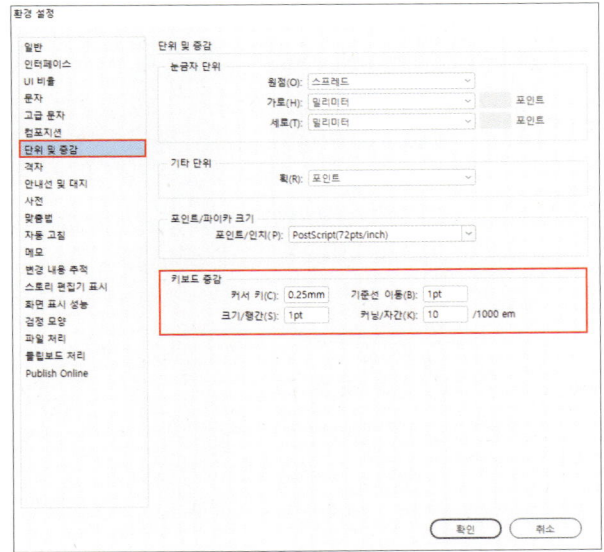

자주 쓰는 도구 익히기

도구 패널은 자주 사용하는 인디자인 명령을 아이콘 형태로 모은 패널입니다. 도구를 선택하여 원하는 기능을 바로 이용할 수 있습니다. 여기서는 각 도구의 명칭과 활용 방법에 대해 알아보겠습니다.

도구 패널 한눈에 보기

인디자인을 실행한 다음 파일을 열면 화면 왼쪽에 도구 패널이 표시됩니다. 도구 패널은 자유롭게 이동하여 움직일 수 있으며 도구 오른쪽 하단에 작은 삼각형이 표시된 도구를 길게 클릭하면 숨은 도구들이 나타납니다.

도구 위에 커서를 위치시켰을 때 나타나는 도구별 단축키를 익히면 작업이 편리해집니다.

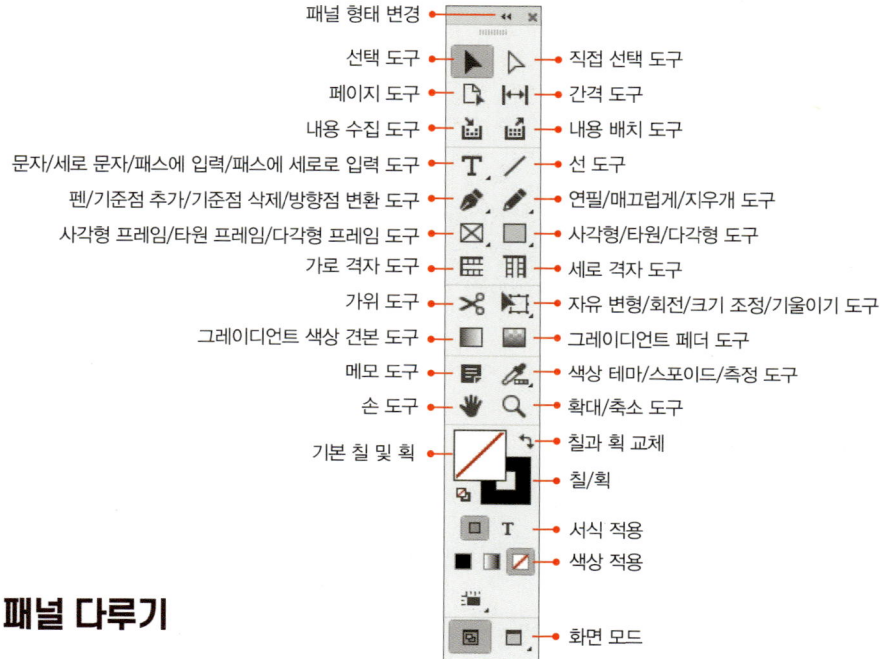

패널 형태 변경	
선택 도구	직접 선택 도구
페이지 도구	간격 도구
내용 수집 도구	내용 배치 도구
문자/세로 문자/패스에 입력/패스에 세로로 입력 도구	선 도구
펜/기준점 추가/기준점 삭제/방향점 변환 도구	연필/매끄럽게/지우개 도구
사각형 프레임/타원 프레임/다각형 프레임 도구	사각형/타원/다각형 도구
가로 격자 도구	세로 격자 도구
가위 도구	자유 변형/회전/크기 조정/기울이기 도구
그레이디언트 색상 견본 도구	그레이디언트 페더 도구
메모 도구	색상 테마/스포이드/측정 도구
손 도구	확대/축소 도구
기본 칠 및 획	칠과 획 교체
	칠/획
	서식 적용
	색상 적용
	화면 모드

인디자인 패널 다루기

작업 영역 오른쪽에 위치한 주요 패널은 드래그하여 이동할 수 있으며, 기본적으로 표시된 패널 이외에 메뉴의 (창)에서 원하는 패널 명령을 실행하여 표시하거나 숨길 수 있습니다. 작업에 따라 필요한 기본 패널 및 컨트롤 패널을 이용해 편리하게 작업해 보세요.

패널 표시하고 작업 영역 저장하기

필요한 패널은 (창) 메뉴에서 실행할 수 있으며, 해당 패널 단축키를 눌러도 표시됩니다.

필요한 패널이 표시된 상태에서 작업 영역을 저장하려면 (창) → **작업 영역** → **새 작업 영역**을 실행합니다.

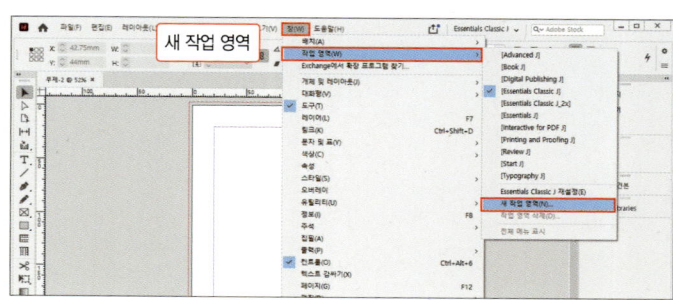

패널 확장/축소하기

패널 오른쪽 상단에 '패널 확장(▶▶)' / '아이콘으로 축소(◀◀)' 아이콘을 이용하면 패널
을 확장 또는 축소할 수 있습니다.

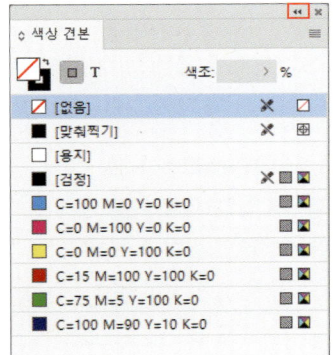

TIP   버전에 따라 축소된 패널이 아이콘 형식으로
표시될 수도 있습니다.

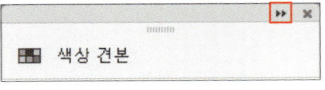

▲ 축소된 색상 견본 패널   ▲ 확대된 색상 견본 패널

패널 묶기/분리하기

패널 상단을 드래그하면 한 묶음으로 묶거나 붙
일 수 있으며, 인디자인 작업 화면 왼쪽이나 오
른쪽에도 붙일 수도 있습니다.

패널 묶음에서 패널 제목 탭을 드래그하면 분리
할 수 있습니다.

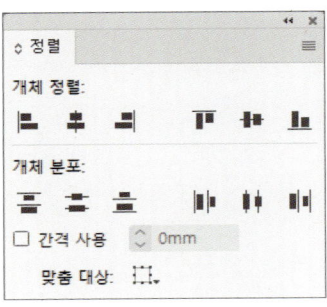

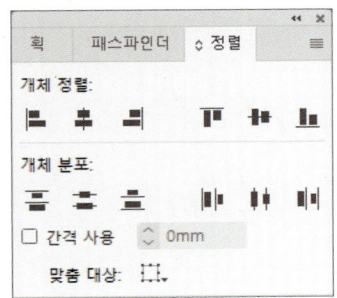

▲ 묶인 패널

패널 메뉴 사용하기

'패널 메뉴' 아이콘(☰)을 클릭하면 패널 관련 메뉴가 표
시됩니다. 메뉴를 통해 각 요소 또는 패널과 관련된 세부
설정을 할 수 있습니다.

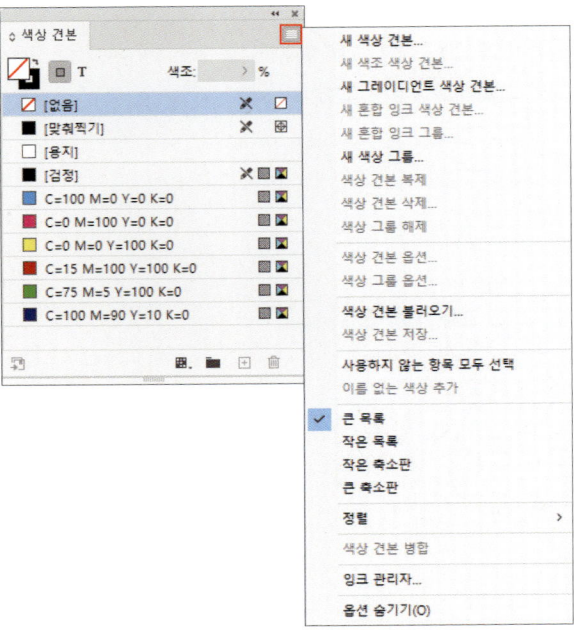

인디자인 주요 패널

인디자인을 효율적으로 사용하기 위해서는 패널의 종류와 기능에 대해 잘 알아 두고, 이를 적극적으로 활용할 수 있어야 합니다. 주요 패널들의 기능들을 살펴보고 작업의 능률을 높일 수 있도록 합니다.

1. 페이지 패널(🖼, F12)

페이지 삽입, 이동, 수정 및 마스터 페이지, 대체 레이아웃 생성 작업 등을 할 수 있습니다

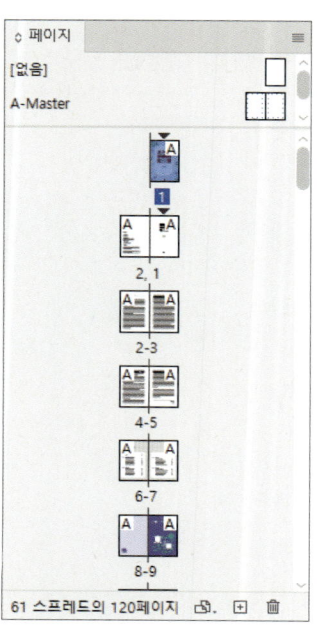

2. 색상 견본 패널(▦, F5)

색상 패널에서 색상을 만들어 저장할 수 있습니다. 기존 디자인 문서 또는 일러스트레이터, 포토샵의 색상 목록 등을 가져와 색상 견본 목록으로 지정할 수 있습니다.

3. 색상 패널(🖌, F6)

칠과 획에 관한 색상 값을 슬라이더로 조정하거나 직접 수치를 입력해 설정할 수 있습니다.

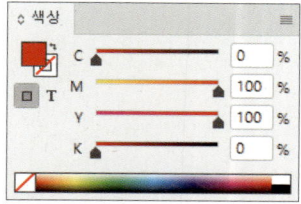

4. 링크 패널(🔗, Ctrl+Shift+D)

문서에 연결된 개체의 정보를 확인할 수 있습니다. 또한 연결된 개체를 관련 프로그램에서 수정 및 편집할 수 있습니다.

5. 획 패널(☰, F6)

획에 대한 옵션을 설정, 변경할 수 있습니다. 두께와 끝 모양, 화살표 모양 등을 설정할 수 있고 두께에 따른 정렬 방식도 변경할 수 있습니다.

6. 문자 패널(Ａ, Ctrl + T)

입력한 문자를 선택하여 글꼴 크기, 자간, 행간, 스타일, 위 첨자, 아래 첨자 등을 설정할 수 있습니다.

7. 단락 패널(¶, Ctrl + Alt + T)

단락 정렬, 문단 간격, 들여쓰기, 단락 시작 높이, 문자 높이 등을 설정할 수 있습니다.

8. 정렬 패널(▦, Shift + T)

개체를 정렬할 때 사용합니다. 자동 정렬하거나 직접 수치를 입력하여 특정 간격으로 정렬할 수 있습니다.

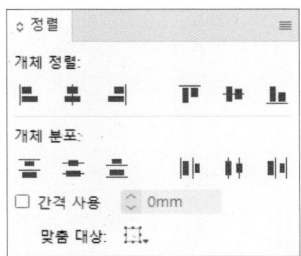

9. 패스파인더 패널(▦)

겹친 개체를 합치거나 빼서 변형하거나, 패스 모양 또는 기준점 형태를 변경할 때 사용할 수 있습니다.

10. 텍스트 감싸기 패널(▦, Ctrl + Alt + W)

텍스트 주변의 여백이나 다른 개체와의 배치를 설정할 수 있습니다.

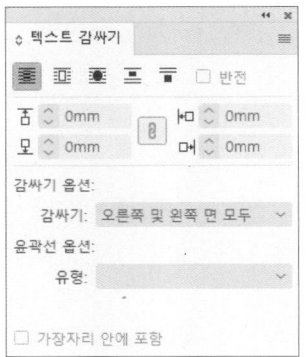

11. 문자 스타일 패널(🔠, Shift+F11)

문자에 적용할 스타일 목록을 만들고 관리할 수 있습니다.

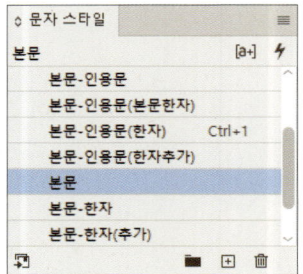

12. 단락 스타일 패널(🔠, F11)

단락에 적용할 스타일 목록을 만들고 관리할 수 있습니다.

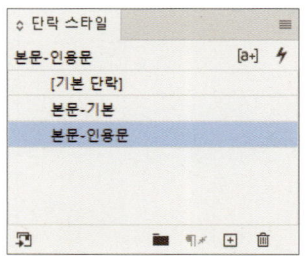

개체 컨트롤 패널

프레임이나 개체를 선택했을 때 표시됩니다.

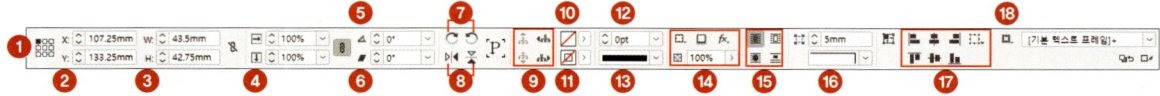

① **참조점** : 값이 적용되는 기준점을 지정합니다.

② **X/Y 위치** : 눈금자의 원점을 기준으로 선택한 개체의 X, Y 좌표로 위치를 설정합니다.

③ **W/H** : 폭과 높이를 설정합니다.

④ **X/Y 비율** : 가로와 세로 비율을 % 단위로 설정합니다.

⑤ **회전 각도** : 회전 각도를 설정합니다.

⑥ **기울이기 X 각도** : 기울이기 각도를 설정합니다.

⑦ **90° 회전** : 시계 방향 또는 시계 반대 방향으로 90° 회전 시킵니다.

⑧ **뒤집기** : 가로 또는 세로로 뒤집습니다. 또한 현재 개체의 뒤집어진 상태를 알려 줍니다.

⑨ **개체 선택** : 컨테이너 또는 내용, 이전 개체 또는 다음 개체를 선택합니다.

⑩ **칠** : 개체의 칠 색상을 지정합니다.

⑪ **획** : 개체의 선 색상을 지정합니다.

⑫ **선 두께** : 선 두께를 설정합니다.

⑬ **선 스타일** : 실선, 점선과 같은 선 모양을 설정합니다.

⑭ **개체에 효과 적용, 그림자, 선택한 대상에 개체 효과 추가, 불투명도** : 그림자, 불투명도와 같은 효과를 바로 적용할 수 있습니다.

⑮ **텍스트 감싸기** : 텍스트 감싸기의 형태를 지정합니다.

⑯ **모퉁이 옵션** : 개체의 모퉁이 모양을 지정합니다. Alt를 누른 상태로 클릭하면 모퉁이 옵션 대화상자가 표시됩니다.

⑰ **정렬** : 다수의 개체를 손쉽게 정렬할 수 있습니다.

⑱ **프레임 속성** : '[없음]'으로 지정하여 프레임 속성을 없애거나 그래픽, 텍스트 또는 격자 속성으로 변경할 수 있습니다. 아이콘을 클릭하여 속성을 없애거나 '재정의 지우기' 아이콘(🔳)을 클릭하여 재정의를 빠르게 지웁니다.

TIP 선을 선택한 다음에는 컨트롤 패널의 L을 이용하여 선 길이를 설정할 수 있습니다.

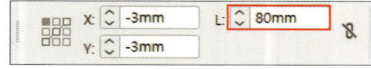

문자 컨트롤 패널 살펴보기

문자 도구(T)를 선택한 상태에서 '문자 서식 컨트롤' 아이콘(字)이 활성화되어 있을 때 표시됩니다.

❶ **글꼴** : 글꼴을 지정합니다.

❷ **글꼴 크기** : 글꼴 크기를 설정합니다.

❸ **행간** : 글줄 사이 간격을 설정합니다.

❹ **글꼴 스타일** : 글꼴 스타일이 있는 글꼴의 경우 스타일을 지정합니다.

❺ **기준선 이동** : 선택한 문자를 위, 아래로 이동합니다.

❻ **문자 변경** : 모두 대문자, 작은 대문자, 위 첨자, 아래 첨자, 밑줄, 취소선을 적용합니다.

❼ **세로/가로 비율** : 문자의 세로와 가로 비율을 % 단위로 설정합니다.

❽ **커닝** : 선택된 특정한 글자 사이 간격을 조정합니다.

❾ **자간** : 글자 사이 간격을 일괄적으로 조정합니다. 수치가 클수록 글자 사이 간격이 넓어집니다.

❿ 비율 간격 : CJK 컴포지션 옵션으로 문자에 비율 간격을 적용하면 문자 주변 간격이 비율에 맞게 압축됩니다. 단, 문자의 세로 비율과 가로 비율은 변경되지 않고 그대로 유지됩니다.

⓫ **셀에 정렬** : CJK 컴포지션 옵션으로 셀을 정렬하여 지정한 격자 문자에 대해 텍스트를 균등 배치할 수 있습니다.

⓬ **문자 앞/뒤 자간** : CJK 컴포지션 옵션으로 문자 앞 또는 뒤에 추가할 간격을 선택합니다.

⓭ **문자의 획/칠** : 획 또는 문자에 색상을 적용합니다.

⓮ **문자 스타일** : 문자 스타일을 선택하거나 문자 회전을 활성화할 수 있습니다.

⓯ **문단 정렬** : 왼쪽 맞춤, 오른쪽 맞춤 등과 같은 문단 정렬을 지정합니다.

⓰ **들여쓰기 옵션** : 들여쓰기, 내어쓰기 등의 수치를 설정합니다.

단락 컨트롤 패널 살펴보기

문자 도구(T)를 선택한 상태에서 '단락 서식 컨트롤' 아이콘(段)이 활성화되어 있을 때 표시됩니다.

❶ **문단 정렬** : 왼쪽 정렬, 오른쪽 정렬 등과 같은 문단 정렬을 지정합니다.

❷ **들여쓰기 옵션** : 들여쓰기, 내어쓰기 등의 수치를 설정합니다.

❸ **줄에 정렬** : 줄 간격을 자동 또는 수치로 설정합니다.

❹ **이전/이후 공백** : 선택한 단락의 앞/뒤 단락 사이 공백을 설정합니다.

❺ **단락 시작표시문자 높이(줄 수)** : 선택한 단락의 첫 번째 문자 높이를 설정합니다.

❻ **단락 시작표시문자 수** : 선택한 단락 중에 문자 높이(줄 수)를 적용할 문자 수를 설정합니다.

❼ **글머리 기호/번호 매기기 목록** : 선택된 문자의 단락 앞에 기호/번호를 매깁니다.

❽ **금칙 세트** : 줄의 처음 또는 끝에 배치할 수 없는 문자를 금칙 문자라고 합니다. 미리 설정된 한국어 금칙 세트를 사용하거나 새로운 금칙을 만들어 적용할 수 있습니다.

❾ **자간 세트** : 글자나 기호와 글자 간격을 미리 설정한 세트로 지정할 수 있습니다.

❿ **음영/테두리** : 음영과 테두리를 지정하고 색상을 적용합니다.

⓫ **단락 스타일** : 단락 스타일이나 스토리 방향을 선택할 수 있습니다.

⓬ **열 수/열 확장/간격/가로 커서 위치** : 단의 개수와 단 간격 등을 바로 수정할 수 있습니다.

표 컨트롤 패널 살펴보기

문자 도구(T)를 선택한 상태에서 텍스트 프레임에 삽입된 표를 선택했을 때 표시됩니다.

① 표 문자 정렬 : 선택된 셀의 문자를 셀 높이에서 위쪽 정렬, 가운데 정렬, 아래쪽 정렬, 세로로 균등 배치를 설정합니다.

② 쓰기 방향 : 셀 안에서 입력된 문자 쓰기 방향을 가로 또는 세로로 지정합니다.

③ 행/열 수 : 선택된 표의 행/열 수를 설정합니다.

④ 셀 병합/해제 : 셀을 병합하거나 해제합니다.

⑤ 획과 칠 : 표나 선의 색상을 지정합니다.

⑥ 선 두께 : 선 두께를 설정합니다.

⑦ 선 스타일 : 실선, 점선과 같은 선 모양을 지정합니다.

⑧ 표의 선 선택 : 표에서 조절하려는 선을 선택할 수 있습니다.

⑨ 셀/표 스타일 : 새 셀/표 스타일을 만들거나 셀/표 스타일을 지정할 수 있습니다.

⑩ 행 높이 : 셀 높이를 설정합니다.

⑪ 열 폭 : 셀 폭을 설정합니다.

⑫ 셀 속성 : 셀의 내부 여백을 설정합니다.

페이지 컨트롤 패널

페이지 도구(🗔)를 선택했을 때 표시됩니다.

① 페이지 크기 : 페이지를 정해진 판형 크기로 변경하거나 X/Y 위치, 폭과 높이를 설정합니다.

② 페이지 방향 : 가로 또는 세로로 페이지 방향을 지정합니다.

③ 유동적 페이지 규칙 : 페이지 크기를 조절할 때 페이지 내부 개체들의 레이아웃 규칙을 설정할 수 있습니다.

④ 페이지와 함께 개체 이동 : 페이지의 Y 위치를 변경할 때 그 안의 개체들도 함께 이동할 것인지 선택합니다.

⑤ 마스터 페이지 오버레이 표시 : 페이지 크기를 조절할 때 해당 마스터 페이지 크기를 보려면 선택합니다.

새 문서 만들기

인디자인에서 편집 디자인 작업을 하려면 먼저 새 문서를 만들거나 저장된 문서를 열어야 합니다. 인디자인의 다양한 새 문서 설정 항목에 대해 알아봅니다.

새 문서 대화상자 살펴보기

〔파일〕 → 새로 만들기 → 문서(Ctrl+N)를 실행하면 새로 만들기 문서 대화상자가 표시됩니다.

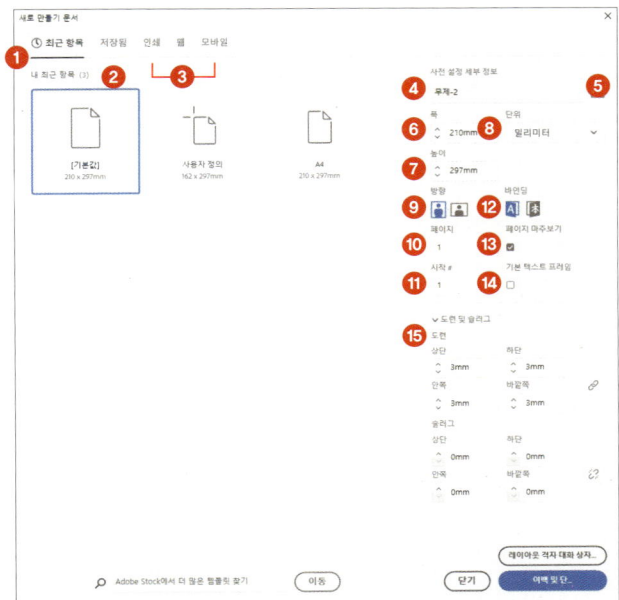

Tip 버전과 운영체제에 따라 새로 만들기 문서 대화상자의 형태가 다를 수 있습니다.

❶ **최근 항목** : 다운로드한 템플릿을 포함하여 최근 사용한 문서 설정대로 새 문서를 만들 수 있습니다.

❷ **저장됨** : 다운로드한 템플릿을 포함하여 저장된 설정으로 새 문서를 만들 수 있습니다.

❸ **인쇄/웹/모바일** : 매체에 따라 기본 설정이 변경되며 알맞은 템플릿이 나타납니다.

❹ **문서 이름** : 문서의 이름을 입력하여 지정합니다.

❺ **문서 사전 설정 저장** : 나중에 사용할 수 있도록 아이콘을 클릭하여 바로 문서 설정을 저장할 수 있습니다.

❻ **폭** : 문서의 가로 크기를 설정합니다. 여기서 문서 크기는 재단 후에 나타나는 최종 크기를 말합니다.

❼ **높이** : 문서의 세로 크기를 설정합니다.

❽ **단위** : 여러 단위 중에서 지정할 수 있습니다. 인쇄용 작업에는 밀리미터(mm), 웹 작업에는 픽셀(px)로 지정합니다.

❾ **방향** : 문서 방향을 가로 또는 세로로 지정합니다. 설정한 문서 크기에 따라 자동으로 지정됩니다. 높이 값을 더 크게 설정하면 세로로 지정됩니다. 폭 값을 더 크게 설정하면 가로로 지정됩니다. 선택되지 않은 아이콘을 클릭하면 높이와 폭이 자동으로 전환됩니다.

❿ **페이지** : 새 문서에서 만들 페이지 수를 설정합니다.

⓫ **시작 #** : 시작 페이지 번호를 설정합니다. '페이지 마주 보기'에 체크 표시한 다음 시작 페이지 번호를 짝수로 설정하면 첫 페이지는 두 페이지짜리 스프레드가 됩니다.

⓬ **바인딩** : 문서의 묶음 방향을 지정합니다. 기본 설정은 '왼쪽에서 오른쪽(▣)'입니다. 만약 '오른쪽에서 왼쪽으로(▣)'로 지정하면 페이지 패널의 페이지 번호가 오른쪽에서 왼쪽으로 추가됩니다.

⑬ **페이지 마주보기** : 체크 표시하면 책 형태의 양쪽 문서로 설정됩니다. 포스터처럼 한 페이지만 작업하려면 '페이지 마주보기'의 체크 표시를 해제합니다. 문서를 만든 후 페이지 패널을 이용하여 세 페이지 이상의 스프레드를 만들 수 있습니다.

⑭ **기본 텍스트 프레임** : 마스터 페이지에서 기본 텍스트 프레임을 추가하려면 체크 표시합니다. 새 마스터 페이지를 적용하려면 기본 텍스트 프레임은 자동으로 새 마스터 페이지의 기본 텍스트 프레임으로 이어집니다.

⑮ **도련 및 슬러그** : 팝업 아이콘(▶)을 클릭하여 항목을 나타냅니다. 도련은 인쇄 시 재단할 때 생기는 오차를 막기 위한 여유 작업 안내선으로 보통 3~5mm 정도 설정하기를 권장합니다. 인디자인의 기본 설정에서는 빨간색 안내선이며 3mm로 설정되어 있습니다.

슬러그는 재단 시 잘리는 영역입니다. 도련 또는 슬러그 영역을 모든 면에서 균일하게 확장하려면 '모든 설정 동일하게 만들기' 아이콘(🔗)을 클릭합니다.

TIP 스프레드는 책이나 잡지를 펼치면 표시되는 양쪽처럼 함께 표시되는 페이지 세트입니다. 설정을 기본 값으로 두거나 원하는 대로 설정한 다음 〈여백 및 단〉 버튼을 클릭합니다.

문서 크기 변경하기

메뉴에서 [**파일**] → **문서 설정**(Ctrl+Alt+P)을 실행하면 페이지 크기를 바꿀 수 있습니다.

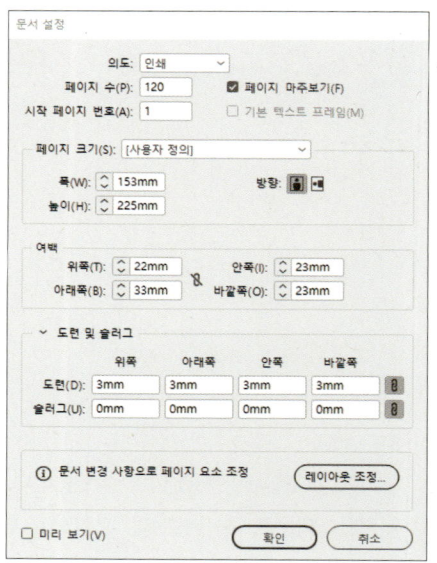

여백 크기 변경하기

메뉴에서 [**레이아웃**] → **여백및 단**을 실행하면 새로운 문서를 만들고 난 다음에도 여백과 단을 수정할 수 있습니다.

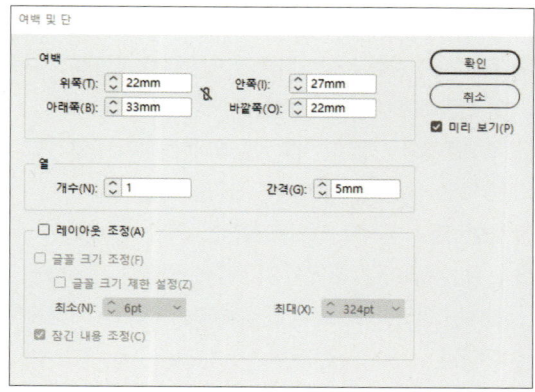

이미지 다루기

여러 가지 형태의 프레임을 만들어 다양한 방법으로 이미지를 가져올 수 있습니다. 이미지를 삽입하고 조정하는 간단한 방법에 관해 알아보겠습니다.

이미지 삽입하기

메뉴에서 (**파일**) → **가져오기**([Ctrl]+[D])를 실행하고 이미지를 선택합니다.

❶ **가져오기 옵션 표시** : 그림의 알파 채널이나 레이어 등 가져올 그림에 대한 세부적인 설정을 할 수 있습니다.

❷ **선택한 항목 바꾸기** : 가져온 파일이 선택된 프레임에 바로 들어갑니다. 프레임을 선택하지 않았거나 바로 프레임에 삽입할 수 없는 경우, 파일을 두 개 이상 한꺼번에 가져오는 경우에는 체크 표시가 자동으로 해제되어 표시됩니다.

TIP 인디자인에서는 PSD, TIFF, JPEG, GIF, BMP, EPS, AI, Adobe PDF, TXT, RTF, DOC 및 Excel(EXL), INDD 파일을 가져올 수 있습니다.

이미지 조정하기

이미지가 표시되는 영역은 파란색 프레임(이미지 프레임), 실제 이미지 크기는 갈색 프레임(컨테이너 프레임)으로 표시됩니다. 도구 패널에서 선택 도구(▶)로 이미지 영역을 클릭하면 파란색 이미지 프레임만 선택됩니다. 이미지 비율을 드래그하여 조정하거나 이동하려면 이미지를 더블클릭하거나 직접 선택 도구(▷)로 이미지 프레임을 클릭하여 컨테이너 프레임을 선택합니다. 커서가 손 모양으로 변경되면 이미지를 이동할 수 있습니다.

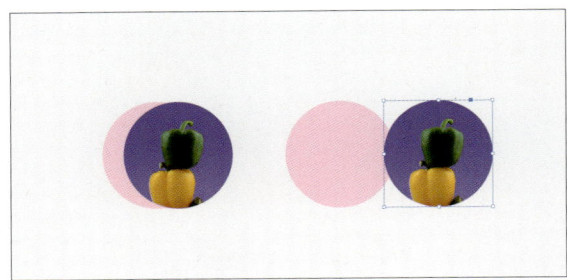
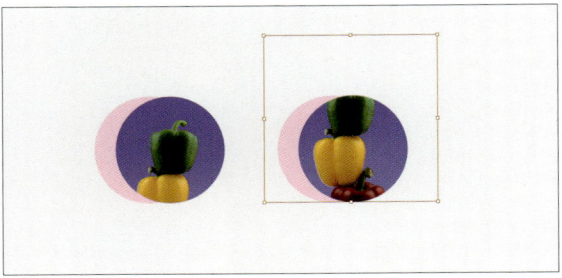

프레임 맞추기 옵션 알아보기

이미지를 프레임에 불러오면 프레임에 맞추거나 프레임을 이미지에 맞추는 등 자유롭게 조정할 수 있습니다. 컨테이너 프레임을 선택한 다음 마우스 오른쪽 버튼을 클릭하여 표시되는 메뉴에서 **맞춤**을 실행하고 프레임 맞춤 명령들을 살펴봅니다.

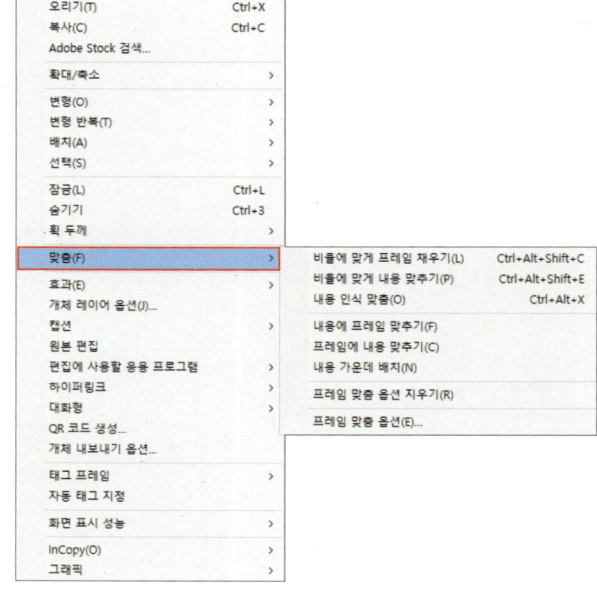

❶ **비율에 맞게 프레임 채우기**(Ctrl+Alt+Shift+C) : 프레임을 모두 채울 수 있는 상태로 이미지를 조정합니다. 이미지의 원본 비율은 유지되고 프레임과 이미지 비율이 맞지 않으면 가려지는 이미지 영역이 생깁니다.

❷ **비율에 맞게 내용 맞추기**(Ctrl+Alt+Shift+E) : 프레임 비율에 맞춰 이미지를 조절하므로 이미지의 원본 비율은 유지되지만 프레임과 이미지 비율이 맞지 않다면 프레임에 여백이 생깁니다.

❸ 내용 인식 맞춤(Ctrl+Alt+X) : 이미지 내용 및 프레임 크기에 따라 이미지를 프레임 내에 자동으로 맞춥니다. 프레임 치수는 변경되지 않습니다. 기본 프레임 맞춤 옵션으로 설정하려면 메뉴에서 (**편집**) → **환경 설정** → **일반**을 실행하여 '내용 인식 맞춤을 기본 프레임 맞춤 옵션으로 만들기'를 체크 표시합니다.

TIP 내용 인식 맞춤은 이미지에 적용되는 변환(예 : 배율, 회전, 뒤집기 또는 기울이기)을 제거합니다. 그러나 프레임에 적용된 변환은 제거되지 않습니다. Windows 32비트에서 내용 인식 맞춤을 사용할 수 없습니다.

❹ 내용에 프레임 맞추기(Ctrl+Alt+C) : 이미지에 맞춰 프레임을 변경합니다. 지정한 프레임이 줄어들거나 늘어날 수 있습니다.

❺ 프레임에 내용 맞추기(Ctrl+Alt+E) : 프레임을 기준으로 이미지를 늘이거나 축소하여 맞춥니다. 이미지 비율이 프레임에 따라 변경될 수 있습니다.

⑥ 내용 가운데 배치(Ctrl+Shift+E) : 프레임 가운데에 이미지를 배치합니다. 프레임과 내용의 가로/세로 비율이 유지되며 크기도 변경되지 않습니다.

고품질로 표시하기

일반적으로 가져온 이미지는 고품질 표시가 적용되어 있지 않아 이미지가 약간 깨져 보이는 현상이 생깁니다. 메뉴에서 (**보기**) → **화면 표시 성능** → **고품질 표시**를 실행하면 대지 안 모든 이미지가 고품질로 표시됩니다.

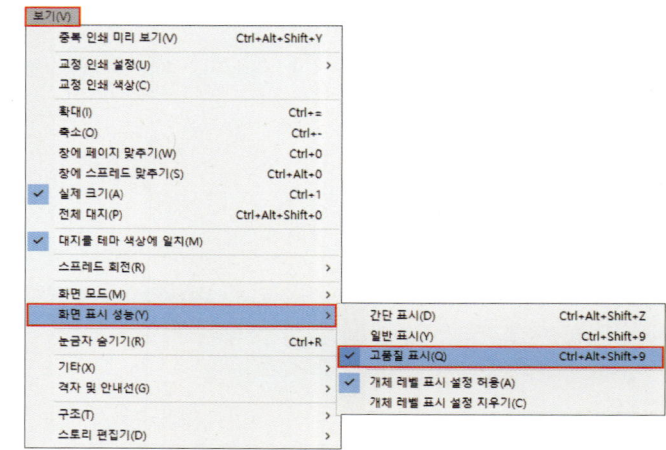

PSD 파일 불러오기

여러 개의 레이어가 있는 PSD 파일을 인디자인으로 불러올 때 원하는 레이어만 선택하여 가져올 수 있습니다.

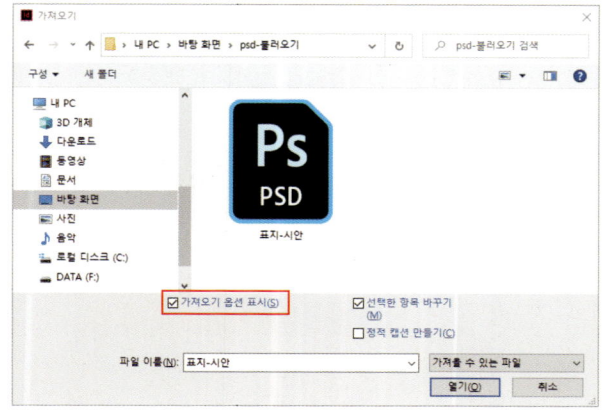
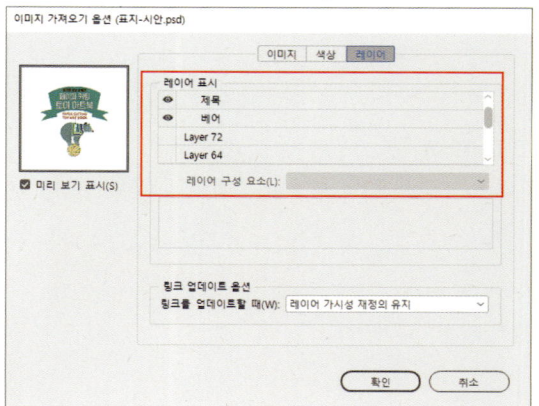

페이지 만들고 관리하기

인디자인은 편집 레이아웃 전문 프로그램이므로 페이지를 다루는 방법에 관해 확실히 익혀야 합니다. 페이지 패널과 관련 패널 및 대화상자를 살펴보겠습니다.

페이지 패널

페이지 패널에서 페이지와 마스터 페이지를 다룰 수 있습니다. 페이지 패널은 마스터 페이지 영역과 일반 페이지 영역이 나눠져 있습니다.

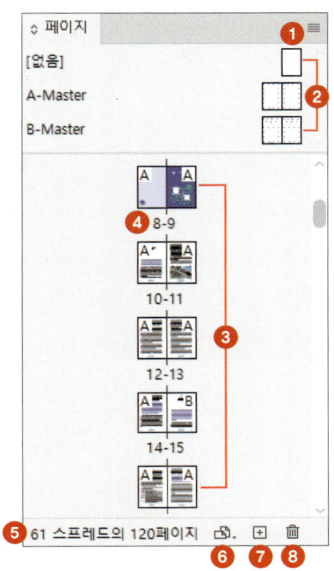

❶ **패널 메뉴 아이콘** : 페이지와 관련된 모든 메뉴를 사용할 수 있습니다.

❷ **마스터 페이지 영역** : 마스터 페이지 영역으로, 마스터 페이지를 만들 때 지정한 접두어에 따라 해당 마스터가 적용된 페이지를 알 수 있습니다. 마스터 페이지를 일반 페이지 영역으로 드래그하여 쉽게 해당 마스터가 적용된 페이지를 만들 수 있습니다.

❸ **일반 페이지 영역** : 주요 작업을 하게 되는 페이지입니다.

❹ **페이지 번호** : 지정한 페이지 번호입니다. 여기 표시되는 번호가 페이지 번호를 삽입할 경우 표시됩니다.

❺ **전체 페이지 수** : 전체 펼침면 페이지와 단면 페이지 수가 표시됩니다.

❻ **페이지 크기 편집** : 선택한 페이지 크기를 변경합니다.

❼ **새 페이지 만들기** : 클릭하면 새 페이지가 만들어집니다.

❽ **선택한 페이지 삭제** : 선택한 페이지를 삭제합니다. Ctrl이나 Shift를 이용하면 페이지를 다중 선택할 수 있습니다.

페이지 삽입하기

페이지 패널 오른쪽 상단의 '패널 메뉴' 아이콘(▤)을 클릭하고 **페이지 삽입**을 실행하거나, 페이지 패널 여백을 마우스 오른쪽 버튼으로 클릭한 다음 **페이지 삽입**을 실행하면 새로운 페이지를 삽입할 수 있는 페이지 삽입 대화상자가 표시됩니다.

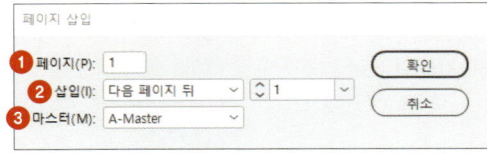

❶ **페이지** : 추가할 페이지 수를 설정합니다.

❷ **삽입** : 페이지 중간, 앞쪽, 뒤쪽 등 추가할 페이지 위치를 지정합니다. 오른쪽 입력란 숫자는 삽입 옵션 기준입니다.

❸ **마스터** : 적용할 마스터를 지정합니다.

TIP 페이지 패널에서 '새 페이지 만들기' 아이콘(▣)을 클릭하여 페이지를 추가하면 페이지 삽입 대화상자가 표시되지 않고 한 페이지가 추가됩니다.

페이지 재편성하기

작업을 나누어 하거나 책 속 부록을 작업할 경우 짝수 쪽에서 시작해야 할 때가 있습니다.

페이지를 선택하고 마우스 오른쪽 버튼을 클릭하거나 '패널 메뉴' 아이콘(▤)을 클릭한 다음 **문서 페이지 재편성 허용**을 실행하면 페이지를 원하는 위치로 이동할 수 있습니다. 이러한 방법으로 여러 페이지를 연결하여 리플릿 형식의 문서도 만들 수 있습니다.

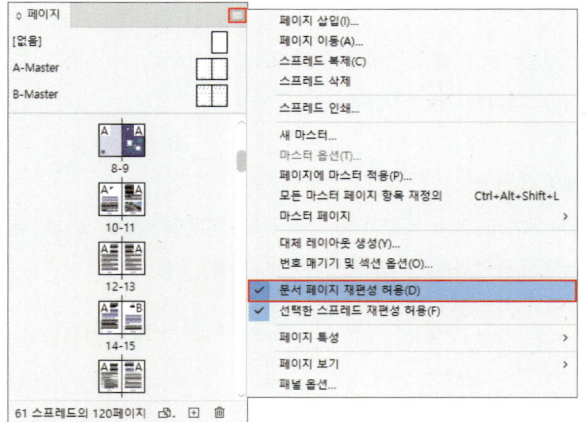

작업 중인 페이지를 마스터 페이지로 만들기

작업한 페이지를 선택하고 페이지 패널에서 '패널 메뉴' 아이콘(▤)을 클릭한 다음 **마스터 페이지 → 마스터로 저장**을 실행하면 작업한 페이지를 마스터 페이지로 사용할 수 있습니다.

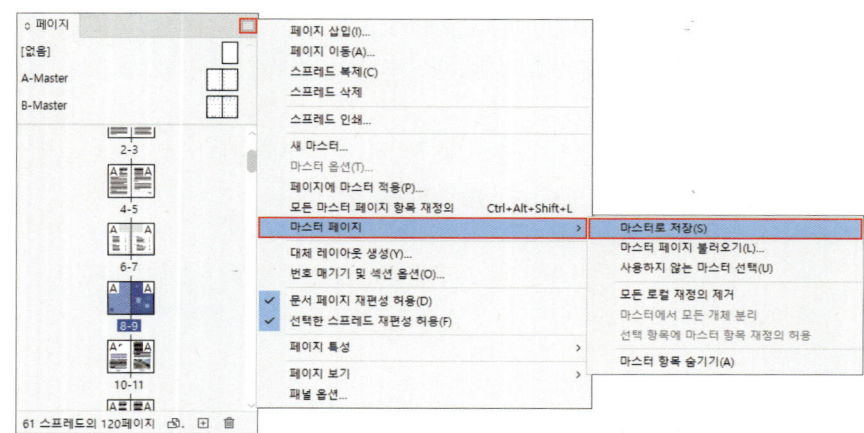

페이지 패널에서 레이블 사용하기

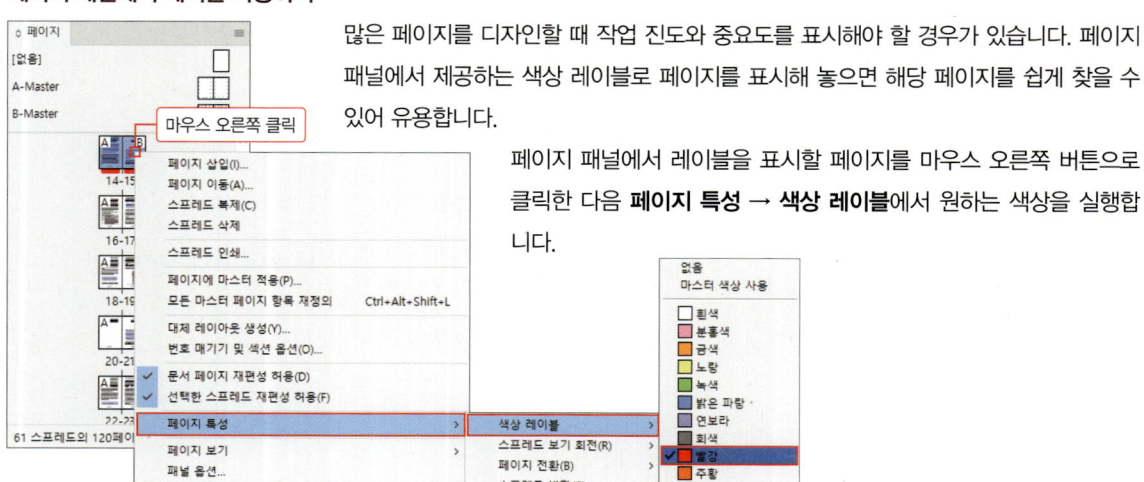

많은 페이지를 디자인할 때 작업 진도와 중요도를 표시해야 할 경우가 있습니다. 페이지 패널에서 제공하는 색상 레이블로 페이지를 표시해 놓으면 해당 페이지를 쉽게 찾을 수 있어 유용합니다.

페이지 패널에서 레이블을 표시할 페이지를 마우스 오른쪽 버튼으로 클릭한 다음 **페이지 특성 → 색상 레이블**에서 원하는 색상을 실행합니다.

개체 효과 다루기

개체 스타일을 사용하여 그래픽 및 프레임 서식을 빠르게 지정할 수 있습니다. 개체에는 획, 색상, 불투명도, 그림자, 단락 스타일, 텍스트 감싸기 등이 포함됩니다. 개체, 칠, 획 및 텍스트에 각기 다른 효과를 지정할 수 있습니다.

효과 대화상자

개체를 마우스 오른쪽 버튼으로 클릭한 다음 **효과**를 실행하거나 컨트롤 패널에서 '선택한 대상에 개체 효과 추가' 아이콘(fx)을 클릭하면 개체에 특수 효과를 줄 수 있는 효과 메뉴가 표시됩니다. 메뉴를 실행하면 효과 대화상자가 표시됩니다.

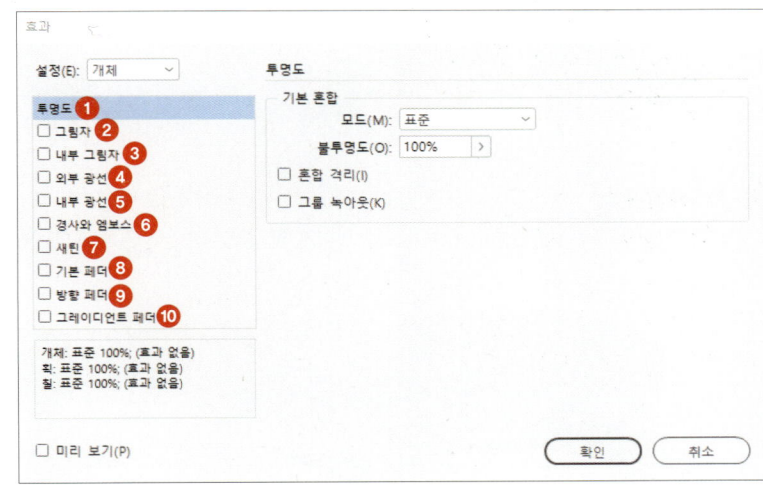

---

❶ 투명도

불투명도를 설정하여 개체를 투명하게 합니다. 불투명도를 지정할 수 있습니다.

❷ 그림자

그림자를 만듭니다. 배경이 투명한 개체일 경우 개체를 따라 그림자가 만들어집니다. 그림자 색상, 불투명도, 거리, 각도, 크기 등을 설정할 수 있습니다.

❸ 내부 그림자

내부에 그림자가 나타납니다.

④ 외부 광선

외부에 광선 효과를 만듭니다. 노이즈를 입히거나 각 설정을 조절할 수 있습니다.

⑤ 내부 광선

내부에 광선 효과를 만듭니다. 노이즈를 입히거나 각 설정을 조절할 수 있습니다.

⑥ 경사와 엠보스

밝은 부분과 그림자를 만들어 입체적으로 보이게 합니다.

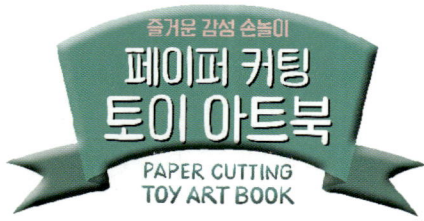

⑦ 새틴

안쪽에 매끈하게 보이는 음영을 만듭니다.

⑧ 기본 페더

가장자리를 반투명하게 만듭니다.

⑨ 방향 페더

지정한 방향부터 반투명하게 만듭니다.

⑩ 그레이디언트 페더

점차적으로 투명하게 하여 부드러운 느낌을 줍니다.

클리핑 패스 활용하기

클리핑 패스는 상품 또는 인물을 보여 주는 매거진에서 많이 사용하는 기능으로 누끼라고도 합니다. 색 차이가 큰 경우 쉽게 분리할 수 있으나 색 차이가 명확하지 않을 경우 펜 도구를 이용해 패스를 따야 합니다.

매거진 편집의 경우 이미지 배경을 지우고 배치하는 기능이 있는데, 일일이 펜 도구로 따면 깔끔하지만, 시간이 촉박한 경우 클리핑 패스를 이용할 수 있습니다. 이미지를 선택하고 (**개체**) → **클리핑 패스** → **옵션**(Alt + Ctrl + Shift + K)을 실행하면 클리핑 패스를 만들 수 있는 클리핑 패스 대화상자가 표시됩니다.

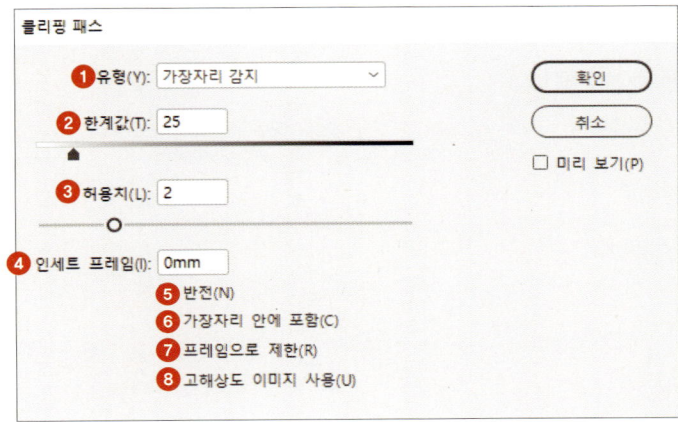

TIP 클리핑 패스를 사용하면 외곽이 깔끔하지 않을 수 있으니 꼭 확인이 필요합니다.

❶ 유형 : 무엇을 기준으로 외곽선을 만들지 지정합니다. 이미지와 함께 저장된 알파 채널이나 패스가 있을 경우 외곽선을 만들기 수월하며, 없다면 '가장자리 감지'로 지정하고 미리 보기를 이용해 확인해 가며 외곽을 조절합니다.

❷ 한계값 : 클리핑 패스에 적용할 밝기 범위를 픽셀 값으로 지정합니다. 이 값을 올리면 더 많은 픽셀이 투명 처리되어 보이는 영역이 좁아집니다. 이 설정은 유형을 '가장자리 감지'로 지정한 경우에만 활성화됩니다.

❸ 허용치 : 허용치가 높으면 개체와 조금 떨어진 반면 좀 더 매끄러운 클리핑 패스가 만들어지고, 허용치가 낮으면 개체와 가까운 반면 좀 더 거친 클리핑 패스가 만들어집니다.

❹ 인세트 프레임 : 한계값 및 허용치에 의해 정의된 클리핑 패스를 줄입니다. 이미지 밝기 값을 기준으로 하는 한계값, 허용치와는 다르게 패스 모양을 균일하게 줄입니다.

❺ 반전 : 보이는 영역과 보이지 않는 영역을 바꿉니다.

❻ 가장자리 안에 포함 : 클리핑 패스 안쪽에도 한계값과 허용치를 적용합니다.

❼ 프레임으로 제한 : 이미지가 포함된 컨테이너 프레임의 가장자리를 외곽으로 하는 클리핑 패스를 만듭니다.

❽ 고해상도 이미지 사용 : 원본 파일을 기준으로 영역을 정밀하게 계산합니다.

색상 관리하기

색상은 디자인에서 가장 중요한 시각적 요소로, 통일감과 일관성을 유지하며 사용하는 것이 중요합니다. 또한 원하는 디자인 콘셉트에 따라 목적에 맞는 배색을 잘 활용해야 합니다. 인디자인에서 색을 다루는 다양한 패널과 기능에 대해 알아봅니다.

색상 견본 패널 살펴보기

색상 견본 패널에서 색을 만들고, 색상 목록을 저장하여 활용하면 편리합니다. 색상을 합치거나 변경할 수 있고, 또한 별색을 만들어 색상을 손쉽게 관리하고 사용할 수 있습니다.

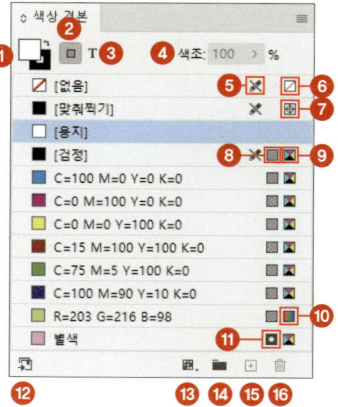

❶ **칠/획 변환** : 칠 색상을 지정할지 획 색상을 지정할지 선택합니다.

❷ **컨테이너에 서식 적용** : 프레임이나 개체 색상을 편집합니다.

❸ **텍스트에 서식 적용** : 문자 색상을 편집합니다.

❹ **색조** : 색의 농도를 조절합니다.

❺ **편집 불가능** : 인디자인에서 만들어져 있는 기본 색입니다.

❻ **색상 없음** : 색상이 없을 경우 표시됩니다.

❼ **재단선 표시** : CMYK 모든 판에 나타나는 잉크 표시입니다.

❽ **회색 네모** : 원색 표시입니다.

❾ **4색** : CMYK 잉크 표시로, 인쇄용으로 적합합니다.

❿ **3색** : RGB 잉크 표시로, 인쇄용으로 사용할 수 없습니다.

⓫ **별색** : 별색 표시로, 1도 필름이 추가됩니다.

⓬ **현재 내 CC 라이브러리에 선택한 견본 추가** : CC Libraries 패널에 선택한 색상을 추가합니다.

⓭ **견본 보기** : 어떤 색상 견본을 표시할지 지정합니다.

⓮ **새 색상 그룹** : 색상 견본을 묶어 사용할 수 있는 폴더를 추가합니다.

⓯ **새 색상 견본** : 새로운 색상 견본을 만듭니다.

⓰ **색상 견본 삭제** : 선택한 색상 견본을 삭제합니다.

TIP 맞춰찍기는 검정(K)뿐만 아니라 다른 색(CMY)까지 농도가 있는 색으로, 모니터에서는 차이가 없지만 인쇄할 때 일반 검정에 비해 더 진하게 나옵니다.

색상 견본 패널 메뉴 살펴보기

색상 견본 패널 오른쪽 상단에 '패널 메뉴' 아이콘(▤)을 클릭하면 색상 견본에 관한 상세 설정을 할 수 있는 메뉴가 표시됩니다.

❶ **새 색상 견본** : 새로운 색상 견본을 만듭니다.

❷ **새 색조 색상 견본** : 새로운 색조 색상 견본을 만들거나 농도를 수정합니다.

❸ **새 그레이디언트 색상 견본** : 새로운 그레이디언트를 만들고 저장합니다.

❹ **새 혼합 잉크 색상 견본** : 별색 잉크 하나와 별색 잉크 또는 원색 잉크를 혼합하여 새 잉크 색상 견본을 만듭니다.

❺ **새 혼합 잉크 그룹** : 별색을 추가한 경우에만 사용할 수 있으며, 별도의 그룹으로 색상 견본을 저장합니다.

⑥ 색상 견본 복제 : 선택한 색상 견본을 복제합니다.

⑦ 색상 견본 삭제 : 선택한 색상 견본을 삭제합니다.

⑧ 색상 견본 옵션 : 색상 견본 색상을 변경하고 수정하여 다시 저장합니다.

⑨ 색상 견본 불러오기 : 미리 저장한 색상 견본이나 다른 인디자인 파일의 색상을 가져옵니다.

⑩ 색상 견본 저장 : 현재 작업 중인 문서의 색상 파일을 견본으로 저장합니다. 지정한 위치에 색상 샘플이 만들어지며 이때 색상 샘플 확장자는 ASE입니다.

⑪ 사용하지 않는 항목 모두 선택 : 작업 대지에서 사용하지 않는 색상을 선택합니다.

⑫ 이름 없는 색상 추가 : 임의로 만든 색상이나 스포이드 도구로 추출한 색상 등 이름 없는 색상을 색상 견본으로 만듭니다.

⑬ 큰 목록/작은 목록/작은 축소판/큰 축소판 : 색상 견본 패널에서 색상 아이콘이나 목록 형태를 결정합니다.

⑭ 색상 견본 병합 : 선택한 여러 개의 색상 견본을 병합합니다.

⑮ 잉크 관리자 : 출력할 때 잉크를 제어합니다. 별색을 대응하는 CMYK 색상으로 바꿀 수 있습니다.

⑯ 옵션 표시/옵션 숨기기 : 컨테이너에 서식 적용, 텍스트에 서식 적용, 색조 등의 옵션을 표시하거나 숨깁니다.

별색 사용하기

기본적인 인쇄 방법은 CMYK의 네 가지 색을 혼합하여 사용하는 것이 보통입니다. 네 가지 색 이외에 별도로 잉크를 사용하는 경우 해당 색을 별색이라고 하며, 별색의 경우 인쇄되었을 때와 화면에서 볼 때 색상 차이가 크므로 색상 견본집을 통해 미리 확인하고 사용하는 것이 좋습니다.

색상 견본 패널에서 '패널 메뉴' 아이콘(▤)을 클릭하고 **새 색상 견본**을 실행합니다. 새 색상 견본 대화상자가 표시되면 색상 유형을 '별색'으로 지정하여 별색을 사용할 수 있습니다.

텍스트 프레임 다루기

텍스트 프레임을 선택할 때 사용하는 도구에 따라 변경할 수 있는 작업 유형이 달라집니다. 그래픽 프레임과 마찬가지로 텍스트 프레임을 이동하거나 변경하고 크기를 조정할 수 있습니다.

텍스트 프레임 살펴보기

비어 있는 사각형은 시작이나 끝을 의미하는 포트이며, 화살표가 있는 사각형은 다른 프레임과 연결되었다는 것을 의미하는 포트입니다. + 표시가 있는 빨간색 사각형은 배치해야 할 텍스트가 더 있는데 프레임 안에 다 표시하지 못했다는 것을 의미합니다.

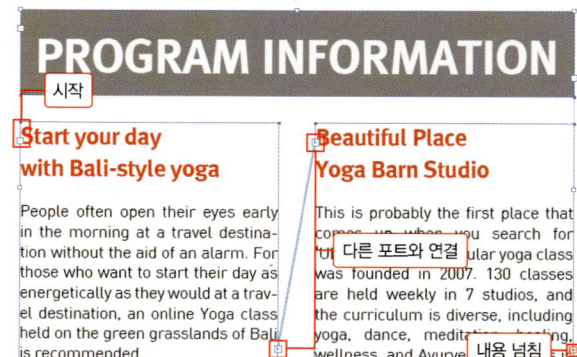

텍스트 불러오기

❶ **수동 텍스트 흘리기(클릭)** : 텍스트를 한 번에 한 프레임씩 추가합니다. 텍스트 흘리기 작업을 계속하려면 다시 텍스트를 불러들여야 합니다.

❷ **반자동 텍스트 흘리기(Alt+클릭)** : 수동 텍스트 흘리기와 비슷하지만 모든 텍스트가 문서에 흐를 때까지 마우스 커서가 프레임 끝에 도달할 때마다 불러들인 텍스트 섬네일로 변경됩니다.

❸ **자동 텍스트 흘리기(Shift+클릭)** : 모든 텍스트가 새로운 텍스트 프레임으로 만들어지면서 페이지와 프레임이 추가됩니다.

❹ **고정 페이지 자동 흘리기(Shift+Alt+클릭)** : 프레임이나 페이지가 추가되지 않고 모든 텍스트가 문서에 이어서 흐릅니다. 이때 나머지 텍스트는 넘치는 텍스트가 됩니다.

텍스트 프레임 옵션

텍스트 프레임을 마우스 오른쪽 버튼으로 클릭하고 **텍스트 프레임 옵션**을 실행하면 텍스트 프레임 옵션 대화상자가 표시됩니다.

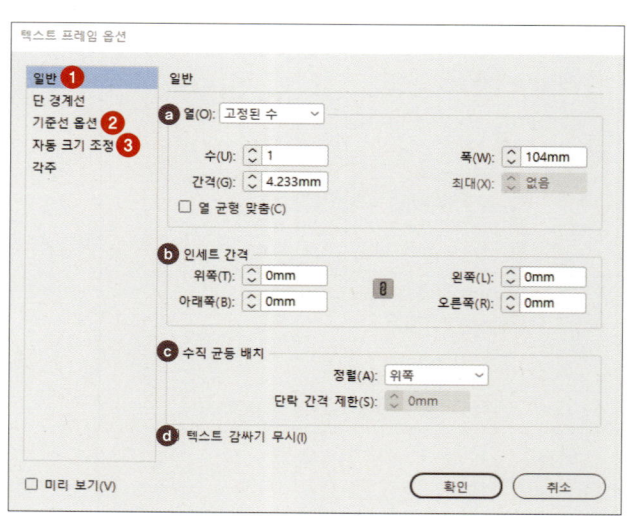

❶ **일반**

ⓐ **열** : 텍스트 프레임을 열로 나눌 수 있습니다.

ⓑ **인세트 간격** : 텍스트와 프레임 사이 간격을 설정합니다.

ⓒ **수직 균등 배치** : 텍스트를 어느 지점을 기준으로 배치할지 지정합니다.

ⓓ **텍스트 감싸기 무시** : 텍스트와 이미지가 함께 있을 때 텍스트가 이미지 안에 표시되도록 할 수 있습니다.

② **기준선 옵션**
- ⓐ **첫 번째 기준선** : 문자 프레임 시작 위치를 지정합니다.
- ⓑ **기준선 격자** : 문서 전체에 기준선 격자를 표시할 경우, 해당 프레임에 별도의 기준선 격자를 표시합니다.

③ **자동 크기 조정**
- ⓐ **자동 크기 조정** : 텍스트 양에 따라 텍스트 프레임 크기가 바뀝니다.
- ⓑ **제한** : 자동 크기 조정의 최소 높이와 너비, 줄 바꿈 여부를 지정합니다.

스토리 편집기 활용하기

스토리 편집기는 텍스트 색상이나 글꼴과 같은 속성을 무시하고 텍스트만 표시합니다. 왼쪽 영역은 단락 스타일, 오른쪽 영역은 스토리를 나타내며, 텍스트의 변경 내용 추적 정보를 확인할 수도 있습니다.

스토리 편집기로 원고량 수정하기

원고가 넘치는 부분을 선택하고 메뉴에서 〔편집〕 → **스토리 편집기에서 편집**(Ctrl+Y)을 실행합니다. 스토리 편집기에서 수정되는 원고를 미리 볼 수 있습니다.

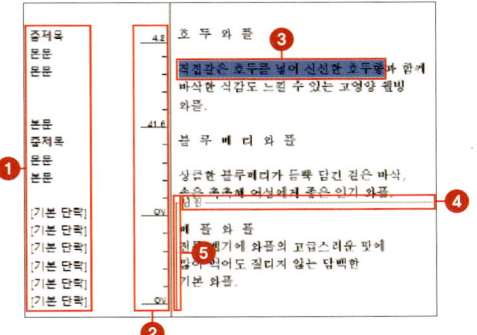

① **단락 스타일** : 텍스트에 작용된 스타일입니다.

② **원고 위치** : 원고 위치가 값으로 표시됩니다.

③ **선택한 텍스트** : 선택한 텍스트가 파란색으로 표시됩니다.

④ **넘침** : 어디부터 넘치는지 표시합니다.

⑤ **넘치는 원고** : 넘치는 원고를 표시합니다.

변경 내용 추적 패널

스토리 편집기의 변경 내용을 추적하고 저장하여 확인할 수 있고, 수정 내용을 적용 취소할 수도 있습니다. 메뉴에서 (창) → 편집 → 변경 내용 추적을 실행하여 표시할 수 있습니다.

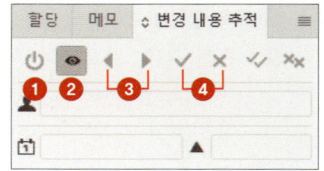

❶ **현재 스토리의 변경 내용 추적 사용/사용 안 함** : 현재 스토리 추적을 설정합니다.
❷ **변경 표시** : 변경을 표시합니다.
❸ **변경 이동** : 변경을 선택합니다.
❹ **변경 내용 적용/거부** : 적용하거나 거부합니다.

스타일 활용하기

단락 스타일을 이용하면 일관되고 빠르게 디자인을 완성할 수 있으며 텍스트를 수정할 때 작업 시간을 단축할 수 있습니다. 단락 스타일은 단락 단위로 적용하는 스타일이고, 문자 스타일은 문자 단위로 적용하는 스타일로, 두 스타일을 함께 적용할 수 있습니다.

단락 스타일 만들기

문자 도구(T.)로 단락 스타일을 적용할 단락을 선택한 다음 단락 스타일 패널(F11)을 표시하고 '새 스타일 만들기' 아이콘(回)을 클릭합니다. 스타일을 적용할 부분을 드래그하고 단락 스타일 패널에서 새로 만든 단락 스타일을 클릭하면 일관된 스타일을 빠르게 적용할 수 있습니다.

패널에서 단락 스타일의 이름을 더블 클릭하거나 마우스 오른쪽 버튼을 클릭한 다음 **편집**을 실행하면 단락 스타일을 편집할 수 있는 단락 스타일 옵션 대화상자가 표시됩니다.

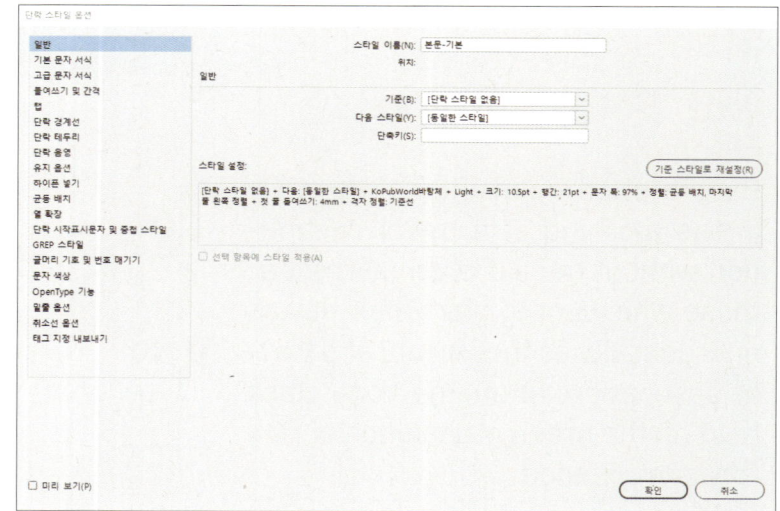

문자 스타일 만들기

문자 도구(T)로 문자 스타일을 적용할 문자를 선택한 다음 문자 스타일 패널(Shift+F11)을 표시하고 '새 스타일 만들기' 아이콘(回)을 클릭합니다. 스타일을 적용할 부분을 드래그하고 문자 스타일 패널에서 새로 만든 문자 스타일을 클릭하면 일관된 스타일을 빠르게 적용할 수 있습니다.

패널에서 문자 스타일의 이름을 더블 클릭하거나 마우스 오른쪽 버튼을 클릭한 다음 **편집**을 실행하면 문자 스타일을 편집할 수 있는 문자 스타일 옵션 대화상자가 표시됩니다.

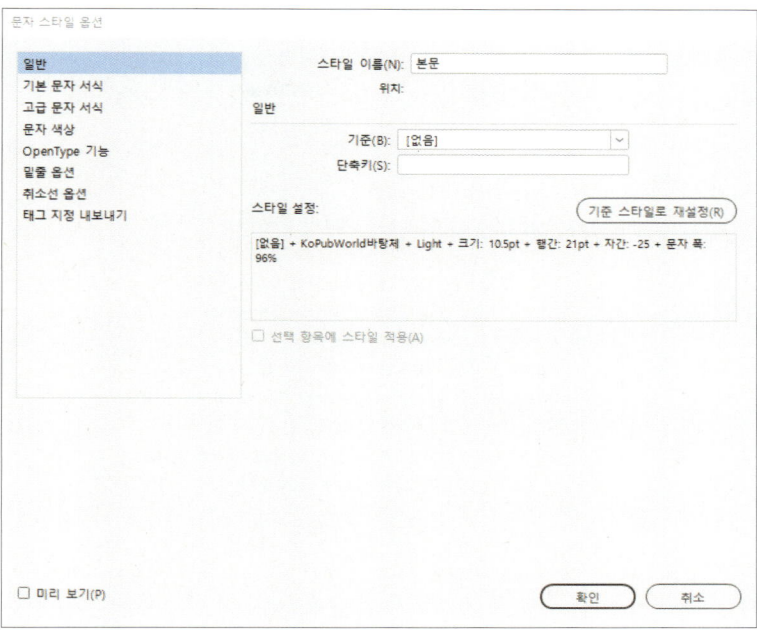

단락 스타일과 문자 스타일 전체 바꾸기

단락 스타일을 바꾸면서 문자 스타일을 초기화할 경우 Alt+Shift를 누르면서 변경할 단락 스타일을 클릭합니다.

특수 문자 다루기

인디자인에서는 특수 문자나 문자 도형을 삽입할 때 글리프 패널을 이용합니다. 그 외 특수 문자 기능으로 루비, 할주, 각주, 합성글꼴 만들기 기능이 있습니다. 루비나 할주는 인디자인 한글 버전에 적용된 특수한 기능으로, 영문 버전에서는 사용할 수 없습니다.

글리프 활용하기

인디자인에서 특수 기호를 입력하는 방법은 메뉴에서 〔**문자**〕 → **글리프**(Alt+Shift+F11)를 실행한 다음 원하는 특수 기호를 찾아 입력합니다. 사용자 정의 세트를 만들어 자주 사용하는 특수 기호를 등록해서 사용할 수도 있습니다.

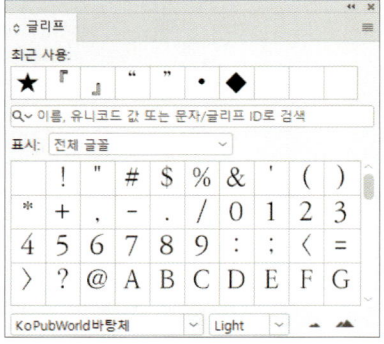

각주 넣기

페이지 하단에 특정 부분 설명을 더하기 위해 삽입하는 것으로 본문에서 선택한 부분 오른쪽 상단에 숫자가 붙고 페이지 하단에 부가 설명이 붙습니다. 각주를 삽입할 부분을 마우스 오른쪽 버튼으로 클릭하고 **각주 삽입**을 실행합니다.

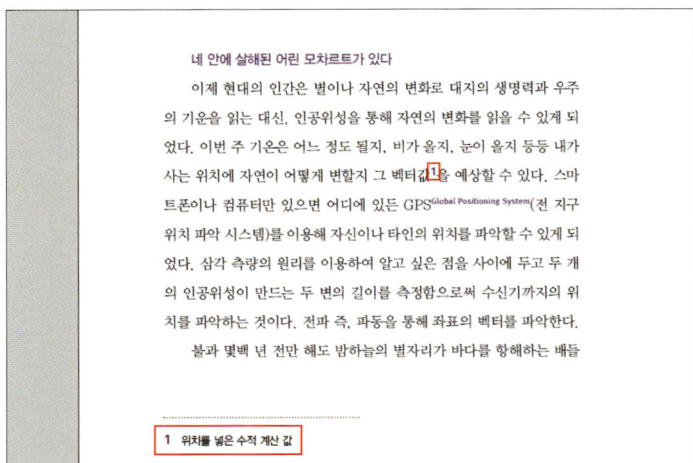

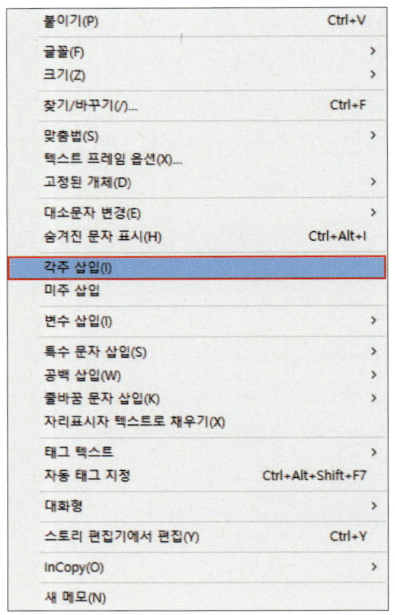

표 다루기

데이터를 보기 쉽게 정리하기 위해 다양한 표 형식이 사용됩니다. 인디자인에서 표는 여러 셀이 행과 열로 구성된 것으로, 셀은 텍스트 프레임과도 같아서 텍스트, 그래픽 또는 다른 표도 추가할 수 있습니다. 표 패널을 활용하여 표와 셀을 손쉽게 관리하고 사용할 수 있습니다.

표 만들기

문자 도구(T)를 선택하고 드래그하여 텍스트 프레임을 만듭니다. 커서가 텍스트 프레임 안에 있는 상태로 메뉴에서 (표) → **표 삽입**((Alt)+(Shift)+(Ctrl)+(T))을 실행한 다음 표 삽입 대화상자가 표시되면 행과 열을 설정하고 〈확인〉 버튼을 클릭합니다. 설정한 값에 맞게 표가 만들어진 것을 확인합니다. 문자 크기에 따라 행 높이가 맞추어 집니다. 표에는 텍스트나 이미지를 삽입할 수 있습니다.

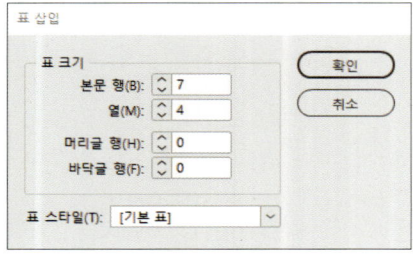

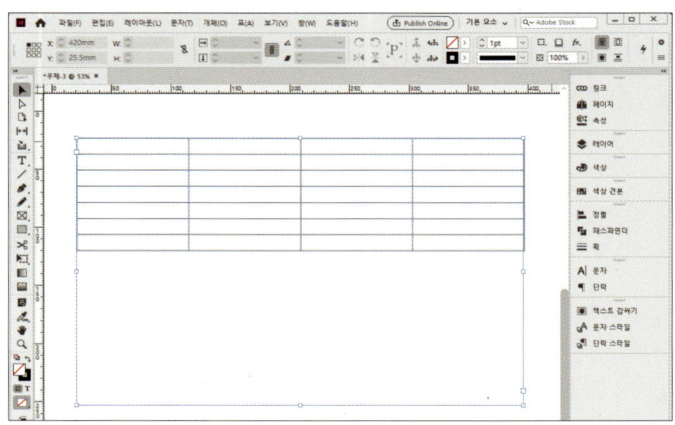

표 수정하기

메뉴에서 (창) → 문자 및 표 → 표(Shift+F9)를 실행합니다. 표 패널에서 행 개수, 열 개수, 너비와 높이 등을 설정할 수 있습니다.

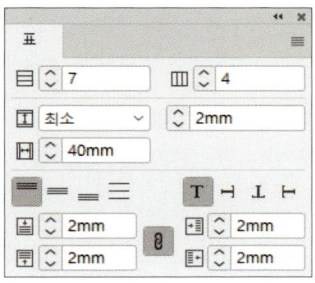

페이지 관리하기

인디자인은 편집 레이아웃 전문 프로그램이므로 페이지를 다루고 관리하는 방법에 관해 확실히 익혀 두어야 합니다. 페이지 번호와 하시라 입력 방법, 목차 만들기, 색인 만들기에 대해 알아봅니다.

페이지 번호 삽입

본문 마스터 페이지에서 페이지 번호가 들어갈 위치에 텍스트 프레임을 만들고 메뉴에서 **문자 → 특수 문자 삽입 → 표시자 → 현재 페이지 번호**(Alt+Shift+Ctrl+N)를 실행합니다. 만들어지는 문자는 마스터 페이지의 접두어로, 실제 본문 페이지에서는 각 페이지 번호에 맞게 표시됩니다.

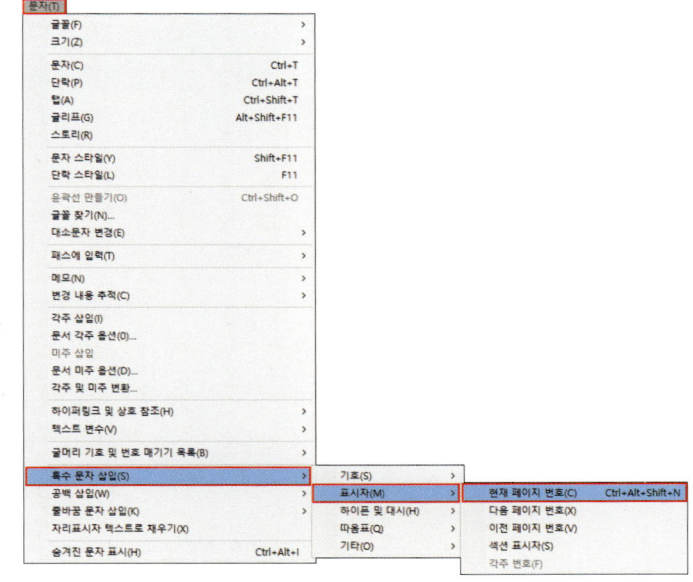

궁의 편액도 정조가 직접 써서 달았다.

정조는 매달 초하루면 창경궁의 월근문月覲門을 통해 경모궁으로 갔다고 한다. 월근문은 매달 찾아뵙는다는 뜻으로, 창경궁에서 경모궁으로 가는 가장 가까운 문이다. 또 경모궁에는 일첨문日瞻門을 만들었는데 매일 바라본다는 뜻으로 사도세자가 정조를 매일 봐준다는 의미를 담고 있다. 창경궁과 경모궁이 마주보이는 곳에 각각 문을 만들어 왕인 아들은 아버지를 한 달에 한번 찾아뵙고, 돌아가신 아버지는 매일 아들을 바라보기를 바란 것일까. 어린 세자 시절 아버지 사도제사의 비참한 죽음을 직접 보았던 정조가 왕위에 오르자마자 경모궁을 만들어 효심을 드러낸 것이다.

024   조선의 핫플레이스, 동촌   ⋮

섹션따라 하시라 변경하기

실무에서 책자 디자인을 할 경우, 페이지 하단에 섹션 제목을 넣는 경우가 많습니다. 이 경우 바뀌지 않는 제목은 마스터 페이지에 입력하면 되지만, 섹션에 따라 바뀌는 제목은 텍스트 변수를 활용해야 합니다.

섹션 제목을 추가하려면 메뉴에서 (문자) → **텍스트 변수** → **정의**를 실행합니다. 텍스트 변수 대화상자가 표시되면 〈새로 만들기〉 버튼을 클릭하고 이름, 유형, 스타일, 사용을 지정한 다음 대화상자를 닫습니다.

섹션 제목이 들어갈 텍스트 프레임을 선택하고 텍스트 변수 대화상자에서 〈삽입〉 버튼을 클릭하거나 메뉴에서 (문자) → **텍스트 변수** → **변수 삽입**에서 지정한 이름의 텍스트 변수를 클릭하여 섹션 제목을 삽입하면 섹션 제목을 변경했을 때 텍스트 변수도 자동으로 변경됩니다.

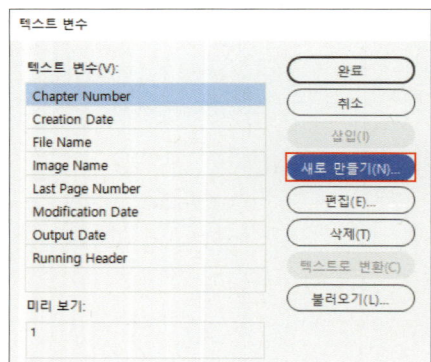

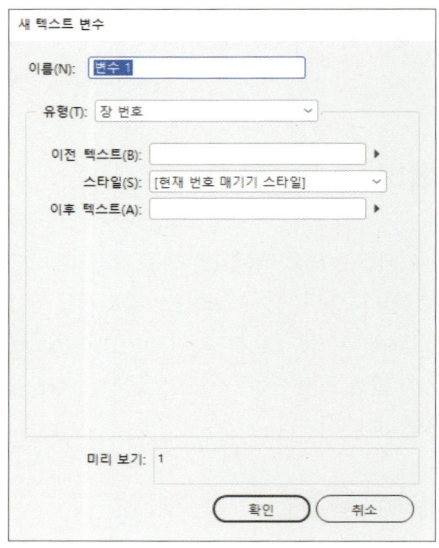

목차 만들기

각 제목에 단락 스타일을 적용했다면, 단락 스타일을 이용해 목차를 쉽게 추가할 수 있습니다. 메뉴에서 (레이아웃) → **목차**를 실행하고 가장 최상위 단락 스타일을 지정한 다음 〈추가〉 버튼을 클릭합니다. 그리고 다음 단계 스타일을 클릭하고 〈추가〉 버튼을 클릭합니다. 차례로 단계를 선택하고 〈확인〉 버튼을 클릭하면 목차가 만들어집니다.

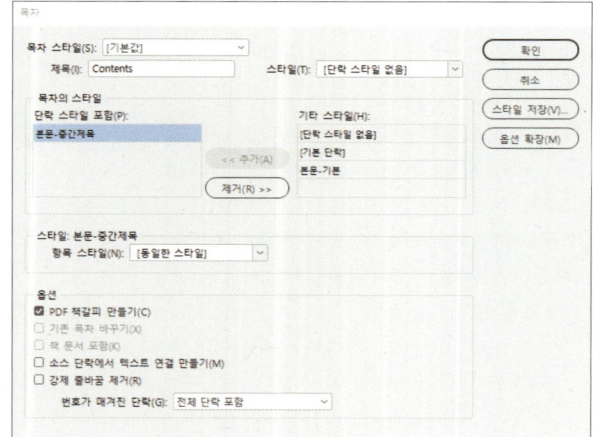

색인 만들기

문서에 쓰인 낱말 중에서 의미 있는 부분만을 담는 것을 색인 또는 인덱스라고 합니다. 따라서 보통은 본문 작업이 다 끝난 후에 색인 작업을 합니다. 메뉴에서 (창) → **문자 및 표** → **색인**(Shift+F8)을 실행하여 패널을 표시하고 본문에서 색인에 추가할 단어를 드래그하여 선택합니다.

Alt+Shift+Ctrl+[,]를 누르면 색인 패널에 등록됩니다. 같은 방법으로 여러 개의 단어를 색인 패널에 등록한 다음 색인이 들어갈 페이지로 이동하고 색인 패널 하단에 '색인 생성' 아이콘(回)을 클릭하면 색인을 만들 수 있습니다. 한 글과 한자가 혼용된 단어는 색인으로 등록되지 않습니다.

TIP 색인으로 등록할 단어가 여러 페이지에 걸쳐 있다면, 해당 단어를 선택하고 색인 하단에 '새 색인 엔트리 만들기' 아이콘(回)을 클릭합니다.

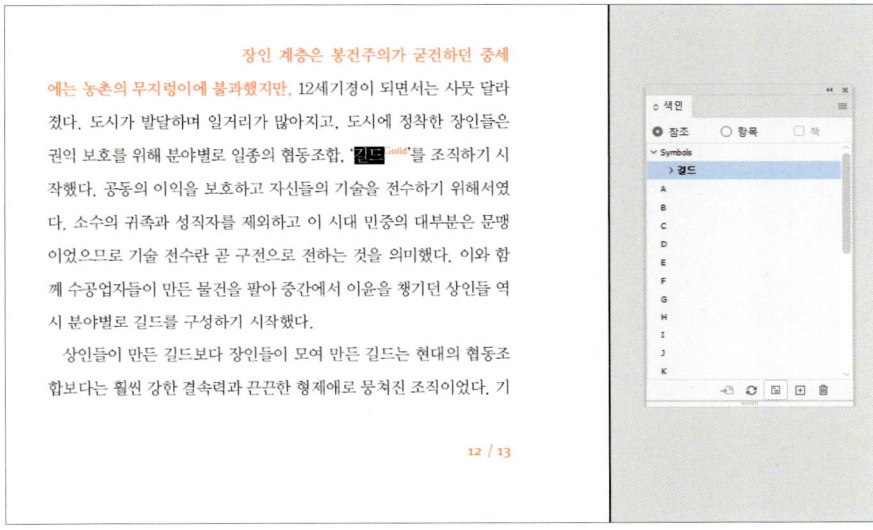

인쇄용 PDF 만들기

인디자인 파일을 PDF(인쇄용)로 설정하여 내보내는 방법에 대해 알아봅니다.

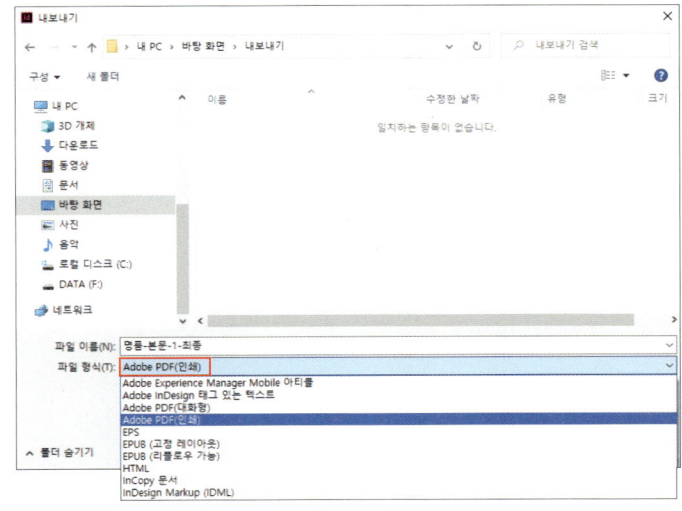

01 폴더에서 원하는 파일을 불러온 다음 메뉴에서 (**파일**) → **내보내기**를 실행하거나 Ctrl+E를 누릅니다.

내보내기 대화상자가 표시되면 파일 이름 및 저장 위치를 지정합니다. 파일 형식은 인쇄용으로 내보내기 위해 'Adobe PDF(인쇄)'로 지정하고 〈저장〉 버튼을 클릭합니다.

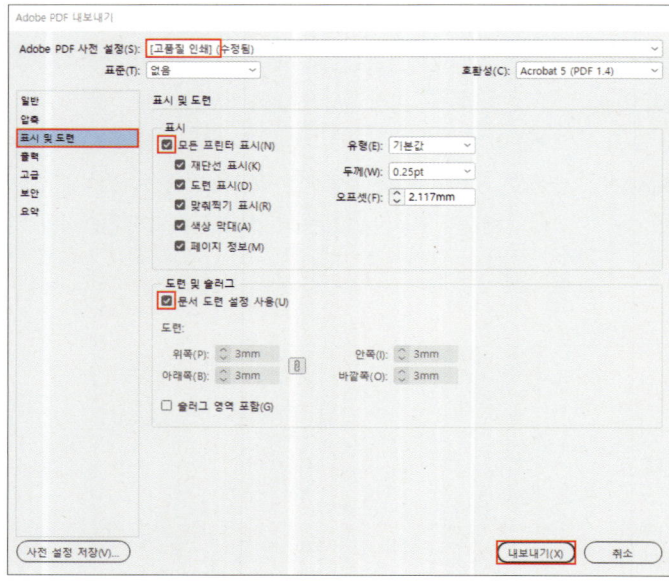

02 Adobe PDF 내보내기 대화상자가 표시되면 Adobe PDF 사전 설정을 '고품질 인쇄'로 지정합니다.
'표시 및 도련'을 선택하고 '모든 프린터 표시'를 체크 표시하여 재단선, 도련, 맞춰찍기 표시 등을 나타냅니다. '문서 도련 설정 사용'에 체크 표시한 다음 〈내보내기〉 버튼을 클릭합니다.

03 지정한 경로에 PDF가 저장됩니다. 해당 PDF를 확인합니다.

❶ **색상 막대** : 문서에 인쇄된 잉크의 농도를 가늠할 때 사용합니다.

❷ **맞춰찍기 표시** : 인쇄에 사용된 CMYK 판의 위치가 일치했는지 확인할 수 있습니다.

❸ **재단선 표시** : 종이가 잘릴 위치를 표시합니다. 배경 이미지 등은 재단선 바깥쪽으로 지정한 도련선인 3~5mm 정도로 여유 있게 배치합니다.

❹ **도련 표시** : 재단 시 여유분을 표시합니다.

❺ **페이지 정보** : 문서의 파일 이름이나 출력 날짜 등이 표시됩니다.

패키지 저장하여 전달하기

패키지를 이용해 링크된 파일과 글꼴을 포함하여 편리하게 전달할 수 있습니다.

메뉴에서 **(파일)** → **패키지**를 실행합니다. 패키지 대화상자가 표시되면 글꼴, 링크, 이미지, 색상 등을 설정하고 '요약'에서 문제가 되는 부분을 체크한 다음 〈패키지〉 버튼을 클릭합니다.

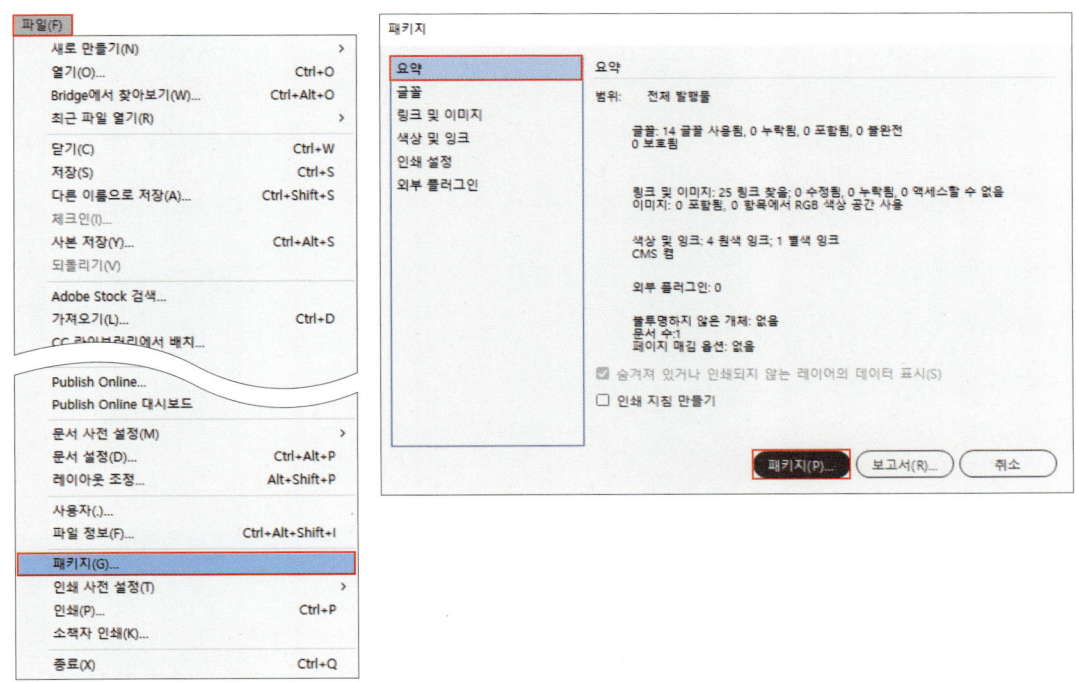

TIP 자주 사용하는 단축키 모음

인디자인에서 자주 사용하는 단축키에 대해 알아봅니다. 단축키를 익히고, 이를 적극적으로 활용하면 디자인 작업의 속도와 능률을 높일 수 있습니다.

메뉴_파일	
새로 만들기	Ctrl + N
열기	Ctrl + O
창 닫기	Ctrl + W
저장	Ctrl + S
다른 이름으로 저장	Ctrl + Shift + S
사본 저장	Ctrl + Alt + S
가져오기	Ctrl + D
내보내기	Ctrl + E
레이아웃 조정	Alt + Shift + P
문서 설정	Ctrl + Alt + P
인쇄	Ctrl + P

메뉴_편집	
실행 취소	Ctrl + Z
다시 실행	Ctrl + Shift + Z
복사	Ctrl + C
붙여넣기	Ctrl + V
오리기	Ctrl + X
안쪽에 붙이기	Ctrl + Alt + V
서식 없이 붙이기	Ctrl + Shift + V
모두 선택	Ctrl + A
모두 선택 해제	Ctrl + Shift + A
단계 및 반복	Ctrl + Alt + U
빠른 적용	Ctrl + Enter

실무 편집 디자인 프로젝트

실무 작업 과정 그대로 프로젝트를 제공하여 실무 경력 편집자의 작업 패턴을 이해할 수 있도록 구성하였습니다. 실무 소스를 이용한 따라하기 구성으로, 편집 과정을 따라하다 보면 실무자의 인디자인 사용 방법부터 작업 노하우를 쉽게 학습할 수 있을 것입니다.

PART 02

PROJECT 01

2도 접이식
전시 포스터 디자인

포스터는 벽이나 수직면에 부착하기 위해 만든 종이 출력물을 말하며, 일반적으로 문자 요소와 그래픽적인 요소를 모두 포함하지만, 순수하게 문자나 그래픽으로만 구성할 수도 있습니다. 포스터의 도안은 관심 유발과 정보 전달의 측면을 모두 고려해야 합니다. 여기서는 별색 2개를 이용하여 포스터와 팸플릿 두 가지의 기능을 모두 가진 2도 출력물을 제작해 보도록 하겠습니다.

420mm

594mm

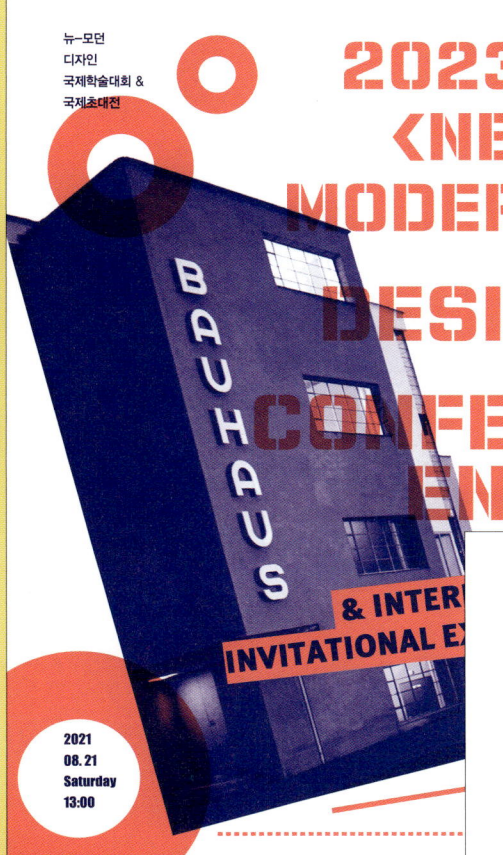

뉴-모던
디자인
국제학술대회 &
국제초대전

2023
〈NEW-
MODERN〉
DESIGN
CONFER-
ENCE

& INTER...
INVITATIONAL EX...

2021
08. 21
Saturday
13:00

작업 의뢰서

포스터
- 판형 : 420×594mm

인쇄 사양
- 컬러 : 양면 컬러 2도(별색)
- 종이 : 모조지 백색 150g – 180g
- 후가공 : 십자 접지

2023. 08. 21
Sat 13:00

무위의 미학 혹은 또 하나의 꿈
lee, hwa sun

한국적 팝아트와 '정화'의 예술
choi, jeong

옹시와 대화문서의 예술, New Modern 시대의 디자인
bona-moon

도시 또는 욕망 복제에 대한 질문
Patti-Smith

2023
NEW-MODERN DESIGN
CONFERENCE

& INTERNATIONAL
INVITATIONAL EXHIBITION

DESIGN
PREVIEW

디자인 미리보기

뉴—모던
디자인
국제학술대회 &
국제초대전

2023
〈NEW-
MODERN〉
DESIGN
CONFER-
ENCE

BAUHAUS

& INTERNATIONAL
INVITATIONAL EXHIBITION

2023
08. 21
Saturday
13:00

DESIGN
PROCESS

디자인 작업 과정

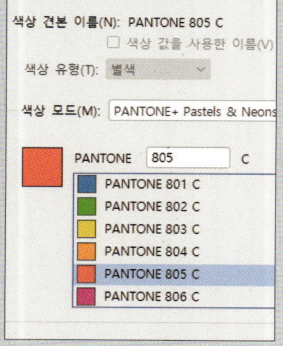

1 문서 설정과 별색 등록하기

2 포토샵으로 이미지 흑백으로 변환하고 보정하기

3 이미지에 별색 지정하여 2도 이미지 만들기

4 타이포그래피 작업하기

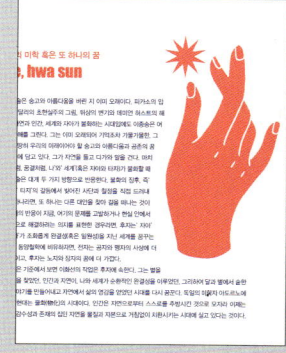

5 포스터 뒷면 디자인하기

6 인쇄용 PDF 파일 만들어 완성하기

SECTION 01

포스터 문서 설정과
별색 등록하기

일반적으로 큰 포스터를 제작하기 위해 문서를 설정하는 방법과
별색 2개를 사용한 2도 스타일 디자인을 위한 별색 등록 방법을 알아보겠습니다.

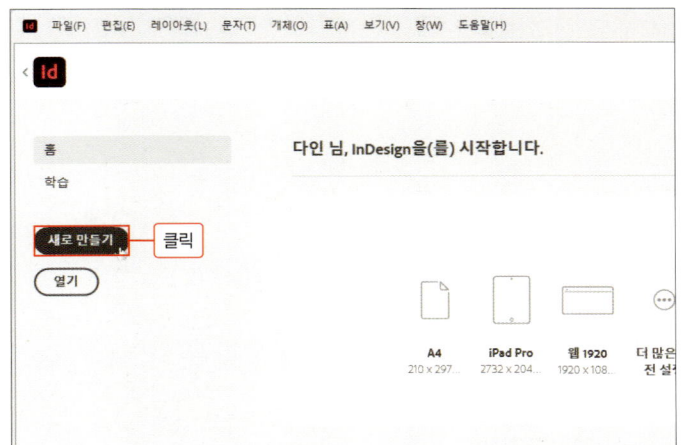

01 인디자인을 실행한 다음 〈새로 만들기〉
버튼을 클릭합니다.

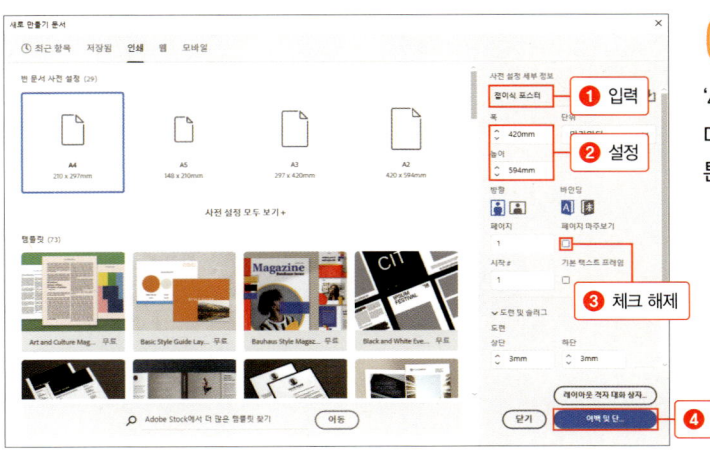

02 새로 만들기 문서 대화상자가 표시되
면 파일 이름을 '접이식 포스터', 폭을
'420mm', 높이를 '594mm'로 설정하고 '페이지
마주보기'를 체크 해제한 다음 〈여백 및 단〉 버
튼을 클릭합니다.

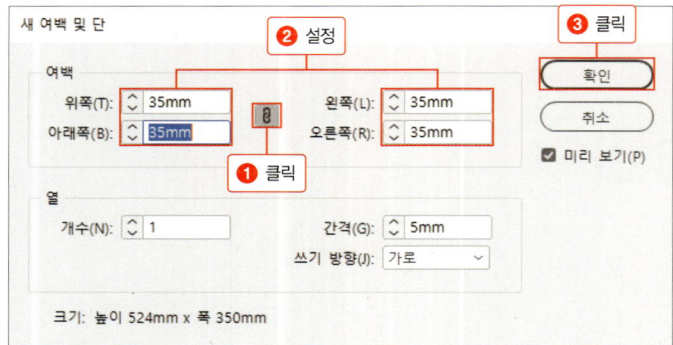

03 새 여백 및 단 대화상자가 표시되면 여백에서 '모든 여백 동일하게 만들기' 아이콘(⬛)을 클릭하고 '35mm'로 설정한 다음 〈확인〉 버튼을 클릭합니다.

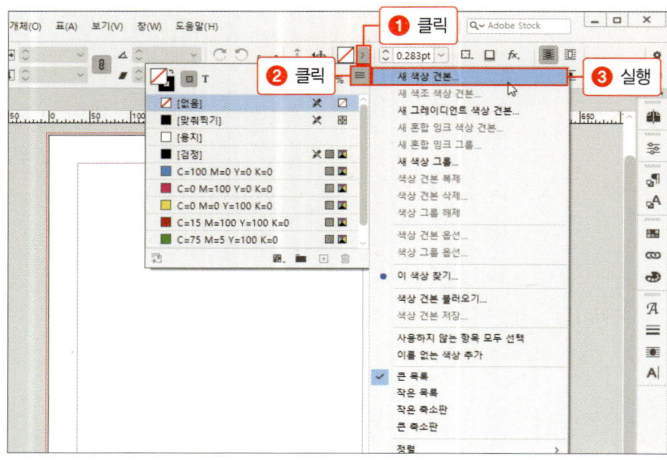

04 컨트롤 패널에서 칠의 '〉' 아이콘을 클릭하고 '패널 메뉴' 아이콘(☰)을 클릭한 다음 **새 색상 견본**을 실행합니다.

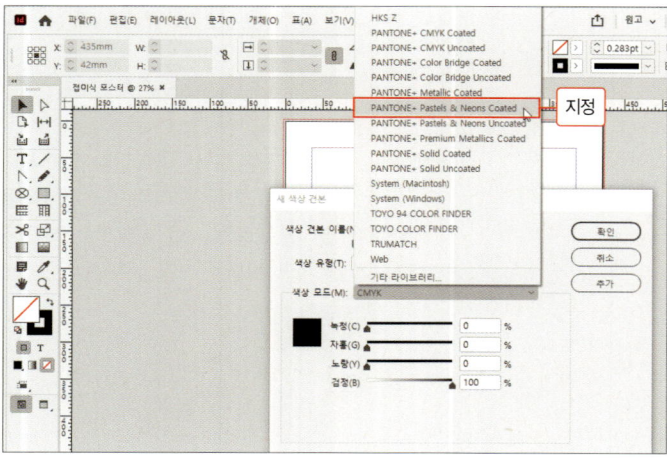

05 새 색상 견본 대화상자가 표시되면 색상 모드를 'PANTONE+ Pastels & Neons Coated'로 지정합니다.

06 PANTONE에 '805'를 입력하여 'PANTONE 805 C' 색상으로 지정한 다음 〈확인〉 버튼을 클릭합니다.

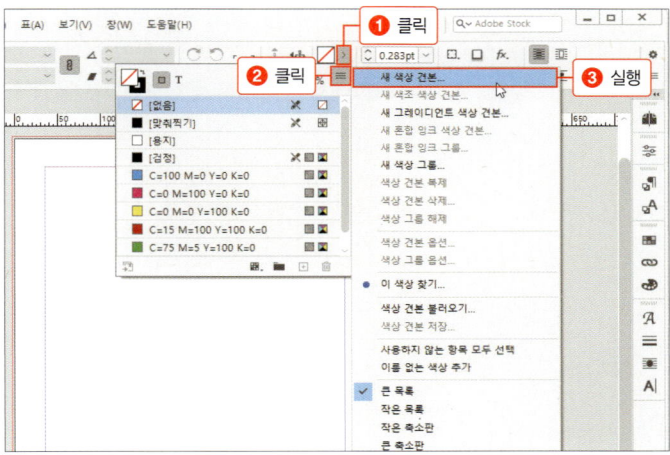

07 다시 칠의 '〉' 아이콘을 클릭하고 '패널 메뉴' 아이콘(≡)을 클릭한 다음 **새 색상 견본**을 실행합니다.

08 새 색상 견본 대화상자가 표시되면 색상 모드를 'PANTONE+ Solid Coated'로 지정합니다. PANTONE에 'Dark Blue'를 입력하여 'PANTONE Dark Blue C' 색상으로 지정한 다음 〈확인〉 버튼을 클릭합니다.

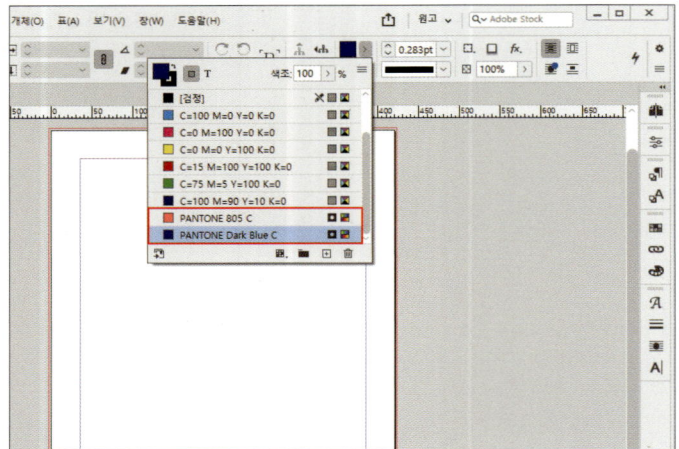

09 2개의 PANTONE 별색이 등록된 것을 확인합니다. 여기에서는 등록한 2개의 별색만 사용합니다.

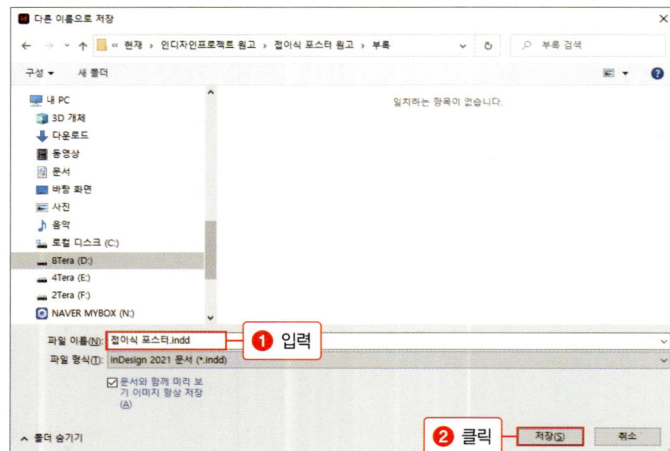

10 Ctrl+S를 눌러 다른 이름으로 저장 대화상자가 표시되면 파일 이름에 '접 이식 포스터'를 입력한 다음 〈저장〉 버튼을 클릭 합니다.

SECTION 02

이미지를 흑백으로
변환하고 보정하기

📄 **예제 파일**: 01\포스터01.tif ~ 포스터05.jpg | **완성 파일**: 01\포스터01_흑백.tif ~ 포스터05_흑백.jpg

2도 스타일의 포스터 작업을 위해 포토샵을 이용하여 원하는 이미지를 수정해야 합니다.
별색을 이미지에 적용하기 위해 흑백인 'Grayscale'로 이미지를 변환하고 보정해 봅니다.

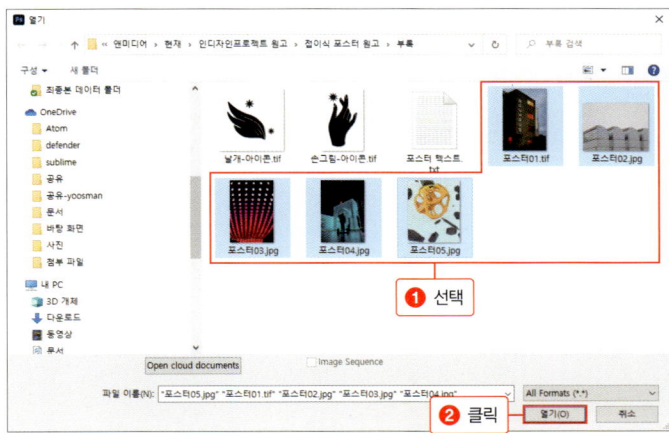

01 포토샵을 실행한 다음 메뉴에서 (**File**) → **Open**을 실행합니다. 열기 대화상자가 표시되면 01 폴더에서 '포스터01.tif' ~ '포스터05.jpg' 파일을 선택한 다음 〈열기〉 버튼을 클릭합니다.

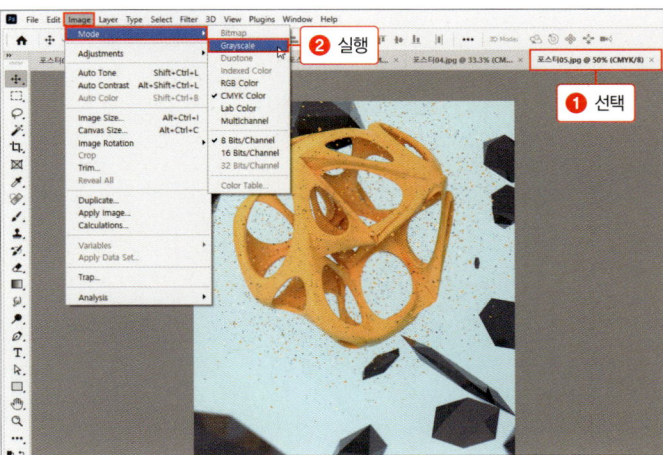

02 '포스터05.jpg' 작업 창을 선택하고 메뉴에서 (**Image**) → **Mode** → **Grayscale**을 실행합니다.

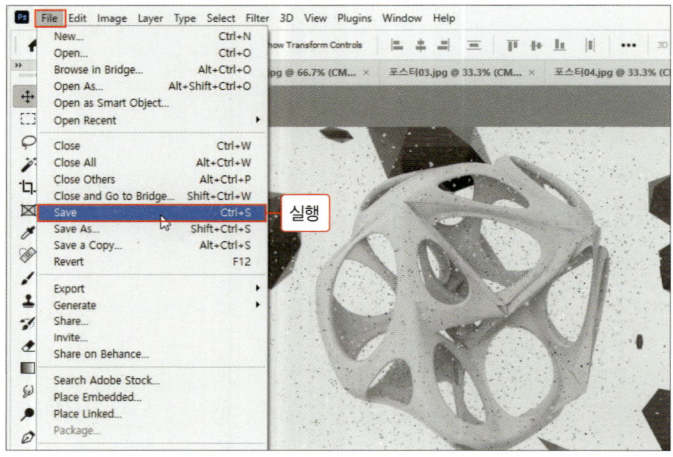

03 이미지가 흑백으로 변환되면 메뉴에서
〔File〕 → **Save**를 실행하여 저장합니다.

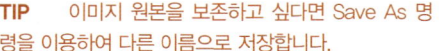

TIP 이미지 원본을 보존하고 싶다면 Save As 명령을 이용하여 다른 이름으로 저장합니다.

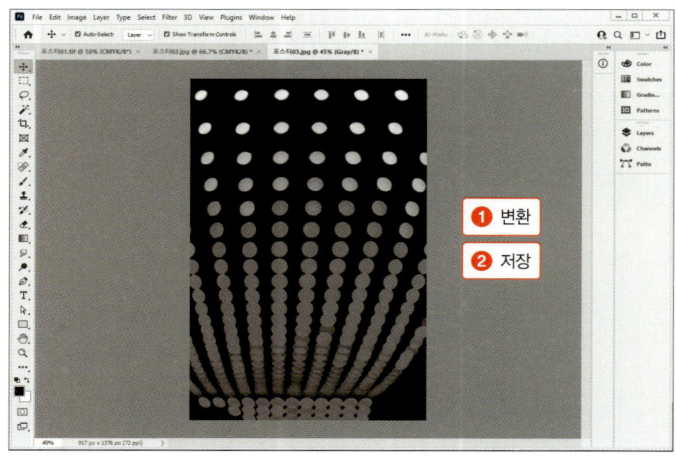

① 변환
② 저장

04 '포스터02.jpg' ~ '포스터04.jpg' 3개의 이미지도 흑백으로 변환한 다음 저장합니다.

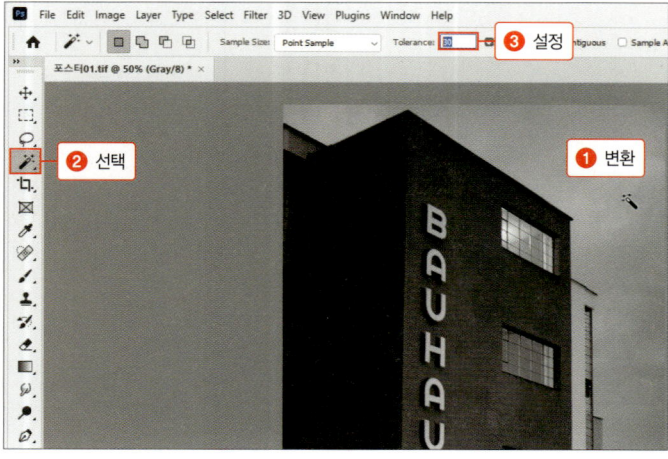

③ 설정
② 선택
① 변환

05 '포스터01.tif' 이미지도 흑백으로 변환한 다음 Tools 패널에서 마술봉 도구(🪄)를 선택합니다. 옵션바에서 Tolerance를 '30'으로 설정합니다.

06 마술봉 도구(🪄)로 하늘 부분을 클릭하여 선택 영역으로 지정합니다. 하늘 부분을 모두 선택해야 하기 때문에 Shift를 누른 상태로 선택되지 않은 하늘 부분을 클릭하여 선택 영역을 확장합니다.

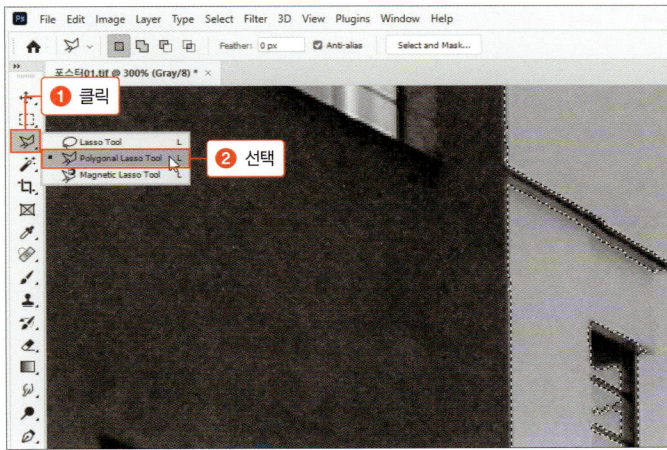

07 마술봉 도구(🪄)로 선택하다 보면 선택되지 말아야 할 부분도 선택된 것을 확인할 수 있습니다. Tools 패널에서 다각형 올가미 도구(🔲)를 선택합니다.

08 다각형 올가미 도구가 선택된 상태에서 Alt를 눌러 커서에 '−'가 표시되면 현재 선택된 부분을 제외할 수 있습니다. Alt를 누른 상태로 건물 부분에서 선택된 부분을 클릭하여 선택을 제외합니다.

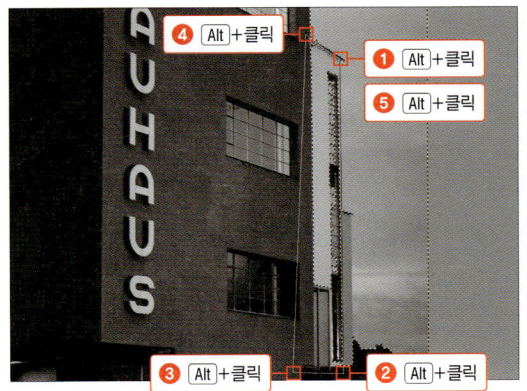

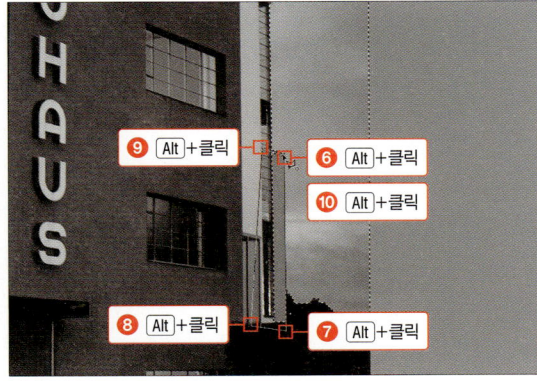

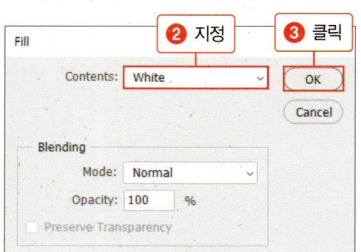

09 Shift+F5를 눌러 Fill 대화상자가 표시되면 Contents를 'White'로 지정한 다음 〈OK〉 버튼을 클릭합니다. 하늘 영역이 모두 흰색으로 변경된 것을 확인합니다.

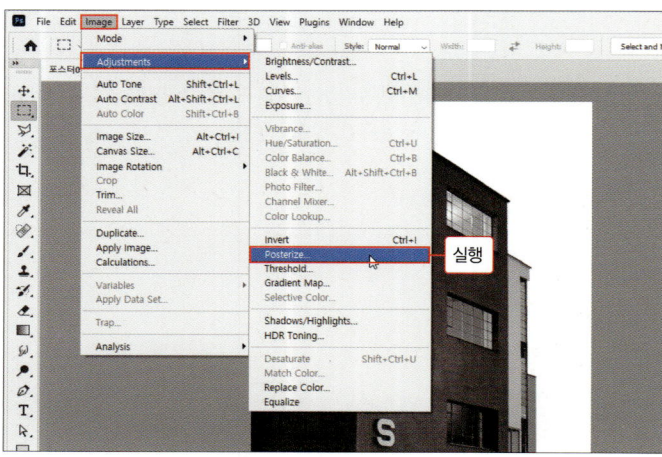

10 메뉴에서 (Image) → Adjustments → Posterize를 실행합니다.

11 Posterize 대화상자가 표시되면 Levels: 수치를 '24'로 설정한 다음 〈OK〉 버튼을 클릭합니다.

12 Tools 패널에서 닷지 도구(🔍)를 선택한 다음 옵션바에서 브러시 팝업 버튼을 클릭하고 Size를 '400px', Hardness를 '0%'로 설정합니다.

① 클릭
② 선택
③ 클릭

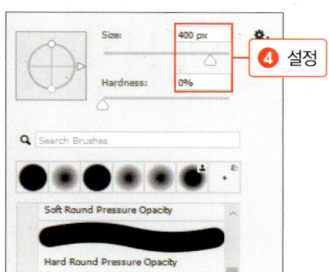

④ 설정

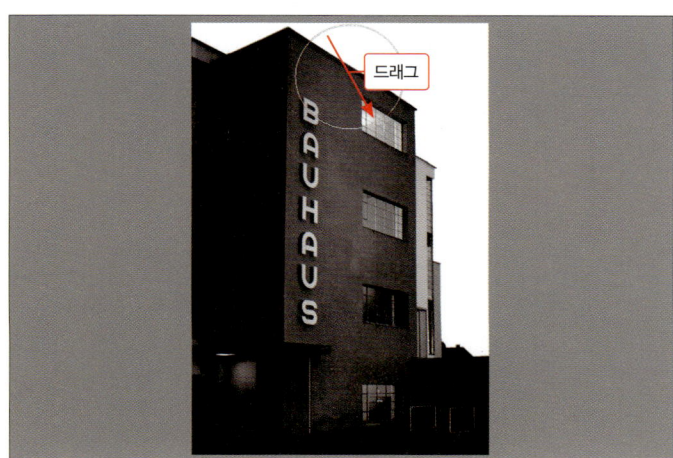

드래그

13 건물의 빛을 받는 부분을 닷지 도구(🔍)로 드래그하여 밝게 조정합니다.

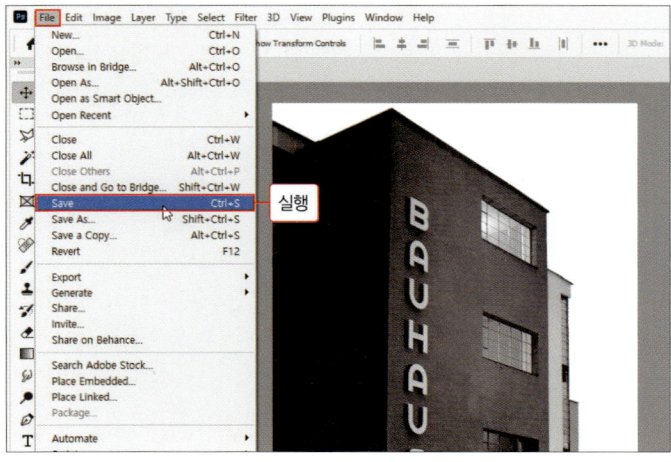

실행

14 이미지 보정이 완료되었으면 메뉴에서 (File) → Save를 실행하여 파일을 저장합니다.

SECTION 03

● 별색 지정과 타이포로 포스터 앞면 디자인하기

📄 **예제 파일**: 01\포스터01_흑백.tif, 포스터 텍스트.txt

포스터 작업에 사용할 이미지가 준비되었으면 인디자인에서 이미지에 별색 효과를 적용하고
타이포그래피 스타일의 텍스트를 만들어 포스터 앞면을 디자인해 봅니다.

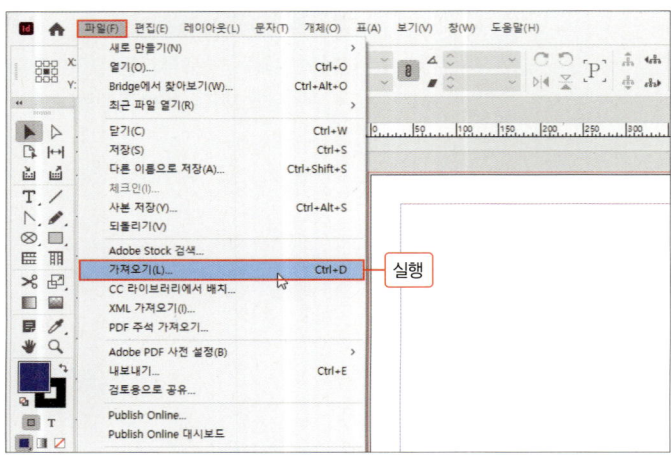

01 인디자인으로 돌아와 메뉴에서 (**파일**)
→ **가져오기**를 실행하여 '포스터01_흑
백.tif' 파일을 불러옵니다.

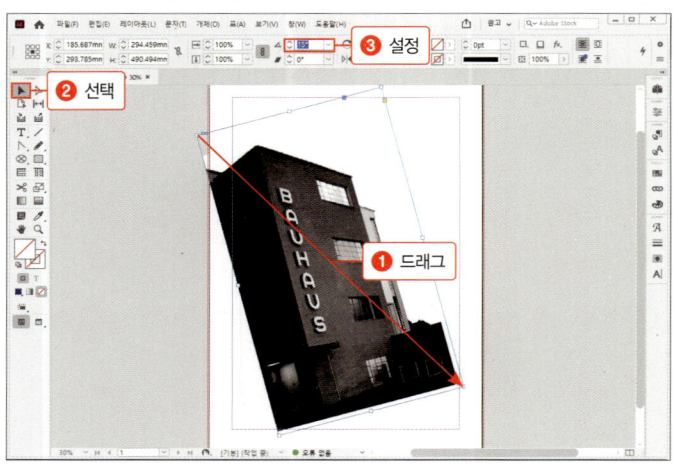

02 마우스 커서가 가져오기 상태로 변경
되면 드래그하여 그림과 같은 크기로
이미지를 배치합니다. 선택 도구(▶)로 이미지
를 선택한 다음 회전 각도를 '15°'로 설정합니다.

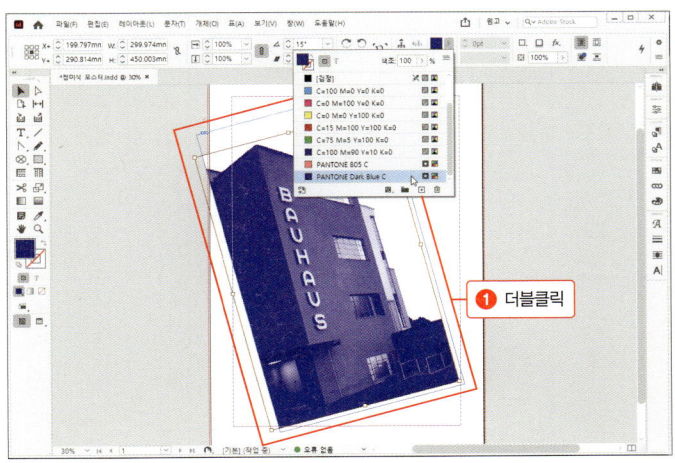

03

더블클릭하여 원본 이미지가 선택된 상태에서 칠을 'PANTONE Dark Blue C' 색상으로 지정하면 원본 흑백 이미지가 파란 색상 계조로 이루어진 이미지로 변경됩니다.

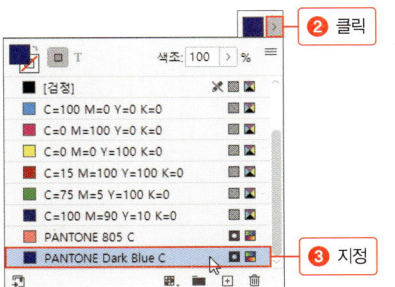

04

도구 패널에서 타원 프레임 도구(⊗)를 선택한 다음 페이지의 빈 여백을 클릭합니다. 타원 대화상자가 표시되면 폭과 높이를 '52mm'로 설정한 다음 〈확인〉 버튼을 클릭합니다.

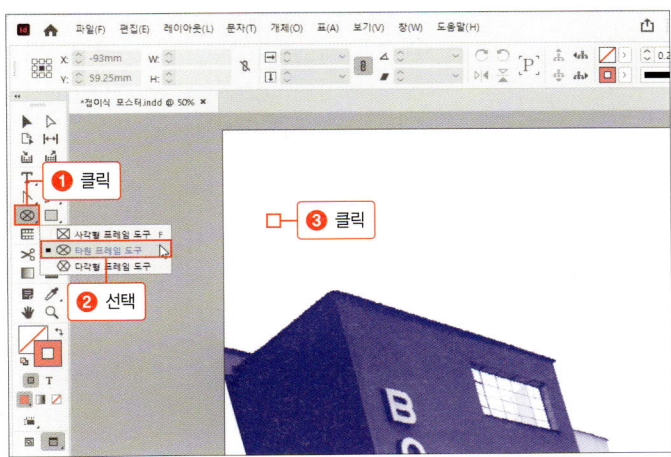

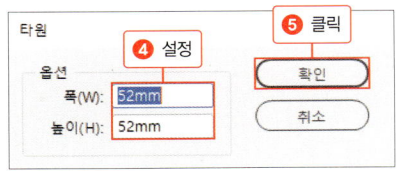

05

원형 프레임을 선택하고 획을 'PANTONE 805 C' 색상으로 지정합니다.

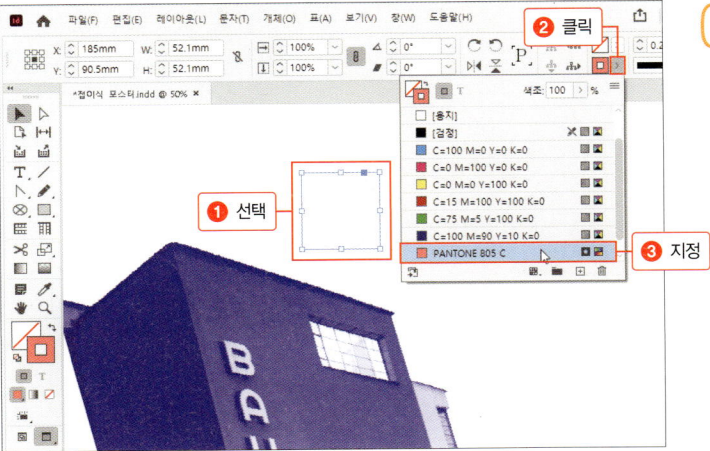

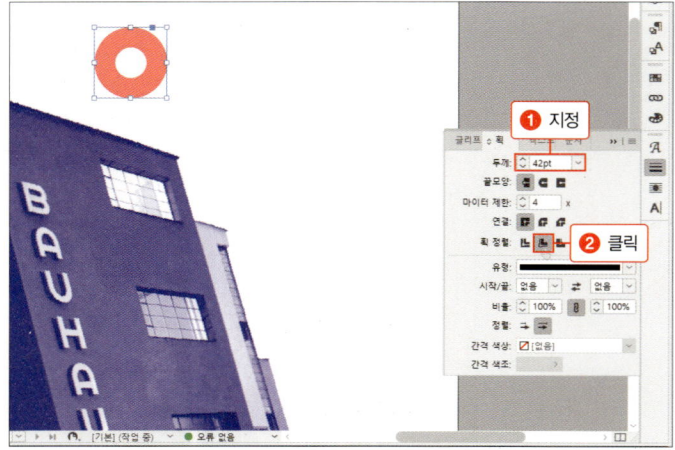

06 원이 선택된 상태로 획 패널에서 두께를 '42pt'로 지정합니다. 획 정렬에서 '획 안쪽 정렬' 아이콘(▣)을 클릭하여 획 두께를 조절할 때 안쪽만 조절할 수 있게 설정합니다.

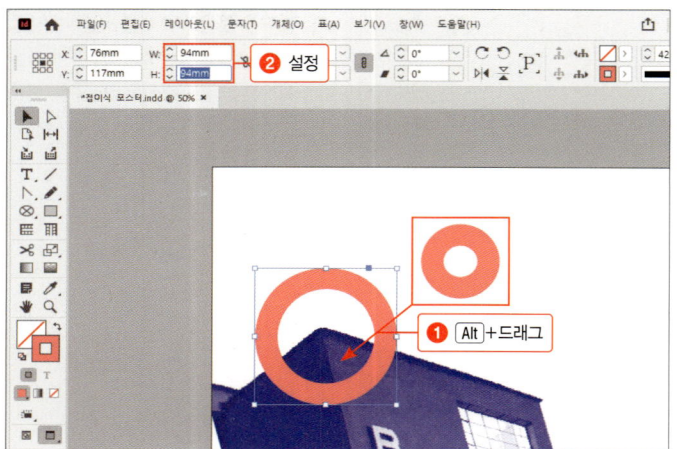

07 Alt를 누른 상태에서 원을 왼쪽 하단으로 드래그하여 한 개 더 복제합니다. 컨트롤 패널에서 W를 '94mm', H를 '94mm'로 설정하여 크기를 조절합니다.

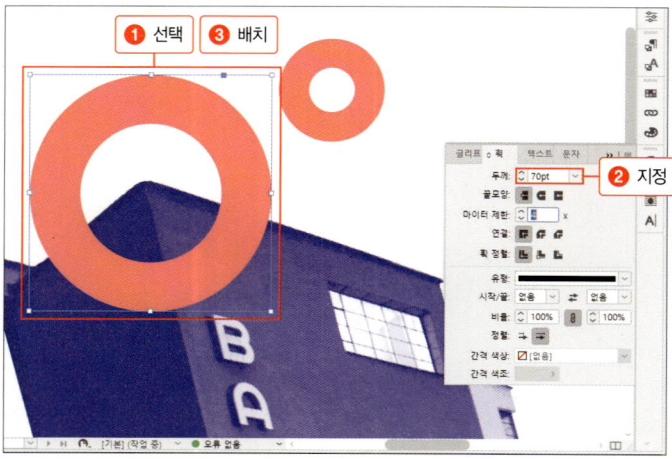

08 크기를 변경한 원을 선택하고 획 패널에서 두께를 '70pt'로 지정한 다음 그림과 같이 배치합니다.

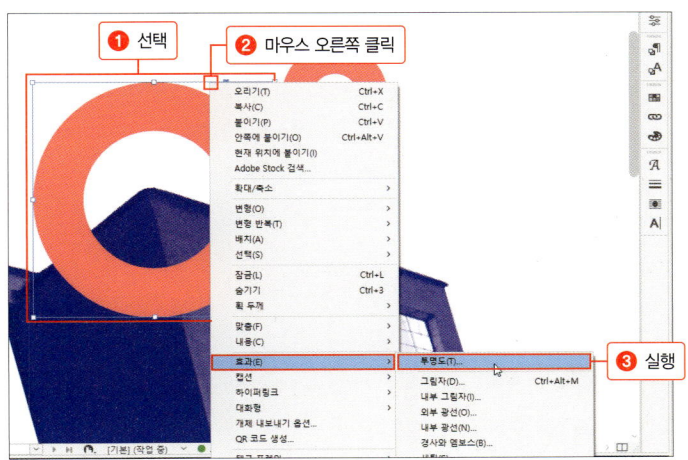

09 원을 선택하고 마우스 오른쪽 버튼을 클릭한 다음 **효과 → 투명도**를 실행합니다.

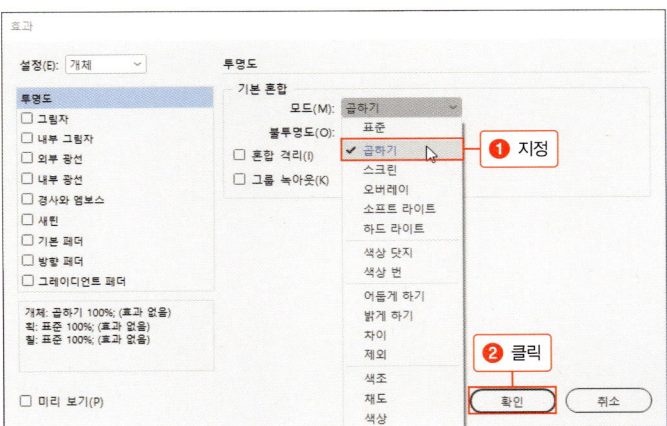

10 효과 대화상자가 표시되면 기본 혼합에서 모드를 '곱하기'로 지정한 다음 〈확인〉 버튼을 클릭합니다. 건물 이미지와 원이 겹친 부분에 투명도 효과가 적용됩니다.

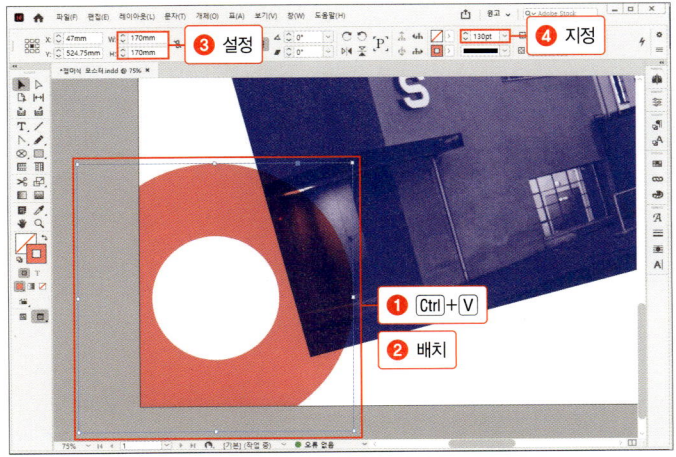

11 원을 선택하고 Ctrl+C를 눌러 복사한 다음 Ctrl+V를 눌러 붙여 넣습니다. 페이지 왼쪽 하단에 배치하고 W를 '170mm', H를 '170mm'로 설정한 다음 선 두께를 '130pt'로 지정합니다.

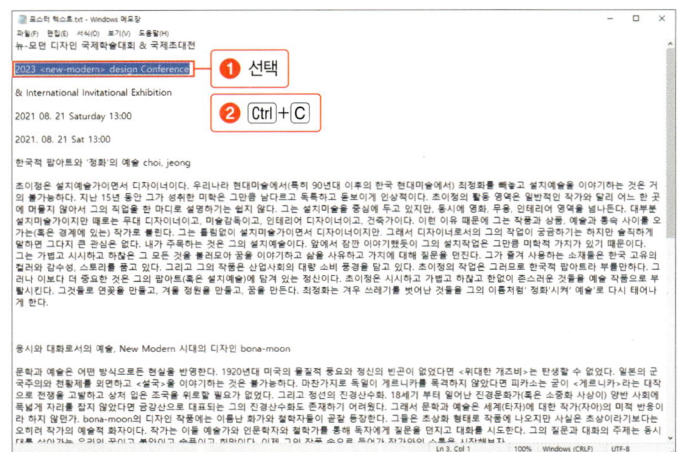

12 01 폴더에서 '포스터 텍스트.txt' 파일을 더블클릭하여 엽니다. 작업에 필요한 텍스트는 모두 이 파일에 담겨 있습니다. 먼저 '2023 〈new-modern〉 design Conference' 텍스트를 드래그하여 선택하고 Ctrl+C를 눌러 복사합니다.

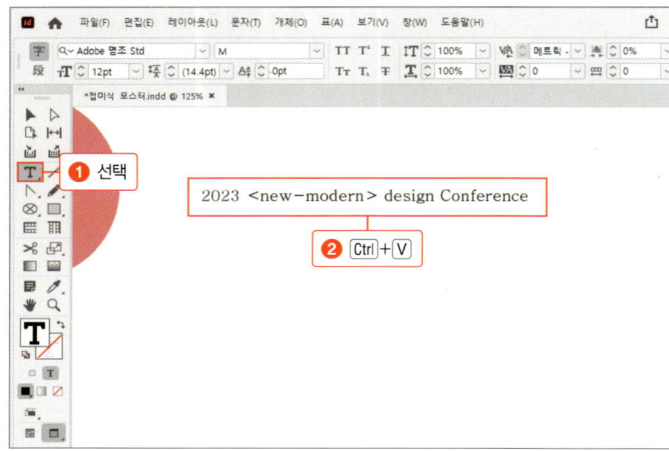

13 인디자인에서 문자 도구(T)로 드래그하여 문자 상자를 만든 다음 Ctrl+V를 눌러 텍스트를 붙여 넣습니다.

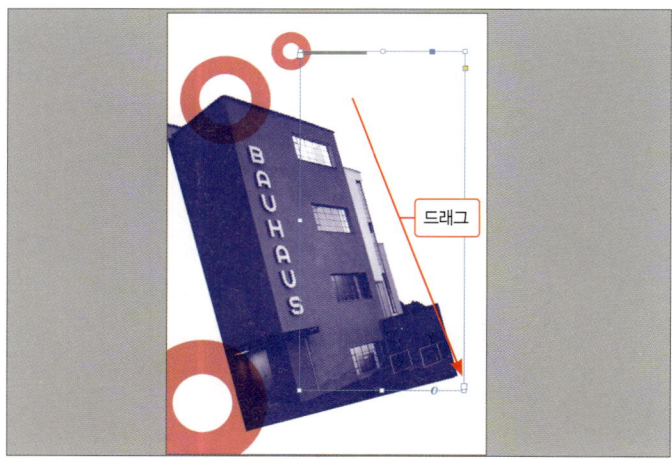

14 텍스트를 크게 조절하기 위해 문자 상자의 조절점을 드래그하여 그림과 같이 크기를 키웁니다.

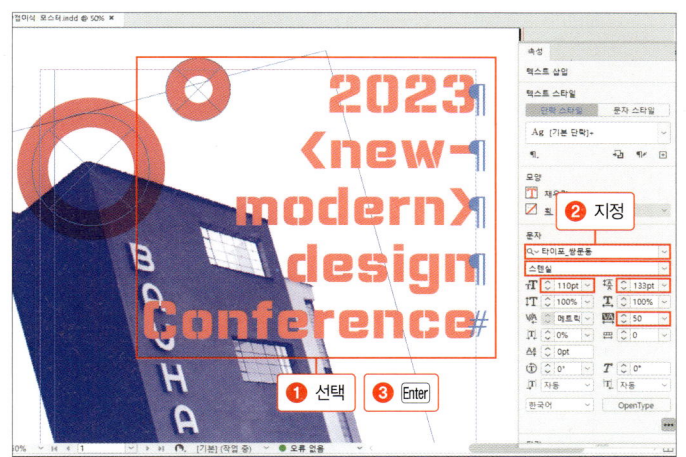

15 텍스트를 드래그하여 선택한 다음 속성 패널에서 글꼴을 '타이포_쌍문동', 글꼴 스타일을 '스텐실', 글꼴 크기를 '110pt', 행간을 '133pt', 자간을 '50'으로 지정합니다.
단락에서 '오른쪽 정렬' 아이콘(≡)을 클릭하고 텍스트마다 Enter를 눌러 그림과 같이 5줄로 조절합니다.

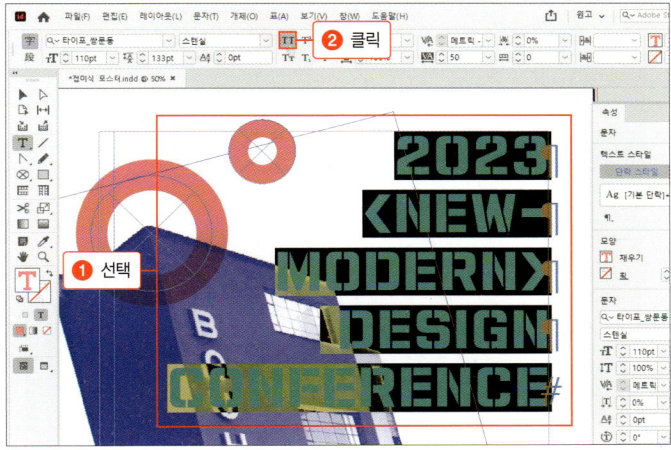

16 텍스트를 드래그하여 선택하고 컨트롤 패널에서 '모두 대문자' 아이콘(TT)을 클릭하여 텍스트를 모두 대문자로 변경합니다.

17 'MODERN〉' 텍스트와 'DESIGN' 텍스트 오른쪽에서 Enter를 눌러 한 줄씩 여백을 만듭니다.
여백 부분을 드래그하여 각각 선택하고 행간을 '72pt'로 지정하여 여백을 좁게 변경합니다. 'DESIGN' 텍스트와 'CONFERENCE' 텍스트의 글꼴 크기를 '127pt'로 지정합니다.

18 텍스트를 선택하고 속성 패널의 문자에서 '영어: 영국'으로 지정하면 하이픈이 표시됩니다.

19 선택 도구(▶)로 문자 상자의 조절점을 드래그하여 그림과 같이 텍스트가 표시되도록 조절하고 배치합니다.

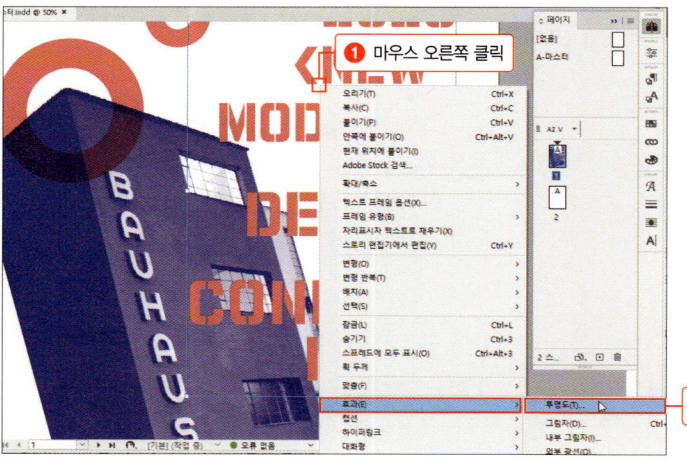

20 문자 상자를 선택하고 마우스 오른쪽 버튼을 클릭한 다음 **효과 → 투명도**를 실행합니다.

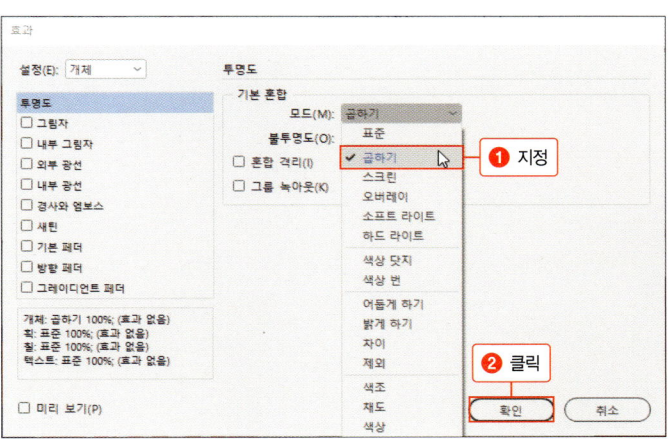

21 효과 대화상자가 표시되면 기본 혼합에서 모드를 '곱하기'로 지정한 다음 〈확인〉 버튼을 클릭하여 겹친 부분에 투명 효과가 적용되도록 합니다.

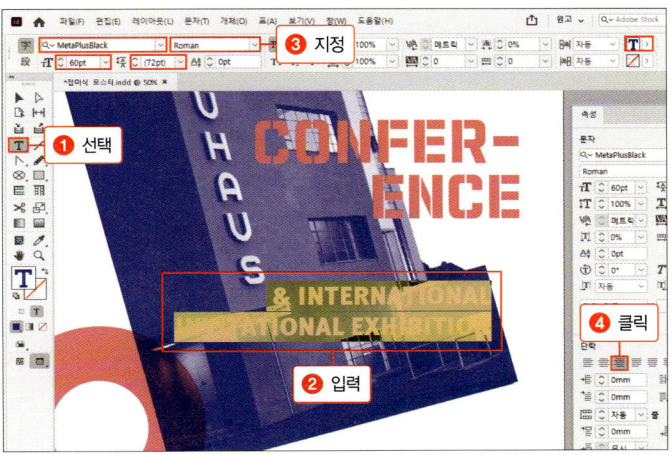

22 문자 도구(T)로 드래그하여 문자 상자를 만들고 '& INTERNATIONAL INVITATIONAL EXHIBITION'을 입력합니다.
글꼴을 'MetaPlusBlack', 글꼴 스타일을 'Roman', 글꼴 크기를 '60pt', 행간을 '72pt', 칠을 'PANTONE Dark Blue C' 색상으로 지정한 다음 단락 속성에서 '오른쪽 정렬' 아이콘(▤)을 클릭합니다.

23 텍스트가 선택된 상태로 컨트롤 패널에서 Alt 를 누른 상태로 '밑줄' 아이콘(T)을 클릭합니다. 밑줄 옵션 대화상자가 표시되면 '밑줄 켬'을 체크 표시하고 두께를 '80pt', 오프셋을 '−19pt', 색상을 'PANTONE 805 C'로 지정한 다음 〈확인〉 버튼을 클릭합니다.

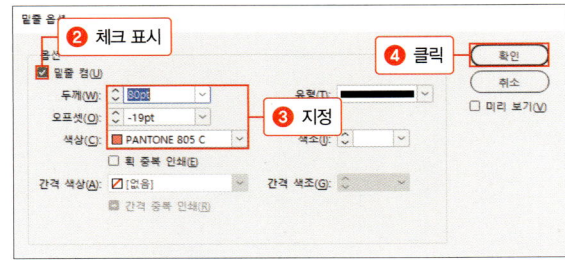

24 선택 도구(▶)로 문자 상자를 선택하고 컨트롤 패널에서 회전 각도를 '7'로 설정합니다.

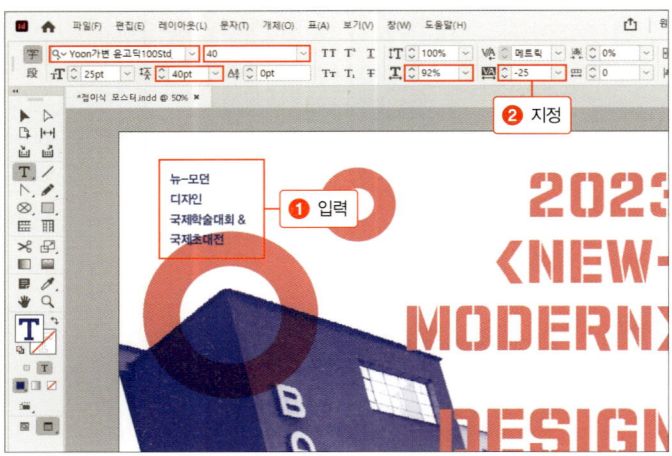

25 페이지 왼쪽 상단에 '뉴-모던 디자인 국제학술대회 & 국제초대전'을 입력하고 그림과 같이 4줄로 변경합니다.
글꼴을 'Yoon가변 윤고딕100Std_OTF', 글꼴 스타일을 '40', 행간을 '40pt', 가로 비율을 '92%', 자간을 '-25'로 지정합니다.

26 페이지 왼쪽 하단에 '2021 08. 21 Saturday 13:00'을 입력하고 그림과 같이 4줄로 변경합니다.
글꼴을 'Impact', 글꼴 스타일을 'Regular', 글꼴 크기를 '26pt', 행간을 '40pt'로 지정합니다.

SECTION 04

텍스트와 이미지를 배치하여
포스터 뒷면 디자인하기

포스터 뒷면은 기본적인 작품 이미지와 설명으로 이루어져 있습니다.
마찬가지로 작품 이미지나 아이콘을 별색으로 지정하고 이미지와 텍스트가
서로 어떻게 구성되는지에 대해 알아보겠습니다.

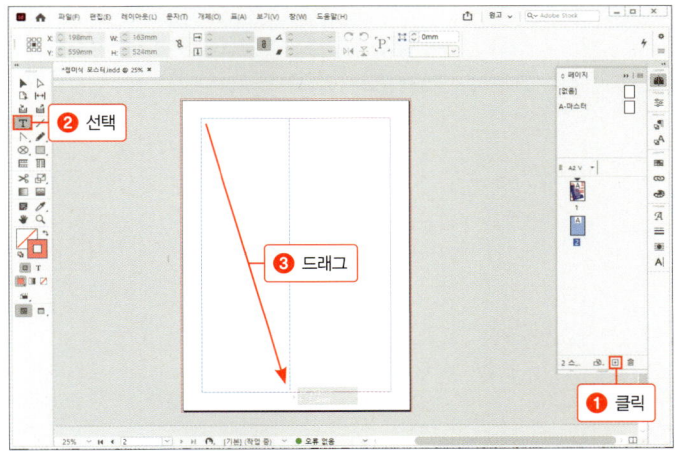

01 페이지 패널에서 '새 페이지 만들기' 아이콘(▣)을 클릭하여 새로운 페이지를 추가합니다. 문자 도구(T)로 그림과 같이 드래그하여 문자 상자를 만듭니다.

01 · 포스터 디자인

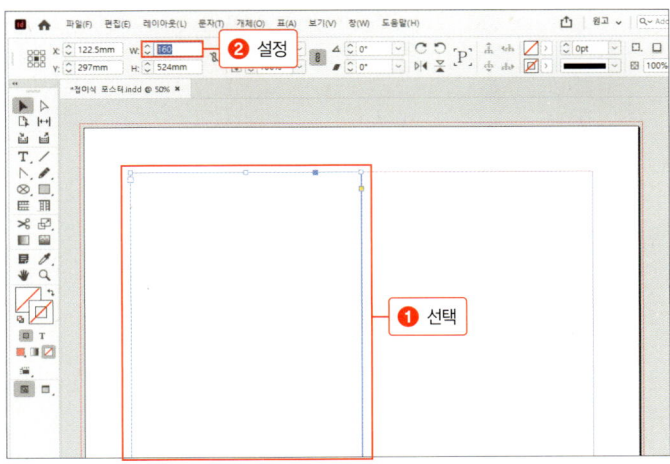

02 문자 상자를 선택하고 컨트롤 패널에서 W를 '160mm'로 설정하여 문자 상자의 가로를 변경합니다.

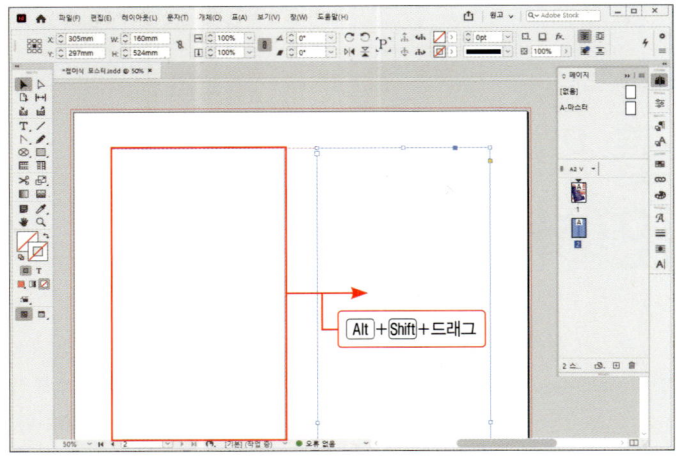

03 문자 상자를 선택하고 `Alt`+`Shift`를 누른 상태로 오른쪽으로 드래그하여 복제합니다.

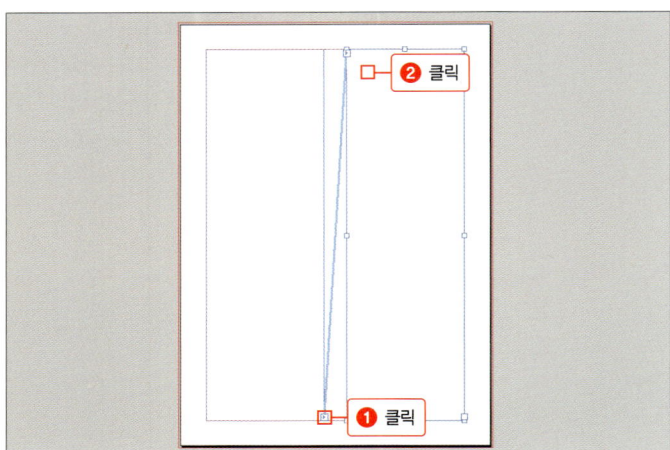

04 왼쪽 문자 상자의 오른쪽 하단에 '프레임 연결' 아이콘(▶)을 클릭하고 오른쪽 문자 상자로 커서를 이동한 다음 클릭하여 2개의 문자 상자를 연결합니다.

05 '포스터 텍스트.txt' 파일에서 작품 설명 텍스트를 드래그하여 선택하고 마우스 오른쪽 버튼을 클릭한 다음 **복사**를 실행합니다.

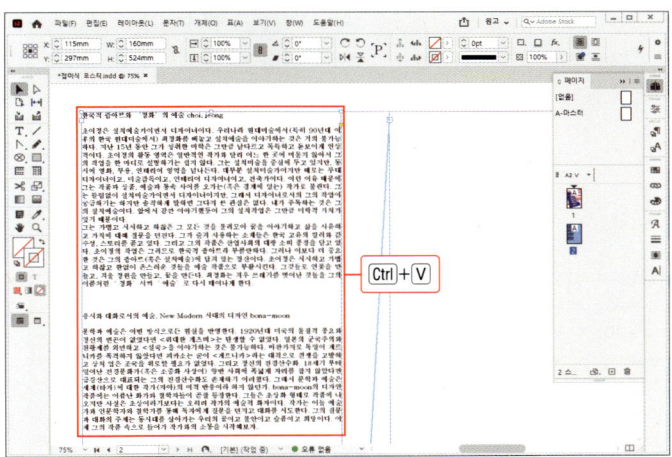

06 인디자인에서 왼쪽 문자 상자에 Ctrl +V를 눌러 텍스트를 붙여 넣습니다.

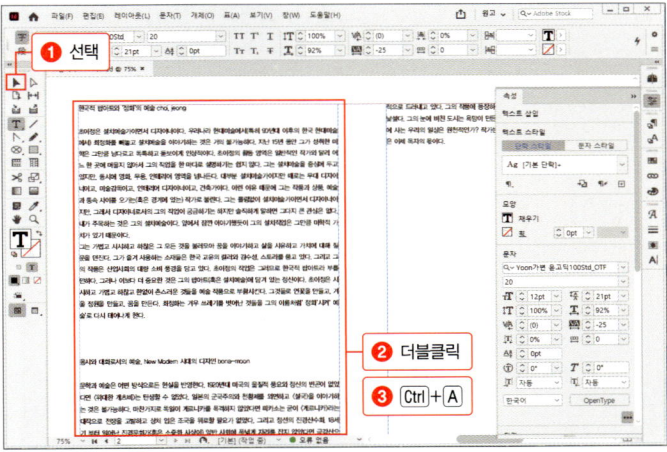

07 선택 도구(▶)로 문자 상자를 더블클릭하고 Ctrl+A를 눌러 모든 텍스트를 선택합니다.
글꼴을 'Yoon가변 윤고딕100Std_OTF', 글꼴 스타일을 '20', 글꼴 크기를 '12pt', 행간을 '21pt', 가로 비율을 '92%', 자간을 '−25'로 지정합니다.

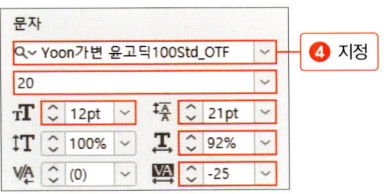

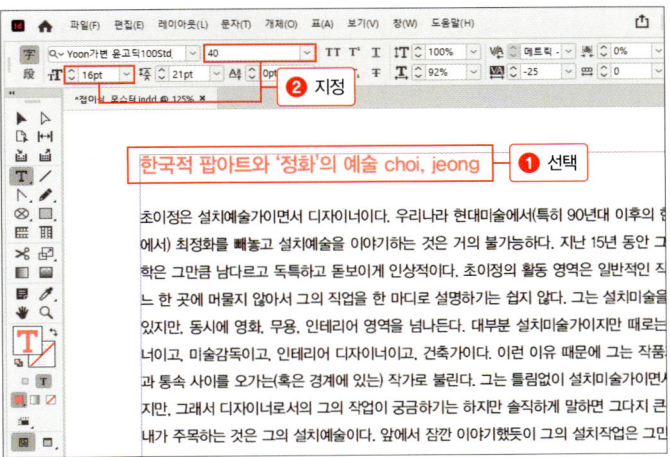

08 제목에 해당하는 '한국적 팝아트와 '정화'의 예술 choi, jeong' 텍스트를 선택하고 글꼴 스타일을 '40', 글꼴 크기를 '16pt'로 지정합니다.

01 · 포스터 디자인

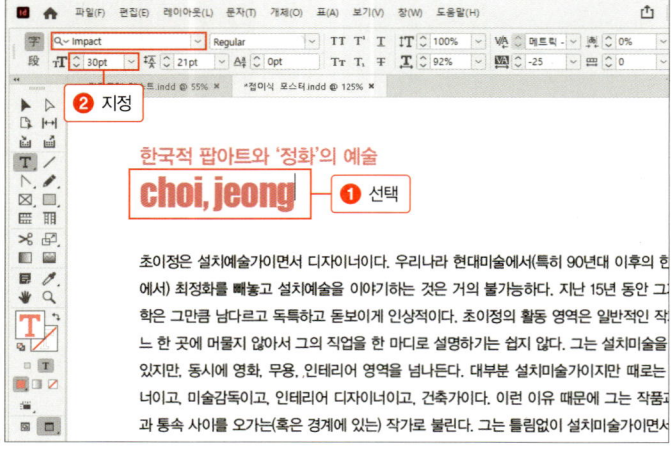

09 'choi, jeong' 텍스트 앞에 커서를 위치하고 Enter를 눌러 2줄로 변경한 다음 'choi, jeong' 텍스트만 선택하여 글꼴을 'Impact', 글꼴 크기를 '30pt'로 지정합니다.

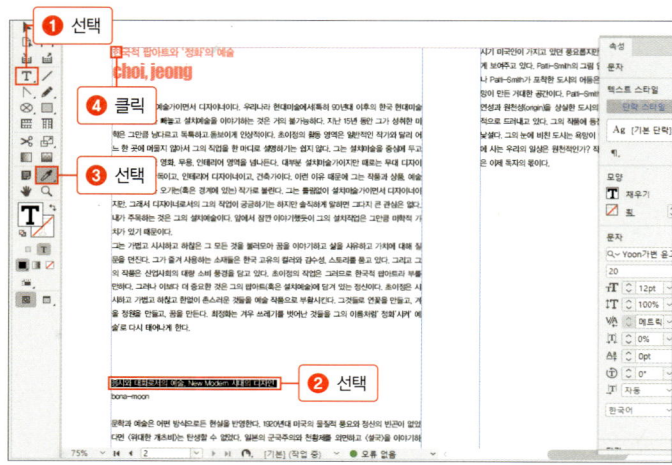

10 문자 도구(T.)로 그림과 같이 두 번째 제목에 해당하는 텍스트를 드래그하여 선택합니다. 도구 패널에서 스포이드 도구(🖋)를 선택한 다음 이미 글꼴 속성을 설정한 텍스트를 클릭하여 선택한 텍스트에도 같은 글꼴 속성을 적용합니다.

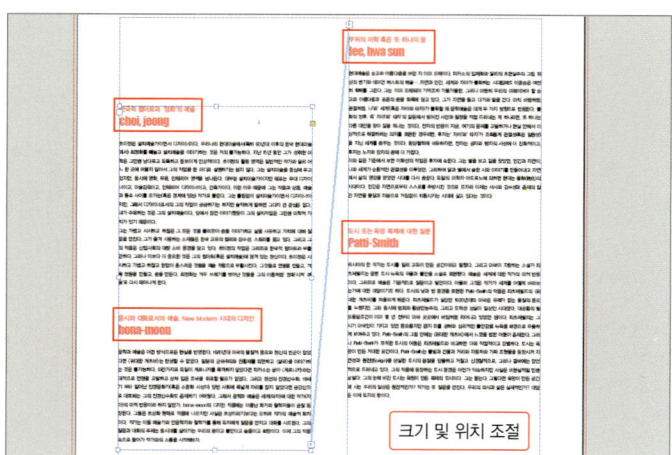

11 4개의 작품 설명이 있으므로 스포이드 도구(🖋)를 이용하여 제목 부분에 각각 글꼴 속성을 적용한 다음 그림과 같이 문자 상자의 크기와 위치를 조절합니다.

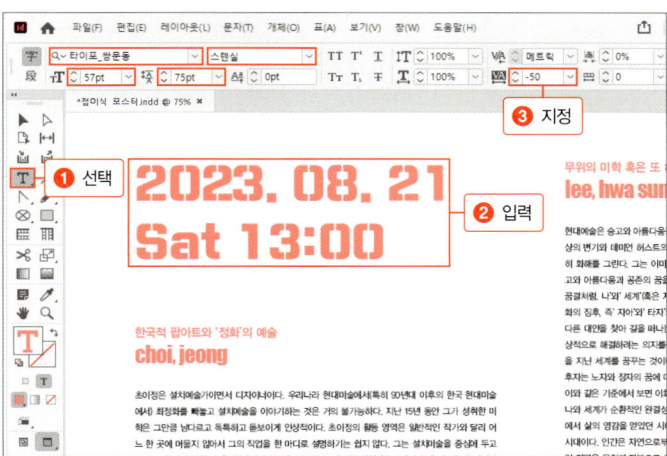

12 왼쪽 상단에 문자 도구(T.)로 문자 상자를 만들고 '2023. 08. 21 Sat 13:00'을 입력합니다. 글꼴을 '타이포_쌍문동', 글꼴 스타일을 '스텐실', 글꼴 크기를 '57pt', 행간을 '75pt', 자간을 '−50'으로 지정합니다.

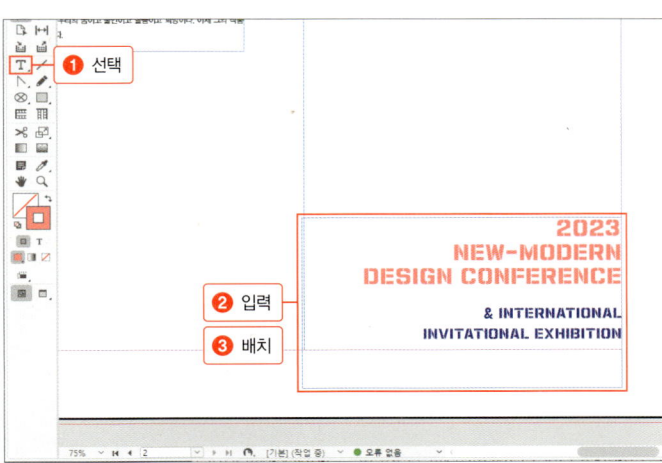

13 오른쪽 하단에 문자 도구(T.)로 문자 상자를 만들고 '2023 NEW−MODERN DESIGN CONFERENCE & INTERNATIONAL INVITATIONAL EXHIBITION'을 입력한 다음 배치합니다.

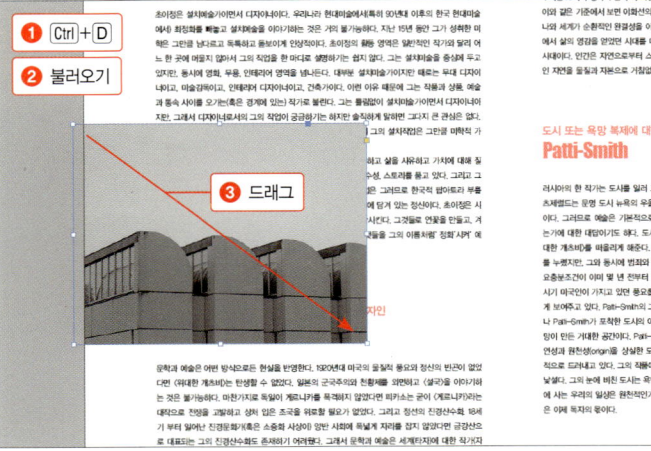

14 Ctrl+D를 눌러 '포스터02_흑백.jpg' 파일을 불러옵니다. 마우스 커서가 가져오기 상태로 변경되면 드래그하여 그림과 같은 위치에 이미지를 배치합니다.

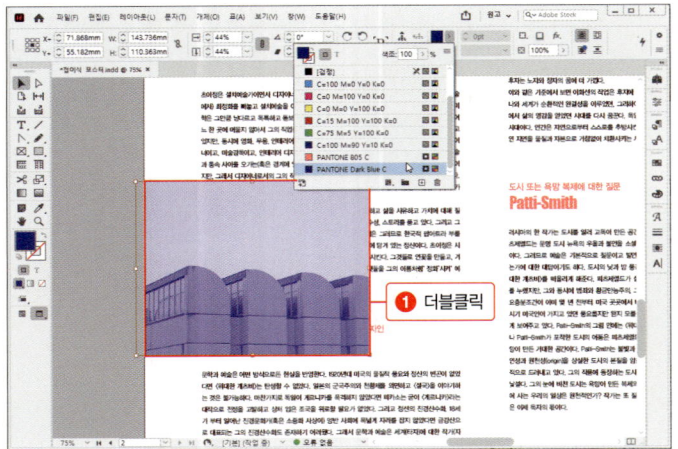

15 이미지를 더블클릭하고 칠을 'PAN-TONE Dark Blue C' 색상으로 지정하여 흑백 이미지에 색상을 적용합니다.

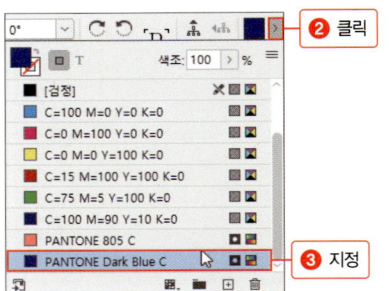

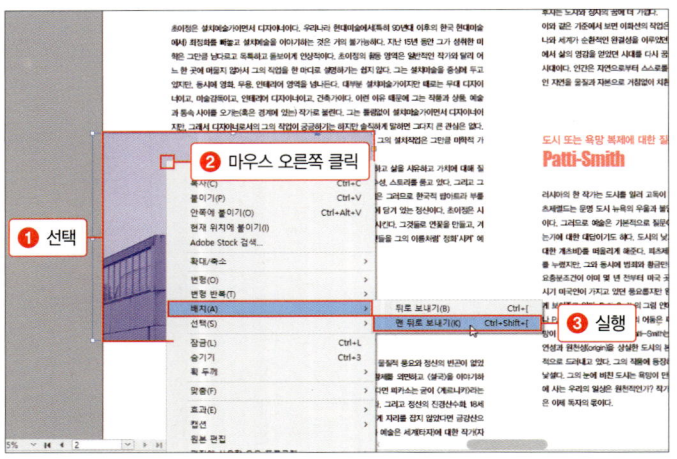

16 이미지를 선택하고 마우스 오른쪽 버튼을 클릭한 다음 **배치 → 맨 뒤로 보내기**를 실행하여 텍스트 뒤쪽으로 이미지를 배치합니다.

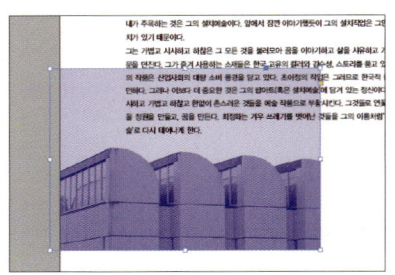

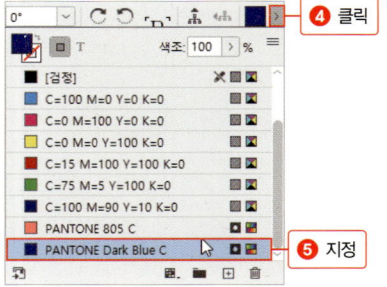

17 Ctrl+D를 눌러 '포스터03_흑백.jpg', '포스터04_흑백.jpg' 파일을 불러옵니다. 이미지를 그림과 같이 배치한 다음 더블클릭하여 칠을 'PANTONE Dark Blue C' 색상으로 지정합니다.

TIP 사각형 프레임을 더블클릭하여 표시되는 원본 이미지의 조절점을 조절하면 사각형 프레임의 크기는 그대로 유지한 상태로 불필요한 부분을 안 보이게 작업할 수 있습니다.

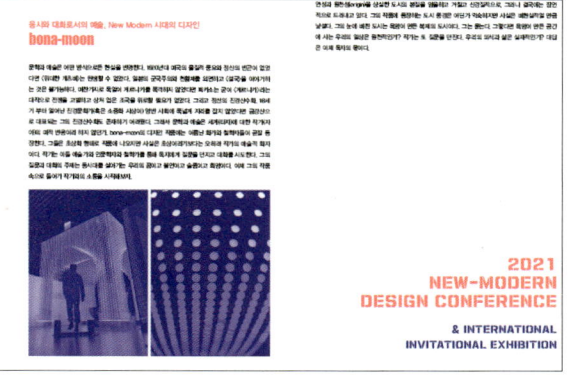

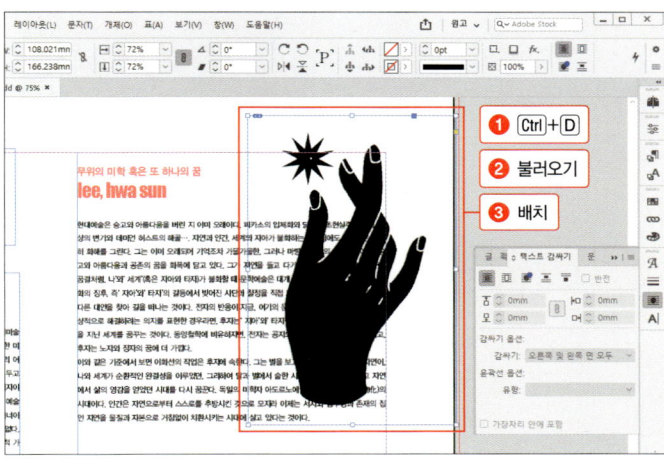

18 [Ctrl]+[D]를 눌러 01 폴더에서 '손그림-아이콘.tif' 파일을 불러옵니다. 손 이미지를 그림과 같은 위치에 배치합니다.

TIP 해당 손 이미지는 1비트 이미지로, 그러데이션 계조가 존재하지 않으며 오직 검은색과 흰색으로만 이루어진 이미지입니다.

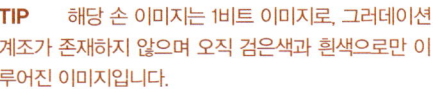
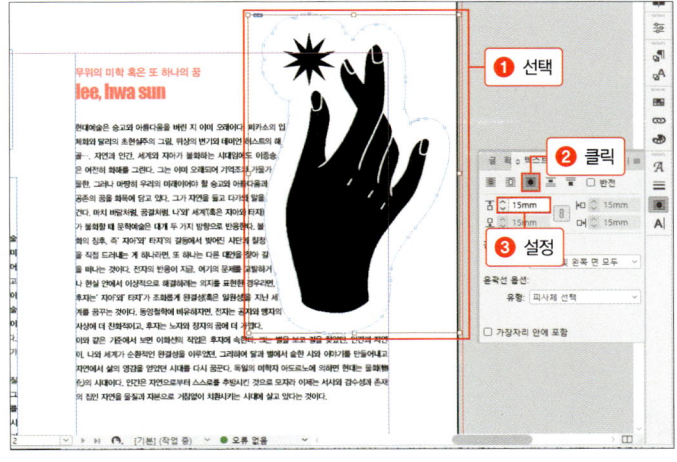

19 손 이미지를 선택하고 텍스트 감싸기 패널에서 '개체 모양 감싸기' 아이콘(圓)을 클릭한 다음 위쪽 오프셋을 '15mm'로 설정하여 손 이미지의 바깥쪽으로 텍스트가 흐르게 변경합니다.

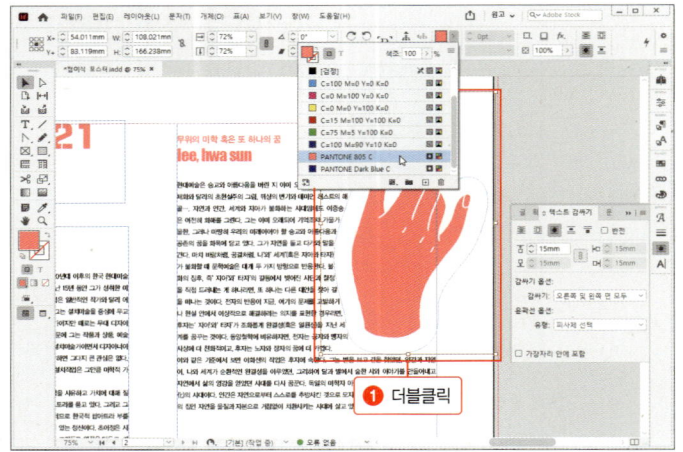

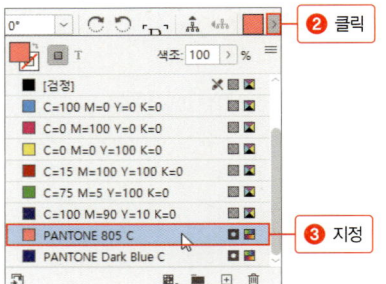

20 손 이미지를 더블클릭하고 색을 'PAN-TONE 805 C' 색상으로 지정합니다.

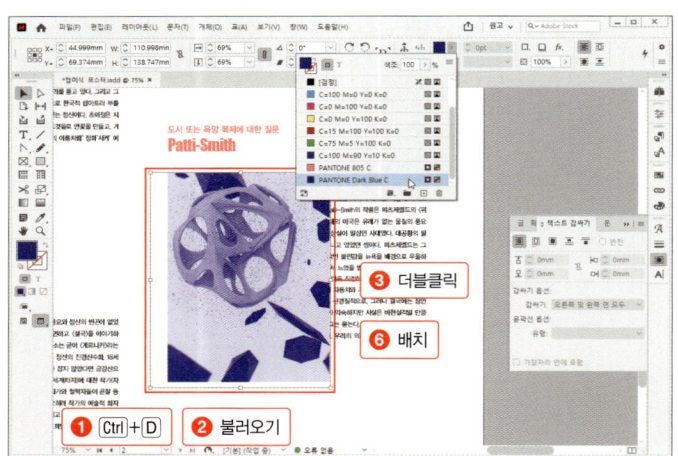

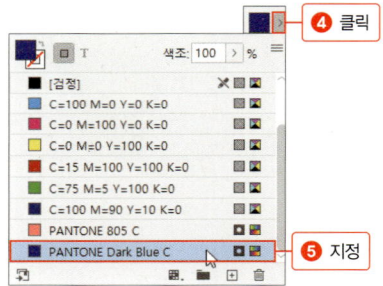

21 Ctrl+D를 눌러 '포스터05_흑백.jpg' 파일을 불러온 다음 더블클릭하여 칠을 'PANTONE Dark Blue C' 색상으로 지정하고 그림과 같은 위치에 배치합니다.

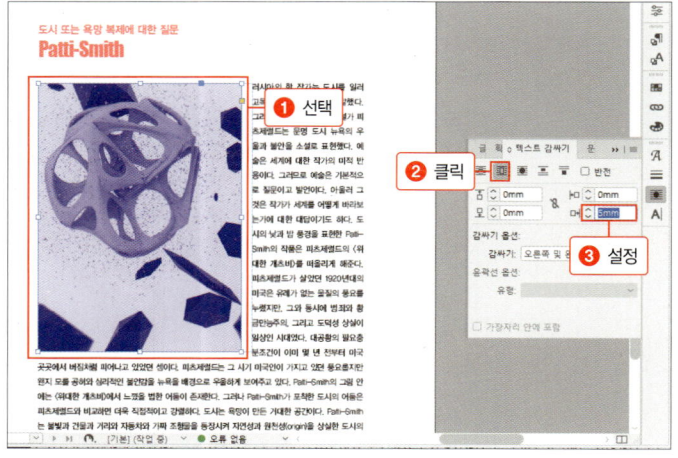

22 이미지를 선택하고 텍스트 감싸기 패널에서 '테두리 상자 감싸기' 아이콘(▨)을 클릭한 다음 오른쪽 오프셋을 '5mm'로 설정하여 선택된 이미지 오른쪽으로 텍스트가 흐르게 만듭니다.

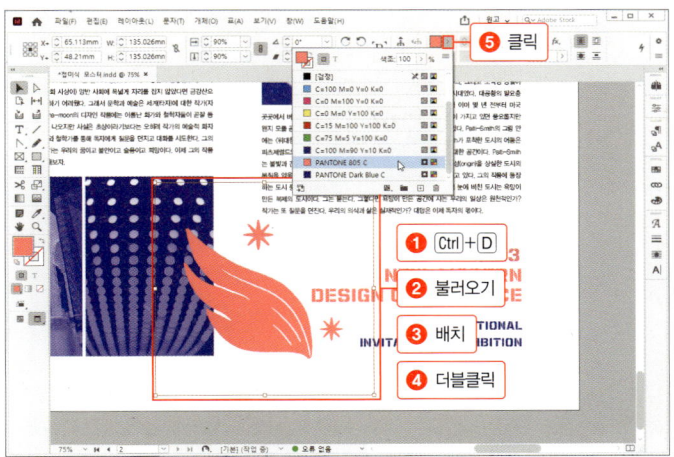

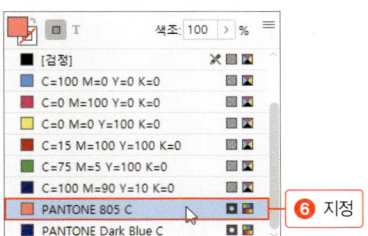

23 [Ctrl]+[D]를 눌러 가져오기 대화상자가 표시되면 01 폴더에서 '날개-아이콘.tif' 파일을 불러옵니다. 마우스 커서가 가져오기 상태로 변경되면 하단을 드래그하여 날개 이미지를 배치하고 더블클릭하여 'PANTONE 805 C' 색상으로 지정합니다.

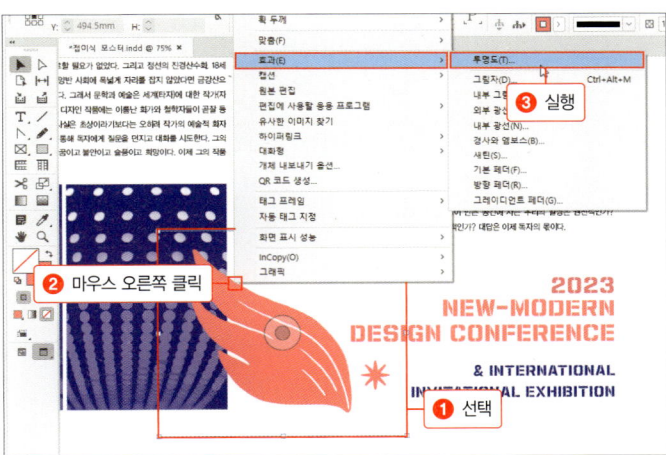

24 날개 이미지를 선택하고 마우스 오른쪽 버튼을 클릭한 다음 **효과 → 투명도**를 실행합니다.

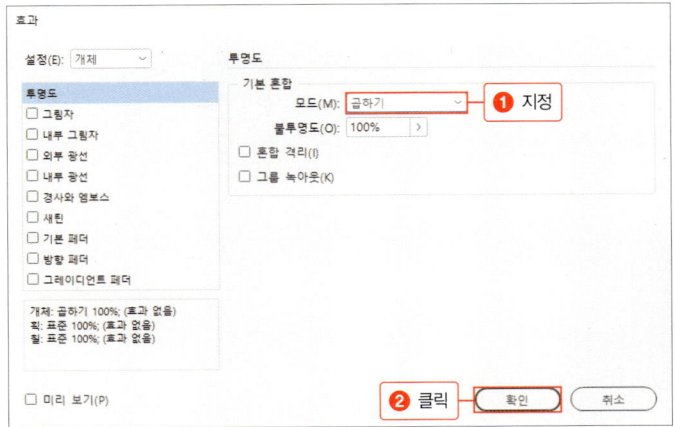

25 효과 대화상자가 표시되면 모드를 '곱하기'로 지정한 다음 〈확인〉 버튼을 클릭하여 날개 이미지에 투명도 효과를 적용합니다.

SECTION 05

접이식 포스터 인쇄용 PDF 만들기

📄 **완성 파일**: 01\접이식 포스터.pdf, 접이식 포스터_완성.indd

포스터 디자인 작업이 완성되었으면 접지선을 표시하여 PDF 파일을 만듭니다.
가로 1번, 세로 1번을 접는 접이식 포스터는 어떻게 접지선을 표시하는지 알아봅니다.

01 문서의 가로 크기가 420mm이므로 왼쪽 눈금자를 오른쪽으로 드래그하여 '210mm' 위치에 안내선을 만듭니다.

TIP 안내선을 표시할 때 정확한 수치에 위치하려면 메뉴에서 (보기) → 격자 및 안내선 → 고급 안내선을 실행하여 체크 표시하면 편리합니다.

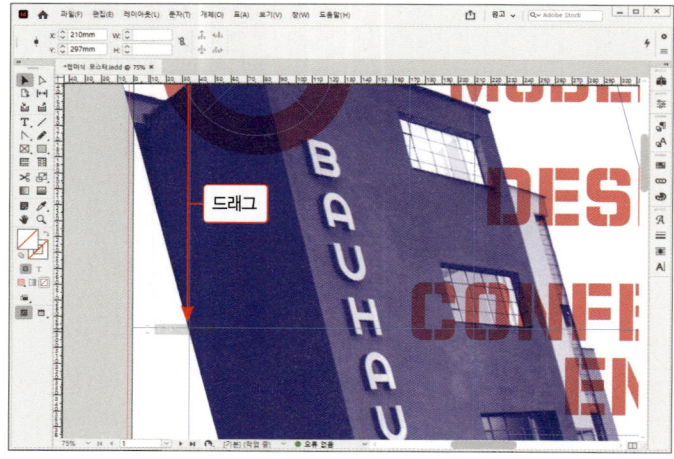

02 위쪽 눈금자를 아래로 드래그하여 '297mm' 위치에 안내선을 만듭니다.

TIP 안내선은 인쇄물에 표시되지 않습니다.

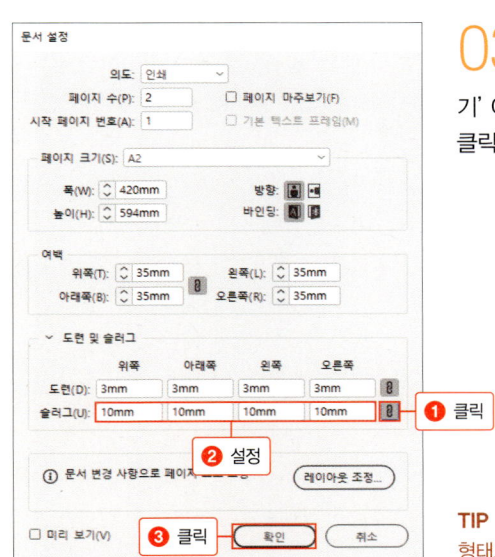

03 메뉴에서 (**파일**) → **문서 설정**을 실행합니다. 문서 설정 대화상자가 표시되면 도련 및 슬러그에서 슬러그의 '모든 설정 동일하게 만들기' 아이콘(⬛)을 클릭하여 슬러그를 '10mm'로 설정한 다음 〈확인〉 버튼을 클릭합니다.

❶ 클릭
❷ 설정
❸ 클릭

TIP 접지선은 디자인 안쪽에 표시되지 않아야 하며, 디자인 바깥쪽에 도움을 주는 형태로 존재해야 합니다.

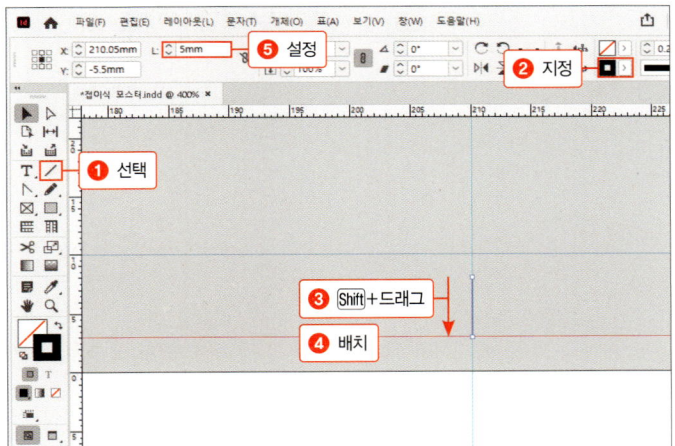

04 도구 패널에서 선 도구(⟋)를 선택하고 획을 '검정'으로 지정합니다. Shift를 누른 상태로 도련인 빨간색 선 위쪽을 드래그하여 선을 그립니다. 미리 만든 안내선을 기준으로 배치한 다음 L을 '5mm'로 설정합니다.

❶ 선택
❷ 지정
❸ Shift+드래그
❹ 배치
❺ 설정

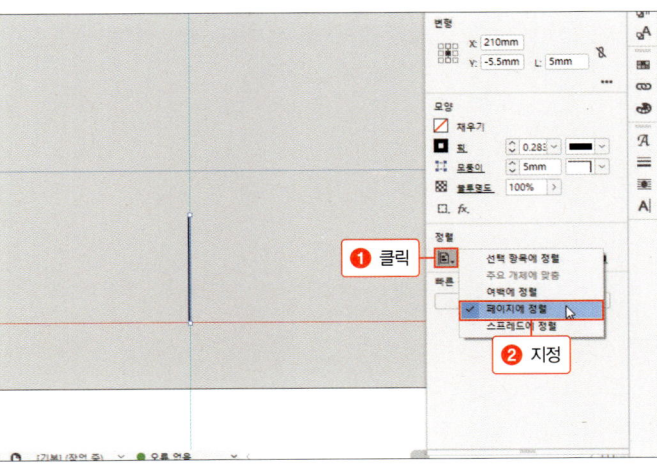

05 페이지 가운데에 접지선을 표시하기 위해 속성 패널에서 정렬을 '페이지에 정렬'로 지정합니다.

❶ 클릭
❷ 지정

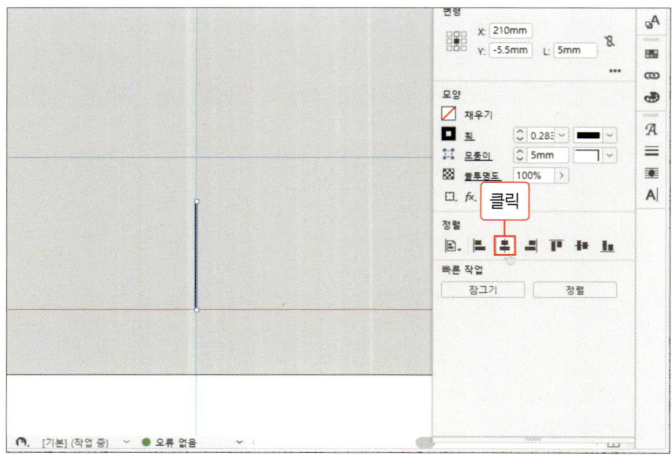

06 접지선이 선택된 상태로 속성 패널에서 '수평 가운데 정렬' 아이콘(▣)을 클릭하여 페이지를 기준으로 중심에 위치합니다.

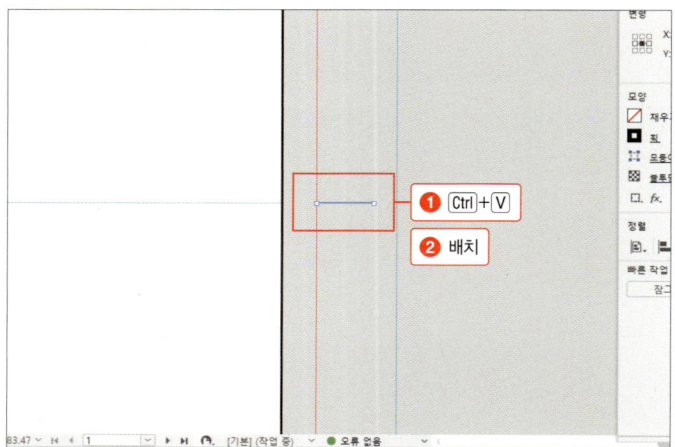

07 접지선을 선택하고 Ctrl+C를 눌러 복사한 다음 Ctrl+V를 눌러 아래쪽, 왼쪽, 오른쪽에 붙여 넣습니다. 안내선을 기준으로 정확하게 배치합니다.

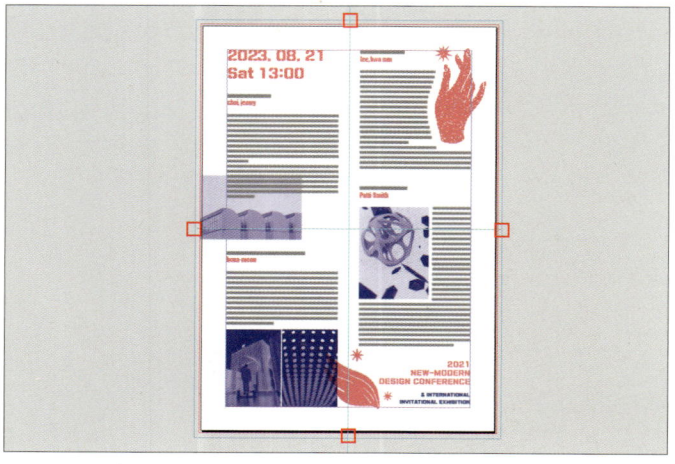

08 Ctrl을 누른 상태로 4개의 접지선을 차례로 클릭하여 다중 선택한 다음 Ctrl+G를 눌러 그룹으로 지정합니다. 그룹으로 지정한 접지선을 복사하여 포스터 뒷면에도 같은 위치에 배치합니다.

TIP 접지선은 슬러그 영역에 배치하며 디자인 결과물에는 인쇄되지 않고 접지를 위한 안내선으로만 사용됩니다.

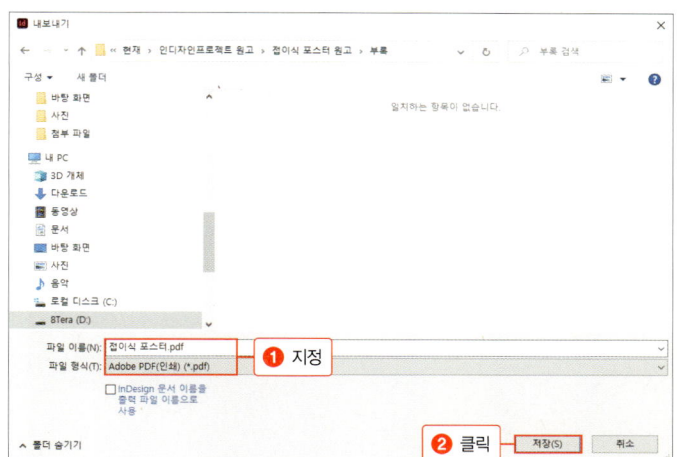

09 모든 작업이 완료되었으면 메뉴에서 〔파일〕 → 내보내기를 실행합니다. 내보내기 대화상자가 표시되면 파일 이름을 '접이식 포스터', 파일 형식을 'Adobe PDF(인쇄)'로 지정한 다음 〈저장〉 버튼을 클릭합니다.

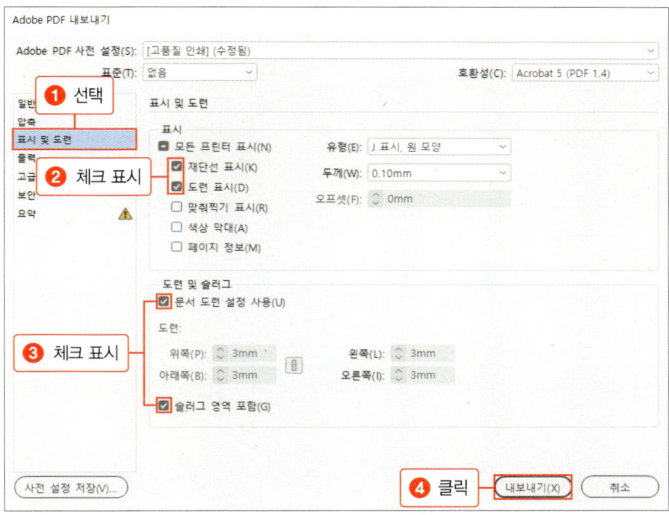

10 Adobe PDF 내보내기 대화상자가 표시되면 '표시 및 도련'을 선택하고 표시에서 '재단선 표시', '도련 표시'를 체크 표시합니다. 도련 및 슬러그에서 '문서 도련 설정 사용', '슬러그 영역 포함'을 체크 표시한 다음 〈내보내기〉 버튼을 클릭합니다.

11 저장된 '접이식 포스터.pdf' 파일을 더블클릭하여 열면 재단선과 접지선이 모두 포함된 것을 확인할 수 있습니다.

PROJECT 02
4단 미술 전시회
리플릿 디자인

글과 그림으로 구성되어 홍보에 많이 사용되는 리플릿은 2단, 3단, 4단 등 여러 가지 접지 형태로 많이 제작됩니다. 접지할 경우 접지선에 맞춰 디자인해야 하며 몇 단으로 접지하느냐에 따라 페이지의 구성도 달라집니다. 여기서는 미술 전시회를 홍보하는 4단 리플릿을 제작하는 방법에 대해 알아보고 일러스트레이터와 연동하여 텍스트를 이용한 타이포그래피 제작 방법도 알아보겠습니다.

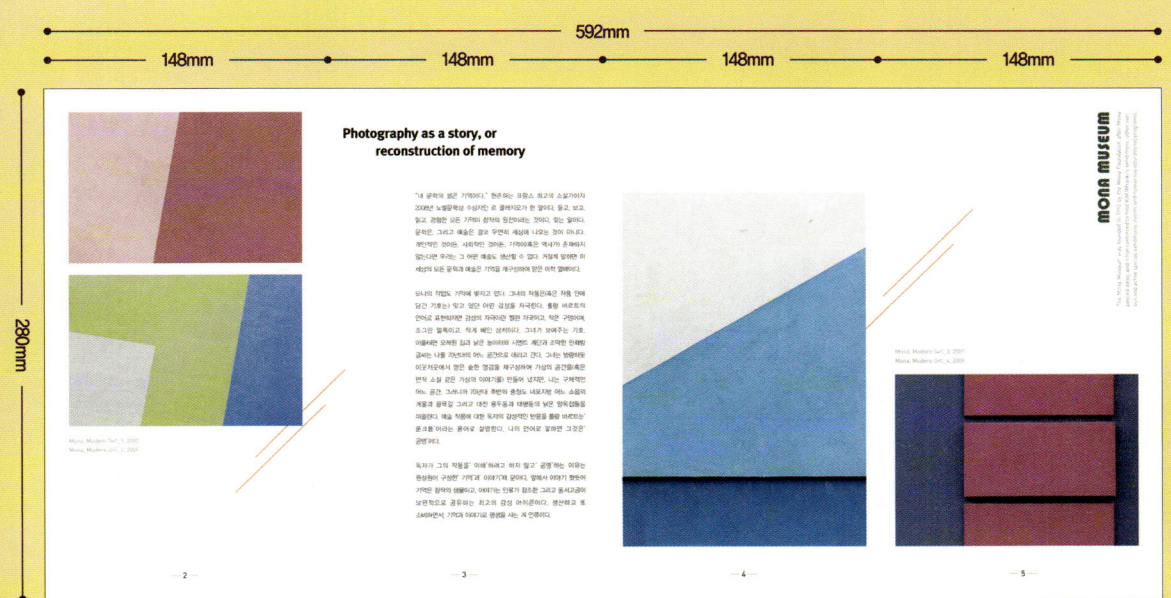

592mm

148mm | 148mm | 148mm | 148mm

280mm

148mm

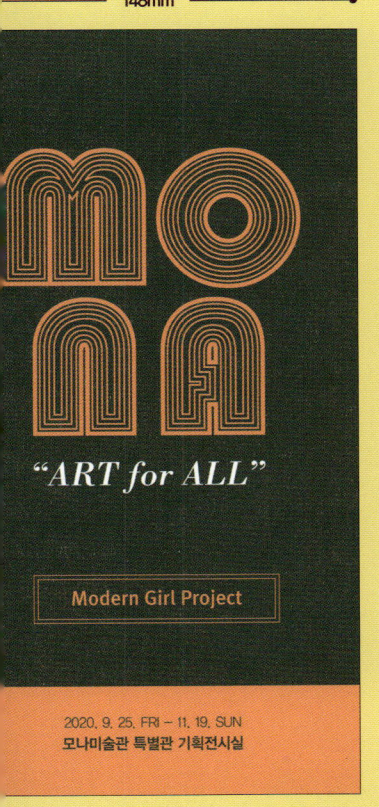

작업 의뢰서

리플릿
· 크기 : 592×280mm

인쇄 사양
· 컬러 : 양면 컬러 4도
· 종이 : 수입지(랑데뷰 or 몽블랑) 190g – 210g
· 후가공 : 3줄 오시(필수)

DESIGN
PREVIEW

디자인 미리보기

'Modern Girl' or
Fictional Truth

Mona, Modern Girl_3 2011
Mona, Modern Girl_5 2011

Mona, Modern Girl_1, 2003
Mona, Modern Girl_2, 2005

Mona Museum 72, Jahamun-ro 38-gil, Jongno-gu, Seoul
T 02 747 2230 F 02 747 2231 H www.monamuseum.org

— 6 —

— 7 —

— 2 —

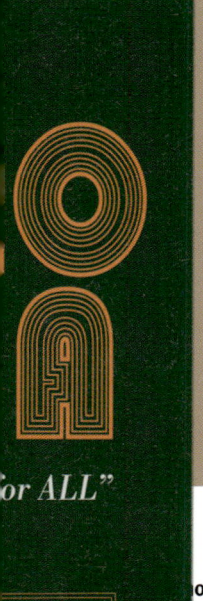

"... or ALL"

Girl Project

FRI – 11, 19, SUN
별관 기획전시실

...hory

프랑스 최고의 소설가이자 2008
... 한 말이다. 듣고, 보고, 읽고, 경
... 것이다. 맞는 말이다. 문학은, 그
...2는 것이 아니다. 개인적인 것이
...사가 존재하지 않는다면 우리는
...에 말하면 이 세상의 모든 문학과
... 열매이다.

...기억에 묶여서 있다. 그녀의 작품의혹은 작품 안에 담
긴 기호는 잊고 있던 어떤 감성을 자극한다. 롤랑 바르트의 언어로 표
현하자면 감성의 자극이란 찔린 자국이고, 작은 구멍이며, 조그만 얼룩
이고, 작게 베인 상처이다. 그녀가 보여주는 기호, 이를테면 오래된 집
과 낡은 놀이터와 시멘트 계단과 조악한 만화랑 글씨는 나를 70년대의
어느 공간으로 데려고 간다. 그녀는 방랑하듯 이곳저곳에서 얻은 숱한
영감을 재구성하여 가상의 공간(혹은 연작 같은 가상의 이야기
틀)만들어 넘치만, 나는 구체적인 어느 공간, 그러니까 70년대 후반의
충청도 내포지방 어느 소읍의 개울과 골목길 그리고 대전 용두동과 태
평동의 낡은 양옥집들을 떠올린다. 예술 작품에 대한 독자의 감성적인
반응을 롤랑 바르트는 '푼크툼'이라는 용어로 설명한다. 나의 언어로
말하면 그것은 '공명'이다.

독자가 그의 작품을 '이해'하려고 하지 않고 '공명'하는 이유는 원성원
이 구성한 '기억'과 '이야기' 때 문이다. 앞에서 이야기 했듯이 기억은 창
작의 생물이고, 이야기는 인류가 창조한 그리고 동서고금이 보편적으
로 공유하는 최고의 감성 마이콘이다. 생산하고 또 소비하면서, 기억과
이야기로 평생을 사는 게 인류이다.

— 3 —

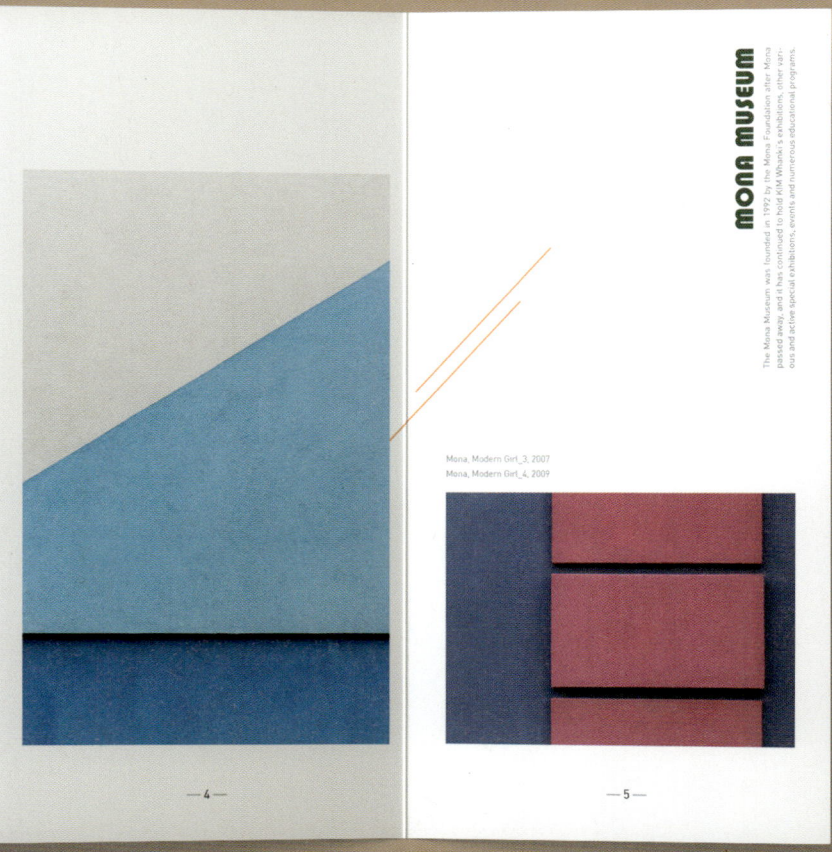

Mona, Modern Girl_3, 2007
Mona, Modern Girl_4, 2009

— 4 —

MONA MUSEUM

The Mona Museum was founded in 1992 by the Mona Foundation after Mona passed away, and it has continued to hold KIM Whanki's exhibitions, other various and active special exhibitions, events and numerous educational programs.

— 5 —

DESIGN PROCESS

디자인 작업 과정

1

리플릿 문서 설정과 안내선, 페이지 번호 만들기

2

색상과 색조 견본 만들어 등록하기

3

이미지 불러와 페이지에 배치하기

4

텍스트와 디자인 요소 배치하기

5

타이포그래피 스타일의 로고 만들기

6

로고 삽입하고 PDF 만들기

SECTION 01

리플릿 문서 설정과
안내선 만들기

4단 접지 리플릿을 제작하기 위해 문서의 총 길이에서 접지되는 위치를 표시하고 이것을 기준으로
디자인합니다. 여기서는 접지를 위한 문서 설정 방법과 안내선을 만드는 방법에 대해 알아봅니다.

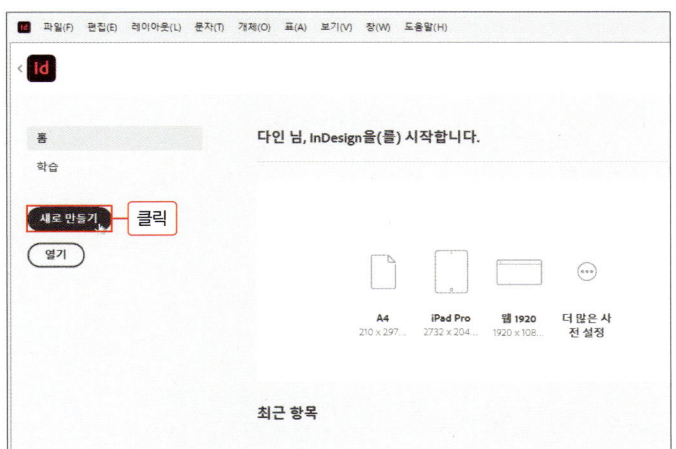

01 인디자인을 실행한 다음 〈새로 만들기〉 버튼을 클릭합니다.

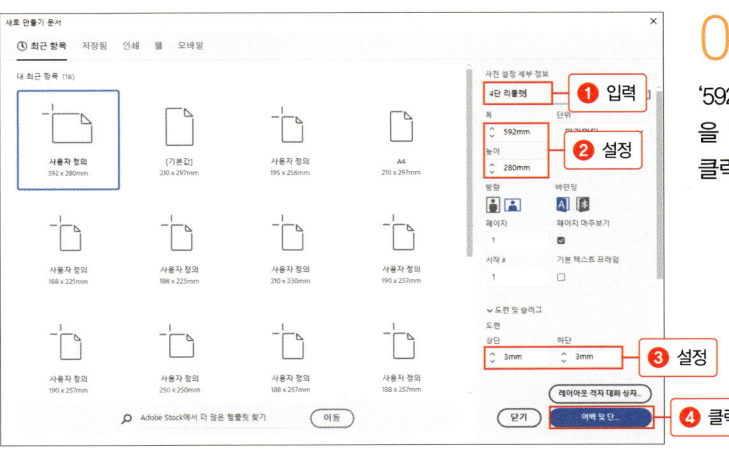

02 새로 만들기 문서 대화상자가 표시 되면 파일 이름을 '4단 리플릿', 폭을 '592mm', 높이를 '280mm', 도련의 상단과 하단 을 '3mm'로 설정한 다음 〈여백 및 단〉 버튼을 클릭합니다.

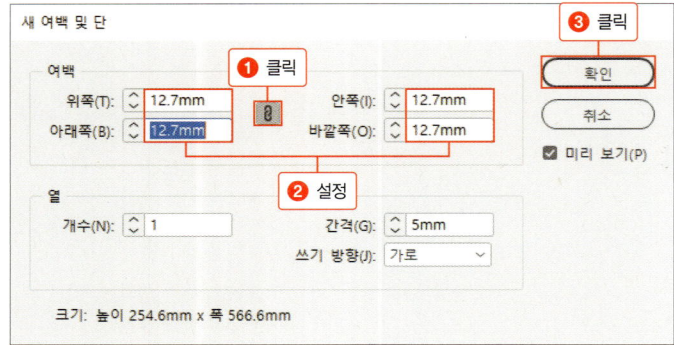

03 새 여백 및 단 대화상자가 표시되면 '모든 설정 동일하게 만들기' 아이콘(🔗)을 클릭하고 '12.7mm'로 설정한 다음 〈확인〉 버튼을 클릭하여 새로운 문서를 만듭니다.

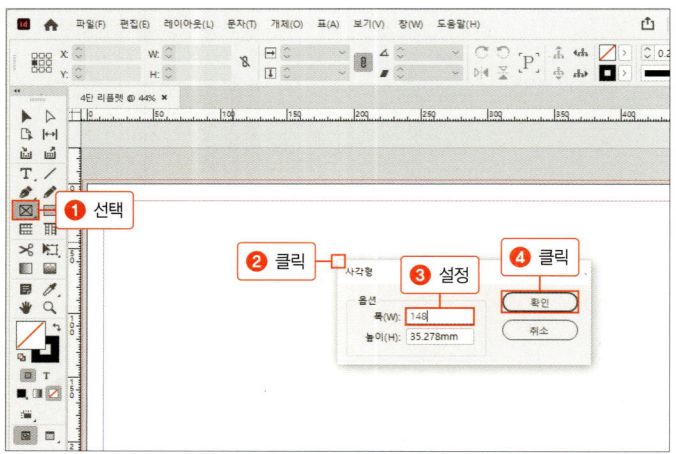

04 4단 접지이므로 3개의 안내선을 만들어 4개의 페이지로 구분해야 합니다. 도구 패널에서 사각형 프레임 도구(⊠)를 선택하고 페이지의 빈 여백을 클릭합니다. 사각형 대화상자가 표시되면 폭을 '148mm'로 설정한 다음 〈확인〉 버튼을 클릭합니다.

TIP 총 길이 '592mm'를 4분할하면 '148mm'입니다. 여기서 제작하는 4단 접지 방식은 4단 병풍 방식으로 4페이지의 크기가 동일합니다. 만약 대문 접지와 같은 방식의 안쪽으로 접히는 페이지의 경우 크기를 약간 줄여야 문제가 없습니다.

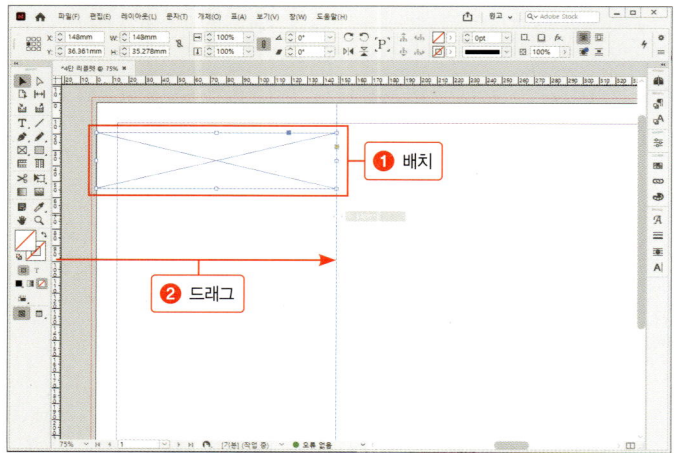

05 사각형 프레임을 페이지 왼쪽 끝에 정확히 배치한 다음 왼쪽에 눈금자 부분을 사각형 프레임 오른쪽 끝으로 드래그하여 안내선을 만듭니다.

TIP 눈금자가 안 보인다면 Ctrl+R을 눌러 눈금자를 표시합니다.

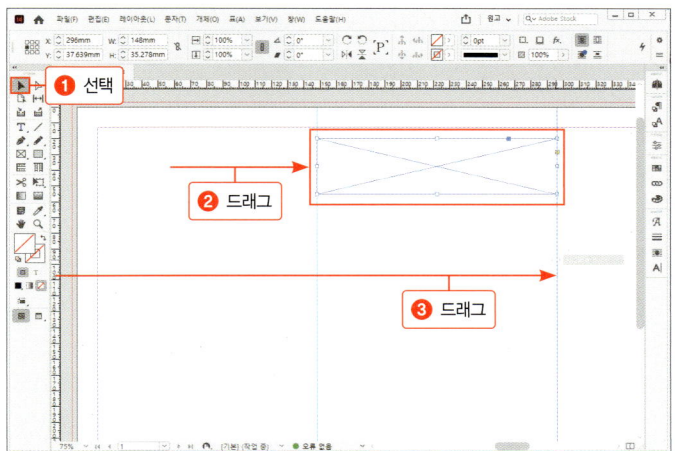

06 도구 패널에서 선택 도구(▶)로 사각 형 프레임을 오른쪽으로 드래그하여 안내선과 정확히 일치하도록 이동합니다. 다시 눈금자를 클릭하여 사각형 프레임 오른쪽 끝에 안내선을 추가합니다.

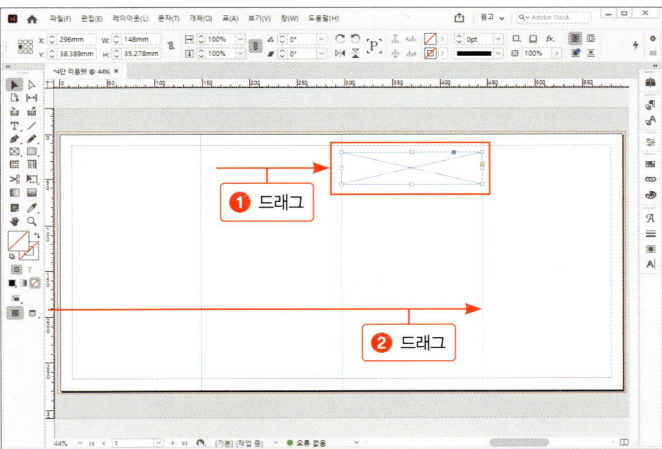

07 06번 과정과 같은 방법으로 세 번째 안내선을 추가하여 총 3개의 접지선 가 이드를 만듭니다. 4개의 페이지를 구분하여 디 자인할 수 있도록 준비되었습니다.

TIP 접지선은 오차가 없이 정확하게 표시해야 하 므로 위와 같은 방법을 사용하여 안내선을 만들 때 메 뉴에서 (**보기**) → **격자 및 안내선** → **안내선에 스냅과 고급 안내선**을 실행하여 체크 표시하면 정확한 위치로 이동할 수 있도록 도와 줍니다.

SECTION 02

4단 리플릿 페이지 번호 만들기

4단 접지 리플릿은 실제로 한 장의 종이에 인쇄되지만 접지하기 때문에 앞뒤 총 8면으로 구성됩니다. 접지 방법에 따라 페이지의 순서가 달라지며, 여기서는 4단 병풍 접지의 방법을 사용하여 페이지 번호를 삽입하겠습니다.

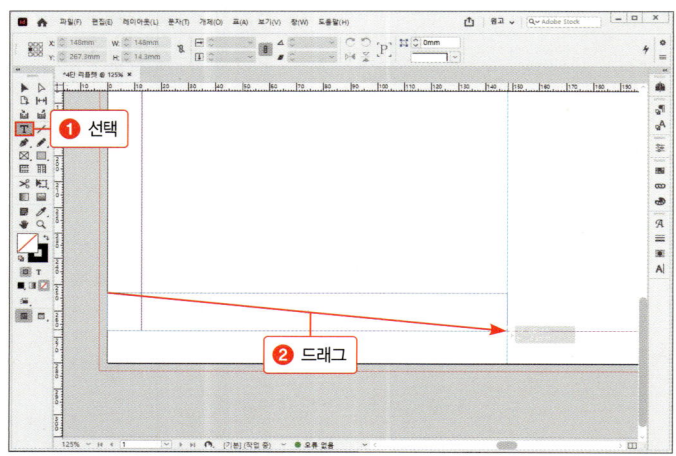

01 도구 패널에서 문자 도구(T)로 그림과 같이 가장 왼쪽에 위치한 페이지 하단의 여백을 드래그하여 문자 상자를 만듭니다.

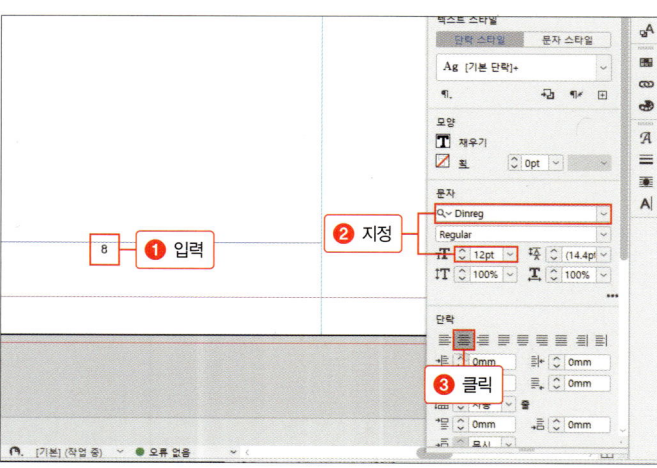

02 문자 상자에 '8'을 입력하여 페이지 번호를 만듭니다. 속성 패널에서 글꼴을 'Dinreg', 글꼴 크기를 '12pt'로 지정한 다음 단락에서 '가운데 정렬' 아이콘(≡)을 클릭합니다.

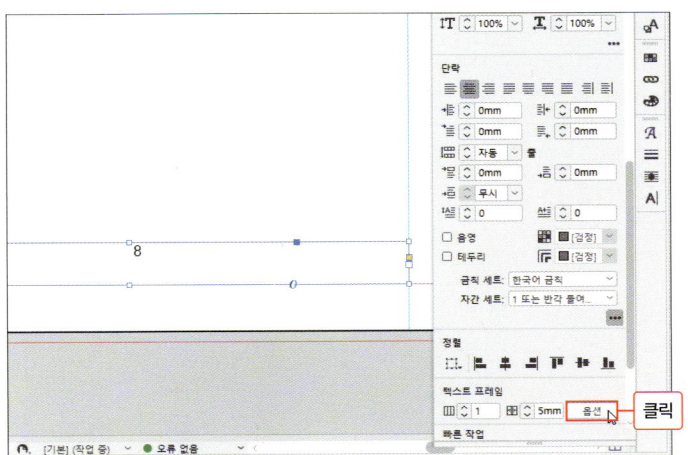

03 속성 패널에서 텍스트 프레임의 〈옵션〉 버튼을 클릭합니다.

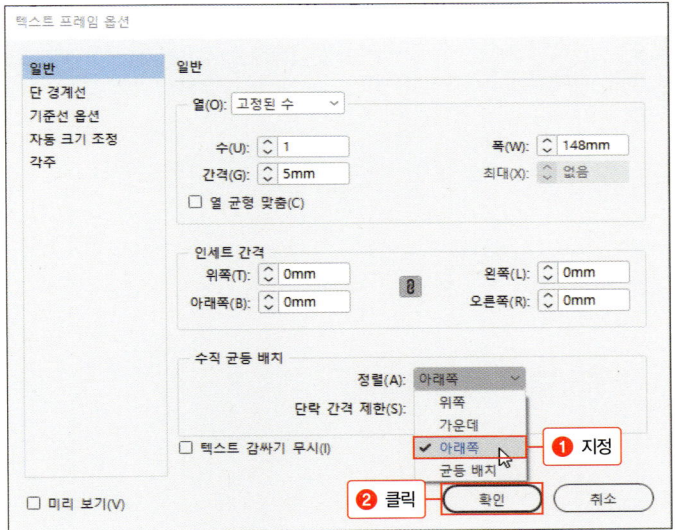

04 텍스트 프레임 옵션 대화상자가 표시 되면 수직 균등 배치에서 정렬을 '아래 쪽'으로 지정한 다음 〈확인〉 버튼을 클릭합니다.

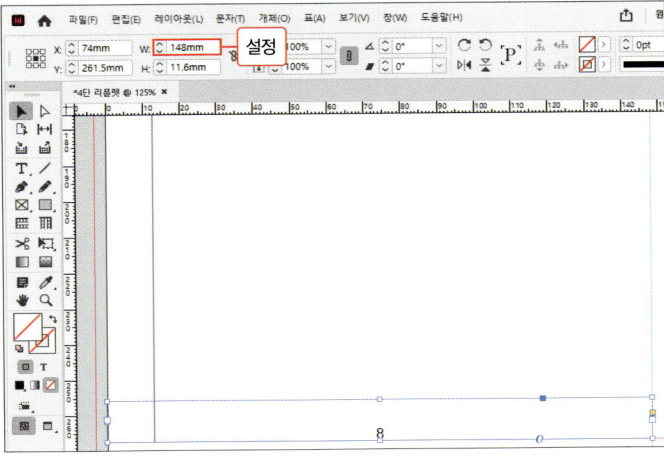

05 페이지 번호가 문자 상자의 아래쪽으 로 이동되었습니다. 문자 상자의 W를 '148mm'로 설정하여 안내선에 맞게 위치합니다.

02 · 리플릿 디자인!

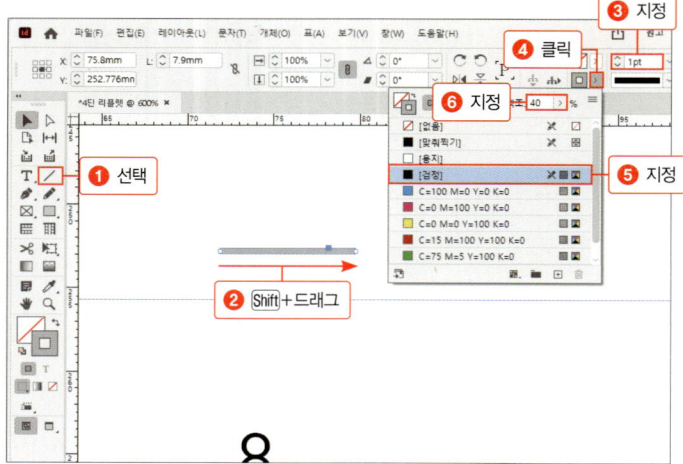

06 도구 패널에서 선 도구(✏)를 선택하고 Shift를 누른 상태로 드래그하여 수평선을 그립니다. 수평선이 선택된 상태에서 선 두께를 '1pt'로 지정하고 획을 '검정', 색조를 '40%'로 지정합니다.

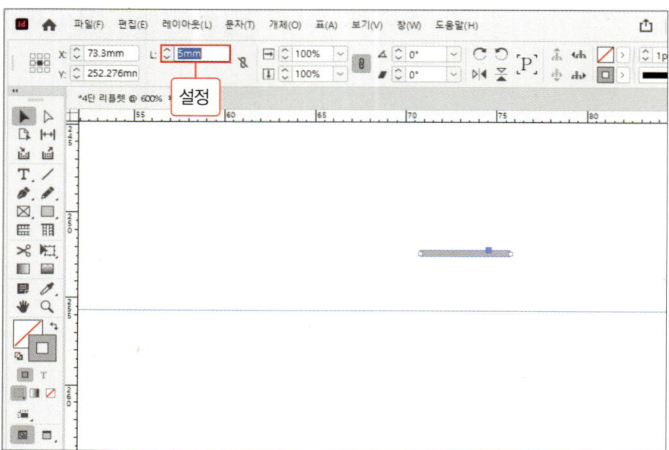

07 수평선이 선택된 상태에서 L을 '5mm'로 설정하여 선 길이를 조절합니다.

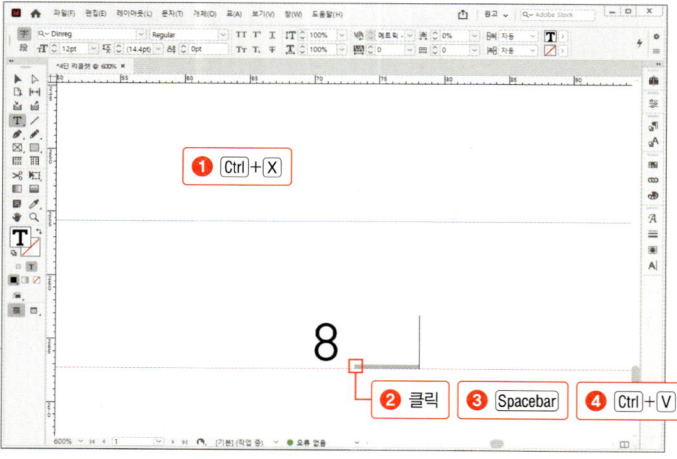

08 수평선을 선택하고 Ctrl+X를 눌러 오립니다. 페이지 번호 오른쪽을 클릭하고 Spacebar를 눌러 한 칸 띄운 다음 Ctrl+V를 눌러 수평선을 붙여 넣습니다.

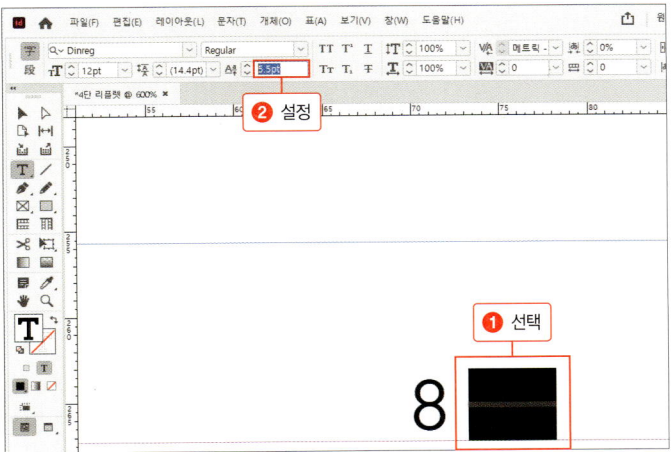

09 수평선을 드래그하여 선택하고 기준선 이동을 '5.5pt'로 설정하여 페이지 번호와 수평을 맞춥니다.

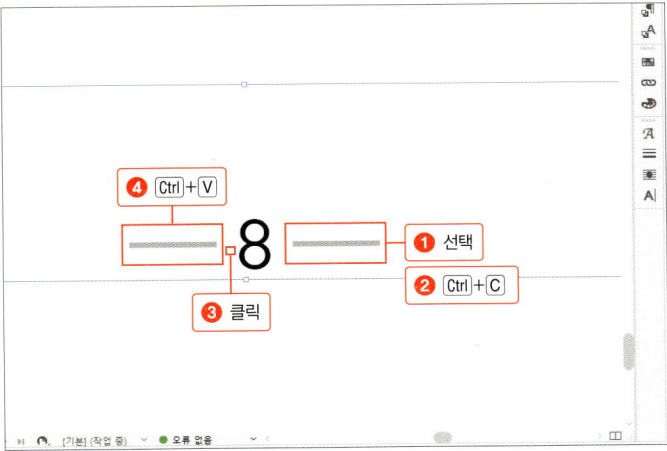

10 수평선을 드래그하여 선택하고 Ctrl +C를 눌러 복사합니다. 페이지 번호 왼쪽을 클릭한 다음 Ctrl+V를 눌러 수평선을 붙여 넣습니다.

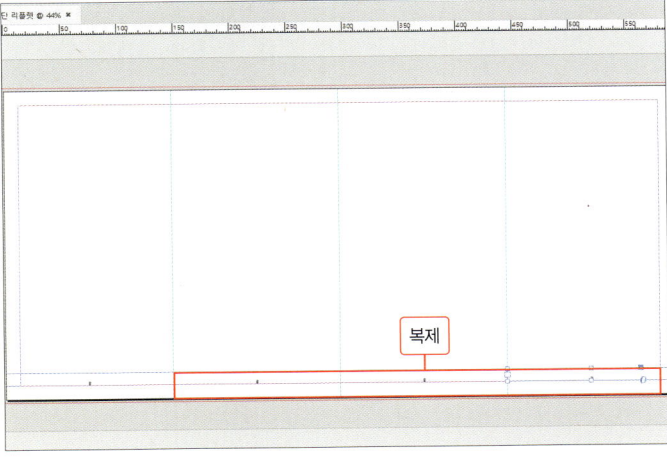

11 페이지 번호가 완성되면 Alt+Shift를 누른 상태로 문자 상자를 드래그하여 다른 페이지에 모두 복제합니다.

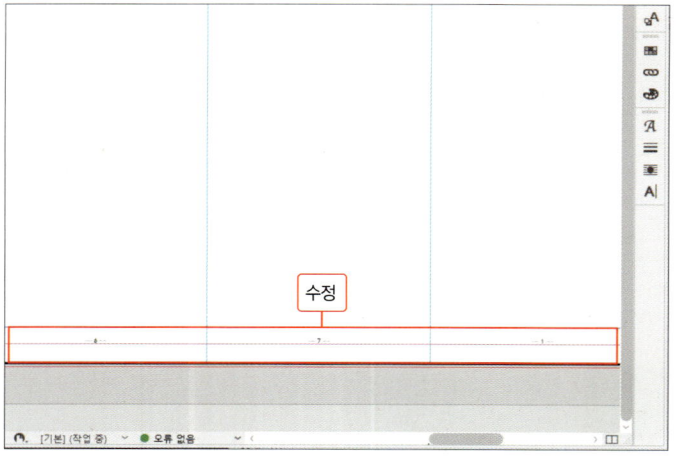

12 문자 도구(T)로 복제한 문자 상자의 페이지 번호를 왼쪽부터 '8', '6', '7', '1' 로 수정합니다.

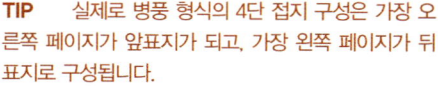

TIP 실제로 병풍 형식의 4단 접지 구성은 가장 오른쪽 페이지가 앞표지가 되고, 가장 왼쪽 페이지가 뒤 표지로 구성됩니다.

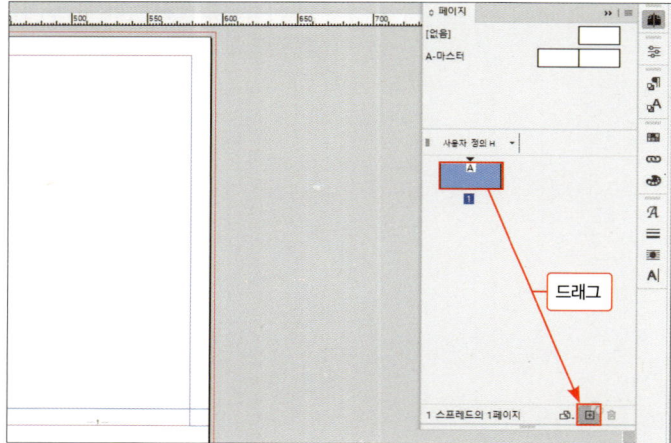

13 페이지 패널에서 '1'페이지를 선택하여 하단에 '새 페이지 만들기' 아이콘(⊞) 으로 드래그합니다. 같은 크기와 설정으로 새로 운 페이지가 한 개 더 추가됩니다.

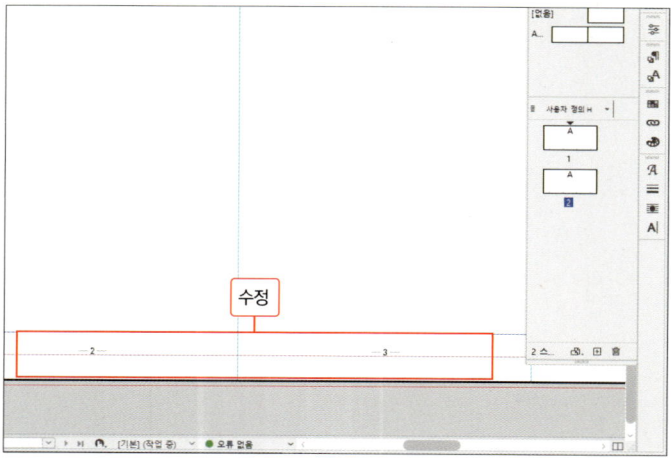

14 추가한 페이지의 페이지 번호를 왼쪽 부터 '2', '3', '4', '5'로 수정합니다.

SECTION 03

원하는 색상과
색조 견본 등록하기

디자인 작업에서 색상을 사용하고 관리하는 것은 매우 중요한 요소로,
인디자인에서 색상과 색조를 만들고 등록하는 방법에 대해 알아봅니다.

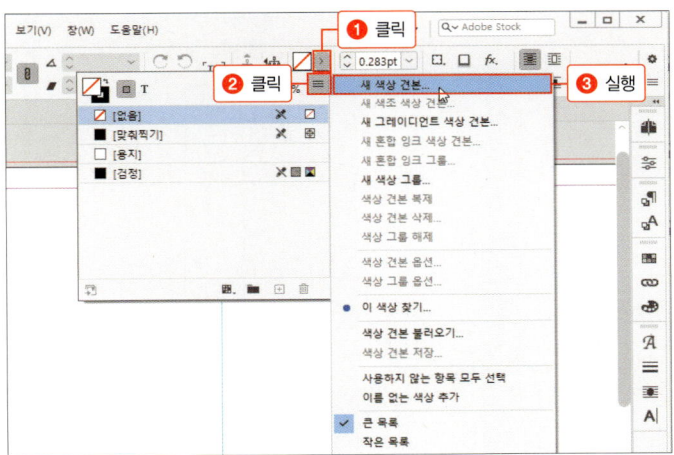

01 리플릿 디자인 작업을 시작하기 전에 먼저 작업에 필요한 색상을 등록해 두면 편리합니다.

컨트롤 패널에서 칠의 '〉' 아이콘을 클릭하고 '패널 메뉴' 아이콘(≡)을 클릭한 다음 **새 색상 견본**을 실행합니다.

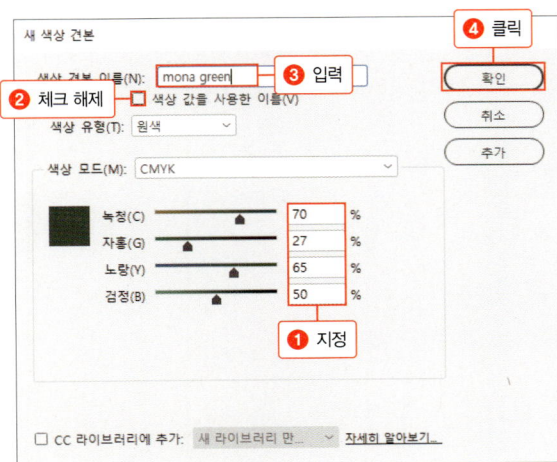

02 새 색상 견본 대화상자가 표시되면 녹청을 '70%', 자홍을 '27%', 노랑을 '65%', 검정을 '50%'로 지정합니다.

'색상 값을 사용한 이름'을 체크 해제하고 색상 견본 이름에 'mona green'을 입력하여 색상을 알아보기 쉽게 수정합니다. 설정이 완료되었으면 〈확인〉 버튼을 클릭합니다.

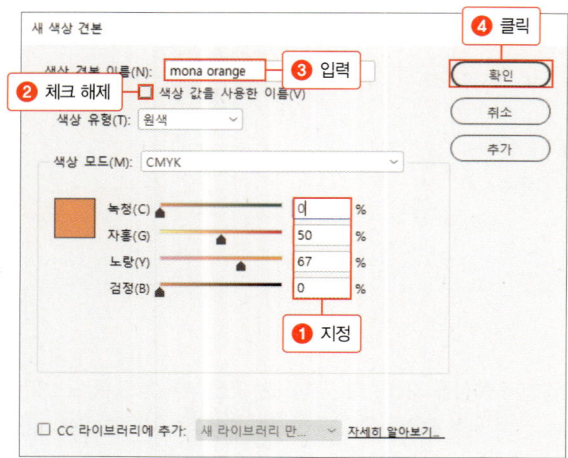

03 같은 방법으로 새 색상 견본 대화상자가 표시되면 녹청을 '0%', 자홍을 '50%', 노랑을 '67%', 검정을 '0%'로 지정합니다.

'색상 값을 사용한 이름'을 체크 해제한 다음 색상 견본 이름에 'mona orange'를 입력하고 〈확인〉 버튼을 클릭합니다.

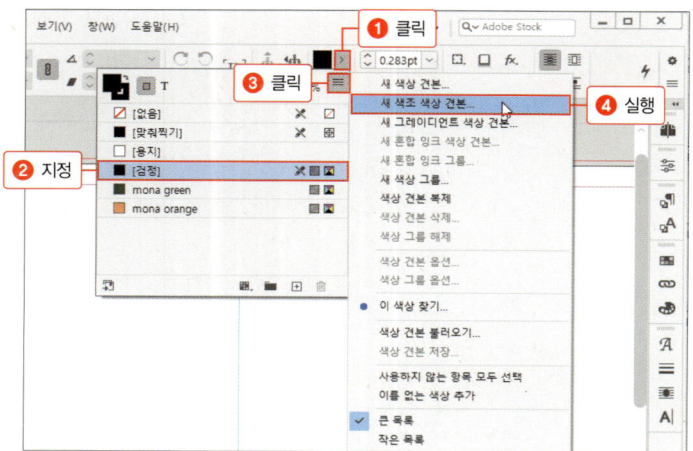

04 컨트롤 패널에서 칠을 '검정'으로 지정하고 '패널 메뉴' 아이콘(☰)을 클릭한 다음 **새 색조 색상 견본**을 실행합니다.

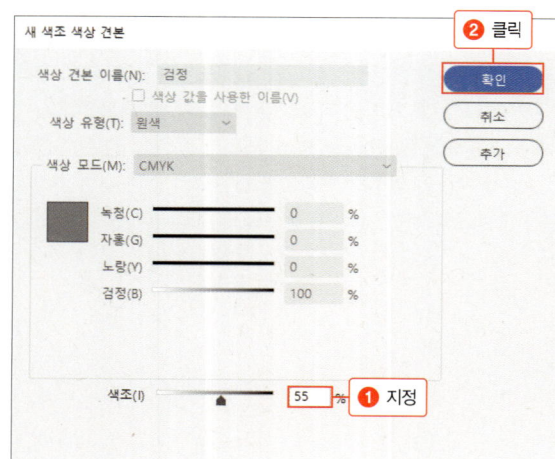

05 새 색조 색상 견본 대화상자가 표시되면 색조를 '55%'로 지정한 다음 〈확인〉 버튼을 클릭합니다.

검정을 포함하여 4개의 색상 견본이 등록되었습니다. 4단 리플릿 작업에는 등록한 4개의 색상만 사용합니다.

SECTION 04

이미지 불러와서 배치하기

📄 **예제 파일:** 02\mona04.jpg, mona03.jpg

리플릿의 페이지를 구성했으므로 만든 안내선에 따라 이미지를 삽입하고
조화롭게 배치하여 리플릿을 디자인해 봅니다.

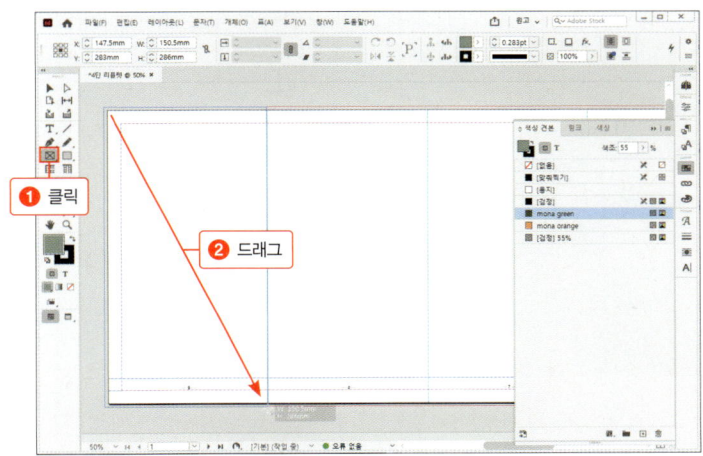

01 도구 패널에서 사각형 프레임 도구(⊠)를 선택하고 8페이지를 드래그하여 사각형 프레임을 만듭니다. 이때 인쇄 작업을 위해 재단 영역 바깥쪽, 즉 도련 영역까지 포함하여 사각형 프레임을 만들어야 합니다.

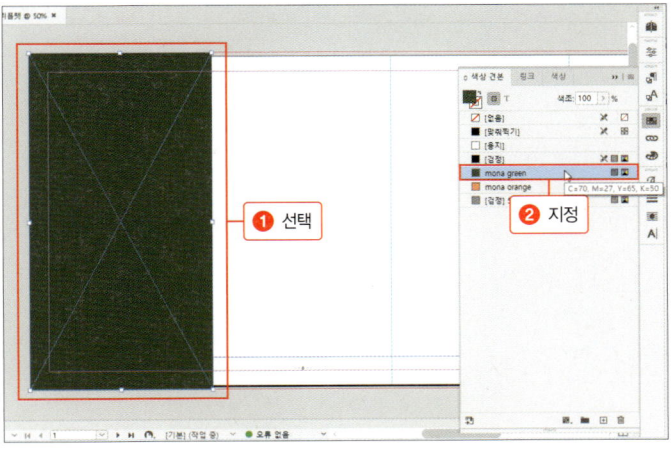

02 사각형 프레임을 선택하고 색상 견본 패널에서 'mona green' 색상으로 지정합니다.

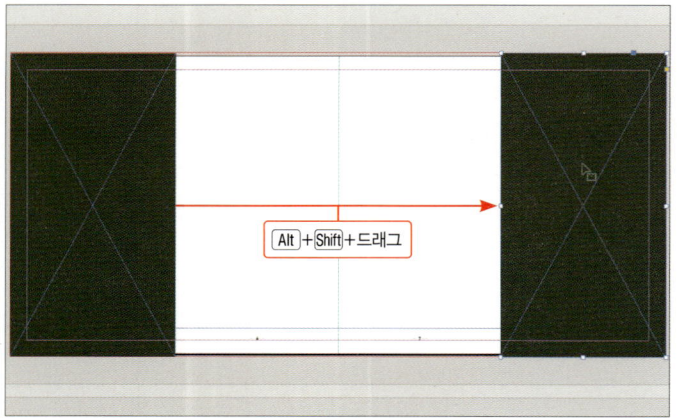

03 색상이 적용된 사각형 프레임을 선택하고 Alt + Shift 를 누른 상태로 오른쪽으로 드래그하여 한 개 복제한 다음 1페이지에 배치합니다.

TIP 해당 페이지는 리플릿 페이지를 기준으로 합니다.

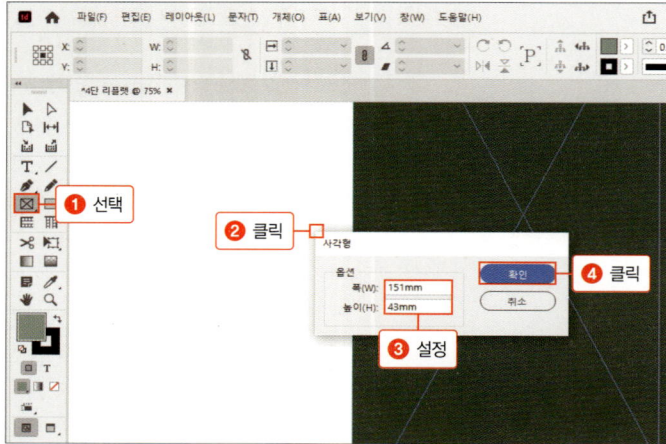

04 사각형 프레임 도구(⊠)를 선택하고 페이지의 빈 여백을 클릭합니다. 사각형 대화상자가 표시되면 폭을 '151mm', 높이를 '43mm'로 설정한 다음 〈확인〉 버튼을 클릭합니다.

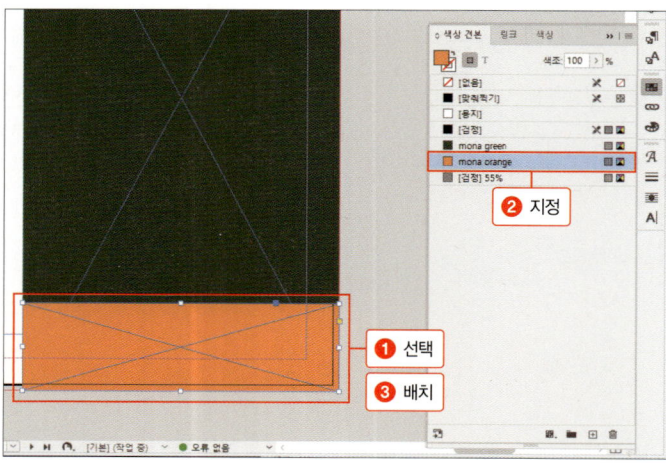

05 사각형 프레임을 선택하고 색상 견본 패널에서 'mona orange' 색상으로 지정한 다음 1페이지 하단에 배치합니다.

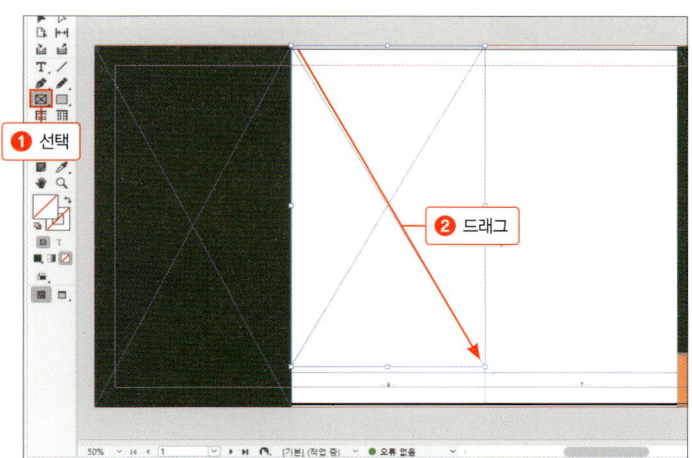

06 사각형 프레임 도구(⊠)로 6페이지를 드래그하여 사각형 프레임을 만듭니다. 이때 가로는 6페이지와 동일한 크기로 만들며, 하단에 페이지 번호가 보일 수 있도록 합니다.

① 선택
② 드래그

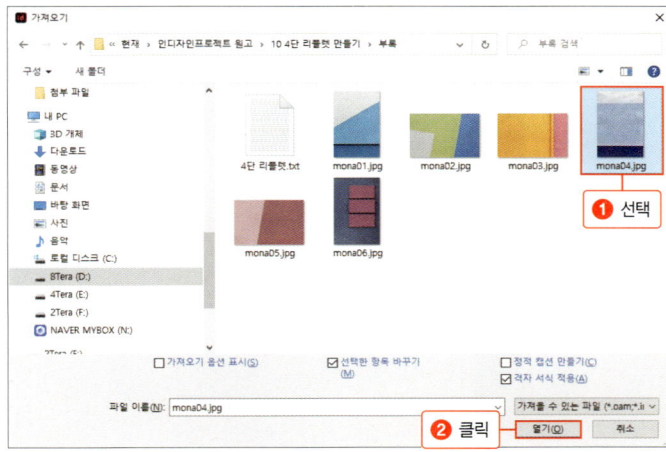

07 Ctrl+D를 눌러 가져오기 대화상자가 표시되면 02 폴더에서 'mona04.jpg' 파일을 선택한 다음 〈열기〉 버튼을 클릭합니다.

① 선택
② 클릭

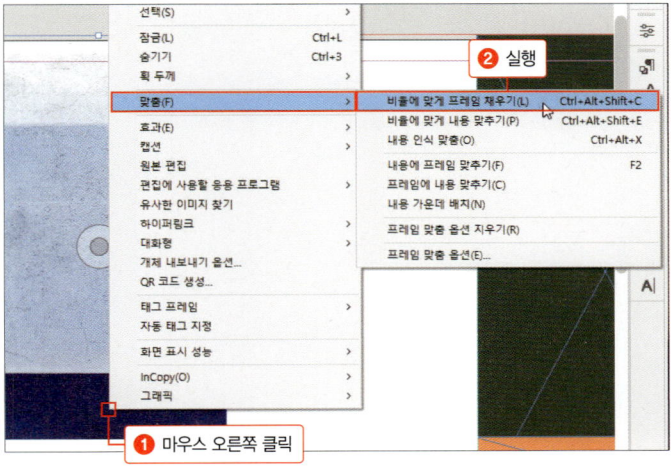

08 사각형 프레임에 선택한 이미지가 삽입되었습니다. 마우스 오른쪽 버튼을 클릭한 다음 **맞춤 → 비율에 맞게 프레임 채우기**를 실행하여 비율에 맞게 이미지를 프레임에 채웁니다.

② 실행
① 마우스 오른쪽 클릭

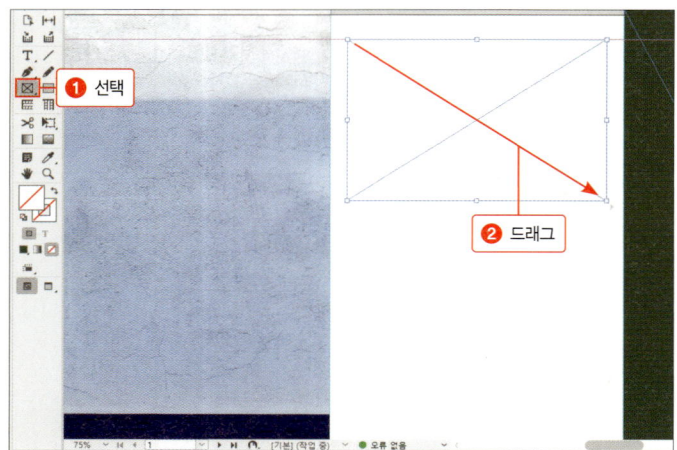

09 사각형 프레임 도구(⊠)로 드래그하여 7페이지 상단에 그림과 같이 사각형 프레임을 그립니다.

10 사각형 프레임이 선택된 상태에서 Ctrl +D를 눌러 02 폴더에서 'mona03.jpg' 파일을 선택하여 불러옵니다.

SECTION 05

텍스트 입력하고
디자인 요소 추가하기

예제 파일 : 02\4단 리플릿.txt, mona01.jpg, mona02.jpg, mona05.jpg, mona06.jpg

리플릿의 내용을 추가하고 어울리는 스타일로 지정합니다. 선 도구를 이용하여 디자인 요소를
추가한 다음 나머지 페이지에도 이미지와 텍스트를 불러와 배치합니다.

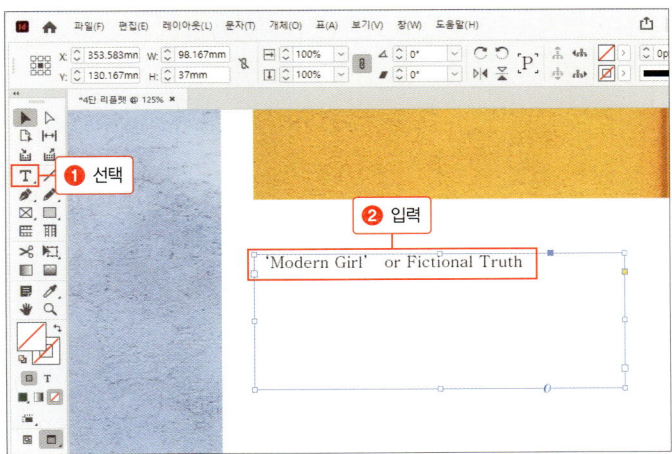

01 도구 패널에서 문자 도구(T)로 7페이지 중앙을 드래그하여 문자 상자를 만든 다음 'Modern Girl or Fictional Truth'를 입력합니다.

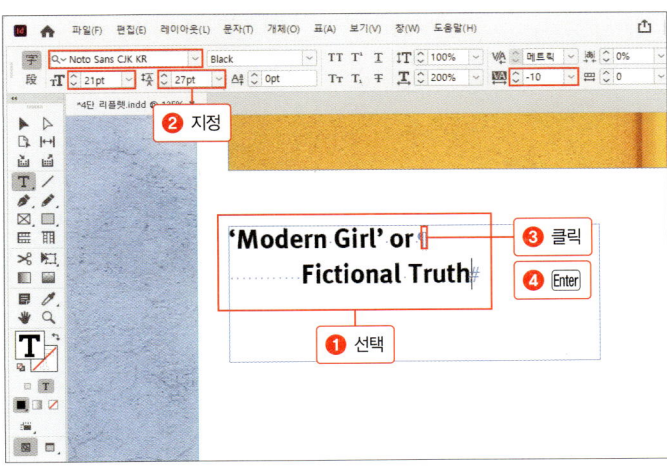

02 'Modern Girl or Fictional Truth' 텍스트를 선택하고 글꼴을 'Noto Sans CJK KR', 글꼴 크기를 '21pt', 행간을 '27pt' 자간을 '-10'으로 지정한 다음 'or' 텍스트 다음에 커서를 위치하고 Enter를 눌러 2줄로 수정합니다.

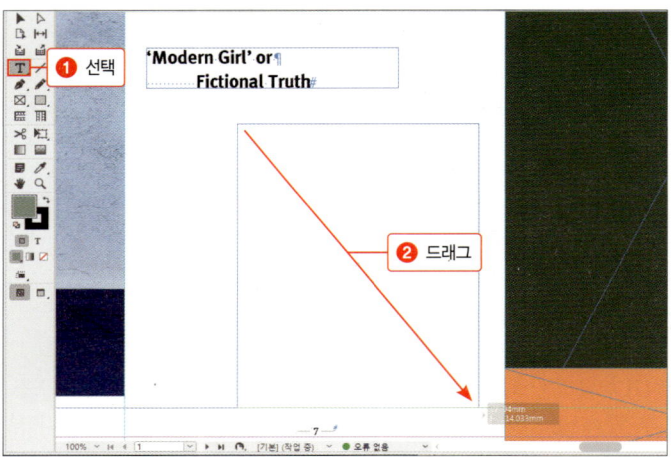

03 문자 도구(T.)로 7페이지에 드래그하여 내용을 입력할 문자 상자를 만듭니다.

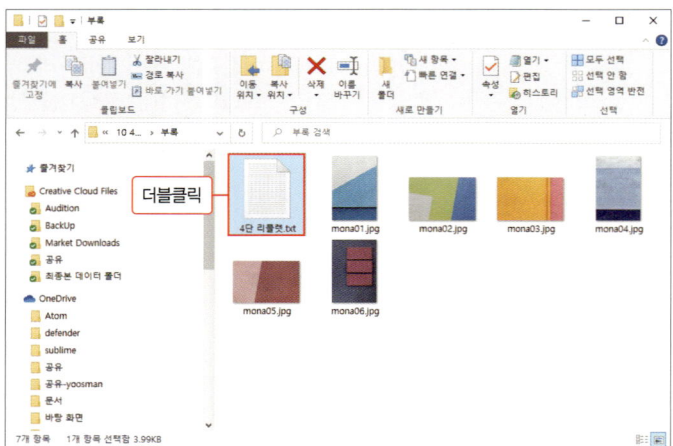

04 02 폴더에서 '4단 리플릿.txt' 파일을 더블클릭하여 문서를 엽니다.

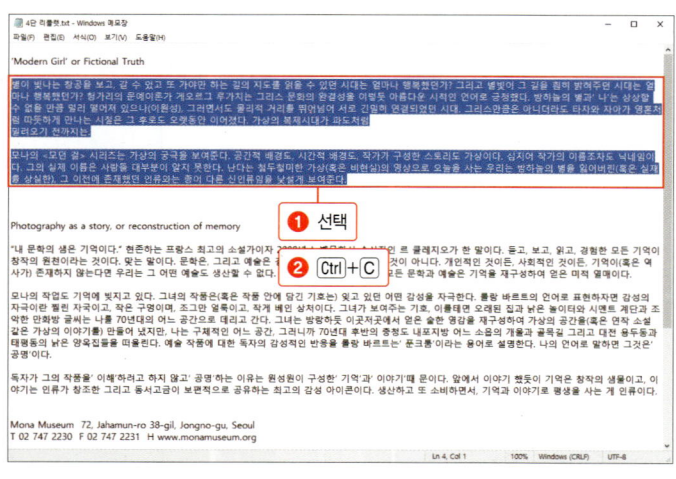

05 해당 내용을 드래그하여 선택하고 Ctrl + C 를 눌러 복사합니다.

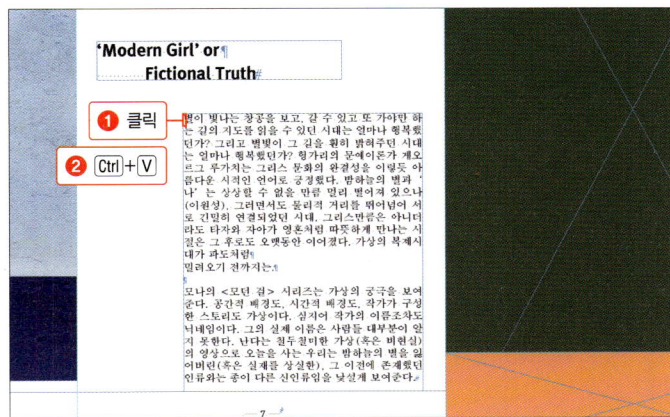

06 인디자인에서 문자 상자에 커서를 위치한 다음 Ctrl+V를 눌러 텍스트를 붙여 넣습니다.

07 문자 상자에 커서를 위치한 다음 Ctrl+A를 눌러 텍스트를 모두 선택합니다. 글꼴을 'Yoon가변 윤고딕 100Std_OTF', 글꼴 스타일을 '10', 글꼴 크기를 '10pt', 행간을 '19pt', 가로 비율을 '92%', 자간을 '−25'로 지정합니다.

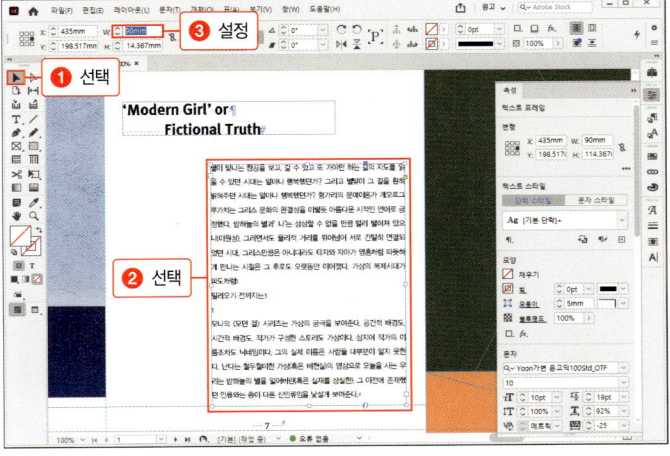

08 선택 도구( )로 문자 상자를 선택하고 컨트롤 패널에서 W를 '90mm'로 설정하여 문자 상자의 크기를 조절합니다.

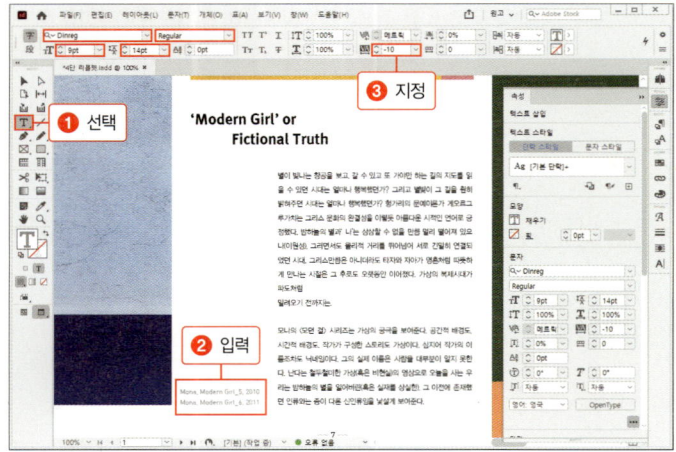

09 작품 이미지 캡션을 위해 문자 도구 (T.)로 드래그하여 문자 상자를 만든 다음 'Mona, Modern Girl_5, 2010', 'Mona, Modern Girl_6, 2011'을 입력합니다. 글꼴을 'Dinreg', 글꼴 스타일을 'Regular', 글꼴 크기를 '9pt', 행간을 '14pt', 자간을 '−10'으로 지정합니다.

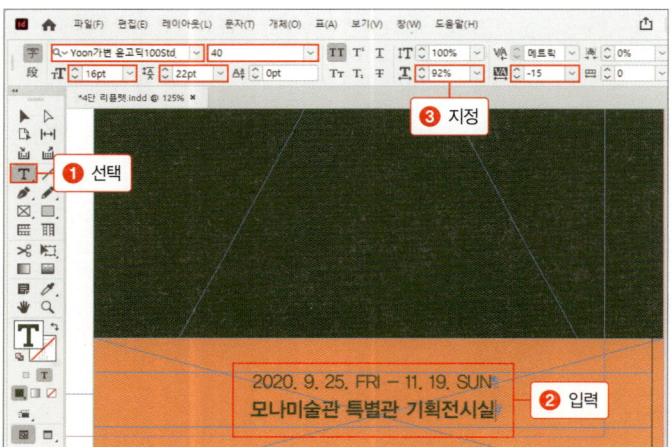

10 다시 문자 도구(T.)로 문자 상자를 만든 다음 '2020. 9. 25. FRI − 11. 19. SUN 모나미술관 특별관 기획전시실'을 입력하여 2줄로 만듭니다.
글꼴을 'Yoon가변 윤고딕 100Std_OTF' 글꼴 스타일을 '20', 글꼴 크기를 '16pt', 행간을 '22pt', 가로 비율을 '92%', 자간을 '−15'로 지정합니다.
'모나미술관 특별관 기획전시실' 텍스트를 드래그하여 선택한 다음 글꼴 스타일을 '40'으로 지정합니다.

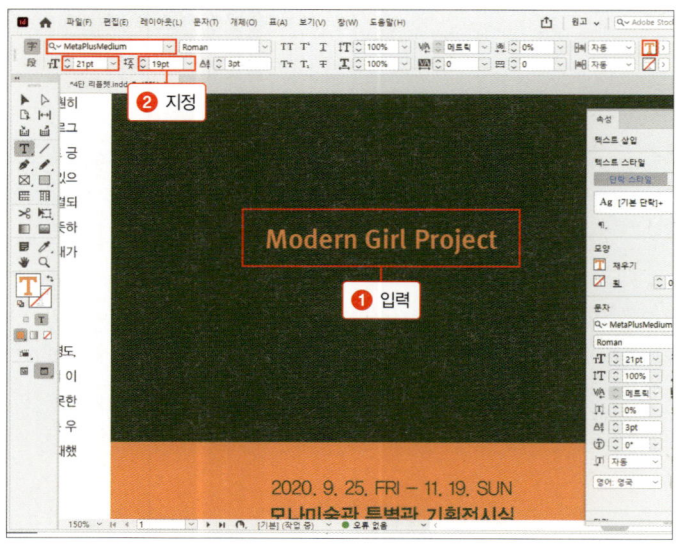

11 문자 도구(T.)로 문자 상자를 만든 다음 'Modern Girl Project'를 입력합니다. 글꼴을 'MetaPlusMedium', 글꼴 크기를 '21pt', 행간을 '19pt', 칠을 'mona orange' 색상으로 지정합니다.

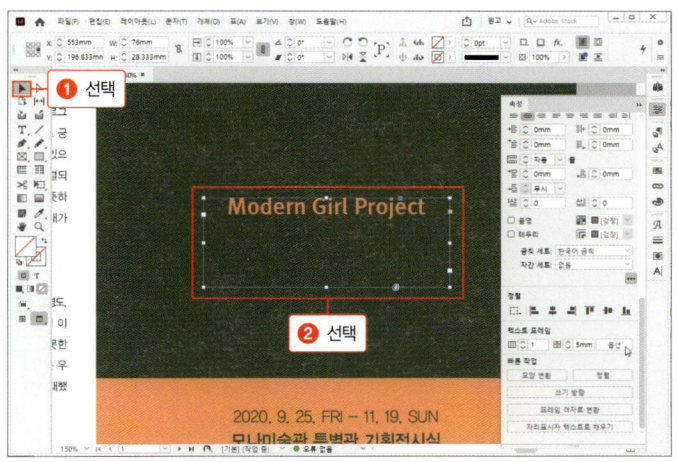

12 선택 도구(▶)로 문자 상자를 선택하고 속성 패널에서 텍스트 프레임의 〈옵션〉 버튼을 클릭합니다.

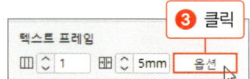

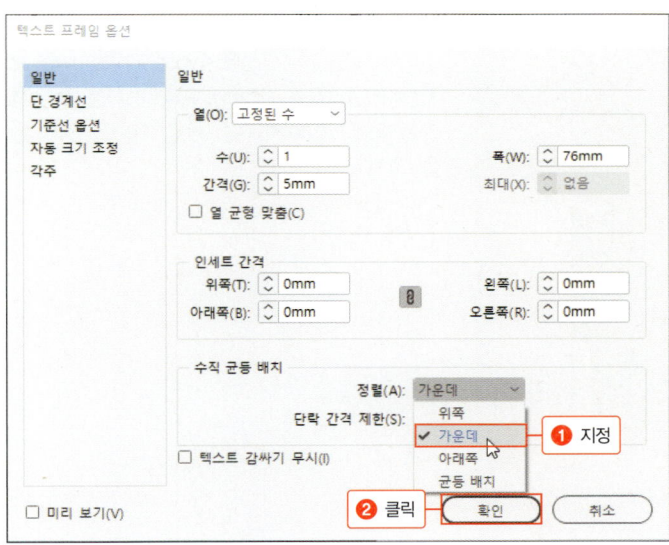

13 텍스트 프레임 옵션 대화상자가 표시되면 수직 균등 배치에서 정렬을 '가운데'로 지정한 다음 〈확인〉 버튼을 클릭합니다.

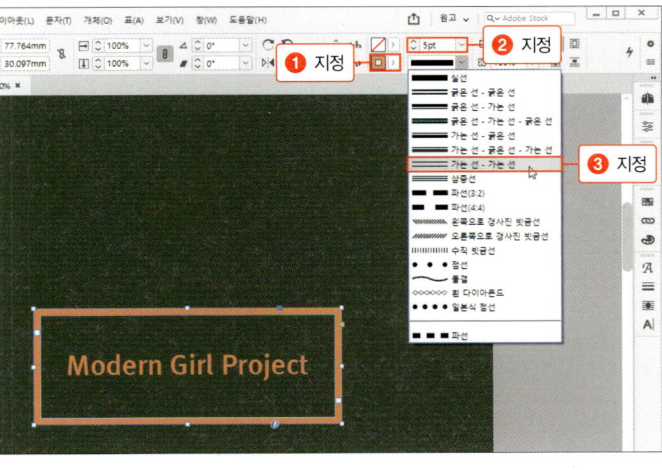

14 문자 상자가 선택된 상태에서 획을 'mona orange', 선 두께를 '5pt', 선 형태를 '가는 선 – 가는 선'으로 지정합니다.

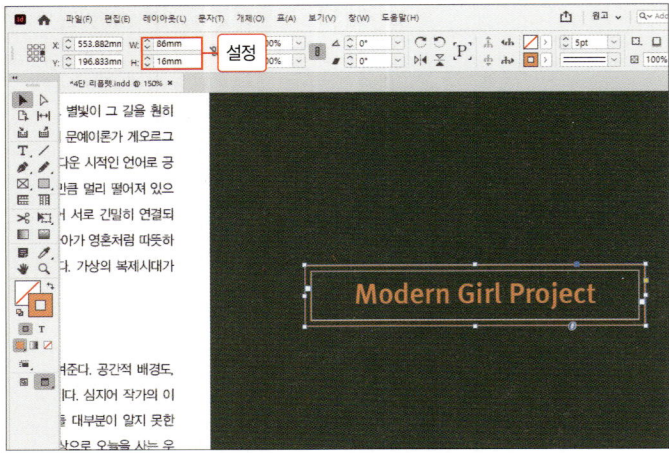

15 문자 상자가 선택된 상태로 컨트롤 패널에서 W를 '86mm', H를 '16mm'로 설정합니다.

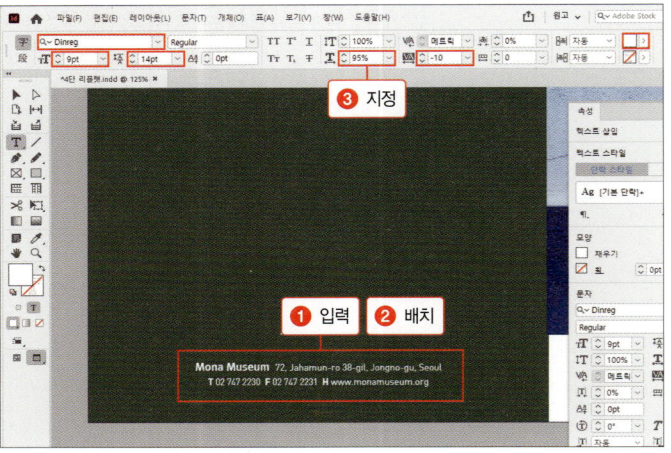

16 가장 왼쪽에 있는 8페이지 하단에 그림과 같이 전시장 주소를 입력한 다음 배치합니다. 글꼴을 'Dinreg', 글꼴 크기를 '9pt', 행간을 '14pt', 가로 비율을 '95%', 자간을 '−10', 칠을 '용지'로 지정합니다.

17 선 도구(⬚)로 Shift를 누른 상태로 드래그하여 수평선을 그린 다음 획을 'mona orange', 선 두께를 '1.5pt'로 지정합니다.

18 선택 도구(▶)로 Shift를 누른 상태에서 수평선을 드래그하여 '45°' 회전합니다. 수평선을 선택하고 Alt를 누른 상태로 아래로 드래그하여 한 개 더 복제합니다.

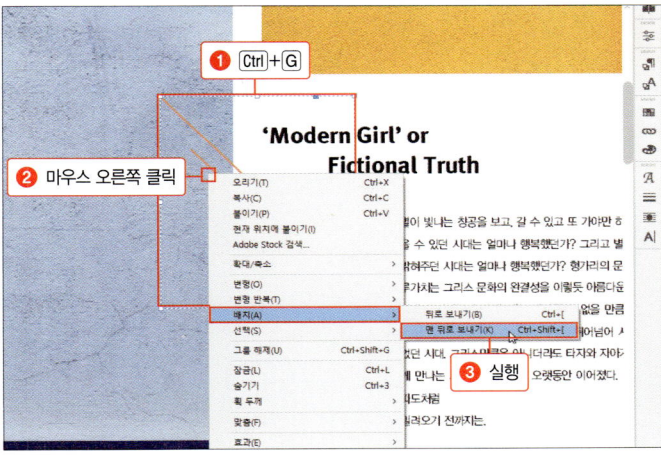

19 수평선 2개를 선택하고 Ctrl+G를 눌러 그룹으로 지정합니다. 마우스 오른쪽 버튼을 클릭한 다음 **배치 → 맨 뒤로 보내기**를 실행하여 이미지 뒤쪽으로 이동합니다.

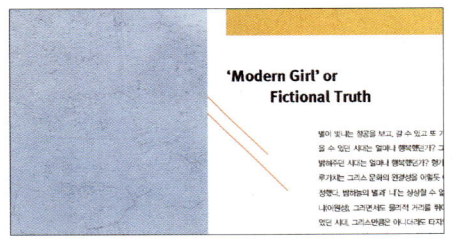

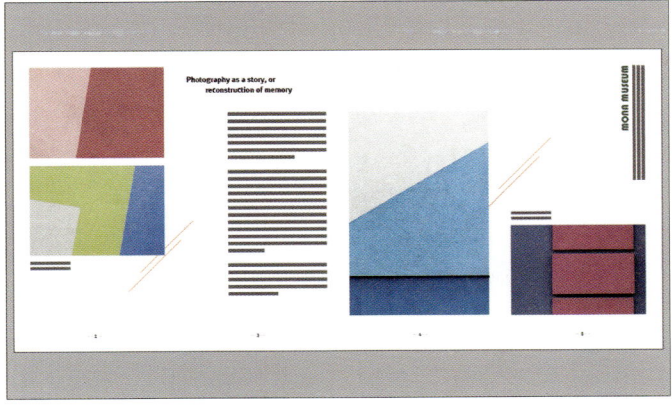

20 같은 방법으로 02 폴더에서 필요한 이미지와 텍스트를 불러와 그림과 같이 2페이지 ~ 5페이지에 배치합니다.

SECTION 06

타이포그래피 스타일의 로고 만들기

📄 **완성 파일:** 02\mona logo.ai

리플릿 표지에 사용할 전시회 로고를 일러스트레이터의 Offset Path 기능을 이용하여 타이포그래피 스타일로 만들 수 있습니다.

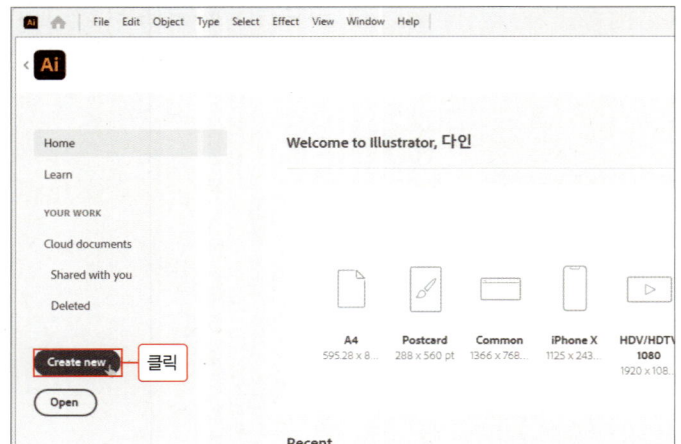

01 일러스트레이터를 실행한 다음 〈Create new〉 버튼을 클릭합니다.

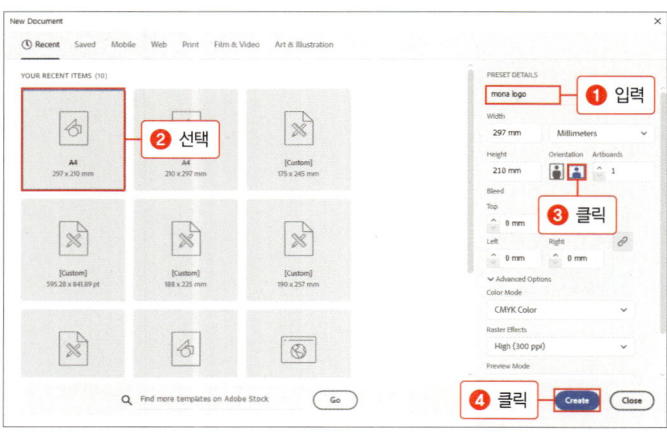

02 New Document 대화상자가 표시되면 파일 이름에 'mona logo'를 입력하고 'A4'를 선택합니다. Orientation에서 '가로 방향' 아이콘(📄)을 클릭한 다음 〈Create〉 버튼을 클릭합니다.

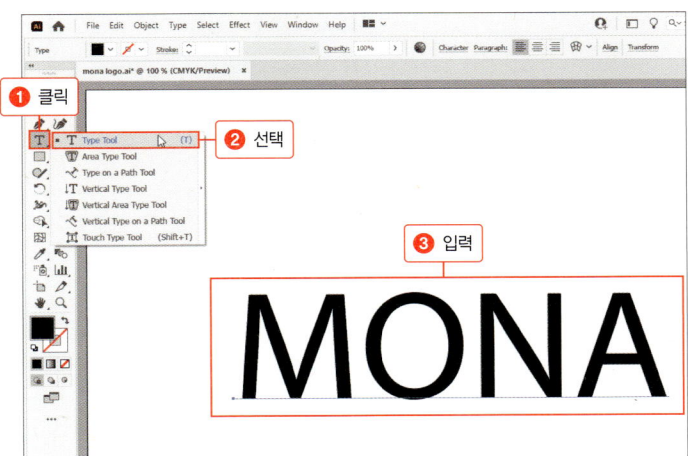

03 Tools 패널에서 문자 도구(T.)를 선택하고 캔버스 중앙을 클릭하여 'MONA'를 입력합니다.

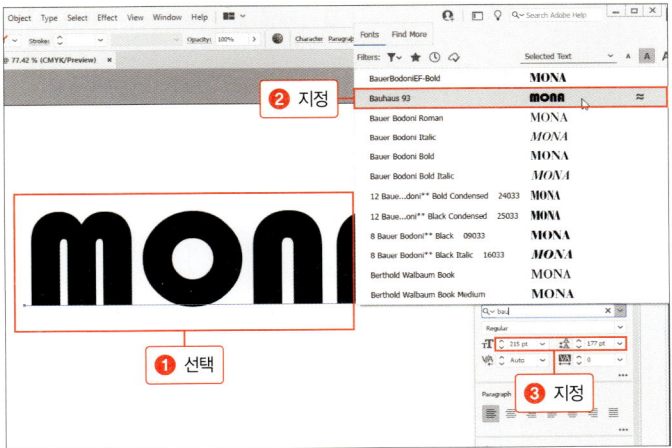

04 'MONA' 텍스트를 선택하고 글꼴을 'Bauhaus 93', 글꼴 크기를 '215pt', 행간을 '177pt'로 지정합니다.

05 'MONA' 텍스트가 선택된 상태로 Tools 패널 하단에 'Swap Fill and Stroke' 아이콘(↰)을 클릭하여 면 색과 선 색을 바꿉니다. 텍스트에는 선 색만 적용되어야 합니다.

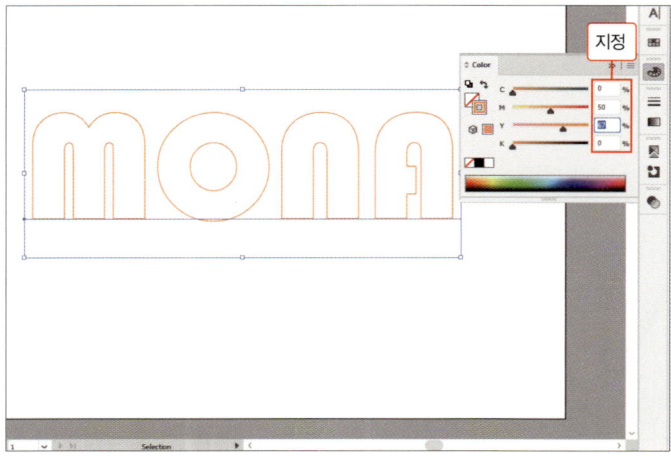

06 Color 패널에서 C를 '0%', M을 '50%', Y를 '67%', K를 '0%'로 색상을 지정합니다.

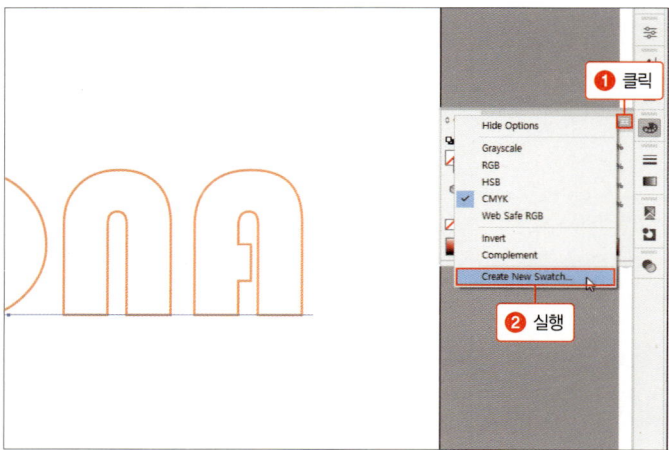

07 Color 패널에서 '패널 메뉴' 아이콘(☰)을 클릭한 다음 Create New Swatch를 실행합니다.

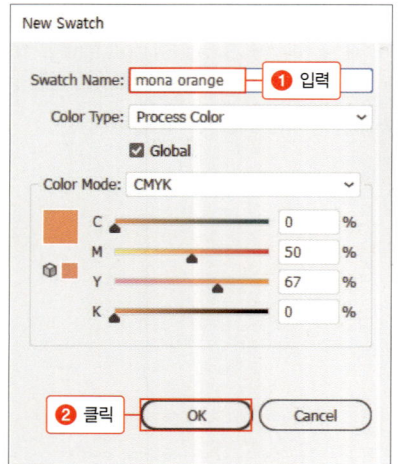

08 New Swatch 대화상자가 표시되면 Swatch Name에 'mona orange'를 입력한 다음 〈OK〉 버튼을 클릭하여 색상을 등록합니다. Swatches 패널에서 등록된 색상을 확인할 수 있습니다.

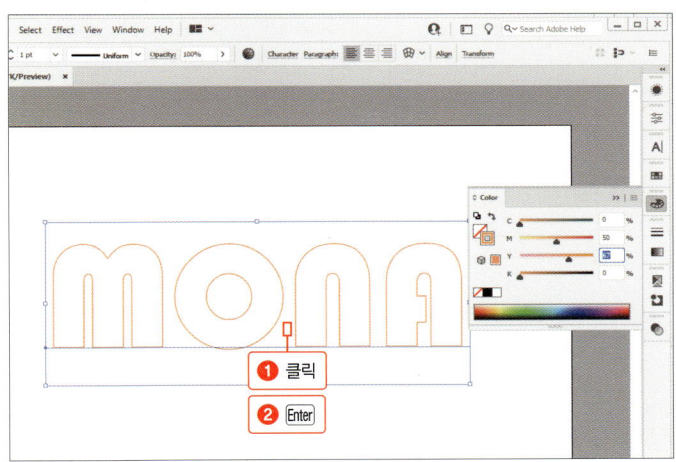

09 'MONA' 텍스트에서 'O' 텍스트 오른쪽에 커서를 위치하고 (Enter)를 눌러 텍스트를 두 줄로 만듭니다.

10 'MO' 텍스트를 드래그하여 선택한 다음 Properties 패널에서 자간을 '50'으로 지정하여 텍스트 사이의 간격을 넓힙니다.

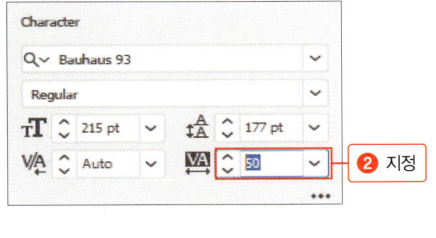

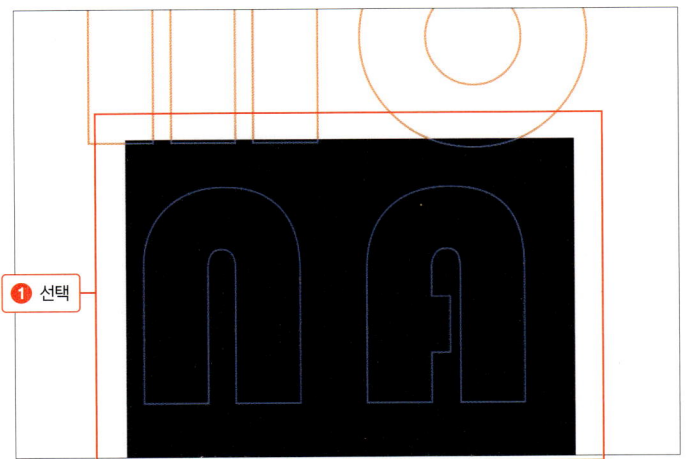

11 'NA' 텍스트는 자간을 '100'으로 지정합니다.

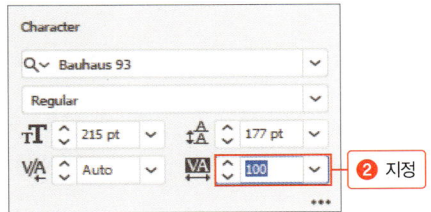

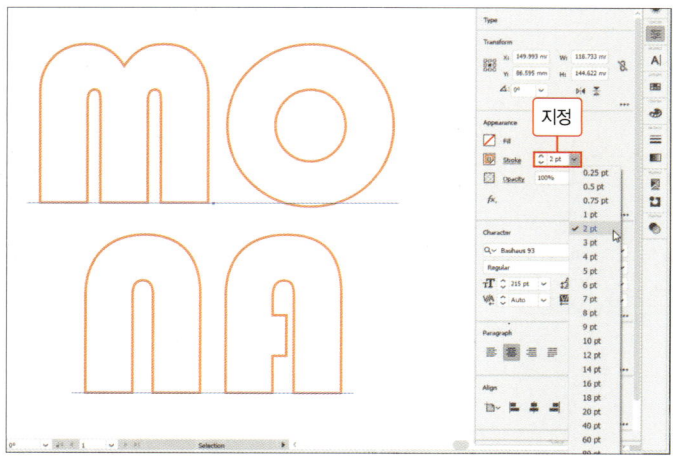

12 Properties 패널에서 Stroke를 '2pt'로 지정하여 선을 두껍게 변경합니다.

13 Stroke Text Effect 효과를 이용하여 로고를 만들기 위해 Appearance 패널을 이용하면 편리합니다. 메뉴에서 (Window) → **Appearance**를 실행하여 Appearance 패널을 표시합니다. Appearance 패널에서 '패널 메뉴' 아이콘(≡)을 클릭한 다음 **Add New Stroke**를 실행합니다.

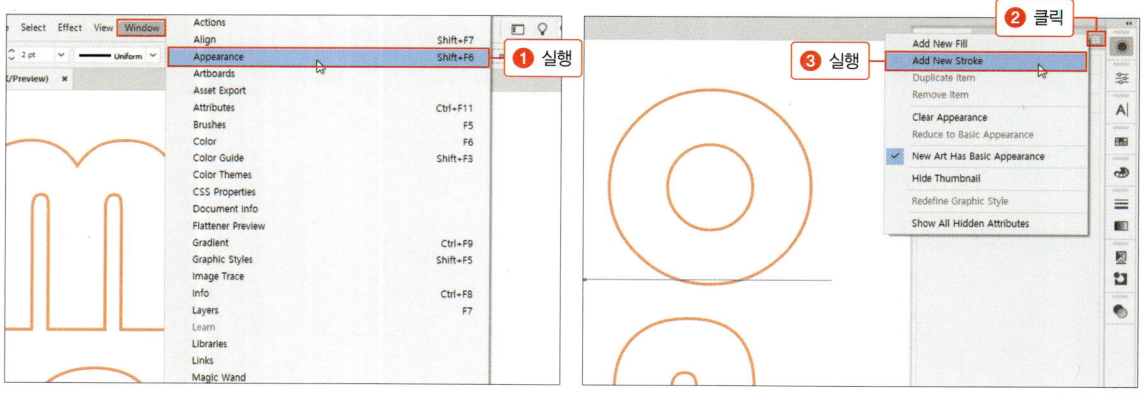

TIP 텍스트를 선택하고 Appearance 패널에서 'Characters'를 더블클릭하거나 텍스트를 드래그하여 편집 상태로 만들면 Appearance 패널에서 선택된 텍스트의 구성을 볼 수 있습니다. 하지만 Appearance 패널에서 'Add New Fill', 'Add New Stroke'를 실행하려면 선택 도구로 텍스트를 클릭하여 선택된 상태여야 합니다.

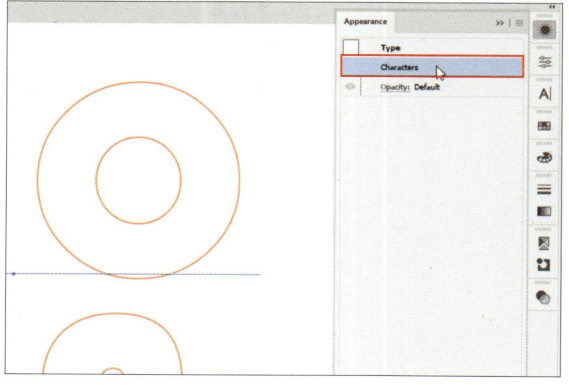
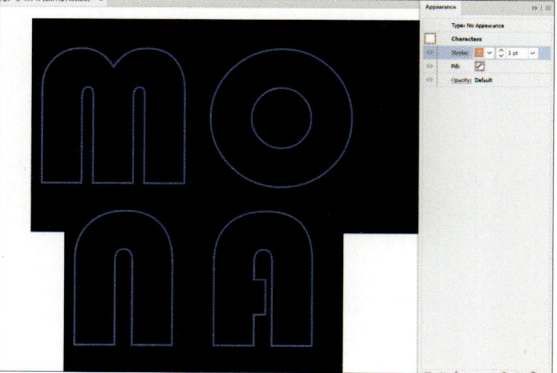

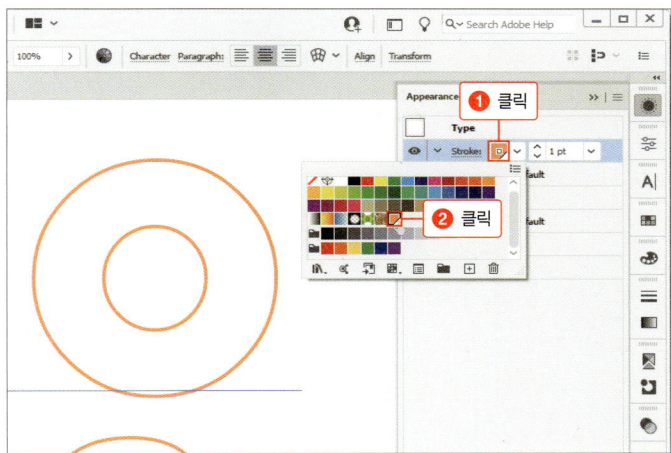

14 Appearance 패널에 Stroke 항목이 추가됩니다. 'Stroke'의 색상 상자를 클릭한 다음 등록한 'mona orange' 색상을 클릭하여 적용합니다.

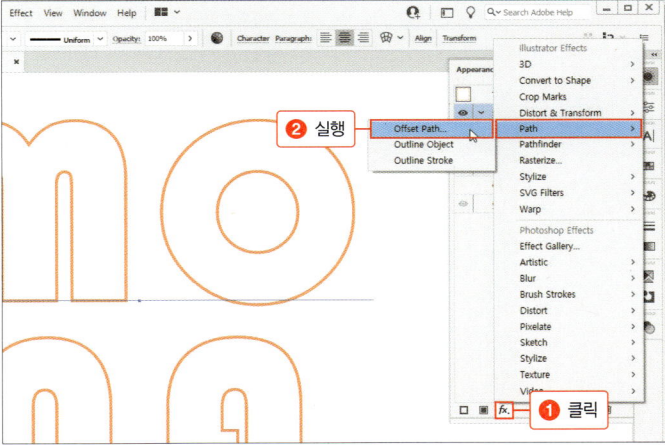

15 추가한 'Stroke' 항목이 선택된 상태에서 Appearance 패널 하단에 'Add New Effect' 아이콘(fx.)을 클릭한 다음 **Path → Offset Path**를 실행합니다. Offset Path 대화상자가 표시되면 Offset을 '2mm'로 설정한 다음 〈OK〉 버튼을 클릭합니다.

16 Stroke Weight를 '5pt'로 지정하면 기존 텍스트를 기준으로 5pt 두께의 선이 2mm 바깥쪽으로 확장됩니다.

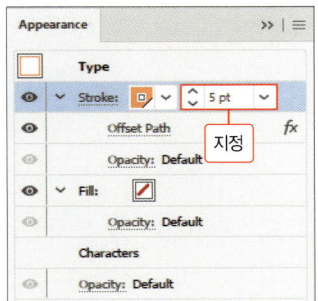

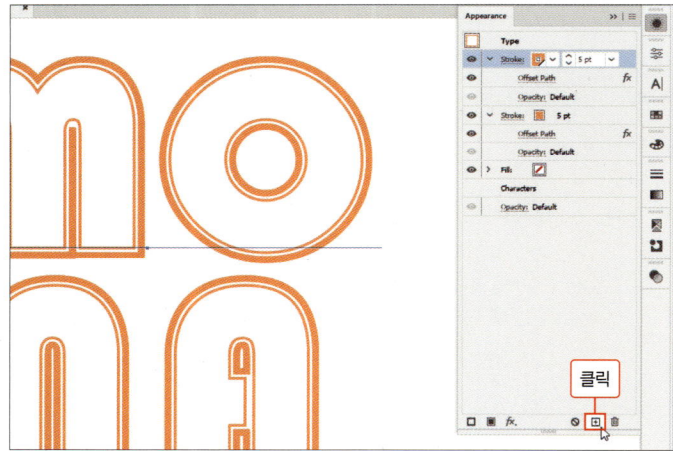

17 작업한 'Stroke' 항목이 선택된 상태에서 Appearance 패널 하단에 'Duplicate Selected Item' 아이콘(⊞)을 클릭하면 Stroke 항목이 한 개 더 복제됩니다.

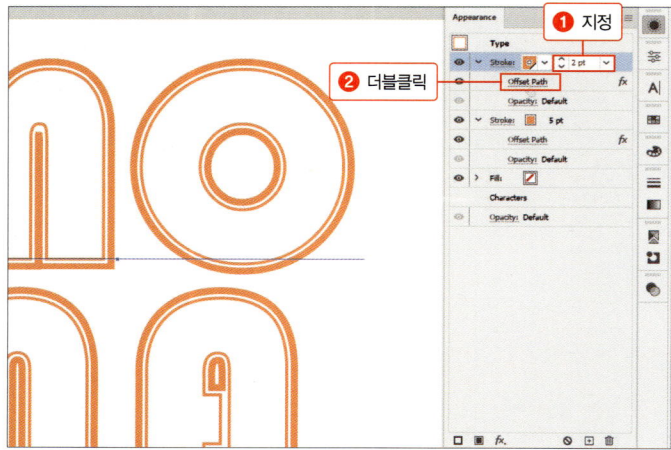

18 복제된 Stroke의 Stroke Weight를 '2pt'로 지정한 다음 'Offset Path'를 더블클릭합니다. Offset Path 대화상자가 표시되면 Offset을 '−2mm'로 설정한 다음 〈OK〉 버튼을 클릭합니다.

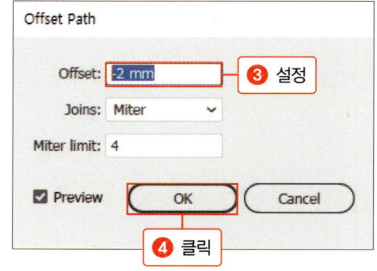

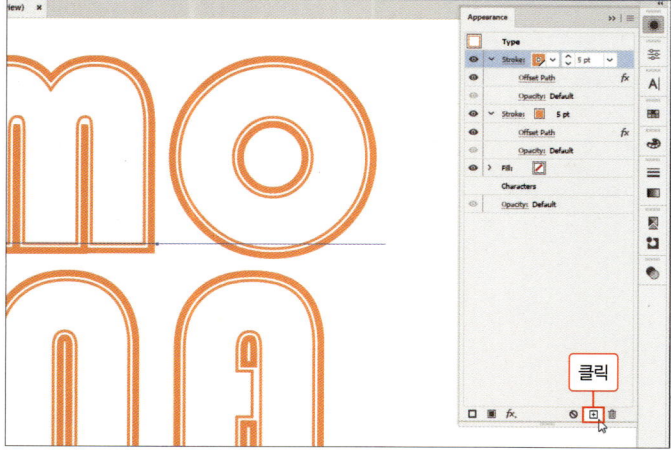

19 가장 위쪽의 'Stroke' 항목이 선택된 상태에서 'Duplicate Selected Item' 아이콘(⊞)을 클릭하여 한 개 더 복제합니다.

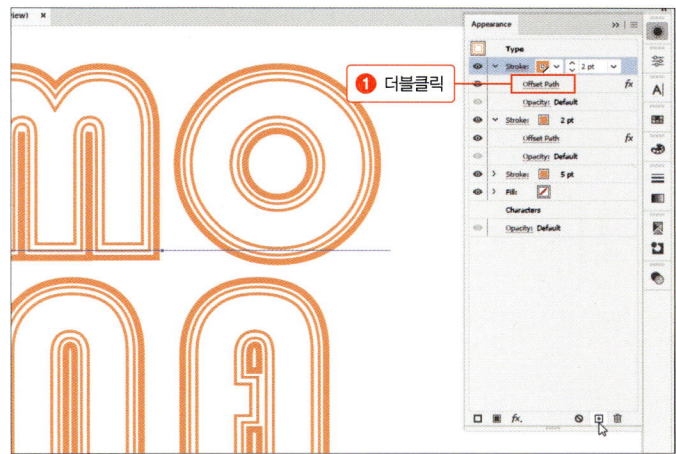

20 복제된 Stroke의 'Offset Path'를 더블클릭합니다. Offset Path 대화상자가 표시되면 Offset을 '-4mm'로 설정한 다음 〈OK〉 버튼을 클릭합니다.

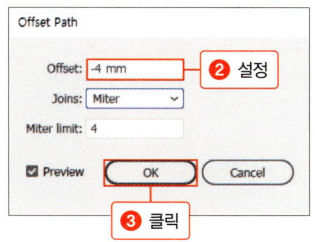

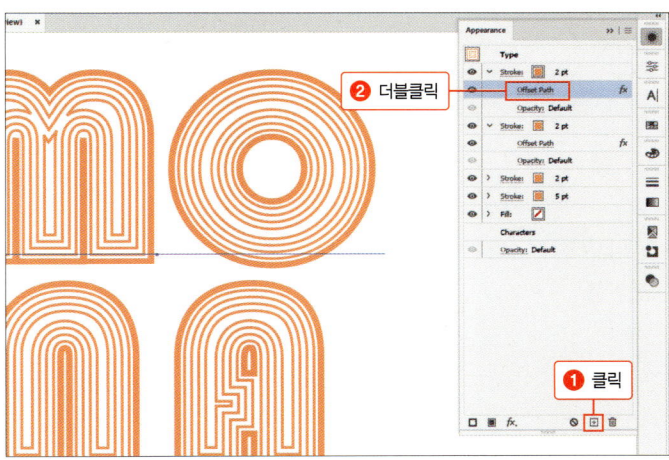

21 가장 위쪽의 'Stroke' 항목이 선택된 상태에서 'Duplicate Selected Item' 아이콘(▥)을 클릭하여 한 개 더 복제한 다음 'Offset Path'를 더블클릭합니다. Offset Path 대화상자가 표시되면 Offset을 '-6'으로 설정한 다음 〈OK〉 버튼을 클릭합니다.

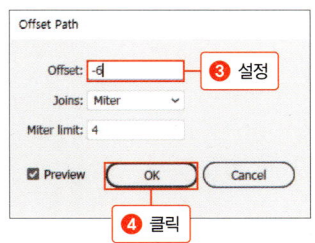

22 전시회 로고가 완성되었으면 Ctrl+Shift +S를 눌러 저장합니다. Save As 대화상자가 표시되면 파일 이름에 'mona logo'를 입력하고 〈저장〉 버튼을 클릭합니다.
Illustrator Options 대화상자가 표시되면 〈OK〉 버튼을 클릭합니다.

SECTION 07

●

로고 삽입하고
인쇄용 PDF 만들기

📄 완성 파일: 02\mona logo.ai | 완성 파일 : 02\4단 리플릿.pdf, 4단 리플릿_완성.indd

일러스트레이터에서 만든 로고를 삽입하여 리플릿 디자인을 완성하고
접지선을 넣어 인쇄용 PDF를 만드는 방법을 알아봅니다.

01 인디자인의 메뉴에서 (**파일**) → **가져오
기**를 실행하여 일러스트레이터에서 만
든 'mona logo.ai' 파일을 불러옵니다.

02 마우스 커서가 가져오기 상태로 변경
되면 드래그하여 로고를 1페이지 상단
중앙에 배치합니다.

TIP Ctrl+Shift를 누른 상태로 조절점을 드래그하면
안쪽의 원본 로고 이미지와 사각형 프레임의 크기를
동시에 조절할 수 있습니다.

03 로고 아래에 문자 도구(T.)로 문자 상
자를 만든 다음 'ART for ALL' 입력합
니다. 글꼴을 'Bodoni Std', 글꼴 스타일을 'Italic',
글꼴 크기를 '36pt', 칠을 '용지'로 지정합니다.

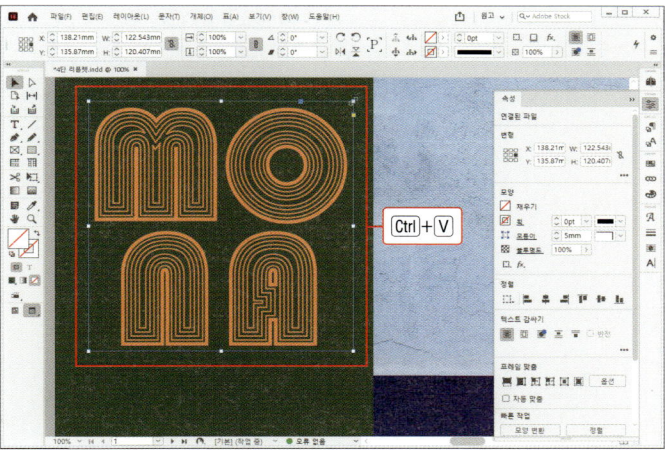

04 로고를 선택하고 Ctrl+C를 눌러 복사
한 다음 8페이지에 Ctrl+V를 눌러 붙
여 넣습니다.

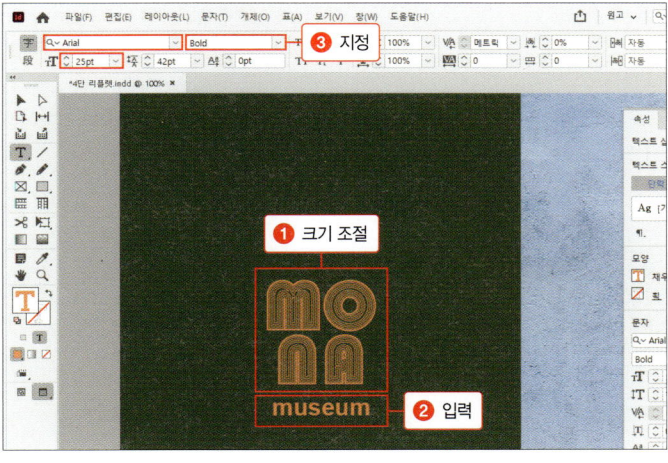

05 Ctrl+Shift를 누른 상태로 조절점을 드
래그하여 크기를 줄입니다. 로고 하단에
'museum'을 입력한 다음 글꼴을 'Arial', 글꼴 스
타일을 'Bold', 글꼴 크기를 '25pt'로 지정합니다.

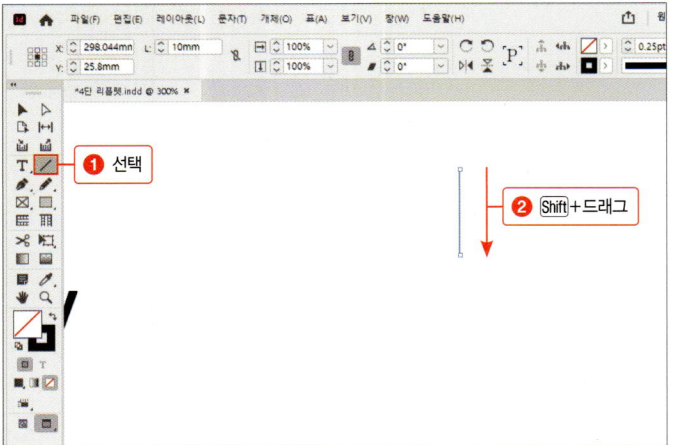

06 접지 형태의 리플릿은 반드시 접지선을 표시해야 합니다. 도구 패널에서 선 도구(✏)를 선택하고 Shift를 누른 상태에서 드래그하여 수직선을 그립니다.

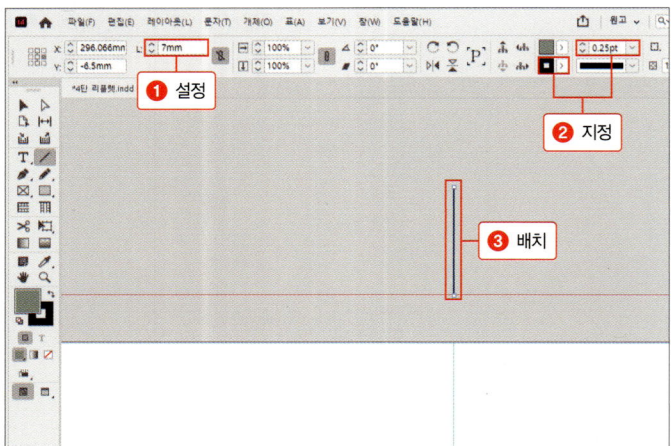

07 L을 '7mm', 선 두께를 '0.25pt', 획을 '검정'으로 지정합니다. 접지선은 문서 안쪽에 있으면 안 되기 때문에 빨간색 선인 도련 바깥쪽에 있으면서 페이지 구분 안내선을 기준으로 위치해야 합니다.

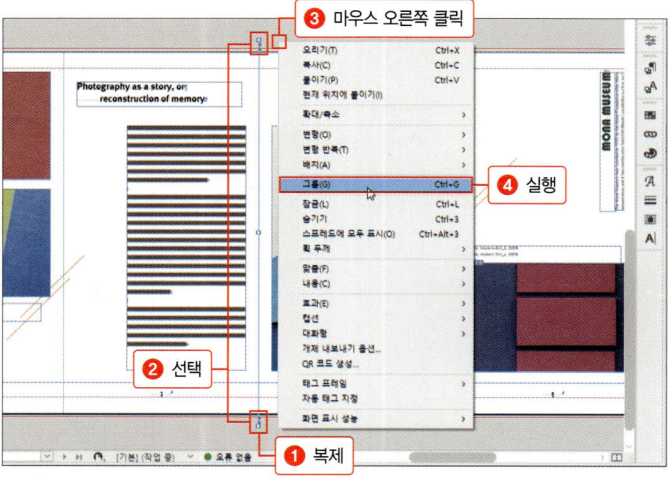

08 접지선을 선택하고 Alt+Shift를 누른 상태로 아래쪽으로 드래그하여 복제합니다. 2개의 접지선을 선택하고 마우스 오른쪽 버튼을 클릭한 다음 **그룹**을 실행하여 그룹으로 지정합니다.

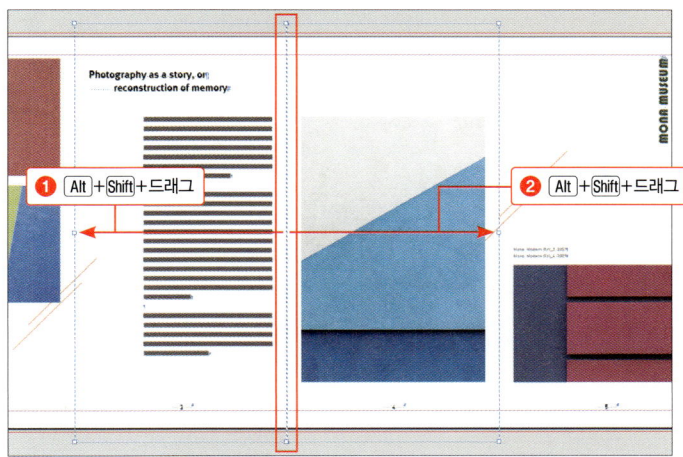

09 그룹으로 지정한 접지선을 선택하고 [Alt]+[Shift]를 누른 상태로 왼쪽과 오른쪽으로 드래그하여 복제합니다. 페이지 구분 안내선을 기준으로 정확히 배치합니다.

10 리플릿의 앞쪽과 뒤쪽의 크기는 동일하므로 접지선을 그대로 복사하여 붙여 넣습니다. 접지선을 모두 선택한 다음 [Ctrl]+[C]를 눌러 복사합니다. 페이지를 이동하고 [Ctrl]+[V]를 눌러 붙여 넣습니다.

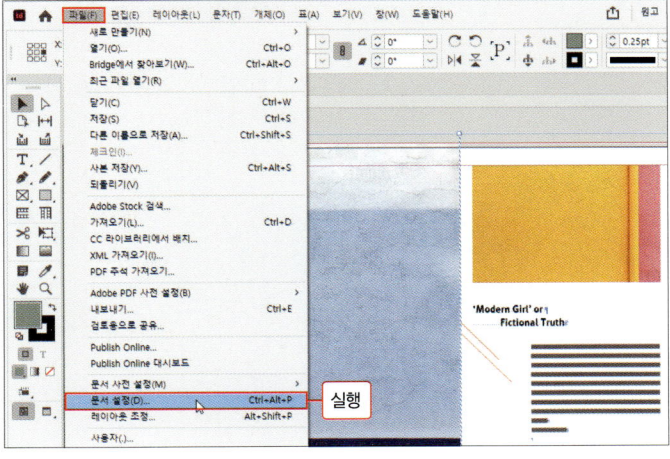

11 접지선을 도련 바깥쪽에 배치했습니다. 인쇄 시 접지선이 표시되게 하려면 슬러그 영역 설정이 필요합니다. 메뉴에서 (**파일**) → **문서 설정**을 실행합니다.

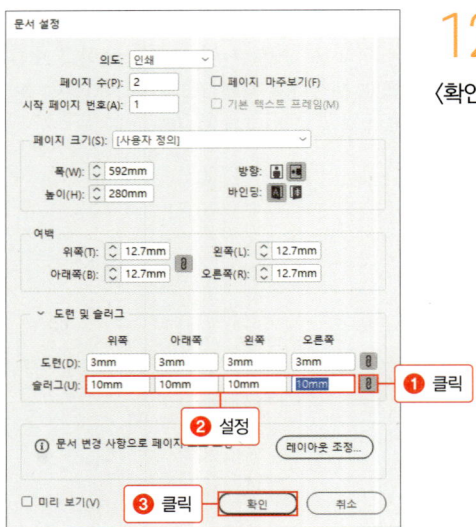

12 문서 설정 대화상자가 표시되면 도련 및 슬러그에서 슬러그의 '모든 설정 동일하게 만들기' 아이콘(🔗)을 클릭하여 '10mm'로 설정한 다음 〈확인〉 버튼을 클릭합니다.

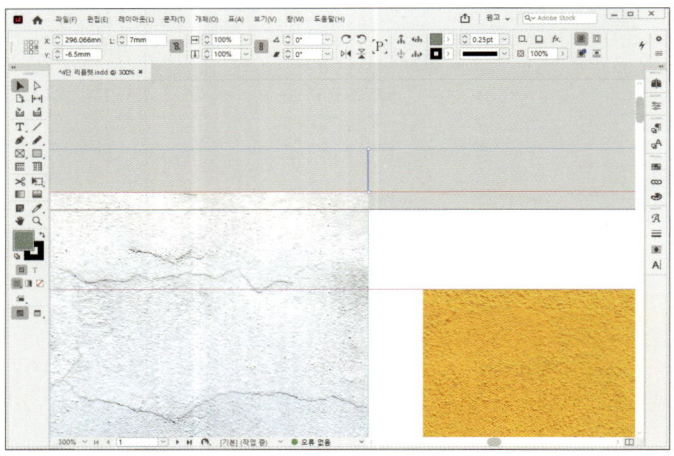

13 슬러그 영역 설정으로 빨간색의 도련 영역 바깥쪽에 파란색으로 슬러그 영역 이 표시된 것을 확인할 수 있습니다.

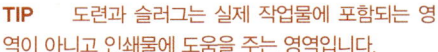

TIP 도련과 슬러그는 실제 작업물에 포함되는 영역이 아니고 인쇄물에 도움을 주는 영역입니다.

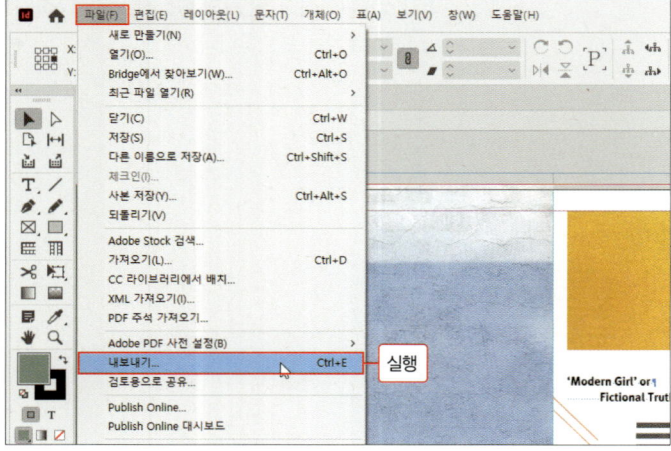

14 메뉴에서 (파일) → 내보내기를 실행합니다.

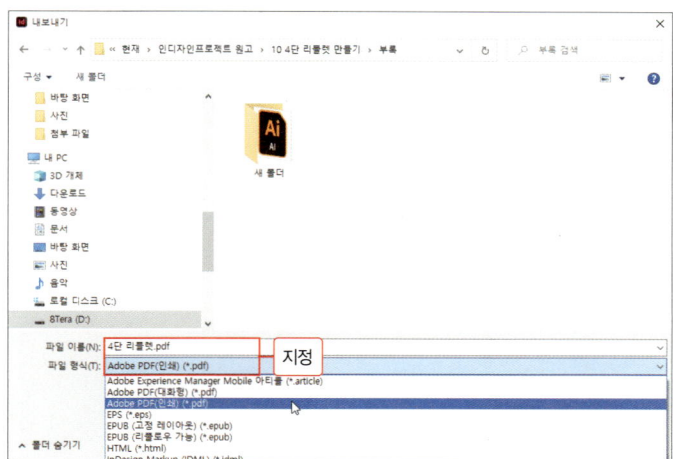

15 내보내기 대화상자가 표시되면 파일 이름을 '4단 리플릿', 파일 형식을 'Adobe PDF(인쇄)'로 지정한 다음 〈저장〉 버튼을 클릭합니다.

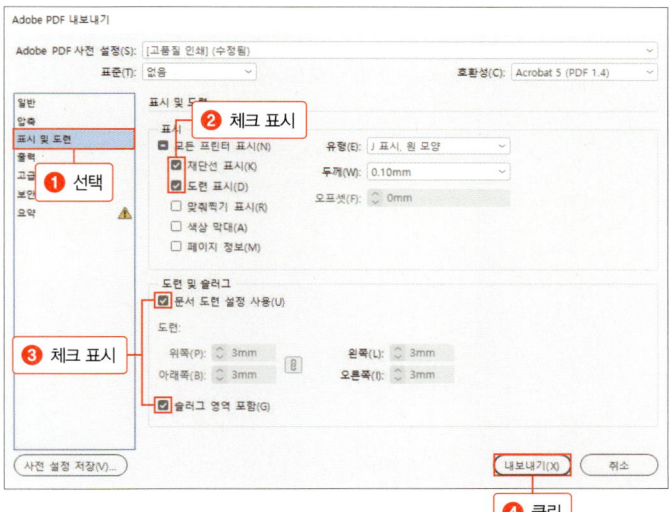

16 Adobe PDF 내보내기 대화상자가 표시되면 '표시 및 도련'을 선택하고 표시의 '재단선 표시', '도련 표시'를 체크 표시합니다. 도련 및 슬러그에서 '문서 도련 설정 사용'과 '슬러그 영역 포함'을 체크 표시한 다음 〈내보내기〉 버튼을 클릭합니다.

17 저장된 '4단 리플릿.pdf' 파일을 확인하면 재단선과 접지선이 같이 표시된 것을 확인할 수 있습니다. 인쇄소에 인쇄 PDF를 전달하면서 접지선 표시가 있다는 것을 전달하면 좋습니다.

PROJECT 03
날개가 있는
단행본 표지 디자인

표지 디자인은 책 주제에 부합되는 일러스트와 타이포그래피, 각종 정보를 담아야 하며 이것들을
조합하여 어울리게 조절하고 배치할 수 있습니다. 표지 디자인의 경우 책의 앞면과 뒷면, 책등,
날개로 구분하여 작업하며 펼침 상태로 인쇄합니다. 인디자인은 이런 모든 과정을 손쉽게
처리할 수 있도록 기능들이 특화되어 있습니다.

100mm   188mm   15mm

225mm

책과 관련된 질문하기

책과 관련된 궁금한 점이 있다면
저자에게 메일을 보내세요.
빠른 답변을 받으실 수 있습니다.

'당신만큼 멋진 컬러도 없다'
자신의 고유한 컬러를 이용하여 나만의 매력과
퍼스널 브랜드의 경쟁력을 높이는 컬러 사용 비밀의 모든 것!

나만의 경쟁력을 높이는 **퍼스널 컬러의 비밀,**
프로 컨설턴트가 알려주는 퍼스널 컬러북

프로 컨설턴트가 알려주는 퍼스널 컬러북

김미진, ZhiYoung 지음

김미진

컬러즈 책임 컨설턴트 & 교육팀장으로 퍼스널 컬러 컨설 전문가 과정을 전담 교육
하였고 온라인 진단 프로그램 및 콘텐츠, 120개 컨설팅 드레이프 및 교구 메이
크업 시뮬레이션을 개발했다. 또한 아리조, QDSLH, 톨라크투아 백조 화장품을
분석했다.

ZhiYoung 퍼스널 스타일리스트

공격스타일 어드바이저, 퍼I베이스타일 컨설턴트를 담당하고 있다. 한국머
스널컬러협회 부회장을 역임했고, 센트너학 외래강사와 슈앤즈 교육 팀장을
지낸 바 있다. 2014, 2015 아시아 리스스 커넥션 주회 자선패션쇼 스타일 디
랙터 및 홍보 담당하였다. 현재 A=Z 대표로, 일본 공격스타일협회 한국지부
장을 맡고 있다.

작업 의뢰서

표지

- 오른쪽 책날개 : 100×225mm
- 뒤표지 : 188×225mm
- 책등 : 15×225mm
- 앞표지 : 188×225mm
- 왼쪽 책날개 : 100×225mm

188mm ─── 100mm

DESIGN
PREVIEW
디자인 미리보기

판권, 속표지

목차

도비라

본문 페이지

본문 페이지

도판 목록

DESIGN
PROCESS

디자인 작업 과정

1 문서 설정과 이미지 배치하기

2 배경 색상 지정하고 책 타이틀 디자인하기

3 원형 패티 디자인하기

4 선 그래픽 요소 제작하여 앞표지 완성하기

5 뒤표지, 책등, 날개 디자인 하기

6 인쇄용 PDF 만들기

SECTION 01

문서 설정하고 이미지 가져오기

📄 예제 파일: 03\인물스케치.psd

책 표지를 디자인하기 위해 우선 문서 설정을 통해 문서의 크기를 어떻게 설정하는지 알아보고
예제 파일을 불러와 디자인 작업을 하기 전에 사전 작업을 해 보도록 하겠습니다.

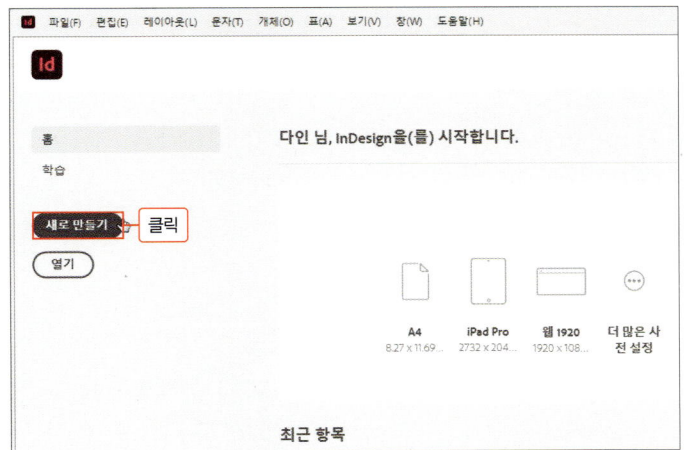

01 인디자인을 실행한 다음 〈새로 만들기〉
버튼을 클릭합니다.

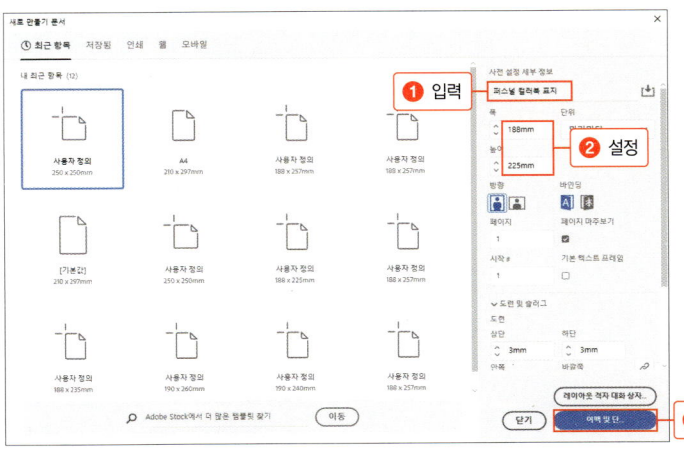

02 새로 만들기 문서 대화상자가 표시되
면 문서 제목을 '퍼스널 컬러북 표지'로
입력하고 폭을 '188mm', 높이를 '225mm'로 설
정한 다음 〈여백 및 단락〉 버튼을 클릭합니다.

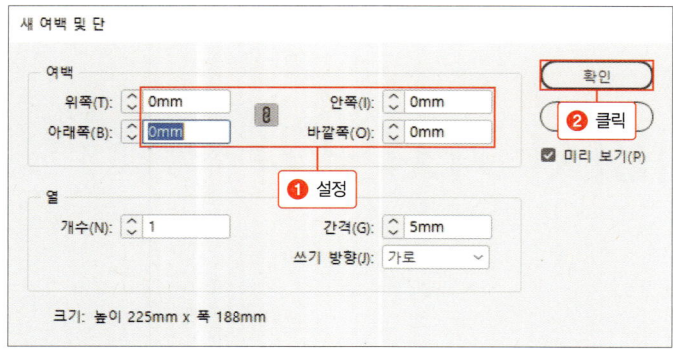

03 새 여백 및 단 대화상자가 표시되면 여백을 모두 '0mm'로 설정한 다음 〈확인〉 버튼을 클릭하여 새 문서를 만듭니다.

04 페이지 패널에 1페이지가 생성되었습니다. 화면에는 페이지와 3mm 간격의 빨간색 도련 선이 표시됩니다. W를 누르면 안내선이 사라지면서 미리 볼 수 있는 화면으로 변경됩니다.

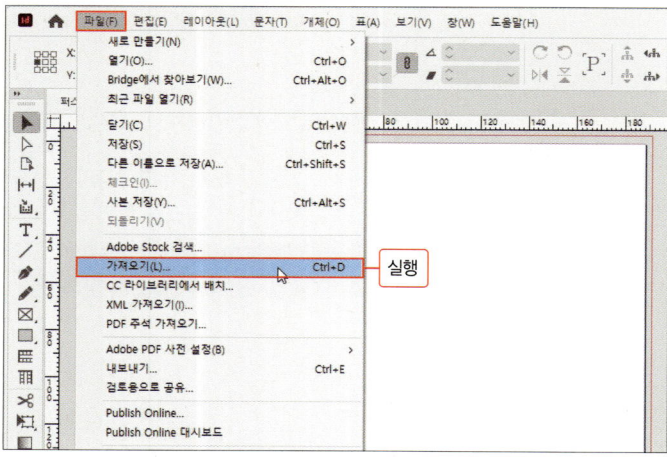

05 메뉴에서 (파일) → 가져오기를 실행합니다.

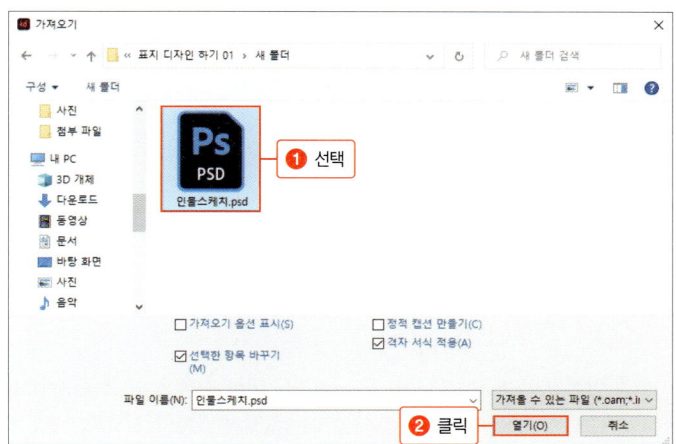

06 가져오기 대화상자가 표시되면 03 폴 더에서 '인물스케치.psd' 파일을 선택 한 다음 〈열기〉 버튼을 클릭합니다.

TIP '인물스케치.psd' 예제 파일은 배경이 투명한 상태로 저장된 포토샵 파일입니다.

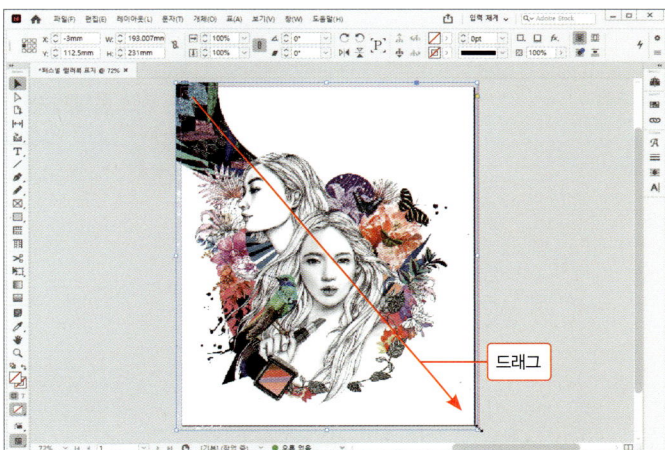

07 마우스 커서가 가져오기 상태로 변경 되면 드래그하여 이미지를 배치합니다.

08 이미지의 모서리에 있는 조절점을 드 래그하여 사각형 프레임 크기를 조절 할 수 있고, Ctrl을 누른 상태로 조절점을 드래 그하면 사각형 프레임 안의 원본 이미지와 같이 크기가 조절할 수 있습니다.

SECTION 02

배경 색상 지정과
책 제목 입력하기

사각형을 만들고 색상을 지정하여 표지 배경을 만든 다음 책 제목을 입력하고
어울리는 글꼴과 스타일을 지정해 봅니다.

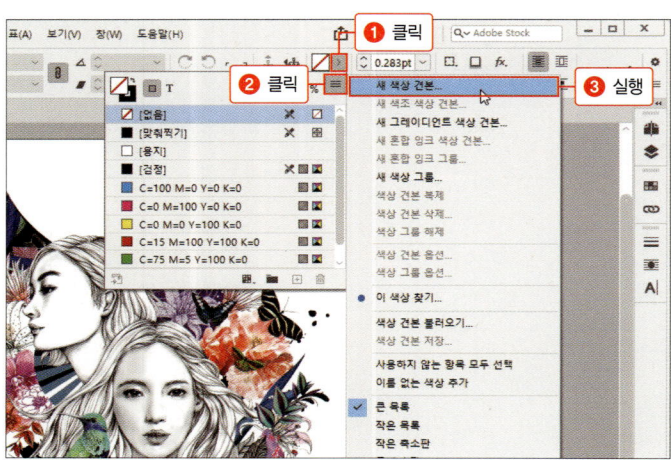

01 배경에 색상을 적용하기 위해 먼저 색상 견본을 만듭니다. 컨트롤 패널에서 칠의 '〉' 아이콘을 클릭하고 '패널 메뉴' 아이콘(☰)을 클릭한 다음 **새 색상 견본**을 실행합니다.

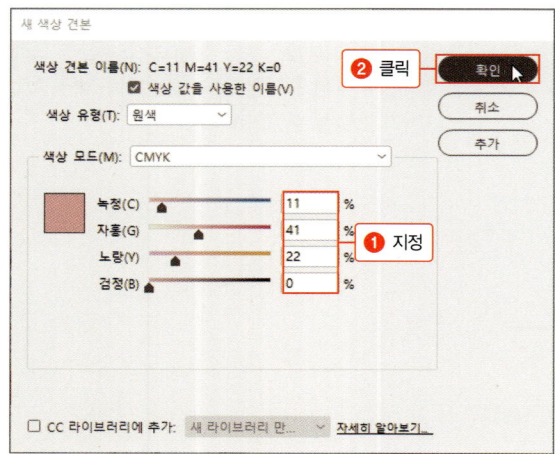

02 새 색상 견본 대화상자가 표시되면 녹청을 '11%', 자홍을 '41%', 노랑을 '22%', 검정을 '0%'로 지정한 다음 〈확인〉 버튼을 클릭합니다.

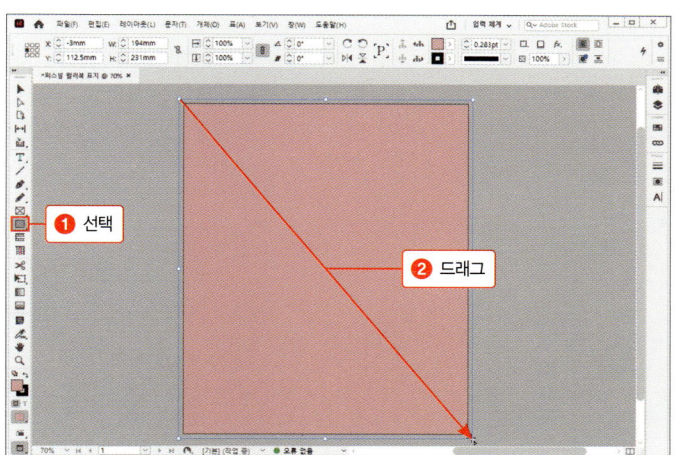

03 추가한 색상 견본의 색상이 지정됩니다. 도구 패널에서 사각형 도구(▢)를 선택하고 도련 3mm 부분까지 드래그하여 사각형을 그립니다.

❶ 선택
❷ 드래그

04 사각형이 선택된 상태에서 마우스 오른쪽 버튼을 클릭한 다음 **배치 → 맨 뒤로 보내기**를 실행하여 이미지보다 뒤쪽에 배치합니다.

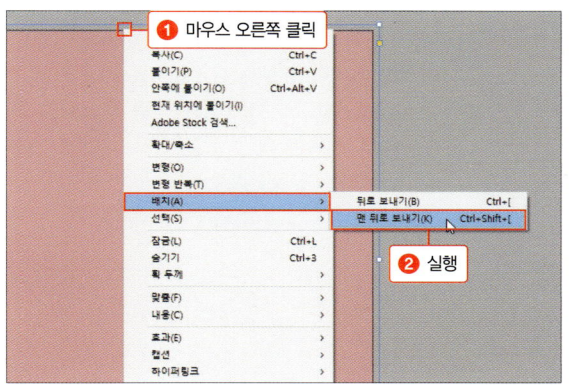

❶ 마우스 오른쪽 클릭
❷ 실행

05 책 제목을 입력하기 위해 도구 패널에서 문자 도구(T)를 선택합니다. 컨트롤 패널에서 글꼴을 'Trajan Pro 3', 글꼴 스타일을 'Regular'로 지정합니다.

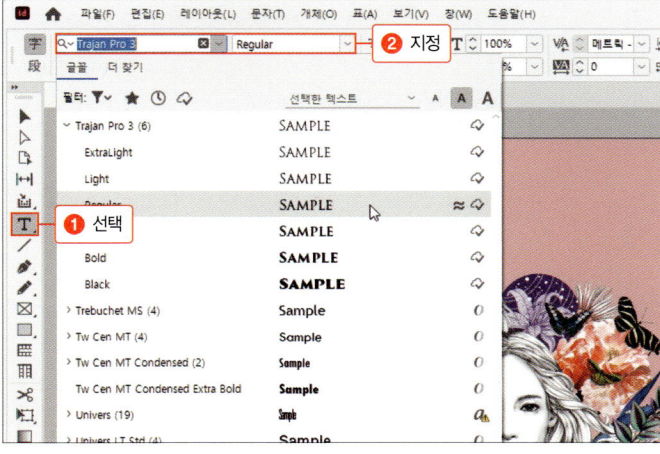

❷ 지정
❶ 선택

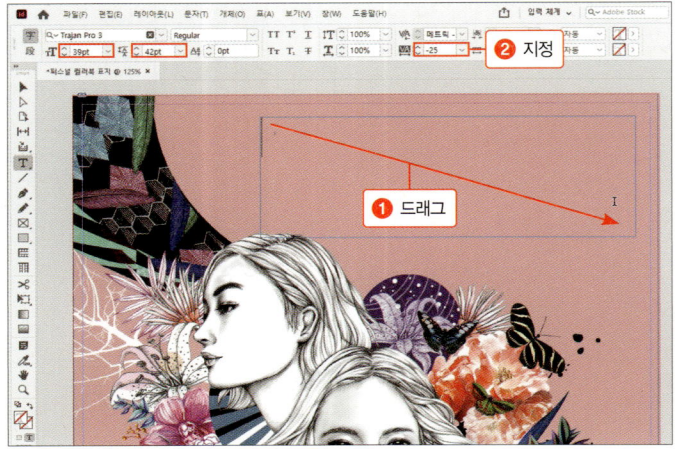

06 오른쪽 상단 빈 공간에 드래그하여 문자 상자를 만듭니다. 컨트롤 패널에서 글꼴 크기를 '39pt', 행간을 '42pt', 자간을 '-25'로 지정한 다음 'PERSONAL COLOR BOOK'을 입력합니다.

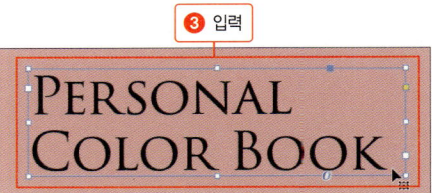

07 다시 컨트롤 패널에서 글꼴을 'Yoon가변 윤고딕100Std', 글꼴 크기를 '17pt', 가로 비율을 '90%', 자간을 '-50'으로 지정한 다음 '프로 컨설턴트가 알려주는 퍼스널 컬러북'을 입력합니다.
'프로 컨설턴트'와 '퍼스널 컬러북' 텍스트는 드래그하여 선택한 다음 글꼴 스타일을 '40'으로 지정합니다.

08 분홍색 배경에 일러스트 이미지와 책 제목을 배치하여 기본 표지 디자인을 완성했습니다.

SECTION 03

원형 패티 디자인하기

도서의 특징을 알려 주는 원형 패티 작업을 인디자인의 텍스트 기능과 타원 도구를
사용하여 제작하는 방법에 대해 알아보겠습니다.

01 도구 패널에서 타원 도구(◯)를 선택
하고 Shift를 누른 상태로 드래그하여
원을 그립니다.

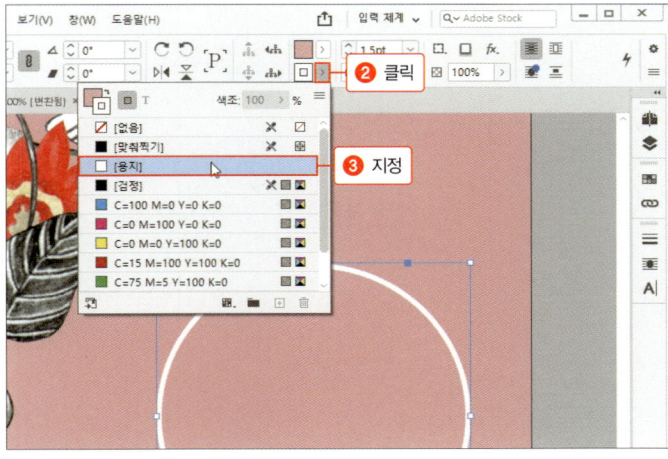

02 획 패널에서 두께를 '1.5pt'로 지정한 다
음 컨트롤 패널에서 획을 '용지'로 지정
합니다.

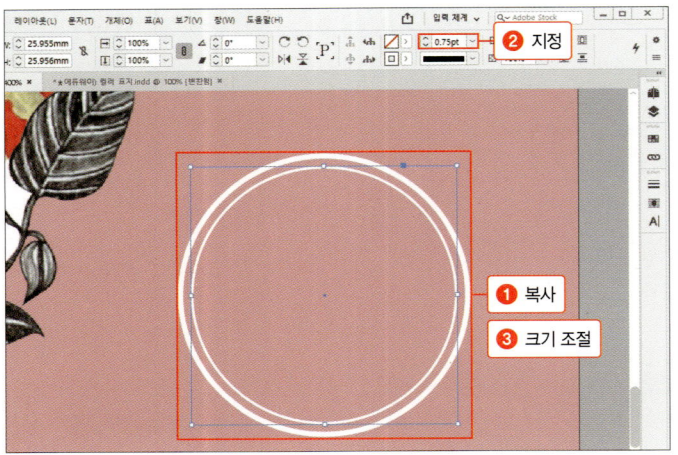

03 원을 선택한 다음 Alt를 누른 상태로 드래그하여 복사합니다. 컨트롤 패널에서 선 두께를 '0.75pt'로 지정하고 크기를 축소하여 그림과 같이 배치합니다.

04 도구 패널에서 선 도구(✐)를 선택한 다음 Shift를 누른 상태로 드래그하여 수평선을 그립니다.

05 필요한 정보의 텍스트를 입력하여 원형 패티 디자인을 완성합니다.

SECTION 04

선 그래픽 요소 제작하기

📄 **완성 파일**: 03\직선과 곡선 블렌드.ai

인디자인에서도 기본적인 그리기 기능이 제공되고 있지만 보다 다양한 그래픽 요소를 제작하려면
전문적인 프로그램을 사용해야 합니다. 여기서는 벡터 드로잉 프로그램 어도비 일러스트레이터의
블렌드 기능을 이용하여 선 그래픽 요소를 제작하는 방법을 알아보겠습니다.

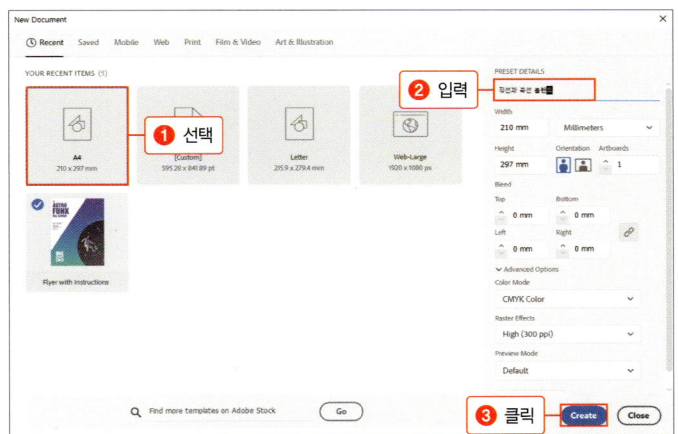

01 일러스트레이터를 실행한 다음 〈Create New〉 버튼을 클릭합니다. New Document 대화상자가 표시되면 'A4'를 선택하고 파일 이름을 '직선과 곡선 블렌드'로 입력한 다음 〈Create〉 버튼을 클릭하여 새로운 문서를 만듭니다.

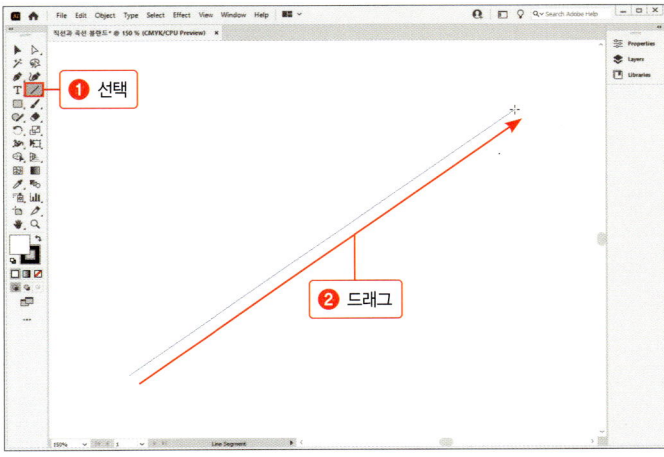

02 Tools 패널에서 선 도구(✏)를 선택하고 드래그하여 직선을 그립니다.

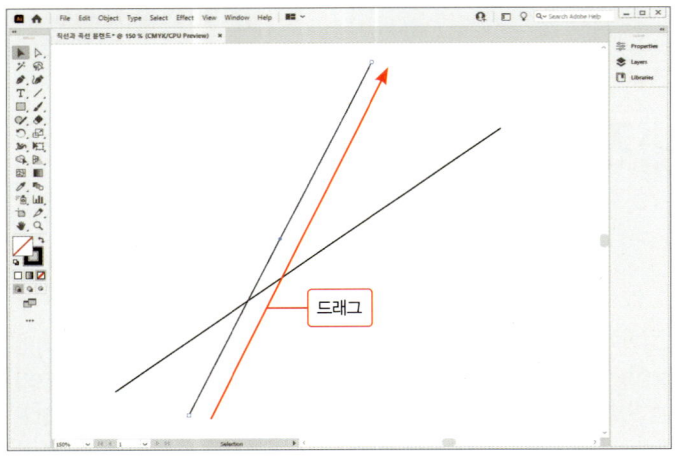

03 그림과 같이 겹치게 선을 한 개 더 그립니다.

드래그

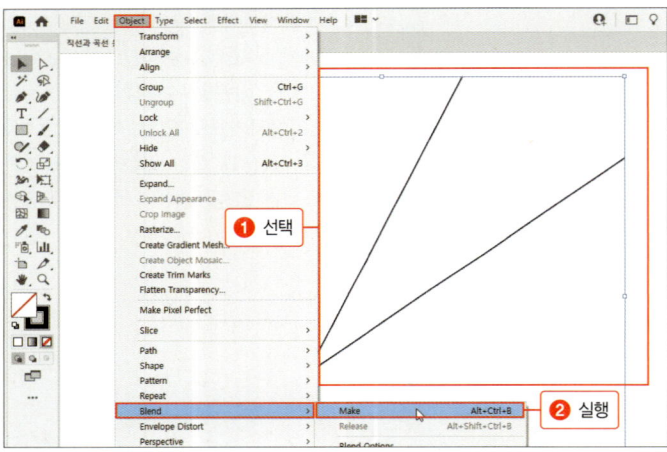

04 그린 두 개의 선을 선택한 다음 메뉴에서 〔Object〕 → Blend → Make를 실행합니다. 두 개의 선 사이에 선이 한 개 생성됩니다.

① 선택

② 실행

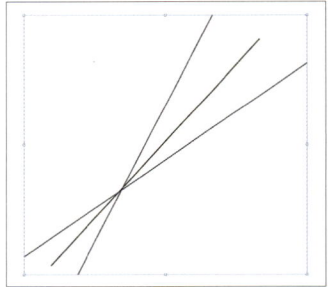

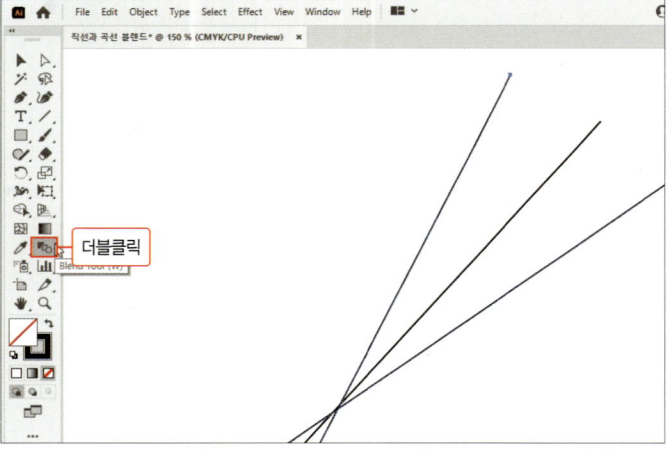

05 선이 모두 선택된 상태로 Tools 패널에서 블렌드 도구(🖉)를 더블클릭합니다.

더블클릭

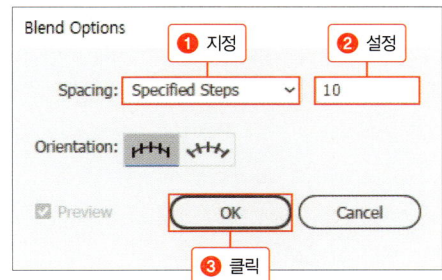

06 Blend Options 대화상자가 표시되면 Spacing을 'Specified Steps'로 지정하고 개수를 '10'으로 설정한 다음 〈OK〉 버튼을 클릭합니다.

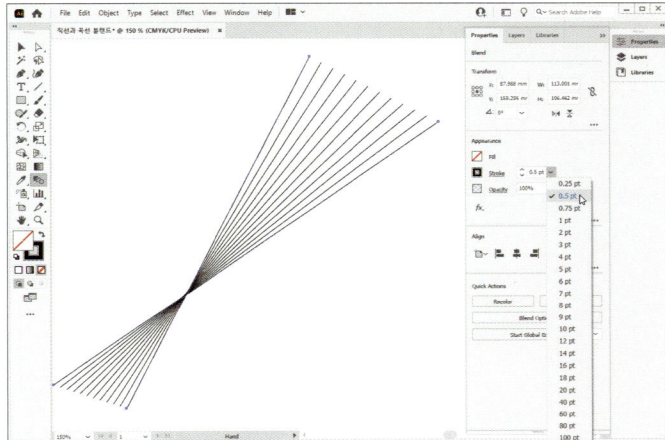

07 두 개의 선 사이에 10개의 선이 생성됩니다. 선이 선택된 상태로 Propertise 패널에서 Stroke를 '0.5pt'로 지정하여 선을 가늘게 변경합니다.

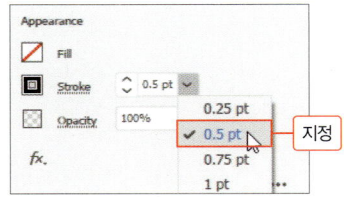

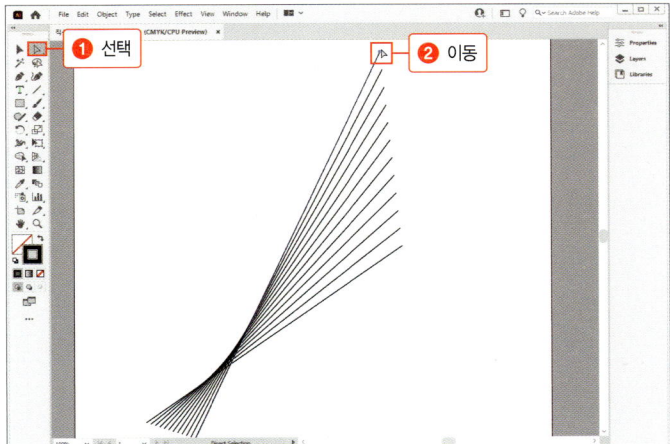

08 Tools 패널에서 직접 선택 도구(⬚)를 선택하여 선의 조절점을 이동하면 블렌드된 중간의 선들도 같이 이동되어 다양한 형태로 변형할 수 있습니다.

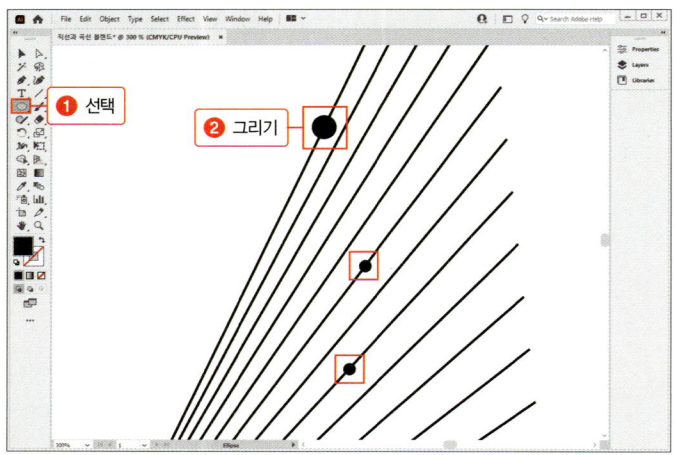

09 Tools 패널에서 원형 도구(⬭)를 선택한 다음 드래그하여 작은 원을 그려 그래픽 요소를 더합니다.

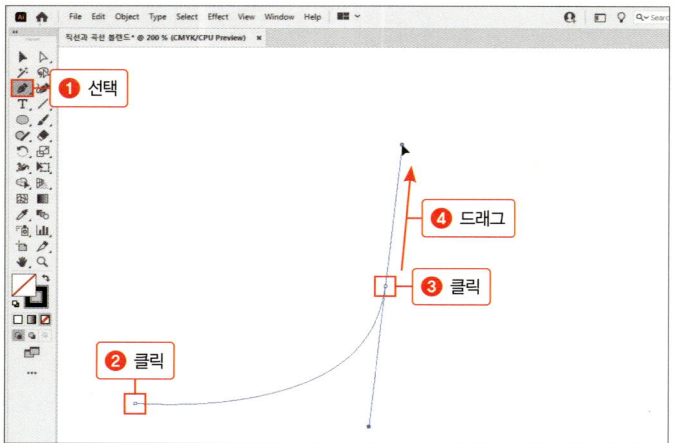

10 Tools 패널에서 펜 도구(✏)를 선택합니다. 시작점을 클릭하고 오른쪽으로 이동하여 기준점을 클릭한 다음 드래그하여 곡선을 그립니다.

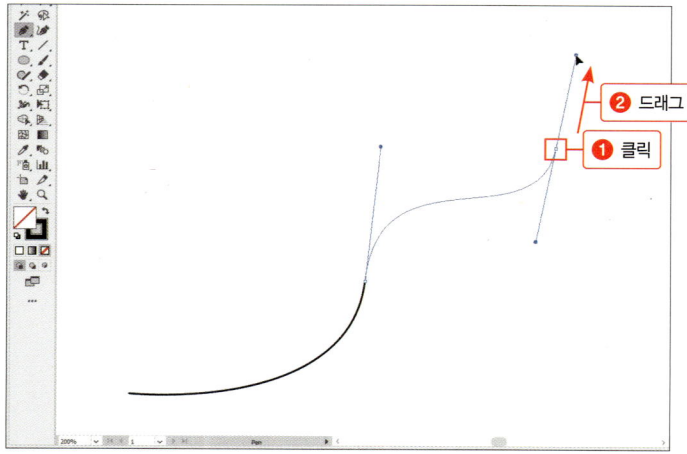

11 다시 오른쪽 상단으로 이동하여 기준점을 클릭한 다음 드래그하여 곡선 형태를 만듭니다.

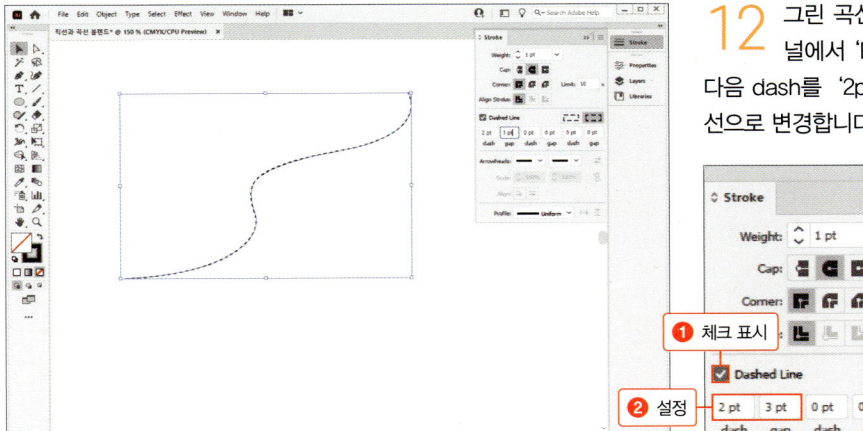

12 그린 곡선이 선택된 상태로 Stroke 패널에서 'Dashed Line'을 체크 표시한 다음 dash를 '2pt', gap을 '3pt'로 설정하여 점선으로 변경합니다.

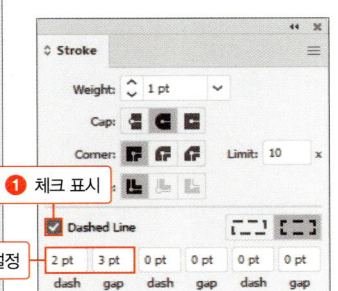

13 점선을 선택하고 Alt 를 누른 상태로 드래그하여 한 개 더 복사합니다. 두 개의 점선을 선택한 다음 Tools 패널에서 블렌드 도구( )를 선택합니다. 두 개의 점선 상단의 조절점을 각각 클릭하여 블렌드를 적용합니다.

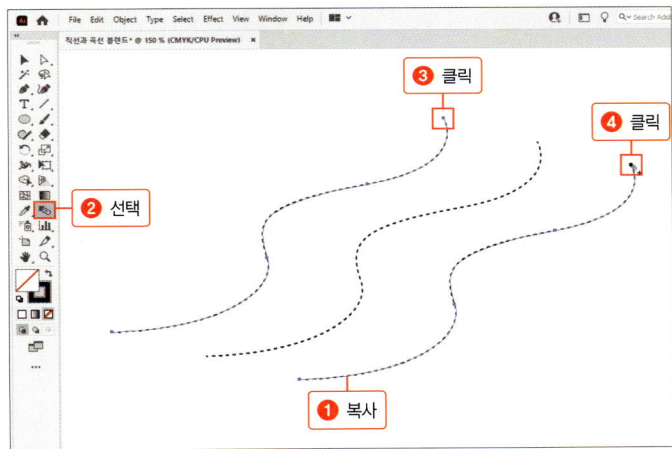

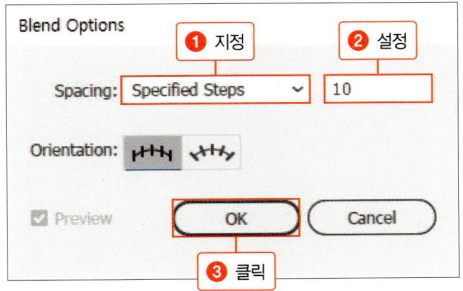

14 점선이 모두 선택된 상태로 Tools 패널에서 블렌드 도구( )를 더블클릭합니다. Blend Options 대화상자가 표시되면 Spacing을 'Specified Steps'로 지정하고 개수를 '10'으로 설정한 다음 〈OK〉 버튼을 클릭합니다.

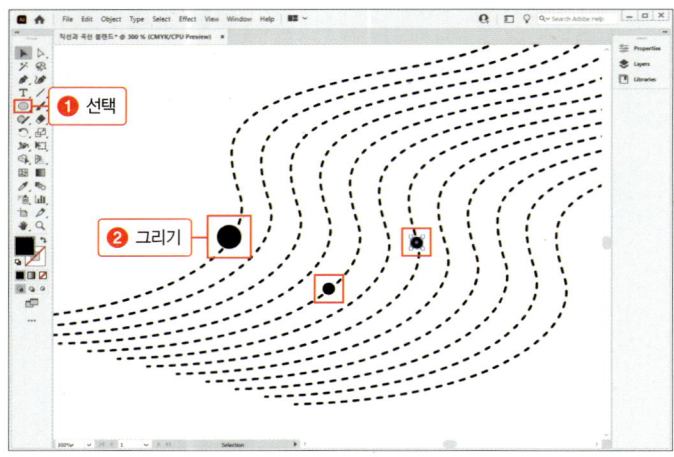

15 Tools 패널에서 원형 도구(◉)를 선택하여 작은 원을 그려 그래픽 요소를 더합니다.

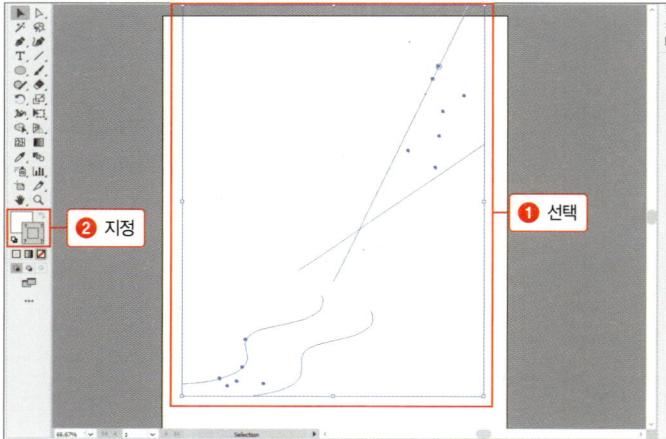

16 두 개의 선 그래픽 요소를 모두 선택하고 색상을 '흰색'으로 지정합니다. 작은 원 요소의 색상도 '흰색'으로 지정합니다.

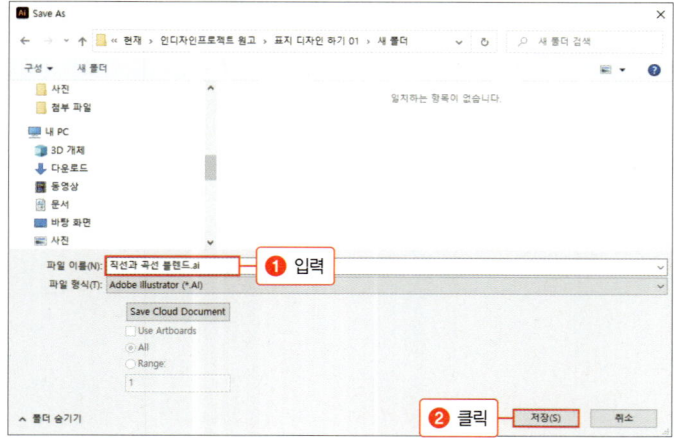

17 Ctrl+S를 눌러 Save As 대화상자가 표시되면 파일 이름을 '직선과 곡선 블렌드'로 입력한 다음 〈저장〉 버튼을 클릭하여 저장합니다.

SECTION 05

선 그래픽 요소 삽입하고 앞표지 완성하기

📄 예제 파일: 03\직선과 곡선 블렌드.ai

일러스트레이터에서 제작한 선 그래픽 요소를 인디자인에서 활용하는 방법을
알아보고 앞표지 디자인을 완성해보도록 하겠습니다.

01 작업하던 인디자인으로 돌아와 메뉴에서 (**파일**) → **열기**를 실행합니다. 가져오기 대화상자가 표시되면 지정한 폴더
에서 '직선과 곡선 블렌드.ai' 파일을 선택한 다음 〈열기〉 버튼을 클릭하여 그린 선 그래픽 요소를 불러옵니다.

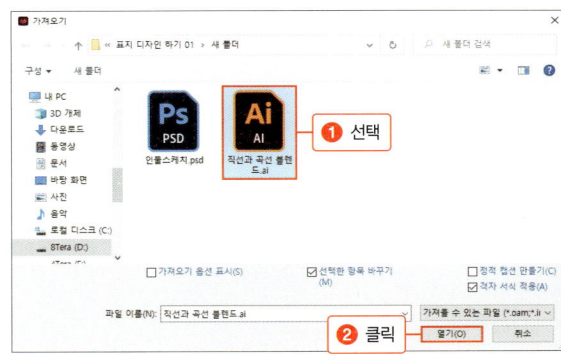

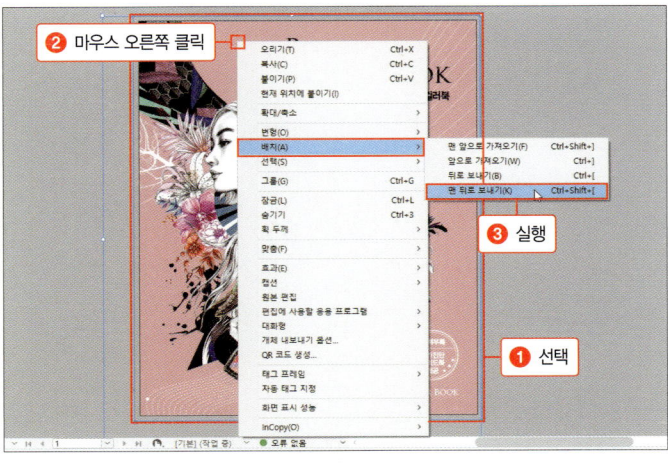

02 불러온 선 그래픽 요소와 분홍색 배경
을 선택합니다. 마우스 오른쪽 버튼을
클릭한 다음 **배치 → 맨 뒤로 보내기**를 실행하
여 맨 뒤로 배치합니다.

03 선 그래픽 요소의 위치를 별도로 지정하기 위해 한 개 더 복사하여 각각 위치를 지정하면 편리합니다.

04 일러스트 이미지, 선 그래픽 요소, 책 제목을 배치하여 앞표지를 완성하였습니다.

SECTION 06

뒤표지와 책등, 날개 만들기

📄 완성 파일 : 03\단행본 표지_완성.indd

크기에 맞게 뒤표지와 책등, 날개를 만드는 방법에 대해 알아보겠습니다.
인쇄용 표지 디자인은 앞표지, 뒤표지, 책등, 좌우 날개를 만들어 5페이지로 구성해야 합니다.

01 현재 앞표지만 만든 상태에서 4페이지를 추가해야 합니다. 페이지 패널에서 '새 페이지 만들기' 아이콘(⊞)을 4번 클릭하여 4페이지를 추가합니다.

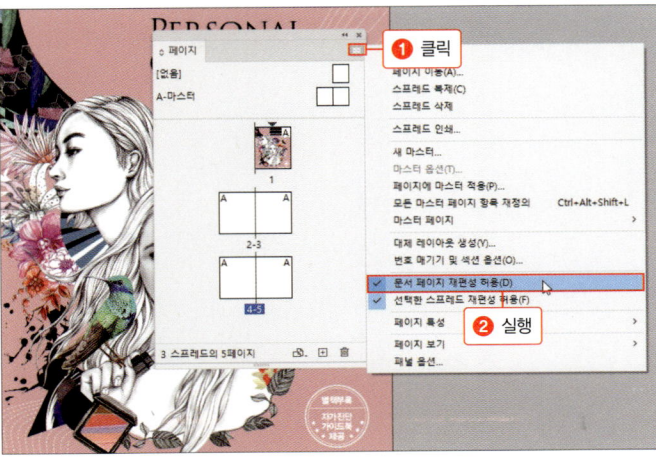

02 전체 5페이지를 가로로 이어 붙이기 위해 페이지 패널에서 '패널 메뉴' 아이콘(▤)을 클릭한 다음 **문서 페이지 재편성 허용**을 실행하여 체크 표시를 해제합니다.

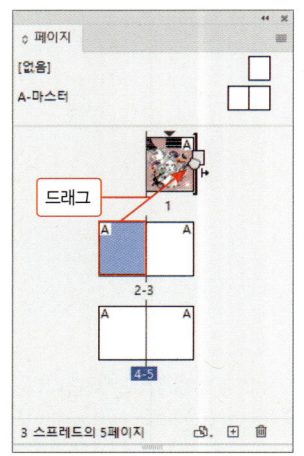 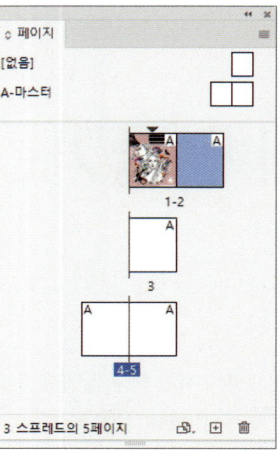

03 페이지 패널에서 '2'페이지를 선택한 다음 1페이지 오른쪽으로 드래그하여 붙이면 두 개의 페이지를 가로로 연결할 수 있습니다.

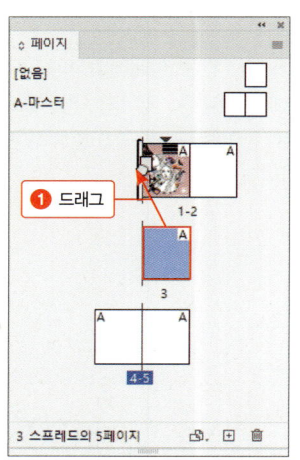 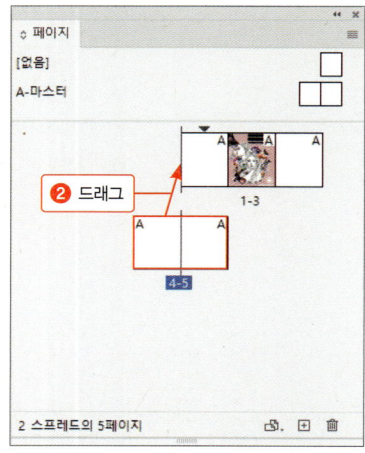

04 페이지 패널에서 '3'페이지를 선택한 다음 1페이지 왼쪽으로 드래그하여 붙입니다. '4', '5'페이지도 왼쪽으로 드래그하여 이어 붙입니다.

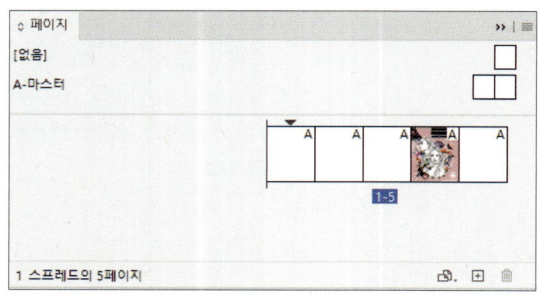

05 페이지 이동 작업을 완료하면 앞표지가 4페이지에 위치해 있어야 합니다.

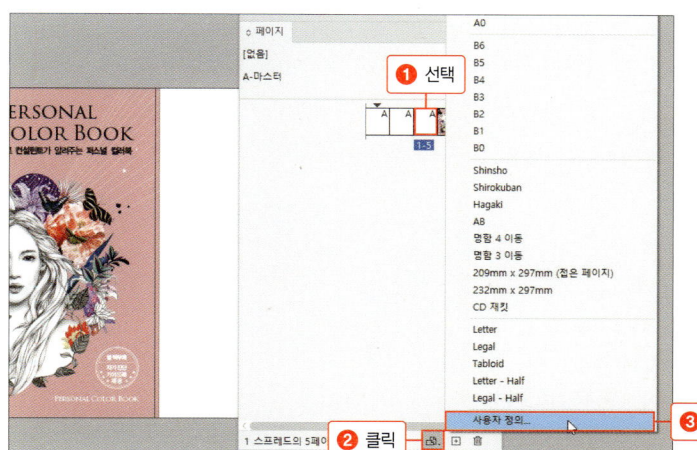

06 1페이지에서 5페이지까지 가로로 연결된 상태에서 '3'페이지를 선택합니다. 3페이지는 책등이 될 페이지입니다. 페이지 패널 하단의 '페이지 크기 편집' 아이콘(⬛.)을 클릭한 다음 **사용자 정의**를 실행합니다.

07 사용자 정의 페이지 크기 대화상자가 표시되면 이름을 '책등'으로 입력하고 폭을 '15mm'로 설정한 다음 〈확인〉 버튼을 클릭하여 책등 페이지의 크기를 변경합니다.

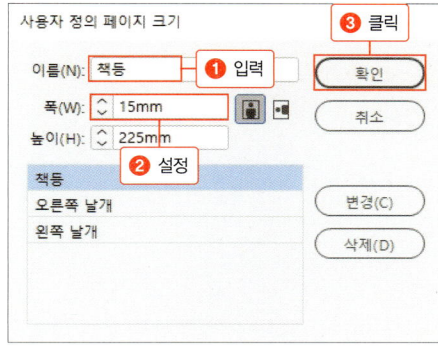

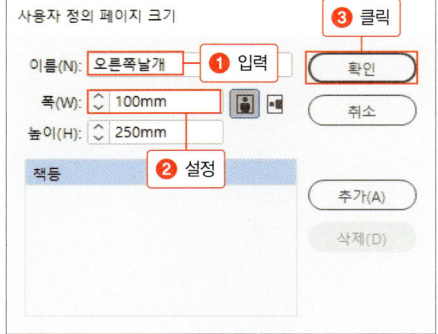

08 **06**번 – **07**번 과정과 같은 방법으로 책의 오른쪽 날개가 될 '1'페이지를 선택하고 폭을 '100mm'로 설정합니다.

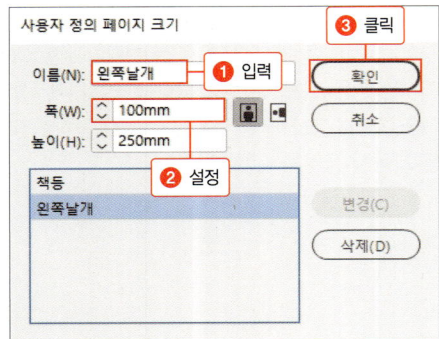

09 다시 **06**번 – **07**번 과정과 같은 방법으로 책의 왼쪽 날개가 될 '5'페이지를 선택하고 폭을 '100mm'로 설정합니다.

10 1페이지와 5페이지의 폭이 100mm로 변경된 것을 확인합니다. 일반적으로 책 날개에는 연관된 서적이나 저자의 약력이 들어갑니다.

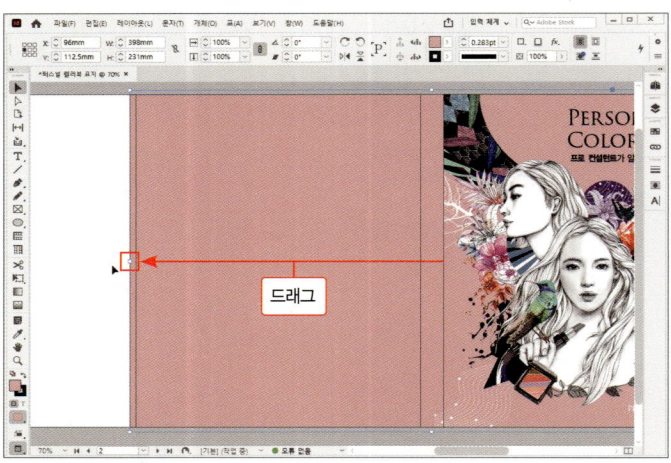

11 표지 디자인의 일관성을 위해 분홍색 배경의 왼쪽 조절점을 드래그하여 뒤 표지인 2페이지까지 크기를 조절합니다.

TIP 절단 또는 접지가 되는 부분은 인쇄 시 문제가 생기지 않도록 3mm 여유를 둡니다.

12 앞표지에 한글 제목을 복사하여 책등에 붙여 넣습니다. 텍스트를 회전한 다음 크기를 조절하여 책등 중심에 정확하게 배치합니다.

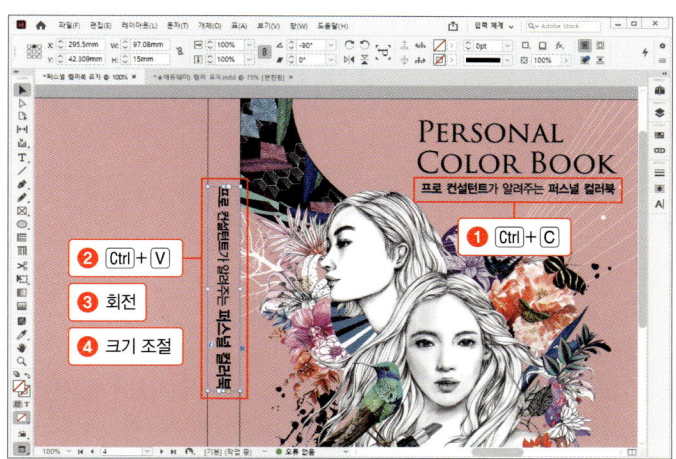

13 뒤표지에도 일러스트레이터에서 그린 선 그래픽 요소를 배치합니다. 원하는 이미지, 텍스트를 넣어 전체 표지 디자인을 마무리합니다.

SECTION 07

인쇄용 PDF 만들기

📄 **완성 파일** : 03\단행본 표지_완성.pdf

디자인 작업을 완료한 후 최종 PDF 파일을 인쇄소에 전달해야 합니다. 인디자인은 인쇄를 위한 여러 가지 옵션을 설정할 수 있고 쉽고 빠르게 PDF 문서를 제작할 수 있습니다.

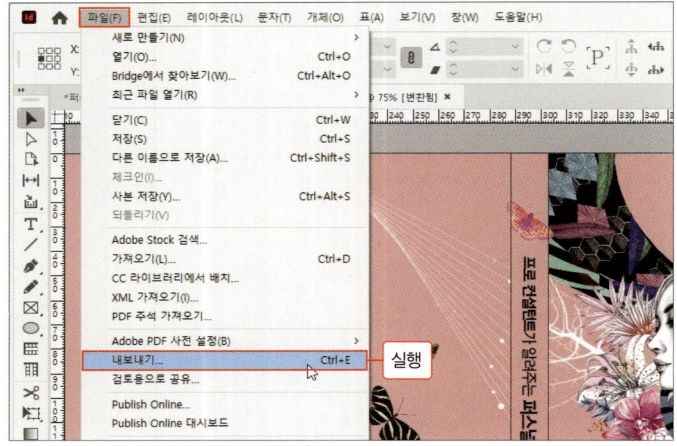

01 표지 디자인을 완성한 다음 인쇄용 파일을 제작하기 위해 메뉴에서 〔**파일**〕 → 내보내기를 실행합니다.

02 내보내기 대화상자가 표시되면 파일 이름을 입력하고 파일 형식을 'Adobe PDF(인쇄)'로 지정한 다음 〈저장〉 버튼을 클릭합니다.

03 Adobe PDF 내보내기 대화상자가 표시되면 '일반'을 선택하여 페이지에서 '스프레드'를 선택합니다. '표시 및 도련' 을 선택하여 표시에서 모든 항목을 체크 표시하고, 도련 및 슬러그에서 '문서 도련 설정 사용'을 체크 표시한 다음 〈내보내기〉 버튼을 클릭합니다.

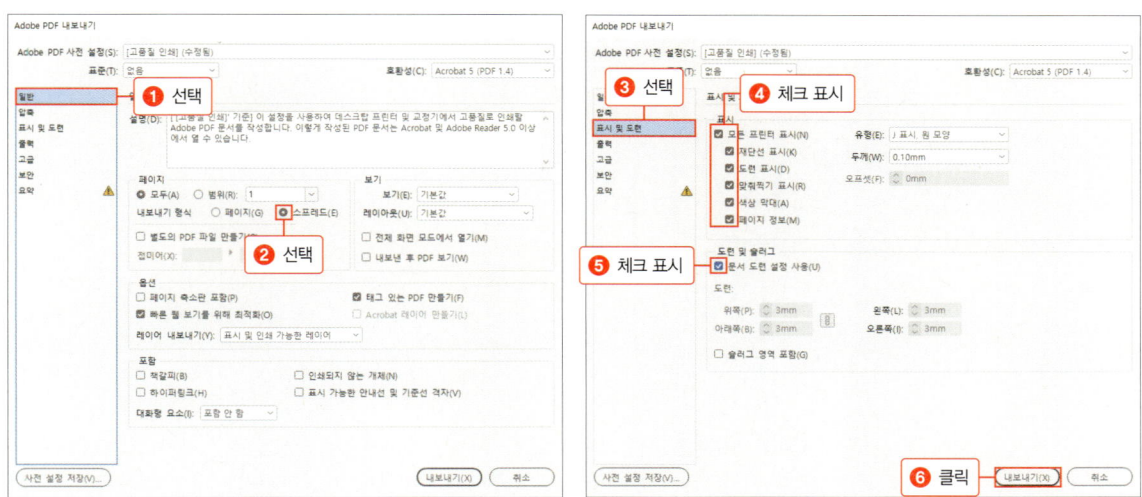

04 인쇄용으로 저장된 PDF 파일을 더블클릭하여 열면 재단선과 함께 전체 페이지가 표시됩니다. 이 파일을 인쇄소에 전달하면 인쇄를 진행할 수 있습니다.

PROJECT 04

표지 시안을 위한
3D 목업 디자인

표지 디자인의 인쇄본 출력을 마치면 출판사에서는 홍보용으로 사용할 수 있는 여러 가지 디자인을 제작하게 됩니다. 그중에서 홍보 이미지로 요긴하게 사용할 수 있는 3D 목업 이미지를 만들어 봅니다.

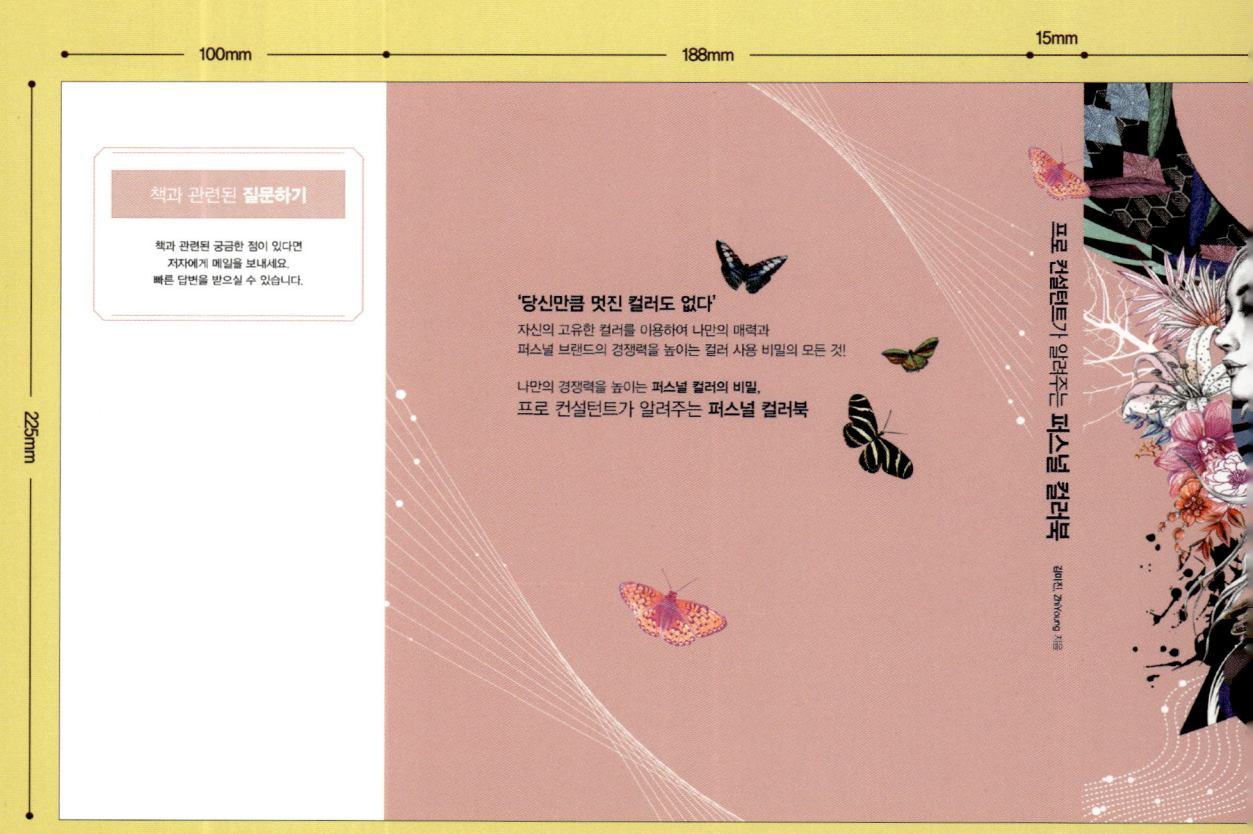

188mm — 100mm

작업 의뢰서

표지

- 오른쪽 책날개 : 100×225mm
- 뒤표지 : 188×225mm
- 책등 : 15×225mm
- 앞표지 : 188×225mm
- 왼쪽 책날개 : 100×225mm

DESIGN
PROCESS

디자인 작업 과정

① 인디자인에서 표지 이미지 불러오기

목업용이미지2.jpg

② 내보내기 명령으로 앞표지, 책등 이미지 jpg 파일로 변환하기

앞표지 이미지

③ 포토샵에서 표지 이미지와 목업 PSD 파일 불러오기

앞표지 이미지

④ 책등 이미지를 목업에 적용하기

⑤ 앞표지 이미지를 목업에 적용하기

⑥ 3D 목업 이미지에 표지 이미지 적용하기

SECTION 01

표지 이미지 추출하기

📄 예제 파일: 04\표지 디자인.indd | 완성 파일 : 04\목업용이미지.jpg, 목업용이미지2.jpg

**목업을 제작하기 위해 앞표지, 책등 이미지가 각각 이미지 파일로 준비되어 있어야 합니다.
인디자인에서 jpg 이미지로 내보내는 방법에 대해 알아봅니다.**

01 도서 3D 목업 이미지를 만들기 위해 앞표지, 책등 이미지가 필요합니다. 인디자인에서 작업한 표지를 열어 메뉴에서 (**파일**) → **내보내기**를 실행합니다.

TIP 제작한 표지가 없다면 04 폴더에서 '표지디자인.indd' 파일을 불러옵니다.

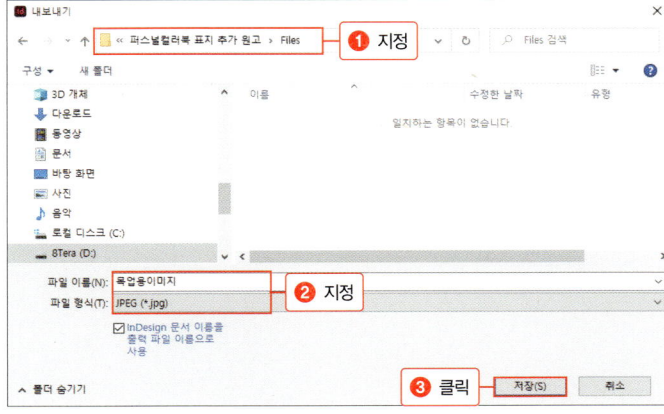

02 내보내기 대화상자가 표시되면 저장할 위치를 지정하고 파일 이름을 '목업용 이미지', 파일 형식을 'JPEG'로 지정한 다음 〈저장〉 버튼을 클릭합니다.

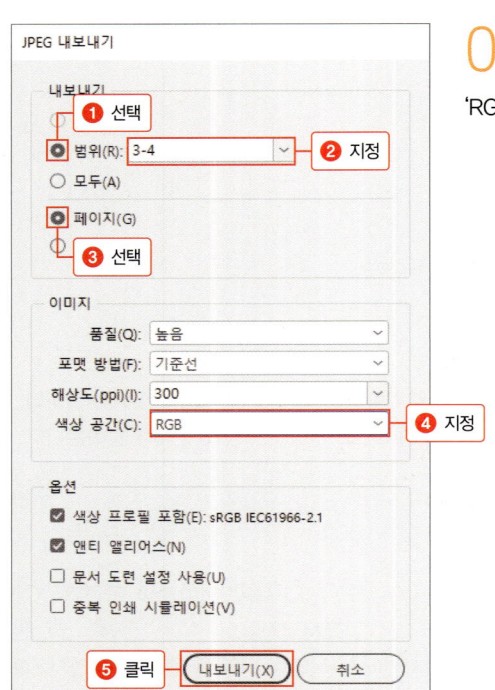

03 JPEG 내보내기 대화상자가 표시되면 '범위'를 선택하고 '3–4'로 지정한 다음 '페이지'를 선택합니다. 이미지에서 색상 공간을 'RGB'로 지정하여 〈내보내기〉 버튼을 클릭합니다.

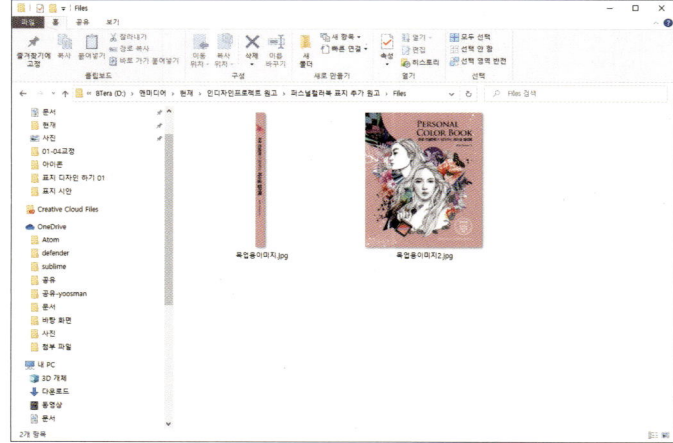

04 지정한 폴더에서 책등 이미지와 앞표지 이미지가 저장된 것을 확인합니다.

SECTION 02

표지 이미지 목업 만들기

📄 **예제 파일**: 04\표지 3D 목업.psd, 목업용이미지.jpg, 목업용이미지2.jpg | **완성 파일** : 04\3D 목업 디자인_완성.psd

예제의 목업(Mockup) 파일은 앞표지와 책등 부분만 나타나는 목업입니다. 저장한 이미지를
포토샵을 이용하여 목업 템플릿 파일에 적용하는 방법을 알아봅니다.

01 포토샵을 실행한 다음 Ctrl+O를 눌러
04 폴더에서 '표지 3D 목업.psd' 파일
을 불러옵니다.

TIP 해당 파일은 목업 파일로 앞표지와 책등 이미
지를 넣어 위치시키면 자동으로 3D 목업 이미지로 만
들어 줍니다.

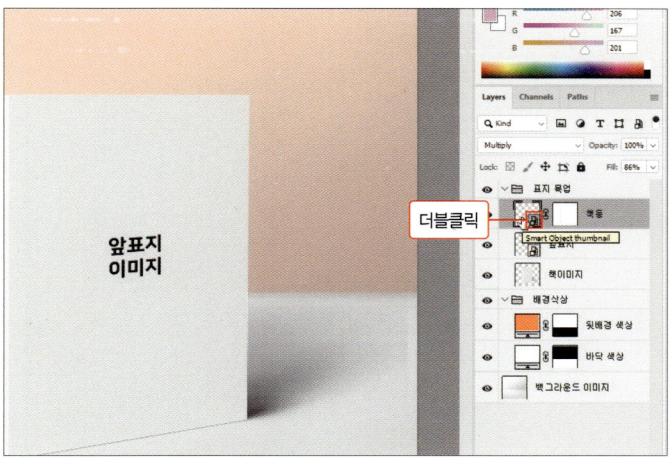

02 Layers 패널에서 '책등' 레이어의 'Smart
Object thumbnail' 아이콘(🔳)을 더블클
릭합니다.

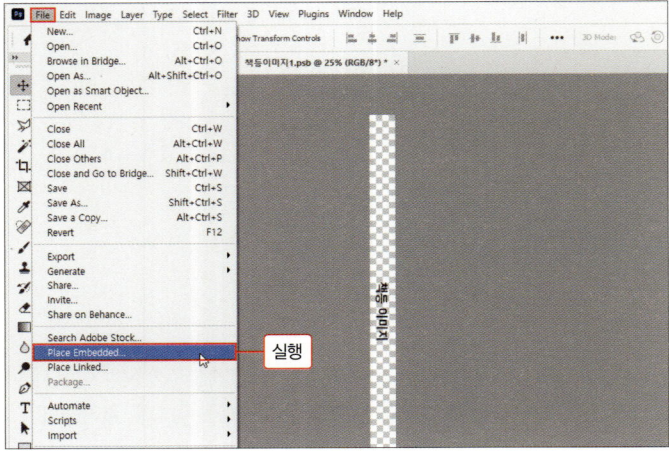

03 책등 레이어에 연결된 '책등이미지 1.psb' 파일이 자동으로 열리는 것을 확인할 수 있습니다. 메뉴에서 〔File〕 → **Place Embedded**를 실행합니다.

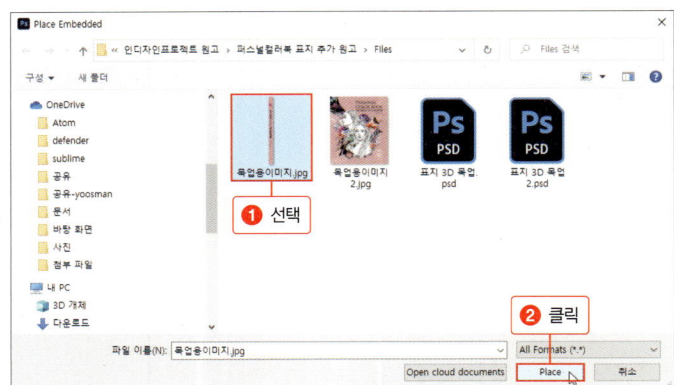

04 Place Embedded 대화상자가 표시되면 저장해 둔 책등에 해당하는 '목업용 이미지.jpg' 파일을 선택한 다음 〈Place〉 버튼을 클릭합니다.

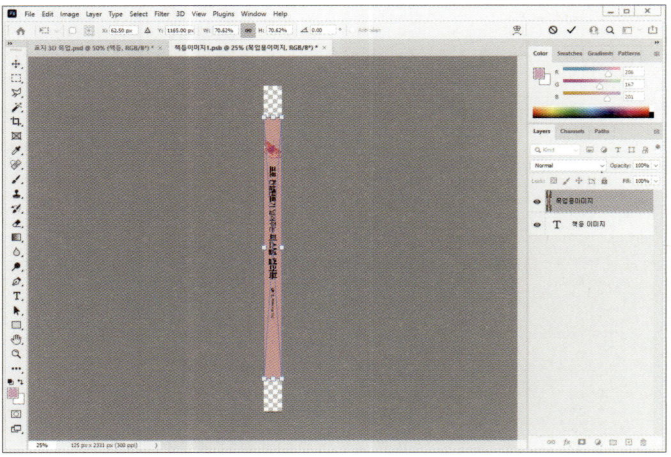

05 책등 이미지를 불러오면 폭은 캔버스 크기와 정확히 일치합니다.

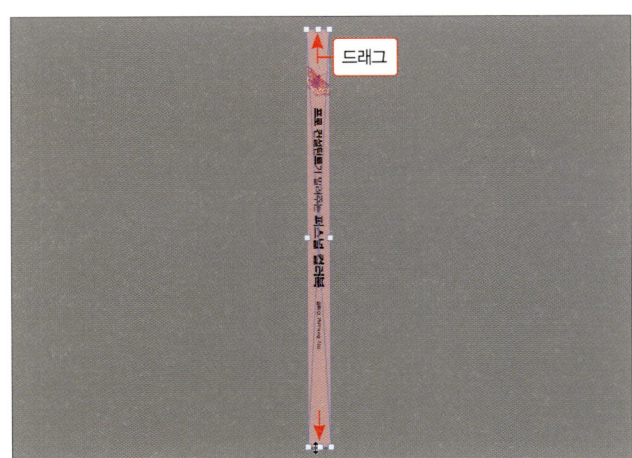

06 Shift를 누른 상태에서 위쪽과 아래쪽 조절점을 드래그하여 캔버스 크기와 정확하게 일치하도록 조절합니다.

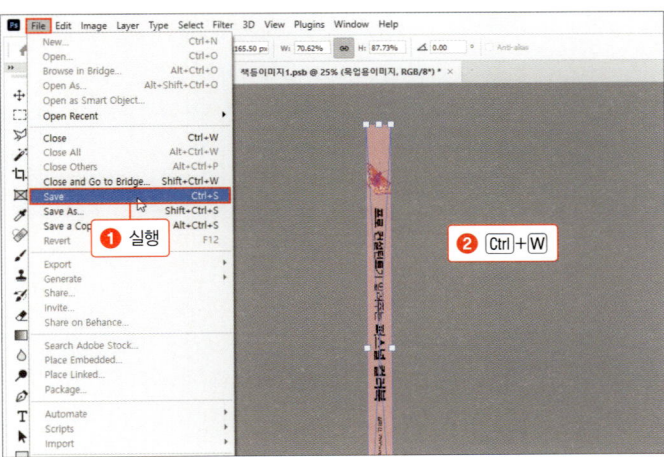

07 메뉴에서 (File) → Save를 실행하여 저장한 다음 Ctrl+W를 눌러 '책등이미지1.psb' 작업 창을 닫습니다.

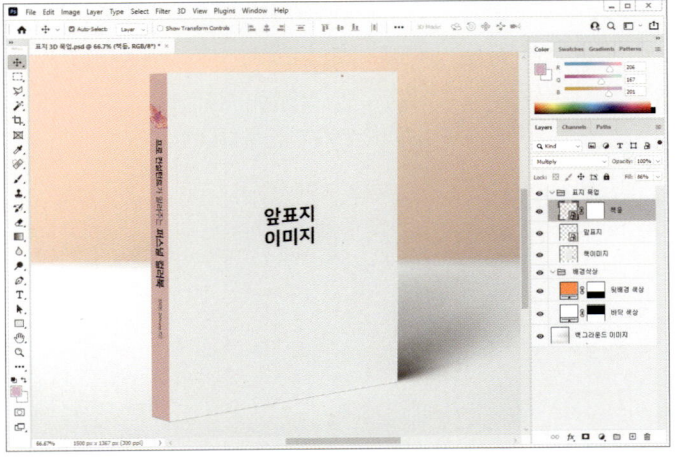

08 '표지 3D 목업.psd' 작업 창으로 돌아오면 책등 이미지가 3D 목업에 적용된 것을 확인할 수 있습니다.

09 Layers 패널에서 '앞표지' 레이어의 'Smart Object thumbnail' 아이콘(▣)을 더블클릭합니다.

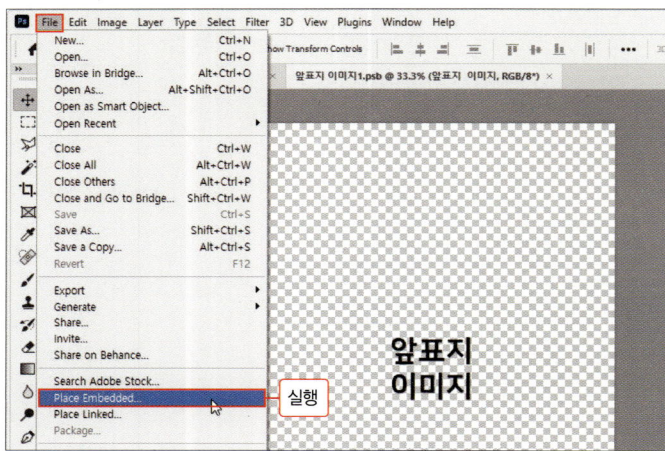

10 앞표지 레이어에 연결된 '앞표지1.psb' 파일이 열리면 메뉴에서 (File) → Place Embedded를 실행합니다.

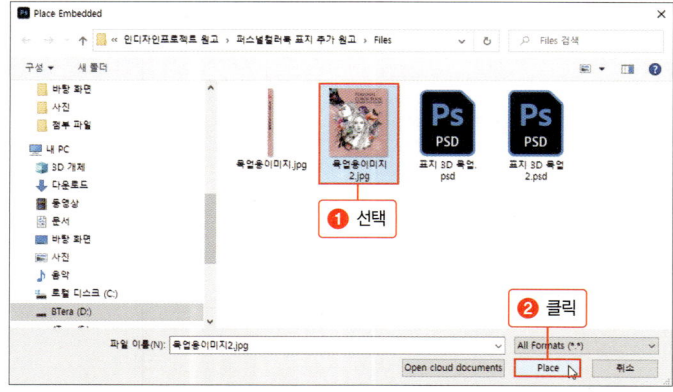

11 Place Embedded 대화상자가 표시되면 '목업용이미지2.jpg' 파일을 선택한 다음 〈Place〉 버튼을 클릭합니다.

12 마찬가지로 위쪽과 아래쪽 조절점을 드래그하여 캔버스 크기와 일치시킵니다.
이미지의 좌우 비례가 틀어지지만 목업 작업에서는 목업 캔버스 크기와 정확히 일치시키는 것이 올바른 방법입니다. [Ctrl]+[S]를 눌러 저장합니다.

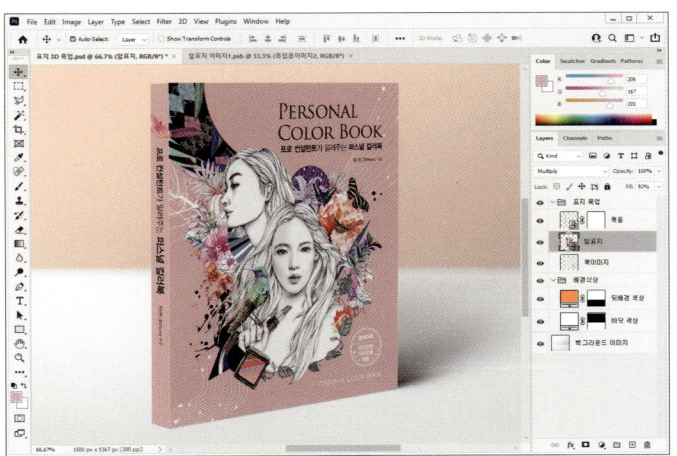

13 '표지 3D 목업.psd' 작업 창으로 돌아와 앞표지 이미지가 3D 목업에 적용된 것을 확인합니다.

PROJECT 05
아트북 표지와
속표지 디자인

책 표지 디자인 작업에서 홍보 목적 또는 디자인의 다양성을 위해 띠지, 또는 겉싸개를 별도로
작업하는 경우가 있습니다. 여기서는 4도 색상의 겉싸개 표지와 2도 색상을 구성된
속표지 작업에 대해 알아보도록 하겠습니다.

250mm — 11mm — 250mm

250mm

250mm — 90mm

작업 의뢰서

겉표지

- 오른쪽 책날개 : 90×250mm
- 뒤표지 : 250×250mm
- 책등 : 11×250mm
- 앞표지 : 250×250mm
- 왼쪽 책날개 : 90×250mm

속표지

- 뒤표지 : 250×250mm
- 책등 : 11×250mm
- 앞표지 : 250×250mm

DESIGN
PREVIEW

디자인 미리보기

판권, 속표지

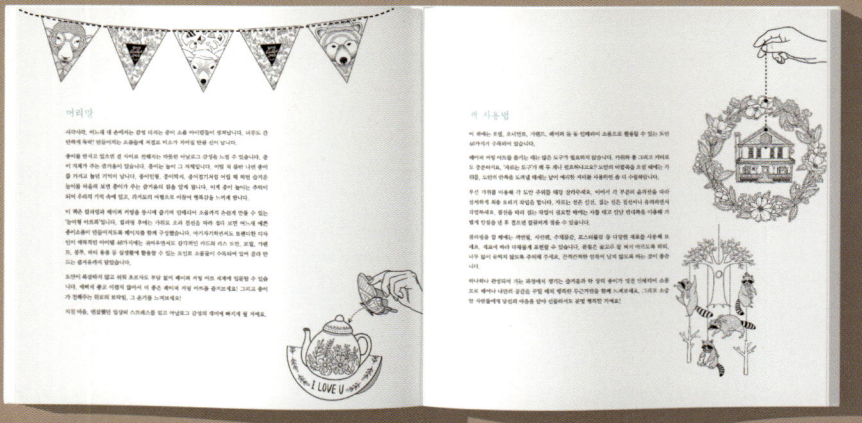

머리말, 책 사용법

미리보기

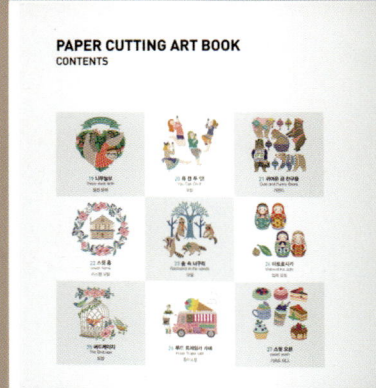

목차

본문 페이지

본문 페이지

DESIGN
PROCESS

디자인 작업 과정

1

포토샵을 사용하여 이미지 소스
가공하기

2

표지 크기에 따른 판형 설정하
고 도큐먼트 만들기

3

이미지 소스 배치하기

4

일러스트레이터를 이용하여 타
이틀 텍스트 이미지 추출하기

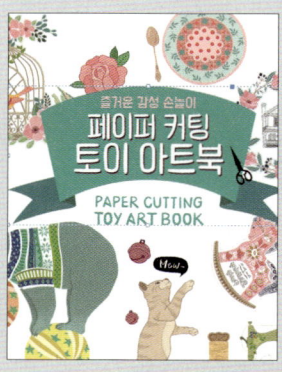

5

리본 이미지 만들고 타이틀 디
자인 완성하기

6

작성된 컬러 표지를 이용하여
2도 속표지 만들기

SECTION 01

이미지에서 필요한 부분만 추출하기

📄 예제 파일: 05\곰.jpg | 완성 파일: 05\곰.psd

인디자인은 편집 전문 프로그램으로, 소스 이미지를 제작 수정하기 위해
포토샵과 같은 다른 응용 프로그램을 사용하는 것이 효율적입니다.
포토샵을 이용하여 표지 이미지에 적합한 소스 이미지를 제작하는 방법에 대해 알아봅니다.

01 포토샵을 실행한 다음 〈Open〉 버튼을 클릭합니다. 열기 대화상자가 표시되면 05 폴더에서 '곰.jpg' 파일을 선택한
다음 〈열기〉 버튼을 클릭합니다.

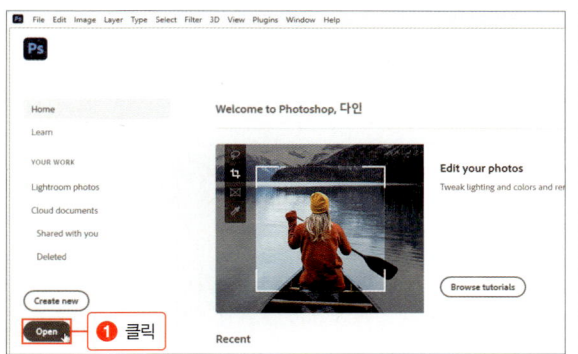
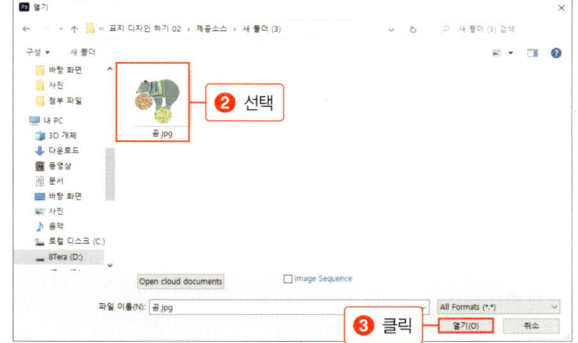

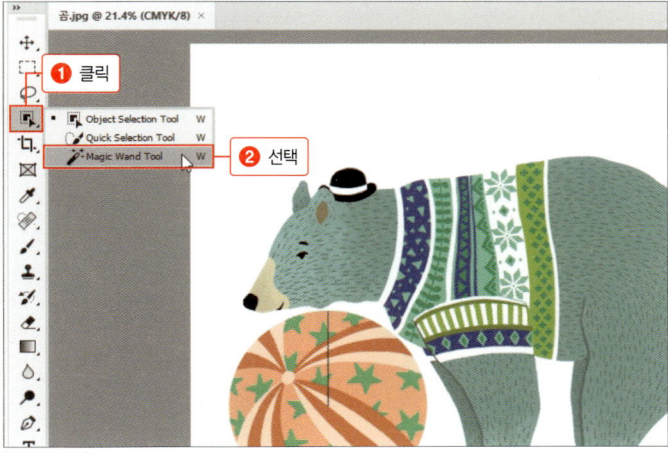

02 불러온 곰 이미지는 흰색 배경이 적
용된 상태로, 배경을 삭제하여 투명
상태로 만들어 표지 작업에 사용해야 합니다.
Tools 패널에서 마술봉 도구( )를 선택합
니다.

03 흰색 배경을 클릭하면 흰색 배경만 선택되는 것을 확인할 수 있습니다.

04 흰색 배경이 선택된 상태로 메뉴에서 (Select) → Inverse를 실행하여 선택 영역을 반전합니다. 곰 이미지 부분만 선택된 것을 확인할 수 있습니다.

05 곰 이미지 부분이 선택된 상태에서 Layers 패널에서 'Add vector mask' 아이콘(▣)을 클릭합니다. 곰 이미지를 제외한 흰색 부분이 삭제되어 투명한 상태가 됩니다.

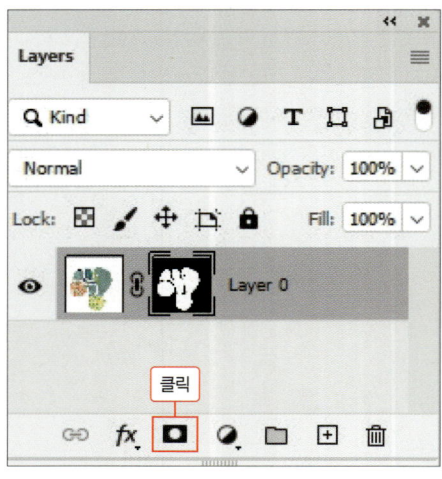

06 곰 이미지의 옷 부분도 같이 투명한 상태가 되어 수정해야 합니다. Layers 패널에서 마스크 섬네일을 클릭한 다음 Tools 패널에서 브러시 도구(✎)를 선택합니다.

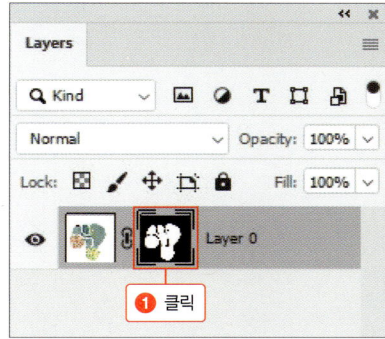

07 전경색을 '흰색'으로 지정한 다음 브러시 도구(✎)로 곰 이미지의 투명한 옷 부분을 드래그하면 마스크 상태가 비활성화되면서 원래의 흰색이 표시됩니다. 마스크 기능을 사용하면 이후에도 수정이 용이하다는 장점이 있습니다.

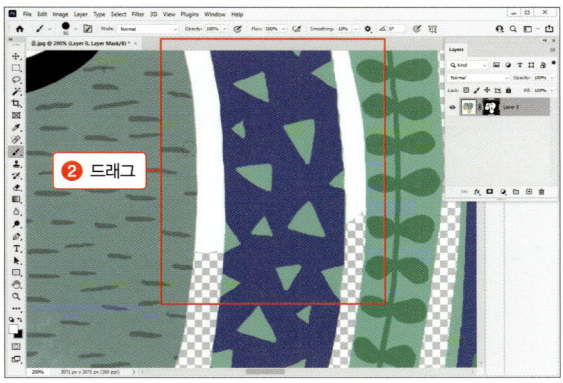

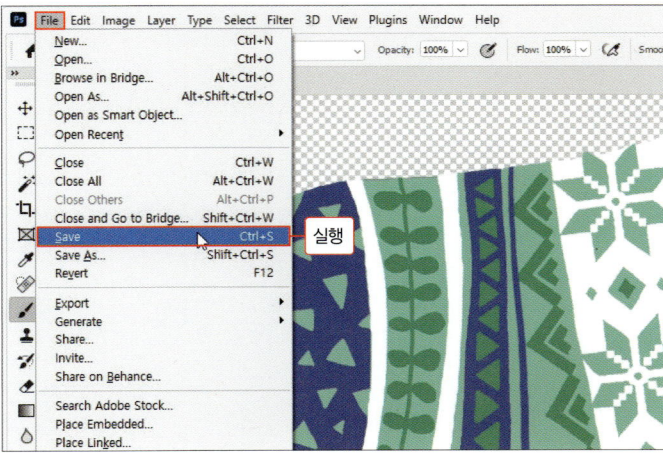

08 곰 이미지의 투명한 옷 부분을 모두 채웠으면 메뉴에서 (File) → Save를 실행합니다.

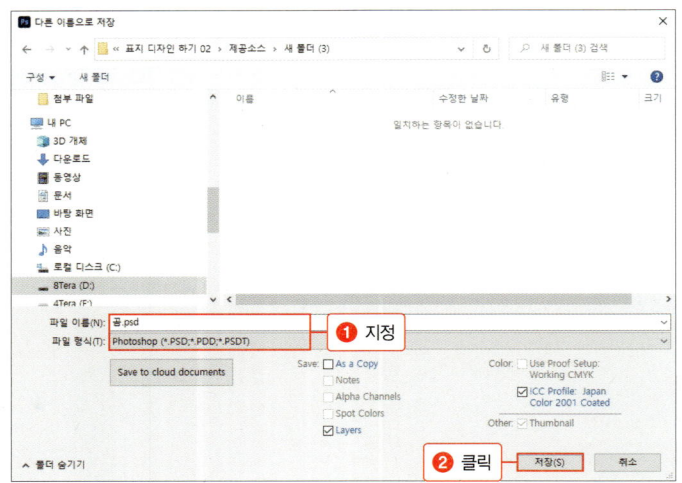

09 다른 이름으로 저장 대화상자가 표시되면 파일 이름을 '곰', 파일 형식을 'Photoshop'으로 지정한 다음 〈저장〉 버튼을 클릭합니다.

TIP 투명 상태를 유지하면서 이후 마스크를 수정하려면 포토샵 파일로 저장해야 합니다.

10 02번 ~ 09번 과정과 같은 방법으로 표지에 사용되는 이미지는 미리 작업해 놓아야 합니다. 이후 인디자인을 사용하여 표지에 소스 이미지를 배치하고 제목을 삽입하여 표지 디자인을 작업하게 됩니다.

SECTION 02

원하는 크기로 표지 판형 만들기

표지는 앞표지, 뒤표지, 책등, 왼쪽 날개, 오른쪽 날개로 구분되며
본문 크기와 세로 크기는 동일하지만 가로 크기는 각각 다르게 설정해야 합니다.
문서 설정과 페이지 패널 기능을 사용하여 각각의 문서 설정하는 방법을 알아봅니다.

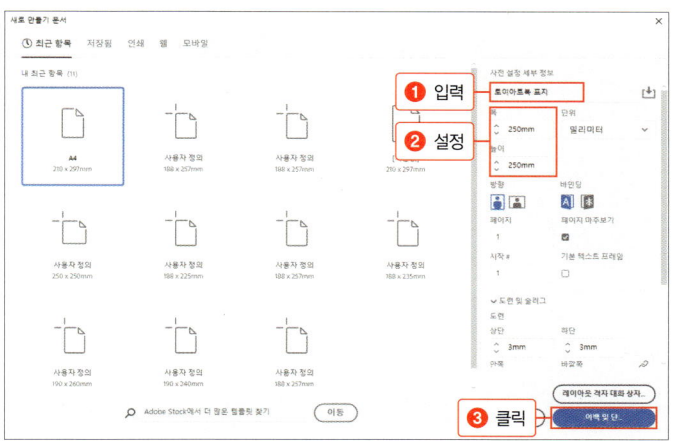

01 인디자인을 실행한 다음 〈새로 만들기〉 버튼을 클릭합니다. 새로 만들기 문서 대화상자가 표시되면 파일 이름을 '토이아트북 표지', 폭과 높이를 '250mm'로 설정한 다음 〈여백 및 단〉 버튼을 클릭합니다.

02 새 여백 및 단 대화상자가 표시되면 위쪽, 아래쪽, 안쪽, 바깥쪽을 '0mm'로 설정한 다음 〈확인〉 버튼을 클릭하여 새 로운 문서를 만듭니다.

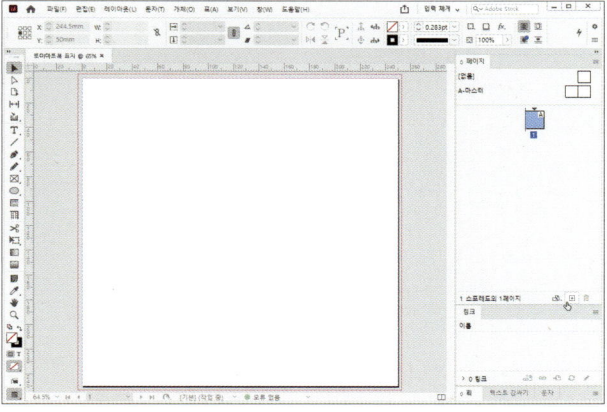

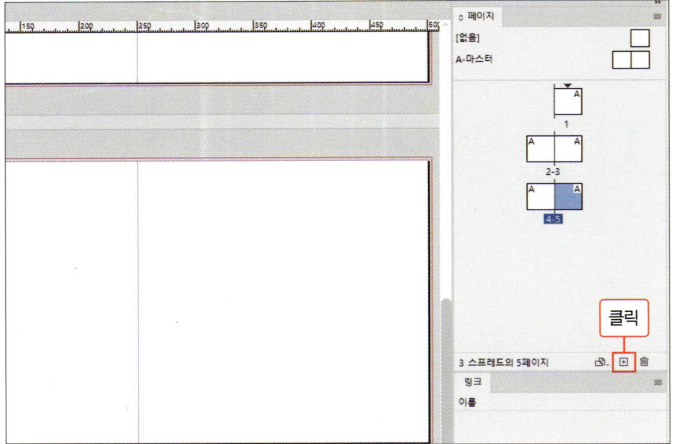

03 페이지 패널에서 하단의 '새 페이지 만들기' 아이콘(⊞)을 4번 클릭하여 4페이지를 추가합니다. 만든 5페이지는 각각 앞표지, 뒤표지, 왼쪽 날개, 오른쪽 날개, 책등으로 사용합니다.

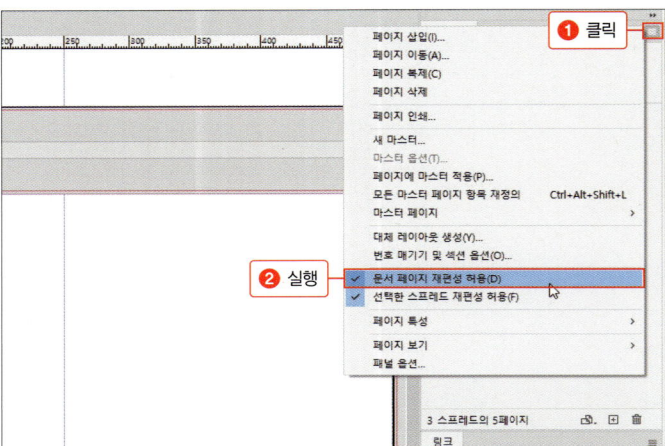

04 표지를 인쇄용으로 만들기 위해 5페이지가 가로로 이어져 있는 스프레드 상태로 변경해야 합니다. 페이지 패널에서 '패널 메뉴' 아이콘(☰)을 클릭한 다음 **문서 페이지 재편성 허용**을 실행합니다.

05 페이지 패널에서 '2'페이지를 선택하고 Shift를 누른 상태로 '5'페이지를 선택한 다음 1페이지 오른쪽으로 드래그하여 페이지를 붙입니다.

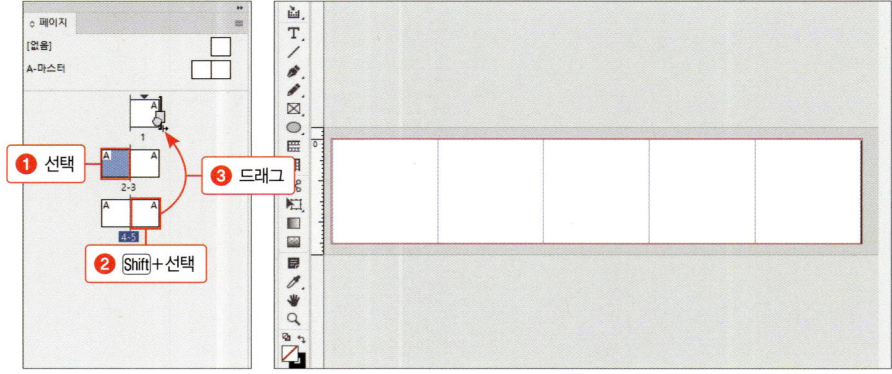

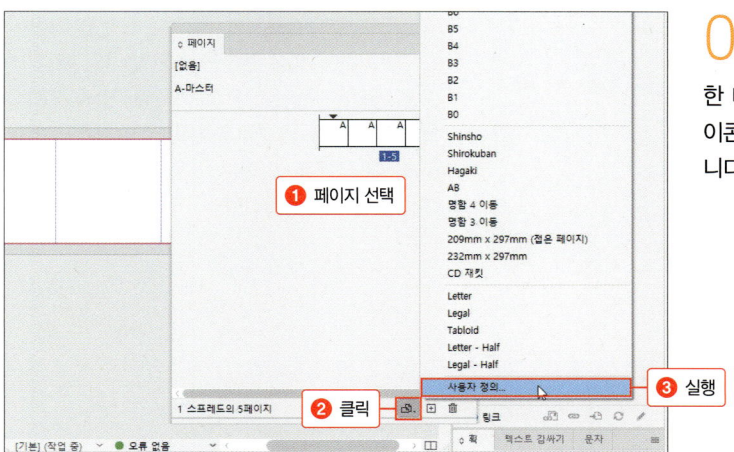

06 가로로 붙인 문서의 크기를 각각 조절하기 위해 '1'페이지와 '5'페이지를 선택한 다음 페이지 패널에서 '페이지 크기 편집' 아이콘(🖼️)을 클릭한 다음 **사용자 정의**를 실행합니다.

07 사용자 정의 페이지 크기 대화상자가 표시되면 폭을 '95mm'로 설정한 다음 〈확인〉 버튼을 클릭합니다.

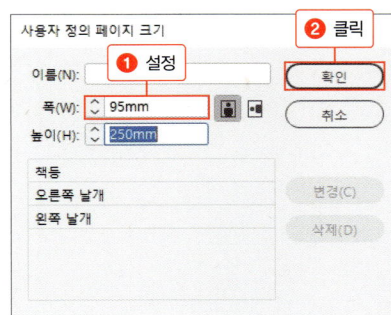

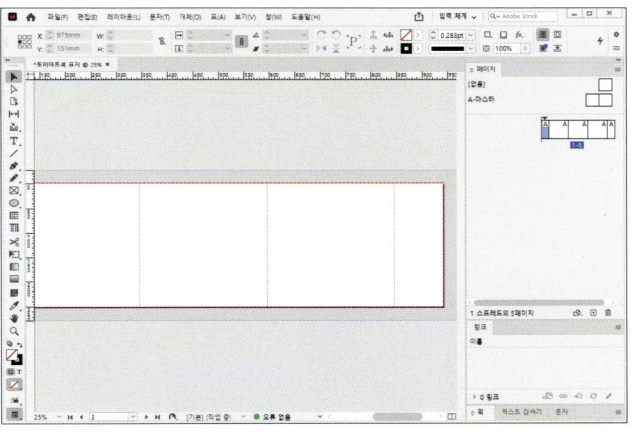

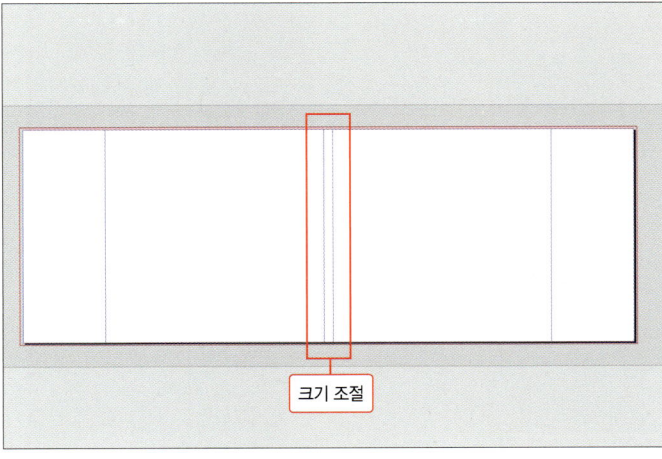

크기 조절

08 '3'페이지는 책 두께를 나타내는 책등이므로 사용자 정의 페이지 크기 대화상자에서 폭을 '11mm'로 설정하여 전체 페이지 크기 조절을 마칩니다.

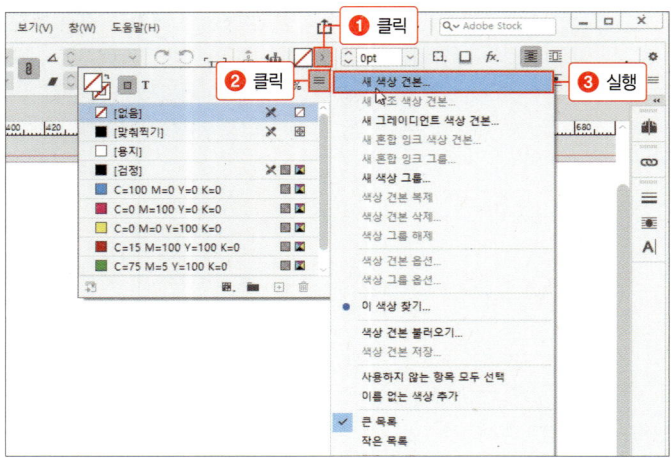

09 먼저 앞표지와 뒤표지 배경을 만들기 위해 색상 견본을 추가합니다. 배경 색상은 특정된 색상을 사용하기 위해 별색을 지정합니다. 컨트롤 패널에서 칠의 '〉' 아이콘을 클릭하고 '패널 메뉴' 아이콘(≡)을 클릭한 다음 **새 색상 견본**을 실행합니다.

10 새 색상 견본 대화상자가 표시되면 색상 모드를 'DIC Color Guide'로 지정하고 DIC에 '2136'을 입력하여 'DIC 2136s*' 색상으로 지정한 다음 〈확인〉 버튼을 클릭합니다.

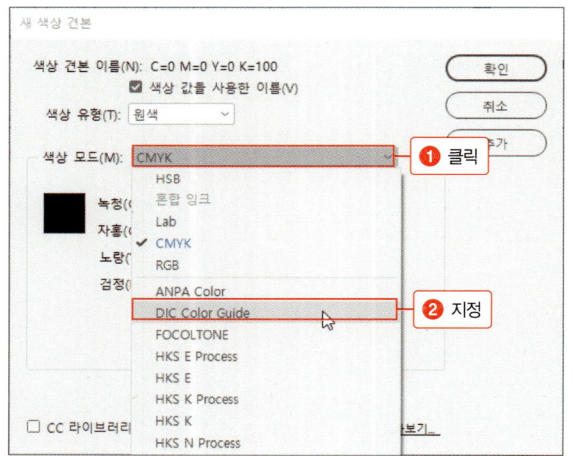

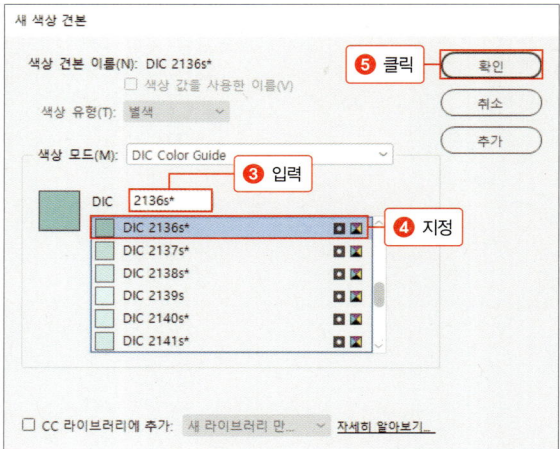

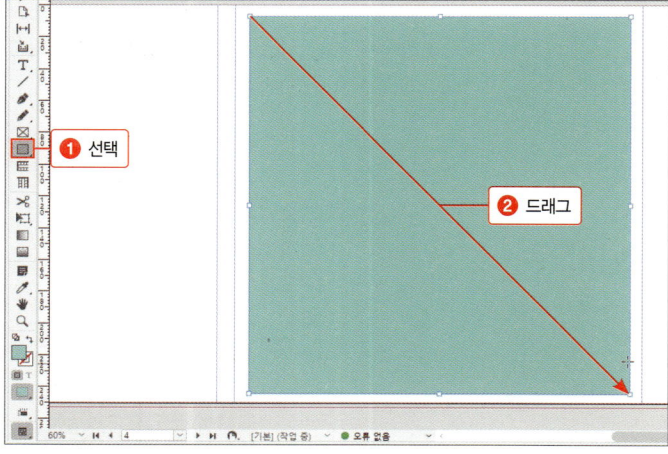

11 현재 색상이 새로 등록한 별색으로 지정되었으므로 도구 패널에서 사각형 도구(▢)를 선택한 다음 앞표지인 4페이지에 드래그하여 사각형을 그립니다.

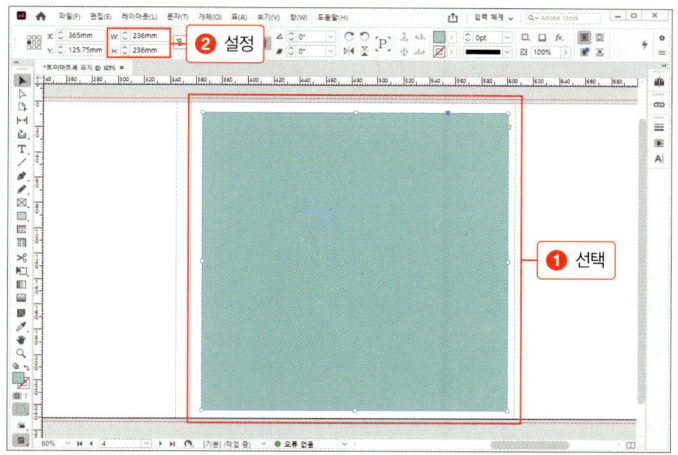

12 사각형을 선택하고 컨트롤 패널에서 W
와 H를 각각 '236mm'로 설정하여 크
기를 조절합니다.

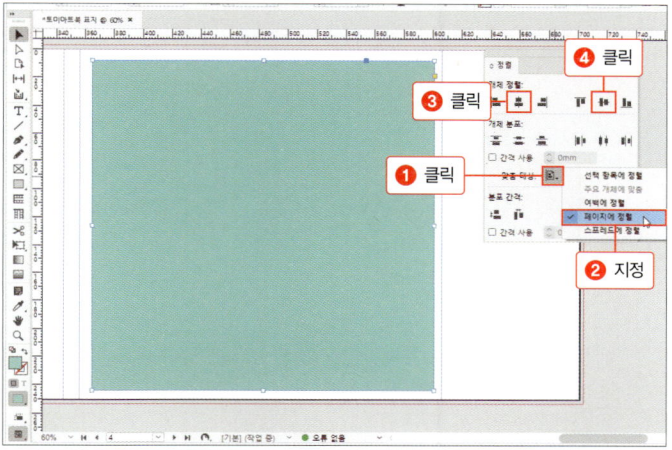

13 사각형이 선택된 상태로 정렬 패널에
서 맞춤 대상을 '페이지에 정렬'로 지정
한 다음 '수평 가운데 정렬' 아이콘(🔳)과 '수직
가운데 정렬' 아이콘(🔳)을 각각 클릭하여 페이
지 중앙에 사각형을 정렬합니다.

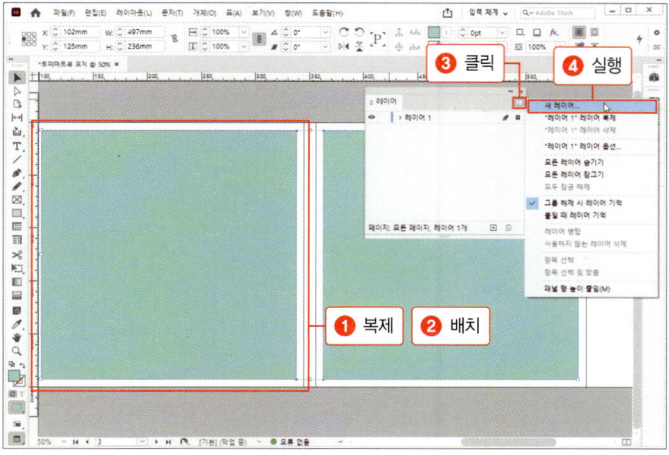

14 뒤표지인 2페이지에도 같은 사각형을
복제하여 배치합니다. 레이어 패널에서
'패널 메뉴' 아이콘(≡)을 클릭한 다음 **새 레이
어**를 실행합니다.

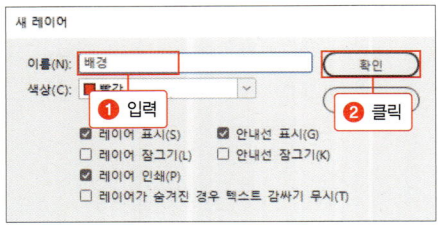

15 새 레이어 대화상자가 표시되면 이름을 '배경'으로 입력한 다음 〈확인〉 버튼을 클릭합니다.

16 추가한 '배경' 레이어를 선택하고 아래로 드래그하여 레이어 위치를 변경합니다. '레이어 1' 레이어에 있는 사각형 2 개가 선택된 상태에서 레이어 오른쪽 파란색 점을 '배경' 레이어로 드래그하면, 선택된 2개의 사각형이 '배경' 레이어 로 이동됩니다.

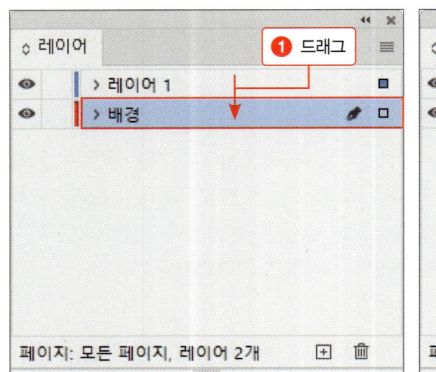
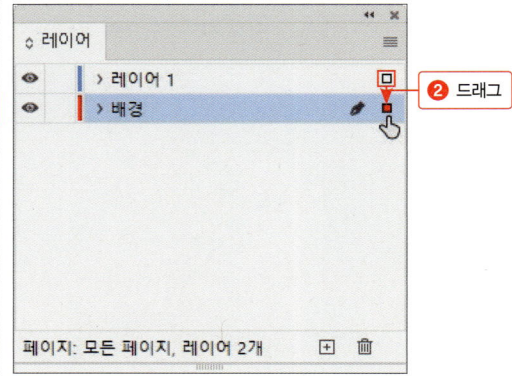

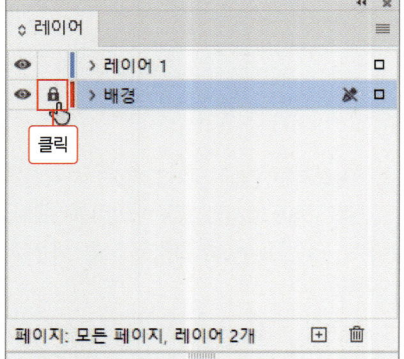

17 '배경' 레이어 왼쪽을 클릭하여 자물쇠 아이콘(🔒)이 표시되면 배경 레이어에 있는 오브젝트가 선택되거나 이동할 수 없도록 잠깁니다.

SECTION 03

이미지 소스 배치하여 표지 디자인하기

📄 예제 파일: 05\이미지 소스 폴더

일러스트레이터, 포토샵 등을 사용하여 만든 이미지 요소를 인디자인
도큐먼트로 불러와 크기와 위치를 조절하고 배치하는 방법을 알아봅니다.

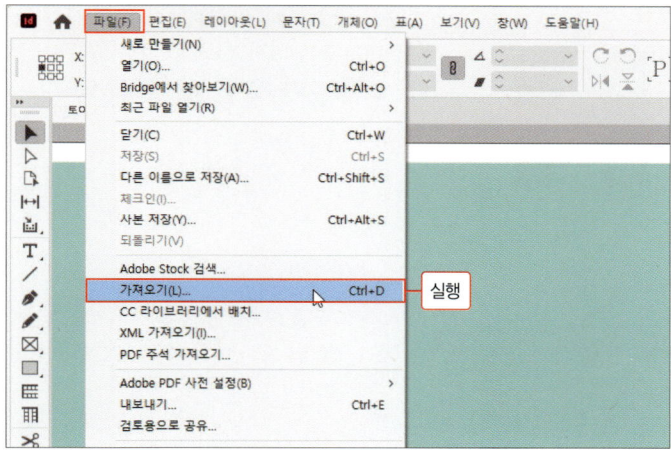

01 메뉴에서 〔파일〕 → **가져오기**를 실행합니다. 가져오기 대화상자가 표시되면 05 → 이미지 소스 폴더에서 '새장.psd' 파일을 선택한 다음 〈열기〉 버튼을 클릭합니다.

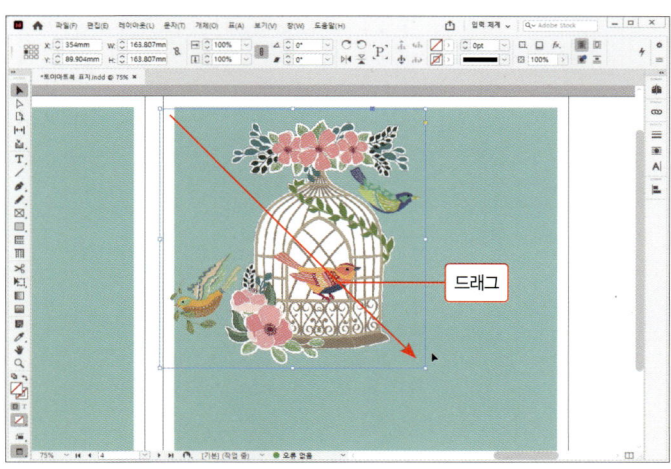

02 마우스 커서가 가져오기 상태로 변경되면 드래그하여 이미지를 배치합니다.

TIP 이미지의 크기를 조절하려면 이미지를 선택한 다음 [Ctrl]을 누른 상태로 조절점을 드래그합니다.

03 이미지를 선택하고 마우스 오른쪽 버튼을 클릭한 다음 **변형 → 가로 뒤집기**를 실행하면 이미지의 좌우를 반전할 수 있습니다.

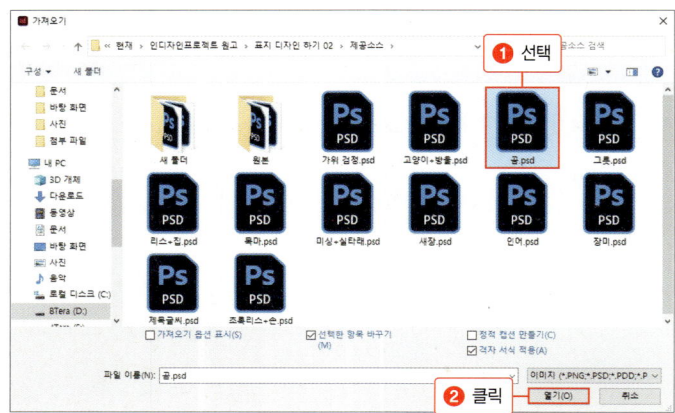

04 다른 이미지를 가져오기 위해 Ctrl+D를 누릅니다. 가져오기 대화상자가 표시되면 05 → 이미지 소스 폴더에서 '곰.psd' 파일을 선택한 다음 〈열기〉 버튼을 클릭합니다.

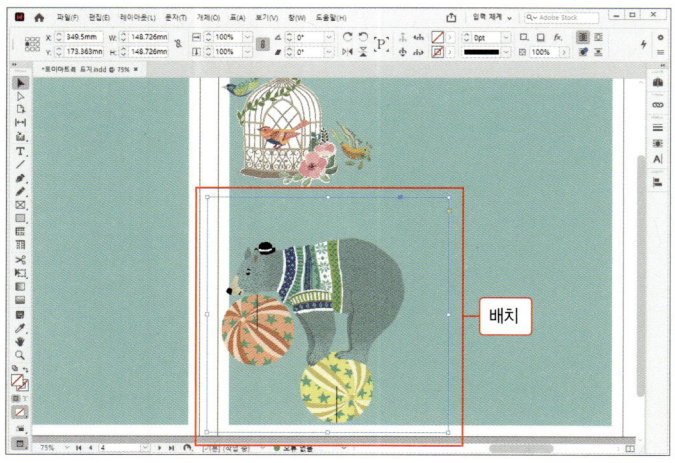

05 곰 이미지를 왼쪽 하단에 배치합니다. 이미지의 배경이 투명하여 배경과 잘 어울립니다.

TIP 이미지의 크기를 조절하려면 이미지를 선택한 다음 Ctrl을 누른 상태로 조절점을 드래그합니다.

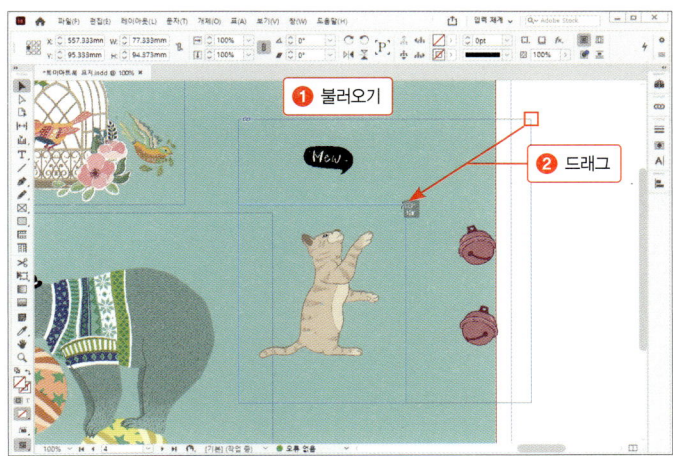

06 다시 Ctrl+D를 눌러 05 → 이미지 소스 폴더에서 '고양이+방울. psd' 파일도 불러와 배치합니다. 이 파일에는 고양이, 방울, 말풍선 3개의 이미지가 포함되어 있습니다. 조절점을 안쪽으로 드래그하여 고양이 이미지만 보이게 조절합니다.

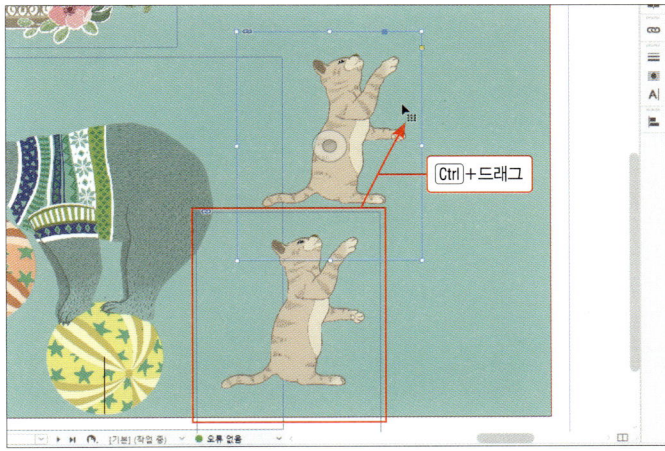

07 고양이 이미지를 클릭하여 선택한 다음 Ctrl을 누른 상태로 드래그하여 고양이 이미지를 한 개 더 복제합니다.

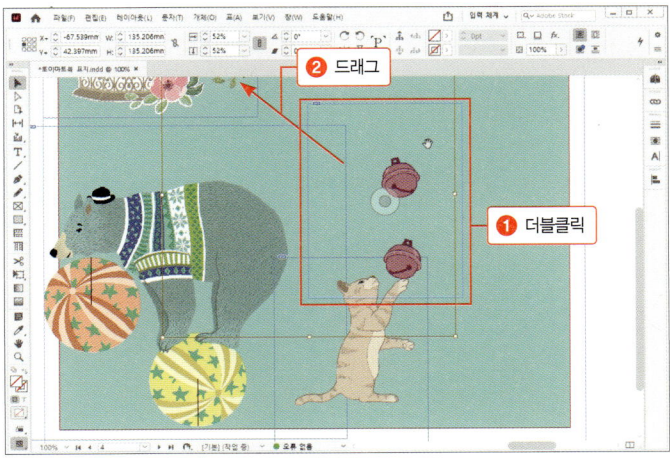

08 복제한 고양이 이미지를 더블클릭하여 원본 이미지가 선택되면 보이는 부분을 변경할 수 있습니다. 드래그하여 방울 이미지가 보이게 조절합니다.

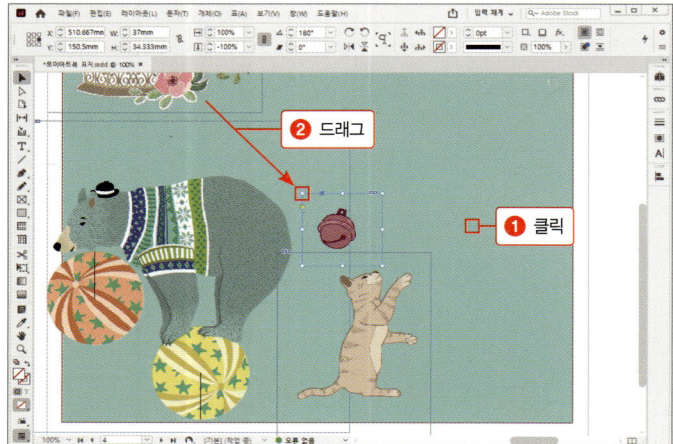

09 방울 이미지만 보이게 조절되었으면 사각형 프레임 바깥쪽을 클릭하여 원래 상태로 돌아옵니다. 사각형 프레임을 조절하여 보이는 부분이나 위치를 변경합니다.

10 이미지 소스 폴더의 다른 이미지들도 불러와 그림과 같이 표지에 배치합니다.

SECTION 04

타이틀 텍스트 이미지를
벡터 이미지로 추출하기

📄 **예제 파일**: 05 \ 리본.jpg, 타이틀 글씨.jpg

컴퓨터 시스템에 설치하여 사용하는 폰트가 아닌 자연스러운 느낌의 서체를
사용할 때가 있습니다. 직접 손글씨로 작성한 글씨를 이미지로 만든 다음 외곽선을 추출하고
크기와 색상을 조절하여 사용하는 방법에 대해서 알아봅니다.

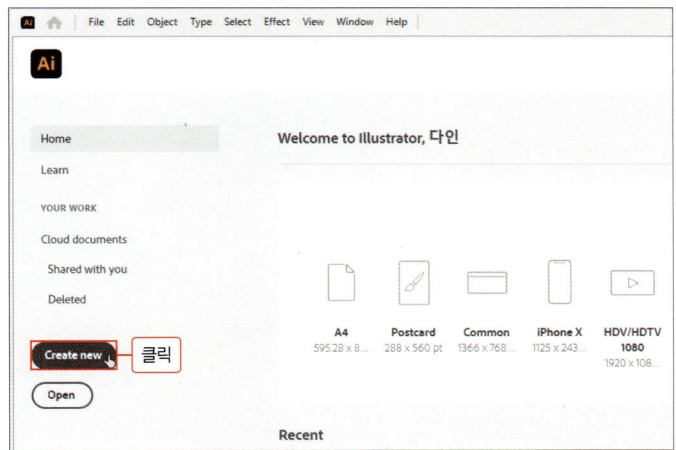

01 타이틀을 디자인하기 위해 일러스트레이터를 실행한 다음 〈Create new〉 버튼을 클릭합니다.

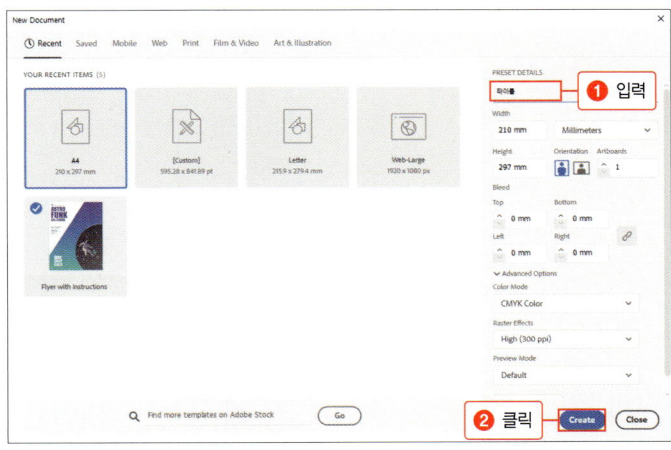

02 New Document 대화상자가 표시되면 파일 이름을 '타이틀'로 입력한 다음 〈Create〉 버튼을 클릭합니다.

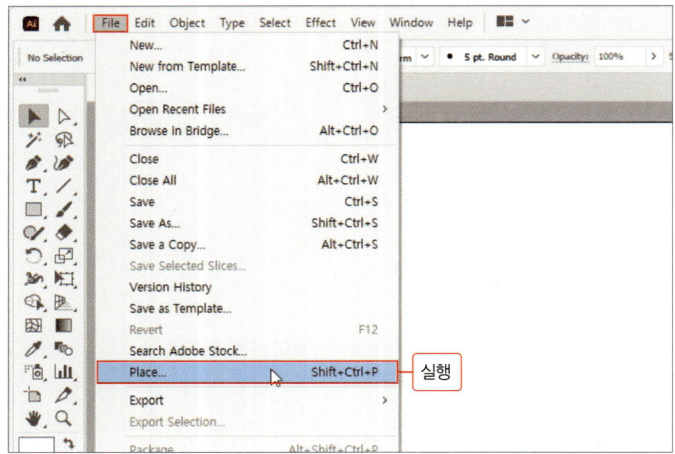

03 이미지를 가져오기 위해 메뉴에서 〔File〕 → Place를 실행합니다.

04 Place 대화상자가 표시되면 05 폴더에서 '리본.jpg', '타이틀 글씨.jpg' 파일을 선택한 다음 〈Place〉 버튼을 클릭합니다. 캔버스에 2개의 이미지가 위치합니다.

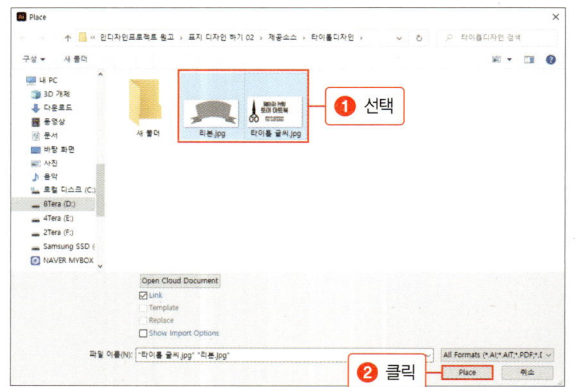 

TIP 타이틀 글씨 이미지는 표지에 손글씨 느낌을 내기 위해서 손으로 직접 쓴 다음 스캔한 이미지입니다.

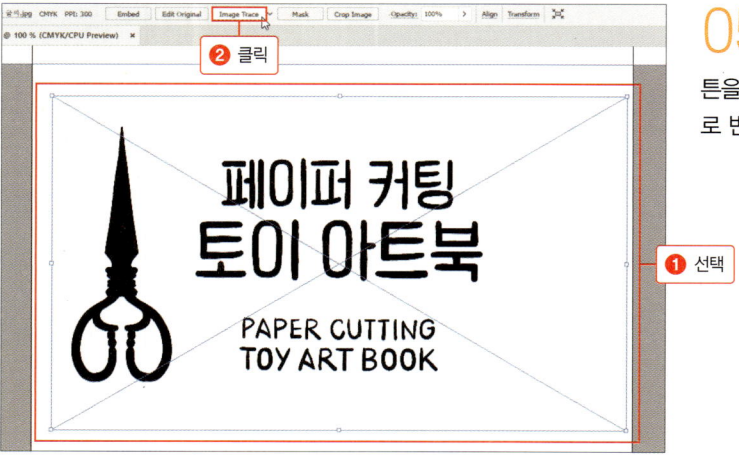

05 타이틀 글씨 이미지를 선택한 다음 Control 패널에서 〈Image Trace〉 버튼을 클릭하면 이미지의 외곽을 자동으로 벡터로 변경할 수 있습니다.

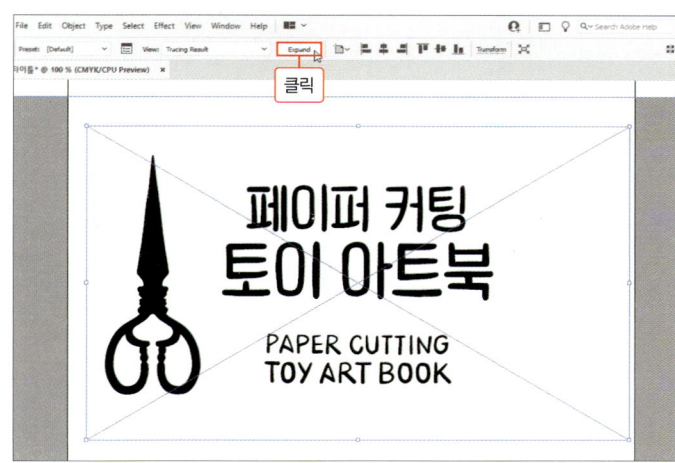

06 이미지의 외곽을 추출하여 벡터 이미지로 변경되었으면 검은색 부분과 흰색인 배경을 분리하기 위해 이미지가 선택된 상태에서 〈Expand〉 버튼을 클릭합니다.

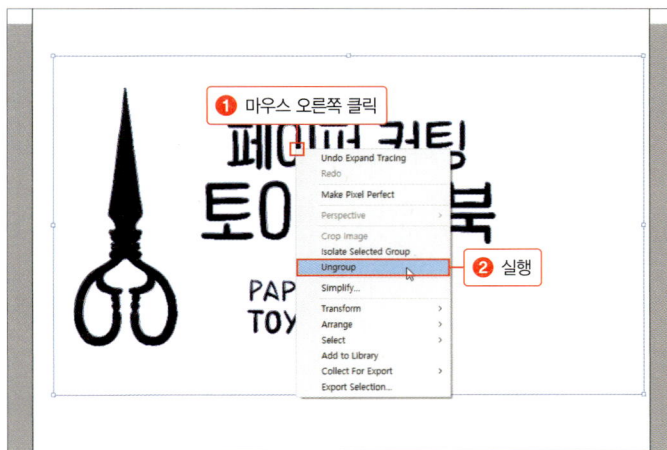

07 분리한 벡터 이미지의 그룹을 해제하기 위해 벡터 이미지가 선택된 상태에서 마우스 오른쪽 버튼을 클릭한 다음 Ungroup을 실행합니다.

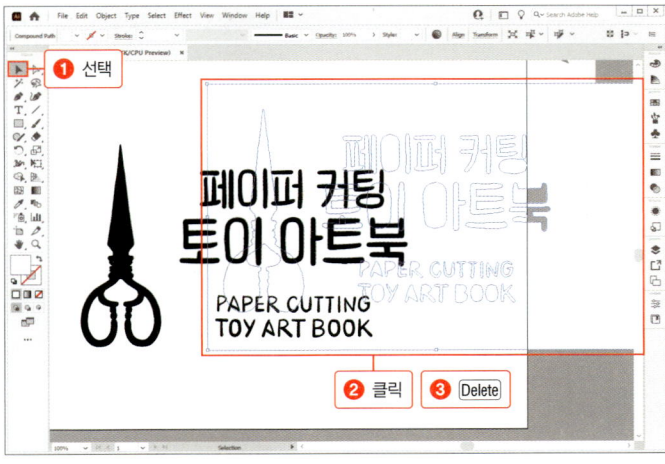

08 선택 도구(▶)로 흰색의 배경을 클릭한 다음 Delete를 눌러 삭제합니다.

09 그룹이 해제되면 부분적으로 선택할 수 있습니다. 하단의 'PAPER CUTTING TOY ART BOOK' 텍스트 부분을 선택한 다음 Color 패널에서 면 색을 더블클릭합니다.

❶ 선택

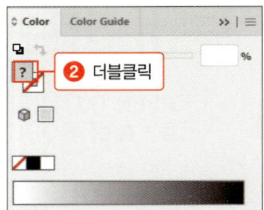

❷ 더블클릭

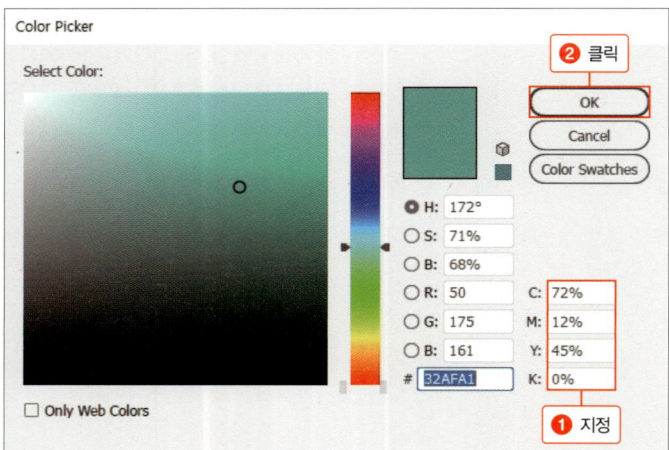

10 Color Picker 대화상자가 표시되면 C를 '72%', M을 '12%', Y를 '45%', K를 '0%'로 지정한 다음 〈OK〉 버튼을 클릭합니다.

❷ 클릭

❶ 지정

11 텍스트 안쪽에도 오브젝트가 있어 색상이 적용되었으므로 각각 선택한 다음 Delete를 눌러 삭제합니다.

❶ 선택

❷ Delete

PAPER CUTTING
TOY ART BOOK

SECTION 05

● 리본 이미지 만들고
타이틀 디자인 완성하기

📄 예제 파일: 05\타이틀 디자인.ai

리본 모양을 벡터 이미지로 만들기 위해 불러온 리본 이미지를 펜 도구로 제작하는 방법을 알아봅니다.
리본 이미지는 텍스트보다 섬세하게 제작하기 위해 펜 도구를 사용하는 것이 좋습니다.

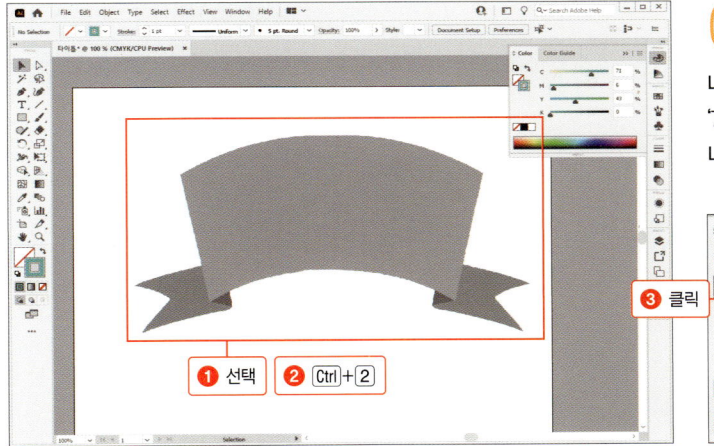

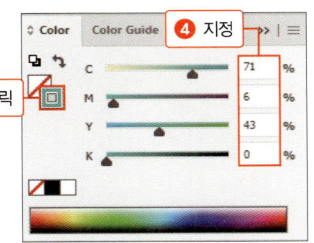

01 리본 이미지를 선택하고 Ctrl+2를 눌러 이미지가 선택되지 않도록 잠급니다. Color 패널에서 선 색을 클릭한 다음 C를 '71%', M을 '6%', Y를 '43%', K를 '0%'로 지정합니다.

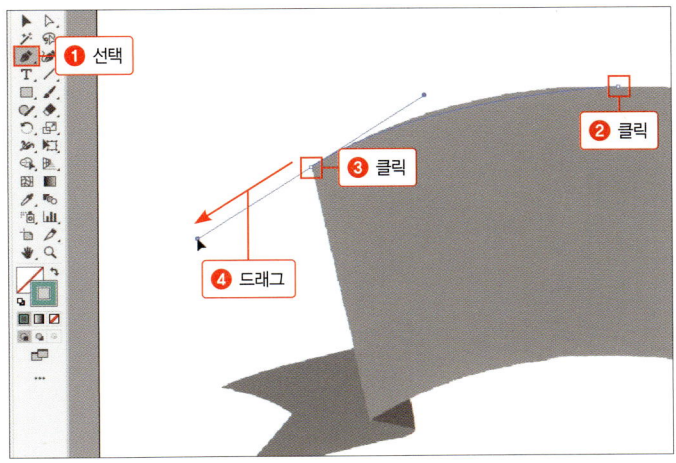

02 펜 도구를 사용하여 리본 이미지의 외곽을 따라 그려 벡터 이미지를 만듭니다. Tools 패널에서 펜 도구( )를 선택합니다. 리본 이미지 상단의 중심을 클릭하고 왼쪽 꺾이는 지점을 클릭한 다음 드래그하여 각도를 조절합니다.

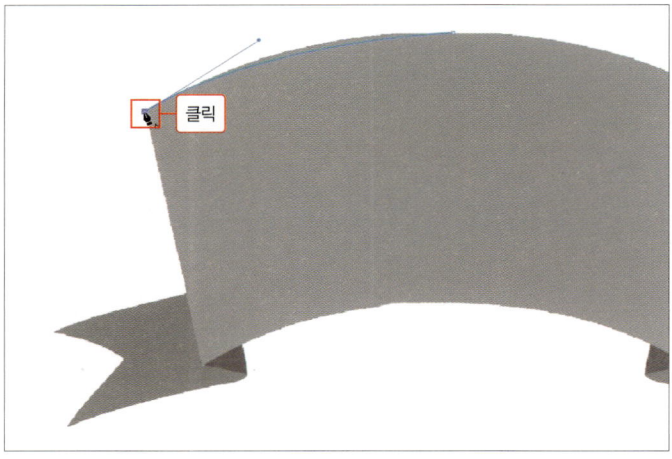

03 곡선이 아닌 직선으로 연결하려면 조
절점을 다시 클릭해야 합니다.

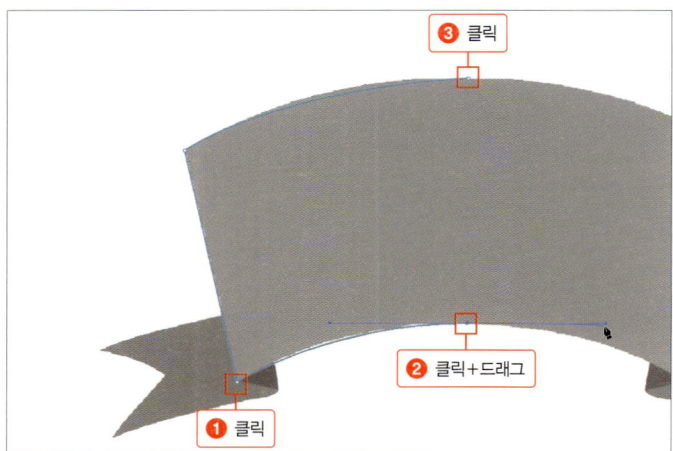

04 리본 이미지의 외곽을 따라 직선 부분
은 클릭만 하고 곡선 부분은 클릭한 다음
드래그하여 그립니다. 리본의 위쪽 오브젝트는
반쪽만 그려 마무리합니다.

TIP 리본 이미지 전체의 반쪽을 그려 복제한 다음
반전해 합치는 것이 더 편리하고 정확합니다.

05 리본 이미지의 왼쪽 오브젝트들도 펜 도구(✏️)를 이용하여 그림과 같이 그립니다. 처음 시작점을 클릭하고 외곽을
따라 그린 다음 다시 시작점을 클릭하여 오브젝트를 닫아 줍니다.

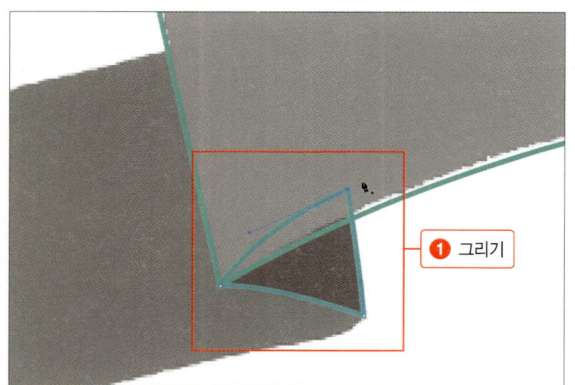

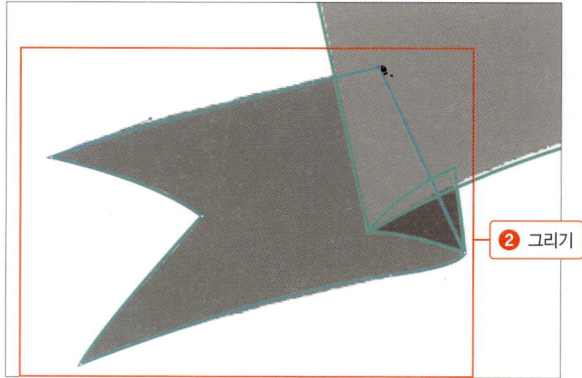

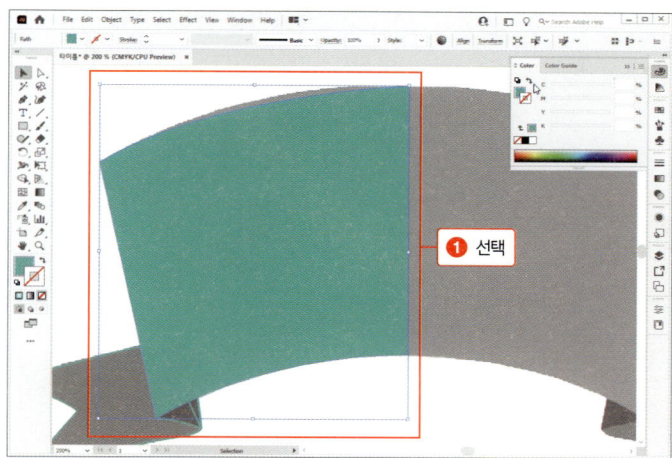

06 면 색과 선 색을 서로 바꾸기 위해 위쪽 오브젝트를 선택한 다음 Color 패널에서 'Swap Fill and Stroke' 아이콘(↰)을 클릭합니다.

① 선택

② 클릭

07 왼쪽 오브젝트도 각각 선택하여 선 색을 면 색으로 바꿉니다. 작은 오브젝트는 C를 '86%', M을 '49%', Y를 '65%', K를 '0%'로 지정합니다.

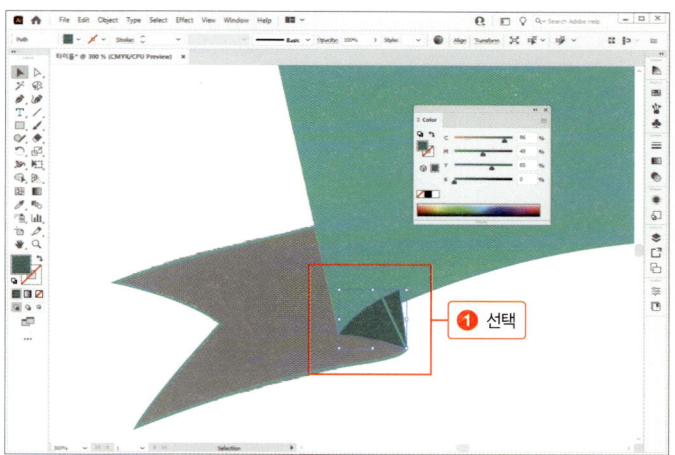

① 선택

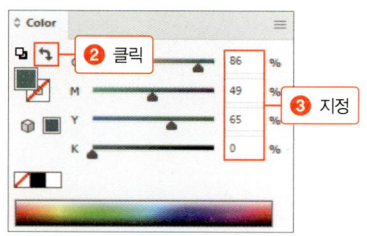

② 클릭

③ 지정

08 큰 오브젝트는 C를 '78%', M을 '31%', Y를 '43%', K를 '0%'로 지정합니다.

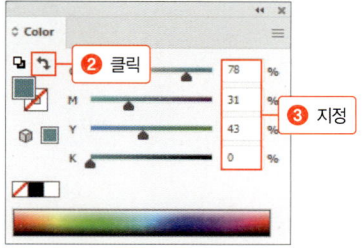

① 선택

② 클릭

③ 지정

09 그림과 같이 3개의 오브젝트 중 가장 앞에 위치할 오브젝트를 선택하고 마우스 오른쪽 버튼을 클릭한 다음 Arrange → Bring to Front를 실행하여 순서대로 배치합니다.

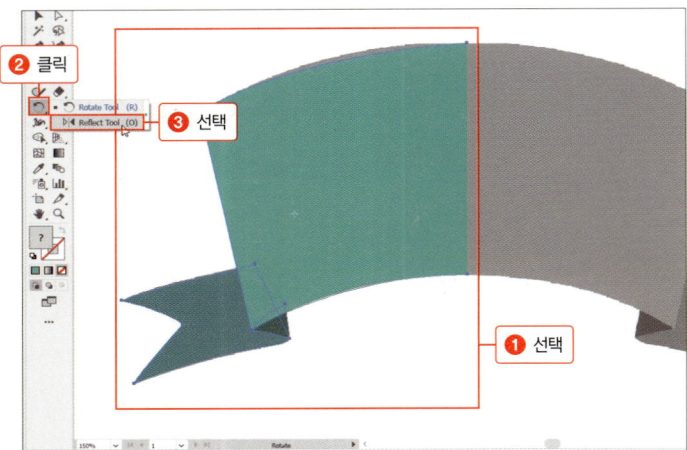

10 현재 리본 이미지의 왼쪽만 작업했기 때문에 3개의 오브젝트를 모두 선택한 다음 Tools 패널에서 반전 도구(▷◁)를 선택합니다.

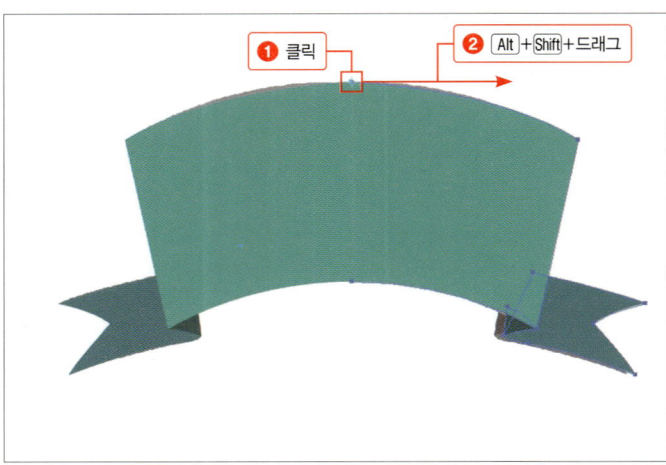

11 그림과 같이 리본 이미지의 가운데에 해당하는 오브젝트의 조절점을 클릭한 다음 Alt와 Shift를 누른 상태로 오른쪽으로 드래그하면 정확하게 오른쪽에 같은 오브젝트를 복제할 수 있습니다.

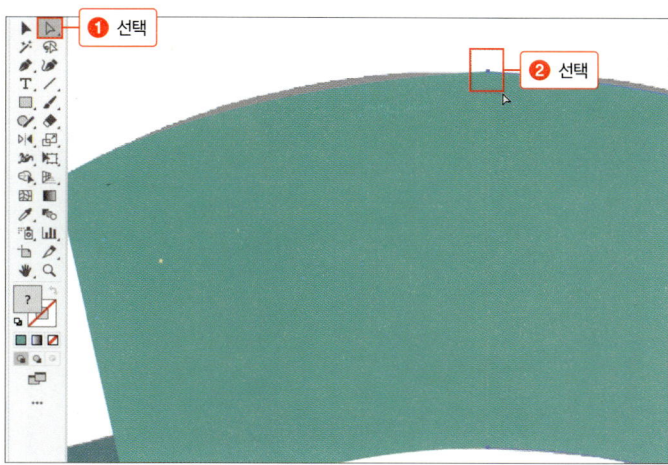

12 왼쪽 오브젝트를 복제하여 오른쪽 오 브젝트를 만들었으므로 하나의 오브젝 트로 만들기 위해 Tools 패널에서 직접 선택 도 구(△)로 상단의 2개의 조절점을 드래그하여 선택합니다.

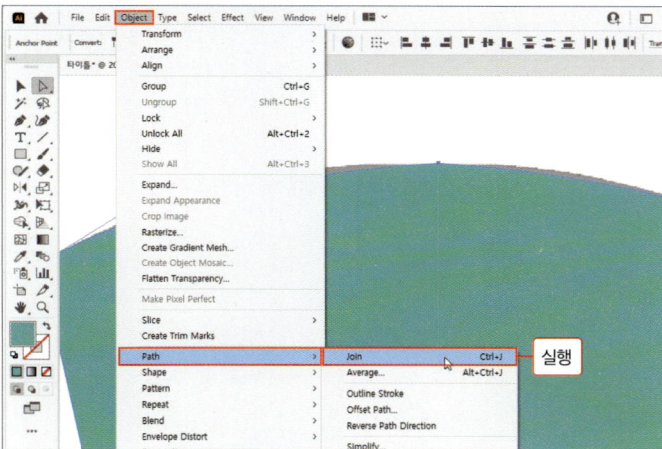

13 메뉴에서 [Object] → Path → Join을 실행하여 조절점을 연결합니다. 하단의 조절점도 같은 방법으로 연결합니다.

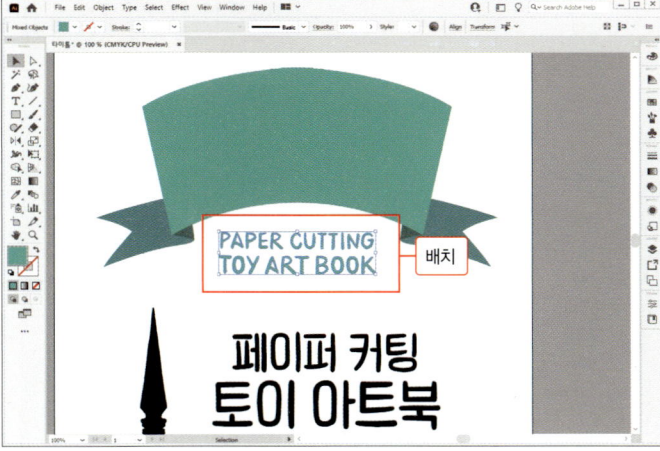

14 이전에 작업한 영문 타이틀을 선택하 고 리본 하단에 배치합니다.

15 한글 타이틀을 선택하고 C를 '61%', M을 '94%', Y를 '65%', K를 '33%'로 지정한 다음 〈OK〉 버튼을 클릭하고 리본에 배치합니다.

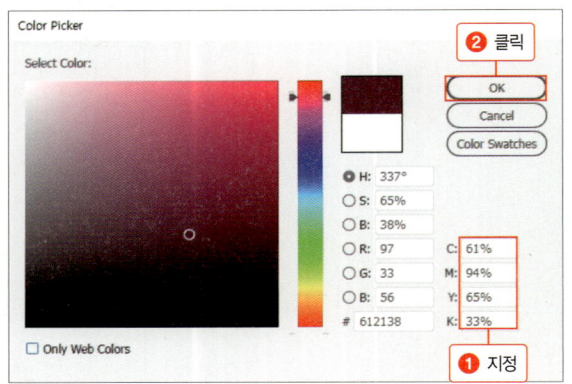

16 Alt 를 누른 상태로 한글 타이틀을 드래그하여 한 개 더 복제한 다음 색상을 '흰색(C: 0%, M: 0%, Y: 0%, K: 0%)'으로 변경하고 위치를 조절하여 흰색 글씨에 그림자 느낌의 타이틀을 만듭니다.

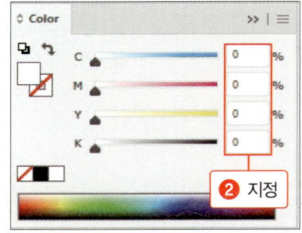

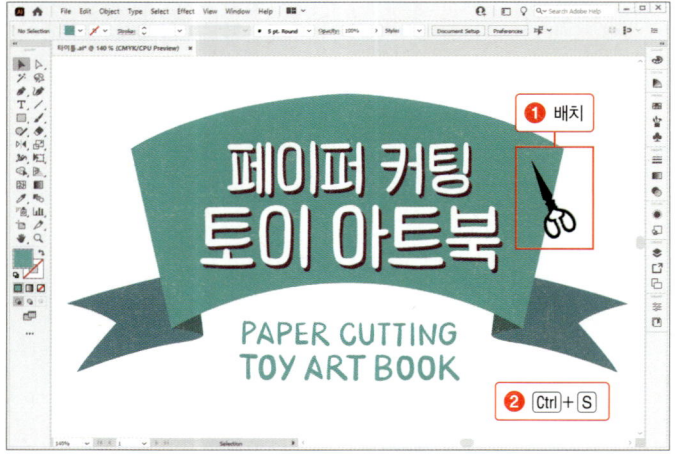

17 가위 오브젝트도 그림과 같이 배치한 다음 Ctrl + S 를 눌러 저장합니다.

SECTION 06

표지에 타이틀 삽입하여 완성하기

📄 **예제 파일**: 05\타이틀 디자인.ai | **완성 파일**: 05\아트북 표지_완성.indd

표지 디자인에서 타이틀 디자인은 가장 중요한 요소로 손글씨 형태의 이미지와
리본 이미지를 조합하여 특징 있는 타이틀 디자인을 해 보도록 하겠습니다.

01 인디자인의 메뉴에서 (**파일**) → **가져오
기**를 실행하여 일러스트레이터에서 작
업한 타이틀을 불러옵니다.

02 인디자인과 일러스트레이터는 서로 호
환되기 때문에 파일을 불러와도 되고,
오브젝트를 복사해서 바로 붙여 넣어도 문제없
이 작업이 가능합니다. 불러온 타이틀 이미지를
그림과 같이 배치합니다.

03 표지에 부제를 추가하기 위해 도구 패널에서 문자 도구(T.)로 드래그하여 문자 상자를 만든 다음 '즐거운 감성 손놀이'를 입력합니다.

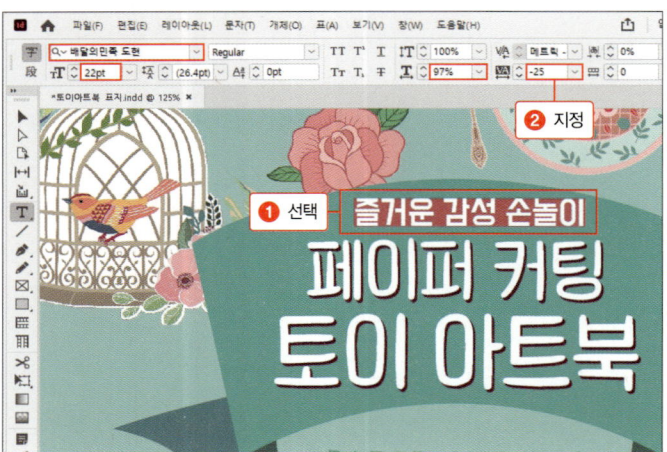

04 '즐거운 감성 손놀이' 텍스트를 드래그하여 선택한 다음 컨트롤 패널에서 글꼴을 '배달의민족 도현', 글꼴 크기를 '22pt', 가로 비율을 '97%', 자간을 '−25'로 지정합니다.

05 텍스트가 선택된 상태로 색상 패널에서 C를 '0%', M을 '30%', Y를 '15%', K를 '0%'로 지정하여 앞표지를 완성합니다.

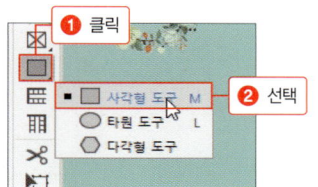

06 도구 패널에서 사각형 도구(▢)를 선택하고 책등 부분에 드래그하여 사각형을 그린 다음 색상 패널에서 C를 '0%', M을 '60%', Y를 '23%', K를 '0%'로 지정합니다.

07 책등에도 타이틀을 배치하려면 현재 앞표지에 있는 타이틀을 수정하여 사용해야 하는데 일러스트레이터에서 만들어 파일을 불러온 경우는 수정이 힘들기 때문에 책등에 배치하려면 오브젝트를 개별적으로 가져와 사용해야 합니다.
타이틀 이미지를 선택하고 마우스 오른쪽 버튼을 클릭한 다음 **편집에 사용할 응용 프로그램** → Adobe Illustrator를 실행합니다.

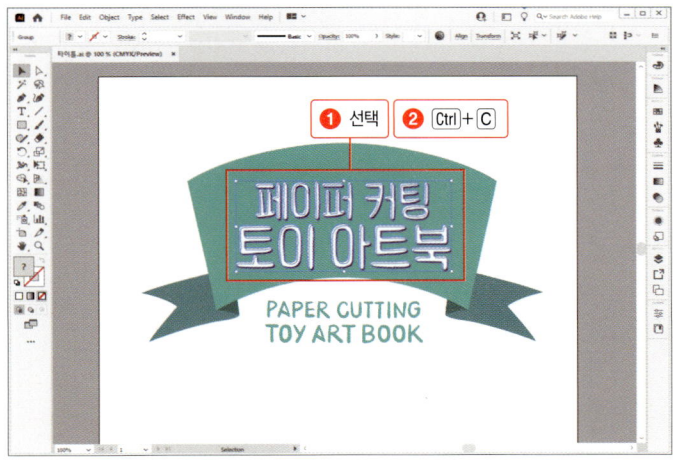

08 일러스트레이터에서 타이틀 이미지가 표시되면 한글 타이틀만 선택한 다음 Ctrl+C를 눌러 복사합니다.

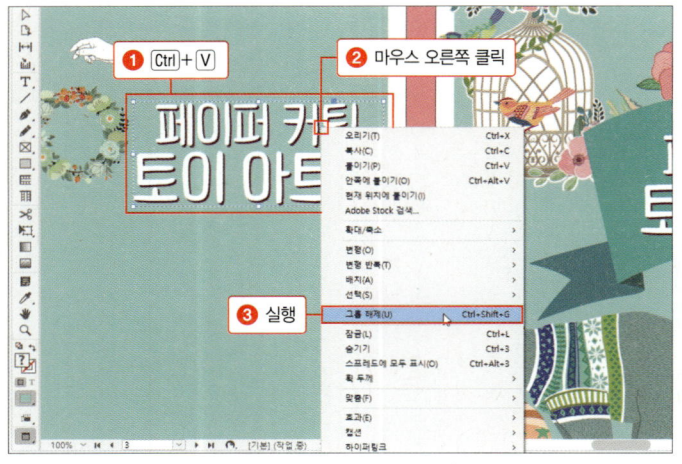

09 인디자인에서 [Ctrl]+[V]를 눌러 붙여 넣습니다. 한글 타이틀이 선택된 상태에서 마우스 오른쪽 버튼을 클릭한 다음 **그룹 해제**를 실행하여 그룹을 해제합니다.

10 '페이퍼 커팅' 글씨와 '토이 아트북' 글씨를 각각 그룹으로 지정합니다.

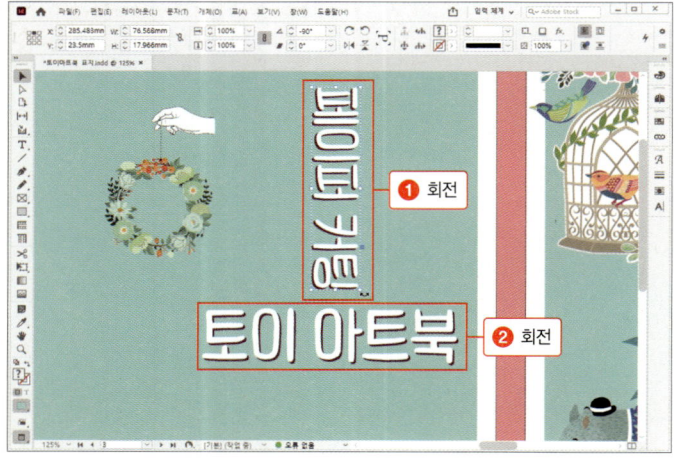

11 그룹으로 지정한 글씨를 각각 클릭하여 [Shift]를 누른 상태로 90° 회전합니다.

12 회전한 글씨의 크기를 조절하여 책등에 배치합니다.

13 그림과 같이 뒤표지와 날개 부분에 텍스트를 입력하고 배치하여 표지 디자인을 완성합니다.

SECTION 07

단색 속표지 만들기

📄 완성 파일 : 05\아트북 속표지_완성.indd

표지 제작의 경우 겉표지와 속표지로 구분하여 컬러로 책을 둘러싸는 방식으로 겉표지를 만들고, 단색으로 표지를 구성하여 속표지를 만들어 겉표지와 구분하는 경우가 있습니다. 기존의 만든 표지를 이용하여 단색 속표지로 변환하는 방법에 대해서 알아봅니다.

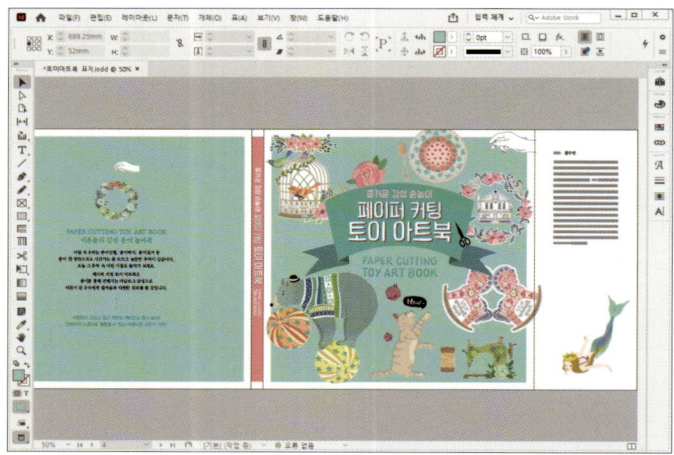

01 인디자인에서 완성한 표지를 단색 속 표지로 변환하기 위해 메뉴에서 (**파일**) → **다른 이름으로 저장**을 실행한 다음 저장합니다.

02 페이지 패널에서 '1'페이지와 '5'페이지를 선택하고 '선택한 페이지 삭제' 아이콘(🗑)을 클릭하여 페이지를 삭제합니다. 책의 날개 부분이 삭제되었으며, 일반적으로 속표지의 경우 날개 부분은 제작하지 않습니다.

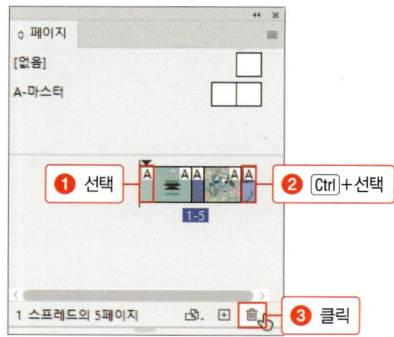

03 민트색 배경을 선택하고 Delete 를 눌러 삭제합니다. 배경을 삭제하면 기존 표지와 달리 흰색 배경의 표지로 변경되었습니다.

04 일러스트레이터에서 만든 타이틀 디자인의 파일에서 모든 오브젝트를 선택하고 Ctrl + C 를 눌러 복사합니다. 인디자인에서 기존에 있던 타이틀 이미지를 삭제하고 Ctrl + V 를 눌러 타이틀 벡터 이미지를 붙여 넣습니다.

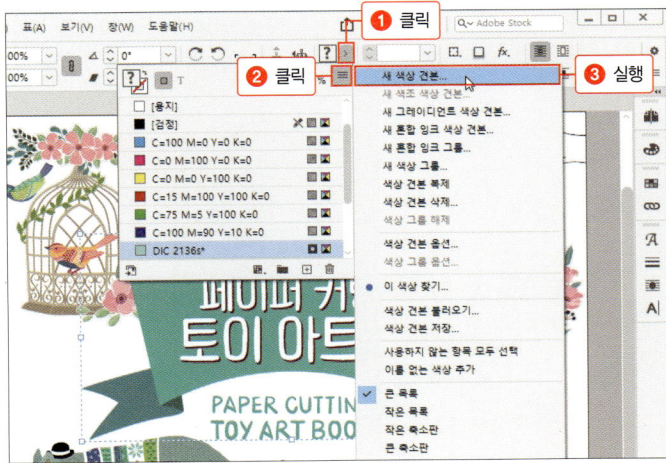

05 기존의 컬러 이미지를 변경하여 한 가지 색상으로 이루어진 단색 디자인으로 작업하기 위해 색상 견본을 만듭니다.
컨트롤 패널에서 칠의 '〉' 아이콘을 클릭하고 '패널 메뉴' 아이콘(☰)을 클릭한 다음 **새 색상 견본**을 실행합니다.

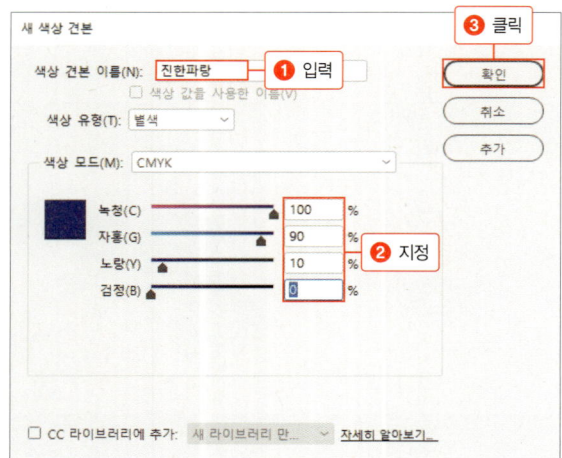

06 새 색상 견본 대화상자가 표시되면 색상 견본 이름을 '진한파랑'으로 입력하고, 녹청을 '100%', 자홍을 '90%', 노랑을 '10%', 검정을 '0%'로 지정한 다음 〈확인〉 버튼을 클릭합니다.

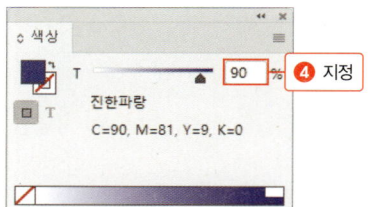

07 리본에서 가운데에 있는 오브젝트를 선택하고 칠을 '진한파랑'으로 지정하여 색상을 적용합니다. 색조를 '90%'로 지정합니다.

TIP 색상 견본으로 등록된 색상은 색조를 지정할 수 있습니다.

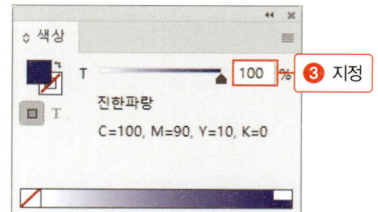

08 리본에서 양쪽에 가장 작은 오브젝트를 선택하고 칠을 '진한파랑'으로 지정한 다음 색조를 '100%'로 지정합니다.

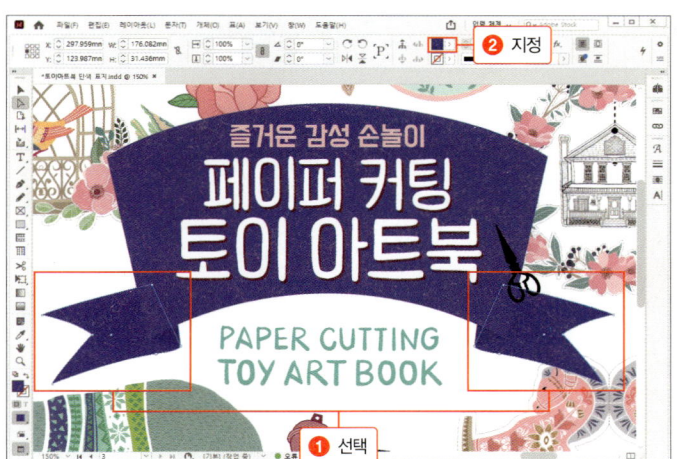

09 리본에서 양쪽에 큰 오브젝트를 선택하고 칠을 '진한파랑'으로 지정한 다음 색조를 '95%'로 지정합니다.

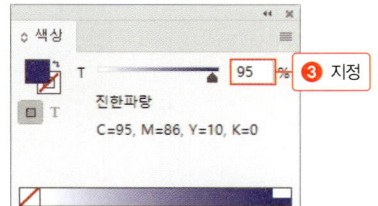

10 리본은 벡터 이미지이기 때문에 인디자인에서 바로 색상을 변경할 수 있지만, 나머지 표지 이미지는 비트맵 이미지로 인디자인에서 색상을 변경하기 어렵습니다.
포토샵을 이용해 색상을 변경하기 위해 왼쪽 상단에 새장 이미지를 선택하고 마우스 오른쪽 버튼을 클릭한 다음 **편집에 사용할 응용 프로그램** → Adobe Photoshop을 실행합니다.

11 포토샵에서 새장 이미지가 표시되면 원본을 보존하기 위해 메뉴에서 (File) → Save As를 실행하여 저장합니다.

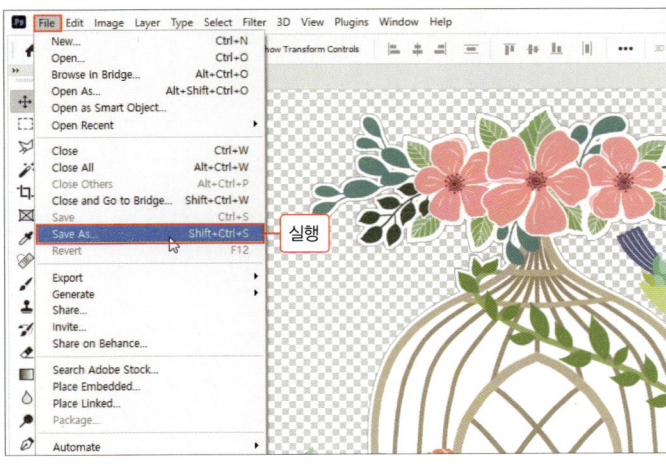

12 메뉴에서 (Image) → Mode → Grayscale을 실행하여 이미지를 흑백으로 변경합니다.

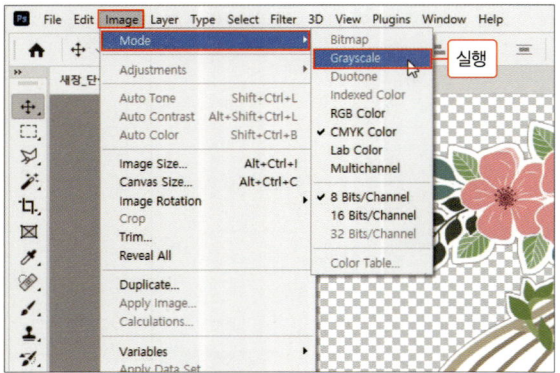 

TIP 이미지를 단색으로 변경하려면 색조를 한 가지 색상으로 통일해야 하기 때문에 먼저 흑백으로 변경합니다.

13 메뉴에서 (Image) → Mode → Duotone을 실행합니다. Duotone Options 대화상자가 표시되면 Type을 'Monotone'으로 지정하고 'Ink 1'의 색상 상자를 클릭합니다.

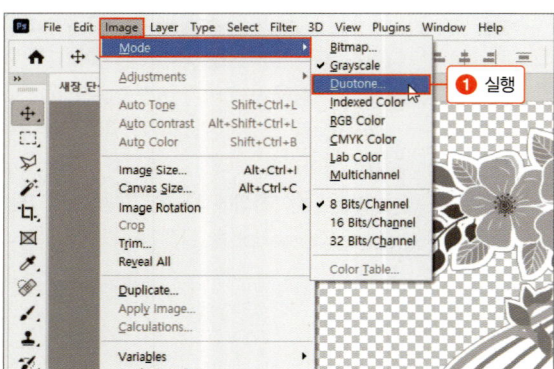 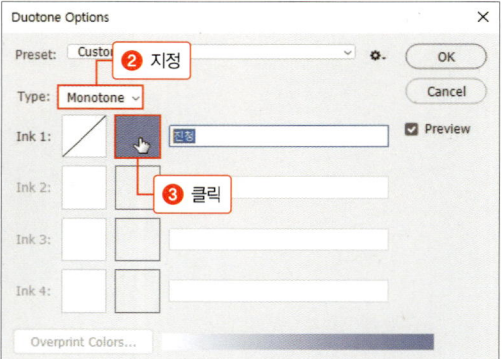

TIP Duotone은 이미지가 Grayscale 상태가 아니면 활성화되지 않습니다.

14 Color Picker 대화상자가 표시되면 C를 '100%', M을 '90%', Y를 '10%', K를 '0%'로 지정한 다음 〈OK〉 버튼을 클릭합니다. 색상을 변경하게 되면 대화상자 하단의 색조가 설정한 색상으로 변경된 것을 확인할 수 있습니다. Duotone Options 대화상자에서 〈OK〉 버튼을 클릭합니다.

 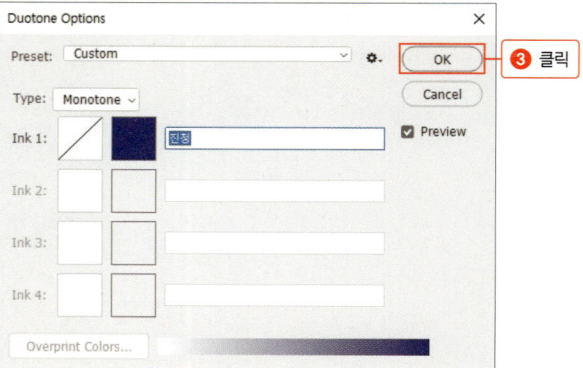

15 이미지가 설정한 색상으로 변경되었습니다. Ctrl+S를 눌러 저장합니다.

16 인디자인에서 기존 새장 이미지를 선택하고 Ctrl+D를 눌러 색상을 변경한 파일로 대체합니다.

17 다른 이미지도 단색 이미지로 변경하여 단색으로 이루어진 속표지 작업을 완성합니다. 인디자인에서 기존의 텍스트도 등록한 '진한파랑'으로 지정하여 변경합니다.

PROJECT 06
스타일로 빠르게,
단행본 본문 편집 디자인

인디자인은 한두 페이지가 아닌 몇백 페이지의 출판 작업에 대체 불가능한 기능들을 망라하고 있습니다.
마스터 페이지, 단락 및 문자 스타일, GREP 기능 등 대량 출판 작업에 필요한 기능들을 알아보겠습니다.
실제로는 몇백 페이지 단위의 조판에 필요한 작업이지만 여기서는 4페이지만 작업해 보도록 합니다.

188mm · 188mm

225mm

인터넷 마케팅 전략
수립하기

유통 환경의 변화와 쇼핑몰 채널의 다양성은 쇼핑몰 사업자들에게 새
로운 기회 요소를 제공합니다. 오픈마켓 스마트 스토어의 경우, 거의
투자가 고려되지 않고 스마트하게 쇼핑몰 운영과 상품을 판매할 수 있
습니다. 그렇지만, 소비자 구매력의 변화로 상품 수명 주기는 짧아지
고 있어 불가피한 위험 요인이 존재합니다. 또한 누구나 손쉽게 시장
진입이 가능해져서 거세진 경쟁 속에서 투자 비용이 높아지고 있는 상
황입니다. 이는 지속적인 매출 확보와 안정적인 수익성을 고려하기가
어려워지고 있다는 것을 의미합니다. 드넓은 인터넷 공간에서 펼쳐지
는 사업 경쟁 속에서 인터넷 마케팅 전략 수립의 'SWOT 분석', 'STP
전략', '4P 전략'은 더욱 중요해지고 있습니다.

1. SWOT 분석하기

"쇼핑몰을 운영하고 있는 사업자들에게 인터넷 마케팅 전략을 수립할
때 무엇을 우선적으로 해야 할까요?"라는 질문에 "표적 타깃을 확보해
야 합니다.", "시장을 찾아내야 합니다.", "고객이 구매할 수 있는 상
품을 찾아야 합니다.", "홍보 마케팅을 위한 컨셉 전략을 세워야 합니
다." 등 다양한 대답이 나올 것입니다. 모두 맞다고 볼 수 있지만, 쇼
핑몰 사업자의 강점과 약점에 대한 분석부터 시작할 것을 제안합니다.

인구통계 분석 데이터

총인구	51,811,167(명)	2019년
여자인구	25,945,510(명)	2019년
남자인구	25,965,657(명)	2019년
연령별 인구	(0~14세) 6,611,944(명) (15~64세) 37,505,502(명) (65세 이상) 7,693,721(명)	2019년
평균연령(남자)	40.9(세)	2019년
평균연령(여자)	43.3(세)	2019년
기대수명(여자)	85.7(년)	2017년
기대수명(남자)	79.7(년)	2017년
출생아수	357,771(명)	2017년
사망자수	285,534(명)	2017년
일반가구수	5,618,677(가구)	2017년
다문화가구수	318,917(가구)	2017년
혼인건수	264,456(명)	2017년
이혼건수	106,032(명)	2017년
외국인등록인구	1,171,762(명)	2017년
가구당 월평균 소비지출	2,556,823(원)	2017년
온라인쇼핑몰 거래액	10,629,292(백만원)	2018년 11월
경제활동인구	27,582 천명	2018년 12월
소비자심리지수	98	2019년 01월

▲ 출처 : kosis 통계정보시스템(www.kosis.nso.go.kr)

미시 환경 분석 '4Cs'와 거시 환경 분석 'STEP'에 대한 자료 준비가 완
료되고 분석하였다면 SWOT 매트릭스를 그릴 수 있습니다. 사분면
에 S, W, O, T를 기재한 후 다음과 같은 항목을 체크하고 작성하길
바랍니다.

[7] 통상 소비자심리지수가 기준선
(2003~2016년간) 100보다 클수
록 소비 심리가 낙관적이라고 보며,
100보다 작을수록 비관적이라는 의
미입니다.

인터넷 마케팅 전략 수립하기

작업 의뢰서

· 본문 판형 : 188×225mm

188mm ● 188mm

4P 전략 수립하기

인터넷 쇼핑몰에서 고객의 상품 구매 행동은 단순히 '물건사기'에서 끝나는 것이 아닙니다.

소비자는 상품 구매 과정 속에서 오락적인 재미와 흥미를 느끼면서 지갑을 열게 됩니다. 상품에 대한 라이프 사이클이 짧아지고 각양각색의 디자인과 색감으로 입혀진 상품 공급이 많아졌기 때문입니다. 특히 관여도가 높은 상품일 경우, 고객은 즉각적으로 구매하는 것보다 즐겨찾기 또는 장바구니에 담아두고 윈도 쇼핑[8]을 합니다. 비슷한 타 상품과 비교한 후 디자인이 더 좋은지, 가격이 조금 저렴한지, 혜택이 있는지 등 비교 분석하고 최종으로 구매하게 됩니다.

복잡한 구매 의사 설정 과정[9]에서 어떻게 하면 소비자가 자사 상품을 구매하도록 만들 수 있을까요? 자사의 상품 가치가 효과적으로 전달될 수 있도록 설계하고 관리하는 전략을 세워야 합니다. 통상 마케팅에서는 제품 전략[Product], 가격 전략[Price], 유통 전략[Place], 촉진 전략[Promotion]을 조합해서 세우는데, 영어의 머릿글자를 따서 4P 전략이라고 합니다.

[8] 상품을 구매하지 않고 눈으로 보고 두루 구경만 하는 쇼핑을 아이쇼핑 또는 아이 쇼핑(Eye hopping)이라고도 합니다.

[9] 구매 의사 결정에 영향을 주는 요인들은 개인적, 심리적, 사회문화적 요인들이 복합적으로 작용합니다. 개인색인 요인은 나이, 소득, 직업, 성, 세이프 스타일 등이 있으며 심리적인 요인은 구매 동기, 학습, 태도 등이 있습니다. 사회문화적 요인에는 문화, 사회 계층, 커뮤니티, 가족 등이 있습니다.

어떤 상품을 구매할까?

스마트 스토어

최종 구매 결정에 4P 전략이 중요한 역할을 담당

고객

3C 분석하기

인터넷 쇼핑몰 환경 분석 SWOT, STP 전략, 4P 전략이 어느 정도 마무리 되었다면 3C[Customer, Competition, Corporation]를 통해 최종적으로 매력적인 표적 시장인지 평가해봐야 합니다.

SWOT 전략	
STP 전략	→ STP 전략
4P 전략	과연 매력적인 표적 시장은 어디일까?

고객 분석[Customer]은 STP 분석을 통해 나온 고객 세분화, 표적 시장, 상품 포지셔닝 내용 중심으로 시장의 규모와 성장성을 기대할 수 있는지 체크를 해보는 것입니다.

› 진입 세분 시장이 적절한 시장 규모를 형성하고 있는가?
› 현재 트렌드에 맞으며 성장 가능성이 높은 시장 규모인가?
› 상품을 구매할 잠재적 수요는 존재하는가?

자사 분석[Corporation]은 SWOT 분석을 통해 나온 '내부의 강점/약점', '외부의 기회와 위협' 내용을 토대로 체크해보는 것입니다.

› 인터넷 쇼핑몰 창업으로 얻고자 하는 것은 무엇인가?
› 인터넷 쇼핑몰 운영이 가능한 자원은 갖추고 있는가?
› 마케팅 실행 전략인 4P로 시너지 효과를 창출할 수 있는가?

DESIGN
PREVIEW

디자인 미리보기

판권, 머리말

목차

본문 페이지

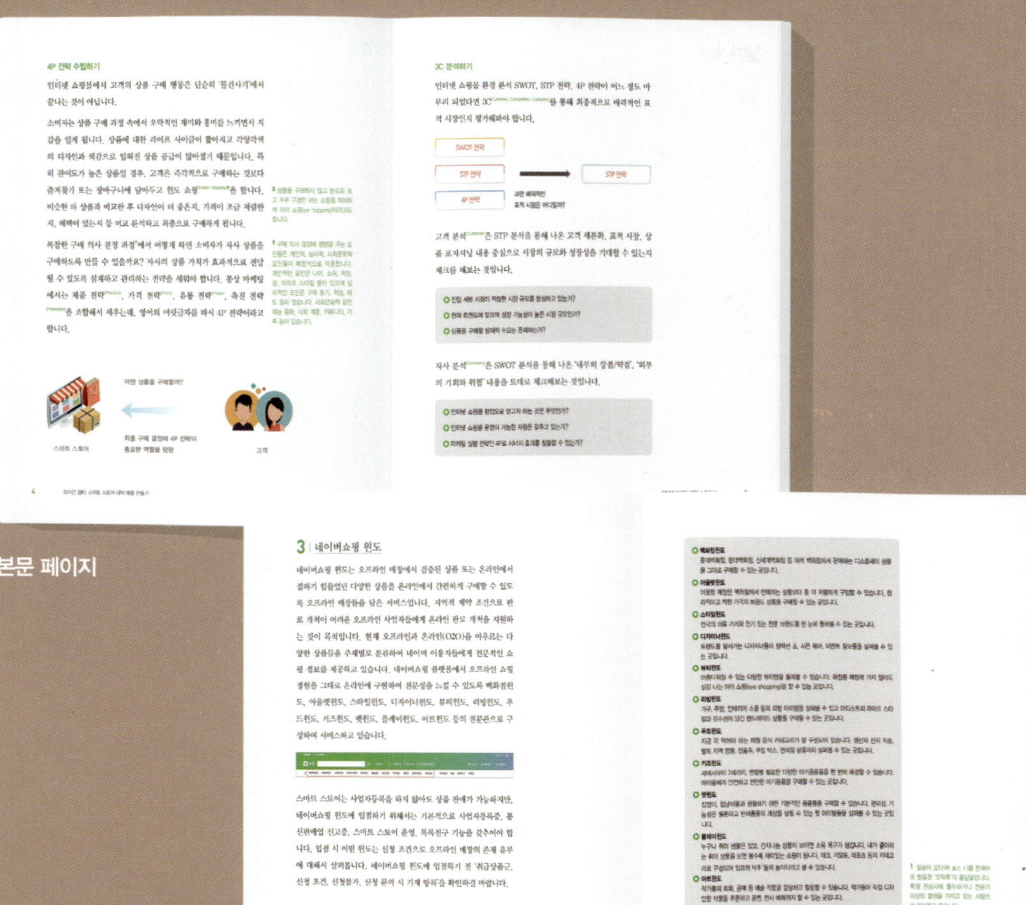

본문 페이지

본문 페이지

색인 페이지

DESIGN PROCESS

디자인 작업 과정

1

자동 페이지 번호 삽입하기

2

섹션 디자인 마스터 페이지 만들기

3

텍스트에 단락 스타일 만들어 적용하기

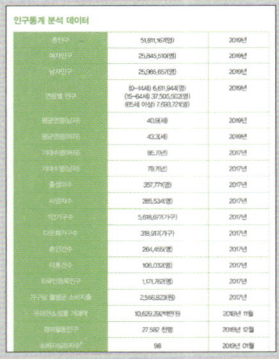

4

표 스타일 만들어 적용하기

5

GREP 기능으로 괄호 텍스트 한 번에 스타일 적용하기

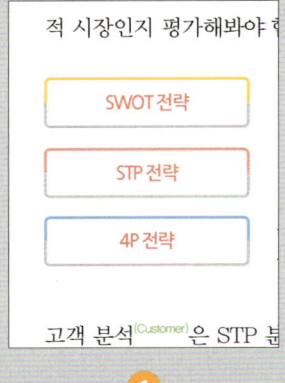

6

도해 디자인 만들기

SECTION 01

원하는 크기로 판형 만들기

책을 조판하기 위해 가장 먼저 문서의 크기를 설정해야 하는데, 이때 문서의 크기를 '판형'이라고 합니다.
원하는 크기로 판형을 만들고 시작 페이지 번호를 설정하는 방법을 알아봅니다.

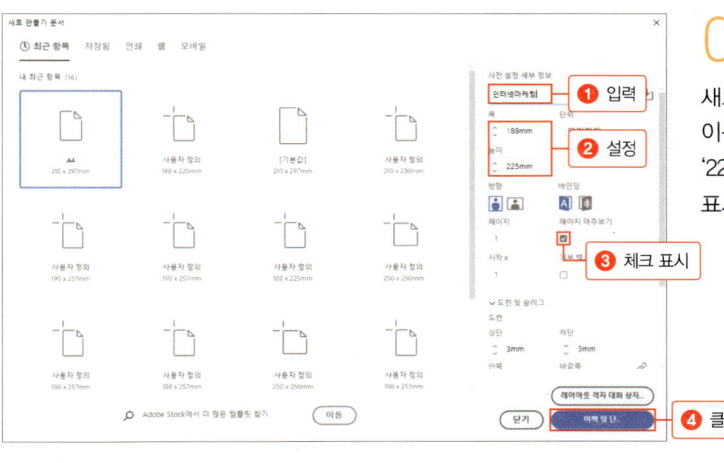

01 인디자인을 실행한 다음 〈새로 만들기〉
버튼을 클릭합니다.
새로 만들기 문서 대화상자가 표시되면 파일
이름을 '인터넷마케팅', 폭을 '188mm', 높이를
'225mm'로 설정하고 '페이지 마주보기'를 체크
표시한 다음 〈여백 및 단〉 버튼을 클릭합니다.

02 새 여백 및 단 대화상자가 표시되면 위
쪽을 '20mm', 아래쪽을 '30mm', 안
쪽을 '20mm', 바깥쪽을 '19mm'로 설정한 다음
〈확인〉 버튼을 클릭합니다.

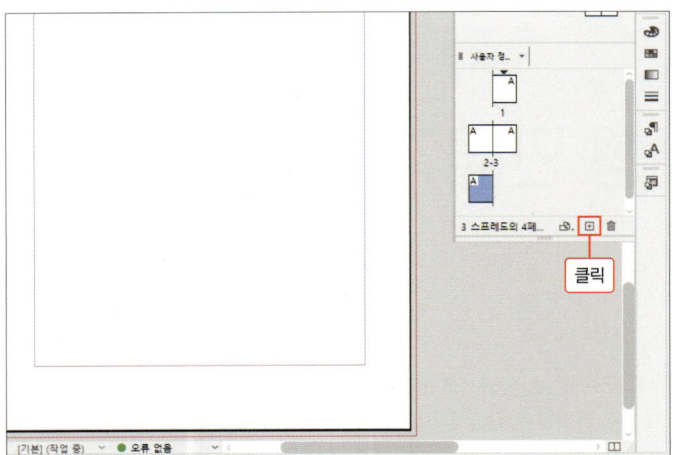

03 페이지 패널에서 '새 페이지 만들기' 아이콘(⊞)을 3번 클릭하여 3페이지를 추가합니다.

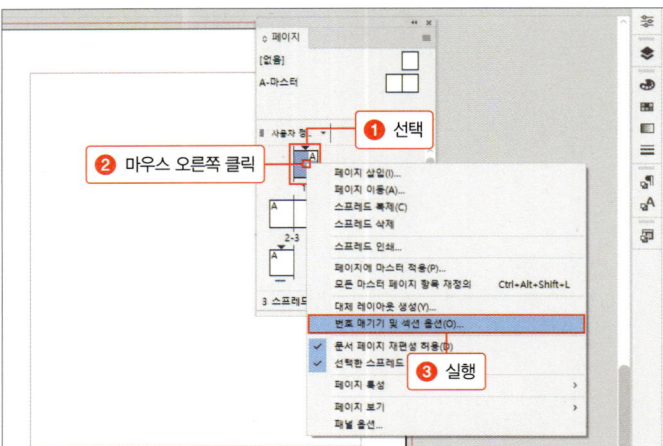

04 페이지 패널에서 '1'페이지를 선택하고 오른쪽 버튼을 클릭한 다음 **번호 매기기 및 섹션 옵션**을 실행합니다.

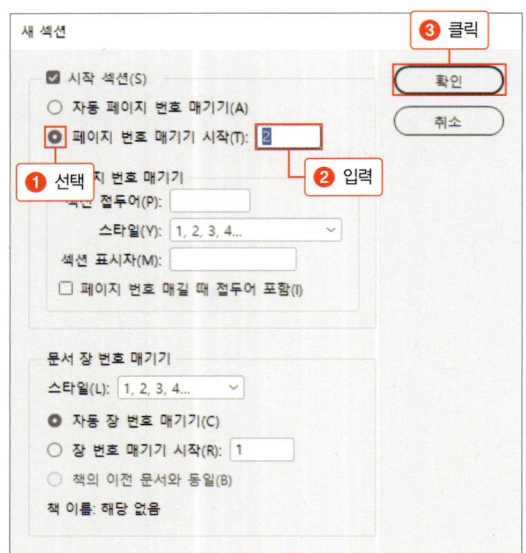

05 새 섹션 대화상자가 표시되면 '페이지 번호 매기기 시작'을 선택하고 '2'를 입력한 다음 〈OK〉 버튼을 클릭합니다.

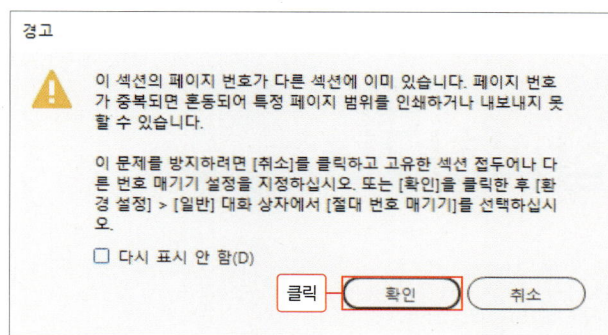

06 경고 대화상자가 표시되면 〈확인〉 버튼을 클릭합니다. 페이지가 1페이지가 아닌 2페이지로 시작됩니다.

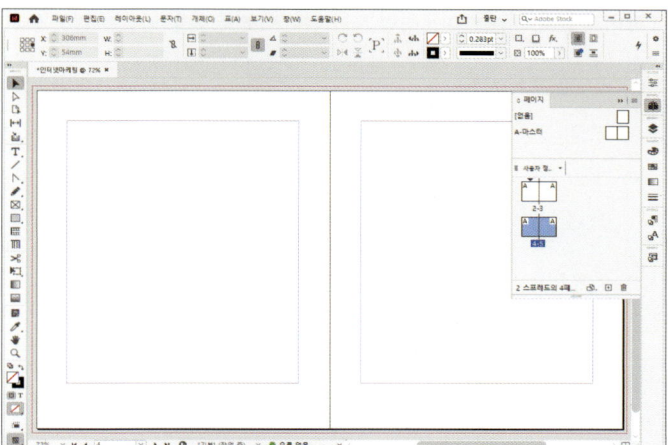

07 인디자인 기본 설정에서는 짝수 페이지가 왼쪽으로 고정되기 때문에 첫 페이지를 2페이지로 변경하면 자동으로 좌우 페이지가 나란히 배치되게 할 수 있습니다.

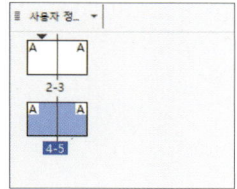

TIP 페이지 번호를 수정하지 않고 좌우 페이지를 나란히 위치하게 하려면 페이지 패널에서 '패널 메뉴' 아이콘(▤)을 클릭한 다음 **문서 페이지 재편성 허용**을 실행하여 체크 해제하면 적용할 수 있습니다.

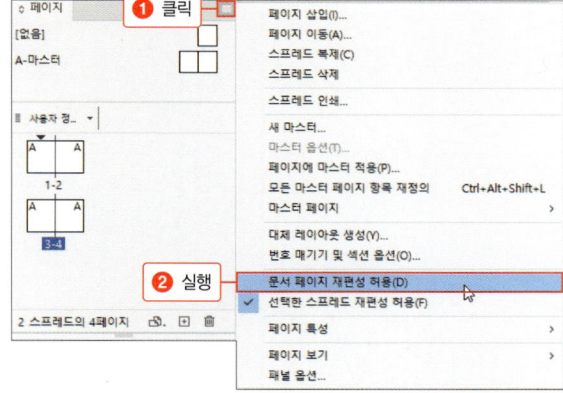

SECTION 02

자동 페이지 번호 삽입하기

대량으로 문서를 작업할 때 페이지 번호를 자동으로 삽입하여 쉽고 빠르게 작업할 수 있습니다.
현재 페이지 번호 기능을 이용하여 자동 페이지 번호 삽입 방법을 알아봅니다.

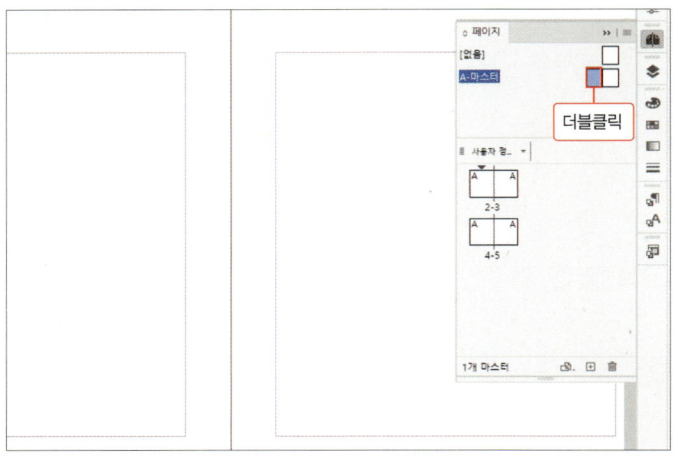

01 판형을 설정했다면 자동 페이지 번호를 삽입해야 합니다. 페이지 패널에서 'A-마스터'를 더블클릭하여 마스터 페이지로 전환합니다.

TIP 현재 모든 페이지에 A-마스터가 적용되어 페이지 패널에서 각 페이지에 'A'가 표시된 것을 확인할 수 있습니다.

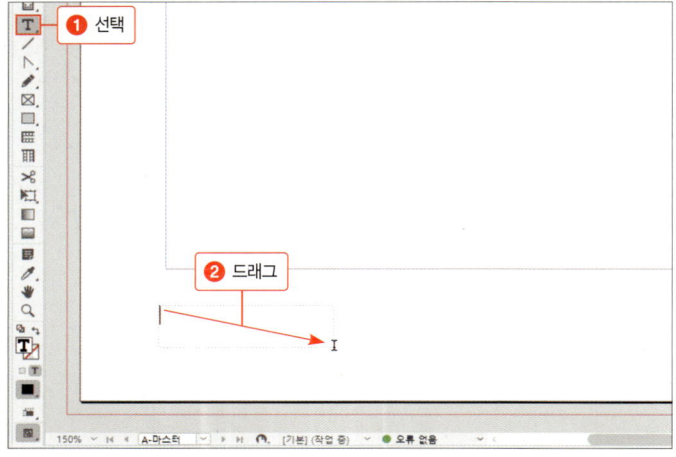

02 도구 패널에서 문자 도구(T)를 선택하고 왼쪽 하단을 드래그하여 문자 상자를 만듭니다.

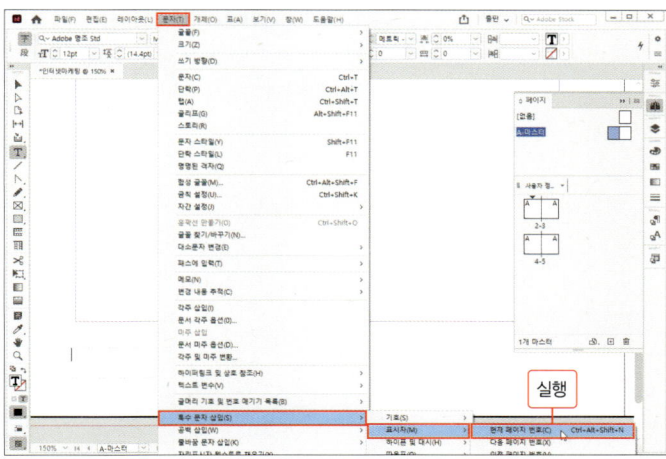

03 문자 상자에 텍스트를 입력할 수 있는
상태로 메뉴에서 (문자) → 특수 문자
삽입 → 표시자 → 현재 페이지 번호를 실행합
니다.

TIP '현재 페이지 번호' 입력의 단축키는 [Ctrl]
+ [Alt] + [Shift] + [N] 입니다.

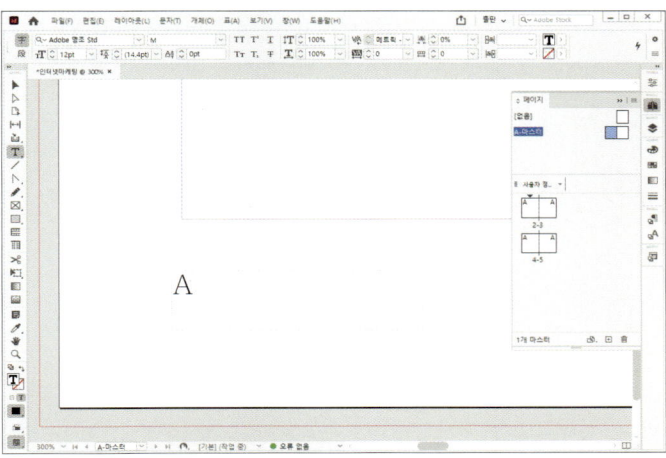

04 문자 상자에는 'A' 텍스트가 표시됩니
다. A 표시는 'A-마스터'의 'A'로, A-
마스터에 페이지 번호 문자 상자가 위치해 있기
때문에 A로 표시됩니다. 마스터 페이지가 아닌
기존 페이지에는 해당 페이지가 자동으로 표시
됩니다.

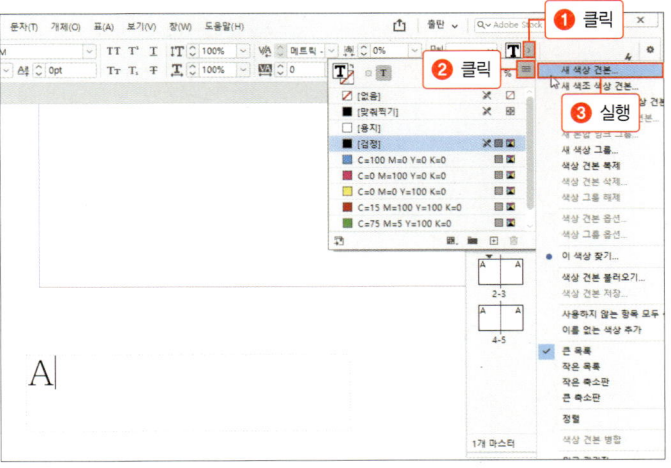

05 컨트롤 패널에서 칠의 '〉' 아이콘을 클
릭하고 '패널 메뉴' 아이콘(≡)을 클릭
한 다음 새 색상 견본을 실행합니다.

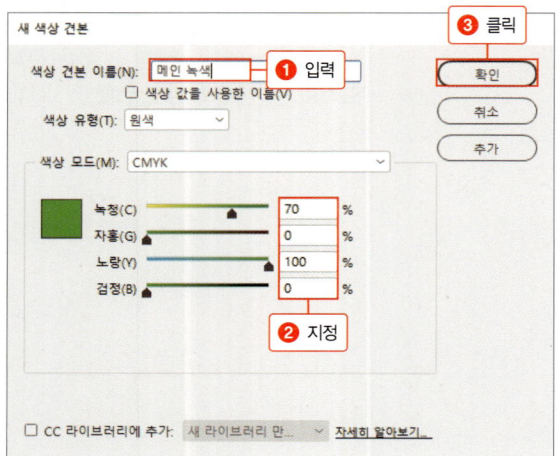

06 새 색상 견본 대화상자가 표시되면 색상 견본 이름을 '메인 녹색'으로 입력하고 녹청을 '70%', 자홍을 '0%', 노랑을 '100%', 검정을 '0%'로 지정한 다음 〈확인〉 버튼을 클릭합니다.

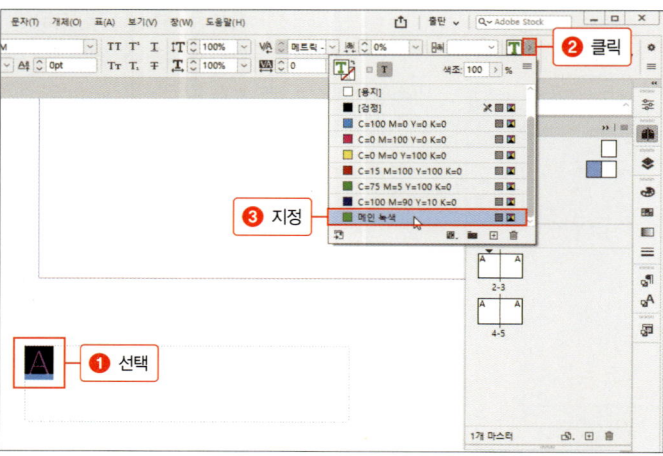

07 'A' 텍스트를 드래그하여 선택하고 칠을 새로 등록한 '메인 녹색'으로 지정합니다.

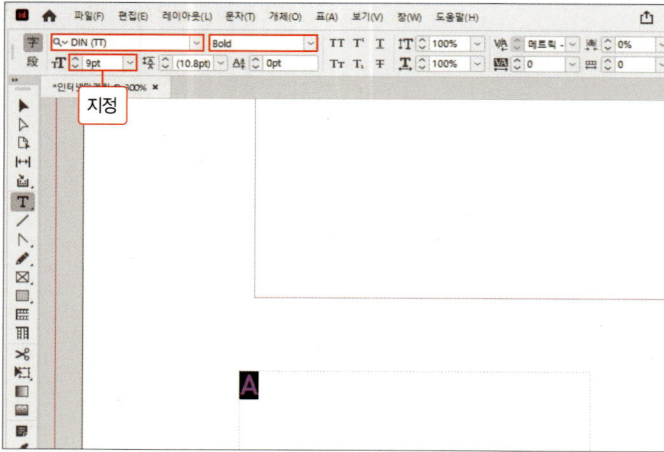

08 'A' 텍스트가 선택된 상태로 컨트롤 패널에서 글꼴을 'DIN(TT)', 글꼴 스타일을 'Bold', 글꼴 크기를 '9pt'로 지정합니다.

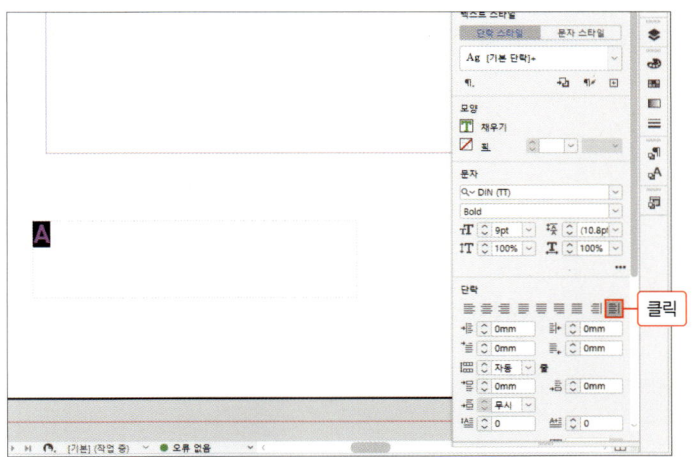

09 'A' 텍스트가 계속 선택된 상태로 속성 패널에서 단락의 '제본 영역 반대 방향으로 정렬' 아이콘(▤)을 클릭합니다.

TIP '제본 영역 반대 방향으로 정렬' 기능은 문자 상자가 왼쪽 또는 오른쪽에 위치해 있을 때 자동으로 왼쪽 또는 오른쪽으로 정렬됩니다.

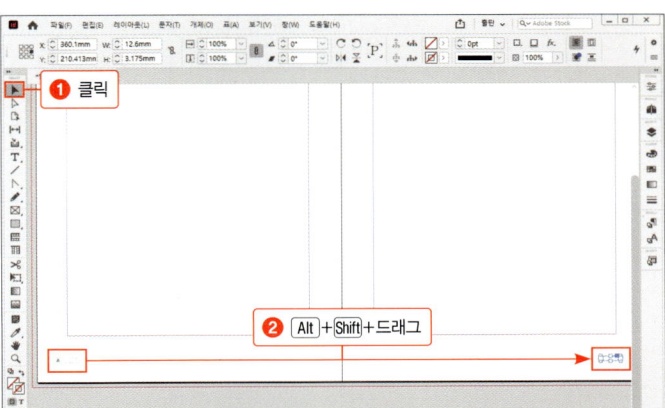

10 선택 도구(▶)로 페이지 번호 문자 상자를 선택하고 Alt + Shift 를 누른 상태에서 오른쪽 마스터 페이지로 드래그하여 한 개 더 복제합니다. 자동으로 페이지 번호가 오른쪽으로 정렬되는 것을 확인할 수 있습니다.

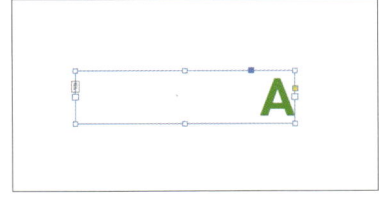

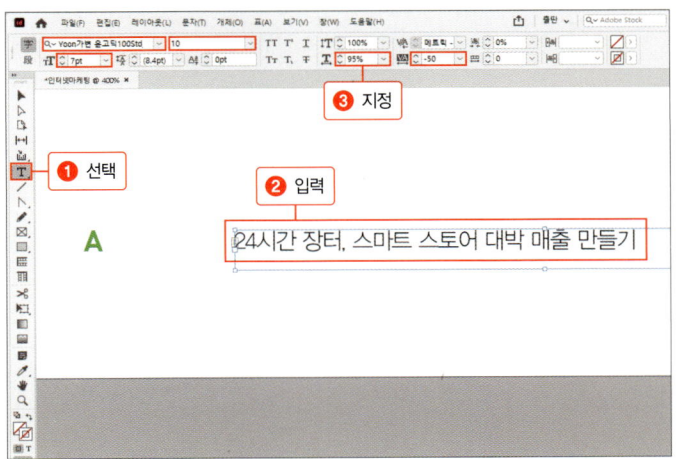

11 왼쪽 마스터 페이지 번호 오른쪽에 문자 도구(T)로 드래그하여 문자 상자를 만든 다음 '24시간 장터, 스마트 스토어 대박 매출 만들기'를 입력합니다. 컨트롤 패널에서 글꼴을 'Yoon가변 윤고딕100Std_OTF', 글꼴 스타일을 '10', 글꼴 크기를 '7pt', 가로 비율을 '95%', 자간을 '−50'으로 지정합니다.

TIP '24시간 장터, 스마트 스토어 대박 매출 만들기' 텍스트는 파트 제목으로, 본문 전체에 표시하기 위함입니다.

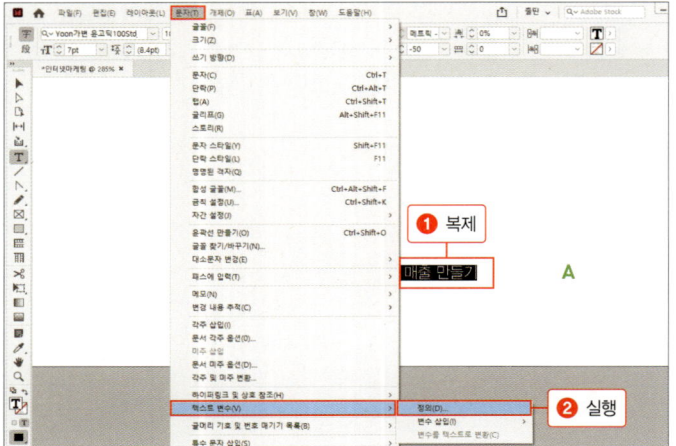

12 오른쪽 마스터 페이지에는 자동으로 섹션 제목을 표시하기 위해 '변수' 기능을 이용합니다.

[Alt]+[Shift]를 누른 상태로 왼쪽 마스터 페이지의 '24시간 장터, 스마트 스토어 대박 매출 만들기' 문자 상자를 오른쪽 마스터 페이지로 드래그하여 복제합니다.

복제한 문자 상자의 텍스트가 선택된 상태에서 메뉴에서 **(문자) → 텍스트 변수 → 정의**를 실행합니다.

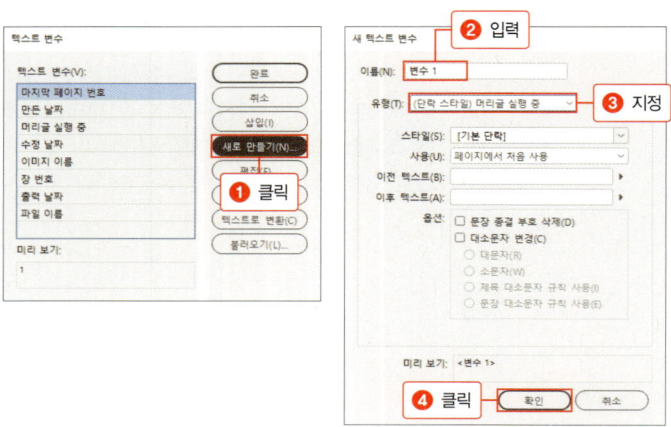

13 텍스트 변수 대화상자가 표시되면 〈새로 만들기〉 버튼을 클릭합니다.

새 텍스트 변수 대화상자가 표시되면 이름을 '변수 1', 유형을 '(단락 스타일) 머리글 실행 중'으로 지정합니다.

스타일은 등록된 스타일로 지정하면 되지만 아직 스타일을 등록하지 않았기 때문에 생략하고 〈확인〉 버튼을 클릭합니다.

14 텍스트 변수 대화상자에 '변수 1'이 등록된 것을 확인합니다. 〈삽입〉 버튼을 클릭하면 문자 상자에 〈변수 1〉 텍스트가 표시됩니다. 이 위치에는 이후에 특정 스타일을 설정하면 자동으로 해당 페이지에 맞게 텍스트가 표시되게 할 수 있습니다.

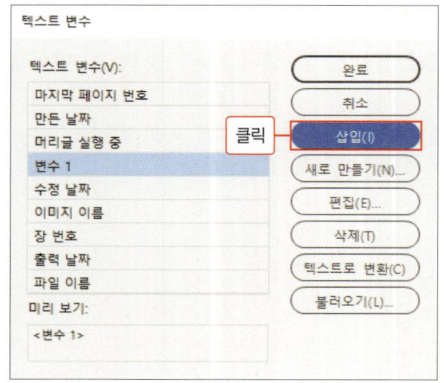

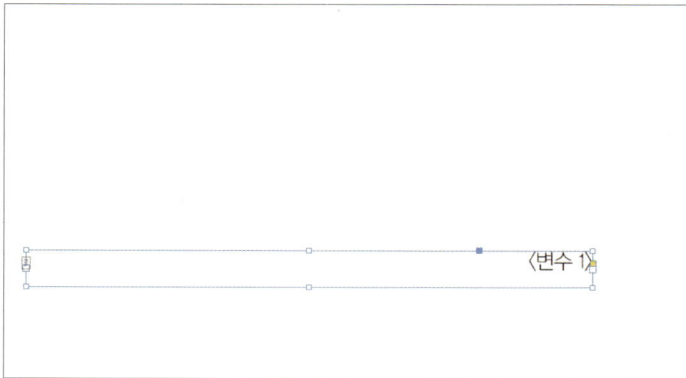

SECTION 03

●

섹션 디자인 마스터 페이지 만들기

📄 **예제 파일**: 06\헤드디자인.jpg

'마스터 페이지'란 공통 요소들을 미리 설정하여 출력 시 변경되는 데이터만 수정하여 출력하는 페이지를 말합니다. 이 기능이 중요한 점은 대량의 페이지를 다루는 출판 업무에서 반복적으로 페이지를 적용하거나 수정 사항이 있을 때 마스터 페이지만 수정하면 한 번에 수정할 수 있기 때문에 굉장히 편리합니다.

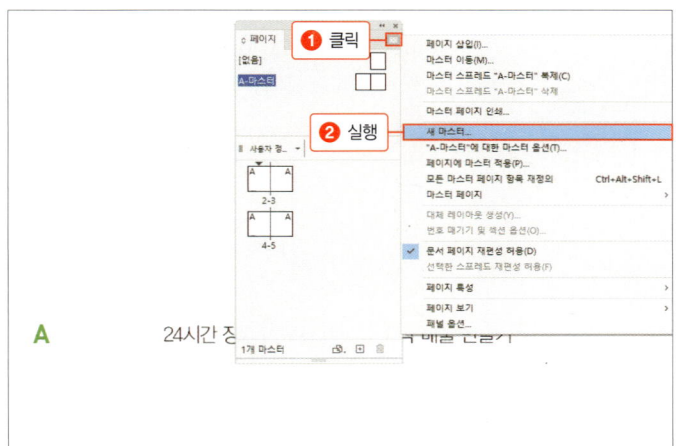

01 섹션 디자인 마스터 페이지를 만들기 위해 페이지 패널에서 '패널 메뉴' 아이콘(☰)을 클릭한 다음 **새 마스터**를 실행합니다.

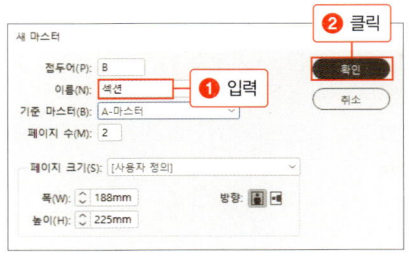

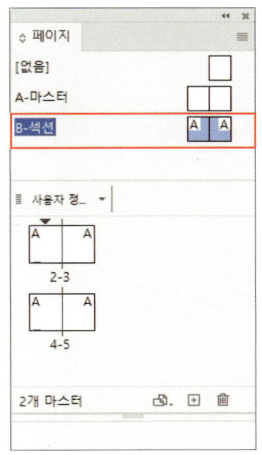

02 새 마스터 대화상자가 표시되면 이름에 '섹션'을 입력하고 〈확인〉 버튼을 클릭하면 페이지 패널에 'B-섹션' 마스터 페이지가 생성된 것을 확인할 수 있습니다.

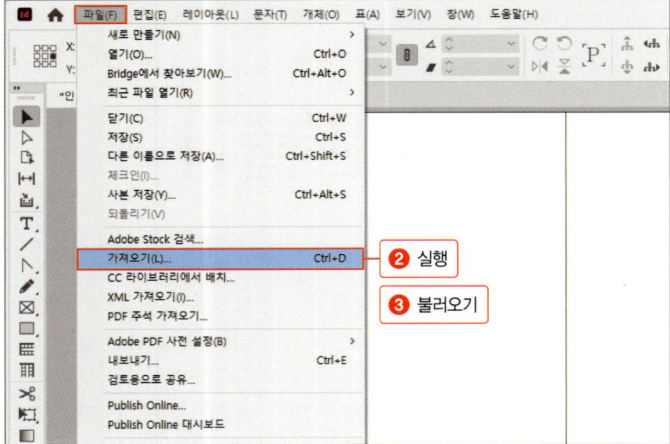

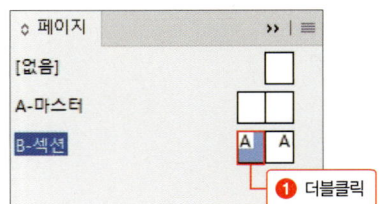

03 'B–섹션' 마스터를 더블클릭하여 마스터 페이지로 전환합니다. 메뉴에서 (**파일**) → **가져오기**를 실행합니다. 가져오기 대화상자가 표시되면 06 폴더에서 '헤드디자인.jpg' 파일을 선택한 다음 〈열기〉 버튼을 클릭합니다.

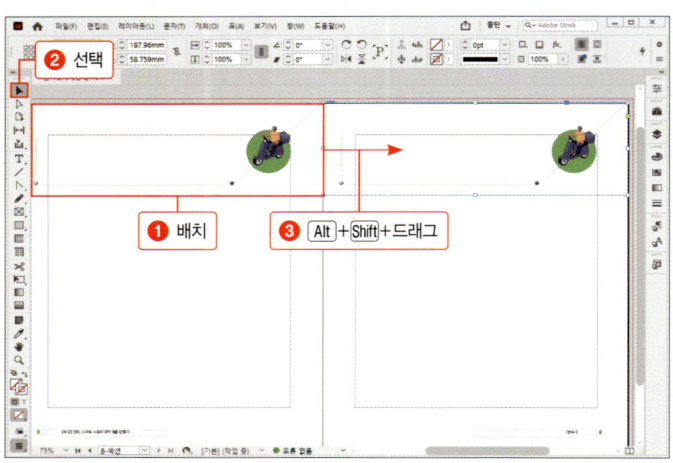

04 왼쪽 마스터 페이지 상단에 불러온 이미지를 배치합니다. 선택 도구(▶)로 이미지를 선택하고 Alt+Shift를 누른 상태로 오른쪽 마스터 페이지로 드래그하여 복제합니다.

TIP 섹션이 오른쪽 페이지에 있을 수도 있기 때문에 오른쪽 페이지에도 마스터 페이지를 만들어 두어야 합니다.

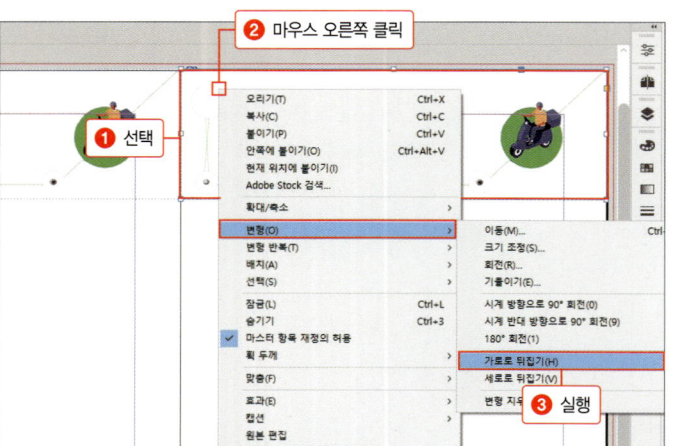

05 오른쪽 마스터 페이지에 복제된 이미지를 선택하고 마우스 오른쪽 버튼을 클릭한 다음 **변형 → 가로로 뒤집기**를 실행하여 좌우를 반전합니다.
두 이미지는 고정되어야 편리하므로 이미지를 선택한 다음 Ctrl+L을 눌러 잠금 상태로 변경합니다.

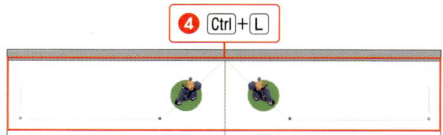

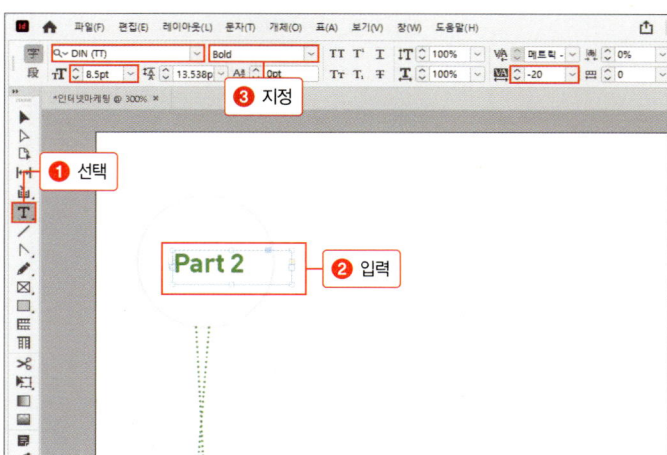

06 그림과 같은 위치에 문자 도구(T)로 드래그하여 문자 상자를 만들고 'Part 2'를 입력합니다.
'Part 2' 텍스트를 선택하고 글꼴을 'DIN (TT)', 글꼴 스타일을 'Bold', 글꼴 크기를 '8.5pt', 자간을 '–20'으로 지정합니다.

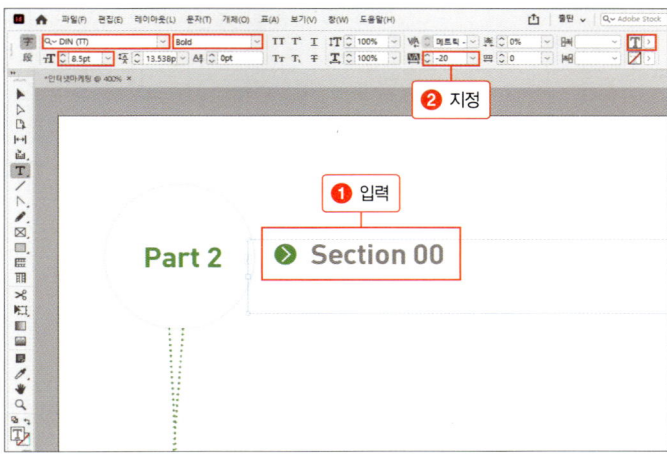

07 파트 번호 오른쪽에 'Section 00'을 입력하고 글꼴을 'DIN (TT)', 글꼴 스타일을 'Bold', 글꼴 크기를 '8.5pt', 자간을 '–20'으로 지정한 다음 칠을 '검정'으로 지정하고 색조를 '80%'로 지정합니다.

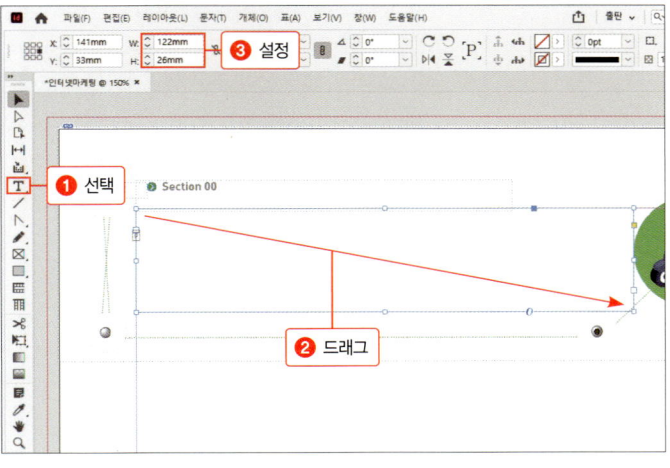

08 문자 도구(T)로 드래그하여 문자 상자를 만든 다음 컨트롤 패널에서 W를 '122mm', H를 '26mm'로 설정하여 크기를 변경합니다.

TIP 해당 문자 상자에는 각 섹션 제목이 들어갈 예정입니다.

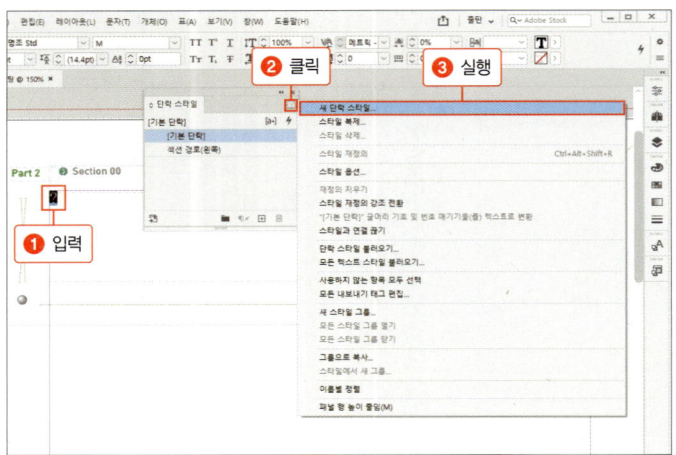

09 문자 상자에 '?'를 입력합니다. 단락 스타일 패널에서 '패널 메뉴' 아이콘(≡)을 클릭한 다음 **새 단락 스타일**을 실행합니다.

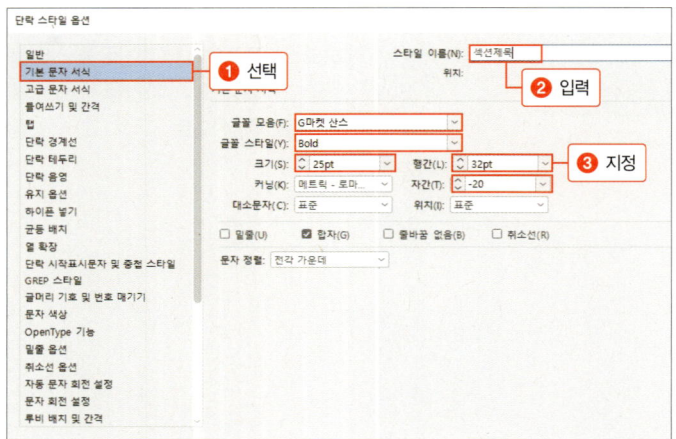

10 단락 스타일 옵션 대화상자가 표시되면 '기본 문자 서식'을 선택한 다음 스타일 이름을 '섹션제목', 글꼴 모음을 'G마켓 산스', 글꼴 스타일을 'Bold', 크기를 '25pt', 행간을 '32pt', 자간을 '−20'으로 지정합니다.

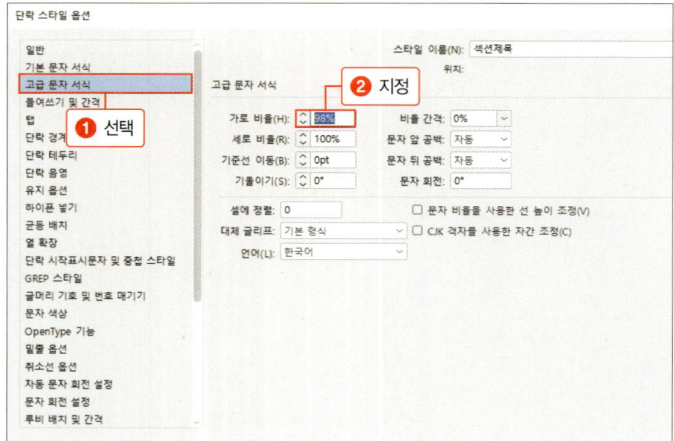

11 '고급 문자 서식'을 선택하고 가로 비율을 '98%'로 지정한 다음 〈확인〉 버튼을 클릭합니다. 단락 스타일 패널에 '섹션 제목' 스타일이 등록된 것을 확인할 수 있습니다.

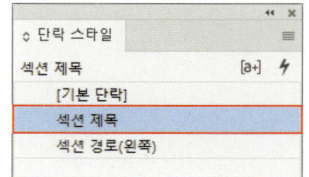

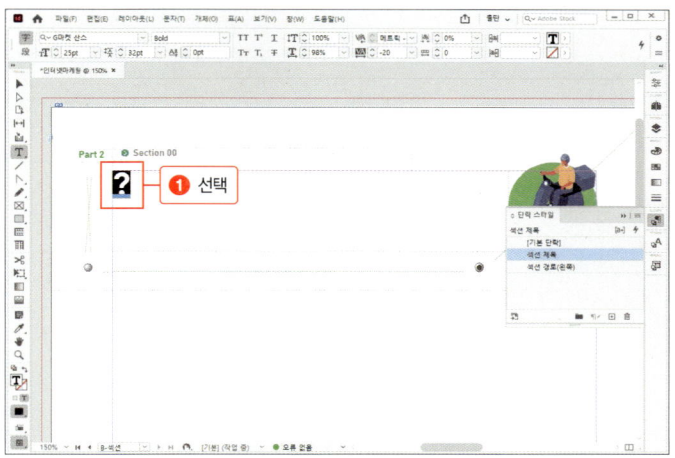

12 섹션 제목 문자 상자의 '?' 텍스트를 드래그하여 선택한 다음 단락 스타일 패널에서 '섹션 제목' 스타일을 클릭하여 스타일을 적용합니다.

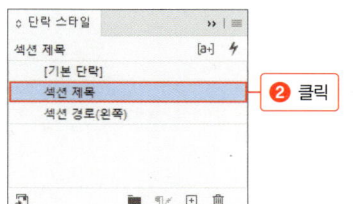

13 문자 도구(T.)로 왼쪽과 오른쪽 마스터 페이지의 섹션 제목 하단에 각각 드래그하여 문자 상자를 만듭니다.

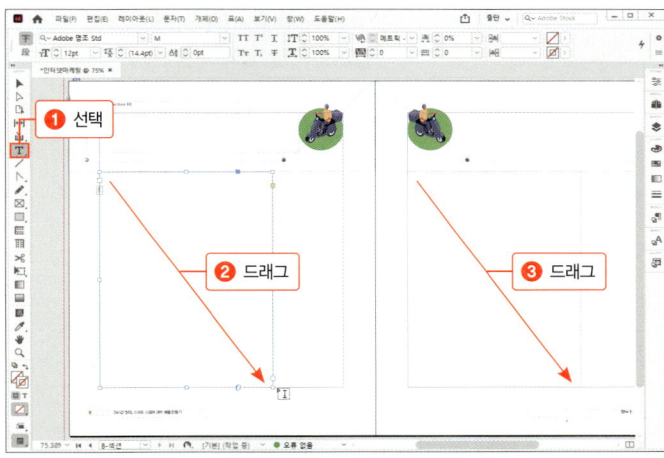

TIP 해당 문자 상자에는 본문 텍스트가 들어갈 예정입니다.

14 'A–마스터' 마스터 페이지에도 문자 도구(T.)로 문자 상자를 2개 만듭니다. 컨트롤 패널에서 W를 '106mm', H를 '175mm'로 설정한 다음 그림과 같이 배치합니다.

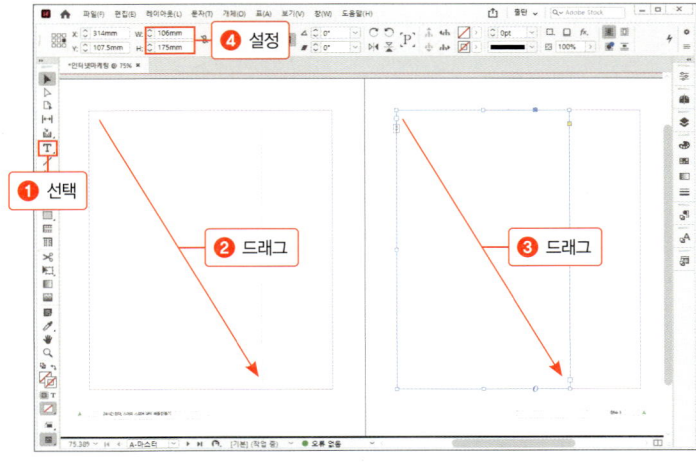

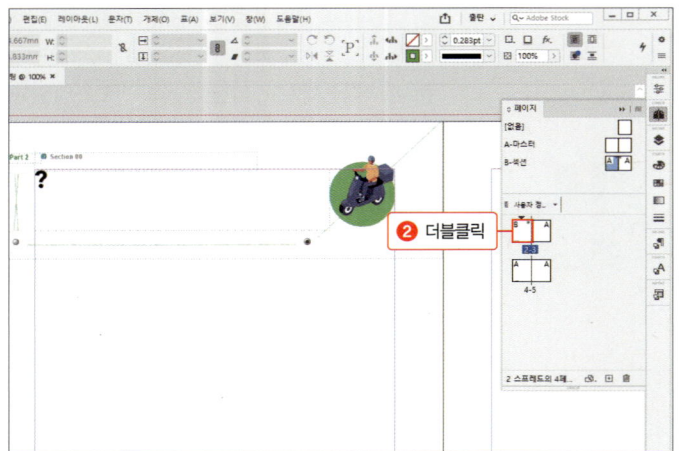

15 페이지 패널에서 'B—섹션' 왼쪽 마스터 페이지를 '2'페이지로 드래그하여 마스터를 적용합니다. '2'페이지를 더블클릭하여 'B—섹션' 마스터가 적용된 것을 확인합니다. 현재는 문자 상자가 비활성화된 상태입니다.

❷ 더블클릭

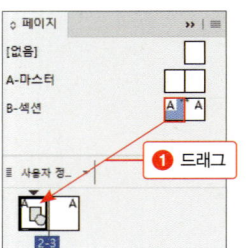

❶ 드래그

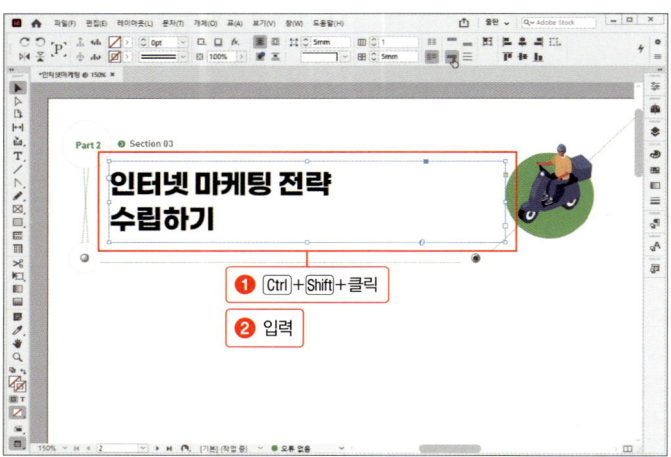

16 Ctrl + Shift 를 누른 상태로 섹션 제목 문자 상자를 클릭하면 문자 상자가 활성화되고 텍스트를 수정할 수 있습니다. '인터넷 마케팅 전략 수립하기'를 입력하면 설정한 스타일로 적용됩니다.

❶ Ctrl + Shift + 클릭

❷ 입력

TIP 입력한 텍스트를 다른 위치에 변수로 사용하여 자동으로 입력할 때, 문자 상자에서 2줄로 입력하여 텍스트가 보이지 않으면 Enter 가 아닌 Shift + Enter 를 눌러 다음 줄로 텍스트를 넘겨야 합니다. Shift + Enter 를 누르면 자동으로 텍스트를 표시할 때 한 줄로 표시할 수 있습니다.

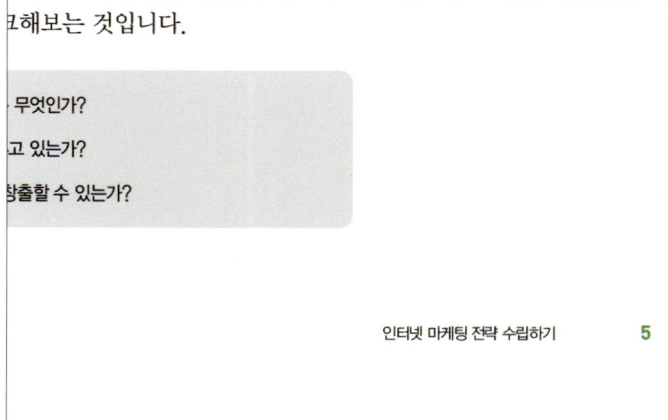

SECTION 04

한글 파일의 텍스트를 인디자인으로 가져오기

📄 예제 파일: 06 \ 텍스트 5-2.hwp

일반적으로 출판 업무에는 저자가 외부 프로그램으로 작성한 원고 파일을 받아 인디자인에서 새로 구성하는 경우가 많습니다. 여기서는 한글 프로그램에서 작성한 텍스트를 인디자인으로 가져오는 방법에 대해 알아보겠습니다.

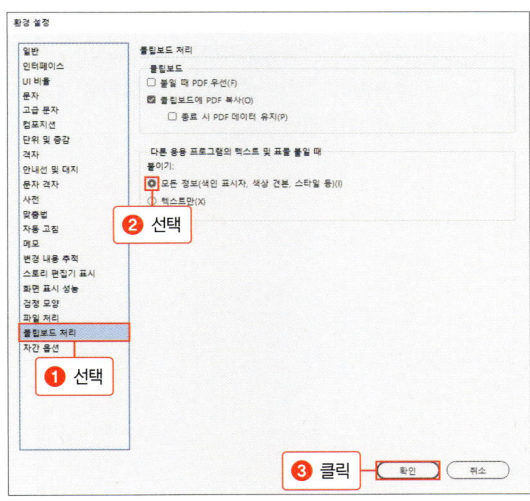

01 인디자인에서 Ctrl+K를 눌러 환경 설정 대화상자가 표시되면 '클립보드 처리'를 선택하고 다른 응용 프로그램의 텍스트 및 표를 붙일 때에서 '모든 정보'를 선택한 다음 〈확인〉 버튼을 클릭합니다.

TIP **클립보드 처리**
· **모든 정보** : 해당 응용 프로그램에서 복사한 속성을 모두 가져옵니다.
· **텍스트** : 모든 속성을 배제하고 오직 텍스트만 가져옵니다.

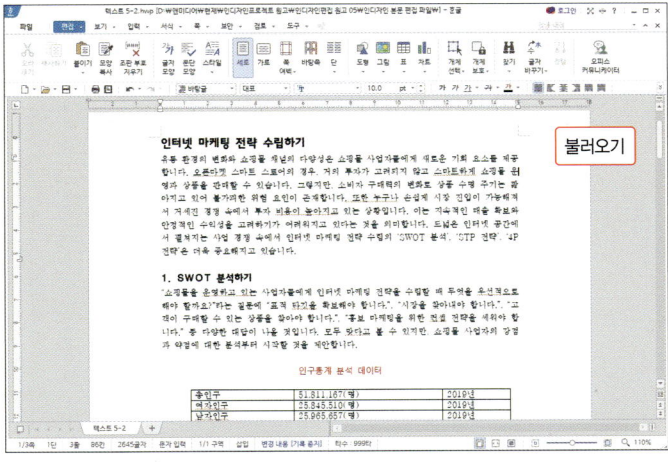

02 한글 프로그램을 실행한 다음 메뉴에서 (**파일**) → **불러오기**를 실행하여 06 폴더에서 '텍스트 5-2.hwp' 파일을 불러옵니다.

TIP '텍스트 5-2.hwp' 파일은 저자 원고의 일부로, 텍스트가 있는 상태입니다.

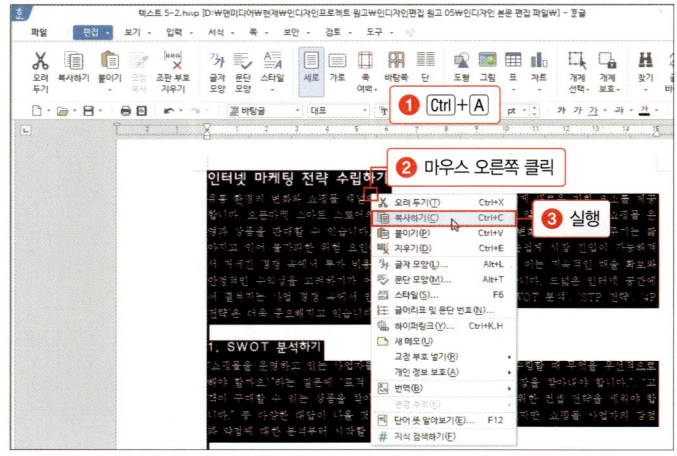

03 Ctrl + A 를 눌러 모든 텍스트를 선택하고 마우스 오른쪽 버튼을 클릭한 다음 **복사하기**를 실행합니다.

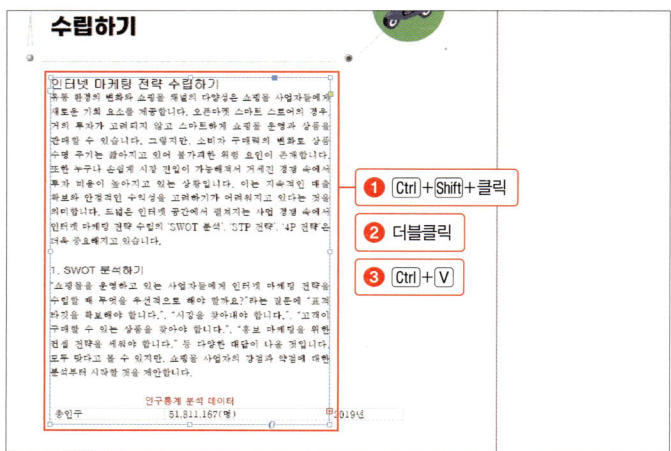

04 인디자인에서 Ctrl + Shift 를 누른 상태로 2페이지의 본문 문자 상자를 클릭하여 활성화한 다음 더블클릭하여 텍스트 입력 상태로 변경합니다. Ctrl + V 를 눌러 복사한 텍스트를 붙여 넣습니다.

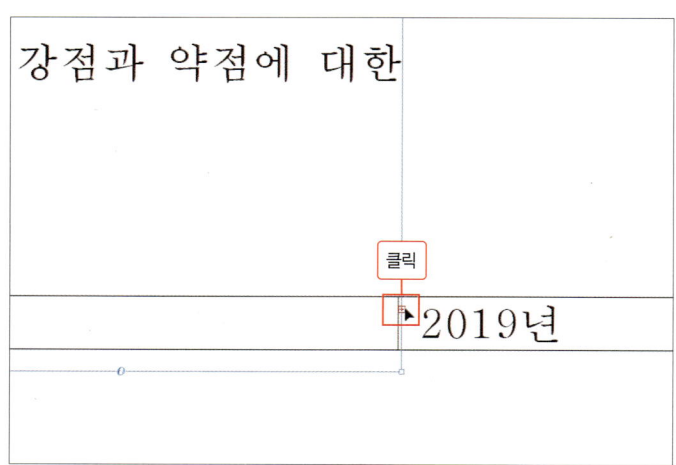

05 문자 상자의 오른쪽 하단에 빨간색 '+' 아이콘이 표시됩니다. 현재 문자 상자에 보이지 않는 내용이 있다는 것이므로 '+' 아이콘을 클릭합니다.

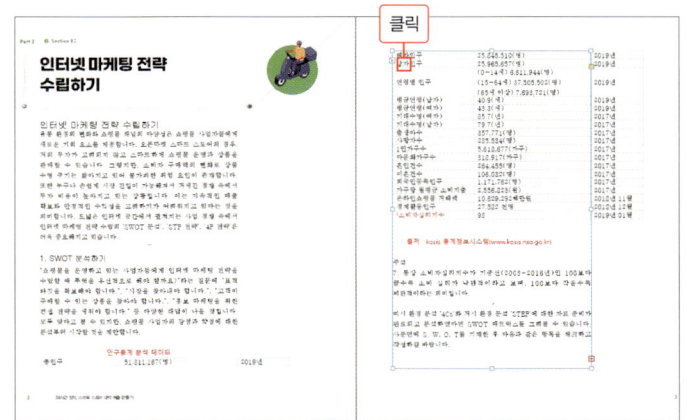

06 3페이지의 문자 상자를 클릭하면 문자
상자가 활성화되면서 내용이 표시되는
것을 확인할 수 있습니다.

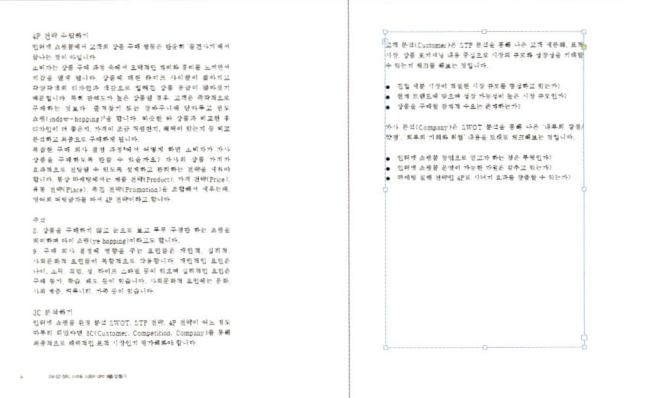

07 '+' 아이콘을 클릭하여 4페이지와 5페
이지에도 내용을 이어서 모두 표시합
니다.

SECTION 05

본문 텍스트에 단락 스타일
만들어 적용하기

페이지의 반복되는 공통 요소들을 구성하여 편리하게 사용하는 방법이 마스터 페이지라면
텍스트의 공통 요소들을 설정하여 관리하는 기능은 '스타일' 기능입니다. 스타일에는 단락 스타일,
문자 스타일, 개체 스타일 등이 있으며, 단락 스타일을 만들어 본문에 적용해 보겠습니다.

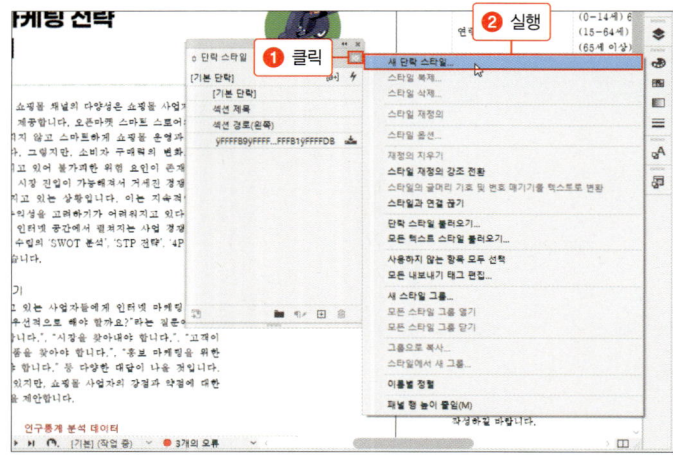

01 먼저 본문 기본 스타일을 만들기 위해
단락 스타일 패널에서 '패널 메뉴' 아이
콘(☰)을 클릭한 다음 **새 단락 스타일**을 실행합
니다.

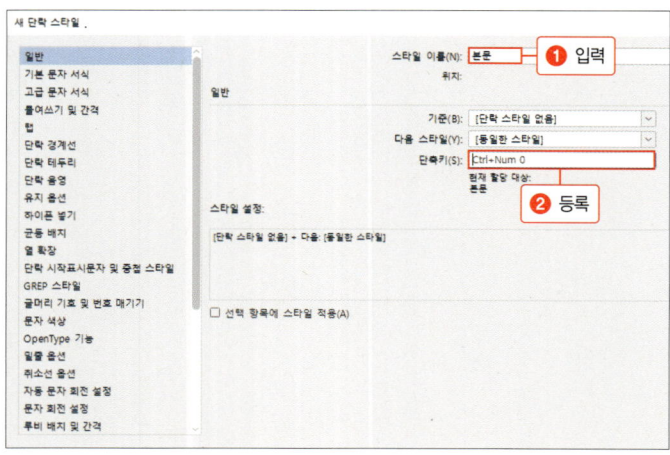

02 새 단락 스타일 대화상자가 표시되면
스타일 이름을 '본문'으로 입력합니다.
단축키에 Ctrl을 누른 상태로 키보드 오른쪽에
위치한 넘버 패드의 0을 눌러 등록합니다. 단
축키를 지정하면 조판 중에 편리하게 해당 부분
에 스타일을 적용할 수 있습니다.

TIP 다른 스타일이 적용된 상태에서 새로운 스타
일을 생성할 때는 원래의 스타일이 일부 적용되어 있
기 때문에 항상 기준에서 '단락 스타일 없음'을 지정하
고 〈기준 스타일로 재설정〉 버튼을 클릭하여 속성을 깨
끗하게 만든 다음 스타일을 설정하는 것이 좋습니다.

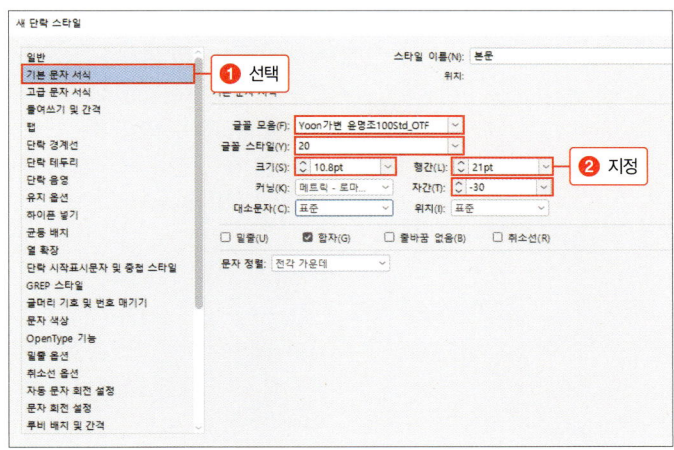

03 '기본 문자 서식'을 선택한 다음 글꼴 모음을 'Yoon가변 윤명조100Std_OTF', 글꼴 스타일을 '20', 크기를 '10.8pt', 행간을 '21pt', 자간을 '−30'으로 지정합니다.

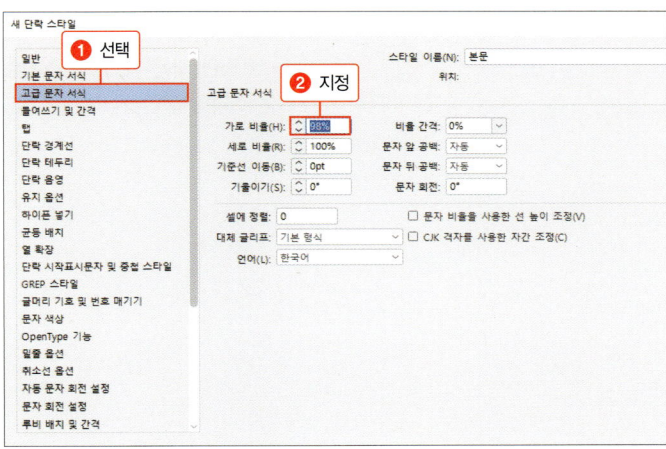

04 '고급 문자 서식'을 선택한 다음 가로 비율을 '98%'로 지정합니다.

05 '들여쓰기 및 간격'을 선택하고 이전 공백을 '2mm'로 지정한 다음 〈확인〉 버튼을 클릭합니다. 단락 스타일 패널에 '본문' 스타일이 등록된 것을 확인합니다.

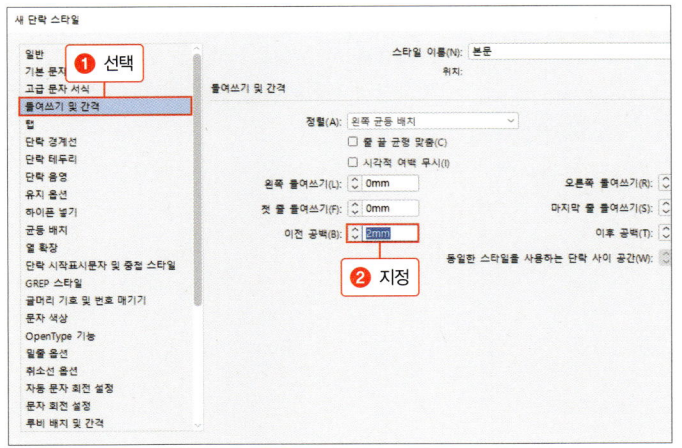

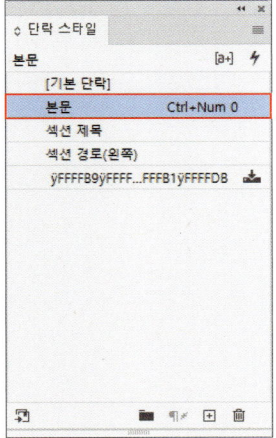

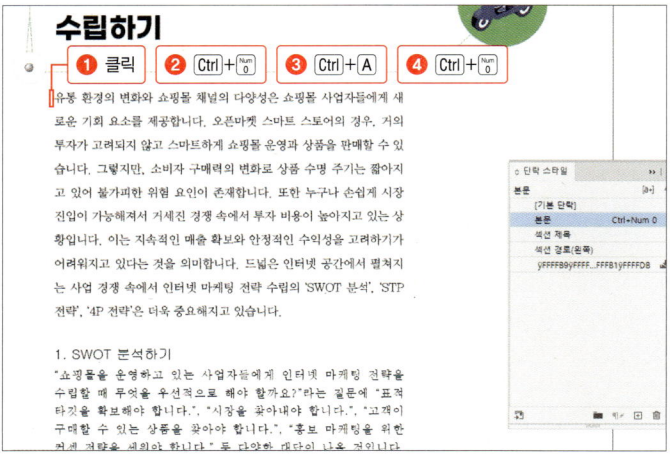

06 본문 문자 상자의 첫 번째 텍스트 단락을 클릭하여 커서를 위치한 다음 Ctrl +Num0을 누르면 단락 전체가 설정한 스타일로 한 번에 변경되는 것을 확인할 수 있습니다.
여기서는 Ctrl+A를 눌러 전체 텍스트를 선택하고 '본문' 스타일을 적용해 놓습니다.

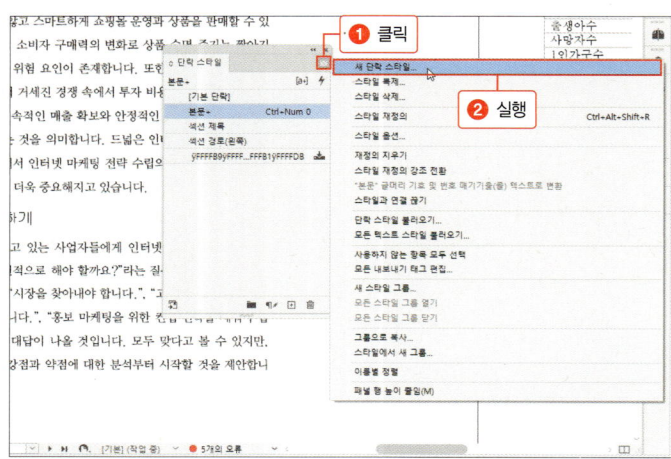

07 단락 스타일 패널에서 '패널 메뉴' 아이콘(▤)을 클릭한 다음 **새 단락 스타일**을 실행하여 새로운 스타일을 만듭니다.

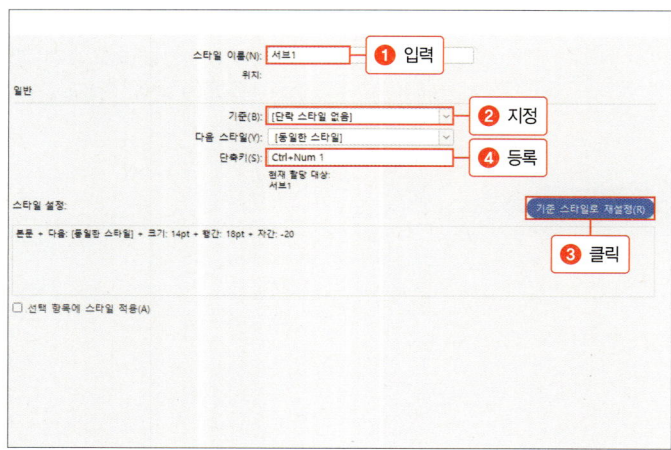

08 새 단락 스타일 대화상자가 표시되면 스타일 이름을 '서브1'로 입력합니다. 기준을 '단락 스타일 없음'으로 지정한 다음 〈기준 스타일로 재설정〉 버튼을 클릭하여 속성을 깨끗하게 만듭니다. 단축키에 Ctrl+Num1을 눌러 등록합니다.

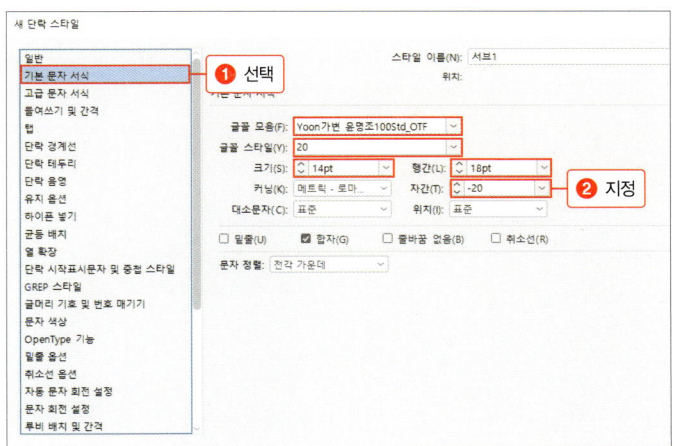

09 '기본 문자 서식'을 선택하고 글꼴 모음을 'Yoon가변 윤명조100Std_OTF', 글꼴 스타일을 '20', 크기를 '14pt', 행간을 '18pt', 자간을 '−20'으로 지정한 다음 '고급 문자 서식'을 선택하고 가로 비율을 '98%'로 지정합니다.

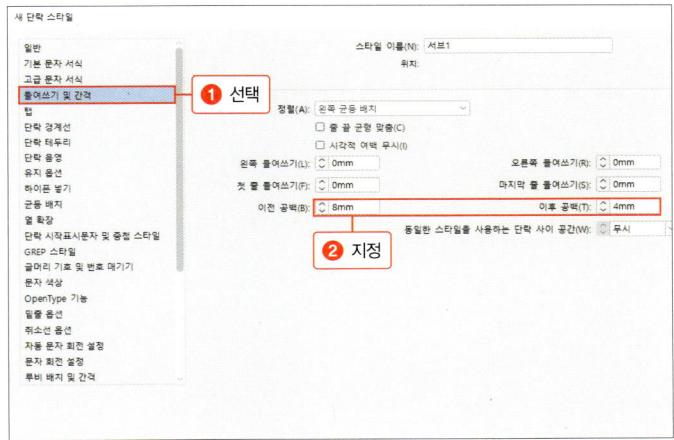

10 '들여쓰기 및 간격'을 선택한 다음 이전 공백을 '8mm', 이후 공백을 '4mm'로 지정합니다.

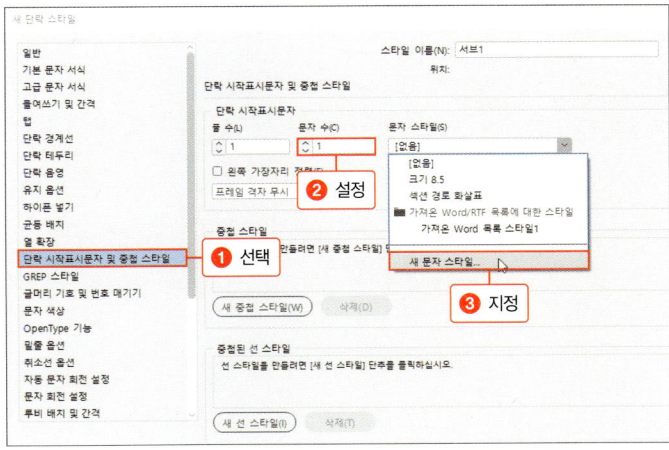

11 '단락 시작표시문자 및 중첩 스타일'을 선택하고 단락 시작표시문자의 문자 수를 '1'로 설정한 다음 문자 스타일을 '새 문자 스타일'로 지정합니다.

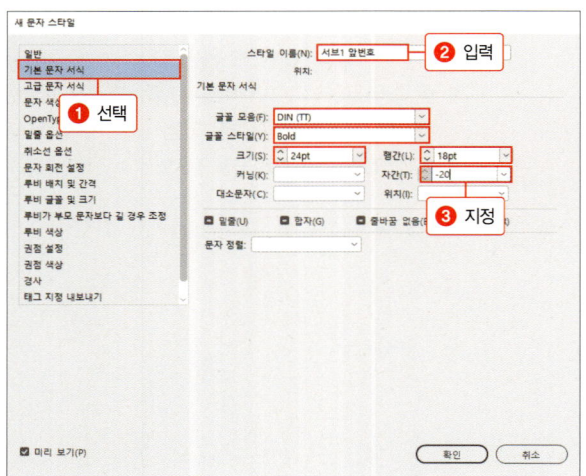

12 새 문자 스타일 대화상자가 표시되면 '기본 문자 서식'을 선택하고 스타일 이름을 '서브1 앞번호'로 입력한 다음 글꼴 모음을 'DIN (TT)', 글꼴 스타일을 'Bold', 크기를 '24pt', 행간을 '18pt', 자간을 '−20'으로 지정합니다.

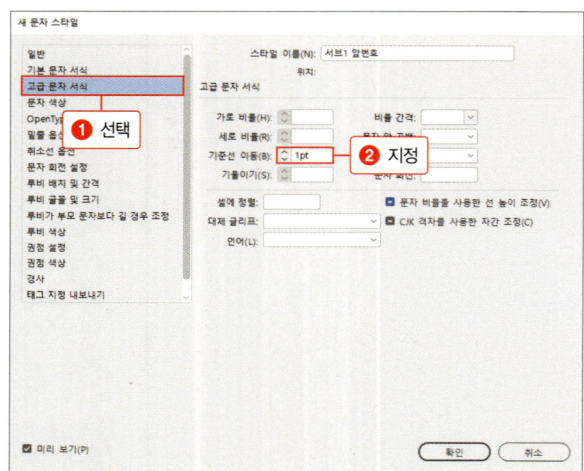

13 '고급 문자 서식'을 선택한 다음 기준선 이동을 '1pt'로 지정하여 기준선보다 1pt 높게 위치합니다.

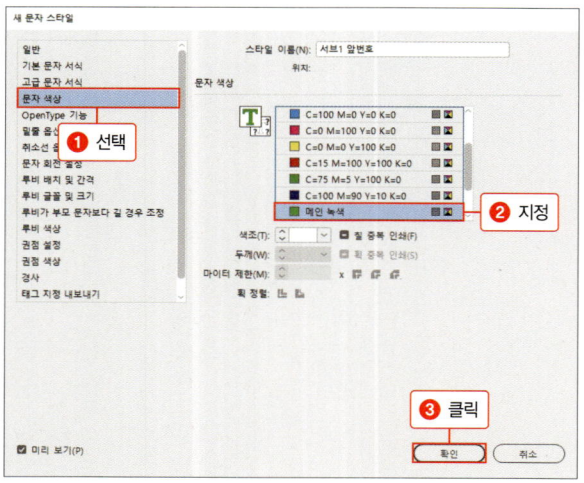

14 '문자 색상'을 선택하고 문자 색상을 '메인 녹색'으로 지정한 다음 〈확인〉 버튼을 클릭합니다.

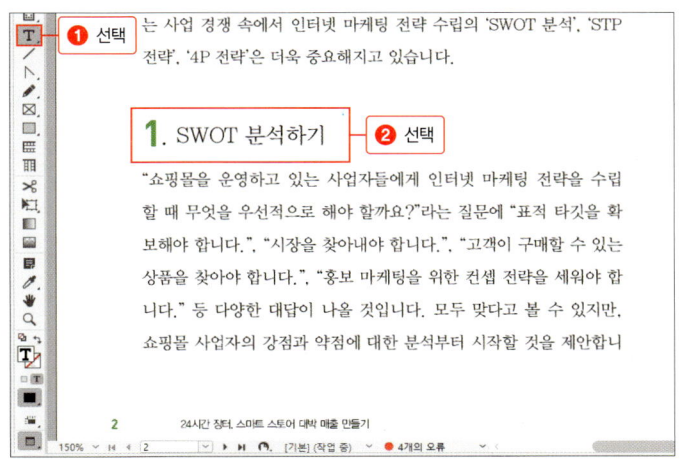

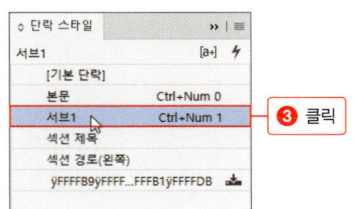

15 문자 도구(T.)로 2페이지의 첫 번째 서브 제목인 '1. SWOT 분석하기' 텍스트를 드래그하여 선택한 다음 단락 스타일 패널에서 '서브1' 스타일을 클릭하면 선택된 텍스트에 스타일이 적용됩니다.

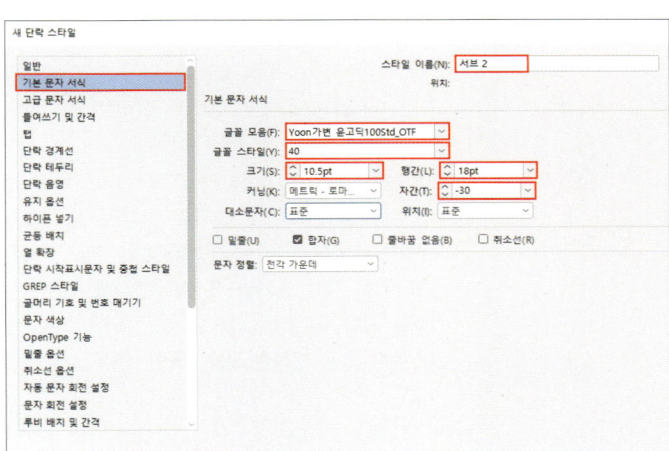

16 07번 ~ 14번 과정과 같은 방법으로 '서브2' 스타일을 만들도록 합니다.

새 단락 스타일 대화상자를 표시하여 '기본 문자 서식'을 선택하고 스타일 이름을 '서브2', 글꼴 모음을 'Yoon가변 윤고딕100Std_OTF', 글꼴 스타일을 '40', 크기를 '10.5pt', 행간을 '18pt', 자간을 '−30', 가로 비율을 '98%', 이전 공백을 '5mm', 문자 색상을 '메인 녹색'으로 지정합니다.

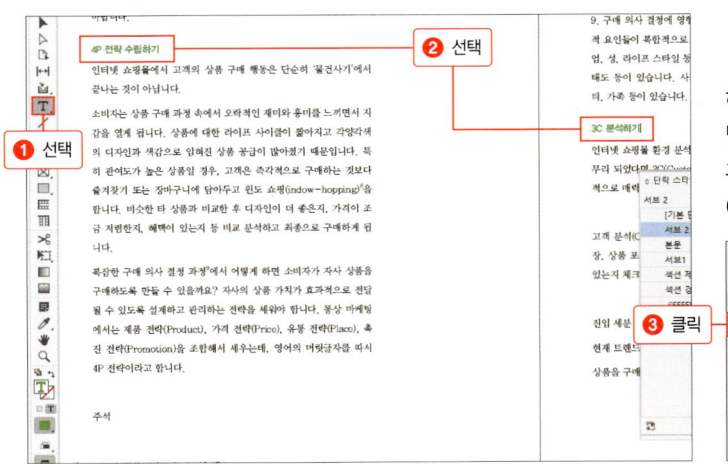

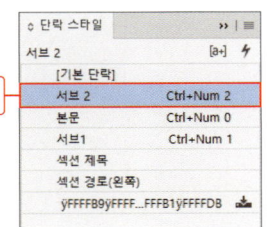

17 문자 도구(T.)로 두 번째 서브 제목을 각각 선택하고 '서브2' 스타일을 클릭하여 적용합니다. 수정할 부분이 여러 개일 경우 단축키를 이용하면 빠르게 적용할 수 있으며, 이후에 다시 수정해야 한다면 많은 부분을 한 번에 변경할 수 있습니다.

SECTION 06

팁 스타일 만들고 이미지 배치하기

📄 예제 파일: 06\그림 5-1.ai

본문에는 기본 텍스트뿐만 아니라 다른 스타일을 가진 팁 내용과 본문 중간에 들어가는
이미지 등이 있습니다. 여기서는 별도의 문자 상자에 다른 스타일을 적용하여 배치하고,
이미지를 불러와 텍스트를 추가하여 그룹으로 지정하는 방법에 대해 알아봅니다.

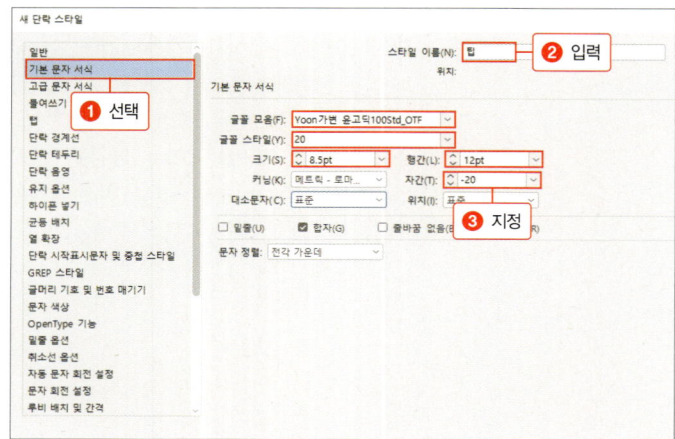

01 본문에 주석 표시가 되어 있는 내용을
팁 형식으로 오른쪽 여백에 배치하기
위해 팁 스타일을 생성합니다.
새 단락 스타일 대화상자를 표시하여 '기본 문
자 서식'을 선택하고 스타일 이름을 '팁', 글꼴
모음을 'Yoon가변 윤고딕100Std_OTF', 글꼴
스타일을 '20', 크기를 '8.5pt', 행간을 '12pt', 자
간을 '−20', 가로 비율을 '90%', 문자 색상을 '메
인 녹색'으로 지정한 다음 〈확인〉 버튼을 클릭합
니다.

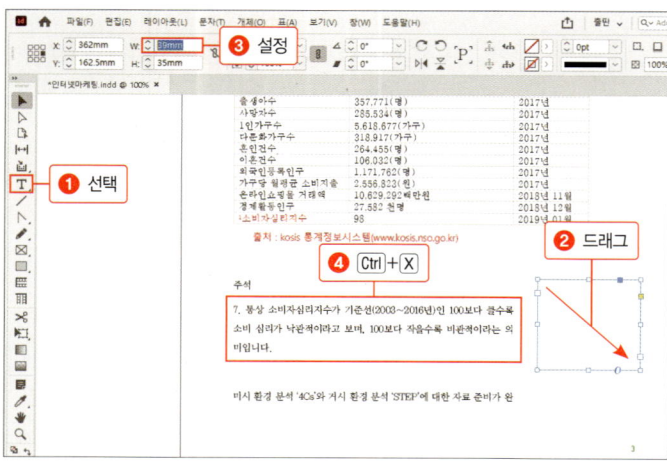

02 문자 도구(T.)로 드래그하여 문자 상
자를 만든 다음 컨트롤 패널에서 W를
'39mm'로 설정합니다. 문자 도구(T.)로 주석
표시된 내용을 드래그하여 선택하고 Ctrl+X를
눌러 오립니다.

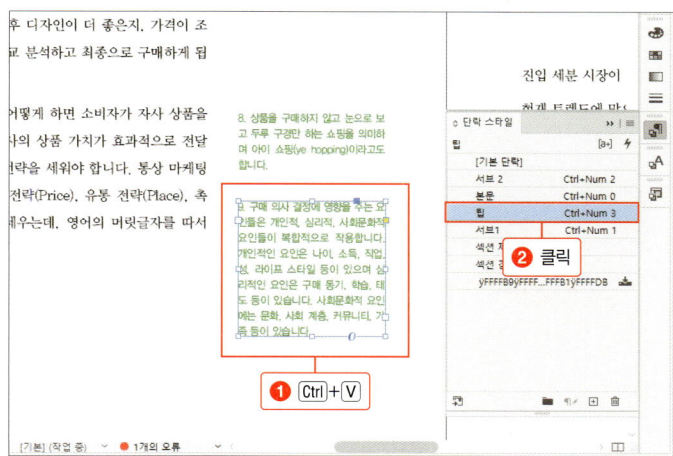

03 만든 문자 상자에 Ctrl+V를 눌러 붙여 넣은 다음 단락 스타일 패널에서 '팁' 스타일을 클릭하여 적용합니다. 나머지 주석 표시된 내용도 모두 팁 스타일을 적용하고 배치합니다.

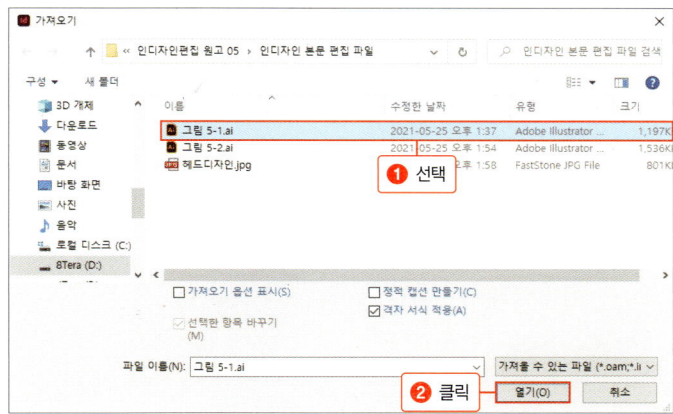

04 메뉴에서 (파일) → 가져오기를 실행합니다. 가져오기 대화상자가 표시되면 06 폴더에서 '그림 5-1.ai' 파일을 선택한 다음 〈열기〉 버튼을 클릭합니다.

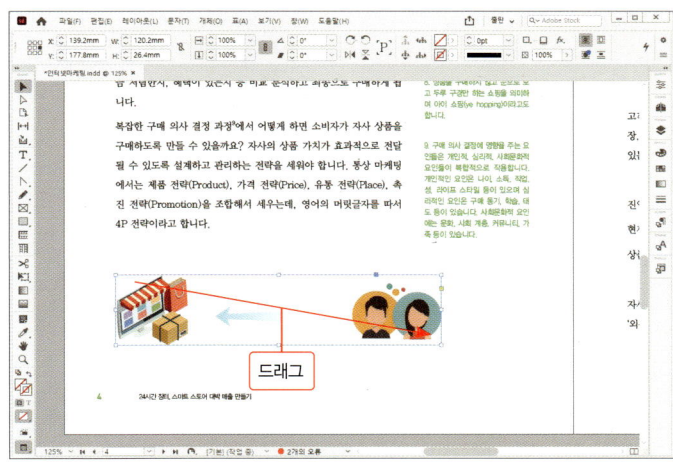

05 불러온 이미지를 4페이지 하단에 드래그하여 배치합니다.

TIP Ctrl을 누른 상태로 사각형 프레임의 조절점을 드래그하면 사각형 프레임과 안쪽 원본 이미지의 크기가 같이 조절됩니다.

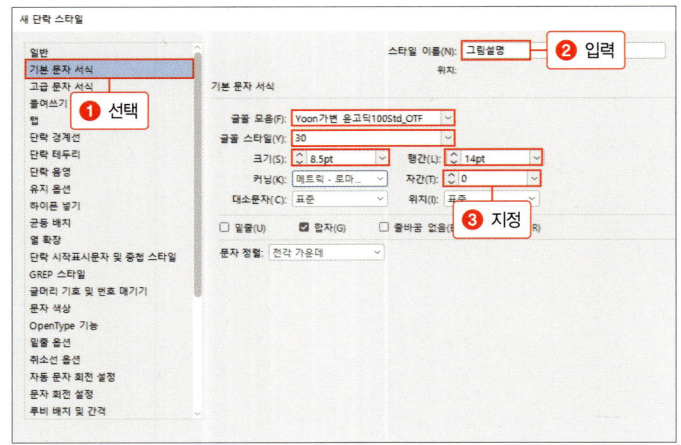

06 불러온 이미지에 그림 설명을 추가하기 위해 그림설명 스타일을 생성합니다. 새 단락 스타일 대화상자가 표시되면 스타일 이름을 '그림설명', 글꼴 모음을 'Yoon가변윤고딕100Std_OTF', 글꼴 스타일을 '30', 크기를 '8.5pt', 행간을 '14pt', 자간을 '0', 가로 비율을 '90%', 문자 색상을 '검정', 색조를 '80%'로 지정합니다.

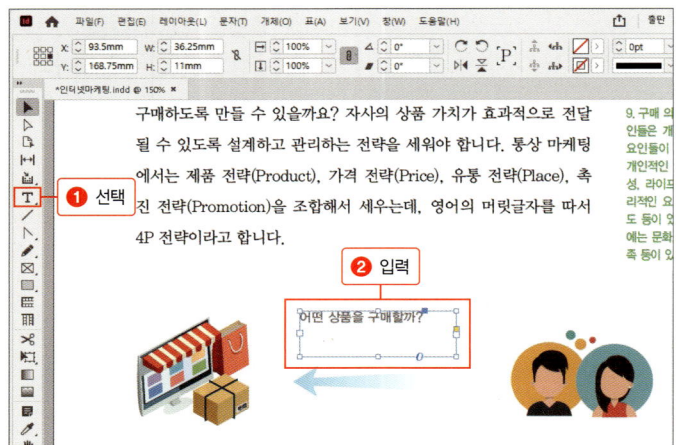

07 문자 도구(T)로 드래그하여 문자 상자를 만든 다음 '어떤 상품을 구매할까?'를 입력합니다. 텍스트를 선택하고 단락 스타일 패널에서 '그림설명' 스타일을 클릭하여 적용합니다.

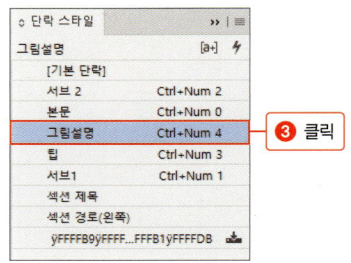

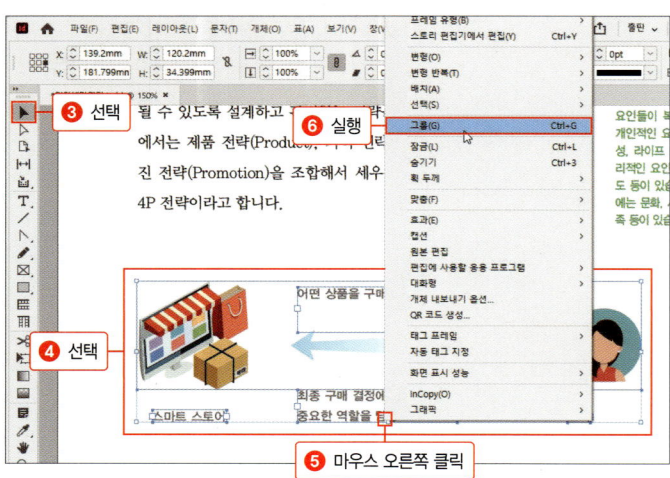

08 Alt를 누른 상태에서 '어떤 상품을 구매할까?' 문자 상자를 드래그하여 3개 더 복제한 다음 그림과 같이 내용을 변경합니다. 선택 도구(▶)로 이미지와 문자 상자를 드래그하여 모두 선택하고 마우스 오른쪽 버튼을 클릭한 다음 **그룹**을 실행합니다.

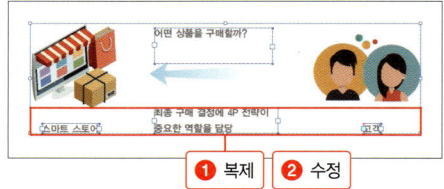

SECTION 07

문자 상자 안에 문자 상자 삽입하여 내용 추가하기

출판물의 대부분을 차지하고 있는 본문은 문자 상자 안에 삽입되지만, 문자 상자 안에는 텍스트 이외에 이미지, 선, 표뿐만 아니라 문자 상자도 삽입할 수 있습니다. 별도의 문자 상자에 설정을 적용한 다음 문자 상자에 삽입하여 위치하는 방법을 알아봅니다.

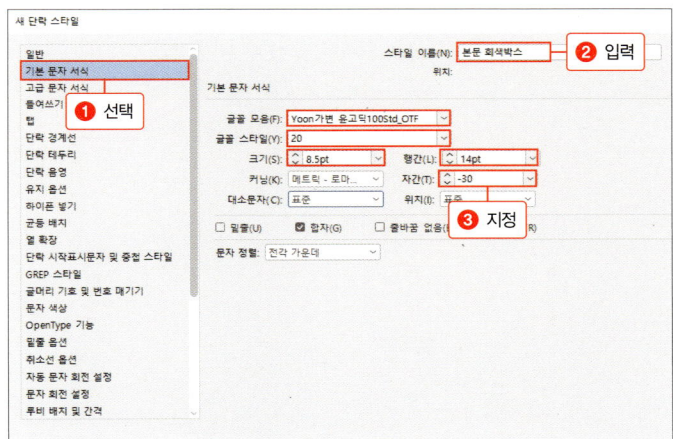

01 먼저 단락 스타일 패널에서 '패널 메뉴' 아이콘(☰)을 클릭한 다음 **새 단락 스타일**을 실행합니다.

새 단락 스타일 대화상자가 표시되면 '기본 문자 서식'을 선택하고 스타일 이름을 '본문 회색박스', 글꼴을 'Yoon가변 윤고딕100Std_OTF', 글꼴 스타일을 '20', 크기를 '8.5pt', 행간을 '14pt', 자간을 '−30', 가로 비율을 '90%', 이전 공백을 '2mm', 문자 색상을 '검정', 색조를 '80%'로 지정한 다음 〈확인〉 버튼을 클릭합니다.

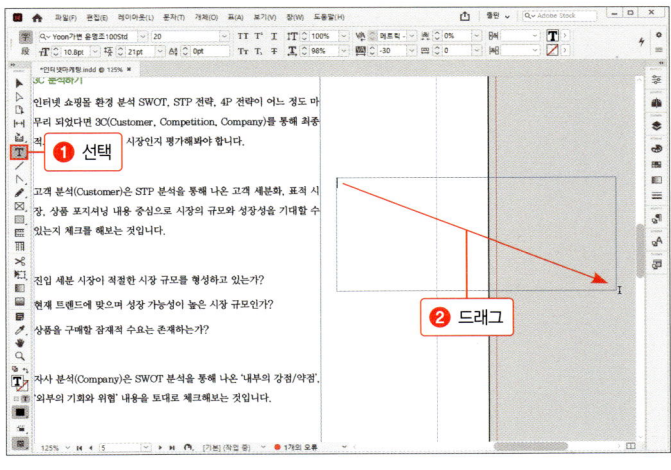

02 본문에 들어갈 강조 박스를 만들기 위해 도구 패널에서 문자 도구(T)를 선택하고 드래그하여 문자 상자를 만듭니다.

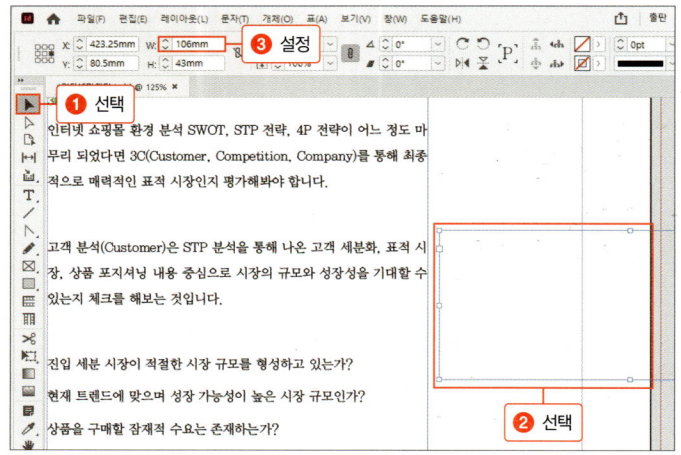

03 선택 도구(▶)로 문자 상자를 선택하고 컨트롤 패널에서 W를 '106mm'로 설정합니다.

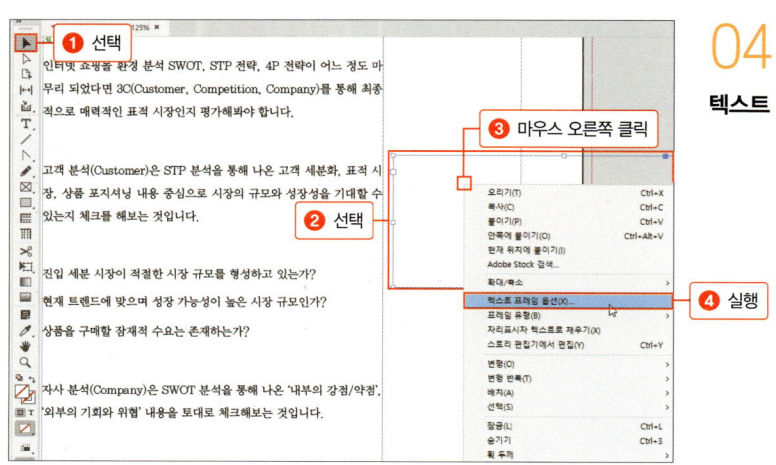

04 선택 도구(▶)로 문자 상자를 선택하고 마우스 오른쪽 버튼을 클릭한 다음 **텍스트 프레임 옵션**을 실행합니다.

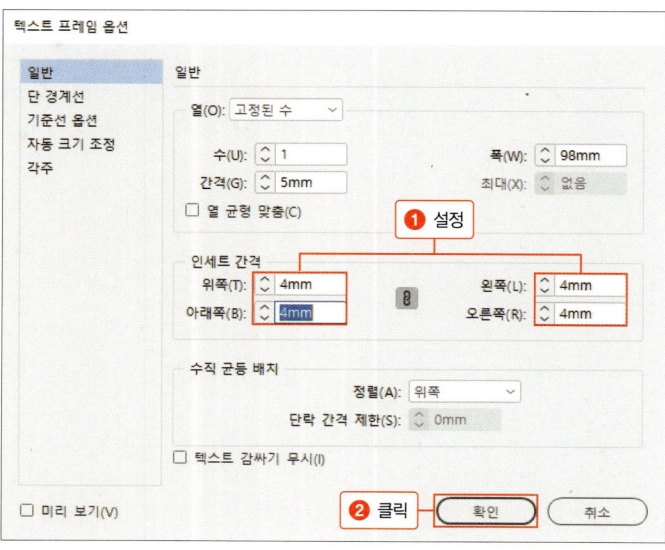

05 텍스트 프레임 옵션 대화상자가 표시되면 인세트 간격의 모든 방향을 '4mm'로 설정한 다음 〈확인〉 버튼을 클릭합니다.

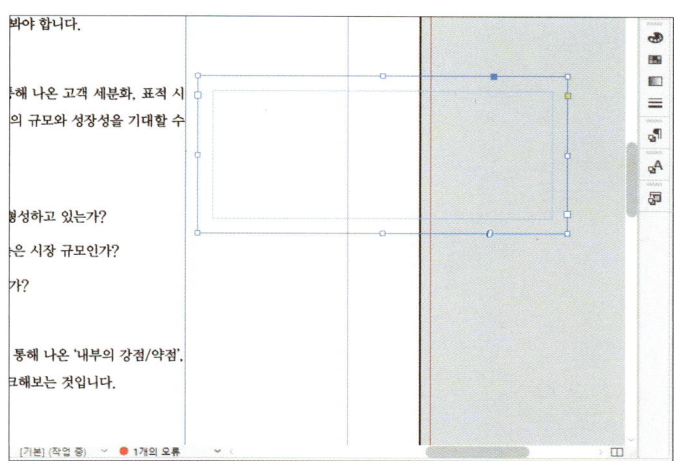

06 문자 상자의 상하좌우에 4mm씩 여백이 생긴 것을 확인할 수 있습니다.

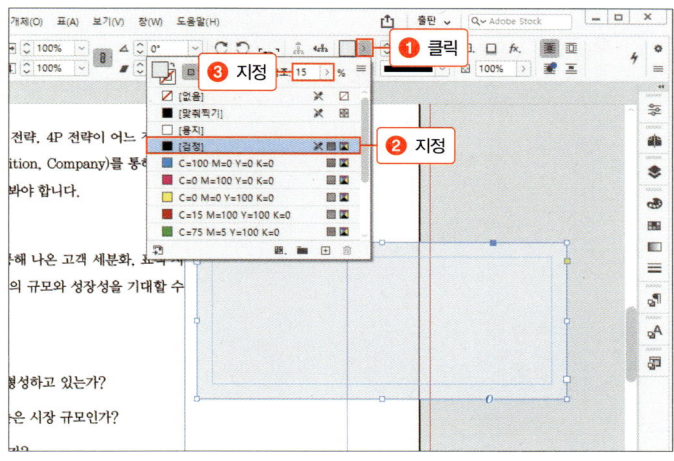

07 문자 상자가 선택된 상태에서 컨트롤 패널의 칠을 '검정'으로 지정한 다음 색조를 '15%'로 지정하여 밝은 회색을 적용합니다.

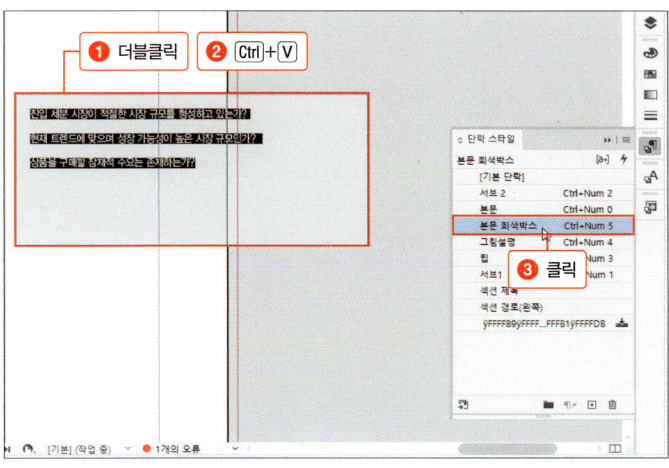

08 본문 중 강조 표시된 내용을 문자 도구(T.)로 드래그하여 선택합니다. Ctrl +C를 눌러 복사하고 회색 문자 상자를 더블클릭하여 활성화한 다음 Ctrl+V를 눌러 내용을 붙여 넣습니다.
단락 스타일 패널에서 '본문 회색박스' 스타일을 클릭하여 적용합니다.

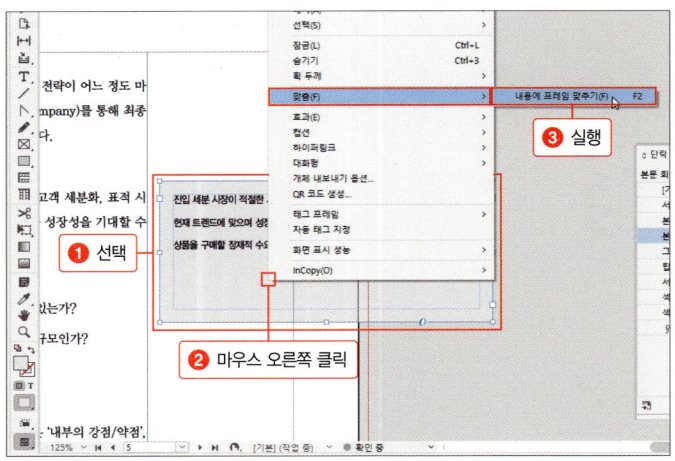

09 회색 문자 상자를 선택하고 마우스 오른쪽 버튼을 클릭한 다음 **맞춤 → 내용에 프레임 맞추기**를 실행하여 텍스트에 맞게 상자의 크기를 조절합니다.

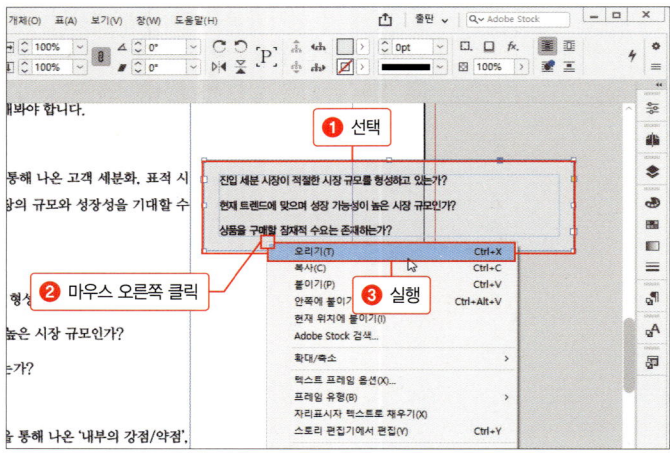

10 회색 문자 상자를 선택하고 마우스 오른쪽 버튼을 클릭한 다음 **오리기**를 실행합니다.

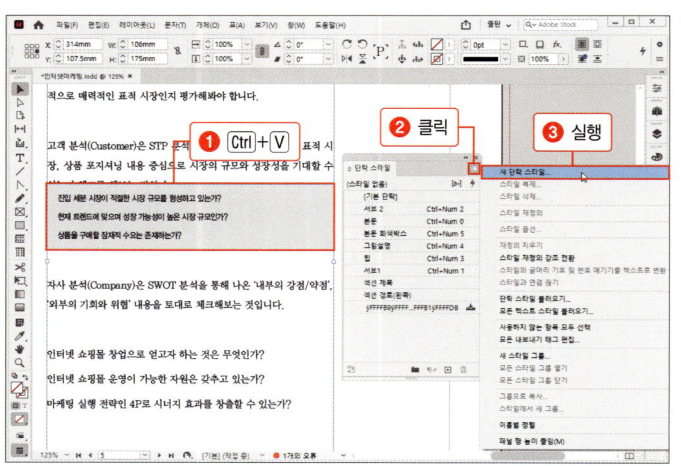

11 본문 문자 상자에서 해당 내용이 있는 부분에 Ctrl+V를 눌러 붙여 넣습니다. 회색 문자 상자가 붙여 넣어졌지만 간격이 맞지 않아 스타일을 만들어 적용합니다.
단락 스타일 패널에서 '패널 메뉴' 아이콘(≡)을 클릭한 다음 **새 단락 스타일**을 실행합니다.

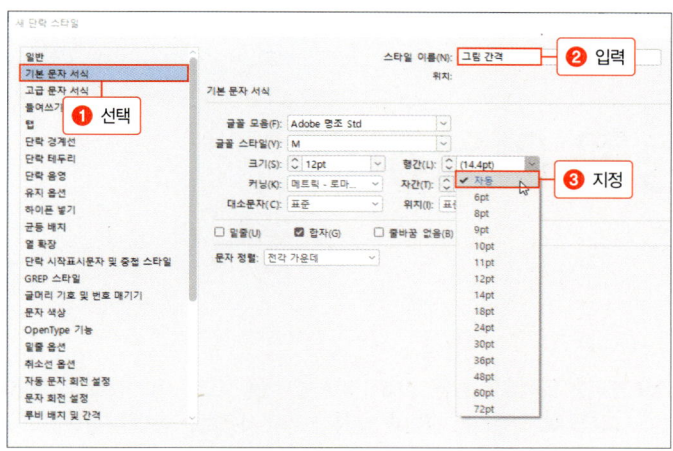

12 새 단락 스타일 대화상자가 표시되면 '기본 문자 서식'을 선택하고 스타일 이름에 '그림 간격'을 입력한 다음 행간을 '자동'으로 지정합니다.

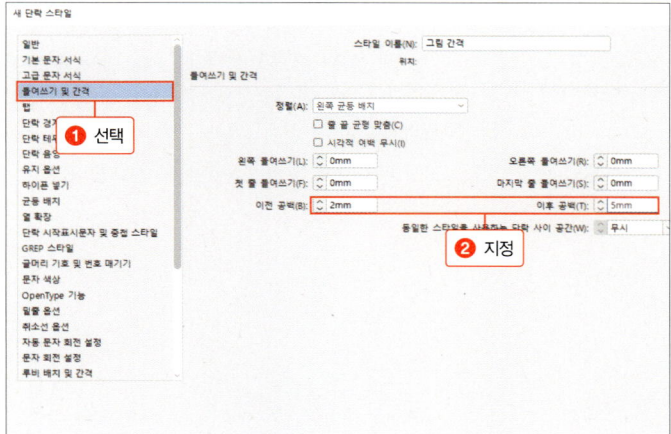

13 '들여쓰기 및 간격'을 선택하고 이전 공백을 '2mm', 이후 공백을 '5mm'로 지정한 다음 〈확인〉 버튼을 클릭합니다.

TIP 해당 설정은 선택된 단락 이전에 2mm 공백을 만들고, 단락 이후에 5mm 공백을 적용합니다.

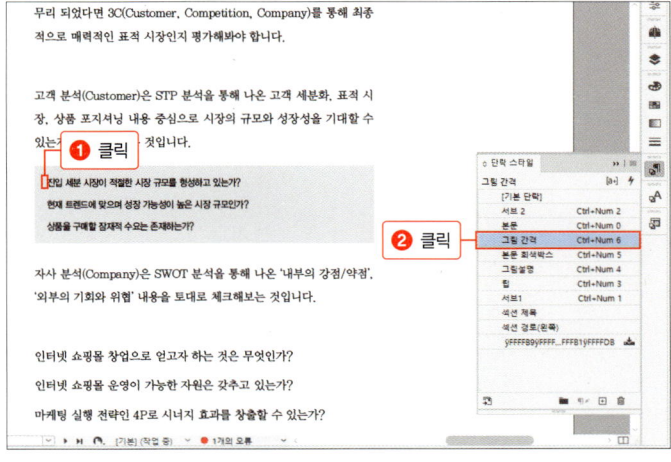
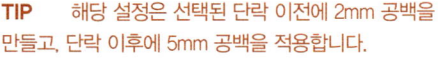

14 회색 문자 상자에 커서를 위치하고 단락 스타일 패널에서 '그림 간격' 스타일을 클릭하여 적용하면 회색 문자 상자가 텍스트처럼 간격이 맞춰집니다.

SECTION 08

원과 글리프 기능을 이용하여
강조 표시하기

일반적으로 약물이라고 불리는 글리프 기능은 그래픽 기호와 같은 것으로, 텍스트에 입력하여
디자인에 적용하는 방법과 직접 그려서 사용하는 방법을 알아봅니다.

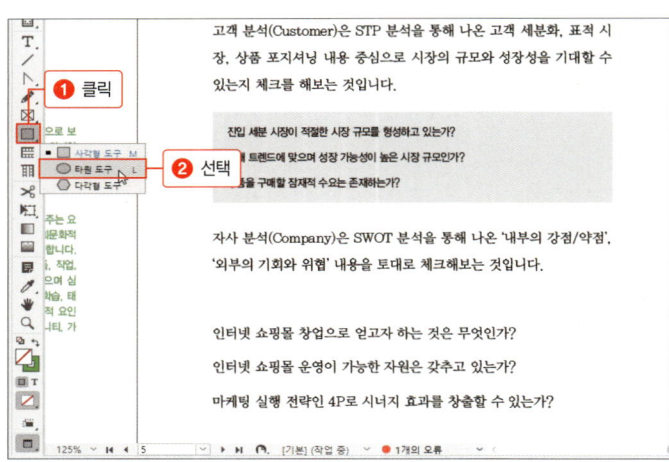

01 회색 문자 상자의 텍스트 앞에 글리프 기능을 이용하여 점을 넣을 수도 있지만 여기서는 점 형태의 도형을 만들어 넣겠습니다. 도구 패널에서 타원 도구(◯)를 선택합니다.

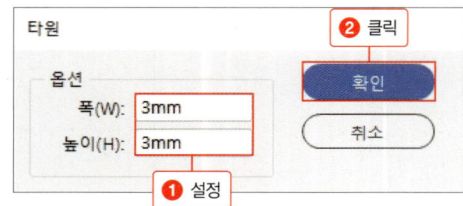

02 페이지의 빈 여백을 클릭하여 타원 대화상자가 표시되면 폭을 '3mm', 높이를 '3mm'로 설정한 다음 〈확인〉 버튼을 클릭합니다.

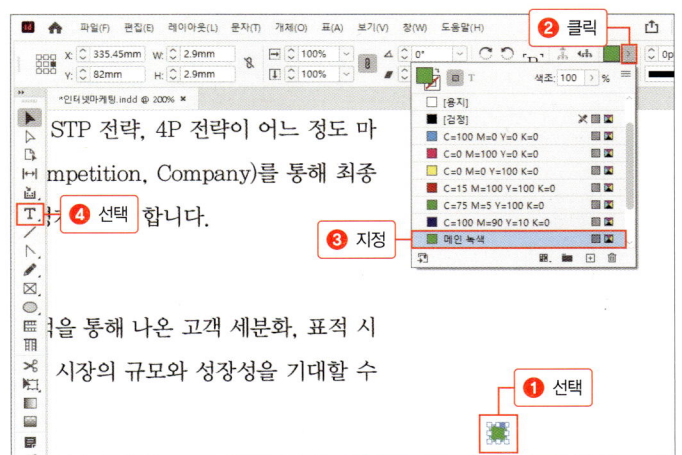

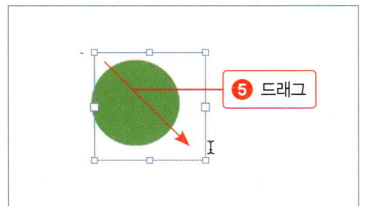

03 생성된 원을 선택하고 컨트롤 패널에서 칠을 '메인 녹색'으로 지정합니다. 도구 패널에서 문자 도구(T.)를 선택한 다음 원 위에 드래그하여 문자 상자를 만듭니다.

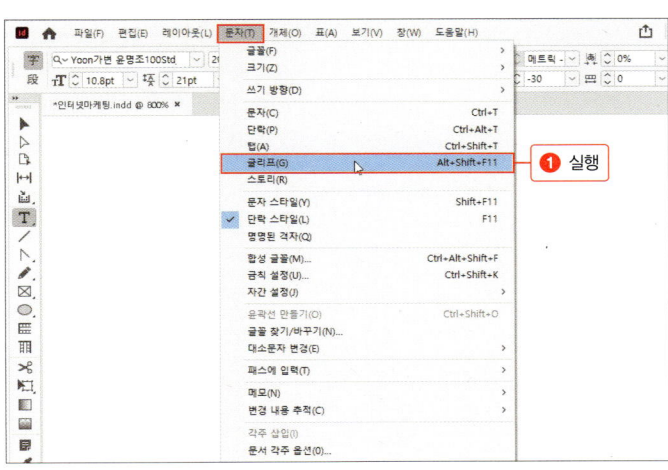

04 메뉴에서 (문자) → 글리프를 실행하여 글리프 패널을 표시합니다. 글리프 패널에서 그림과 같은 삼각형을 더블클릭하여 입력합니다.

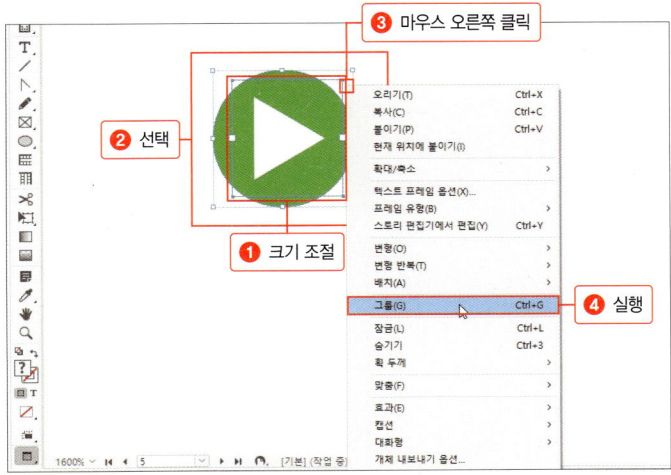

05 문자 상자에 커서를 위치하고 Ctrl + A를 눌러 텍스트가 선택된 상태에서 원의 크기와 맞게 글꼴 크기를 작게 조절하여 삼각형 크기를 줄입니다.
원과 삼각형을 선택하고 마우스 오른쪽 버튼을 클릭한 다음 그룹을 실행하여 그룹으로 지정합니다.

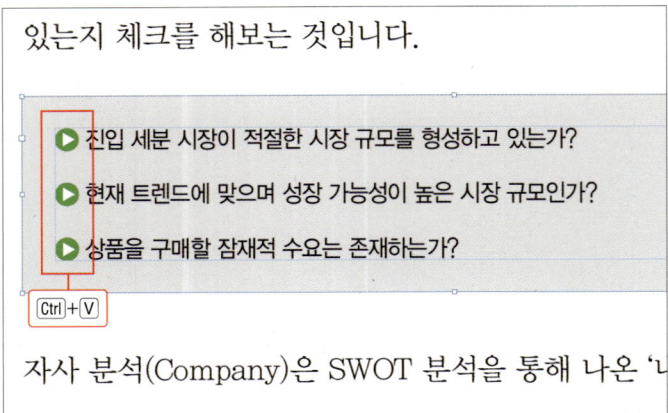

06 그룹으로 지정한 오브젝트를 선택하고 Ctrl + C 를 눌러 복사한 다음 회색 문자 상자의 텍스트 앞쪽에 Ctrl + V 를 눌러 붙여 넣습니다.

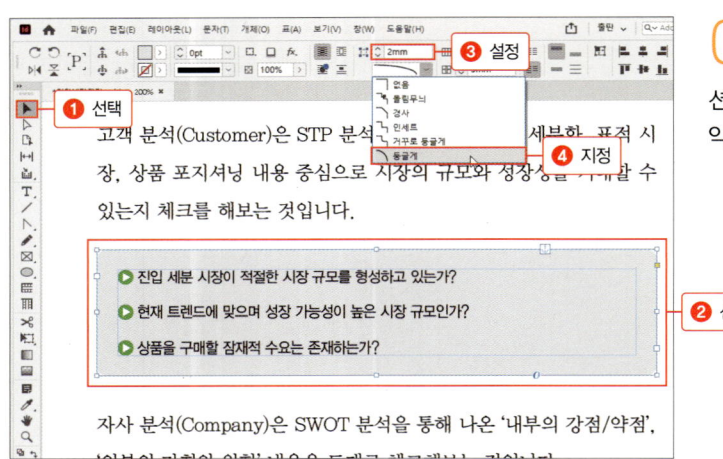

07 선택 도구(▶)로 회색 문자 상자를 선택한 다음 컨트롤 패널에서 모퉁이 옵션을 '2mm', '둥글게'로 지정하여 문자 상자를 약간 둥글게 변형합니다.

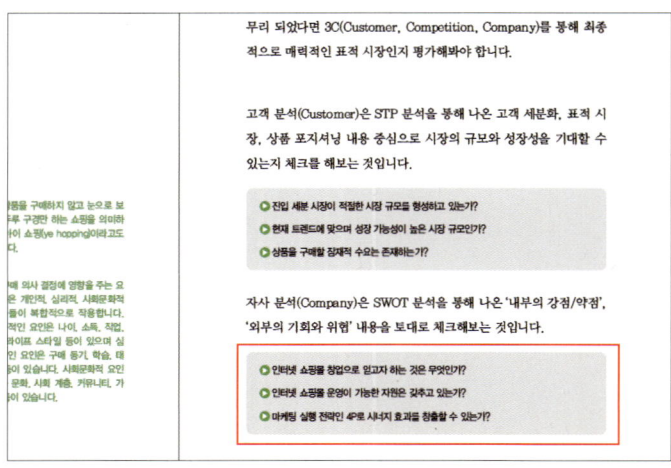

08 하단에 강조 표시된 내용도 같은 방법을 이용하여 변경합니다.

SECTION 09

스타일 이용하여
표 속성 변경하기

인디자인에는 외부 프로그램에서 데이터를 불러올 때 속성을 제외하고 텍스트만 불러오거나
속성을 유지한 상태로 불러올 수 있습니다. 한글 프로그램에서 데이터의 속성을
유지한 상태로 불러온 표의 스타일을 만들어 손쉽게 표 디자인을 완성하는 방법에 대해 알아보겠습니다.

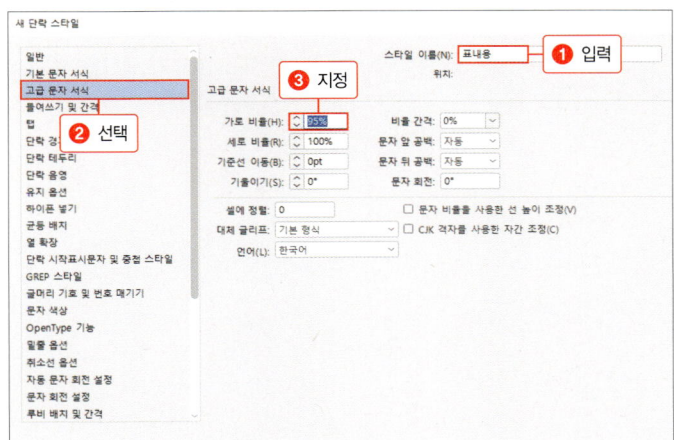

01 한글 프로그램에서 속성을 유지한 상태로 불러온 3페이지 표 안의 텍스트 스타일을 만들기 위해 단락 스타일 패널에서 '패널 메뉴' 아이콘(≡)을 클릭한 다음 **새 단락 스타일**을 실행합니다.

새 단락 스타일 대화상자가 표시되면 스타일 이름을 '표내용', 글꼴 모음을 'Yoon가변 윤고딕 100Std_OTF', 글꼴 스타일을 '20', 크기를 '8pt', 자간을 '−30', 가로 비율을 '95%'로 지정합니다.

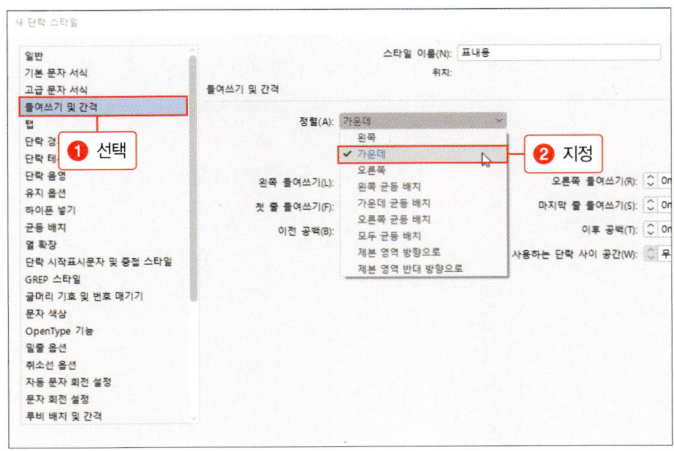

02 '들여쓰기 및 간격'을 선택하고 정렬을 '가운데'로 지정합니다. '문자 색상'을 선택하고 문자 색상을 '검정', 색조를 '80%'로 지정한 다음 〈확인〉 버튼을 클릭합니다.

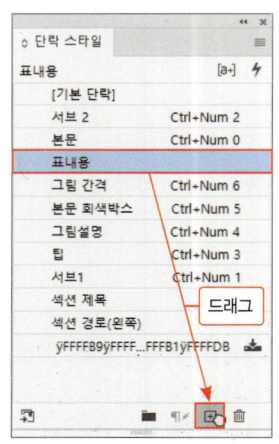 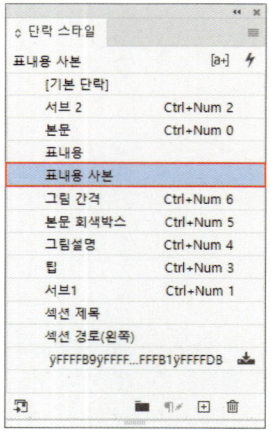

03 단락 스타일 패널에서 '표내용' 스타일을 '새 스타일 만들기' 아이콘(⊞)으로 드래그하여 '표내용 사본' 스타일을 만듭니다.

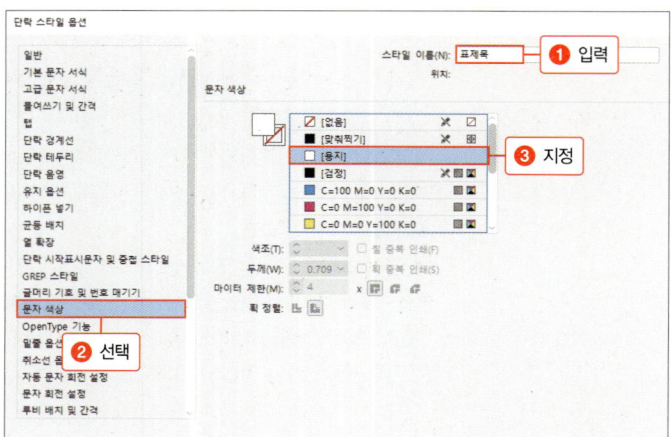

04 복제한 '표내용 사본' 스타일을 더블클릭하여 단락 스타일 옵션 대화상자가 표시되면 스타일 이름을 '표제목'으로 변경합니다. '문자 색상'을 선택하고 문자 색상을 '용지'로 지정한 다음 〈확인〉 버튼을 클릭합니다.

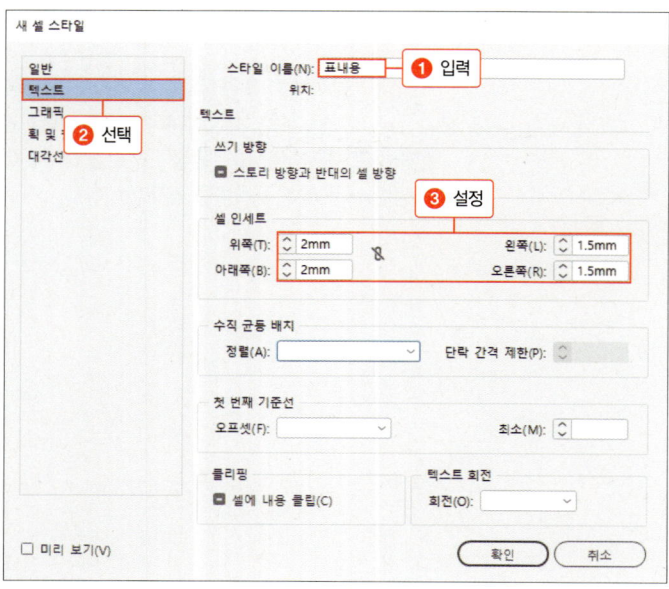

05 셀 스타일을 만들기 위해 셀 스타일 패널에서 '패널 메뉴' 아이콘(☰)을 클릭한 다음 새 셀 스타일을 실행합니다.
새 셀 스타일 대화상자가 표시되면 스타일 이름을 '표내용'으로 입력한 다음 '텍스트'를 선택하고 셀 인세트의 위쪽을 '2mm', 아래쪽을 '2mm', 왼쪽을 '1.5mm', 오른쪽을 '1.5mm'로 설정합니다.

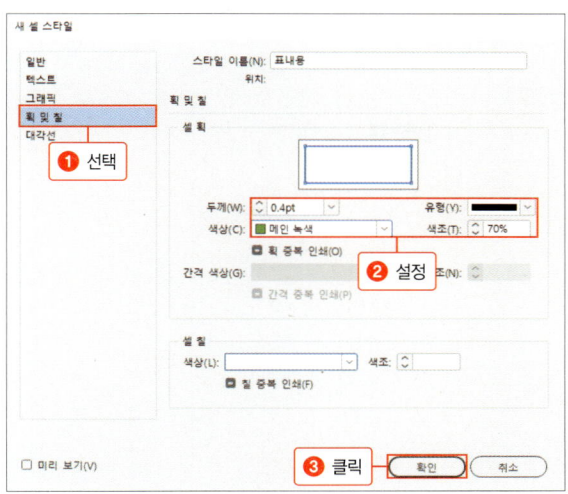

06 '획 및 칠'을 선택하고 셀 획의 두께를 '0.4pt', 유형을 '실선', 색상을 '메인 녹색', 색조를 '70%'로 설정한 다음 〈확인〉 버튼을 클릭합니다.

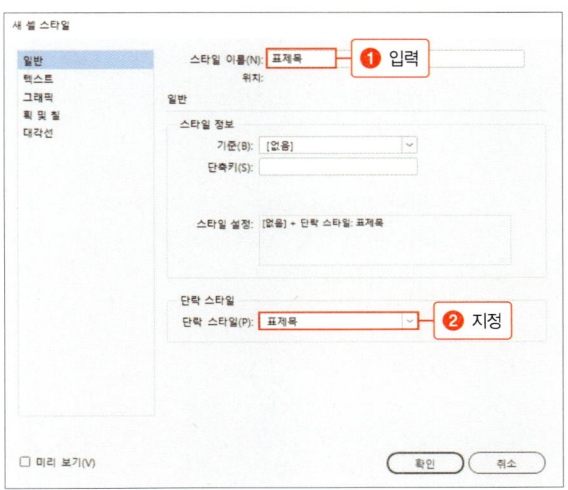

07 다시 셀 스타일을 만들기 위해 셀 스타일 패널에서 '패널 메뉴' 아이콘(■)을 클릭한 다음 **새 셀 스타일**을 실행합니다. 새 셀 스타일 대화상자가 표시되면 스타일 이름을 '표제목', 단락 스타일을 '표제목'으로 지정합니다.

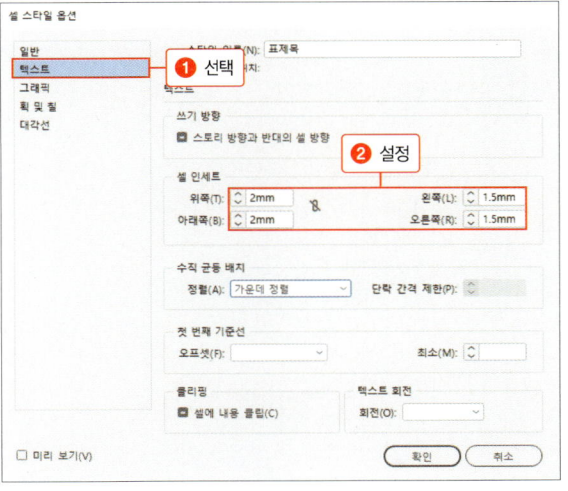

08 '텍스트'를 선택하고 셀 인세트의 위쪽을 '2mm', 아래쪽을 '2mm', 왼쪽을 '1.5mm', 오른쪽을 '1.5mm'로 설정합니다.

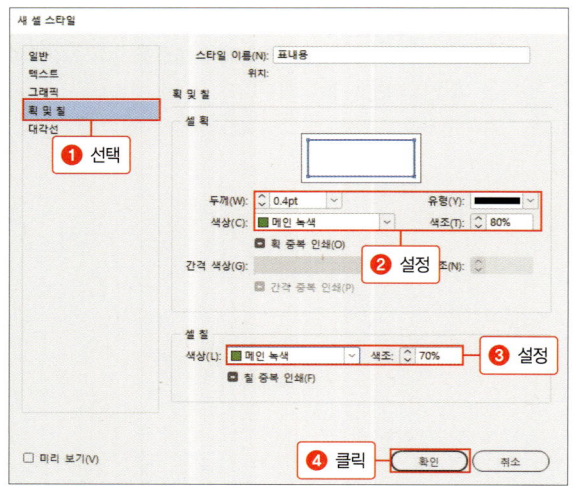

09 '획 및 칠'을 선택하고 셀 획의 두께를 '0.4pt', 유형을 '실선', 색상을 '메인 녹색', 색조를 '80%'로 설정합니다. 셀 칠의 색상을 '메인 녹색', 색조를 '70%'로 설정한 다음 〈확인〉 버튼을 클릭합니다.

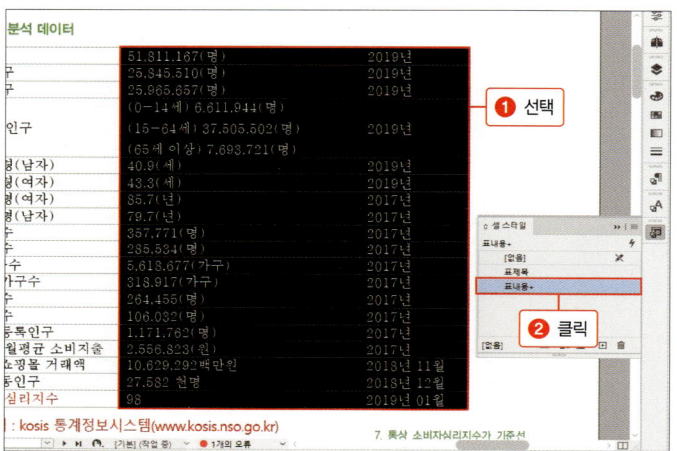

10 문자 도구([T])로 표의 두 번째, 세 번째 열을 드래그하여 선택한 다음 셀 스타일 패널에서 '표내용' 스타일을 클릭하여 적용합니다.
바로 스타일이 적용되지 않고 스타일 항목 오른쪽에 '+'가 표시되는 것을 확인할 수 있습니다. 이는 한글 프로그램에서 적용한 속성을 그대로 갖고 있기 때문입니다.

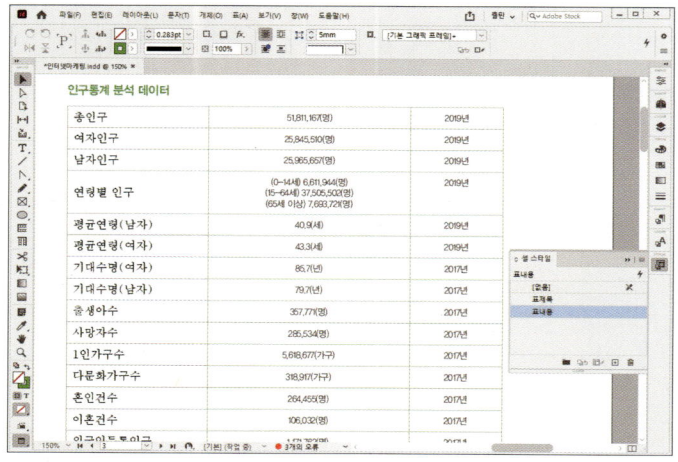

11 셀 스타일 패널에서 '스타일에서 정의되지 않은 특성 지우기' 아이콘([🔲])을 클릭하면 기존의 속성이 삭제되고 스타일이 적용되는 것을 확인할 수 있습니다.

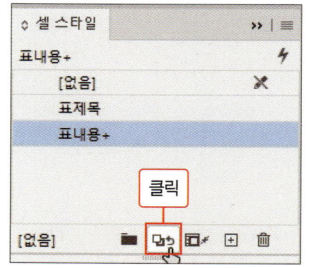

12 문자 도구(T.)로 표에서 첫 번째 열을 드래그하여 선택하고 셀 스타일 패널에서 '표제목' 스타일을 클릭한 다음 '스타일에서 정의되지 않은 특성 지우기' 아이콘(🎛)을 클릭하여 스타일을 적용합니다. 표를 더블클릭하여 활성화한 다음 표의 세로선을 드래그하여 표의 넓이를 조절합니다.

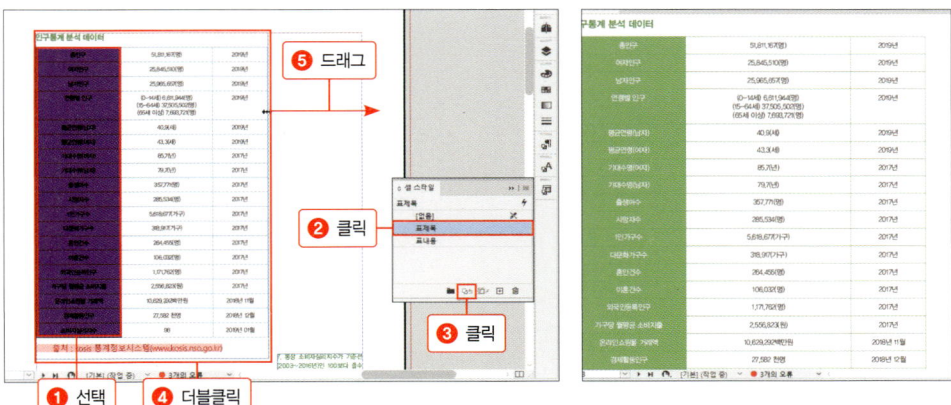

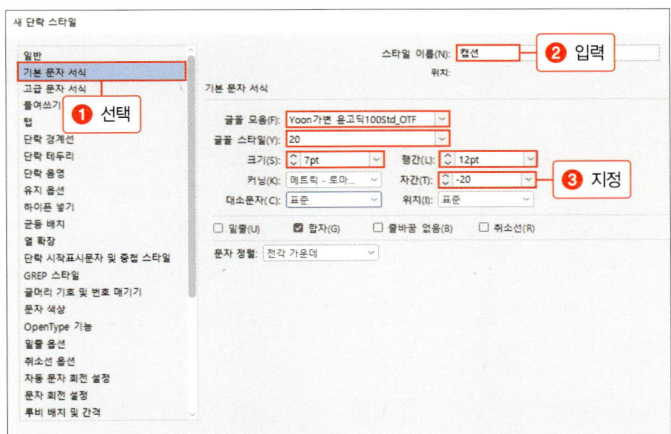

13 새 단락 스타일 대화상자를 표시하여 '기본 문자 서식'을 선택하고 스타일 이름을 '캡션', 글꼴 모음을 'Yoon가변 윤고딕 100Std_OTF', 글꼴 스타일을 '20', 크기를 '7pt', 행간을 '12pt', 자간을 '−20', 가로 비율을 '90%'로 지정합니다.

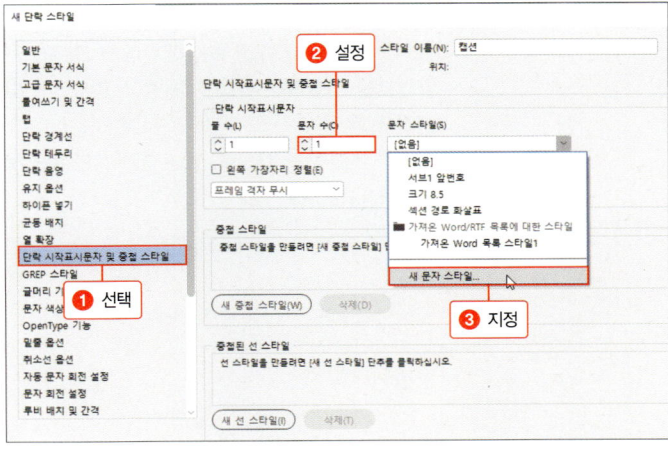

14 '단락 시작표시문자 및 중첩 스타일'을 선택하고 문자 수를 '1'로 설정한 다음 문자 스타일을 '새 문자 스타일'로 지정합니다.

15 새 문자 스타일 대화상자가 표시되면 스타일 이름을 '캡션 삼각형'으로 입력하고 문자 색상을 '메인 녹색'으로 지정한 다음 〈확인〉 버튼을 클릭합니다. 단락 스타일 옵션 대화상자에서 문자 스타일을 '캡션 삼각형'으로 지정한 다음 〈확인〉 버튼을 클릭합니다.

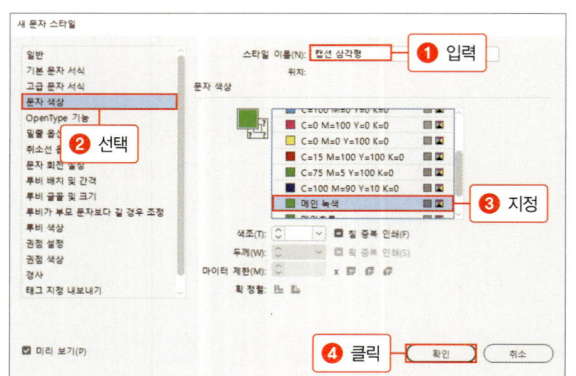
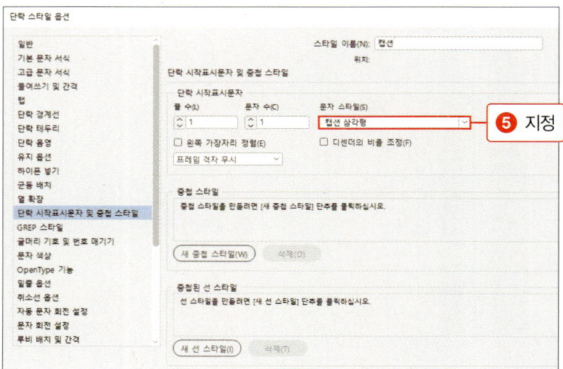

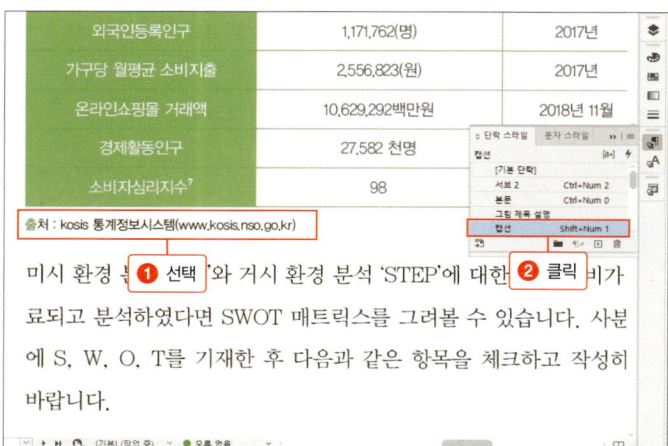

16 표 하단에 '출처 : kosis 통계정보시스템(www.kosis.nso.go.kr)' 텍스트를 선택한 다음 단락 스타일 패널에서 '캡션' 스타일을 클릭하여 적용합니다.
단락에서 첫 번째 텍스트만 색상이 적용되게 설정해 놓았기 때문에 '출' 텍스트에만 색상이 적용된 것을 확인할 수 있습니다.

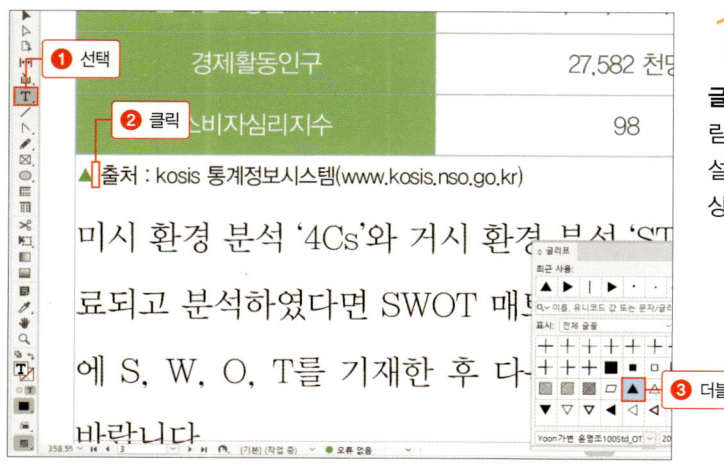

17 문자 도구(T)로 '출처' 텍스트 앞에 커서를 위치합니다. 메뉴에서 (문자) → **글리프**를 실행하여 글리프 패널이 표시되면 그림과 같은 삼각형을 더블클릭하여 적용합니다. 설정된 스타일에 따라 첫 텍스트인 삼각형에 색상이 적용됩니다.

SECTION 10

주석과 팁 번호에 스타일 적용하기

본문에 주석 번호나 팁의 번호에 새로운 스타일을 만들어 강조되는 디자인 스타일을 적용하는 방법에 대해 알아봅니다.

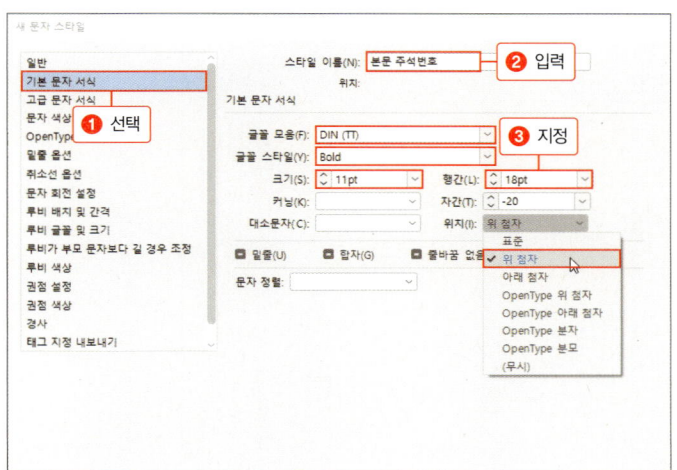

01 주석 번호 스타일을 만들기 위해 새 문자 스타일 대화상자를 표시하여 '기본 문자 서식'을 선택하고 스타일 이름을 '본문 주석번호', 글꼴 모음을 'DIN (TT)', 글꼴 스타일을 'Bold', 크기를 '11pt', 행간을 '18pt', 위치를 '위 첨자', 문자 색상을 '메인 녹색'으로 지정한 다음 〈확인〉 버튼을 클릭합니다.

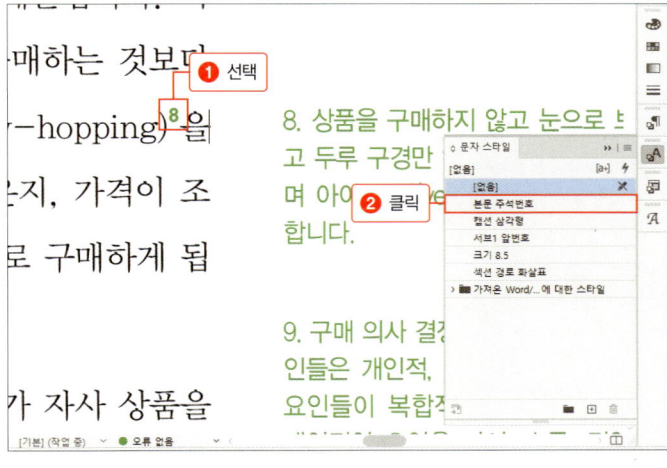

02 문자 도구(T.)로 그림과 같이 본문에서 주석 번호를 드래그하여 선택한 다음 문자 스타일 패널에서 '본문 주석번호' 스타일을 클릭하여 적용합니다.

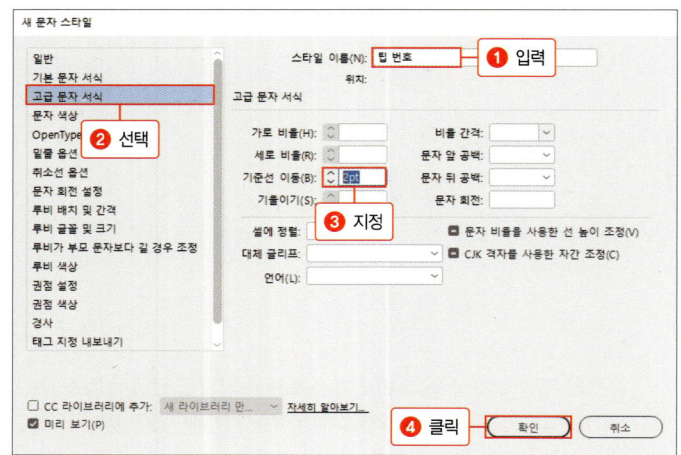

03 팁 내용의 번호를 강조하기 위해 팁 번호 스타일을 추가합니다.

새 문자 스타일 대화상자를 표시하여 스타일 이름을 '팁 번호', 글꼴 모음을 'DIN (TT)', 글꼴 스타일을 'Bold', 문자 색상을 '메인 녹색', 기준선 이동을 '2pt'로 지정한 다음 〈확인〉 버튼을 클릭합니다.

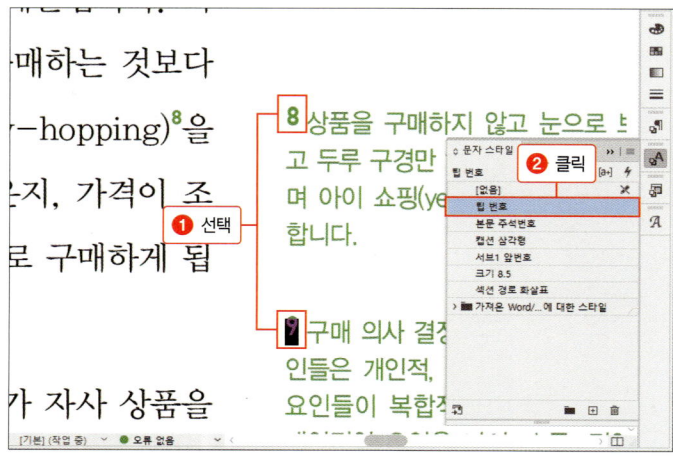

04 팁 내용에서 번호를 선택한 다음 문자 스타일 패널에서 '팁 번호' 스타일 클릭하여 적용합니다.

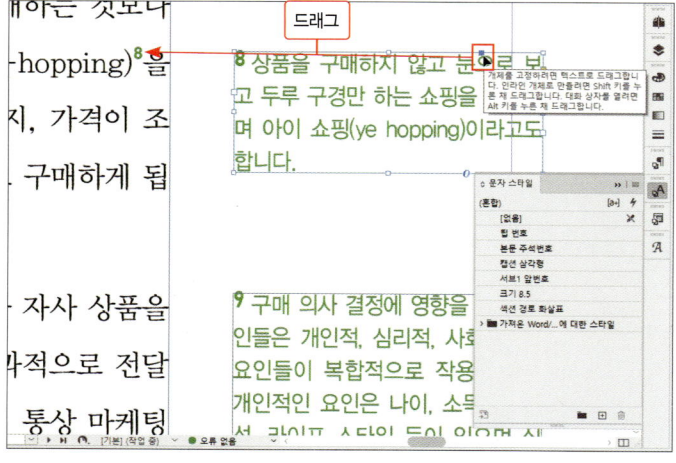

05 편집 과정에서 내용이 추가되거나 삭제될 때 해당 주석 번호의 위치가 변경될 수 있습니다.

주석 번호와 팁 내용의 위치가 같이 이동되게 하려면 팁 문자 상자의 오른쪽 상단에 인라인 점을 주석 번호 위치로 드래그하여 연결합니다.

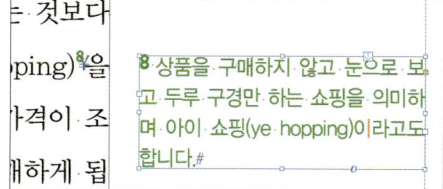

SECTION 11

GREP 기능으로 괄호 문자
한 번에 수정하기

인쇄 출판물은 대량의 텍스트와 요소로 구성되기 때문에 대량의 내용을 빠르게 수정할 수 있는
기능들이 중요합니다. 인디자인의 강력한 '검색 및 치환 도구'인 GREP 기능에 대해서 알아봅니다.

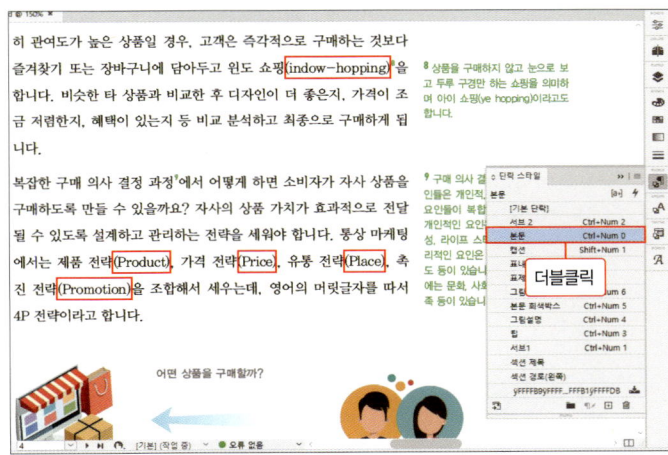

01 스타일을 이용하여 괄호 안의 텍스트를 다르게 표현해 보겠습니다. 스타일을 만들어 일일이 적용할 수도 있지만 GREP 기능을 사용하여 한 번에 변경합니다.
현재 괄호 안 텍스트에는 '본문' 스타일이 적용된 상태입니다. 단락 스타일 패널에서 '본문' 스타일을 더블클릭하여 설정을 변경합니다.

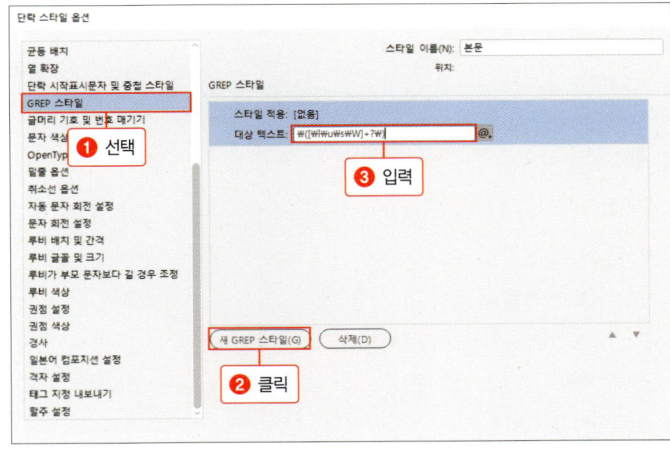

02 단락 스타일 옵션 대화상자가 표시되면 'GREP 스타일'을 선택하고 〈새 GREP 스타일〉 버튼을 클릭하면 GREP 스타일이 추가됩니다. 대상 텍스트에 '₩([₩l₩u₩s₩]+?₩)'을 입력합니다.

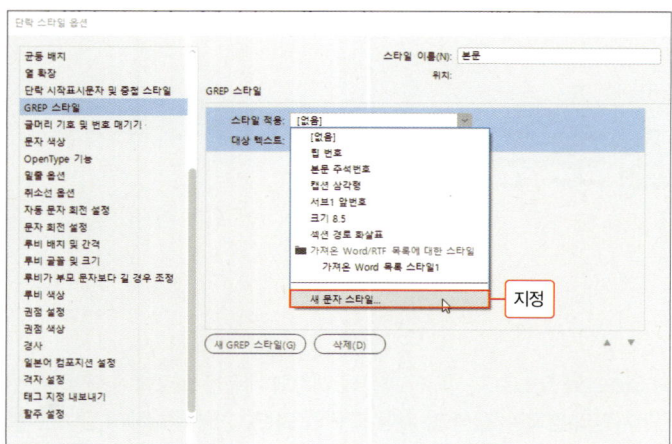

03 텍스트에 적용할 문자 스타일을 만들기 위해 스타일 적용을 '새 문자 스타일'로 지정합니다.

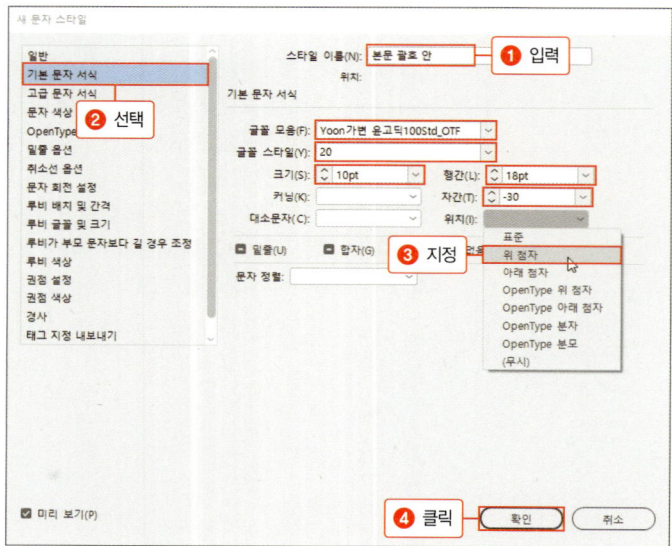

04 새 문자 스타일 대화상자가 표시되면 '기본 문자 서식'을 선택합니다.
스타일 이름을 '본문 괄호 안', 글꼴 모음을 'Yoon가변 윤고딕100Std_OTF', 글꼴 스타일을 '20', 크기를 '10pt', 행간을 '18pt', 자간을 '−30', 위치를 '위 첨자', 문자 색상을 '메인 녹색'으로 지정하고 〈확인〉 버튼을 클릭한 다음 단락 스타일 옵션 대화상자에서도 〈확인〉 버튼을 클릭합니다.

05 괄호 안 텍스트에 모두 GREP 스타일이 적용된 것을 확인할 수 있습니다.

히 관여도가 높은 상품일 경우, 고객은 즉각적으로 구매하는 것보다 즐겨찾기 또는 장바구니에 담아두고 윈도 쇼핑(indow-hopping)8을 합니다. 비슷한 타 상품과 비교한 후 디자인이 더 좋은지, 가격이 조금 저렴한지, 혜택이 있는지 등 비교 분석하고 최종으로 구매하게 됩니다.

복잡한 구매 의사 결정 과정9에서 어떻게 하면 소비자가 자사 상품을 구매하도록 만들 수 있을까요? 자사의 상품 가치가 효과적으로 전달될 수 있도록 설계하고 관리하는 전략을 세워야 합니다. 통상 마케팅에서는 제품 전략(Product), 가격 전략(Price), 유통 전략(Place), 촉진 전략(Promotion)을 조합해서 세우는데, 영어의 머릿글자를 따서 4P 전략이라고 합니다.

SECTION 12

● 도해 디자인 만들어 적용하기

일반적으로 사진, 일러스트, 도해와 같은 이미지들은 외부 프로그램에서 만든 것을 불러와
배치하지만 간단한 도해 이미지의 경우는 인디자인의 자체 기능을 이용해 만들 수 있습니다.
인디자인에서 간단한 도해를 만드는 방법을 알아봅니다.

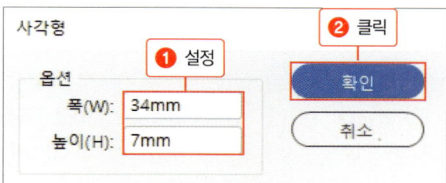

01 도구 패널에서 사각형 도구(▢)를 선택하고 페이지의 빈 여백
을 클릭합니다. 사각형 대화상자가 표시되면 폭을 '34mm', 높
이를 '7mm'로 설정한 다음 〈확인〉 버튼을 클릭합니다.

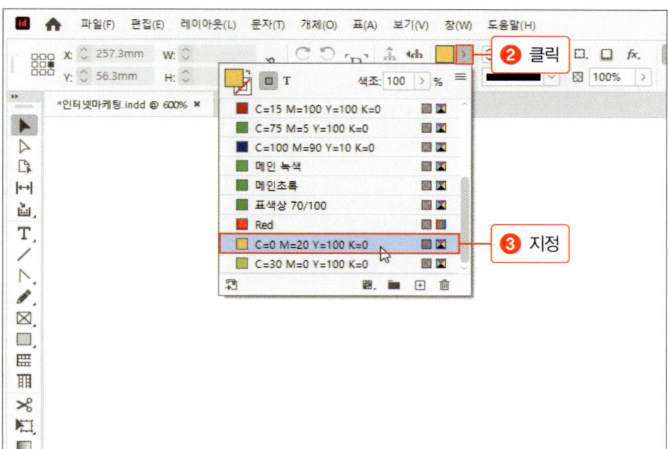

02 사각형을 선택하고 컨트롤 패널에
서 칠을 'C:0, M:20, Y:100, K:0' 색
상으로 지정하여 노란색 사각형으로 변경합
니다.

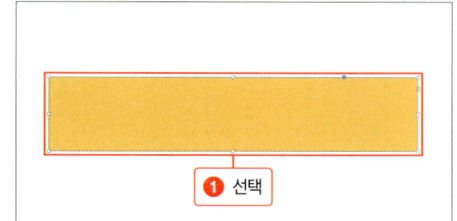

TIP 해당 노란색 색상이 없으면 칠의 '〉' 아이콘을 클릭하고 '패널 메뉴' 아이콘(≡)을 클릭한 다음 **새 색상 견본**을 실행하여 색상을 추가
합니다.

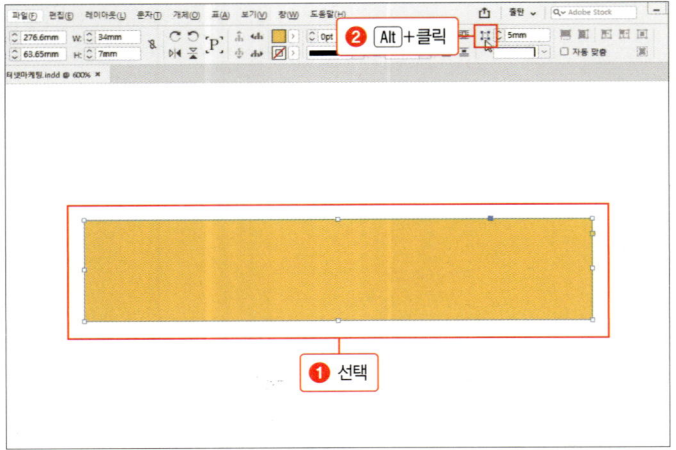

03 사각형을 선택하고 컨트롤 패널에서 Alt를 누른 상태로 '모퉁이 옵션' 아이콘(▦)을 클릭합니다.

① 선택

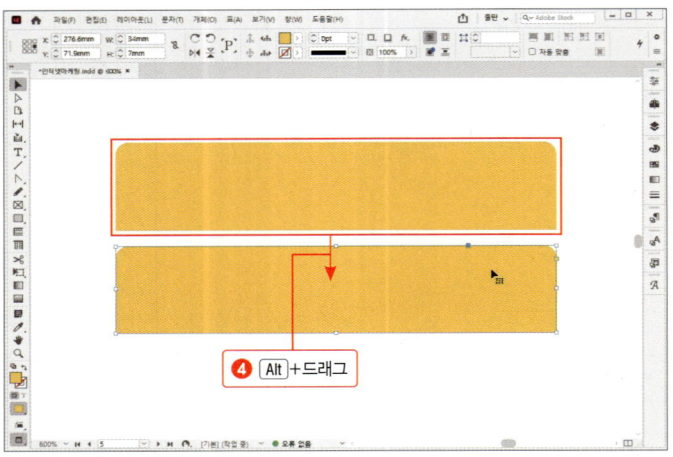

④ Alt + 드래그

04 모퉁이 옵션 대화상자가 표시되면 '모든 설정 동일하게 만들기' 아이콘(⑧)을 클릭하여 비활성화합니다. 왼쪽 상단과 오른쪽 상단만 '1mm'로 설정한 다음 〈확인〉 버튼을 클릭합니다. 사각형 상단 부분의 모퉁이만 둥글게 변경되었습니다. Alt를 누른 상태로 사각형을 드래그하여 한 개 더 복제합니다.

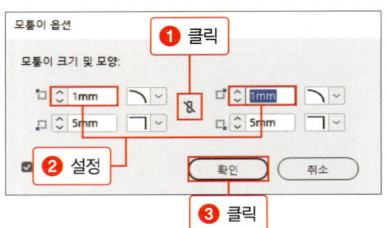

05 복제한 사각형의 칠을 '검정'으로 지정한 다음 색조를 '20%'로 지정합니다.

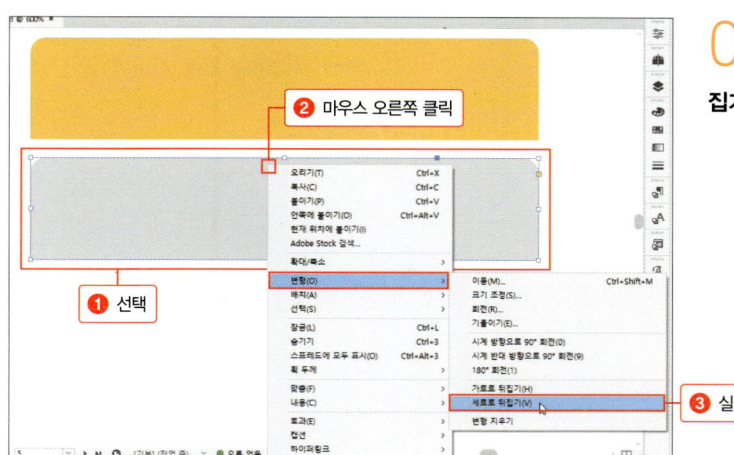

06 회색 사각형을 선택하고 마우스 오른쪽 버튼을 클릭한 다음 **변형 → 세로로 뒤집기**를 실행하여 세로 방향으로 뒤집습니다.

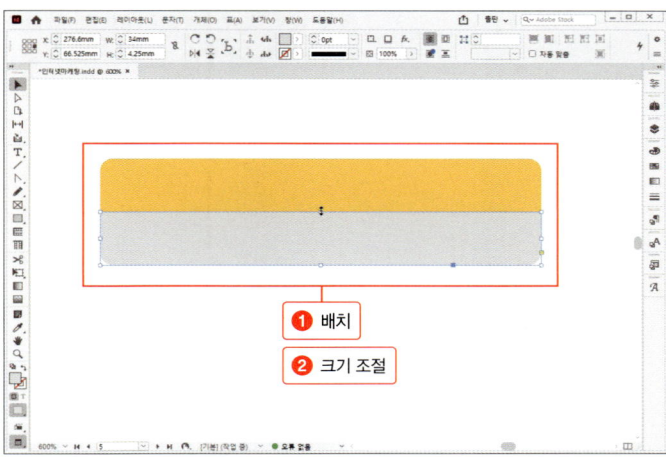

07 노란색 사각형과 회색 사각형을 그림과 같이 서로 겹치게 배치한 다음 조절점을 드래그하여 크기를 조절합니다.

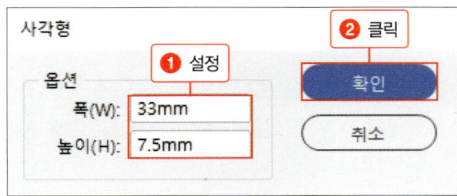

08 사각형 도구(□)로 페이지의 빈 여백을 클릭합니다. 사각형 대화상자가 표시되면 폭을 '33mm', 높이를 '7.5mm'로 설정한 다음 〈확인〉 버튼을 클릭하여 사각형 한 개를 더 생성합니다.

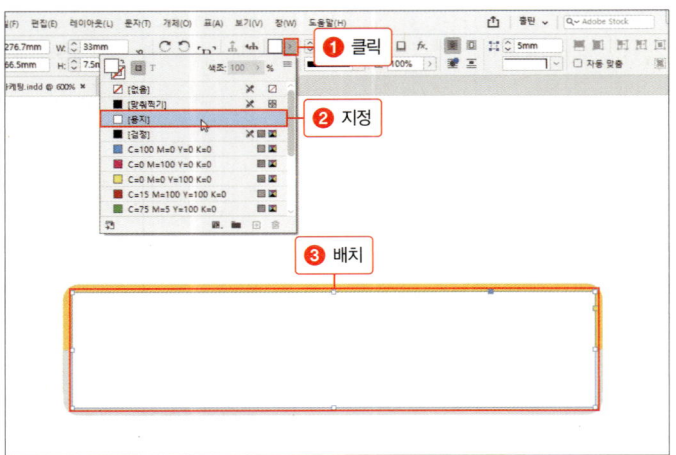

09 칠을 '용지'로 지정한 다음 그림과 같이 흰색 사각형을 기존 사각형 위에 겹쳐서 배치합니다.

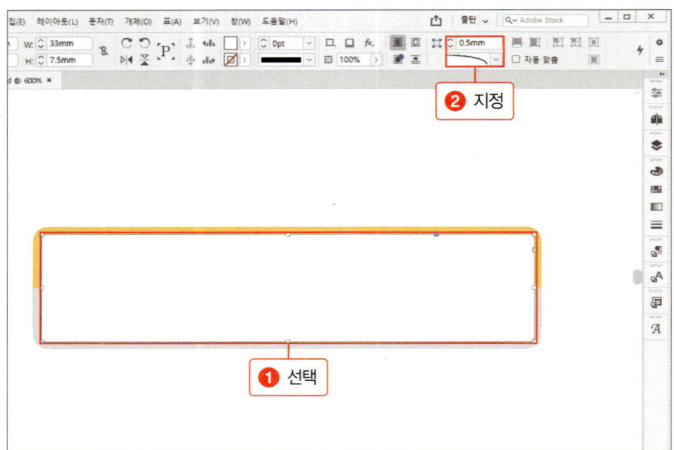

10 흰색 사각형 선택하고 모퉁이 옵션을 '0.5mm', '둥글게'로 지정합니다.

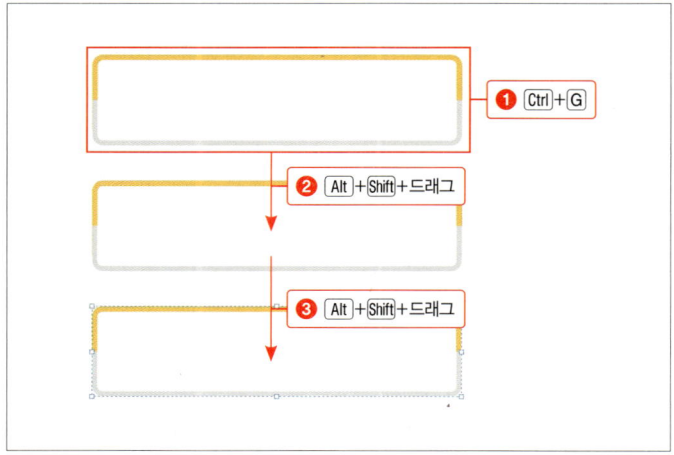

11 바 형태의 도해 이미지를 한 개 완성했습니다. 도해 이미지를 선택한 다음 Ctrl+G를 눌러 그룹으로 지정합니다. Alt+Shift를 누른 상태로 도해 이미지를 드래그하여 두 개 더 복제합니다.

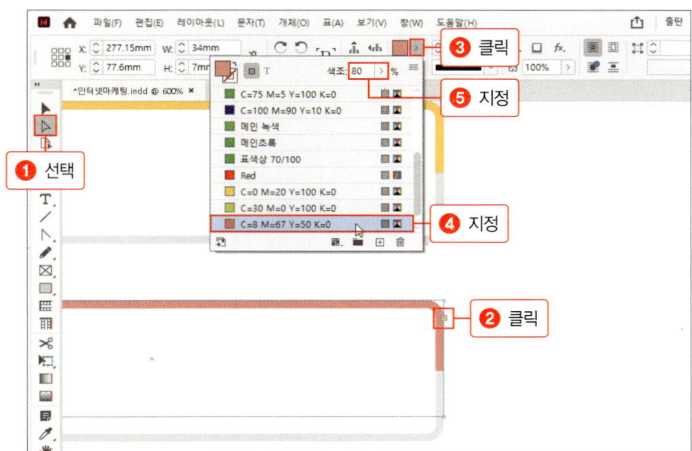

12 직접 선택 도구(◁)로 두 번째 도해 이
미지의 노란색 부분을 클릭하여 선택
하고 칠을 'C:8, M:67, Y:50, K:0' 색상으로 지정
한 다음 색조를 '80%'로 지정합니다.

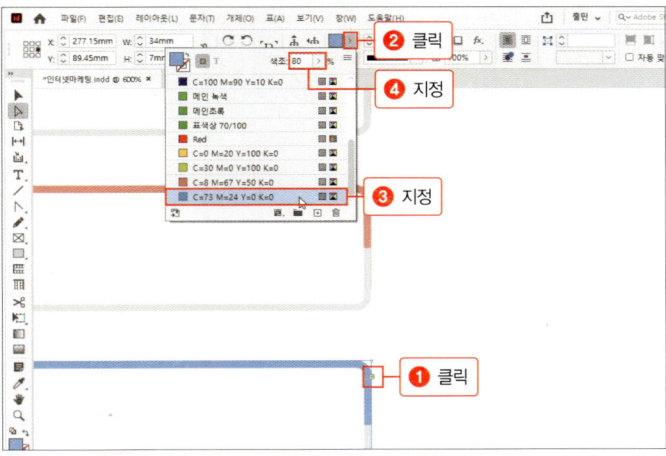

13 세 번째 도해 이미지의 노란색 부분을
클릭하고 칠을 'C:73, M:24, Y:0, K:0' 색
상으로 지정한 다음 색조를 '80%'로 지정합니다.

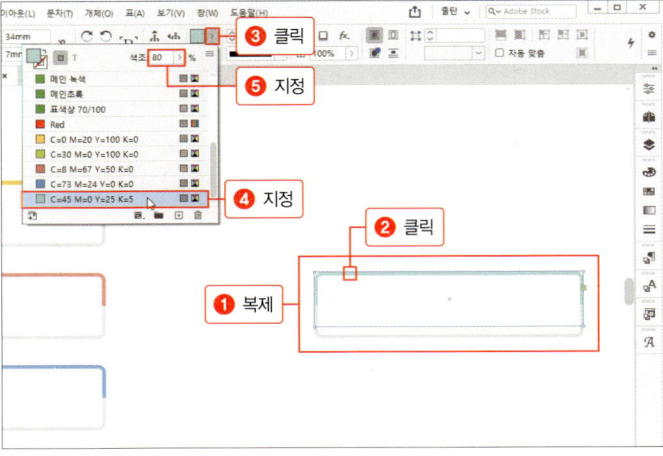

14 도해 이미지를 한 개 더 오른쪽에 복
제한 다음 노란색 부분의 칠을 'C:45,
M:0, Y:25, K:5' 색상으로 지정한 다음 색조를
'80%'로 지정합니다.

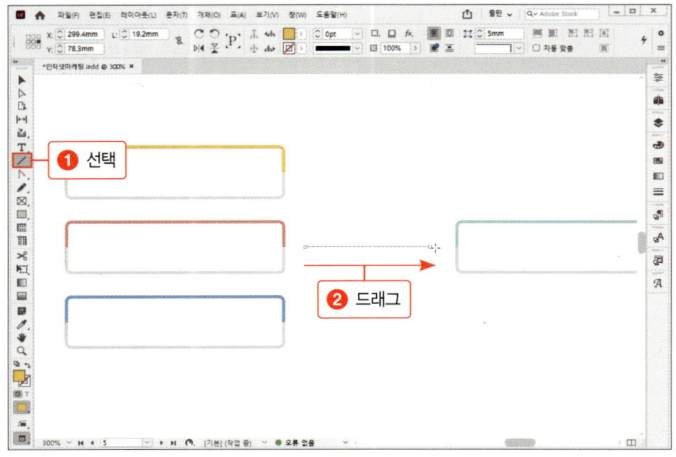

15 도구 패널에서 선 도구(✏)를 선택한 다음 그림과 같은 위치에 드래그하여 선을 그립니다.

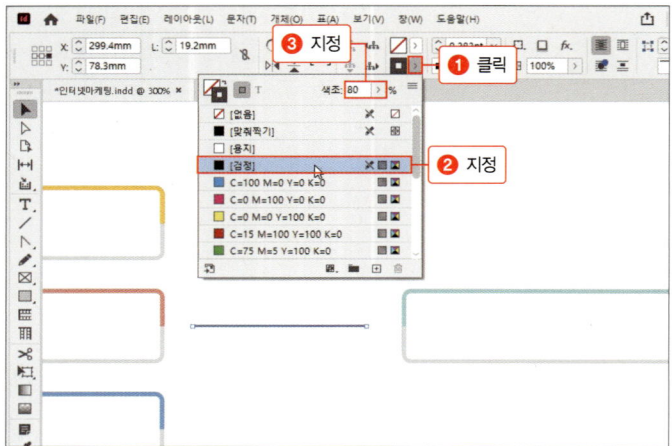

16 선이 선택된 상태로 컨트롤 패널에서 획을 '검정'으로 지정한 다음 색조를 '80%'로 지정합니다.

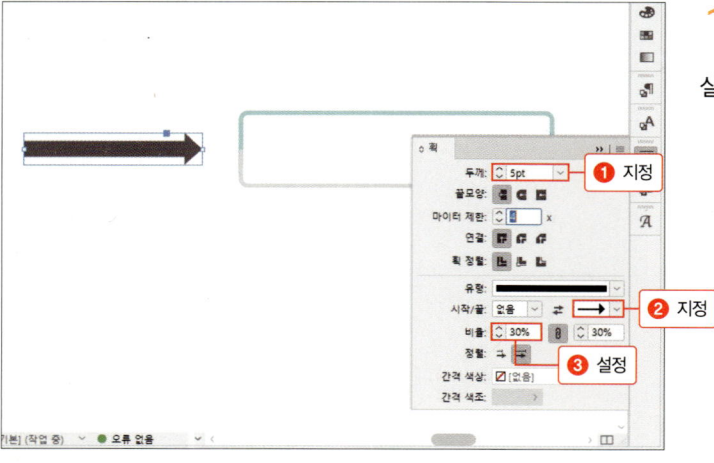

17 획 패널에서 두께를 '5pt', 끝을 '넓은 삼각형', 비율을 '30%'로 설정하여 화살표를 만듭니다.

텍스트 추가와 페이지 번호에 섹션 제목 적용하기

📄 완성 파일: 06\단행본 본문_완성.indd

만든 도해 디자인에 원하는 내용을 입력하고 섹션 제목과 같은 텍스트를 자동으로 원하는 위치에 표시되도록 하는 방법을 알아보겠습니다.

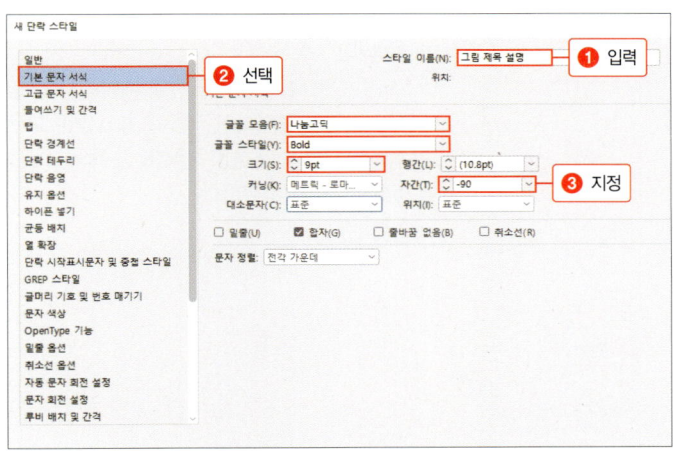

01 도해 이미지에 입력할 텍스트의 스타일을 만들기 위해 새 단락 스타일 대화상자를 표시하여 스타일 이름을 '그림 제목 설명', 글꼴 모음을 '나눔고딕', 글꼴 스타일을 'Bold', 크기를 '9pt', 자간을 '-90', 가로 비율을 '98%', 문자 색상을 'C:8, M:67, Y:50, K:0' 색상으로 지정한 다음 〈확인〉 버튼을 클릭합니다.

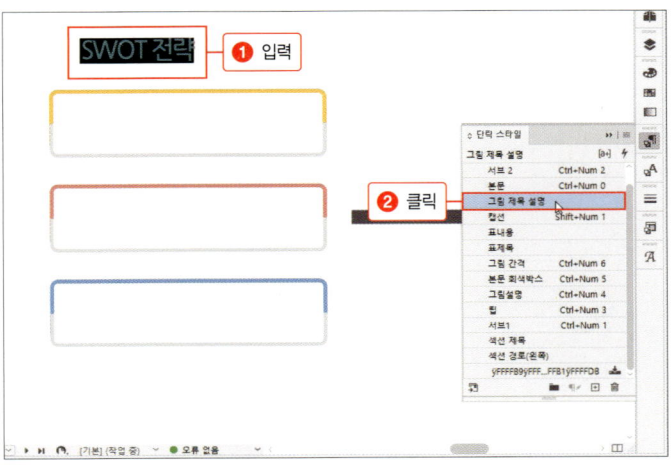

02 문자 도구(T.)로 드래그하여 문자 상자를 만든 다음 'SWOT 전략'을 입력합니다. 단락 스타일 패널에서 '그림 제목 설명' 스타일을 클릭하여 적용합니다.

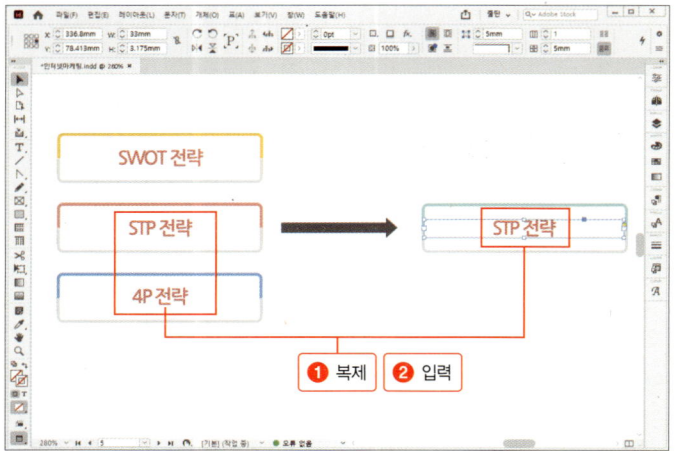

03 Alt 를 누른 상태로 그림과 같이 문자 상자를 드래그하여 3개 더 복제한 다음 'STP 전략', '4P 전략', 'STP 전략'으로 변경합니다.

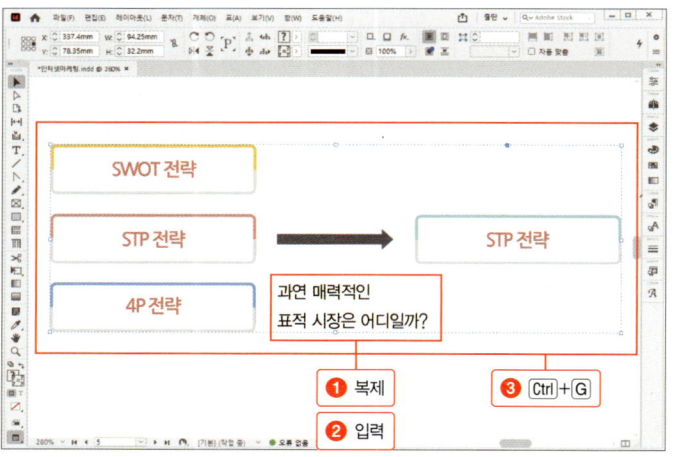

04 문자 상자를 한 개 더 복제한 다음 '과연 매력적인 표적 시장은 어디일까?'로 변경합니다.
텍스트를 선택하고 단락 스타일 패널에서 '그림 설명' 스타일을 클릭하여 적용합니다. 만든 모든 도해 이미지와 텍스트를 선택하고 Ctrl + G 를 눌러 그룹으로 지정합니다.

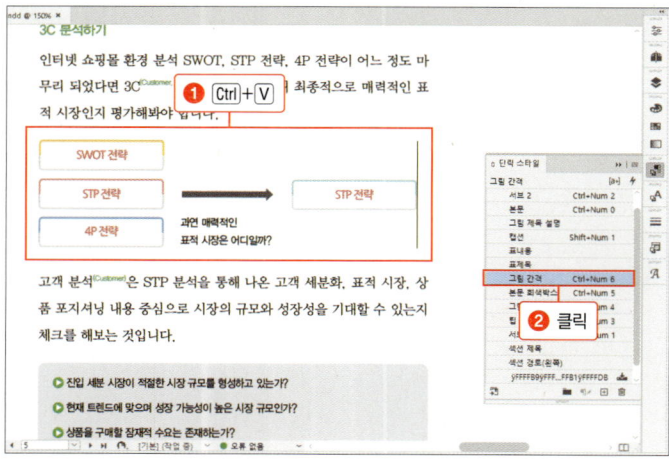

05 도해 이미지를 선택하고 Ctrl + X 를 눌러 오린 다음 본문에서 그림과 같은 위치에 Ctrl + V 를 눌러 붙여 넣습니다. 단락 스타일 패널에서 '그림 간격' 스타일을 클릭하여 적용합니다.

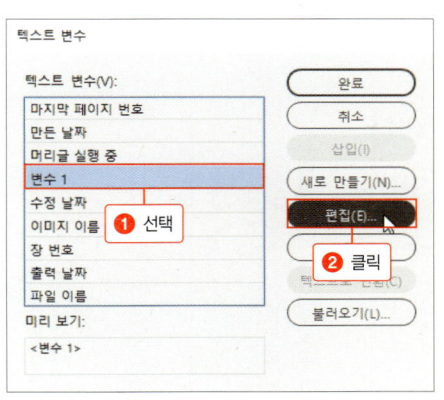

06 본문에 다양한 스타일을 만들고 적용했습니다. 오른쪽 페이지 번호 왼쪽에 섹션의 제목을 자동으로 표시되게 하려면 작업한 '변수1'을 수정해야 합니다.

메뉴에서 (**문자**) → **텍스트 변수** → **정의**를 실행하여 텍스트 변수 대화상자가 표시되면 '변수 1'을 선택한 다음 〈편집〉 버튼을 클릭합니다.

07 텍스트 변수 편집 대화상자가 표시되면 유형을 '(단락 스타일) 머리글 실행 중', 스타일을 '섹션 제목'으로 지정하고 〈확인〉 버튼을 클릭한 다음 텍스트 변수 대화상자에서 〈완료〉 버튼을 클릭합니다.

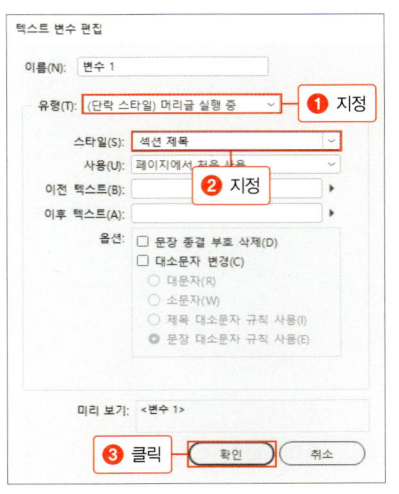

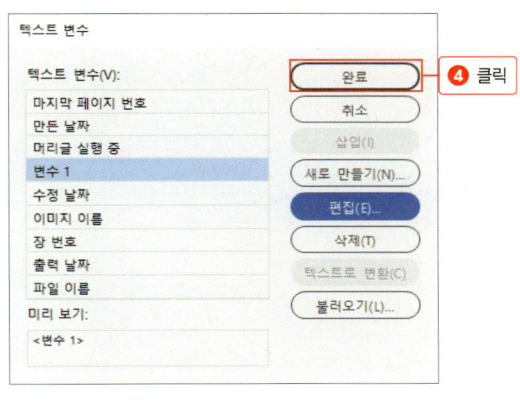

인터넷 마케팅 전략 수립하기   5

08 오른쪽 페이지 번호 왼쪽에 섹션 제목이 자동으로 표시되는 것을 확인할 수 있습니다. 변수 작업을 해 놓으면 페이지마다 해당 섹션 제목을 일일이 표시되게 설정하지 않아도 자동으로 표시됩니다.

PROJECT 07

4도와 2도 별색으로 구성된
단행본 본문 디자인

여기서는 색상과 관련된 다양한 기능들을 알아보고 CMYK 색상을 조절하거나
별색을 이용하여 2도 인쇄물로 변환하는 과정에 대해 알아보겠습니다.

188mm   188mm

257mm

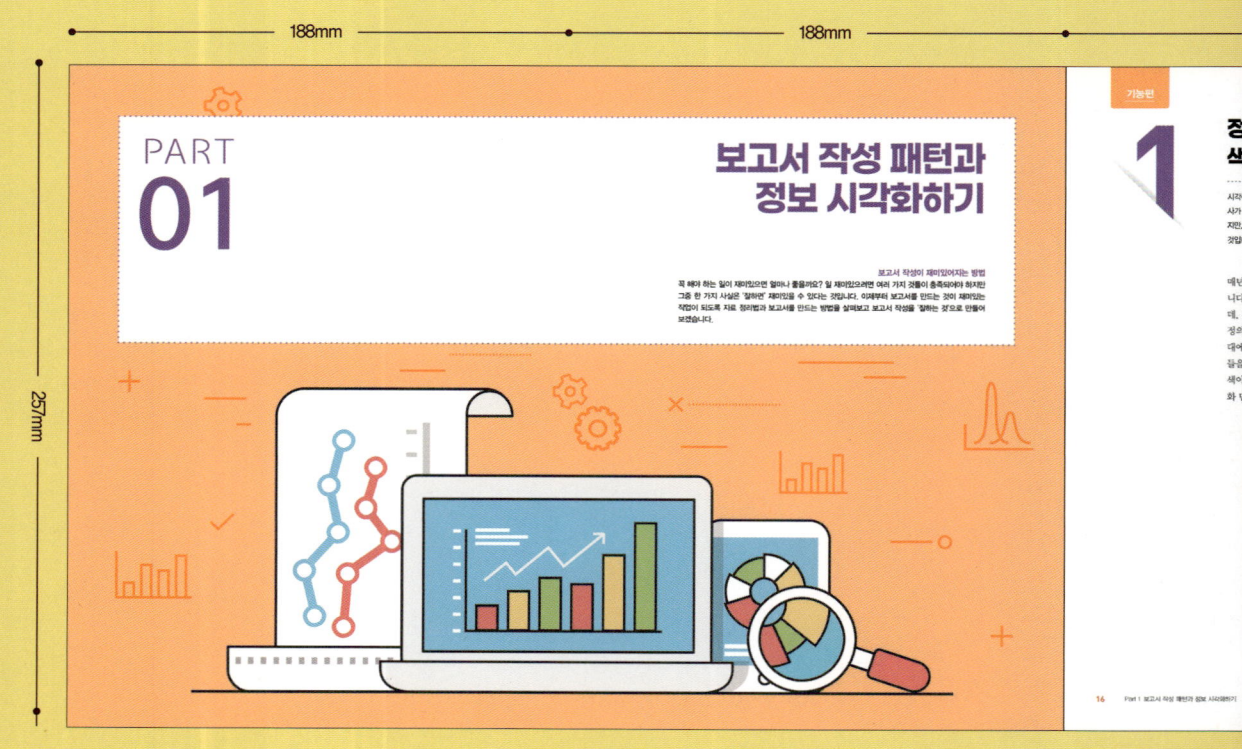

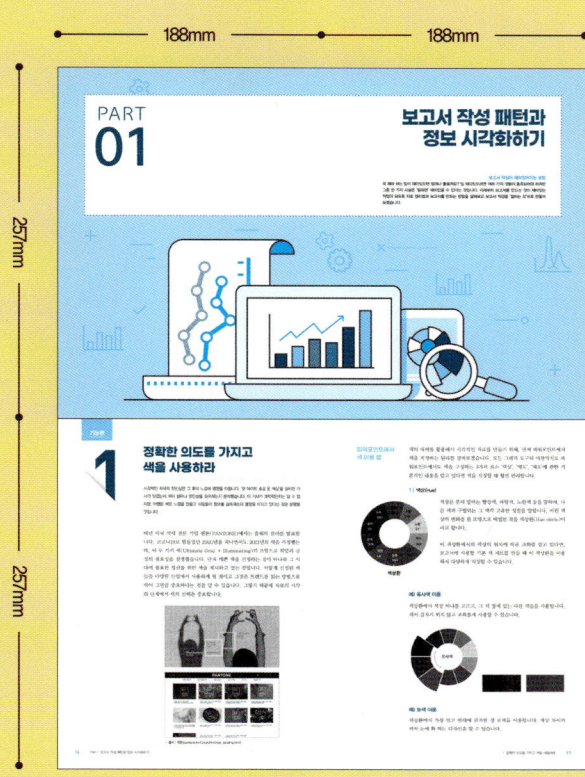

188mm 188mm

257mm

257mm

188mm

작업 의뢰서

· 본문 판형 : 188×257mm

가지고

미칩니다. '첫 데이터 효과 못 색을 창의란 기
분석했습니다. 이 기사가 과학적인지는 알 수 없
습득하는 영향을 미치고 있다는 것은 분명합

지난면서도 2021년의 색을 지정했는
Illuminating)의 조함으로 희망과 긍
른 색을 선정하는 것이 아니라 그 시
고 있는 것입니다. 이렇게 선정된 색
이고 그것은 트랜드를 읽는 방법으로
있습니다. 그렇기 때문에 자료의 시각

landing.html

파워포인트에서 색 이용 법

색의 대비를 활용해서 시각적인 자료를 만들기 위해, 먼저 파워포인트에서 색을 지정하는 원리를 살펴보겠습니다. 모든 그래픽 도구와 마찬가지로 파워포인트에서도 색을 구성하는 3가지 요소 '색상', '명도', '채도'에 관한 기본적인 내용을 알고 있다면 색을 지정할 때 훨씬 편리합니다.

1 | 색상(Hue)

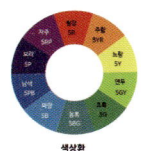

색상환

색상은 흔히 말하는 빨강색, 파랑색, 노란색 등을 말하며, 다른 색과 구별되는 그 색의 고유한 성질을 말합니다. 이런 색상의 변화를 원 모양으로 배열한 것을 색상환(Hue circle)이라고 합니다.

이 색상환에서의 색상의 위치에 따른 조화를 알고 있다면, 보고서에 사용할 기본 색 세트를 만들 때 이 색상환을 이용해서 다양하게 지정할 수 있습니다.

예) 유사색 이용

색상환에서 색상 하나를 고르고, 그 색 옆에 있는 다른 색들을 사용합니다. 색이 갑자기 튀지 않고 조화롭게 사용할 수 있습니다.

유사색

예) 보색 이용

색상환에서 가장 멀고 반대에 위치한 정 보색을 이용합니다. 색상 차이가 커서 눈에 확 띄는 디자인을 할 수 있습니다.

1 정확한 의도를 가지고 색을 사용하라 **17**

DESIGN
PREVIEW
디자인 미리보기

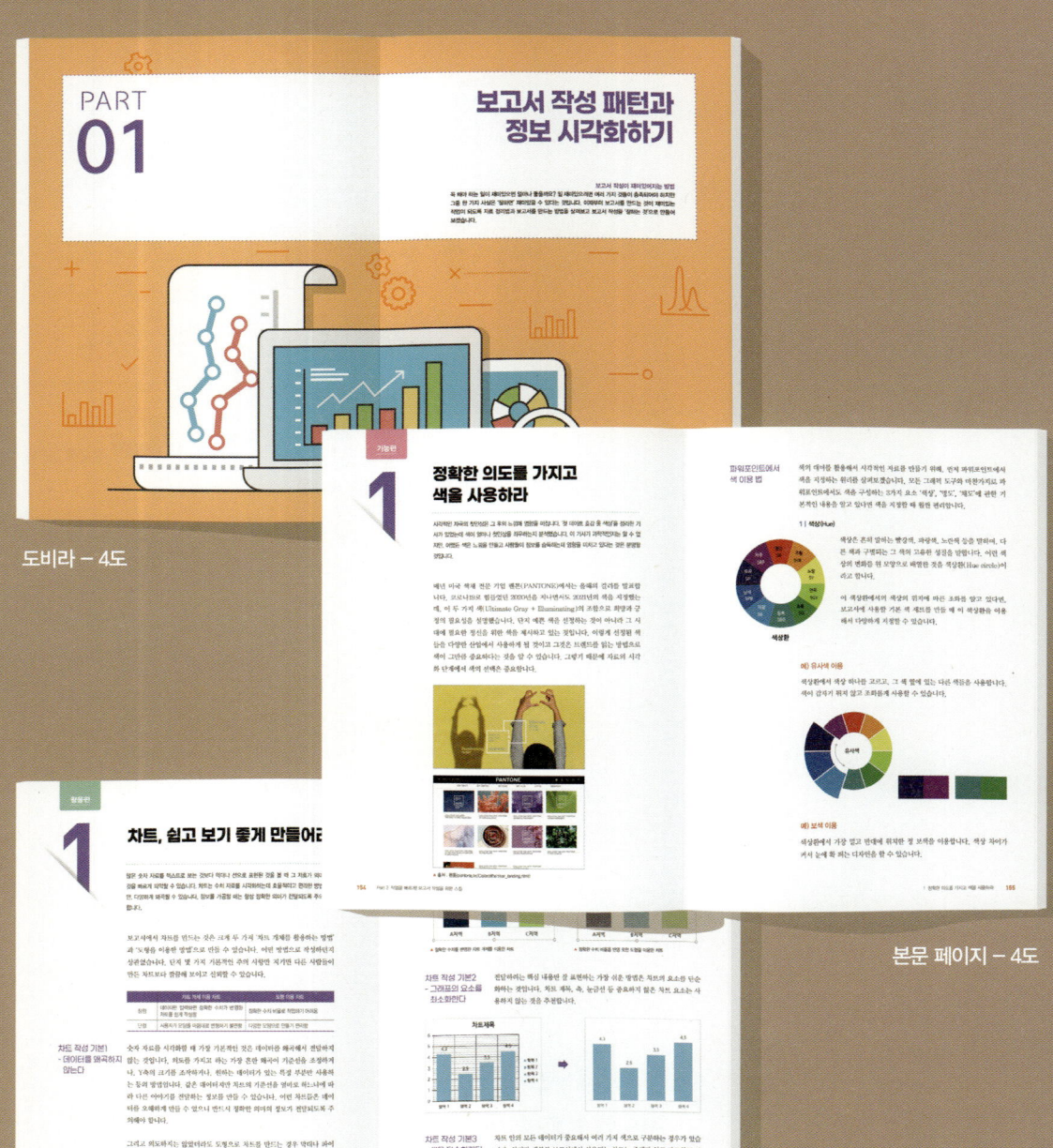

도비라 – 4도

본문 페이지 – 4도

본문 페이지 – 4도

도비라 – 2도

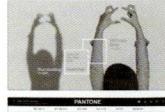

본문 페이지 – 2도

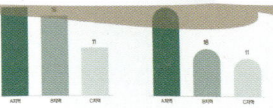

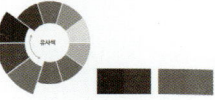

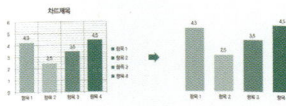

본문 페이지 – 2도

DESIGN PROCESS

디자인 작업 과정

1

4도 색상 도큐먼트의 색상을
2도 색상으로 정리하기

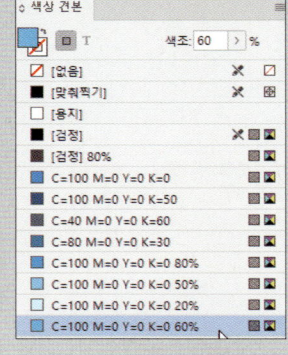

2

2도 색상과 색조 견본 추가하기

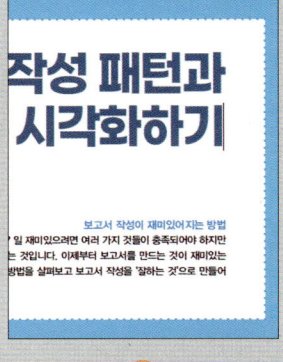

3

텍스트에 2도 색상 적용하기

4

일러스트 요소에 2도 색상 적용
하기

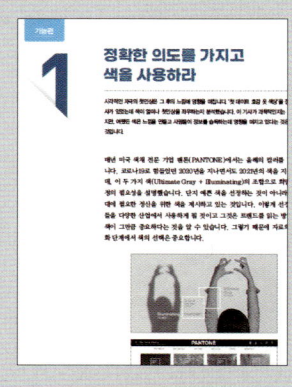

5

스타일 기능으로 빠르게 2도 색
상 적용하기

6

DIC 별색 이용하여 색상 일괄
변경하기

SECTION 01

새 색상 견본 적용하여
2도 색상 만들기

📄 예제 파일: 07\2도 변환.indd

2도 색상의 문서를 작성하려면 검정과 지정된 색상 2개만 있어야 합니다.
이미 4도 색상으로 작업한 파일을 2도로 쉽게 변환하는 방법을 알아봅니다.

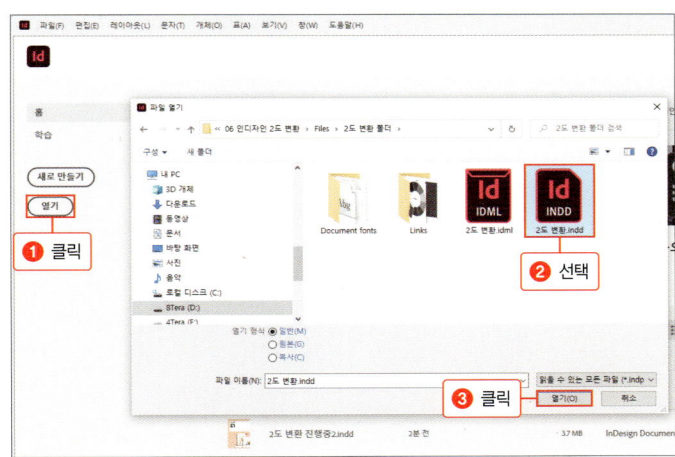

01 인디자인을 실행한 다음 〈열기〉 버튼을 클릭합니다. 파일 열기 대화상자가 표시되면 07 폴더에서 '2도 변환.indd' 파일을 선택한 다음 〈열기〉 버튼을 클릭합니다.

02 '2도 변환.indd' 파일은 4도 색상을 이용하여 제작된 도서의 일부 작업물입니다.

03 F5를 눌러 색상 견본 패널을 표시하면 현재 사용된 모든 색상을 확인할 수 있습니다. 색상 견본 패널에 등록된 색상을 확인하면 CMYK 4원색이 모두 사용된 것을 알 수 있습니다.

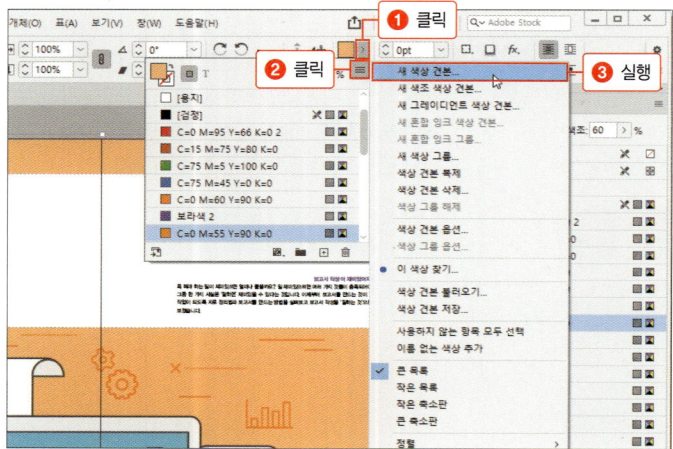

04 컨트롤 패널에서 칠의 '〉' 아이콘을 클릭하고 '패널 메뉴' 아이콘(☰)을 클릭한 다음 **새 색상 견본**을 실행합니다.

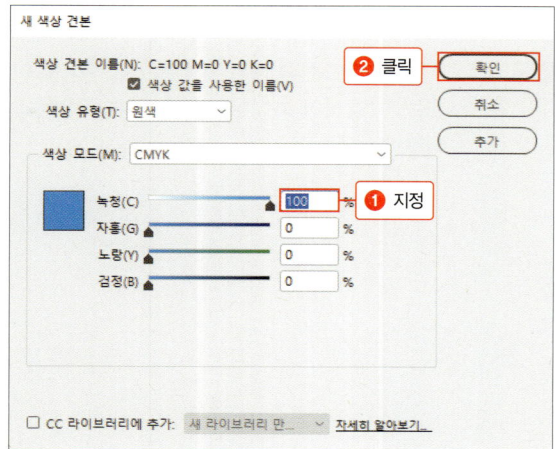

05 새 색상 견본 대화상자가 표시되면 녹청만 '100%'로 지정한 다음 〈확인〉 버튼을 클릭하여 파란색만 가진 색상을 등록합니다.

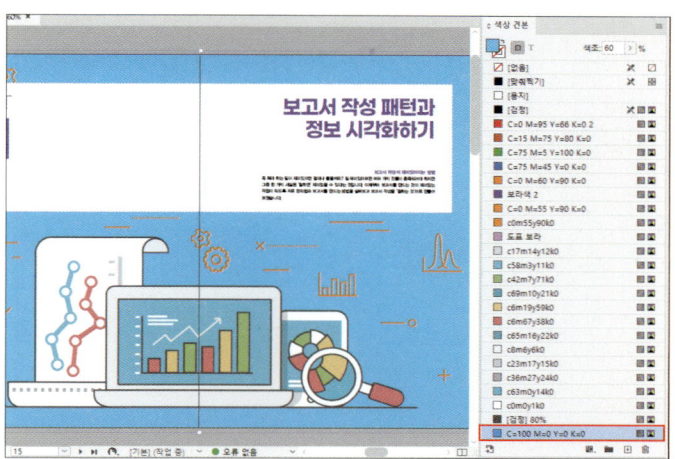

06 색상 견본 패널에 C:100, M:0, Y:0, K:0 색상이 등록된 것을 확인합니다.

07 색상 견본 패널에서 'C:0, M:95, Y:66, K:0' 색상을 선택하고 Shift를 누른 상태로 'C:0, M:0, Y:1, K:0' 색상을 선택하여 다중 선택합니다.

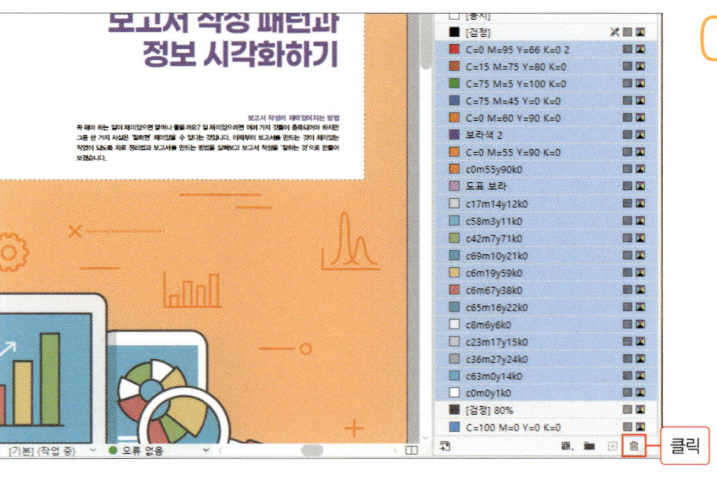

08 색상 견본 패널 하단에 '선택한 견본/그룹 삭제' 아이콘(🗑)을 클릭합니다.

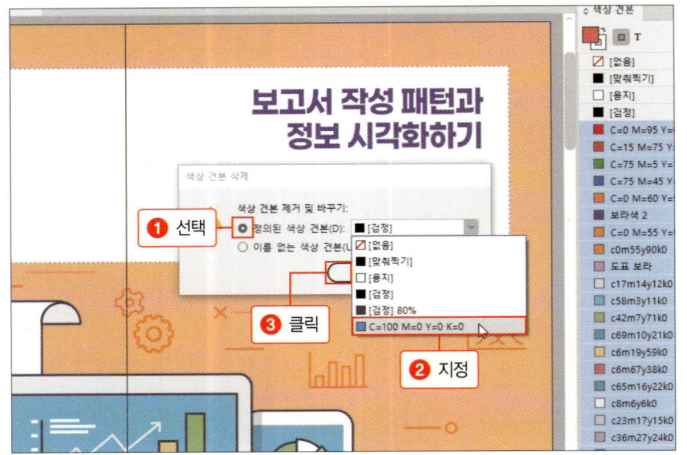

09 색상 견본 삭제 대화상자가 표시되면 '정의된 색상 견본'을 선택한 다음 'C:100, M:0, Y:0, K:0' 색상으로 지정하고 〈확인〉 버튼을 클릭합니다.

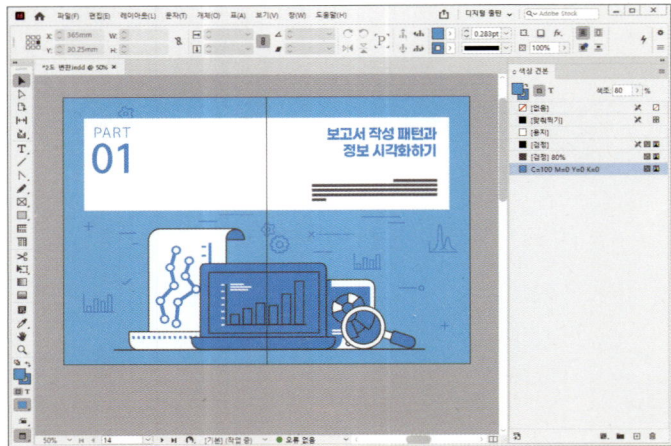

10 선택한 색상이 모두 삭제되고 C:100, M:0, Y:0, K:0 색상으로 교체됩니다. 색상 견본 패널에는 C:100, M:0, Y:0, K:0 색상과 검정 색상 2가지만 등록되어 2도 색상의 파일로 변경된 것을 확인할 수 있습니다.

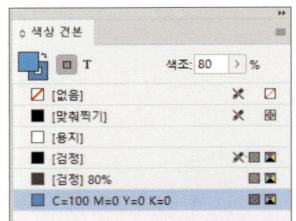

SECTION 02

다양한 색상 견본과
색조 색상 견본 추가하기

인디자인은 다양하고 강력한 색상 관리 기능을 갖고 있습니다.
여기서는 색상과 색조 관리에 대해 알아봅니다.

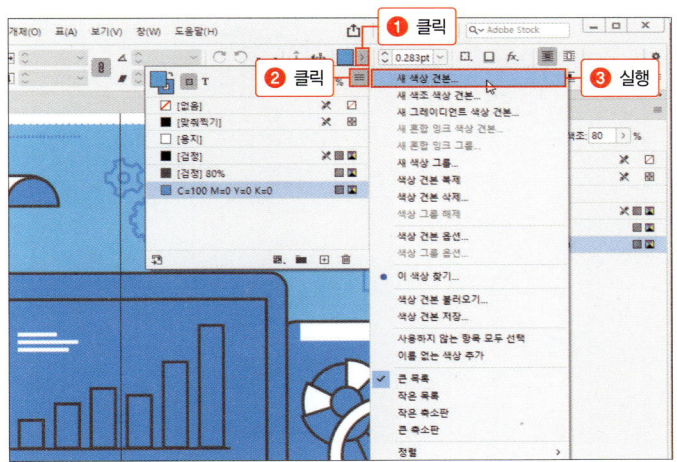

01 다양한 색상을 등록하기 위해 컨트롤
패널에서 칠의 '〉' 아이콘을 클릭하고
'패널 메뉴' 아이콘(≡)을 클릭한 다음 **새 색상
견본**을 실행합니다.

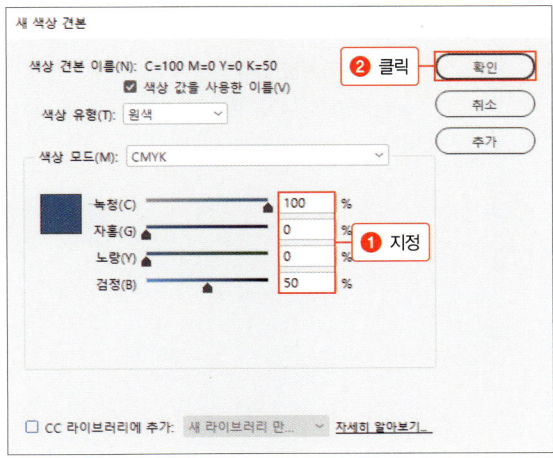

02 새 색상 견본 대화상자가 표시되면 녹청을 '100%',
자홍을 '0%', 노랑을 '0%', 검정을 '50%'로 지정한
다음 〈확인〉 버튼을 클릭하여 새로운 색상을 등록합니다.

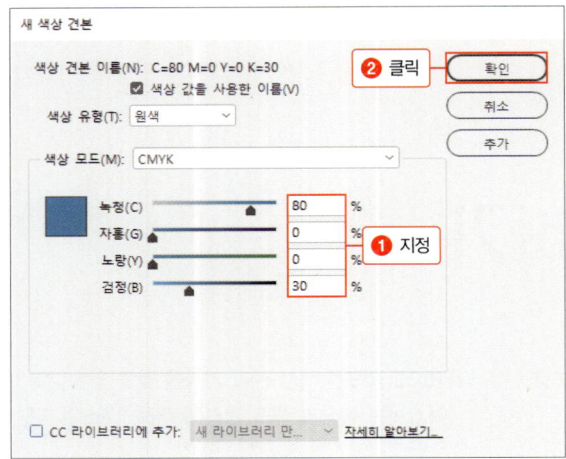

03 다시 새 색상 견본 대화상자에서 녹청을 '80%', 자홍을 '0%', 노랑을 '0%', 검정을 '30%'로 지정한 다음 〈확인〉 버튼을 클릭하여 새로운 색상을 등록합니다.

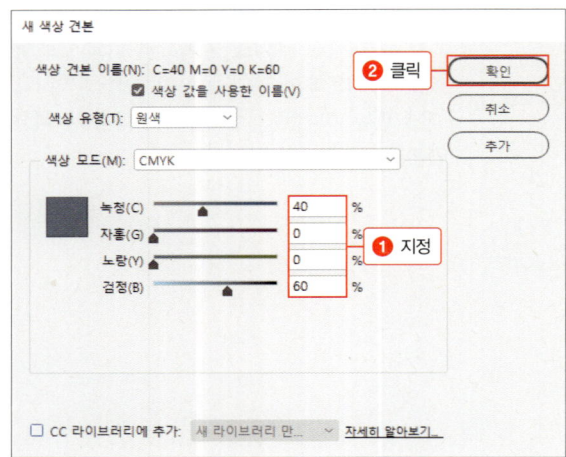

04 같은 방법으로 새 색상 견본 대화상자에서 녹청을 '40%', 자홍을 '0%', 노랑을 '0%', 검정을 '60%'로 지정한 다음 〈확인〉 버튼을 클릭하여 새로운 색상을 등록합니다.

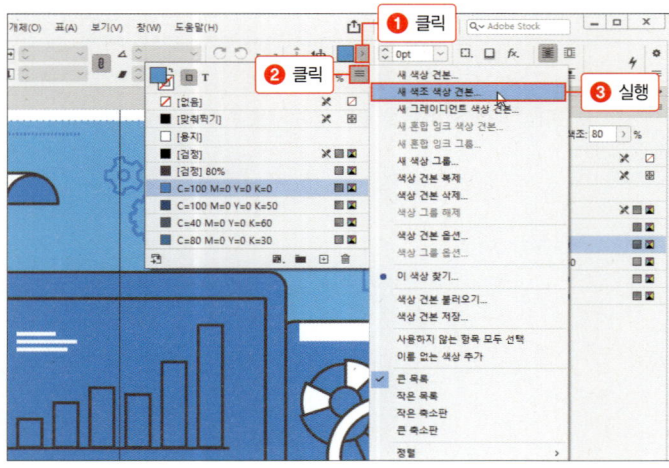

05 인디자인에서는 색조가 다른 색상도 등록할 수 있습니다. 컨트롤 패널에서 칠의 '〉' 아이콘을 클릭하고 '패널 메뉴' 아이콘(☰)을 클릭한 다음 새 색조 색상 견본을 실행합니다.

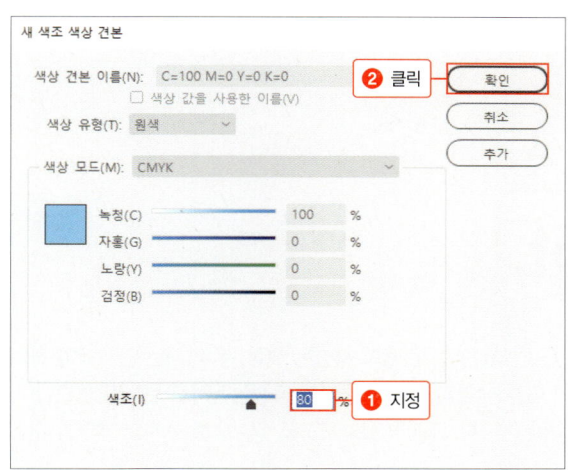

06 새 색조 색상 견본 대화상자가 표시되면 하단에 색
조를 각각 80%, 50%, 20%, 60%로 지정하여 새로
운 색조 색상을 등록합니다.

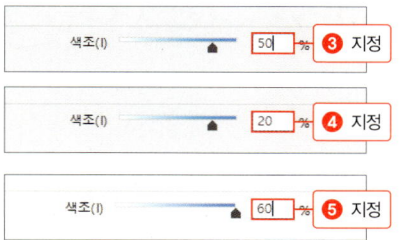

TIP C:100, M:0, Y:0, K:0인 색상이 선택된 상태로 색조를 변경합니다.

07 두 가지 색상이 합쳐진 색상에도 색조를 조절하여 등록할 수 있습니다. 새 색상 견본 대화상자에서 녹청을 '100%',
자홍을 '0%', 노랑을 '0%', 검정을 '50%'로 지정하고, 새 색조 색상 견본 대화상자에서 색조를 '50%'로 지정하여 색
조 색상을 등록합니다. 색상 견본 패널에 지금까지 등록한 색상을 확인합니다.

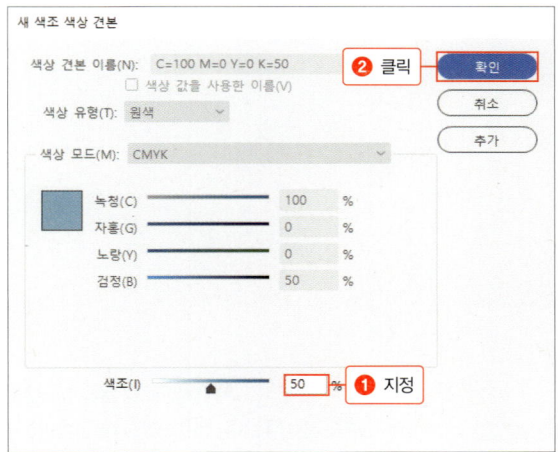

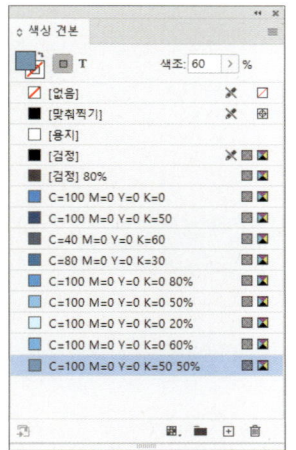

SECTION 03

텍스트와 그래픽 요소
2도 색상으로 변경하기

2도 인쇄물에는 검정과 지정한 색상, 두 가지만 존재해야 하며
다른 색상이 포함되면 인쇄 공정상에서도 문제가 생깁니다.
텍스트뿐만 아니라 이미지, 그래픽 요소도 2도 색상으로 유지되어야 합니다.

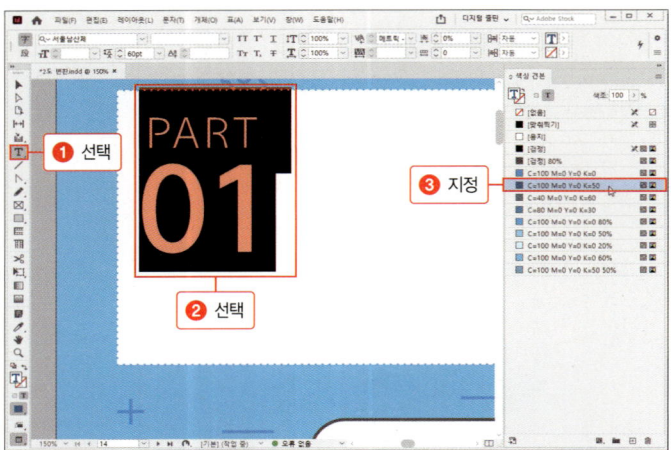

01 문자 도구(T)로 14페이지의 'PART', '01' 텍스트를 드래그하여 선택한 다음 색상 견본 패널에서 'C:100, M:0, Y:0, K:50' 색상으로 지정합니다.

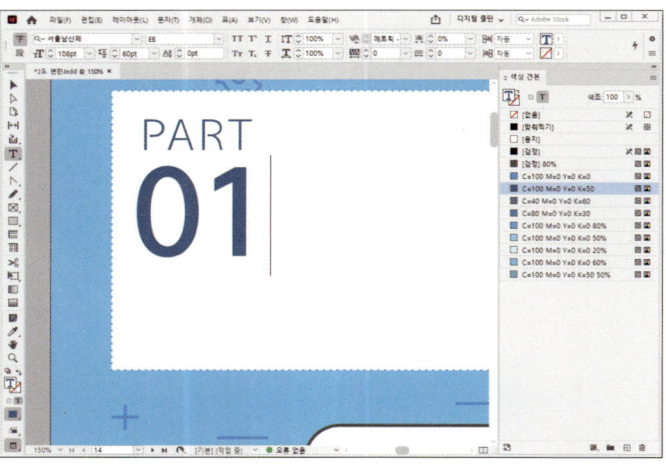

02 'PART', '01' 텍스트에 파랑과 검정을 혼합한 색상이 적용되어 파란색과 검은색만을 사용한 디자인보다 풍부하게 보일 수 있습니다.

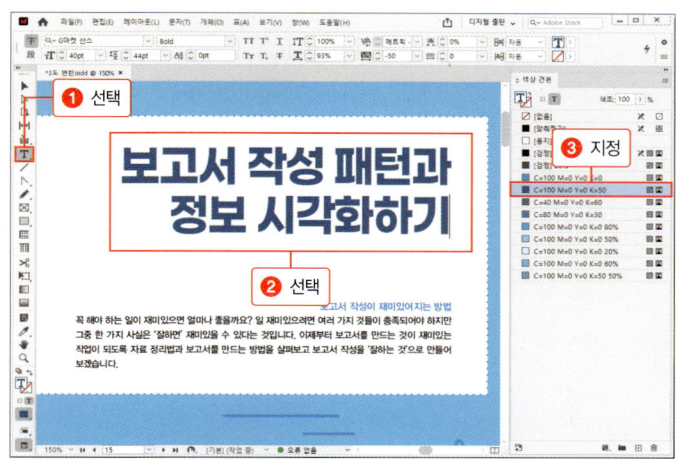

03 문자 도구(T)로 '보고서 작성 패턴과 정보 시각화하기' 텍스트를 드래그하여 선택한 다음 색상 견본 패널에서 'C:100, M:0, Y:0, K:50' 색상으로 지정하여 변경합니다.

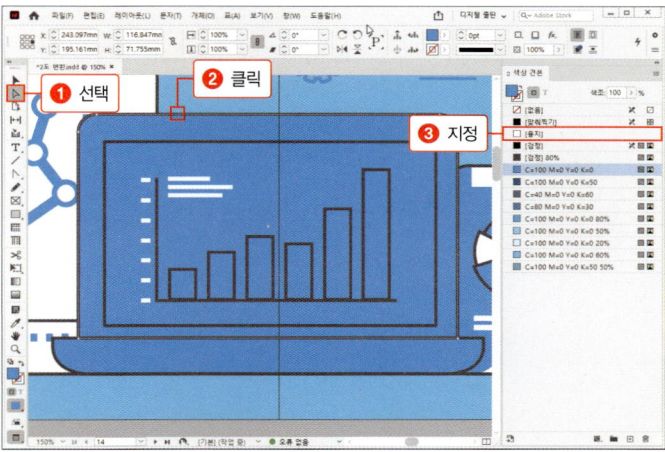

04 도구 패널에서 직접 선택 도구(▷)를 선택하고 노트북 일러스트 테두리 부분을 클릭하여 선택합니다. 색상 견본 패널에서 '용지'로 지정하여 흰색으로 변경합니다.

TIP 일러스트가 비트맵 이미지라면 흑백 이미지로 변환해서 사용해야 하지만 벡터 이미지라면 인디자인에서도 색상을 변경할 수 있습니다.

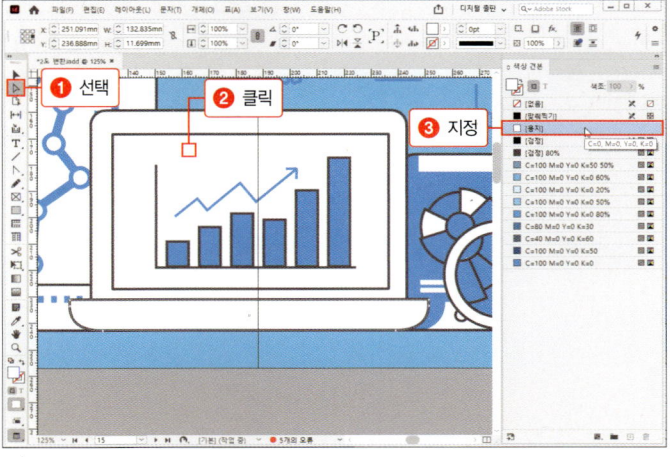

05 노트북 안쪽 일러스트도 직접 선택 도구(▷)로 클릭하여 선택한 다음 색상 견본 패널에서 '용지'로 지정하여 흰색으로 변경합니다.

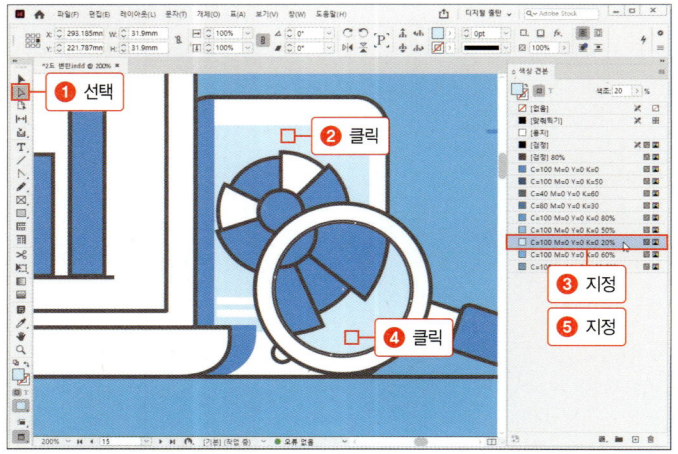

06 직접 선택 도구(△)로 태블릿 일러스트 안쪽과 돋보기 일러스트 안쪽을 선택한 다음 색상 견본 패널에서 'C:100, M:0, Y:0, K:0, 20%' 색상으로 지정하여 색상을 밝게 변경합니다.

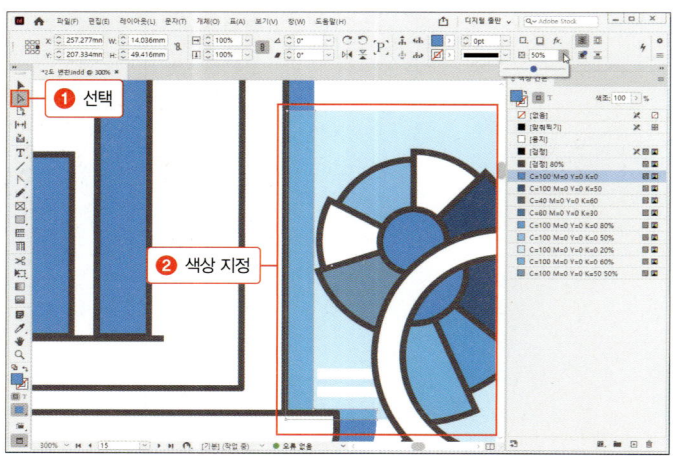

07 직접 선택 도구(△)로 원형 그래프의 안쪽을 각각 클릭하여 등록한 색상을 다양하게 적용합니다.

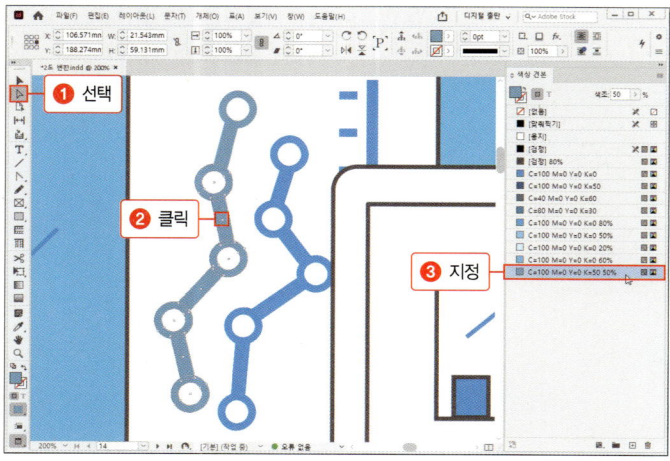

08 직접 선택 도구(△)로 왼쪽에 점 그래프 중 한 개를 클릭한 다음 색상 견본 패널에서 'C:100, M:0, Y:0, K:50, 50%' 색상으로 지정하여 변경합니다.

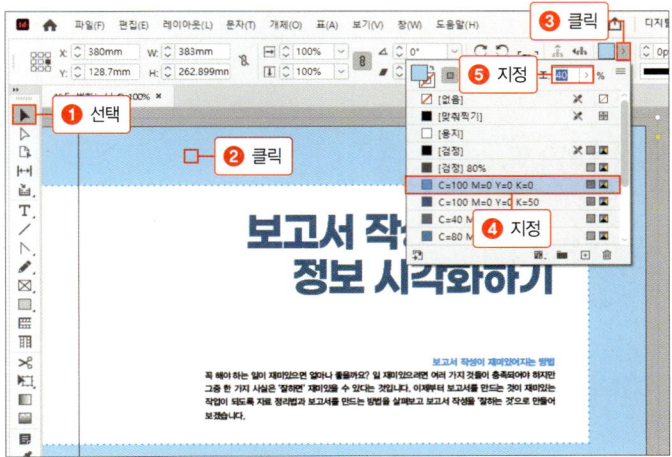

09 2도 색상으로 변경하면서 배경 색상이 어두워 보이므로 선택 도구(▶)로 배경을 클릭한 다음 컨트롤 패널에서 칠을 'C:100, M:0, Y:0, K:0' 색상으로 지정하고 색조를 '40%'로 지정하여 밝게 변경합니다.

10 배경이 선택된 상태에서 마우스 오른쪽 버튼을 클릭한 다음 **잠금**을 실행하여 잠금 상태로 변경합니다.

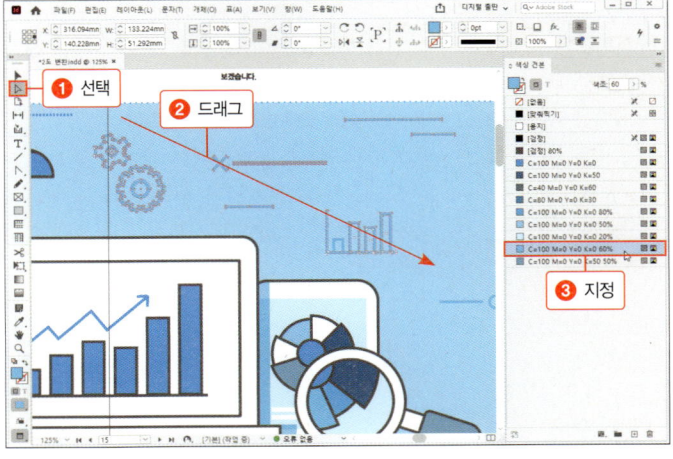

11 직접 선택 도구(▷)로 배경 위에 배치된 다양한 아이콘을 드래그하여 선택한 다음 색상 견본 패널에서 'C:100, M:0, Y:0, K:0, 60%' 색상으로 지정하여 적용합니다.

SECTION 04

●

다양한 스타일을 이용하여
빠르게 색상 변경하기

📄 **완성 파일:** 07\단행본 2도 본문_완성.indd

인디자인은 대량의 내용을 다루는 전문 DTP 프로그램으로 스타일 기능을 이용하면
대량의 반복되는 작업을 빠르게 적용하고 수정할 수 있습니다.

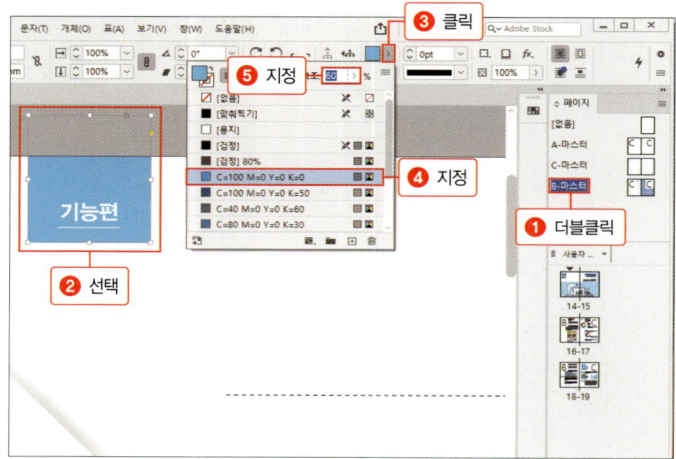

01 페이지 패널에서 'B-마스터'를 더블클
릭하여 마스터 페이지로 전환합니다.
왼쪽 상단에 사각형을 선택하고 컨트롤 패널에
서 칠을 'C:100, M:0, Y:0, K:0' 색상으로 지정한
다음 색조를 '60%'로 지정합니다.

TIP 이렇게 마스터 페이지의 내용을 수정하면 해
당 마스터 페이지와 연결된 페이지의 색상을 일괄적으
로 변경할 수 있습니다.

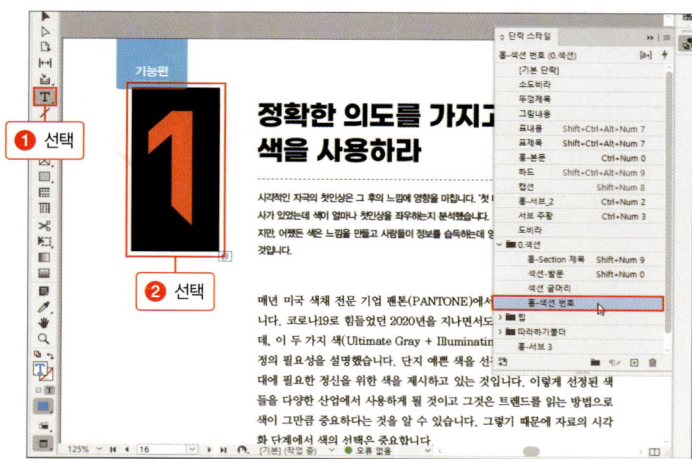

02 인디자인의 특성을 제대로 알고 작업
했다면 본문에 있는 대부분의 텍스트
에 스타일이 적용되어 있을 것입니다.
문자 도구(T.)로 16페이지의 커다란 '1' 텍스트
를 드래그하여 선택하면 단락 스타일 패널에
'홈-섹션 번호' 스타일이 선택된 것을 확인할 수
있습니다.

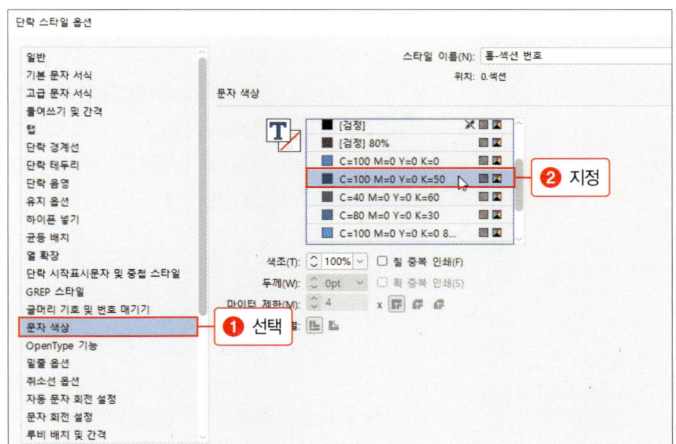

03 '홈–섹션 번호' 스타일을 더블클릭하면 단락 스타일 옵션 대화상자가 표시됩니다. '문자 색상'을 선택하고 문자 색상을 'C:100, M:0, Y:0, K:50' 색상으로 지정한 다음 〈확인〉 버튼을 클릭합니다.

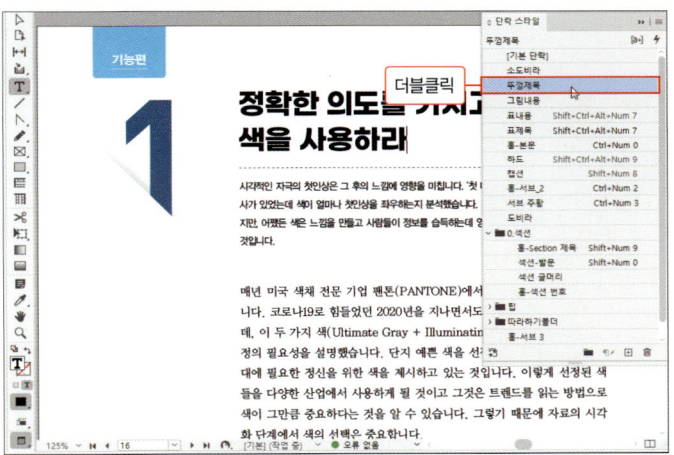

04 선택한 섹션 번호의 색상이 변경된 것을 확인합니다. 모든 페이지에 '홈–섹션 번호' 스타일이 적용된 부분은 색상이 변경되었습니다. 이번에는 단락 스타일 패널에서 '뚜껑제목' 스타일을 더블클릭합니다.

05 단락 스타일 옵션 대화상자가 표시되면 '문자 색상'을 선택하고 문자 색상을 'C:100, M:0, Y:0, K:50' 색상으로 지정한 다음 〈확인〉 버튼을 클릭하여 스타일의 색상을 변경합니다.

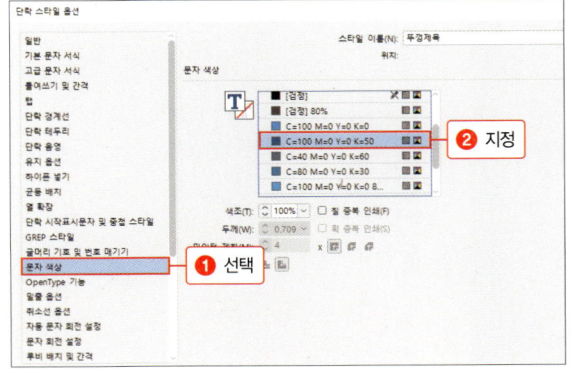

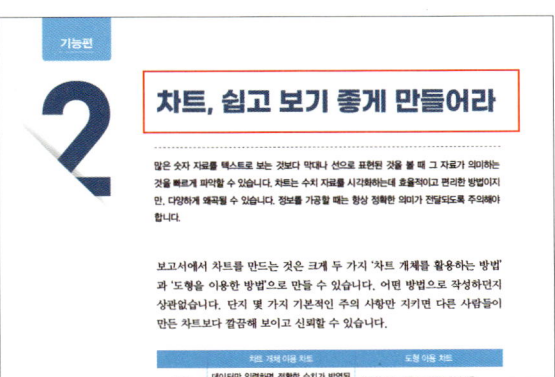

07 · 2도 별색 본문 디자인!

06 2도 인쇄의 경우 이미지는 일반적으로 흑백으로 변경해야 합니다. 선택 도구 (▶)로 이미지를 선택하고 마우스 오른쪽 버튼을 클릭한 다음 **편집에 사용할 응용 프로그램** → Adobe Photoshop을 실행하면 포토샵 프로그램이 자동으로 실행됩니다.

TIP 외부에 이미지 파일이 있고 링크된 상태가 아니라 파일 자체에 포함된 링크 포함 상태라면 '편집에 사용할 응용 프로그램'이 표시되지 않습니다.

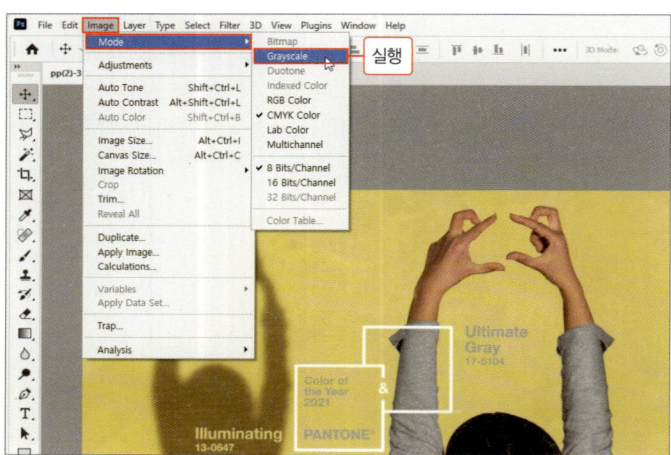

07 포토샵에서 해당 이미지가 표시되면 메뉴에서 (Image) → Mode → Grayscale 을 실행합니다.

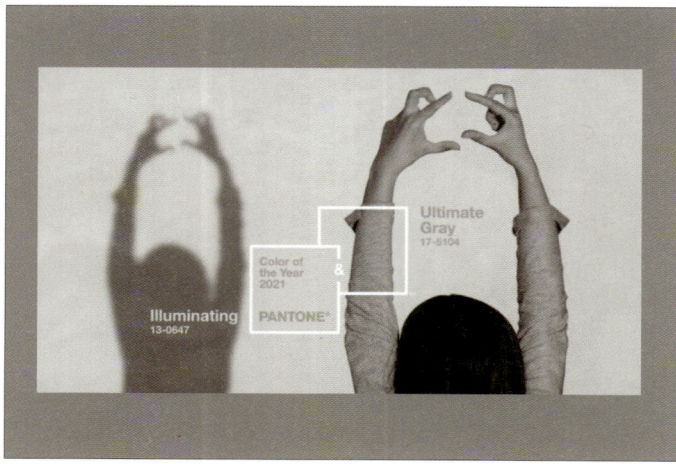

08 'Discard color information'이라는 색상 속성 삭제 경고 메시지가 표시되면 〈OK〉 버튼을 클릭하여 흑백 이미지로 변환합니다.

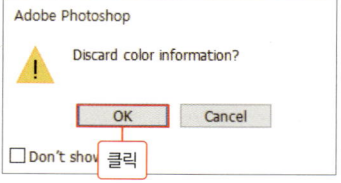

09 메뉴에서 (File) → Save를 실행하여 저장하면 인디자인에서 이미지가 흑백으로 변경된 것을 확인할 수 있습니다.

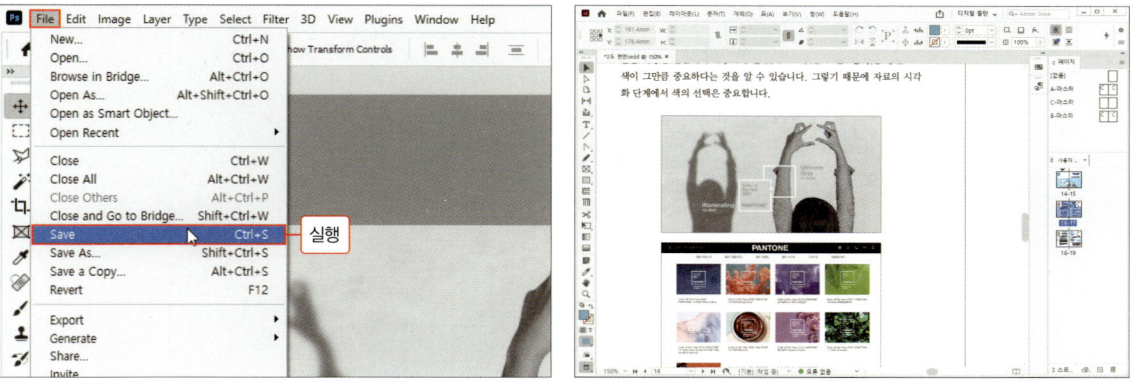

TIP 흑백 이미지로 변환한 다음 저장하면 다시 이전 색상으로 되돌릴 수 없습니다. 만약 백업 파일을 보관해 놓지 않았고 원본 이미지를 보관하고 싶다면 'Save As' 기능을 이용하여 별도로 저장해야 합니다.

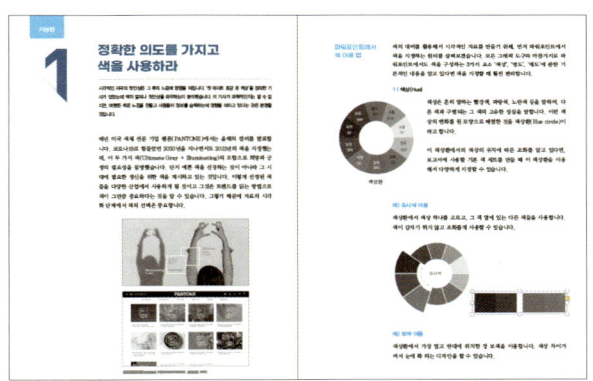

10 모든 이미지를 각각 선택하여 흑백으로 변환합니다. 예제에서는 도서의 일부분으로 몇 개의 이미지만 변환했지만 실제 작업에서는 수백 개의 이미지를 이런 방식으로 작업할 수 없기 때문에 포토샵의 '액션' 기능을 사용하여 자동화 작업이 필요합니다.

11 단락 스타일 패널에서 '홈-서브_2' 스타일을 더블클릭하여 단락 스타일 옵션 대화상자가 표시되면 '문자 색상'을 선택합니다. 문자 색상을 'C:100, M:0, Y:0, K:50' 색상으로 지정하고 색조를 '80%'로 지정한 다음 〈확인〉 버튼을 클릭합니다.

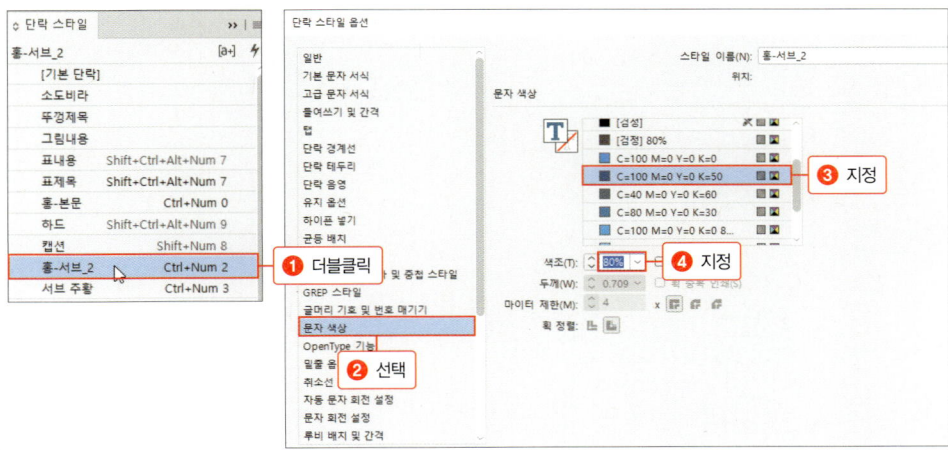

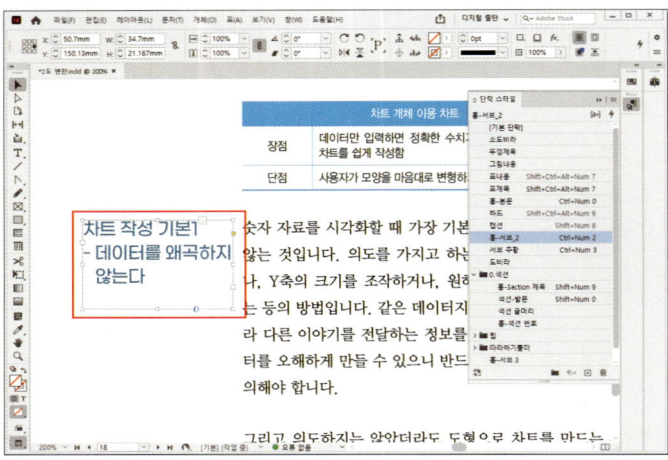

12 '홈-서브_2' 스타일이 적용된 모든 부분의 색상이 변경됩니다.

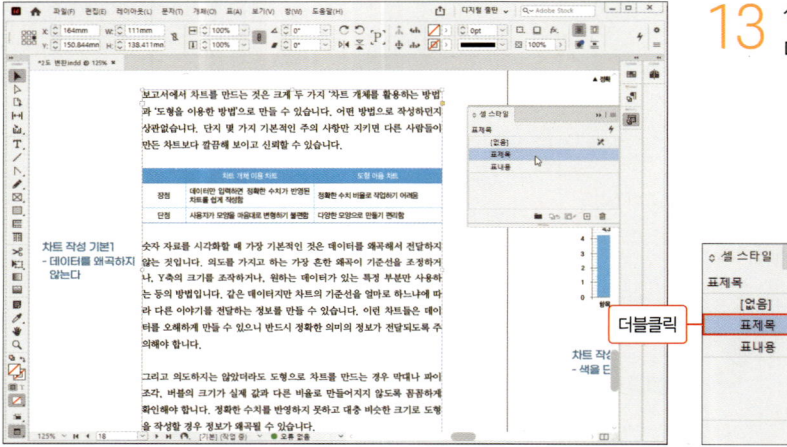

13 셀 스타일 패널에서 '표제목' 스타일을 더블클릭합니다.

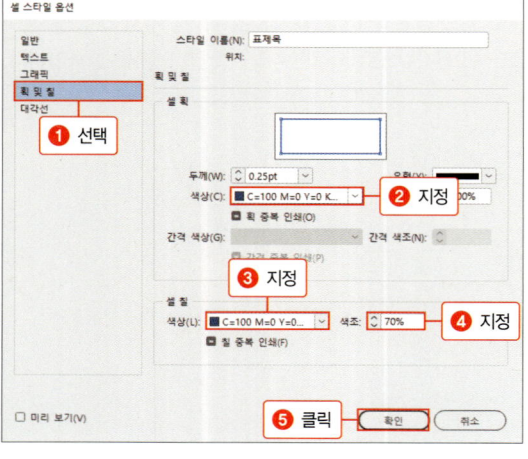

14 셀 스타일 옵션 대화상자가 표시되면 '획 및 칠'을 선택하고 셀 획의 색상을 'C:100, M:0, Y:0, K:50'으로 지정합니다. 셀 칠의 색상을 'C:100, M:0, Y:0, K:50'으로 지정하고 색조를 '70%'로 지정한 다음 〈확인〉 버튼을 클릭합니다.

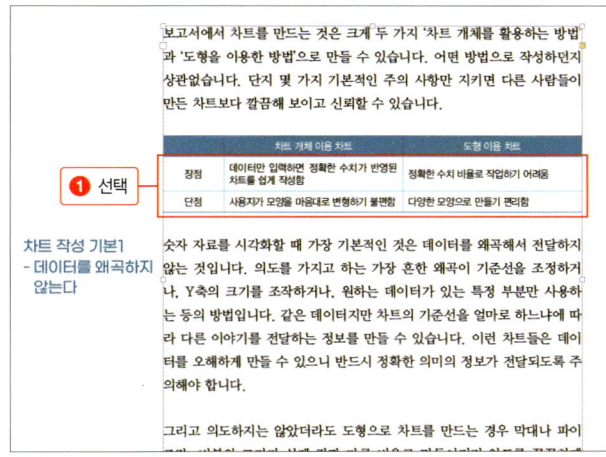

▲ 보고서에서 차트를 만드는 것은 크게 두 가지 '차트 개체를 활용하는 방법'과 '도형을 이용한 방법'으로 만들 수 있습니다. 어떤 방법으로 작성하던지 상관없습니다. 단지 몇 가지 기본적인 주의 사항만 지키면 다른 사람들이 만든 차트보다 깔끔해 보이고 신뢰할 수 있습니다.

① **선택**

	차트 개체 이용 차트	도형 이용 차트
장점	데이터만 입력하면 정확한 수치가 반영된 차트를 쉽게 작성함	정확한 수치 비율로 작업하기 어려움
단점	사용자 모양을 마음대로 변형하기 불편함	다양한 모양으로 만들기 편리함

차트 작성 기본1 - 데이터를 왜곡하지 않는다

숫자 자료를 시각화할 때 가장 기본적인 것은 데이터를 왜곡해서 전달하지 않는 것입니다. 의도를 가지고 하는 가장 흔한 왜곡이 기준선을 조정하거나, Y축의 크기를 조작하거나, 원하는 데이터가 있는 특정 부분만 사용하는 등의 방법입니다. 같은 데이터만 차트의 기준선을 얼마로 하느냐에 따라 다른 이야기를 전달하는 정보를 만들 수 있습니다. 이런 차트들은 데이터를 오해하게 만들 수 있으니 반드시 정확한 의미의 정보가 전달되도록 주의해야 합니다.

그리고 의도하지는 않았더라도 도형으로 차트를 만드는 경우 막대나 파이

15 표의 제목 부분 색상이 변경된 것을 확인합니다. 다음은 표 내용 부분을 드래그하여 셀을 선택하고 셀 스타일 패널에서 '표내용' 스타일을 더블 클릭합니다.

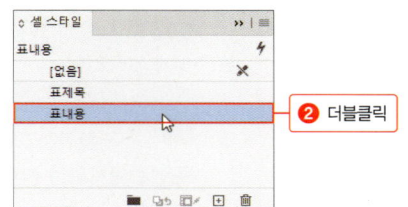

② 더블클릭

16 셀 스타일 옵션 대화상자가 표시되면 셀 획의 색상을 'C: 100, M: 0, Y: 0, K: 50'으로 지정한 다음 〈확인〉 버튼을 클릭하여 표 내용 색상을 변경합니다.

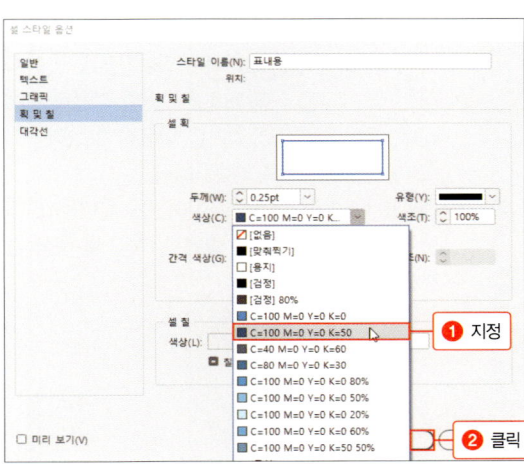

① 지정

② 클릭

17 막대그래프는 인디자인에서 제작한 오브젝트로, 색상을 자유롭게 설정할 수 있으므로 직접 선택 도구(▷)로 각각 클릭한 다음 색상 견본 패널에서 다양하게 색상을 적용합니다.

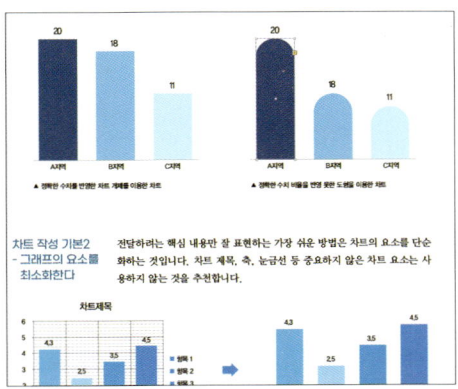

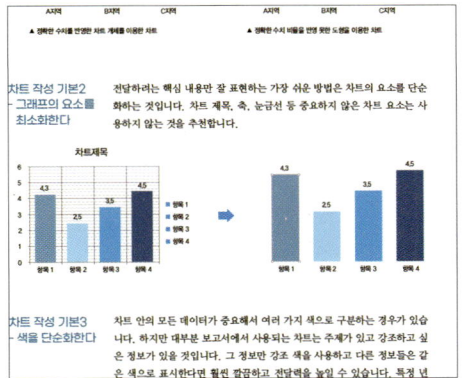

SECTION 05

DIC 별색을 이용하여 2도 인쇄물로 변환하기

📄 **완성 파일**: 07\단행본 2도 본문 별색_완성.indd

4도 인쇄에 형광색, 금박 등과 같은 잉크로 표현하지 못하는 색상을 처리하고자 별색을 사용합니다. 다양한 산업 분야에서 정확한 컬러 선정을 위해 색상을 체계화한 팬톤이나 DIC 컬러도 4도 이외의 색상으로, 별색으로 지칭하기도 합니다.

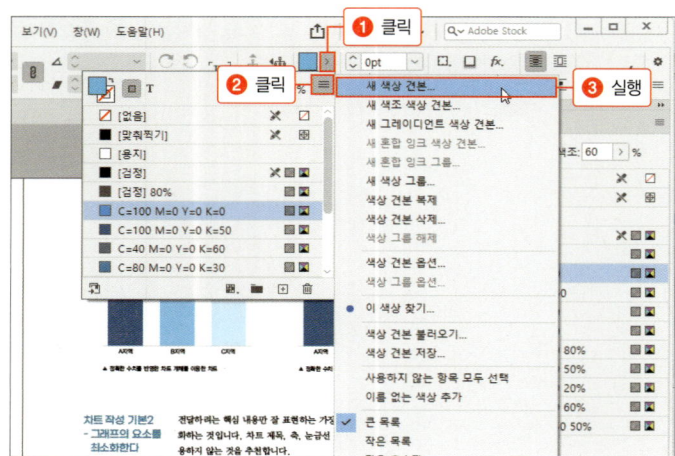

01 이전 작업에서 파란색과 검은색 두 가지 색상을 이용하여 2도 변환 작업을 했습니다. 이번에는 DIC 컬러를 이용한 2도 작업으로 다시 변환하도록 하겠습니다.
컨트롤 패널에서 칠의 '〉' 아이콘을 클릭하고 '패널 메뉴' 아이콘(≡)을 클릭한 다음 **새 색상 견본**을 실행합니다.

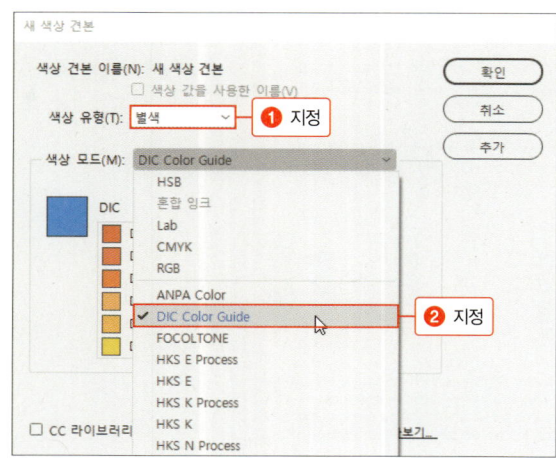

02 새 색상 견본 대화상자가 표시되면 색상 유형을 '별색'으로 지정한 다음 색상 모드를 'DIC Color Guide'로 지정합니다.

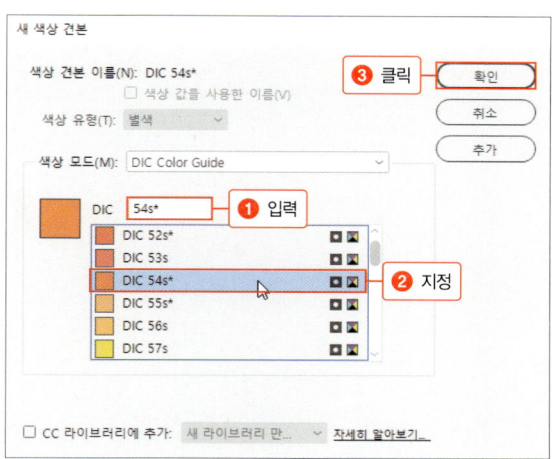

03 DIC에 '54'를 입력하여 'DIC 54s*' 색상으로 지정한 다음 〈확인〉 버튼을 클릭합니다.

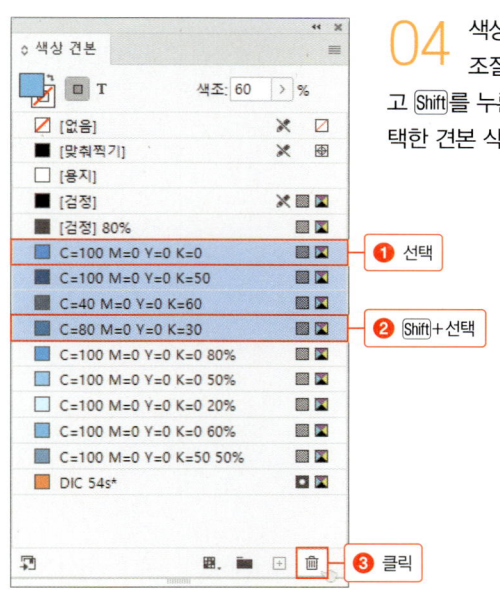

04 색상 견본 패널에 'DIC 54s*' 색상이 등록됩니다. 등록된 색상 중 색조를 조절한 색상은 제외하고 선택합니다. 'C:100, M:0, Y:0, K:0' 색상을 선택하고 Shift를 누른 상태로 'C:80, M:0, Y:0, K:30' 색상을 선택하여 다중 선택한 다음 '선택한 견본 삭제' 아이콘(🗑)을 클릭합니다.

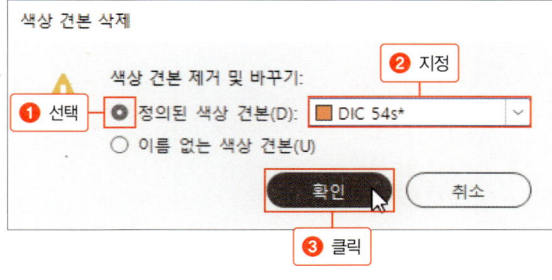

05 색상 견본 삭제 대화상자가 표시되면 '정의된 색상 견본'을 선택하고 'DIC 54s*' 색상으로 지정한 다음 〈확인〉 버튼을 클릭합니다.

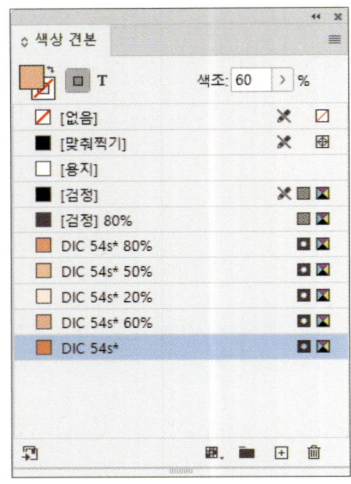

06 색상 견본 패널에 C:100이 적용된 색상은 모두 삭제되고, C:100 색상이 DIC 54s* 색상으로 교체된 것을 확인할 수 있습니다. DIC 54s* 색상과 검정 색상으로만 이루어진 2도 파일로 변경되었습니다.

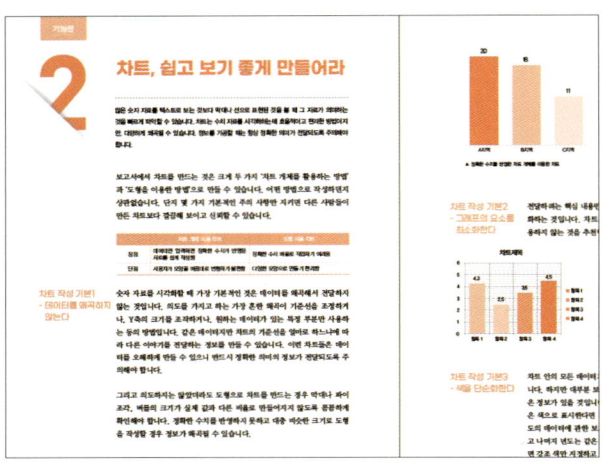

07 파일의 전체 색상이 변경된 것을 확인합니다.

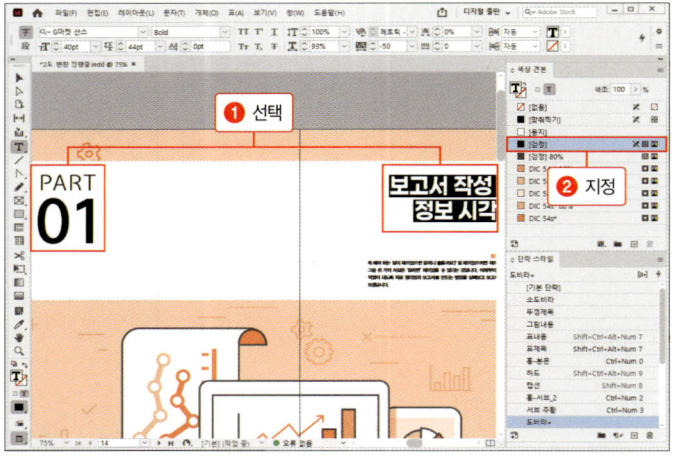

08 14페이지에서 'PART', '01', '보고서 작성 패턴과 정보 시각화하기' 텍스트를 선택한 다음 색상 견본 패널에서 '검정'으로 지정합니다.

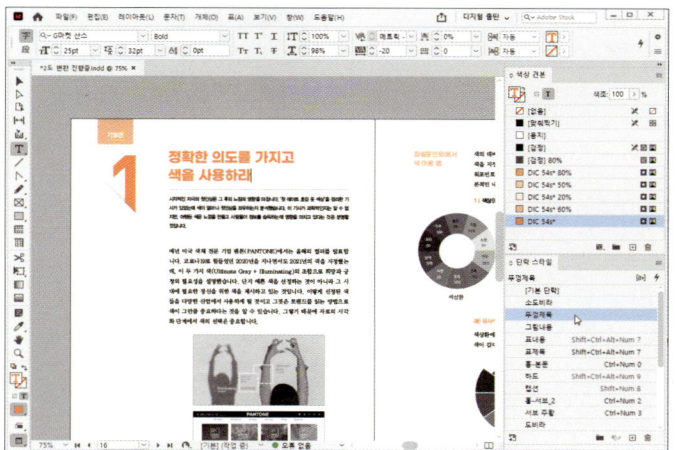

09 단락 스타일 패널에서 '뚜껑제목' 스타일을 더블클릭합니다.

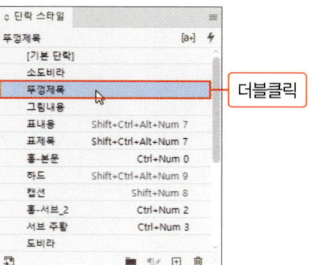

더블클릭

10 단락 스타일 옵션 대화상자가 표시되면 '문자 색상'을 선택하고 문자 색상을 '검정'으로 지정한 다음 〈확인〉 버튼을 클릭합니다.

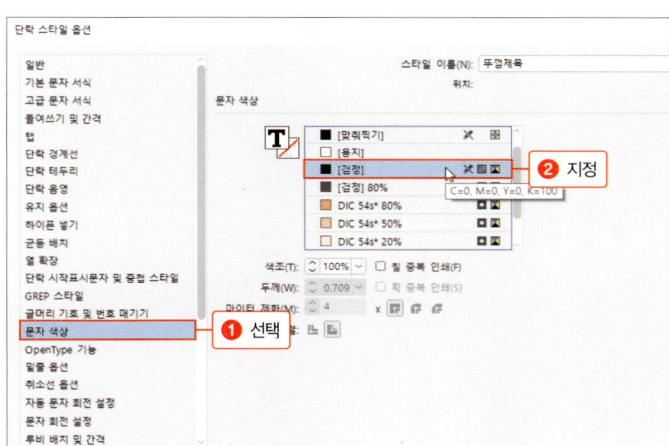

① 선택
② 지정

11 섹션 제목을 검정 색상으로 변경하여 지나치게 많은 주황색을 수정할 수 있습니다.

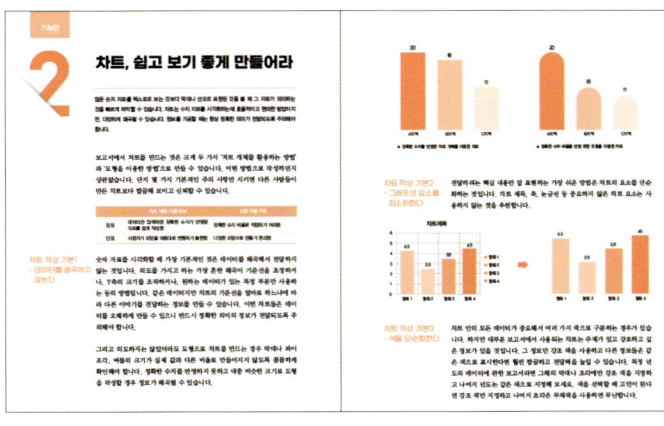

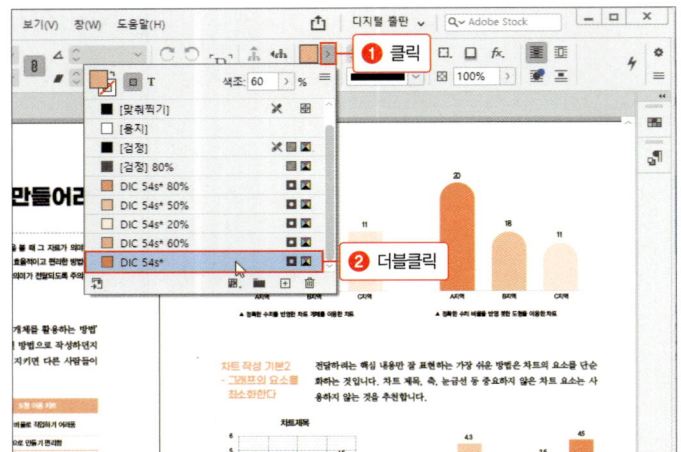

12 이와 같이 DIC 컬러를 이용한 2도로 변환하게 되면 이후에 지정한 DIC 컬러를 간단하게 변경하는 것만으로도 다른 색상이 적용된 2도 인쇄물을 제작할 수 있습니다. 컨트롤 패널에서 칠의 'DIC 54s*' 색상을 더블클릭합니다.

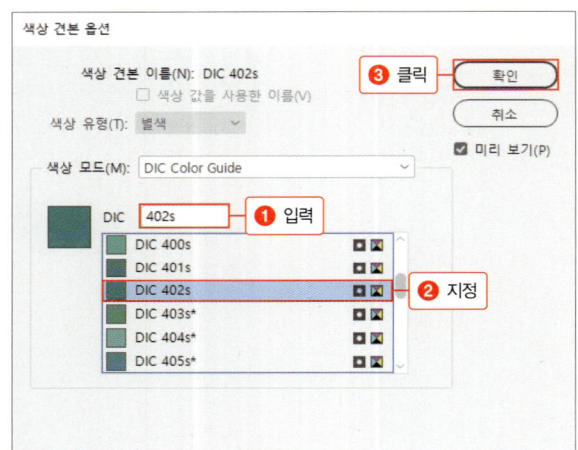

13 색상 견본 옵션 대화상자가 표시되면 DIC에 '402'를 입력하여 'DIC 402s' 색상으로 지정한 다음 〈확인〉 버튼을 클릭합니다.

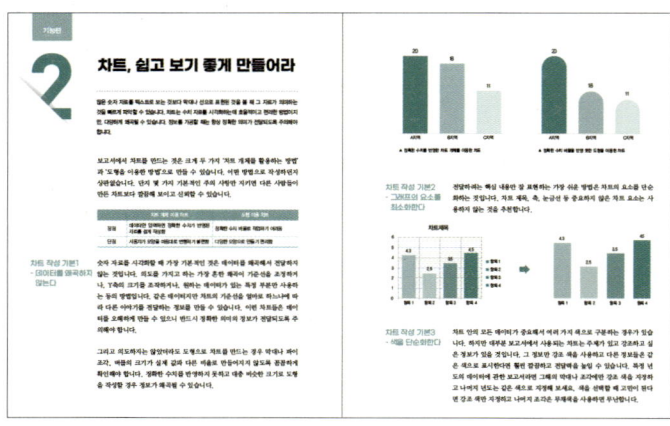

14 DIC 402s 색상을 기준으로 파일 전체 색상이 변경된 것을 확인할 수 있습니다. 별색 색상 한 개를 변경하는 것만으로 전체의 색상을 손쉽게 변경할 수 있습니다.

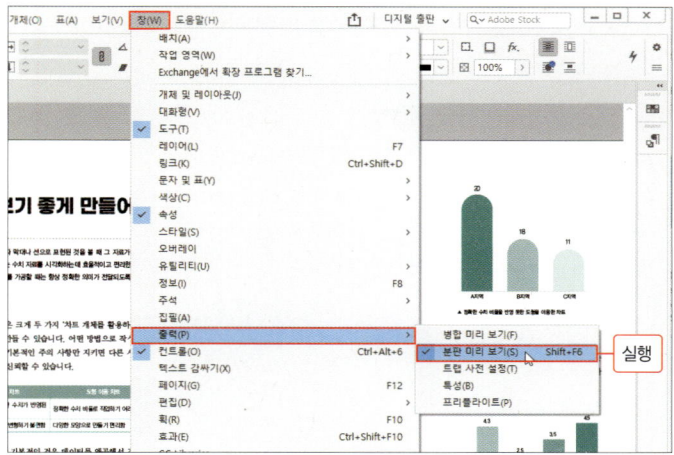

15 2도 인쇄 작업에는 4도 색상이나 컬러 이미지가 포함되지 않아야 하기 때문에 분판 미리 보기를 통해 확인합니다. 메뉴에서 〔창〕 → 출력 → 분판 미리 보기를 실행합니다.

16 분판 미리 보기 패널이 표시되면 보기를 '분판'으로 지정합니다. 현재 파일에서는 검정과 DIC 402s 두 가지 색상만 사용하여 제작되었기 때문에 분판 미리 보기 패널에서 '검정'과 'DIC 402s' 색상의 '눈' 아이콘(👁)을 클릭하여 비활성화한 다음 다른 색상이 사용되었는지 확인할 수 있습니다.

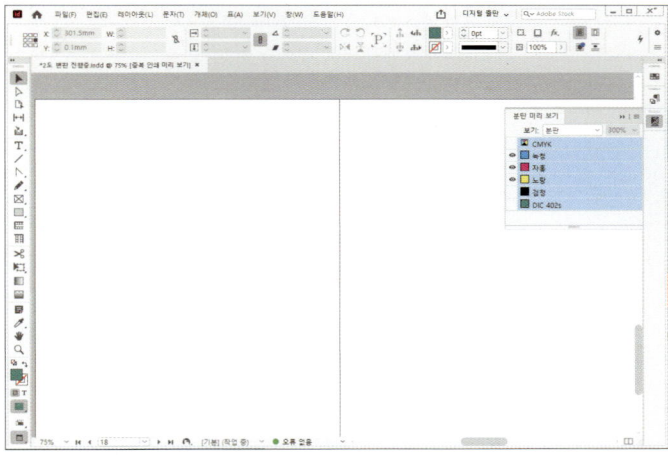

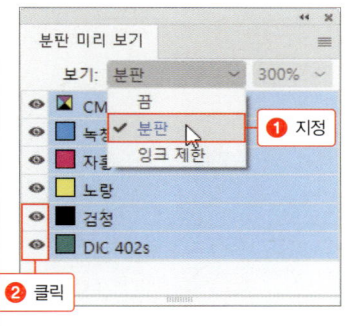

TIP '검정'과 'DIC 402s' 색상을 비활성화했으므로 현재 화면이 흰색으로만 표시되어야 합니다.

17 전체적으로 DIC 컬러가 제대로 적용되었는지 확인합니다.

PROJECT 08

단행본 목차와
색인 부속 페이지

인디자인에는 본문을 기준으로 목차와 색인을 손쉽게 작업할 수 있는 기능이 있습니다.
여기서는 내용이 짧은 문서의 목차와 색인을 추출하고 페이지를 디자인해 보겠습니다.

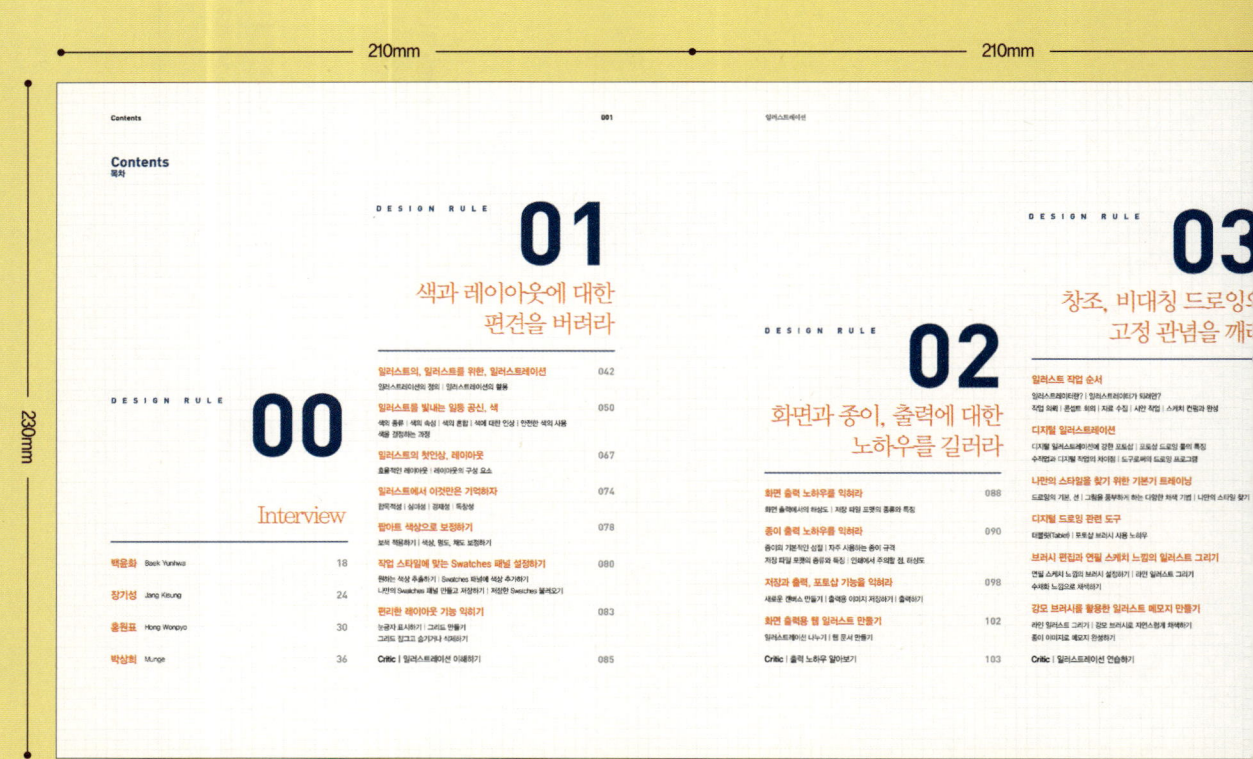

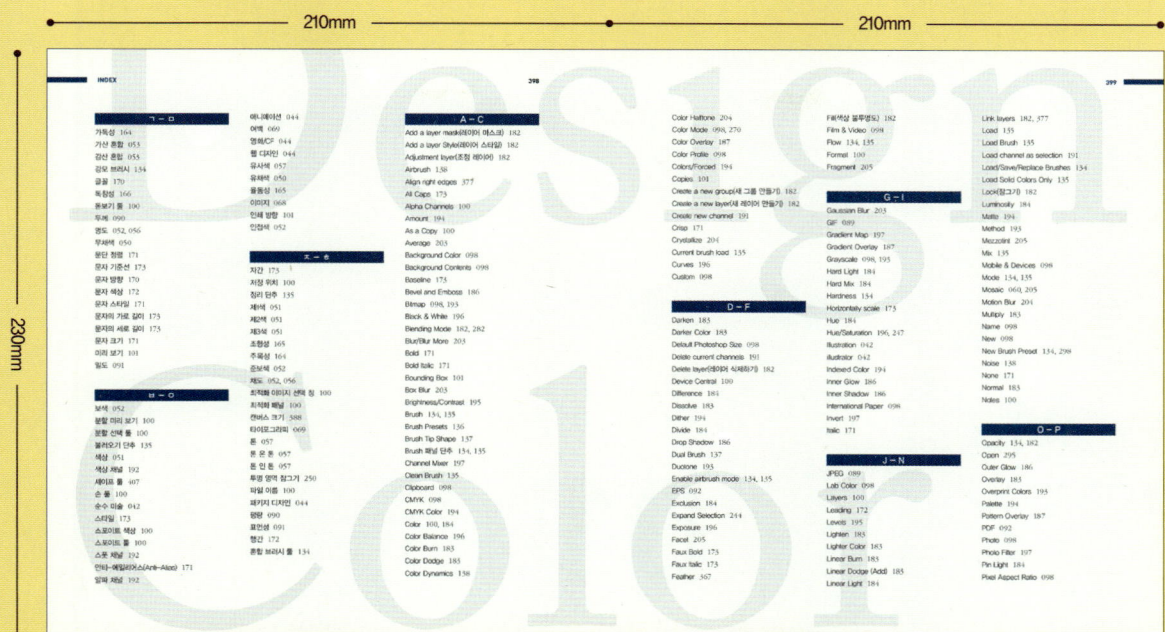

230mm

작업 의뢰서

· 본문 판형 : 210×230mm

DESIGN PROCESS
디자인 작업 과정

1

목차 페이지에 패턴 배경 디자인 적용하기

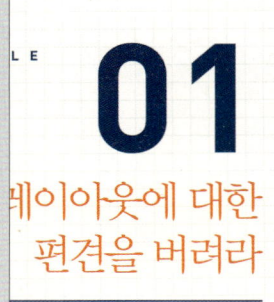

2

목차 페이지 파트 제목 디자인하기

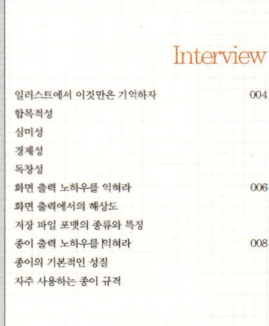

3

인디자인 목차 기능 이용하여 목차 텍스트 추출하기

4

GREP 기능으로 페이지 번호 디자인 적용하기

5

색인 페이지 배경 디자인 만들기

6

색인 추출하여 색인 페이지 만들기

SECTION 01

목차 페이지에 배경 이미지 적용하기

📄 **예제 파일:** 08\목차 색인 본문.indd, 모눈종이(큰거)-gray.tif

목차 페이지를 구성하기 전에 목차 페이지에 들어갈 배경 이미지를 구성해 봅니다.

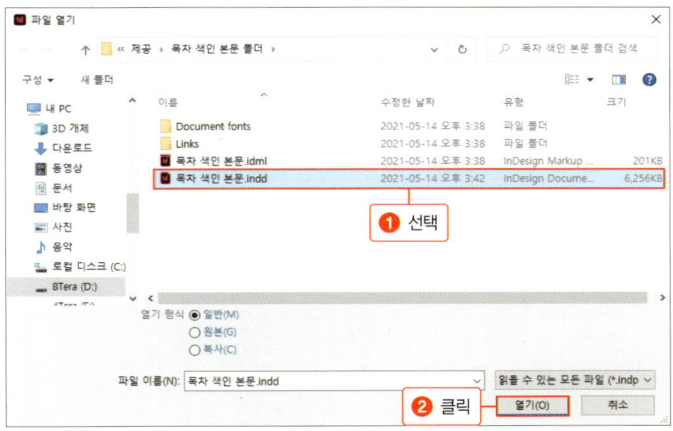

01 인디자인을 실행한 다음 Ctrl+O를 눌러 파일 열기 대화상자가 표시되면 08 폴더에서 '목차 색인 본문.indd' 파일을 선택한 다음 〈열기〉 버튼을 클릭합니다.

TIP 인디자인이 최신 버전이 아닌 경우 호환 버전인 '목차 색인 본문.idml' 파일을 불러옵니다.

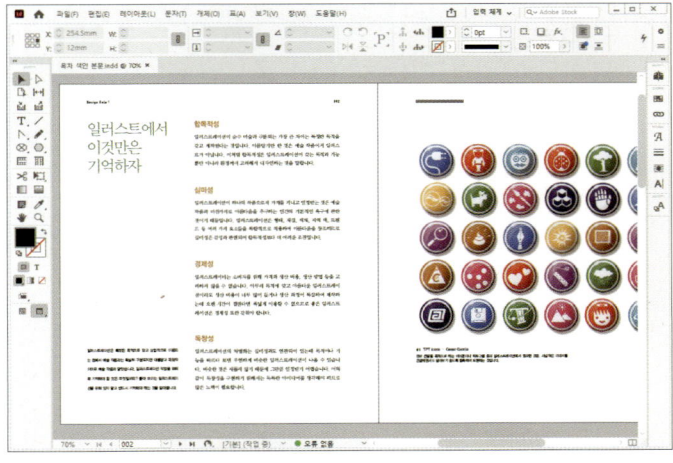

02 파일을 불러오면 인디자인에서 편집한 본문 일부가 표시됩니다.

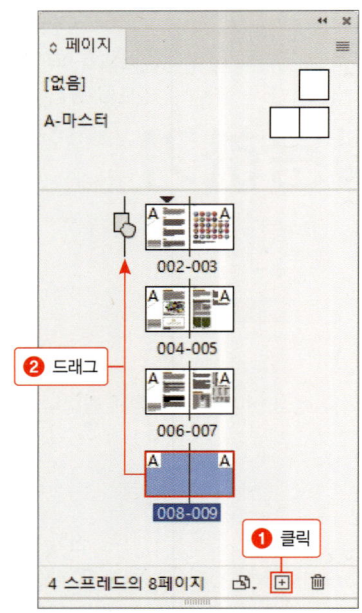
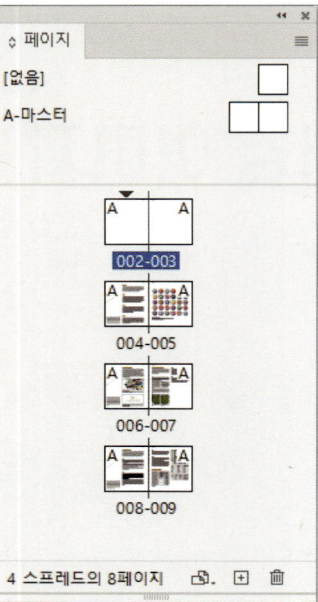

03 페이지 패널 하단에 '새 페이지 만들
기' 아이콘(⊞)을 두 번 클릭하여 2페
이지를 추가합니다. 추가한 두 페이지를 선택한
다음 002페이지 왼쪽으로 드래그하여 페이지
를 이동합니다.

04 레이어 패널에서 '새 레이어 만들기' 아이콘(⊞)을 클릭하여 레이어를 한 개 더 추가합니다. 추가된 '레이어 2'를 아
래로 드래그하여 레이어 위치를 변경한 다음 레이어의 이름을 더블클릭하여 그림과 같이 '내용'과 '배경'으로 변경합
니다.

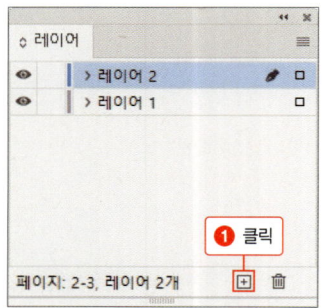
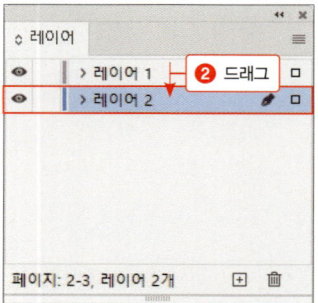
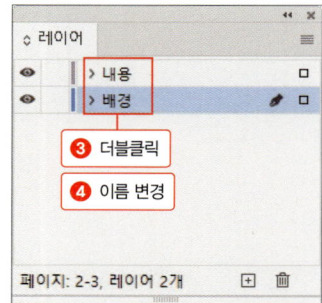

05 레이어 패널에서 '배경' 레이어가 선택
된 상태에서 Ctrl+D를 눌러 가져오기
대화상자가 표시되면 08 폴더에서 '모눈종이
(큰거)-gray.tif' 파일을 선택한 다음 〈열기〉 버
튼을 클릭합니다.

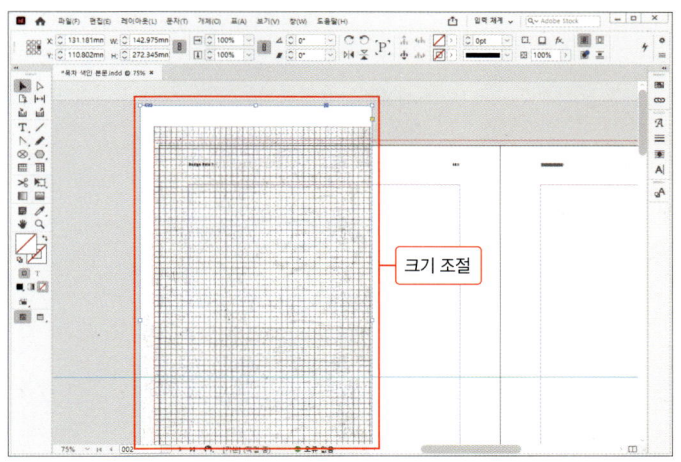

06 모눈종이 이미지가 표시됩니다. (Ctrl)을 누른 상태로 이미지의 조절점을 드래 그하여 페이지 위아래를 덮을 수 있도록 크기를 조절합니다.

크기 조절

TIP 모눈종이 이미지는 흑백 이미지이지만 색조를 포함하고 있는 Tif 파일로, 인디자인에서 색상을 변경 할 수 있습니다.

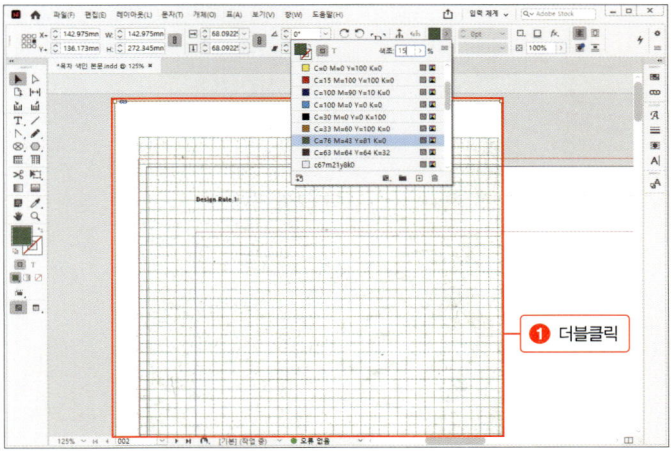

1 더블클릭

07 원본 이미지를 더블클릭하여 선택한 다음 칠을 'C:76, M:43, Y:81, K:0' 색상 으로 지정하고 색조를 '15%' 지정하면 이미지의 색상이 변경됩니다.

4 지정   2 클릭

색조: 15

C=0 M=0 Y=100 K=0
C=15 M=100 Y=100 K=0
C=100 M=90 Y=10 K=0
C=100 M=0 Y=0 K=0
C=30 M=0 Y=0 K=100
C=33 M=60 Y=100 K=0
C=76 M=43 Y=81 K=0   3 지정
C=63 M=64 Y=64 K=32
c67m21y8k0

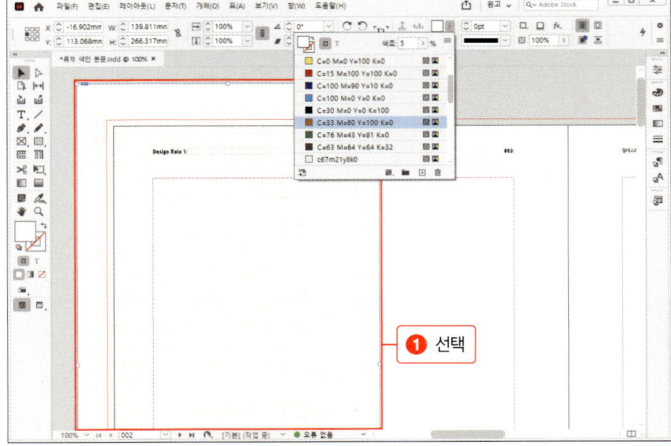

1 선택

08 사각형 프레임을 선택한 다음 칠을 'C:33, M:60, Y:100, K:0' 색상으로 지 정하고 색조를 '5%'로 지정합니다.

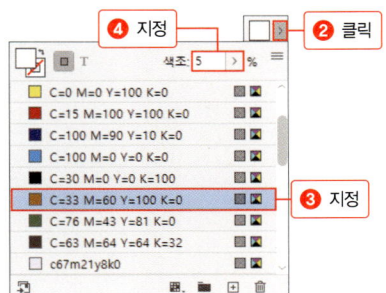

4 지정   2 클릭

색조: 5

C=0 M=0 Y=100 K=0
C=15 M=100 Y=100 K=0
C=100 M=90 Y=10 K=0
C=100 M=0 Y=0 K=0
C=30 M=0 Y=0 K=100
C=33 M=60 Y=100 K=0   3 지정
C=76 M=43 Y=81 K=0
C=63 M=64 Y=64 K=32
c67m21y8k0

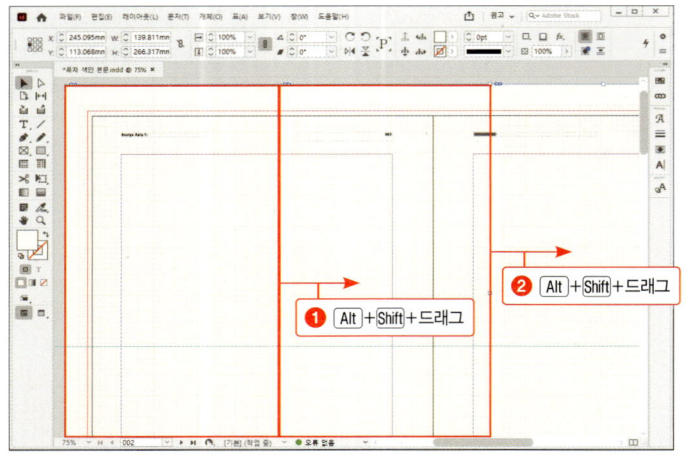

09 모눈종이 이미지를 흐리게 하여 배경 이미지로 적용했습니다. Alt + Shift 를 누른 상태로 오른쪽으로 3번 드래그하여 복제합니다.

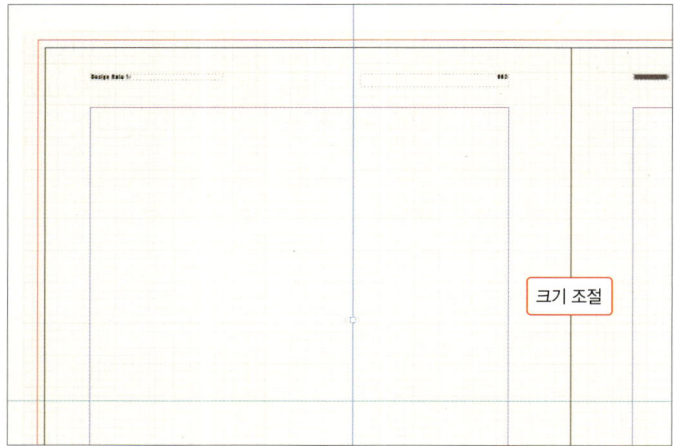

10 모눈종이 이미지의 사각형 프레임 조절점을 드래그하여 이미지가 자연스럽게 연결되도록 조절합니다.

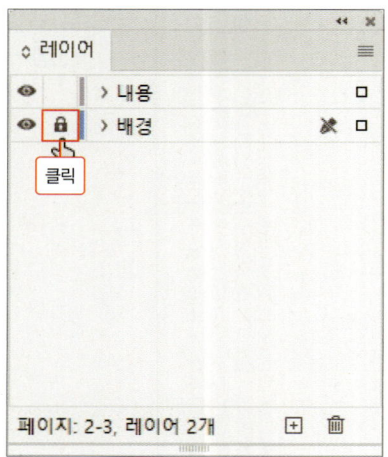

11 목차 페이지의 배경 디자인이 완성되었습니다. 레이어 패널에서 '배경' 레이어 왼쪽을 클릭하여 자물쇠 아이콘(🔒)이 표시되면 목차 내용 작업에 방해되지 않도록 배경이 잠깁니다. 목차 내용은 '내용' 레이어에 작업하도록 합니다.

SECTION 02

목차 페이지에서
파트 제목 디자인하기

목차 디자인은 일목요연하게 보여야 하며, 시각적으로 빠르게 찾을 수 있도록 해야 합니다.
선과 텍스트를 이용하여 파트 제목을 디자인하는 방법에 대해 알아봅니다.

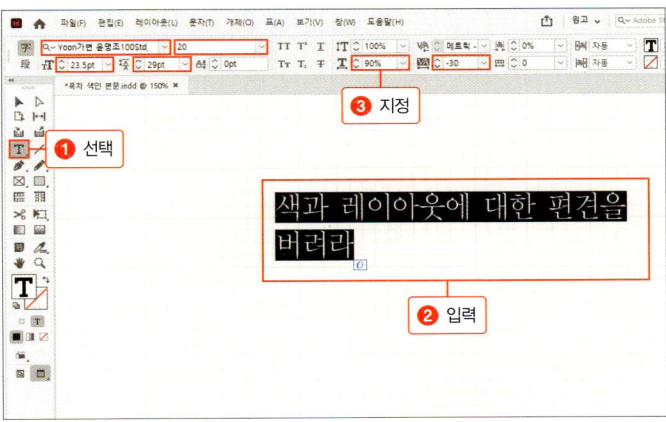

01 문자 도구(T.)로 드래그하여 문자 상자를 만든 다음 '색과 레이아웃에 대한 편견을 버려라'를 입력합니다.
텍스트가 선택된 상태에서 글꼴을 'Yoon가변 윤명조100Std', 글꼴 스타일을 '20', 글꼴 크기를 '23.5pt', 행간을 '29pt', 가로 비율을 '90%', 자간을 '−30'으로 지정합니다.

02 컨트롤 패널에서 칠의 '〉' 아이콘을 클릭하고 '패널 메뉴' 아이콘(≡)을 클릭한 다음 **새 색상 견본**을 실행합니다. 새 색상 견본 대화상자가 표시되면 녹청을 '0%', 자홍을 '72%', 노랑을 '98%', 검정을 '5%'로 지정한 다음 〈확인〉 버튼을 클릭합니다.

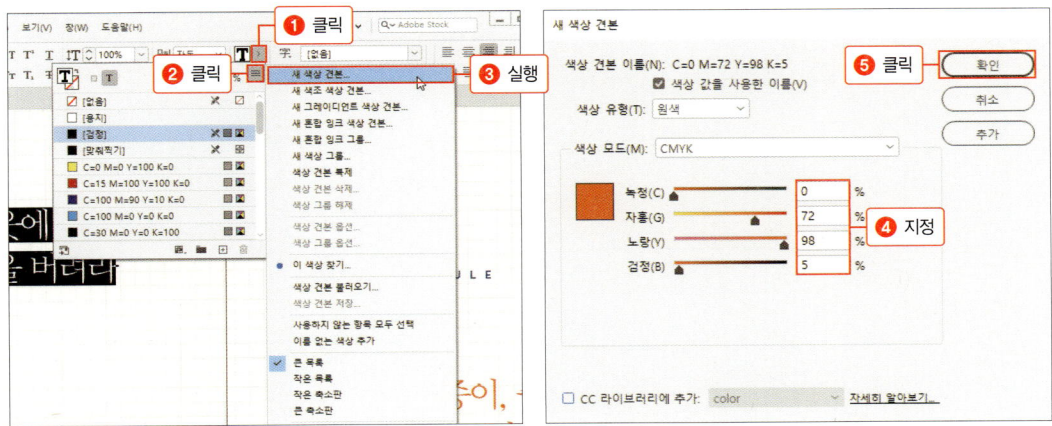

03 '색과 레이아웃에 대한 편견을 버려라' 텍스트를 선택한 다음 칠을 'C:0, M:72, Y:98, K:5' 색상으로 지정합니다. 텍스트가 선택된 상태로 속성 패널에서 단락의 '균등 배치' 아이콘(▤)을 클릭합니다.

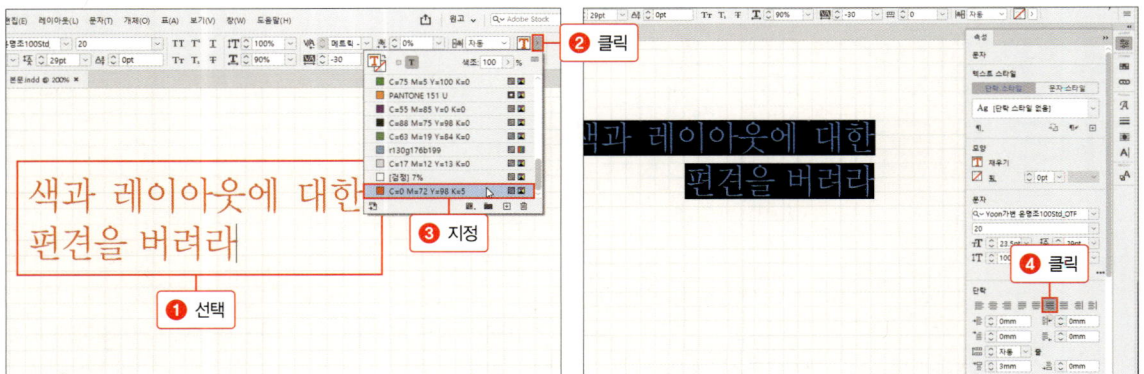

04 문자 상자를 선택하고 마우스 오른쪽 버튼을 클릭한 다음 **맞춤 → 내용에 프레임 맞추기**를 실행하여 텍스트 크기에 맞게 문자 상자의 크기를 조절합니다.

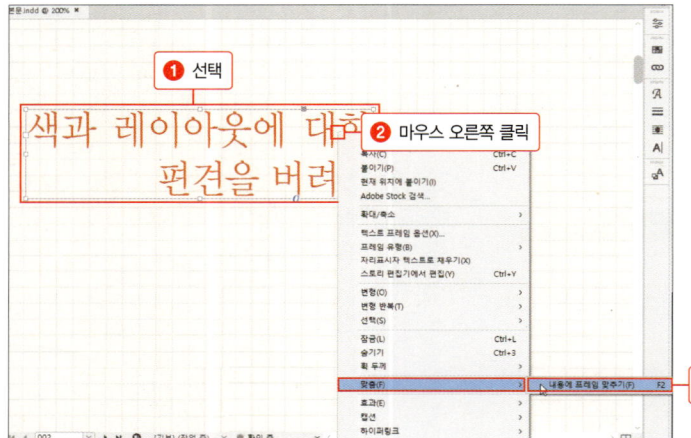

05 도구 패널에서 선 도구(╱)를 선택하고 텍스트 하단에 Shift를 누른 상태로 드래그하여 수평선을 그립니다. 수평선이 선택된 상태로 컨트롤 패널에서 선 두께를 '1pt'로 지정합니다.

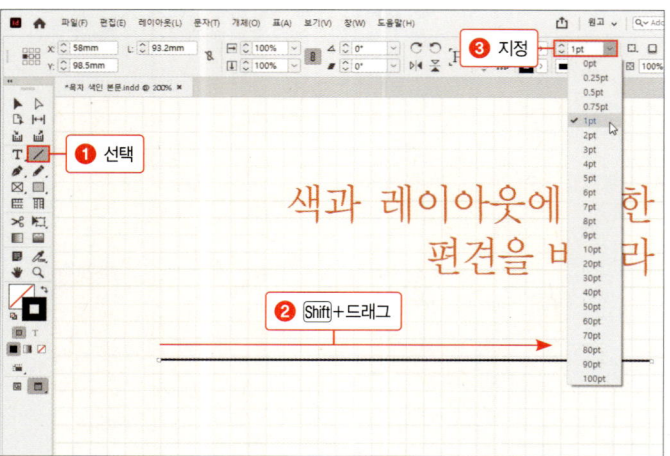

06 수평선이 선택된 상태로 컨트롤 패널에서 획의 '〉' 아이콘을 클릭하고 '패널 메뉴' 아이콘(≡)을 클릭한 다음 **새 색상 견본**을 실행합니다. 새 색상 견본 대화상자가 표시되면 녹청을 '98%', 자홍을 '46%', 노랑을 '0%', 검정을 '45%'로 지정한 다음 〈확인〉 버튼을 클릭합니다.

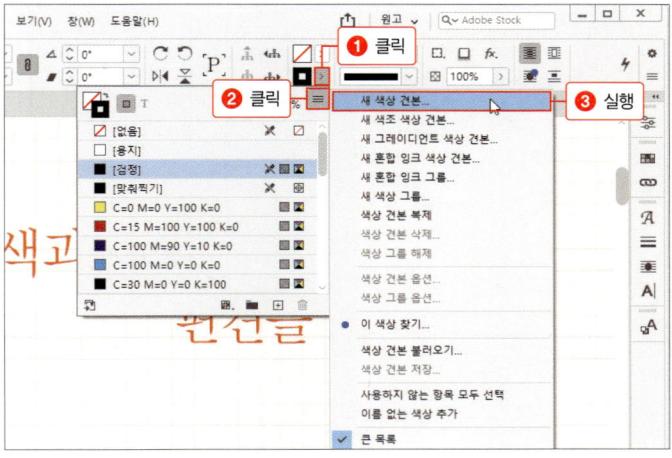

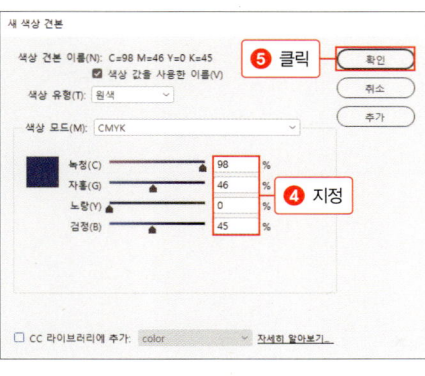

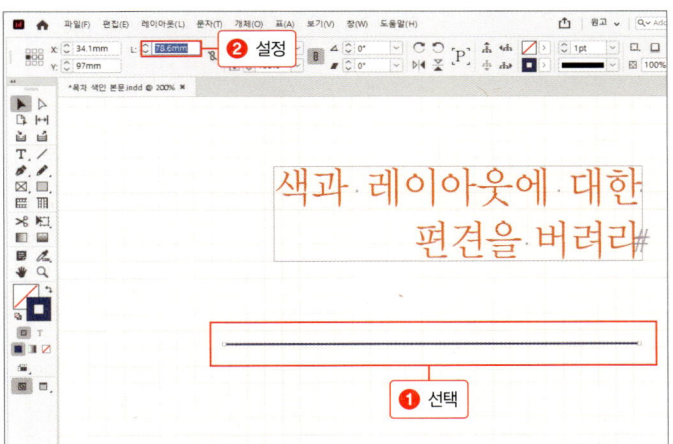

07 수평선을 선택하고 컨트롤 패널에서 L을 '78.6mm'로 설정하여 선의 길이를 조절합니다.

08 도구 패널에서 사각형 프레임 도구(⊠)를 선택하고 페이지 빈 여백을 클릭합니다. 사각형 대화상자가 표시되면 폭을 '5mm', 높이를 '5mm'로 설정한 다음 〈확인〉 버튼을 클릭합니다.

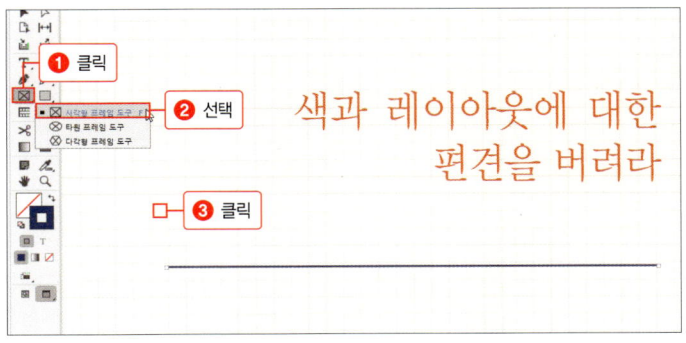

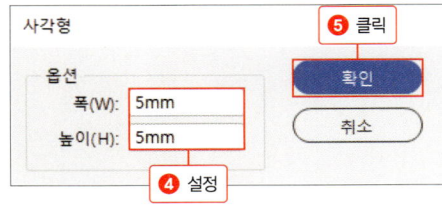

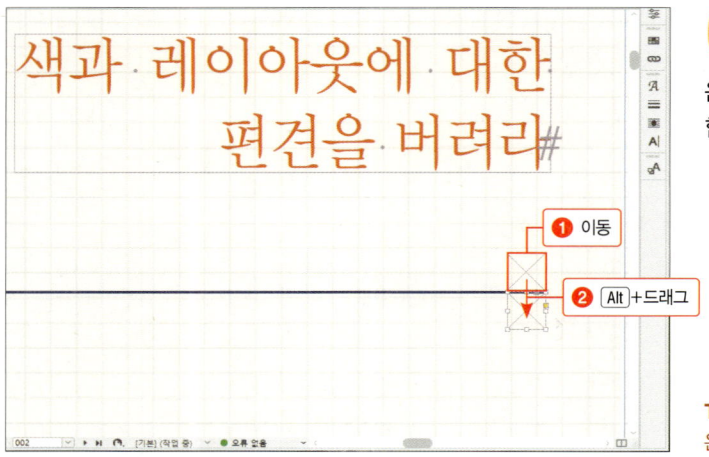

09 그림과 같이 사각형 프레임을 드래그하여 선 오른쪽 끝부분으로 이동한 다음 Alt 를 누른 상태로 아래로 드래그하여 복제합니다.

TIP 사각형 프레임은 칠과 획 색상을 적용하지 않은 상태로 가이드로만 사용합니다.

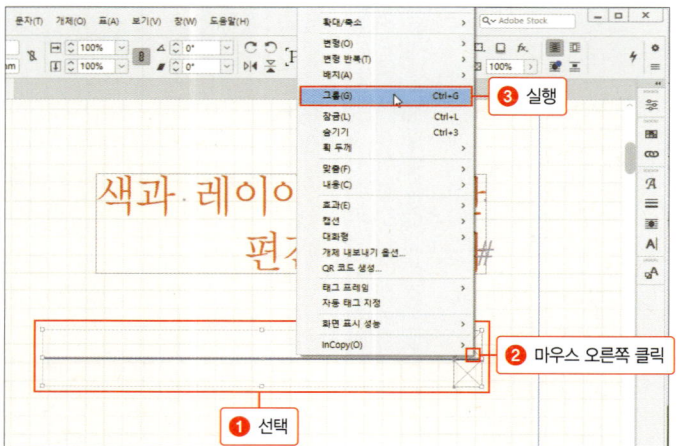

10 선택 도구(▶)로 수평선과 사각형 프레임 2개를 드래그하여 선택하고 마우스 오른쪽 버튼을 클릭한 다음 **그룹**을 실행하여 그룹으로 지정합니다.

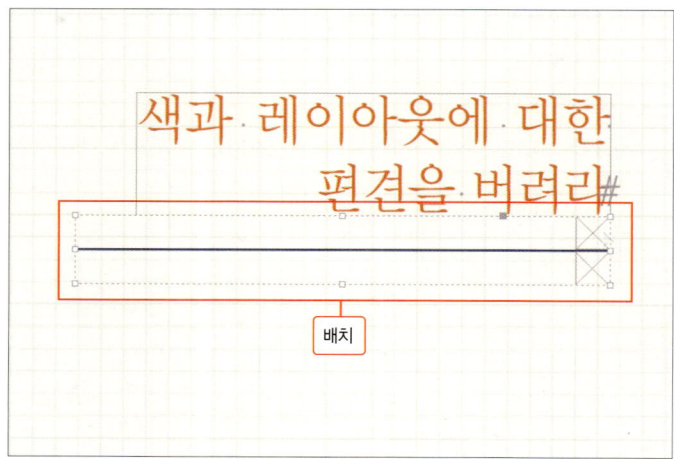

11 그룹으로 지정한 오브젝트를 선택하고 드래그하여 그림과 같이 배치합니다.

12 문자 도구(T)로 드래그하여 문자 상자를 만든 다음 '01'을 입력합니다. '01' 텍스트를 선택하고 글꼴을 'DIN (OTF)', 글꼴 스타일을 'Bold', 글꼴 크기를 '85pt', 가로 비율을 '90%', 자간을 '−30', 칠을 'C:98, M:46, Y:0, K:45' 색상으로 지정합니다.

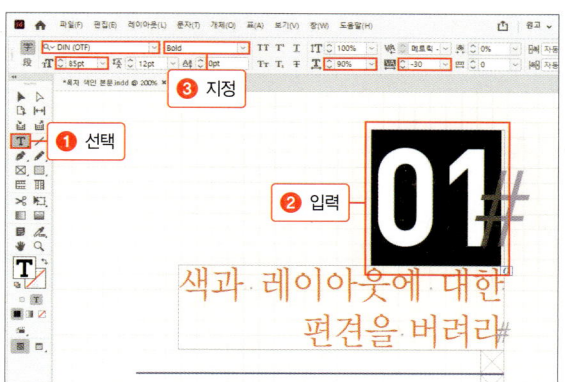
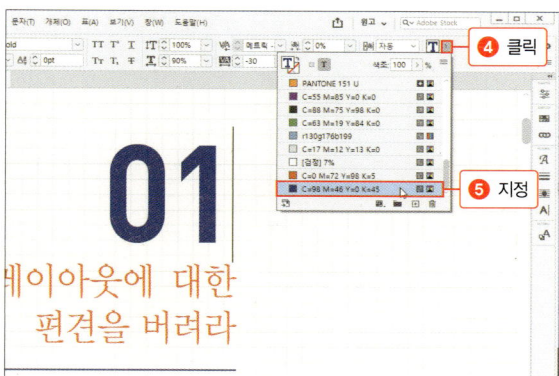

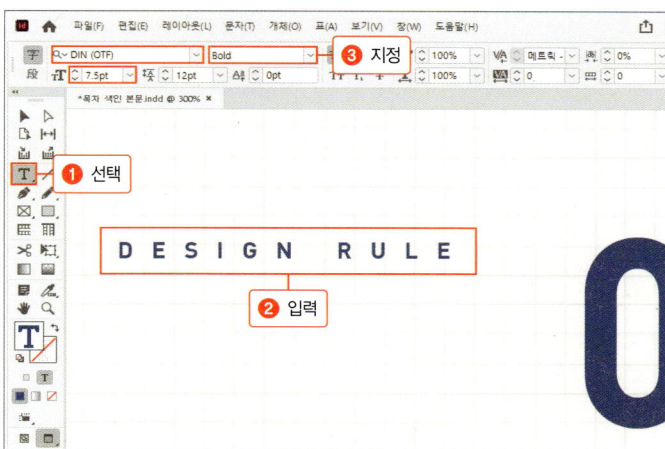

13 문자 도구(T)로 드래그하여 문자 상자를 만든 다음 'DESIGN RULE'을 입력합니다.
글꼴을 'DIN (OTF)', 글꼴 스타일을 'Bold', 글꼴 크기를 '7.5pt'로 지정한 다음 속성 패널에서 단락의 '모든 줄 균등 배치' 아이콘(≡)을 클릭하면 문자 상자 크기에 맞게 자간이 조절됩니다.

14 'DESIGN RULE', '01', '색과 레이아웃에 대한 편견을 버려라' 텍스트와 수평선을 모두 선택하여 그림과 같이 배치한 다음 Ctrl+G를 눌러 그룹으로 지정합니다. 파트 제목이 완성되었습니다.

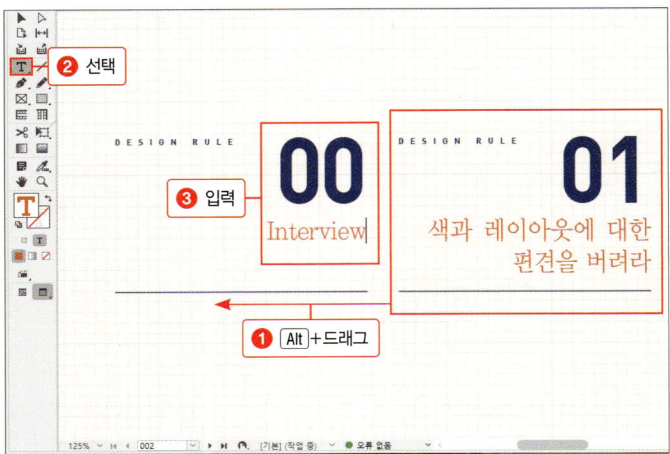

15 `Alt`를 누른 상태로 파트 제목을 드래 그하여 복제합니다. 복제한 파트 제목 을 문자 도구(`T`)로 클릭하여 '00', 'Interview' 로 수정합니다.

TIP 목차에 파트 제목 디자인 포맷을 만들면 반복 되는 부분은 텍스트만 수정하여 작업을 편리하게 할 수 있습니다.

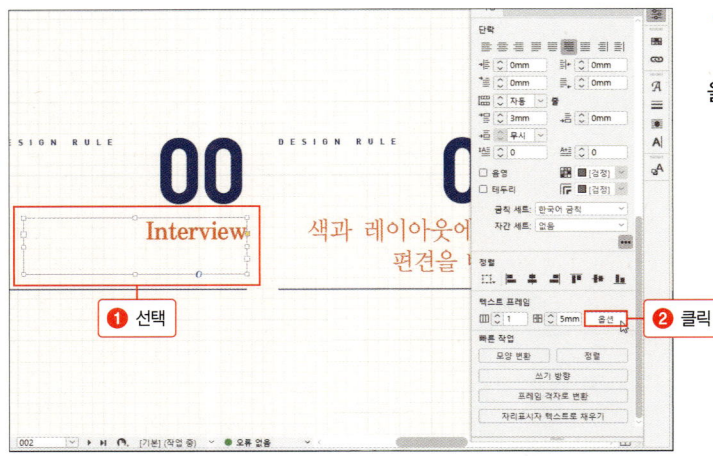

16 'Interview' 문자 상자를 선택하고 속성 패널에서 텍스트 프레임의 〈옵션〉 버튼 을 클릭합니다.

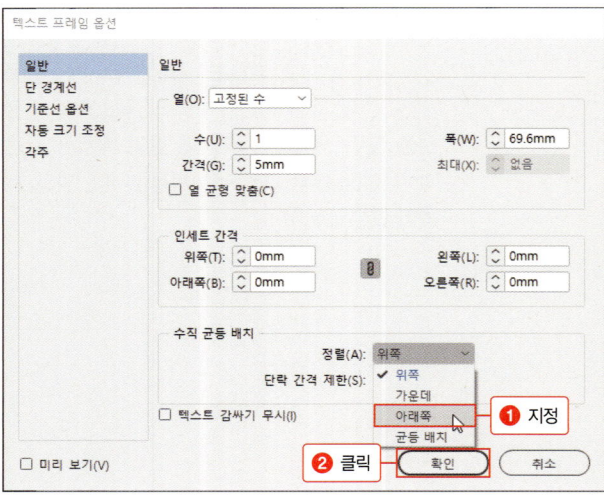

17 텍스트 프레임 옵션 대화상자가 표시되면 수 직 균등 배치에서 정렬을 '아래쪽'으로 지정한 다음 〈확인〉 버튼을 클릭합니다.

SECTION 03

목차 기능 이용하여 목차 텍스트 추출하기

인디자인의 목차 기능을 사용하면 본문의 내용이나 페이지 번호를 자동으로 추출할 수 있습니다.
추출된 텍스트를 이용해 목차 페이지를 구성해 보도록 하겠습니다.

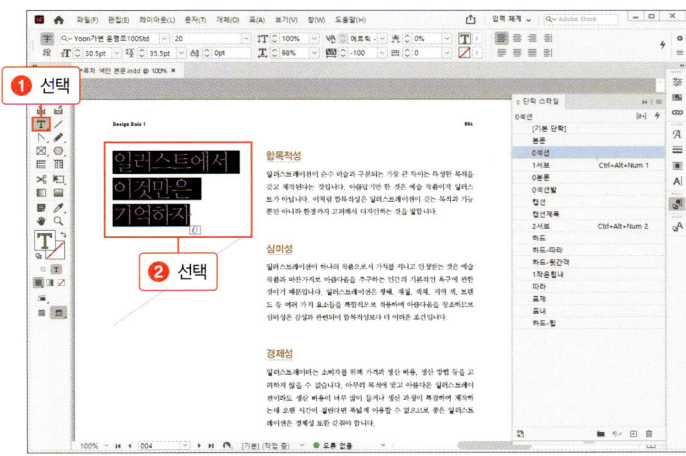

01 본문의 텍스트에 각각 스타일이 적용되어 있습니다. 먼저 문자 도구(T)로 '일러스트에서 이것만은 기억하자' 텍스트를 드래그하여 선택하면 단락 스타일 패널에서 '0섹션' 스타일이 적용된 것을 확인할 수 있습니다.

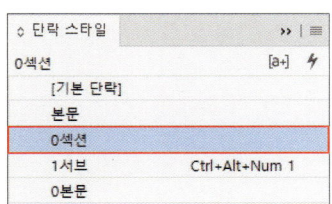

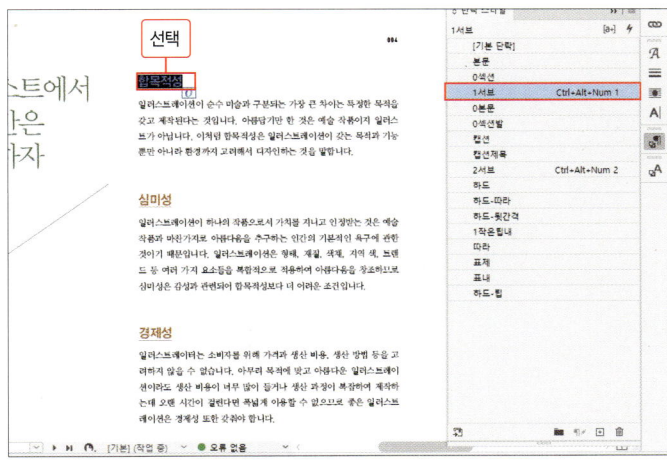

02 '합목적성' 텍스트를 드래그하여 선택하면 단락 스타일 패널에서 '1서브' 스타일이 적용된 것을 확인할 수 있습니다.
목차 기능은 스타일을 이용하여 텍스트를 추출하는 방식입니다. 여기서는 목차에 두 가지 스타일만 이용합니다.

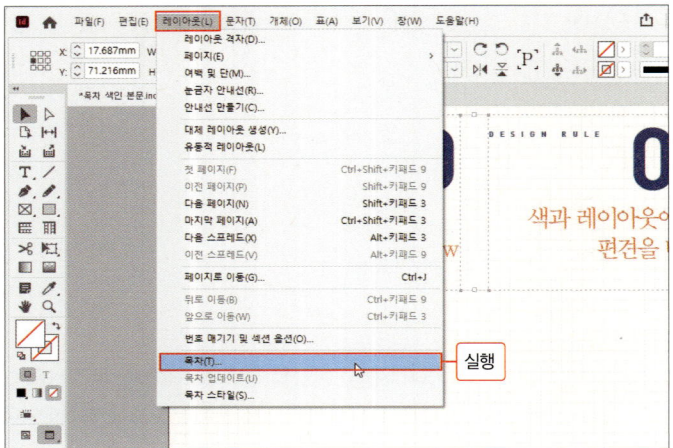

03 목차에 추가할 텍스트를 추출하기 위해 메뉴에서 (레이아웃) → **목차**를 실행합니다.

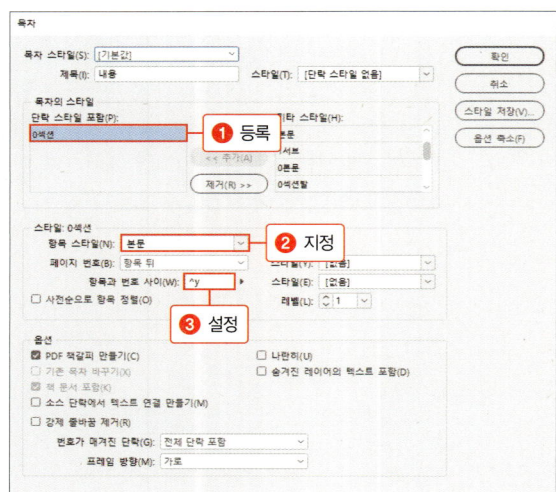

04 목차 대화상자가 표시되면 기타 스타일에서 '0섹션'을 선택하고 〈추가〉 버튼을 클릭하여 단락 스타일 포함으로 등록합니다. 항목 스타일을 '본문', 항목과 번호 사이를 '^y'로 설정합니다.

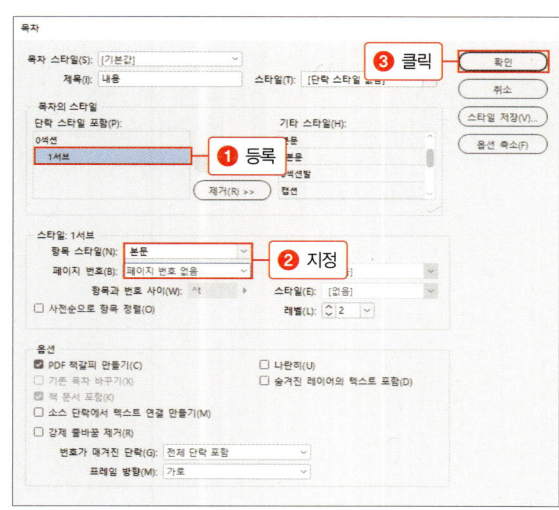

05 기타 스타일에서 '1서브'를 선택하고 〈추가〉 버튼을 클릭하여 단락 스타일 포함으로 등록합니다. 항목 스타일을 '본문', 페이지 번호를 '페이지 번호 없음'으로 지정한 다음 〈확인〉 버튼을 클릭합니다.

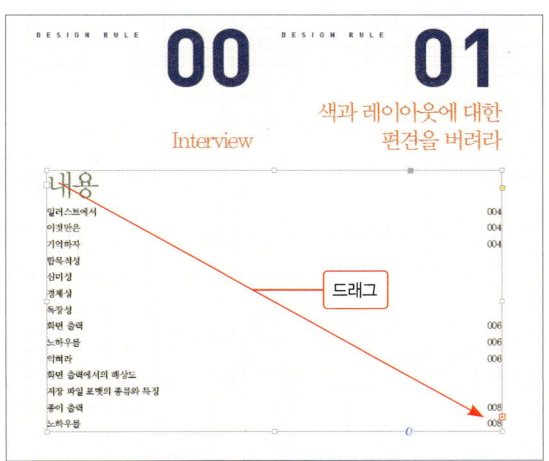

06 마우스 커서가 문자 상자를 만들 수 있게 변경됩니다. 페이지 빈 곳을 드래그하여 문자 상자를 만들면 전체 내용에서 설정한 스타일을 기준으로 텍스트가 추출됩니다.

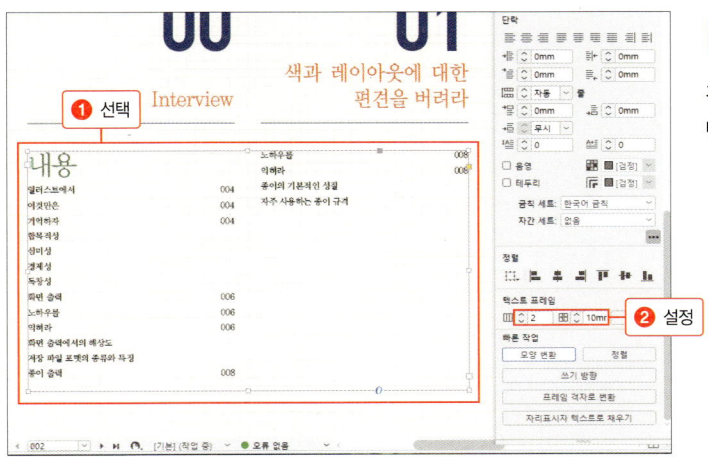

07 목차 문자 상자를 선택하고 속성 패널에서 텍스트 프레임의 열 수를 '2', 간격을 '10mm'로 설정하면 문자 상자가 2단으로 변경되며 단과 단 사이가 10mm로 설정됩니다.

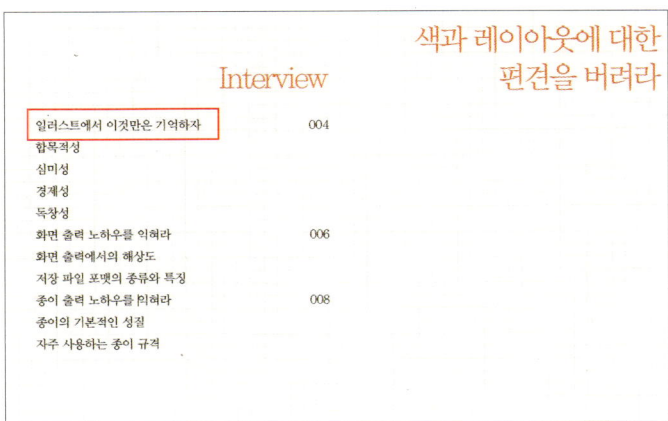

08 추출된 목차 텍스트를 확인하면 '일러스트에서 이것만은 기억하자' 텍스트가 세 줄로 표시됩니다. 본문에서 Enter를 이용하여 단락을 분리하여 나타나는 현상으로, Backspace를 눌러 한 줄로 만듭니다.

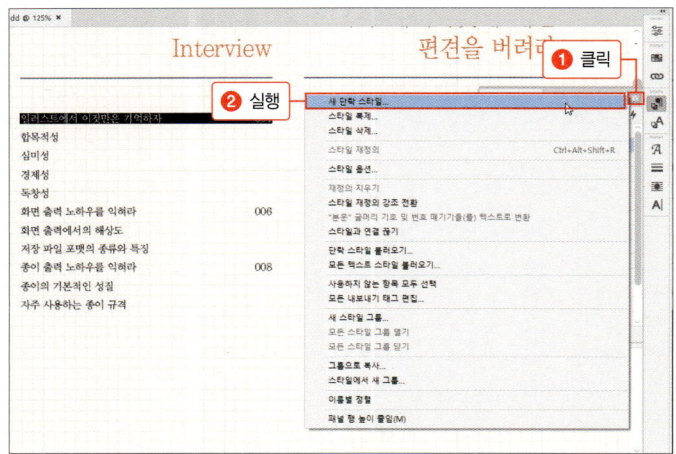

09 목차에 적용할 스타일을 만듭니다. 단락 스타일 패널에서 '패널 메뉴' 아이콘(≡)을 클릭한 다음 **새 단락 스타일**을 실행합니다.

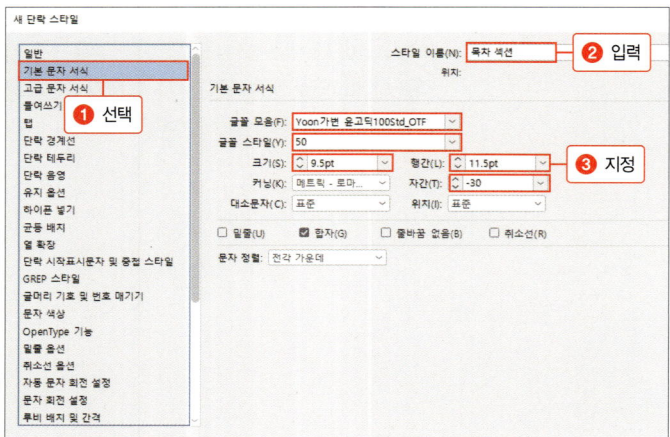

10 새 단락 스타일 대화상자가 표시되면 '기본 문자 서식'을 선택하고 스타일 이름을 '목차 섹션', 글꼴 모음을 'Yoon가변 윤고딕100Std_OTF', 글꼴 스타일을 '50', 크기를 '9.5pt', 행간을 '11.5pt', 자간을 '−30'으로 지정합니다.

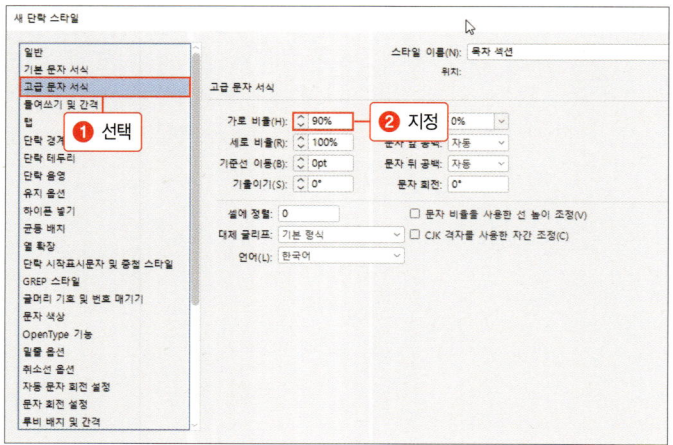

11 '고급 문자 서식'을 선택하고 가로 비율을 '90%'로 지정합니다.

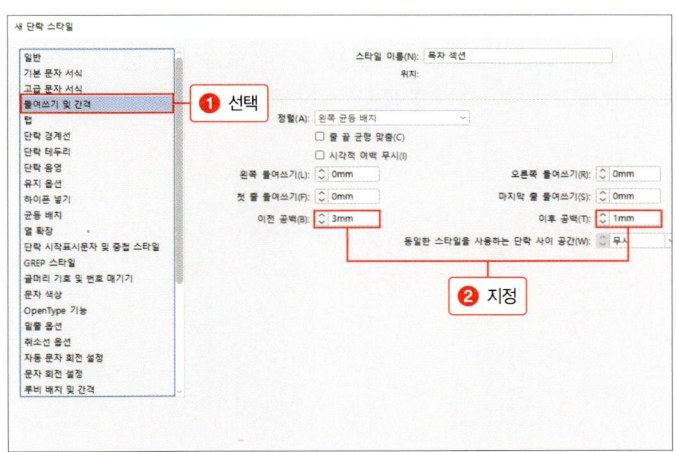

12 '들여쓰기 및 간격'을 선택하고 이전 공백을 '3mm', 이후 공백을 '1mm'로 지정합니다.

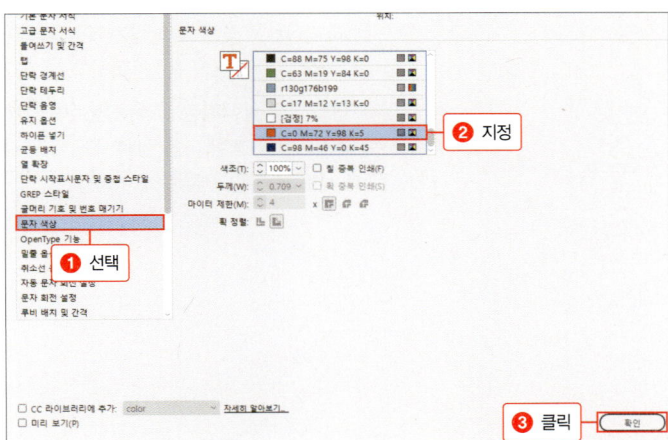

13 '문자 색상'을 선택하고 문자 색상을 'C: 0, M: 72, Y: 98, K: 5' 색상으로 지정한 다음 〈확인〉 버튼을 클릭합니다.

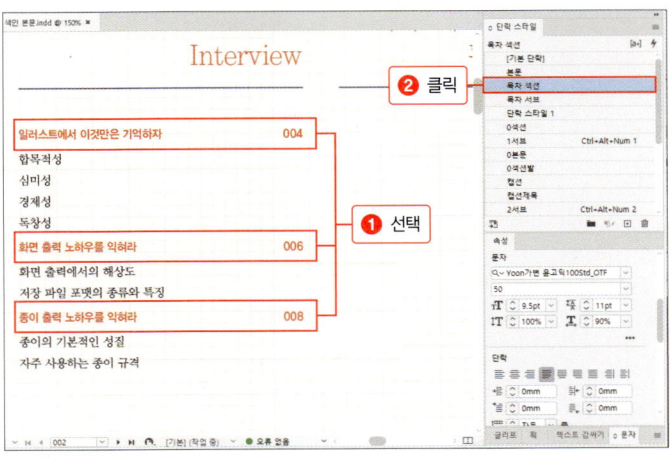

14 목차의 섹션 제목을 선택한 다음 단락 스타일 패널에서 '목차 섹션' 스타일을 클릭하여 적용합니다.

15 단락 스타일 패널에서 '패널 메뉴' 아이콘(▤)을 클릭한 다음 **새 단락 스타일**을 실행합니다. 새 단락 스타일 대화
상자가 표시되면 '기본 문자 서식'을 선택하고 스타일 이름을 '목차 서브', 글꼴 모음을 'Yoon가변 윤고딕100Std_
OTF', 글꼴 스타일을 '20', 크기를 '7pt', 행간을 '10.5pt', 자간을 '−30'으로 지정합니다. '고급 문자 서식'을 선택하고 가로 비율
을 '90%'로 지정한 다음 〈확인〉 버튼을 클릭합니다.

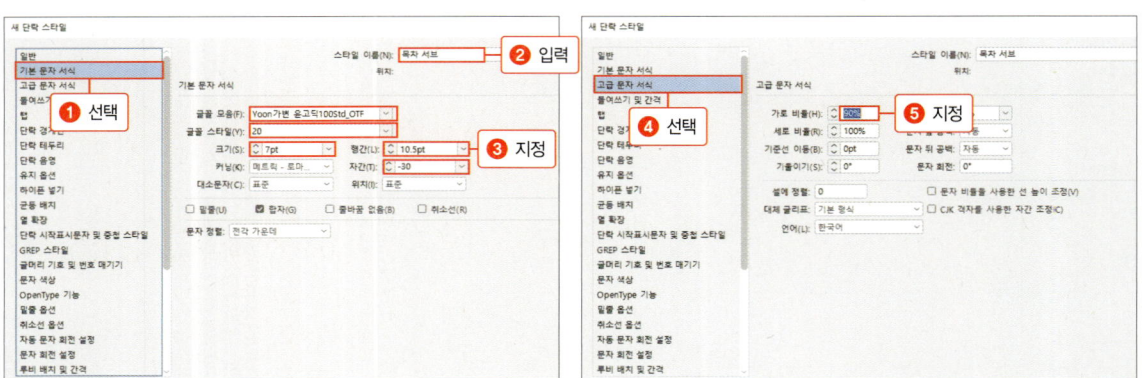

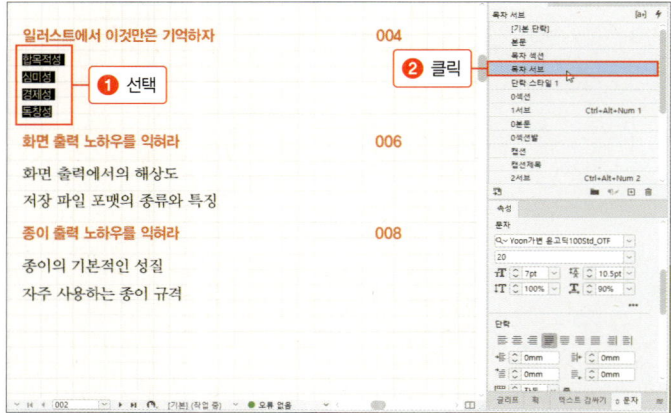

16 '합목적성', '심미성', '경제성', '독창성'
텍스트를 선택한 다음 단락 스타일 패널
에서 '목차 서브' 스타일을 클릭하여 적용합니다.

17 '합목적성', '심미성', '경제성', '독창성' 텍스트를 한 줄로 변경한 다음 ⏽를 눌러 단어 사이에 수직선을 넣습니다.
스타일을 등록해 놓았기 때문에 나머지 목차 내용도 스타일을 쉽게 변경할 수 있습니다.

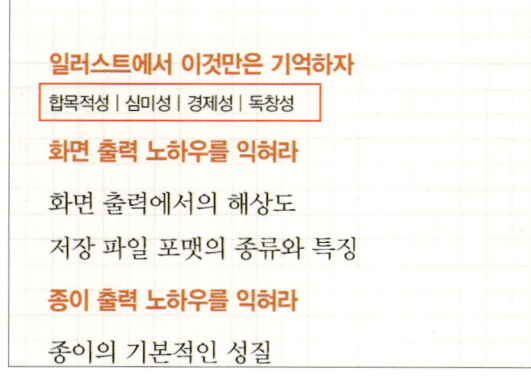

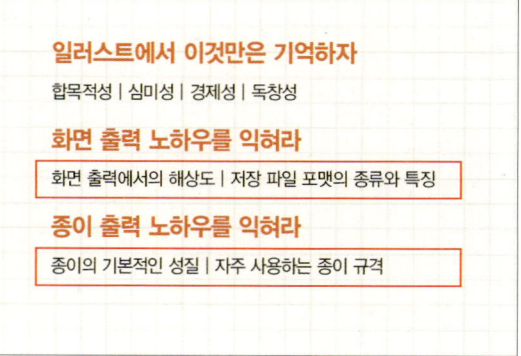

SECTION 04

GREP 기능으로
페이지 번호 스타일 수정하기

독자가 목차를 더 잘 구분할 수 있도록 다양한 디자인을 적용할 수 있습니다.
여기서는 GREP 기능을 사용하여 페이지 번호를 다르게 구성하고 쉽게 작업하는 방법을 알아봅니다.

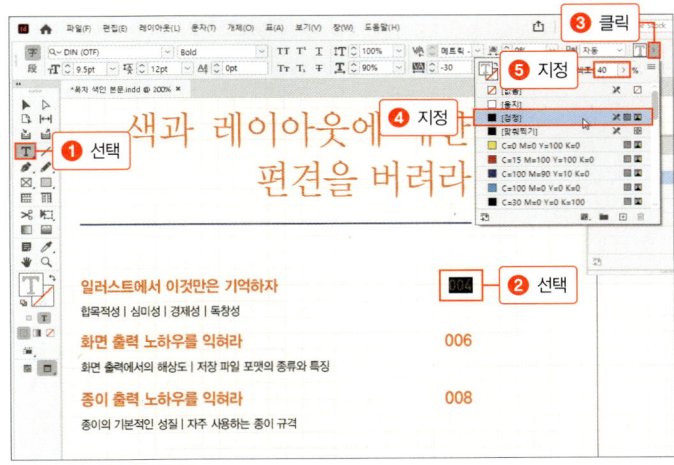

01 목차에서 페이지 번호만 다르게 표현하기 위해 문자 도구(T)로 '004' 텍스트를 드래그하여 선택하고 칠을 '검정'으로 지정한 다음 색조를 '40%'로 지정합니다.

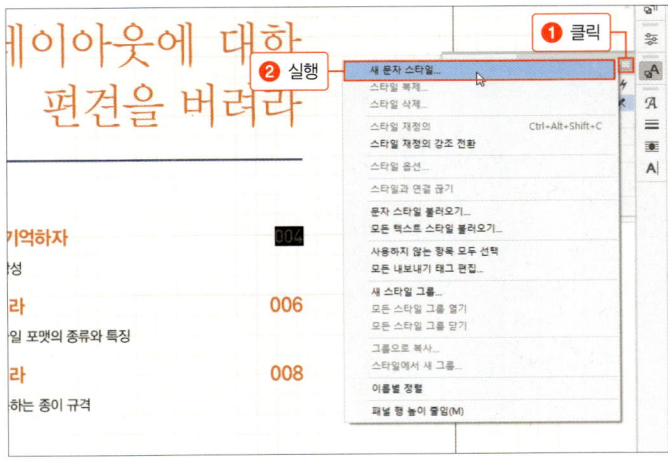

02 '004' 텍스트가 선택된 상태로 문자 스타일 패널에서 '패널 메뉴' 아이콘(≡)을 클릭한 다음 **새 문자 스타일**을 실행합니다.

03 새 문자 스타일 대화상자가 표시되면 스타일 이름에 '목차 페이지 번호'를 입력한 다음 〈확인〉 버튼을 클릭합니다.

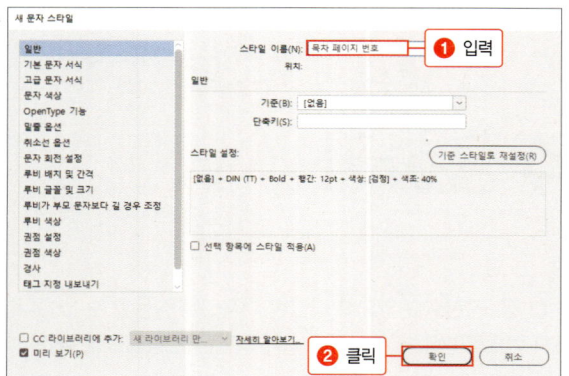

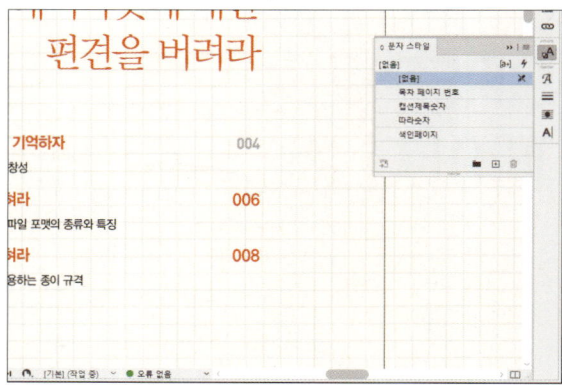

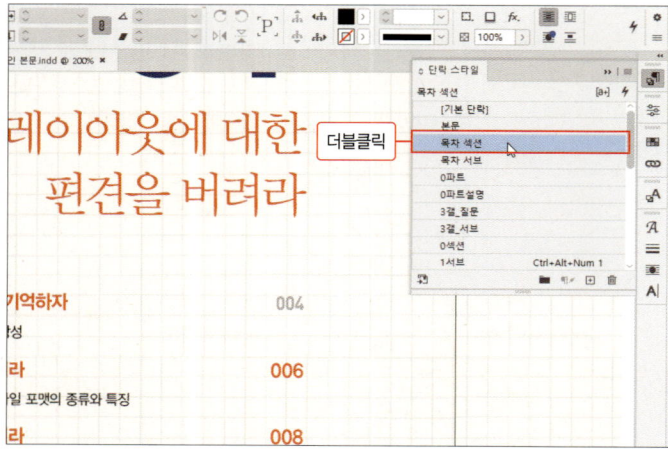

04 나머지 페이지 번호에도 스타일을 적용하기 위해 GREP 기능을 사용합니다. 단락 스타일 패널에서 '목차 섹션' 스타일을 더블클릭합니다.

05 단락 스타일 옵션 대화상자가 표시되면 'GREP 스타일'을 선택하고 〈새 GREP 스타일〉 버튼을 클릭하여 GREP 스타일을 만듭니다. 대상 텍스트에 '...(?=\$)'을 입력하고 스타일 적용을 '목차 페이지 번호'로 지정한 다음 〈확인〉 버튼을 클릭합니다.

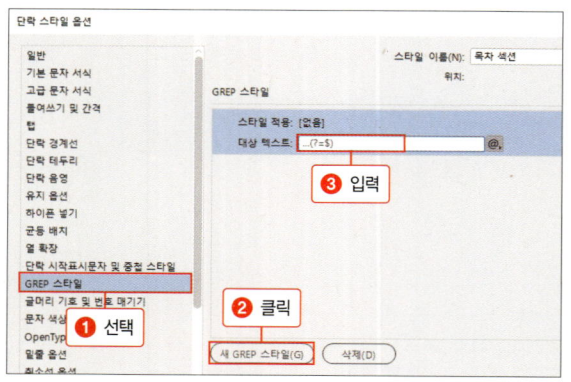

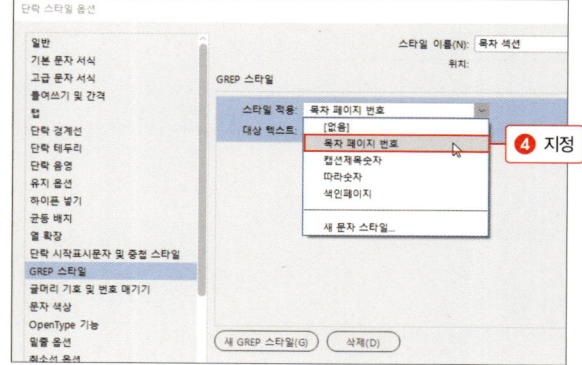

TIP '...(?=\$)' GREP은 단락의 끝 위치에서 3자리까지 검색해 주는 검색어입니다.

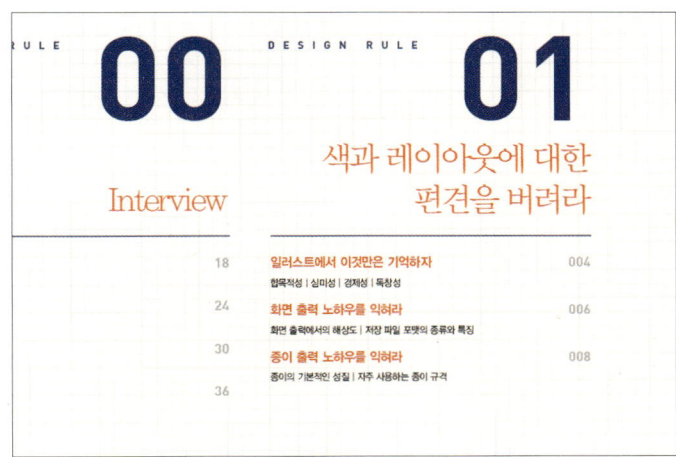

06 단락 스타일에 GREP 스타일을 적용하여 목차에서 모든 페이지 번호가 설정한 스타일로 변경되었습니다. 이 방법을 사용하면 많은 목차 내용에서 손쉽게 다른 스타일로 페이지 번호를 적용할 수 있습니다.

07 문자 도구(T)로 다음 드래그하여 문자 상자를 만든 다음 'Contents', '목차'를 입력합니다. 그림과 같이 배치하고 스타일을 지정합니다.

08 목차 문자 상자를 선택하고 속성 패널에서 텍스트 프레임의 〈옵션〉 버튼을 클릭합니다. 텍스트 프레임 옵션 대화상자가 표시되면 수직 균등 배치의 정렬을 '아래쪽'으로 지정한 다음 〈확인〉 버튼을 클릭합니다.

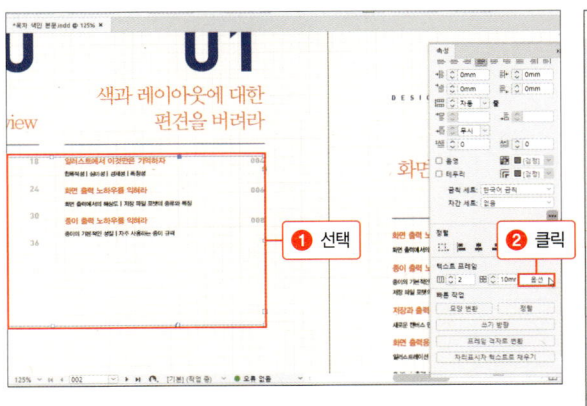

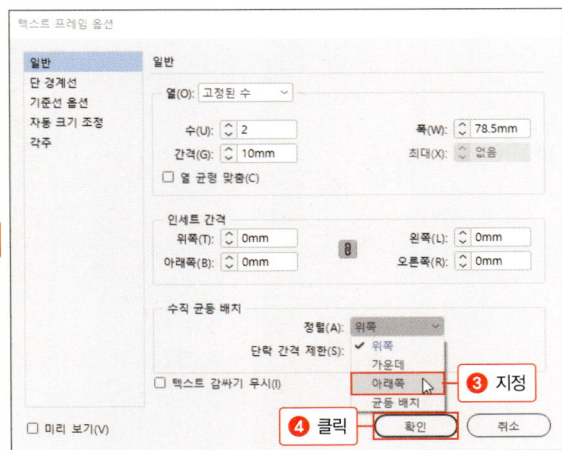

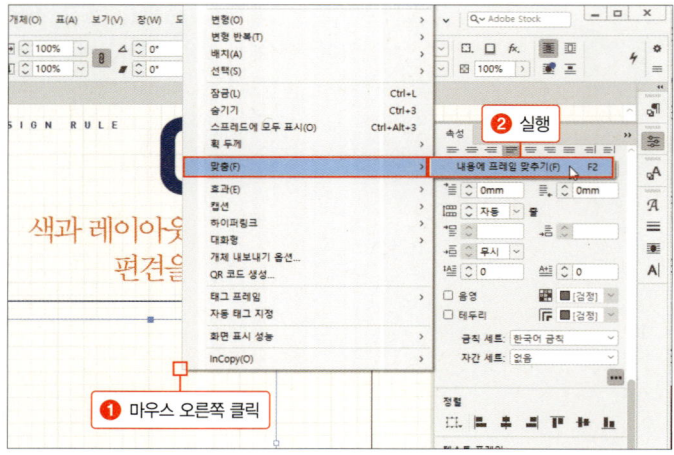

09 문자 상자 하단에 목차 내용이 위치합니다. 마우스 오른쪽 버튼을 클릭한 다음 **맞춤 → 내용에 프레임 맞추기**를 실행합니다.

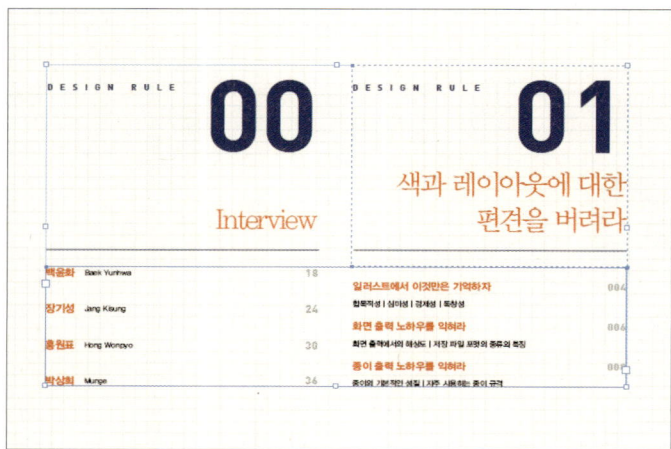

10 목차 섹션 제목과 내용 간격을 정렬하고 페이지 하단에 배치합니다.

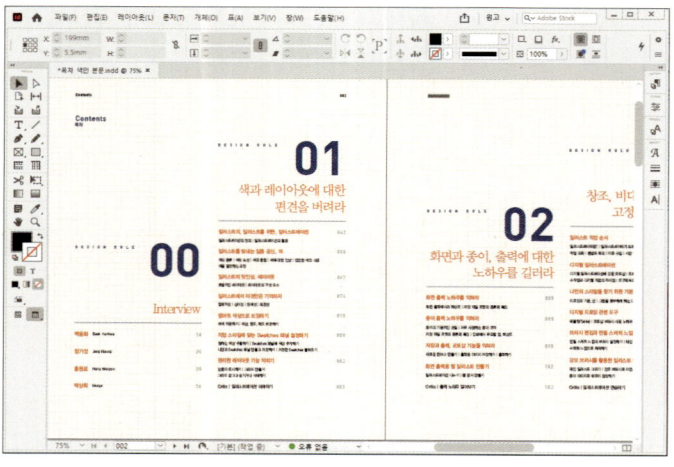

11 여기서는 6페이지로만 구성된 본문을 이용하여 목차를 작업했지만, 페이지가 많은 본문에서도 같은 방법을 사용하면 손쉽게 목차 페이지를 구성할 수 있습니다.

SECTION 05

색인 페이지에
배경 디자인 만들기

색인은 일반적으로 책 마지막 페이지에 위치하며, 단어를 쉽게 찾을 수 있도록 보여 주는 페이지입니다.
여기서는 텍스트를 이용하여 색인 페이지에 배경을 디자인하는 방법에 대해 알아봅니다.

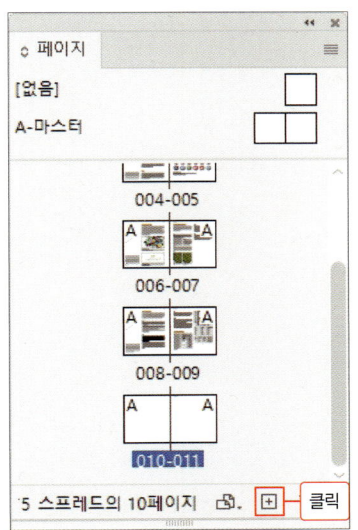

01 색인 페이지를 만들어 보겠습니다. 페이지 패널에서 마지막 페이지가 선택된 상태에서 '새 페이지 만들기' 아이콘(⊞)을 더블클릭하여 새로운 페이지를 추가합니다.

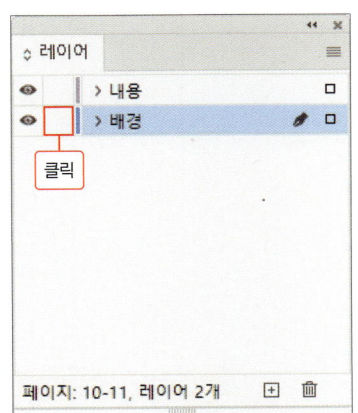

02 레이어 패널에서 '배경' 레이어의 '자물쇠' 아이콘(🔒)을 클릭하여 잠금을 해제합니다. 색인 페이지의 배경은 '배경' 레이어에서 작업합니다.

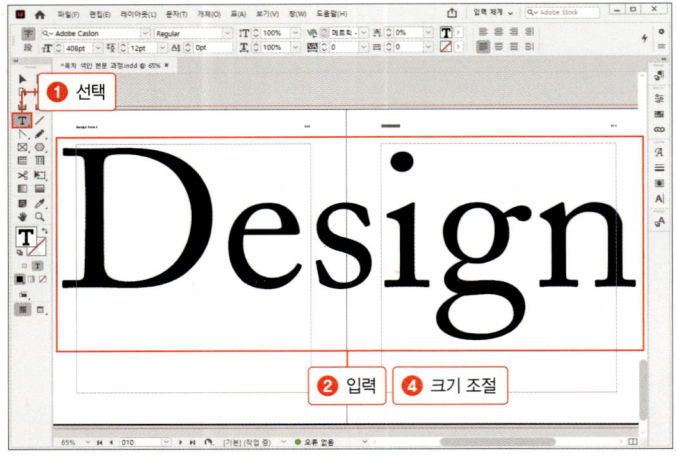

03 문자 도구(T)로 드래그하여 문자 상자를 만든 다음 'Design'을 입력합니다. 글꼴을 'Adobe Caslon', 글꼴 스타일을 'Regular', 글꼴 크기를 '408pt'로 지정하고 문자 상자를 드래그하여 텍스트가 보이게 조절합니다.

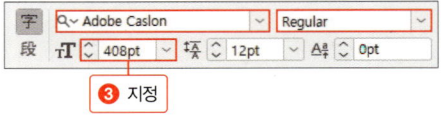

04 문자 상자가 선택된 상태로 컨트롤 패널에서 불투명도를 '8%'로 설정하여 색상이 밝게 투명도를 조절합니다.

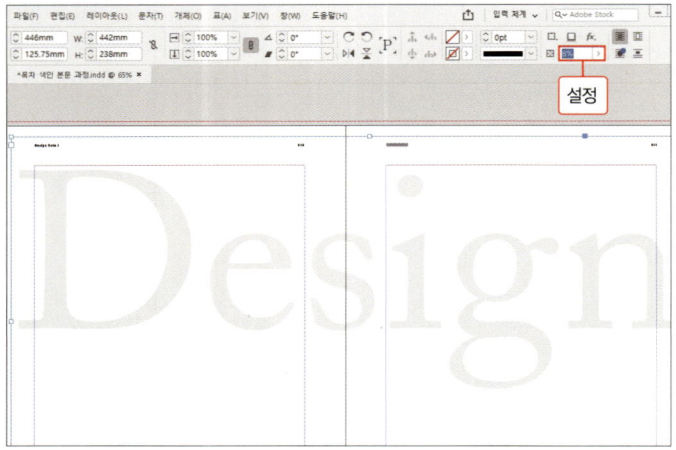

05 문자 상자를 선택하고 Alt 를 누른 상태로 아래로 드래그하여 텍스트를 복제한 다음 'Color'로 수정합니다.

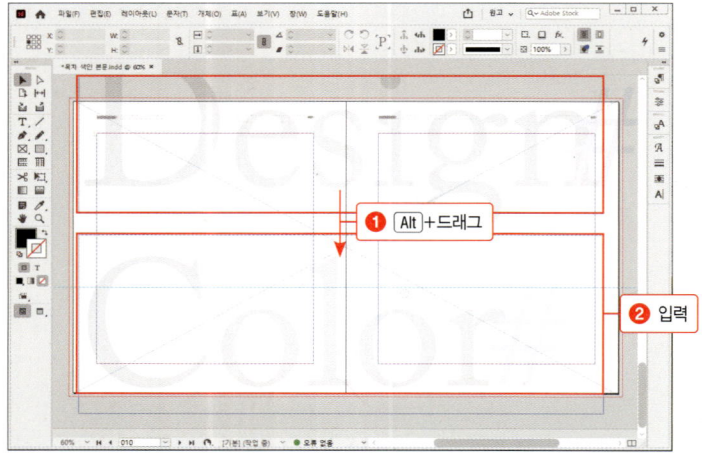

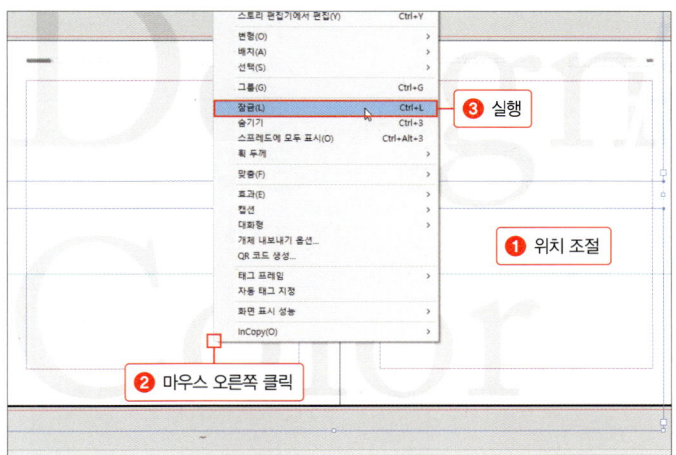

06 그림과 같이 위치를 조절한 다음 텍스트가 모두 선택된 상태로 마우스 오른쪽 버튼을 클릭한 다음 **잠금**을 실행하여 고정합니다.

❸ 실행
❶ 위치 조절
❷ 마우스 오른쪽 클릭

07 사각형 프레임 도구(⊠)로 두 페이지 전체를 덮도록 사각형을 그린 다음 칠을 'C: 75, M: 5, Y: 100, K: 0' 색상으로 지정합니다.

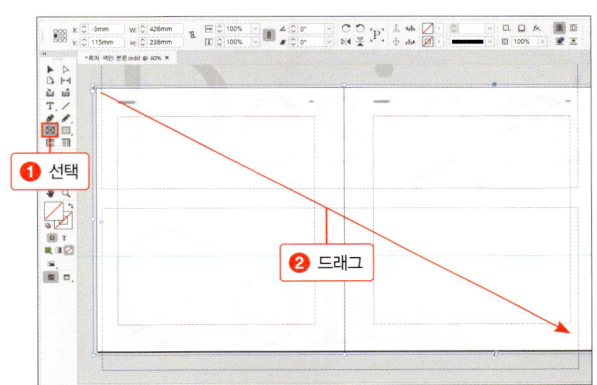

❶ 선택
❷ 드래그

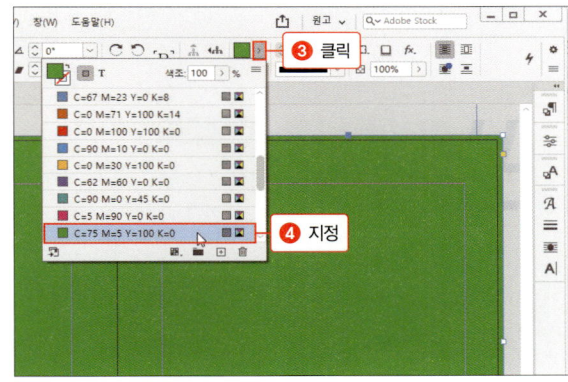

❸ 클릭
❹ 지정

08 사각형을 선택하고 컨트롤 패널에서 불투명도를 '8%'로 설정하여 배경 이미지 제작을 완성합니다.
레이어 패널에서 '배경' 레이어의 왼쪽을 클릭하여 자물쇠 아이콘(🔒)이 표시되면 배경 이미지가 선택되지 않도록 잠급니다.

설정

SECTION 06

색인을 추출하고 스타일을 적용하여
색인 페이지 만들기

📄 예제 파일: 08 \ 목차 색인_완성.indd

단축키를 이용하여 본문에서 원하는 단어를 색인으로 등록하는 방법에 대해 알아보고
등록한 색인에 스타일을 적용하여 보기 좋게 디자인하는 방법에 대해 배워 봅니다.

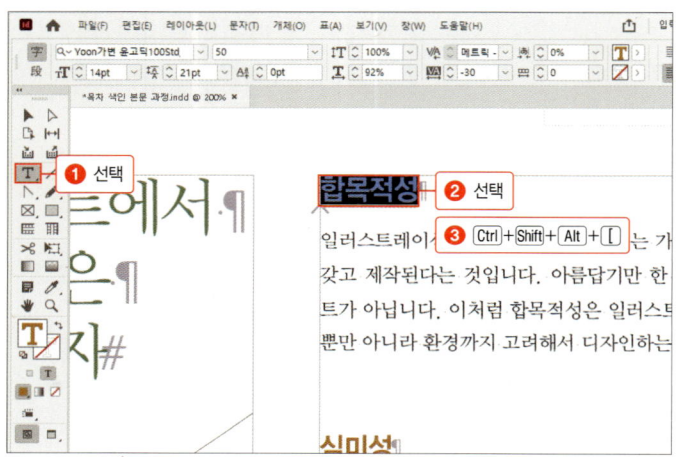

01 문자 도구([T])로 '합목적성' 텍스트
를 드래그하여 선택한 다음 [Ctrl]+[Shift]
+[Alt]+[[]를 누르면 선택한 텍스트 앞쪽 하단
에 ^ 아이콘이 표시됩니다. 이 표시가 있는 단어
는 색인에 등록되었다는 표시입니다.

02 본문에 있는 단어 중 색인 페이지에 등
록해야 하는 단어를 드래그하여 선택
한 다음 [Ctrl]+[Shift]+[Alt]+[[]를 눌러 색인으로
등록합니다.

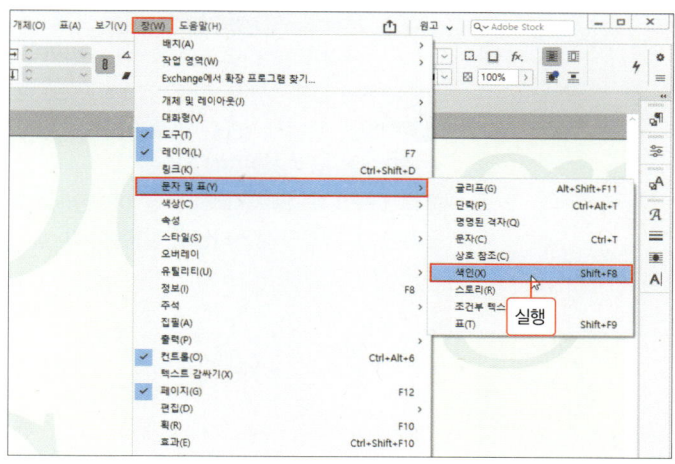

03 색인 등록 작업을 완료했다면 메뉴에서 (창) → **문자 및 표** → **색인**을 실행합니다.

04 색인 패널이 표시되면 색인으로 등록한 단어들이 자동으로 기호, 번호, 로마자, 한국어 순으로 등록되어 있습니다. 패널 하단에 '색인 생성' 아이콘(⊡)을 클릭합니다. 색인 생성 대화상자가 표시되면 제목에 '색인'을 입력한 다음 〈확인〉 버튼을 클릭합니다.

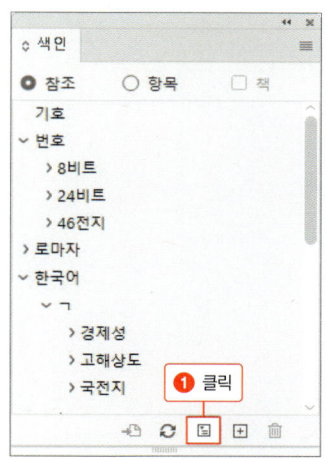

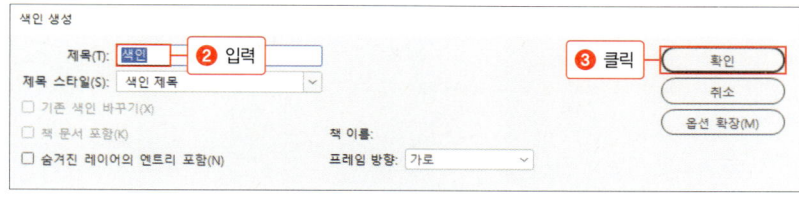

05 마우스 커서가 문자 상자를 만들 수 있게 변경됩니다. 페이지에서 빈 여백을 드래그하여 추출한 색인을 표시합니다. 색인 문자 상자가 선택된 상태로 속성 패널에서 텍스트 프레임의 열 수를 '3', 간격을 '7mm'로 설정하여 문자 상자를 3줄로 변경합니다.

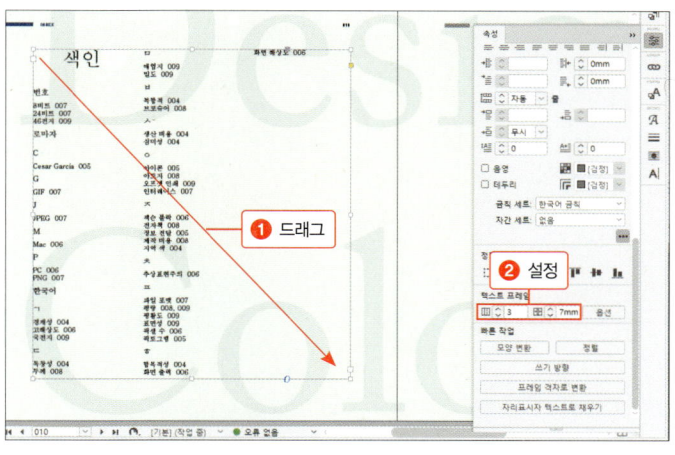

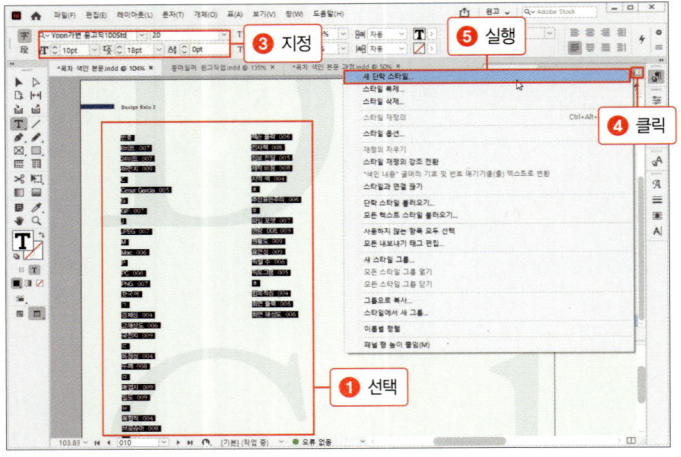

06 문자 도구(T)로 색인 내용을 드래그하여 선택한 다음 글꼴을 'Yoon가변 윤고딕100Std_OTF', 글꼴 스타일을 '20', 글꼴 크기를 '10pt', 행간을 '18pt', 가로 비율을 '95%', 자간을 '−25'로 지정합니다.

단락 스타일 패널에서 '패널 메뉴' 아이콘(≡)을 클릭한 다음 새 단락 스타일을 실행합니다.

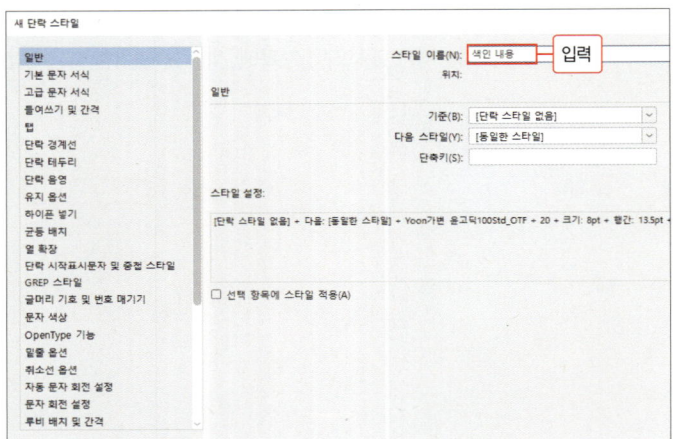

07 새 단락 스타일 대화상자가 표시되면 스타일 이름에 '색인 내용'을 입력한 다음 〈확인〉 버튼을 클릭합니다.

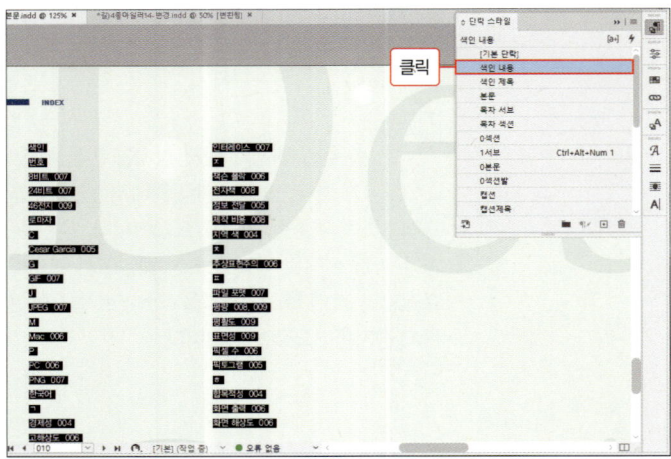

08 색인이 선택된 상태로 단락 스타일 패널에서 '색인 내용' 스타일을 클릭하여 적용합니다.

09 단락 스타일 패널에서 '색인 내용' 스타일을 선택한 다음 '새 스타일 만들기' 아이콘(⊞)으로 드래그하여 스타일을 복제합니다. 복제된 스타일을 더블클릭하여 이름을 '색인 제목'으로 변경합니다.

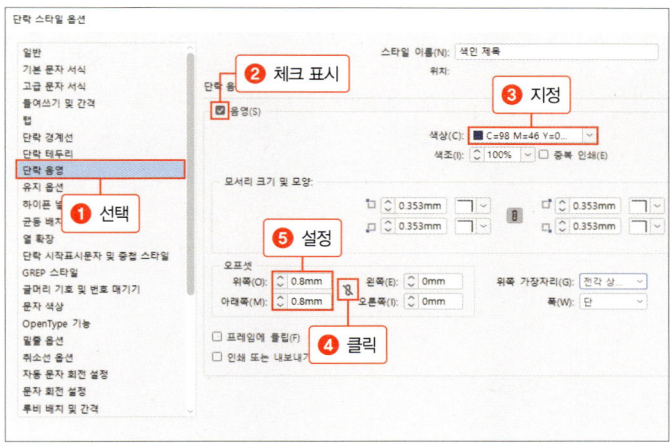

10 '색인 제목' 스타일을 더블클릭하여 단락 스타일 옵션 대화상자가 표시되면 '단락 음영'을 선택하고 '음영'을 체크 표시한 다음 색상을 'C:98, M:46, Y:0, K:45' 색상으로 지정합니다.
오프셋의 '모든 설정 동일하게 만들기' 아이콘(🔒)을 클릭하여 비활성화한 다음 위쪽과 아래쪽만 '0.8mm'로 설정합니다.

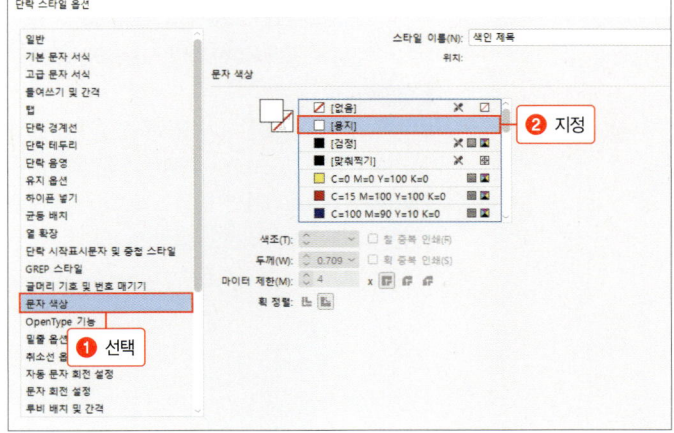

11 '문자 색상'을 선택하고 문자 색상을 '용지'로 지정합니다.

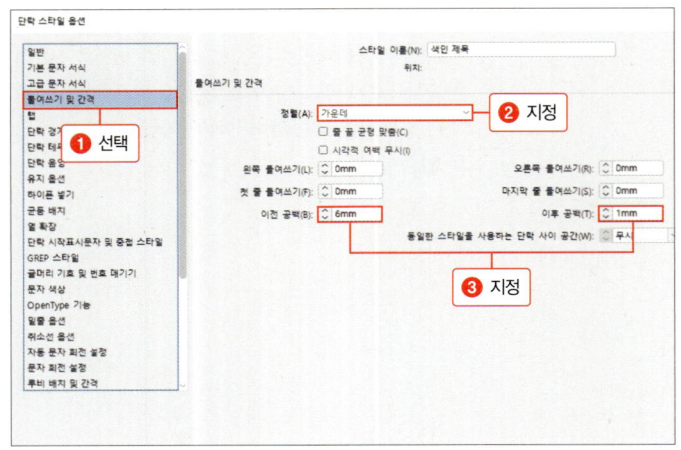

12 '들여쓰기 및 간격'을 선택하고 정렬을 '가운데', 이전 공백을 '6mm', 이후 공백을 '1mm'로 지정한 다음 〈확인〉 버튼을 클릭합니다.

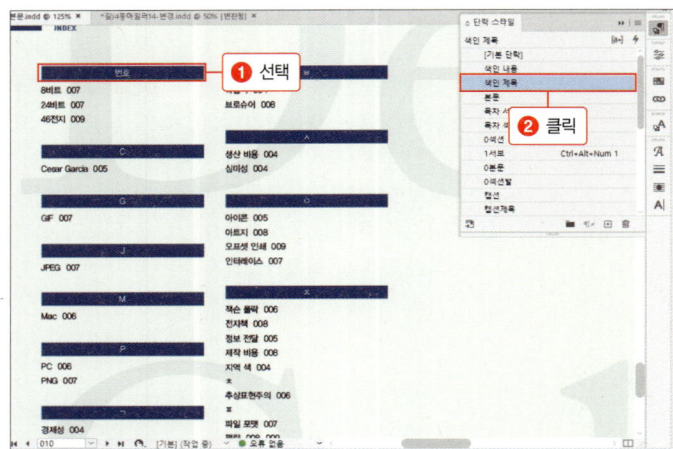

13 색인에서 '번호', 'C', 'G' 텍스트와 같이 제목인 부분을 선택한 다음 단락 스타일 패널에서 '색인 제목' 스타일을 클릭하여 적용하면 색상 바가 적용되어 제목이 강조된 디자인을 완성할 수 있습니다.

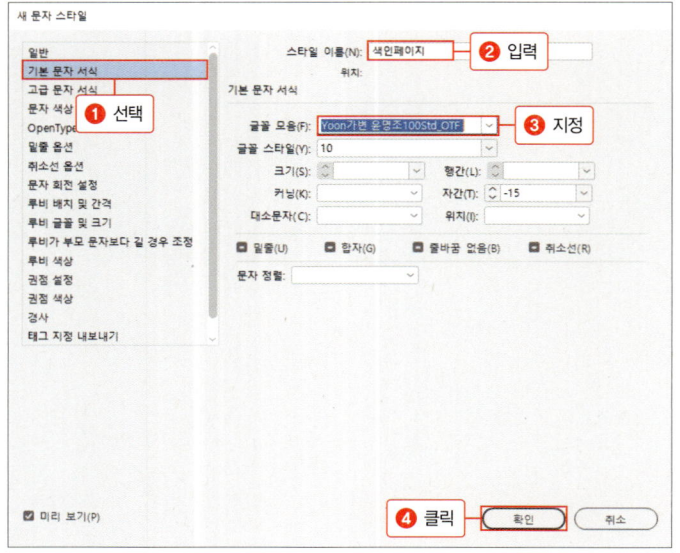

14 문자 스타일 패널에서 '패널 메뉴' 아이콘(≡)을 클릭한 다음 **새 문자 스타일**을 실행합니다.
새 문자 스타일 대화상자가 표시되면 '기본 문자 서식'을 선택하고 스타일 이름을 '색인페이지', 글꼴 모음을 'Yoon가변 윤명조100Std_OTF'로 설정한 다음 〈확인〉 버튼을 클릭합니다.

TIP 해당 문자 스타일 등록은 단락 스타일 작업에서 적용하기 위함입니다.

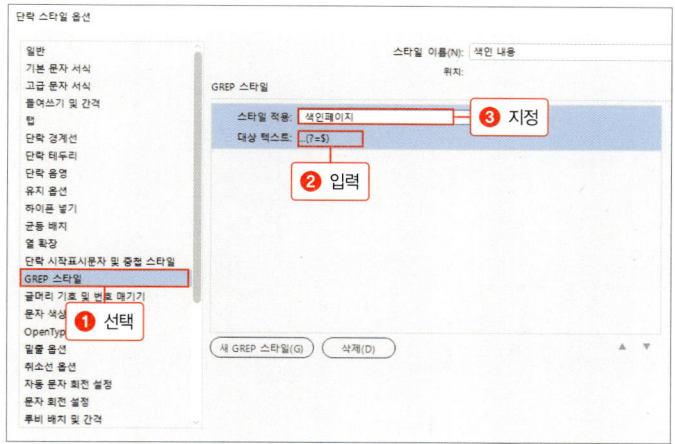

15 단락 스타일 패널에서 '색인 내용' 스타일을 더블클릭하여 단락 스타일 옵션 대화상자가 표시되면 'GREP 스타일'을 선택합니다. 대상 텍스트에 '...(?=$)'을 입력하고 스타일 적용을 '색인페이지'로 지정한 다음 〈확인〉 버튼을 클릭합니다.

16 단락 스타일을 수정하여 색인 페이지의 모든 페이지 번호 스타일이 변경되었습니다. 이러한 작업은 내용이 많아도 빠르고 정확하게 작업할 수 있도록 도와 줍니다.

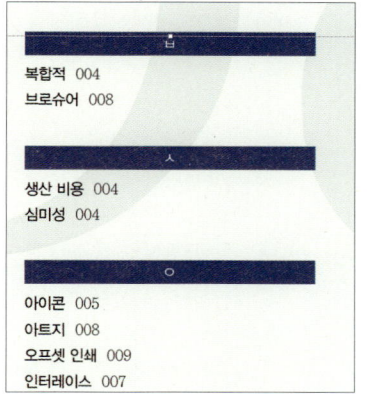

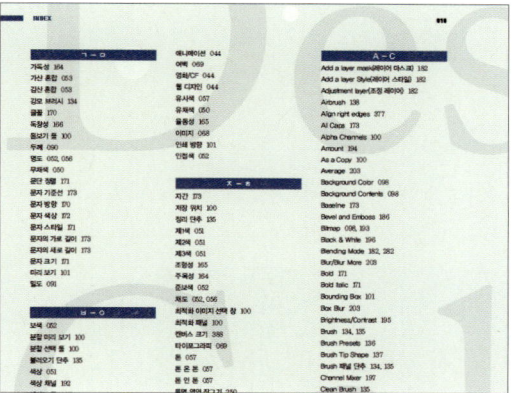

PROJECT 09

단행본 내지에 제본되는
접지 리플릿 디자인

편집 디자인 작업 시 인쇄물을 접어서 구성하거나 책 본문에 끼워 넣는 형태로 인쇄물을 제작할 때가 있습니다. 접지의 경우 여러 페이지가 서로 이어지도록 스프레드 상태로 작업해야 하며, 접지선도 표시되어야 합니다. 또한 책 속에 끼워 넣을 경우 본문과 같이 제본되는 부분을 고려해야 하며, 절단선 표시도 필요하게 됩니다. 인디자인에서 이러한 전반적인 작업 과정을 알아보도록 하겠습니다.

15mm · 195mm · 195mm

256mm

195mm ·——————· 195mm ·——————· 195mm ·——————· 195mm ·——————· 15mm

256mm

04 제주도 용머리해안
나 혼자 사진 촬영하기 좋은 장소

05 전주한옥마을
나 혼자 사진 촬영하기 좋은 장소

06 반곡지
나 혼자 사진 촬영하기 좋은 장소

07 오도산 전망대
나 혼자 사진 촬영하기 좋은 장소

195mm ·————————————————· 195mm

나 혼자 사진 촬영하기 좋은 장소

03 담양 죽녹원
전남 담양군 담양읍 죽녹원로 119

나 혼자 사진 촬영하기 좋은 장소

작업 의뢰서

- 리플릿 판형 : 195×256mm
- 리플릿 절단 페이지 : 15×256mm

DESIGN
PREVIEW

디자인 미리보기

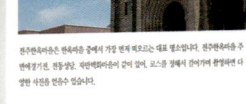

03 담양 죽녹원

담양 죽녹원은 대나무만으로 구성된 촬영지로 곧게 뻗은 대나무의 형태를 촬영할 수 있습니다. 대나무가 너무 길기 때문에 대나무도 생각보다 사이즈가 나오지 않기 때문에 ISO를 올려서 촬영하는 것을 권장합니다.

07 오도산 전망대
경남 합천군 묘산면 앵수리

03 촬영되는 연속촬영 모드로 설정한 다음 배경을 정한다. 배경을 정한 다음 피사체가 프레임 내에 들어오기를 기다린 위 새가 포착되면, 셔터를 계속 눌러 연속촬영을 한다.

DESIGN
PROCESS

디자인 작업 과정

1

리플릿 마스터 페이지 만들기

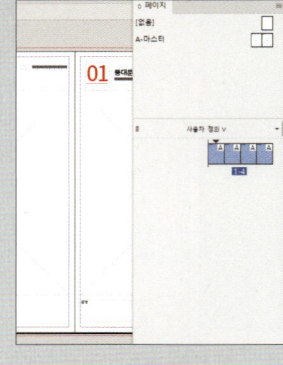

2

리플릿 펼침 페이지 만들기

3

펼침 페이지에 사진과 텍스트 배치하기

4

리플릿 표지 디자인 하기

5

제본을 위한 여백 페이지 만들기

6

절취선 삽입하여 인쇄용 PDF 만들기

SECTION 01

마스터 페이지에 디자인 만들기

여러 페이지이면서 반복적인 작업을 해야 할 경우 마스터 페이지에
미리 디자인을 만들고 변경되는 부분만 수정하여 손쉽게 디자인할 수 있습니다.

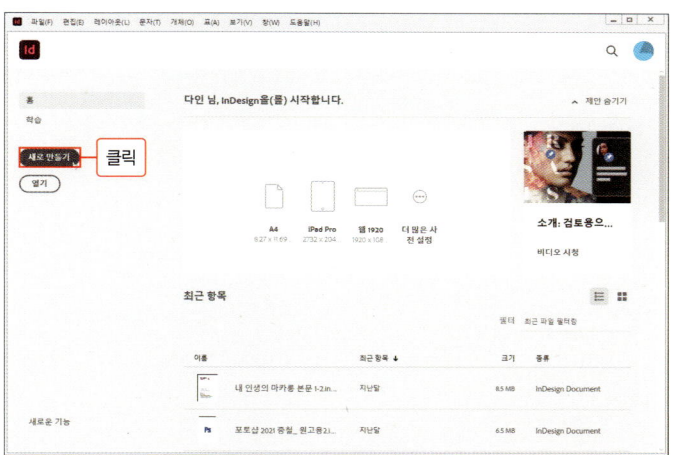

01 인디자인을 실행한 다음 〈새로 만들기〉
버튼을 클릭합니다.

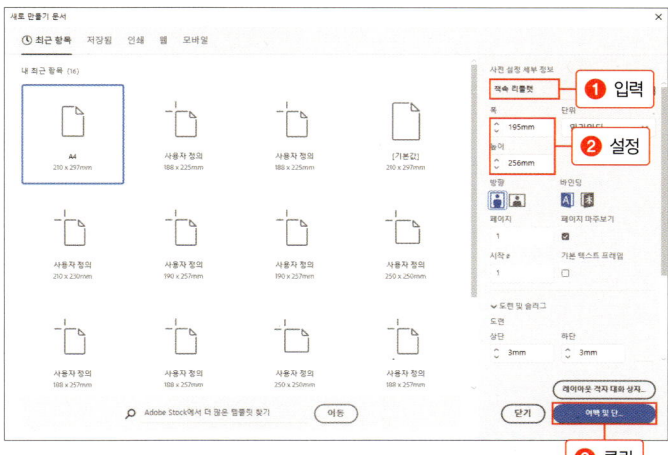

02 새로 만들기 문서 대화상자가 표시되
면 파일 이름을 '책속 리플릿', 폭을
'195mm', 높이를 '256mm'로 설정한 다음 〈여백
및 단〉 버튼을 클릭합니다.

TIP 현재 작업 문서 크기는 본문의 크기와 같게
설정한 것입니다. 현재 하려는 작업은 본서 속에 포
함된 접지 리플릿 제작 작업이기 때문에 기본적으로
본서와 크기를 같게 하여 작업을 시작합니다.

03 새 여백 및 단 대화상자가 표시되면 여백의 위쪽, 아래쪽, 안쪽, 바깥쪽을 '5mm'로 설정한 다음 〈확인〉 버튼을 클릭하여 새로운 문서를 만듭니다.

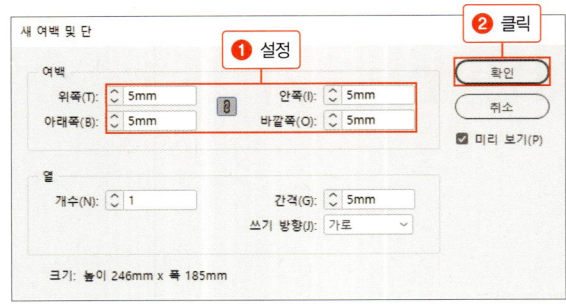

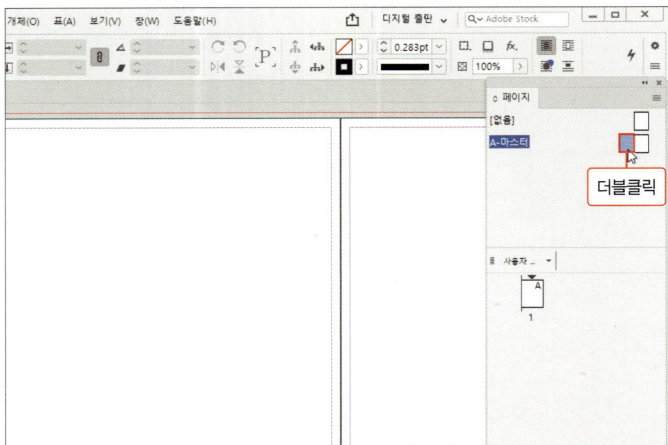

04 먼저 마스터에 반복되는 디자인 스타일을 만들기 위해 페이지 패널에서 'A-마스터'를 더블클릭하여 마스터 페이지로 전환합니다.

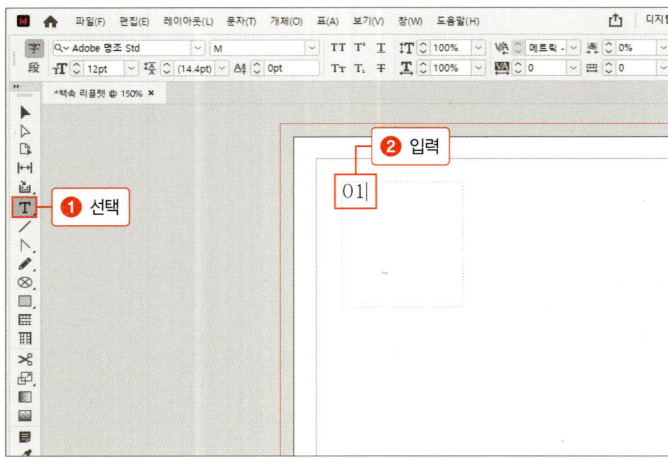

05 도구 패널에서 문자 도구(T.)를 선택하고 왼쪽 상단에 드래그하여 문자 상자를 만든 다음 '01'을 입력합니다.

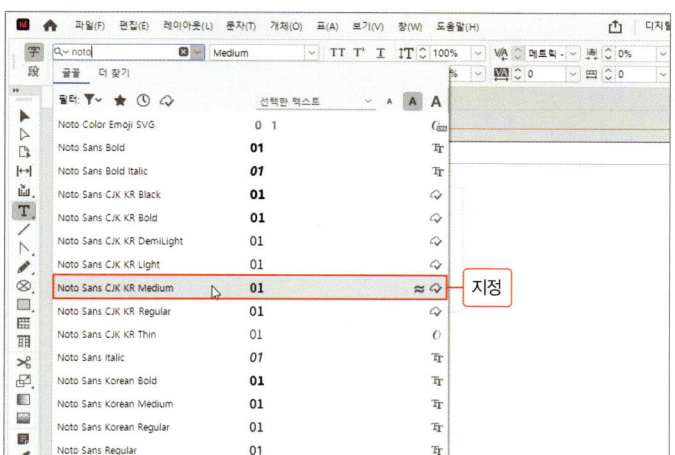

06 '01' 텍스트를 드래그하여 선택한 다음 컨트롤 패널에서 글꼴을 'Noto Sans CJK KR Medium'으로 지정합니다.

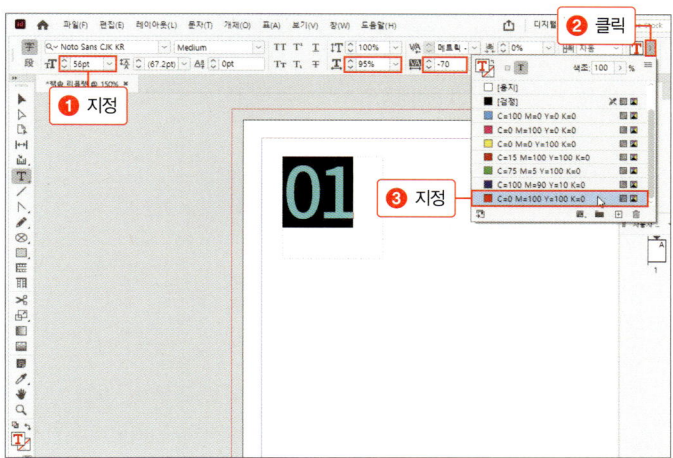

07 '01' 텍스트가 선택된 상태에서 글꼴 크기를 '56pt', 가로 비율을 '95%', 자간을 '–70'으로 지정한 다음 칠을 'C:0, M:100, Y:100, K:0' 색상으로 지정합니다.

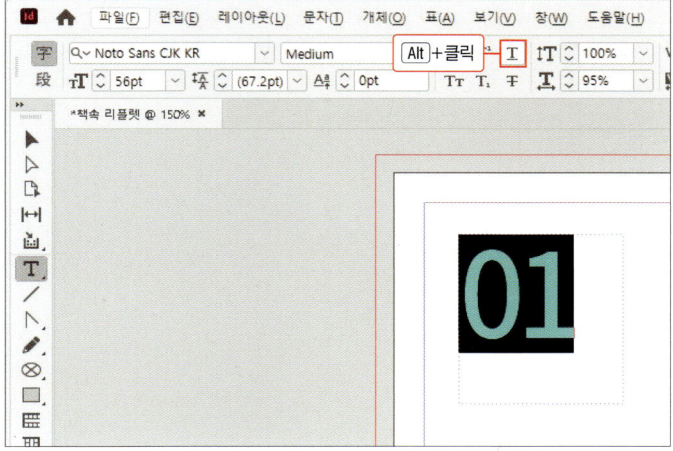

08 계속 '01' 텍스트가 선택된 상태로 컨트롤 패널에서 Alt 를 누른 상태로 '밑줄' 아이콘(T)을 클릭합니다.

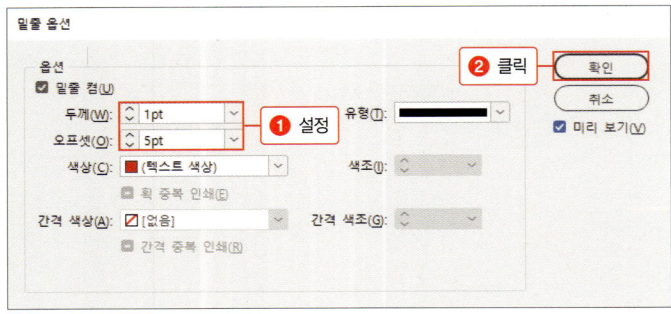

09 밑줄 옵션 대화상자가 표시되면 두께를 '1pt', 오프셋을 '5pt'로 설정한 다음 〈확인〉 버튼을 클릭합니다.

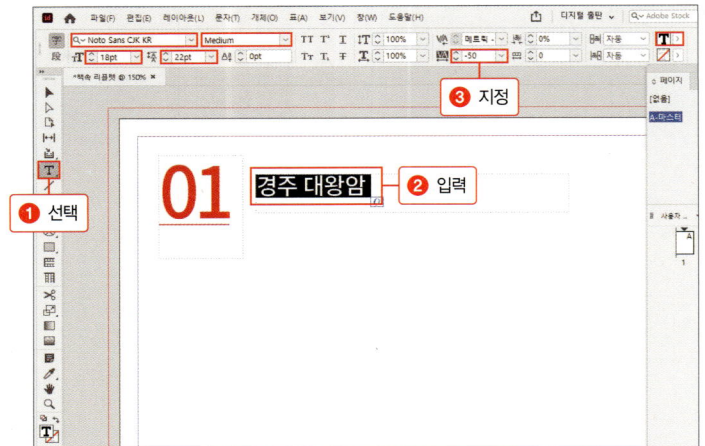

10 문자 도구(T.)로 '01' 텍스트 오른쪽에 문자 상자를 한 개 더 만든 다음 '경주 대왕암'을 입력합니다.
컨트롤 패널에서 글꼴을 'Noto Sans CJK KR', 글꼴 스타일을 'Medium', 글꼴 크기를 '18pt', 행간을 '22pt', 자간을 '−50', 칠을 '검정'으로 지정합니다.

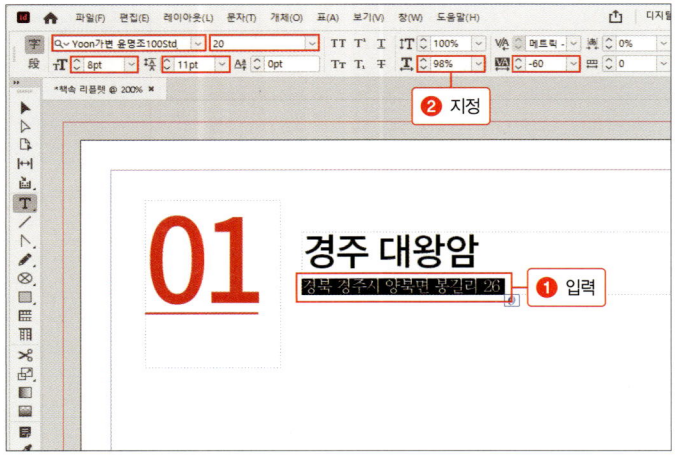

11 같은 문자 상자 다음 줄에 '경북 경주시 양북면 봉길리 26'을 입력합니다.
컨트롤 패널에서 글꼴을 'Yoon가변 윤명조 100std_OTF', 글꼴 스타일을 '20', 글꼴 크기를 '8pt', 행간을 '11pt', 가로 비율을 '98%', 자간을 '−60'으로 지정합니다.

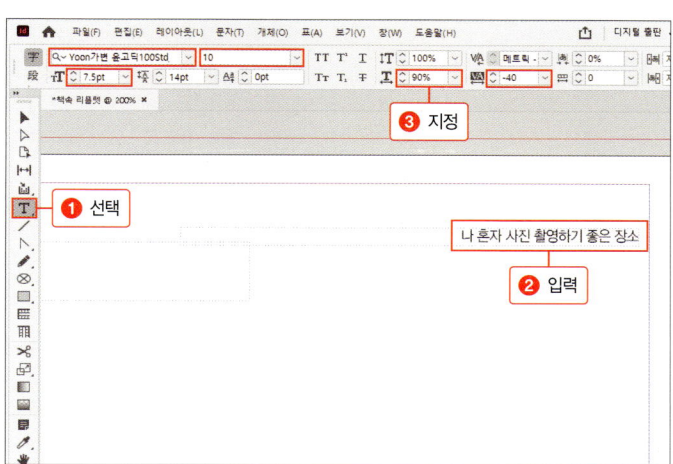

12 문자 도구(T.)로 드래그하여 문자 상자를 만든 다음 '나 혼자 사진 촬영하기 좋은 장소'를 입력합니다.

컨트롤 패널에서 글꼴을 'Yoon가변 윤고딕 100Std_OTF', 글꼴 스타일을 '10', 글꼴 크기를 '7.5pt', 가로 비율을 '90%', 자간을 '−40'으로 지정합니다. 속성 패널에서 단락의 '오른쪽 정렬' 아이콘(≣)을 클릭합니다.

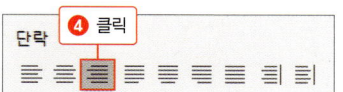

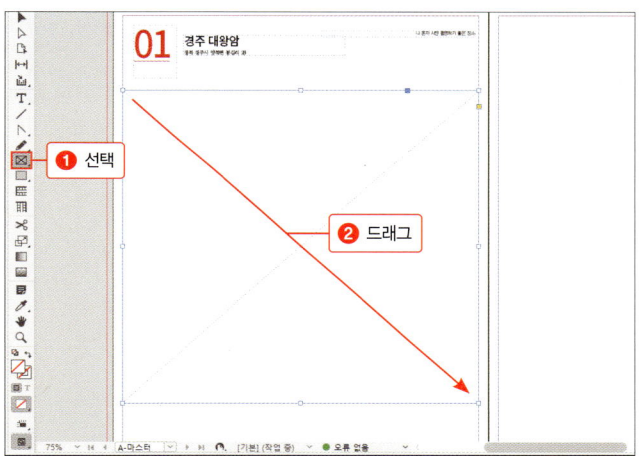

13 도구 패널에서 사각형 프레임 도구(⊠)를 선택한 다음 그림과 같이 드래그하여 이미지가 들어갈 상자를 만듭니다.

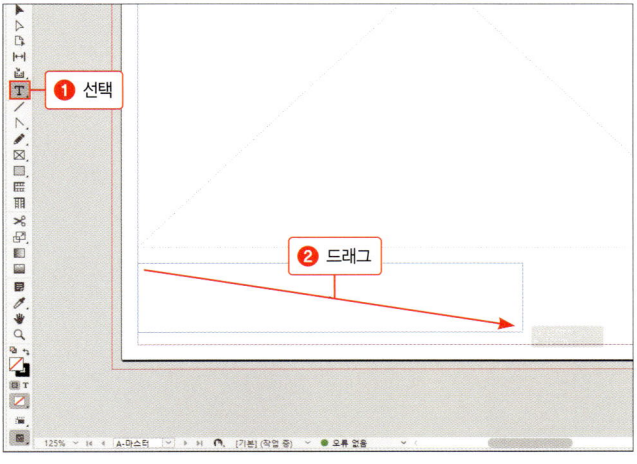

14 문자 도구(T.)로 사각형 프레임 아래를 드래그하여 텍스트가 들어갈 문자 상자를 만듭니다.

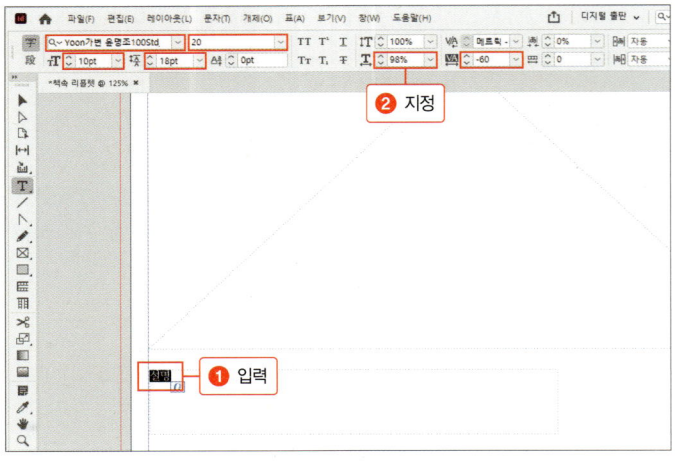

15 문자 상자에 '설명'을 입력한 다음 컨트롤 패널에서 글꼴을 'Yoon가변 윤명조 100Std_OTF', 글꼴 스타일을 '20', 글꼴 크기를 '10pt', 행간을 '18pt', 가로 비율을 '98%', 자간을 '−60'으로 지정합니다.

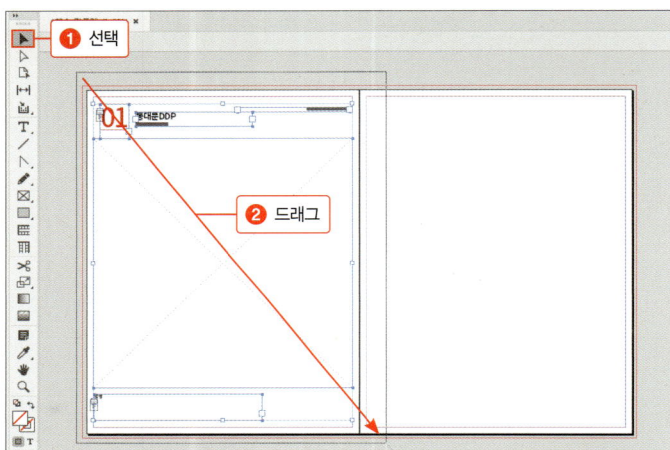

16 지금까지 마스터 페이지에 문자 상자와 사각형 프레임을 만들었습니다. 반복되는 디자인 스타일은 마스터 페이지에 먼저 작업하는 것이 이후 작업을 위해 좋은 방법입니다. 선택 도구(▶)로 드래그하여 지금까지 작업한 모든 요소를 선택합니다.

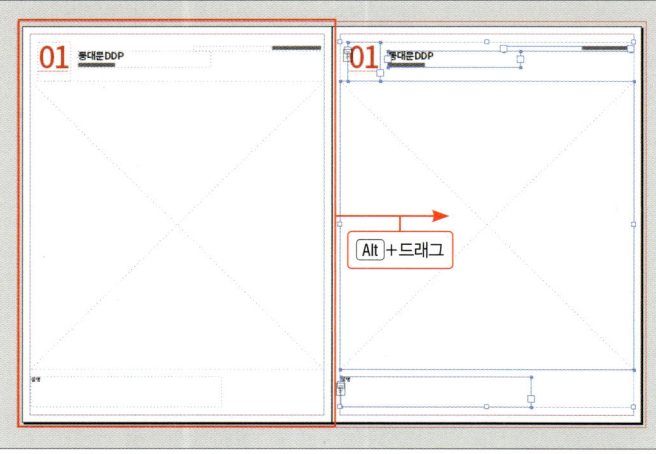

17 Alt를 누른 상태로 오른쪽으로 드래그하여 오른쪽 마스터 페이지에도 같은 요소를 복제합니다. 마스터 페이지 작업을 완료하였습니다.

SECTION 02

펼침면 만들고 내용 수정하기

📄 **예제 파일:** 09\출사장소01.jpg ~ 출사장소07.jpg, 출사장소.txt

접지 인쇄물은 접는 횟수에 따라 크기가 정해집니다. 여기서는 본서의 크기로 3번 접는 방식의
디자인을 사용하며, 앞뒤 합쳐서 8페이지로 구성된 리플릿을 작업합니다.
따라서 4페이지가 연속으로 연결되는 스프레드 페이지를 만들고 내용을 수정합니다.

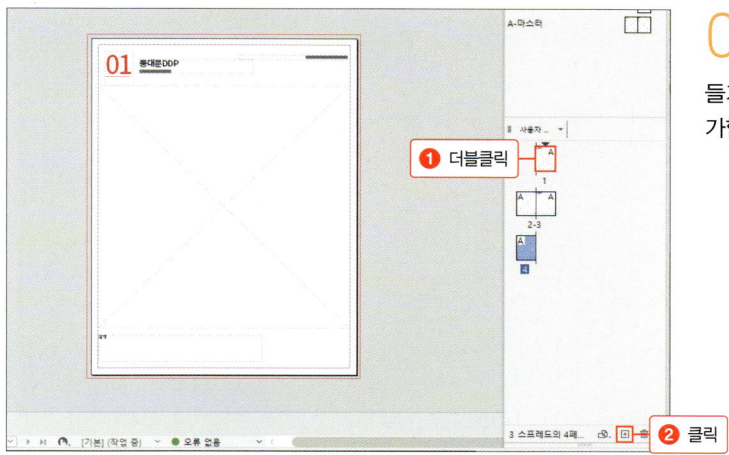

01 페이지 패널에서 '1'페이지를 더블클릭
하여 이동합니다. 하단에 '새 페이지 만
들기' 아이콘(⊞)을 3번 클릭하여 3페이지를 추
가합니다.

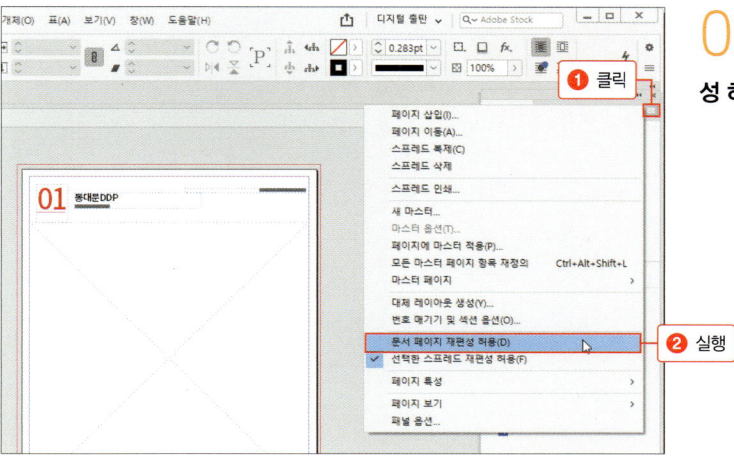

02 페이지 패널에서 '패널 메뉴' 아이콘
(▤)을 클릭한 다음 **문서 페이지 재편
성 허용**을 실행합니다.

09 · 접지 리플릿 디자인

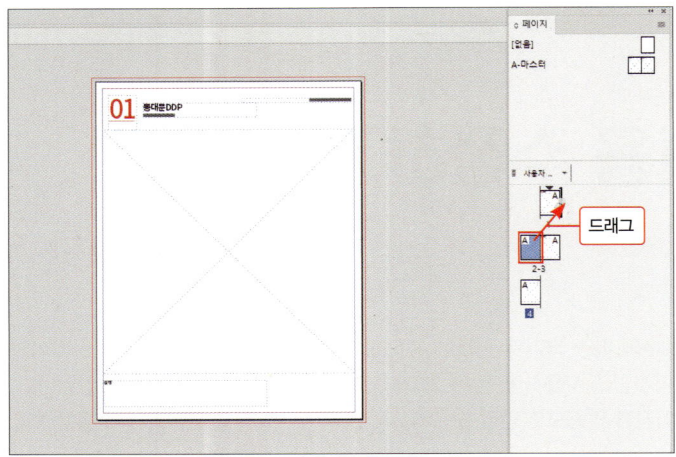

03 페이지 패널에서 '2'페이지를 선택한 다음 '1'페이지 오른쪽으로 드래그하여 페이지를 붙입니다.

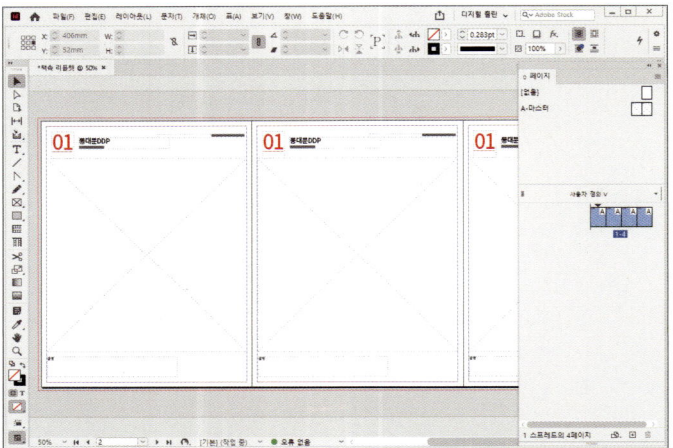

04 03번 과정과 같은 방법으로 '3'페이지와 '4'페이지도 각각 드래그하여 한 줄로 연결될 수 있게 이동합니다.

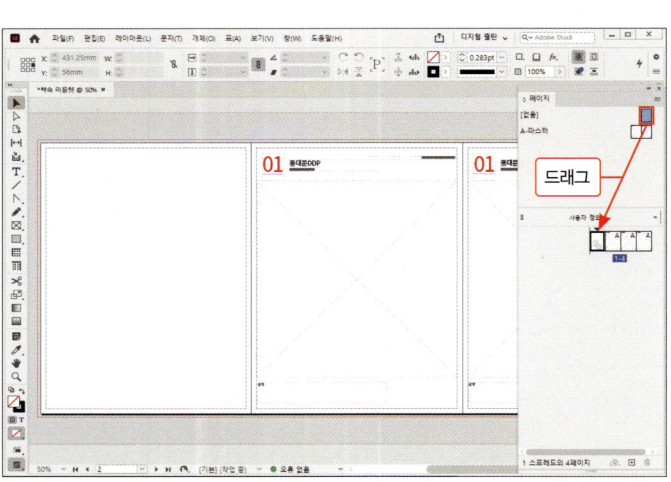

05 1페이지는 표지 디자인이 적용되므로 페이지 패널에서 '없음' 마스터 페이지를 클릭하고 1페이지로 드래그하면 마스터 페이지 속성이 '없음' 마스터 페이지로 변경되어 빈 화면으로 적용됩니다.

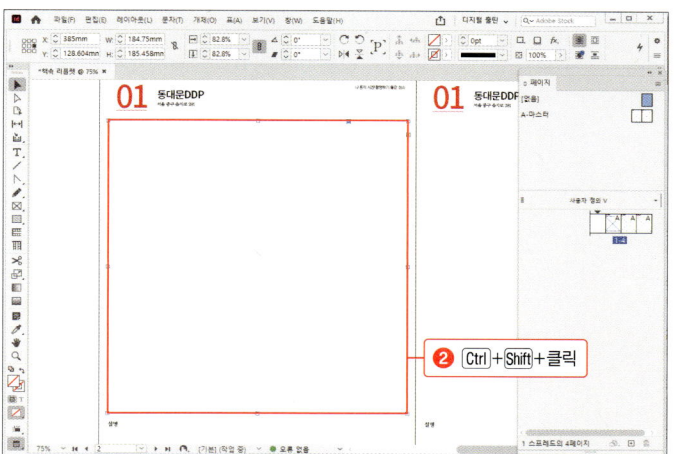

06 페이지 패널에서 '2'페이지를 더블클릭한 다음 Ctrl+Shift를 누른 상태로 사각형 프레임을 클릭하여 활성화합니다. 마스터를 적용한 부분은 활성화해야 편집 가능한 상태가 됩니다.

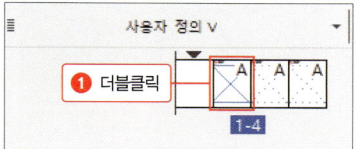

07 활성화된 사각형 프레임을 선택한 다음 메뉴에서 (파일) → 가져오기를 실행합니다.

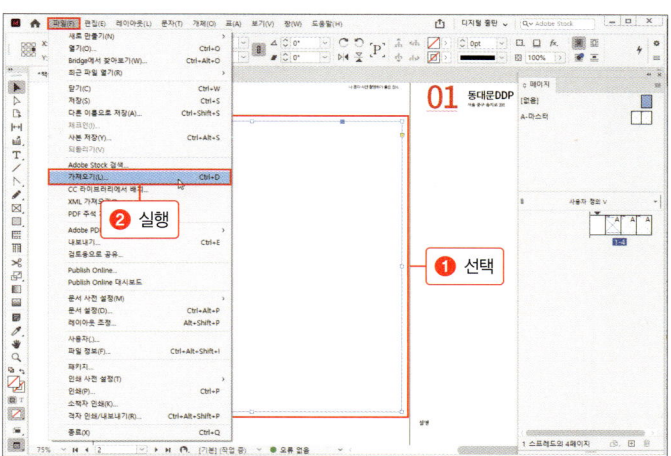

08 가져오기 대화상자가 표시되면 09 폴더에서 '출사장소01.jpg' 파일을 선택한 다음 〈열기〉 버튼을 클릭합니다.

09 사각형 프레임에 선택한 이미지가 삽입되면 Ctrl+Alt+Shift+C를 눌러 사각형 프레임에 맞게 이미지를 채운 다음 사각형 프레임을 더블클릭하여 원본 이미지의 위치를 조절합니다.

10 Ctrl+Shift를 누른 상태로 하단에 '설명' 텍스트 문자 상자를 클릭하여 활성화합니다.

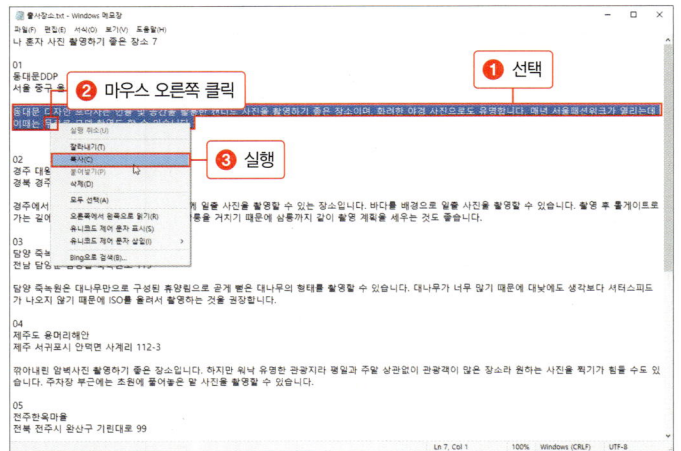

11 09 폴더에서 '출사장소.txt' 파일을 더블클릭하여 텍스트 문서를 엽니다.
문서에서 그림과 같이 '동대문 디자인 프라자 ~ 모델 촬영도 할 수 있습니다'에 해당하는 텍스트를 드래그하여 선택하고 마우스 오른쪽 버튼을 클릭한 다음 **복사**를 실행하여 클립보드로 복사합니다.

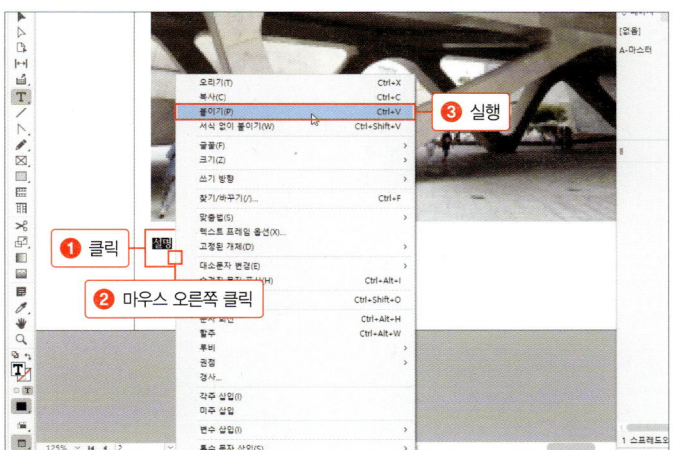

12 인디자인에서 '설명' 텍스트 문자 상자를 클릭하고 마우스 오른쪽 버튼을 클릭한 다음 **붙이기**를 실행하여 텍스트를 붙여 넣습니다.
마스터 페이지에서 지정한 스타일로 텍스트가 붙여 넣어진 것을 확인할 수 있습니다.

13 06번 ~ 12번 과정과 같은 방법으로 나머지 페이지의 사각형 프레임에도 '출사장소02.jpg', '출사장소03.jpg' 파일을 삽입한 다음 '출사장소.txt' 파일에서 각 해당 내용을 복사하여 붙여 넣습니다.

14 해당 리플릿은 8페이지로 구성되었으므로 페이지 패널에서 '1'페이지를 선택하고 Shift를 누른 상태로 '4'페이지를 선택하여 페이지를 모두 선택합니다.

15 페이지가 모두 선택된 상태에서 마우스 오른쪽 버튼을 클릭한 다음 **스프레드 복제**를 실행하여 페이지를 복제합니다.

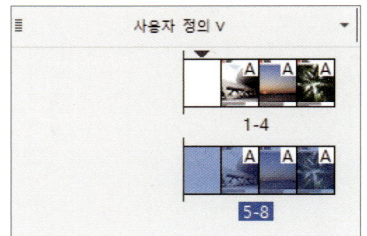

16 5페이지에는 마스터가 적용되지 않았으므로 '5'페이지를 선택하고 마우스 오른쪽 버튼을 클릭한 다음 **페이지에 마스터 적용**을 실행합니다.
마스터 적용 대화상자가 표시되면 마스터 적용을 'A-마스터'로 지정한 다음 〈확인〉 버튼을 클릭합니다.

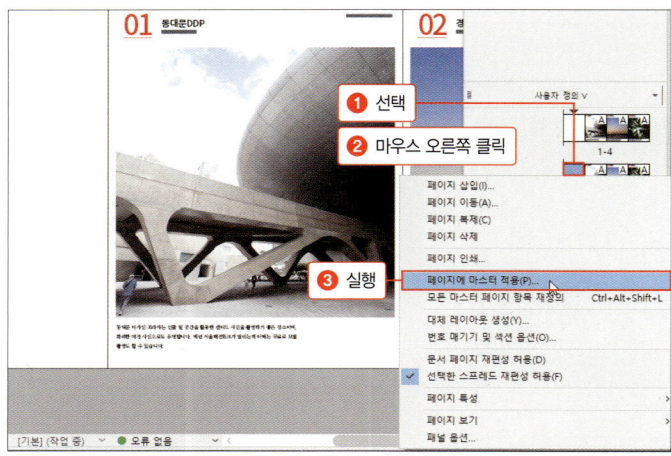

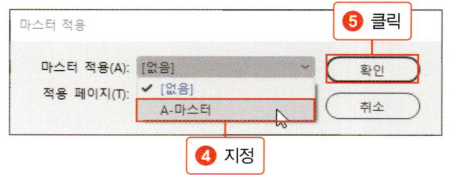

17 5페이지에도 'A-마스터' 내용이 적용되어 같은 스타일로 작업할 수 있습니다.
06번 ~ 12번 과정과 같은 방법으로 5페이지 ~ 8페이지의 사각형 프레임에 '출사장소04.jpg' ~ '출사장소07.jpg' 파일을 삽입한 다음 '출사장소.txt' 파일에서 각 해당 내용을 복사하여 붙여 넣습니다.

SECTION 03

사진 여러 장으로
표지 디자인 만들기

📄 **예제 파일:** 09\출사장소01.jpg ~ 출사장소08.jpg

8페이지 접지 디자인이지만 1페이지의 표지 디자인은 별도로 작업할 것입니다.
여러 개의 사진과 텍스트를 배치하여 디자인 작업을 하는 방법에 대해 알아봅니다.

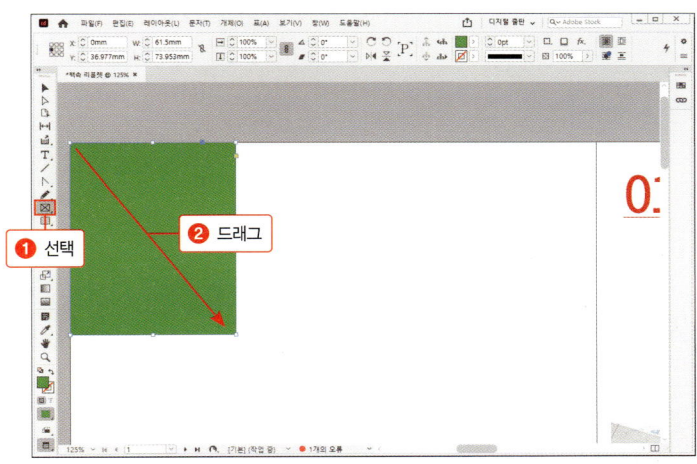

01 도구 패널에서 사각형 프레임 도구(⊠)
를 선택하고 1페이지 왼쪽 상단에 드래
그하여 사각형 프레임을 만듭니다.

① 선택
② 드래그

TIP 예제에서는 잘 보이게 하기 위해 프레임의 색
상을 초록색으로 적용하였습니다.

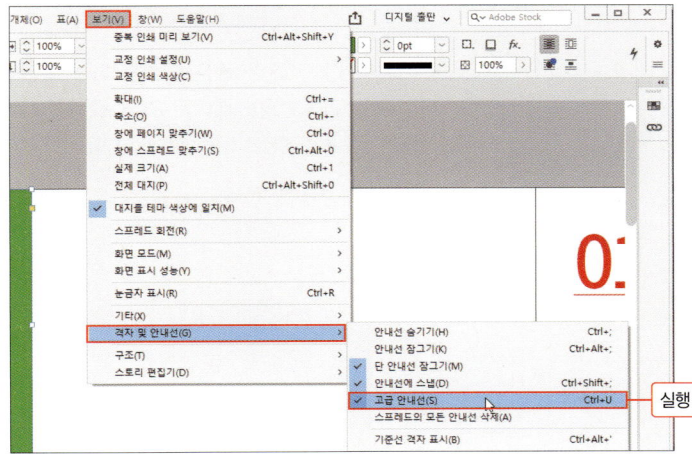

02 메뉴에서 (**보기**) → **격자 및 안내선** →
고급 안내선을 실행하여 안내선을 표
시합니다.

실행

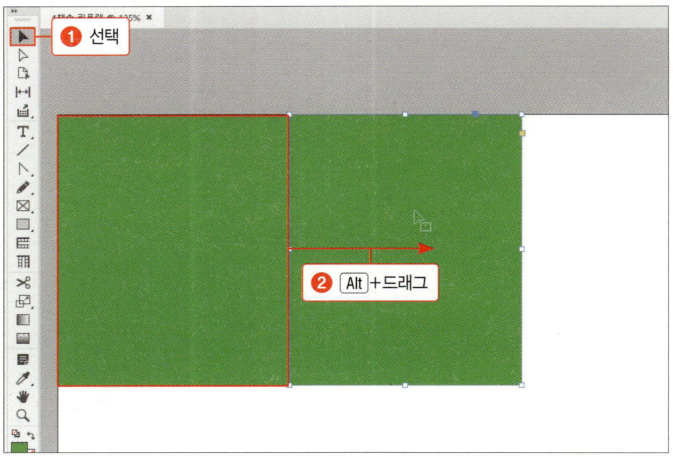

03 선택 도구(▶)로 사각형 프레임을 선택한 다음 Alt 를 누른 상태에서 오른쪽으로 드래그하여 두 사각형 프레임이 서로 맞닿게 복제합니다. 고급 안내선 기능이 정확하게 위치하도록 도와 줍니다.

① 선택

② Alt +드래그

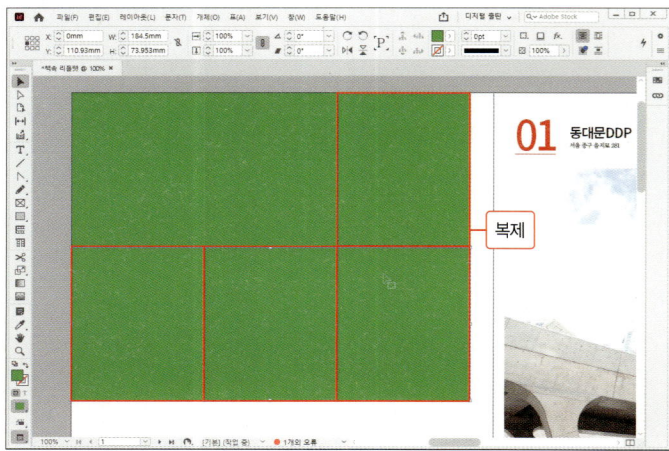

04 03번 과정과 같은 방법으로 그림과 같이 사각형 프레임을 4개 더 복제합니다.

복제

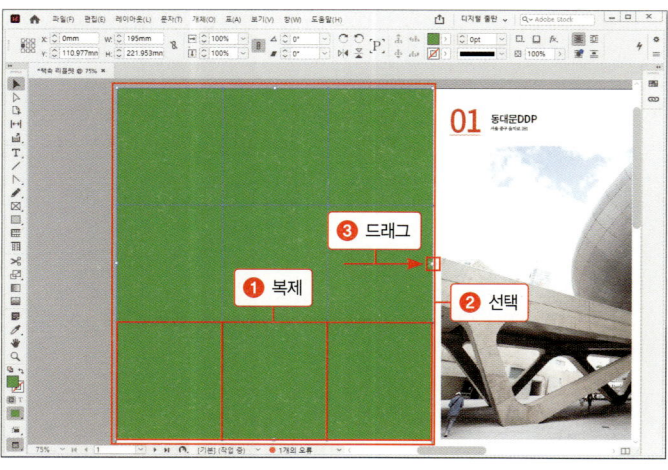

05 03번 과정과 같은 방법으로 그림과 같이 아래로 사각형 프레임을 3개 더 복제합니다. 1페이지에 총 9개의 사각형 프레임이 위치합니다.
9개의 사각형 프레임 모두 선택한 다음 오른쪽 조절점을 드래그하여 페이지 크기와 정확하게 가로가 일치하도록 크기를 조절합니다.

③ 드래그

① 복제

② 선택

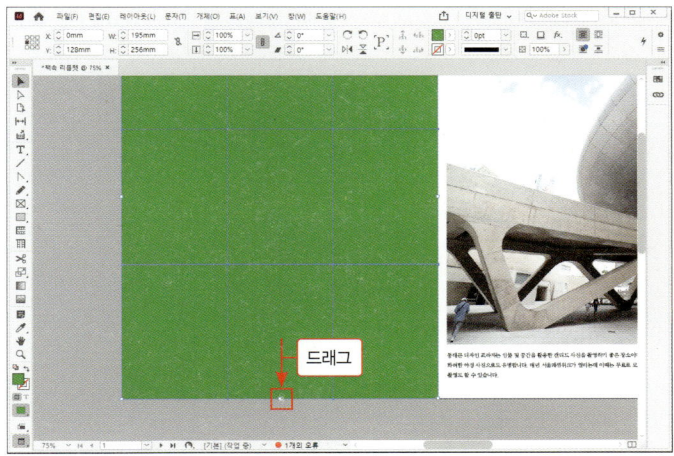

06 9개의 사각형 프레임이 모두 선택된 상태에서 아래쪽 조절점을 드래그하여 페이지 크기와 정확하게 세로가 일치하도록 크기를 조절합니다.

07 중앙의 사각형 프레임을 선택하고 컨트롤 패널에서 칠을 '검정'으로 지정합니다.

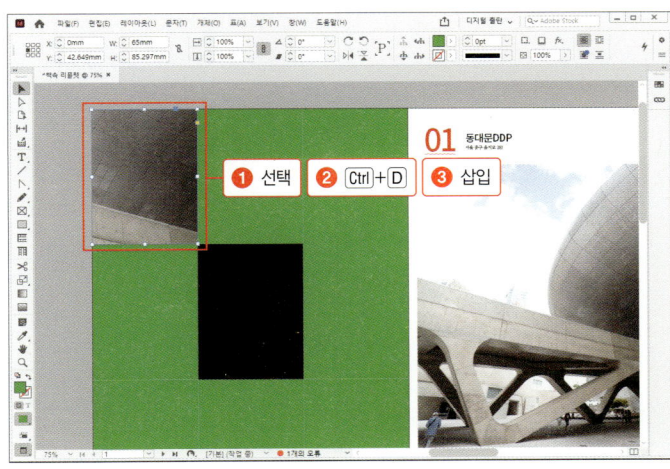

08 첫 번째 사각형 프레임을 선택하고 Ctrl+D를 눌러 가져오기 대화상자가 표시되면 09 폴더에서 '출사장소01.jpg' 파일을 선택한 다음 〈열기〉 버튼을 클릭하여 이미지를 삽입합니다.

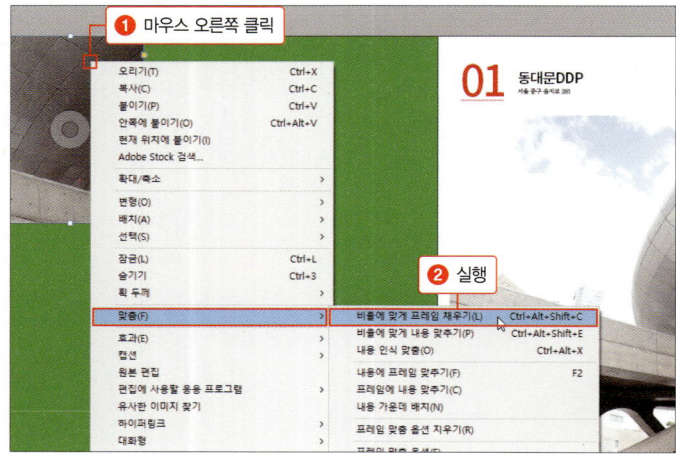

09 사각형 프레임의 원본 이미지를 조절하기 위해 마우스 오른쪽 버튼을 클릭한 다음 **맞춤 → 비율에 맞게 프레임 채우기**를 실행하여 크기를 조절합니다.

10 08번 ~ 09번 과정과 같은 방법으로 09 폴더에서 '출사장소02.jpg' ~ '출사장소08.jpg' 이미지를 그림과 같이 삽입합니다.

11 문자 도구(T)로 드래그하여 중앙에 위치한 검은색 사각형 프레임 위에 문자 상자를 만든 다음 '나 혼자 출사하기 좋은 장소'를 입력합니다.
컨트롤 패널에서 글꼴을 '에스코어 드림', 글꼴 스타일을 '3 Light', 글꼴 크기를 '21.5pt', 행간을 '26pt', 가로 비율을 '90%', 자간을 '-40'으로 지정합니다.

12 '나 혼자 출사하기 좋은 장소' 텍스트가 선택된 상태에서 '모든 줄 균등 배치' 아이콘(▤)을 클릭하여 텍스트의 좌우를 일치시킵니다.

13 문자 도구(T)로 드래그하여 문자 상자를 한 개 더 만든 다음 '7'을 입력합니다.
컨트롤 패널에서 글꼴을 '에스코어 드림', 글꼴 스타일을 '3 Light', 글꼴 크기를 '85.5pt', 행간을 '26pt', 가로 비율을 '90%', 자간을 '−40'으로 지정합니다.

SECTION 04

제본을 위한
여백 페이지 만들기

현재 작업물은 8페이지 접지 작업물이지만 본문에 같이 제본되어 필요시 절취할 수 있는
형식으로, 기본 디자인에 제본을 위한 페이지를 추가해야 합니다.

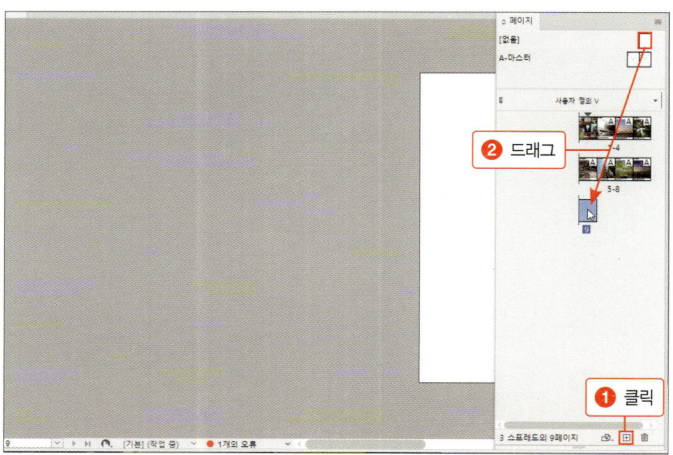

01 페이지 패널에서 '새 페이지 만들기' 아
이콘(⊞)을 클릭하여 새 페이지를 추
가합니다. '없음' 마스터 페이지를 '9'페이지로
드래그하여 페이지 속성을 삭제합니다.

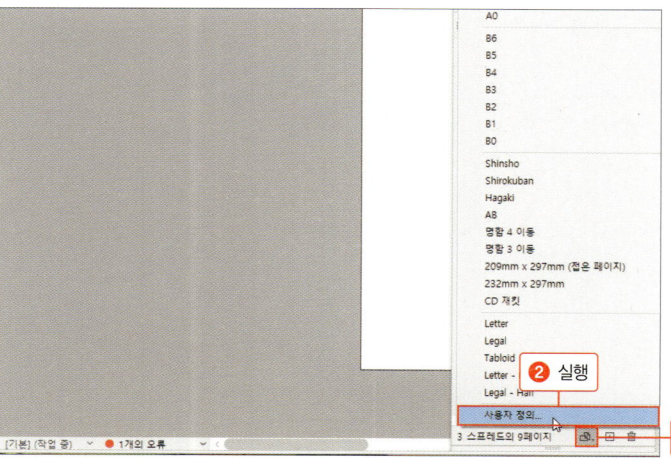

02 9페이지가 선택된 상태로 페이지 패널
에서 '페이지 크기 편집' 아이콘(⬚)을
클릭한 다음 **사용자 정의**를 실행합니다.

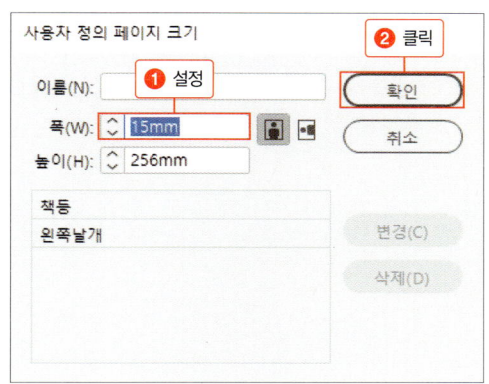

03 사용자 정의 페이지 크기 대화상자가 표시되면 폭을 '15mm'로 설정한 다음 〈확인〉 버튼을 클릭합니다.

04 폭을 줄인 '9'페이지를 선택하고 8페이지 오른쪽으로 드래그하여 페이지를 붙입니다.

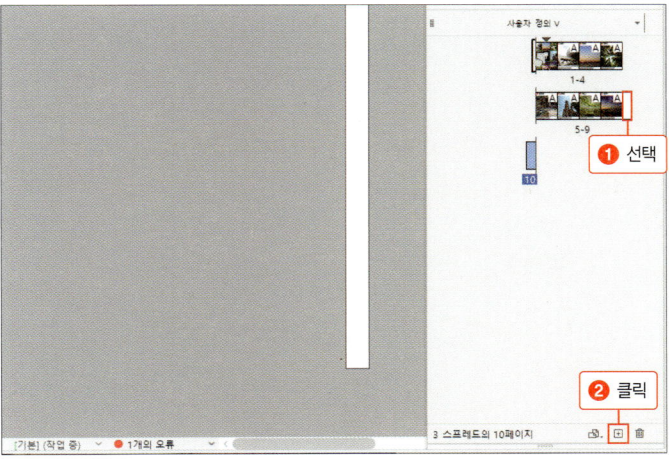

05 '9'페이지를 선택하고 '새 페이지 만들기' 아이콘(⊞)을 클릭하여 폭을 줄인 페이지를 한 개 더 추가합니다.

06 '10'페이지를 선택하고 1페이지 왼쪽으로 드래그하여 페이지를 붙입니다.

07 1페이지는 접지 리플릿과 책 안쪽이 연결되는 부분입니다.

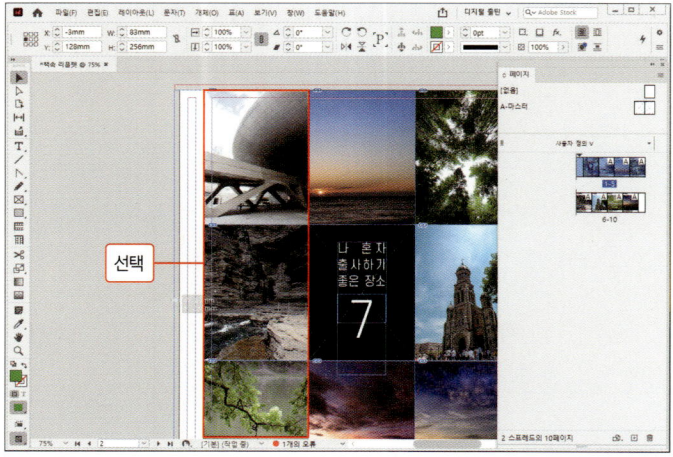

08 1페이지에도 자연스럽게 이미지가 연결될 수 있도록 Shift를 누른 상태로 2페이지의 왼쪽 사각형 프레임 3개만 선택합니다.

09 사각형 프레임의 왼쪽 조절점을 왼쪽으로 드래그하여 왼쪽 끝까지 연장합니다. 이미지를 재단선 3mm 바깥쪽 도련 영역까지 연장해야 인쇄 사고를 막을 수 있습니다.

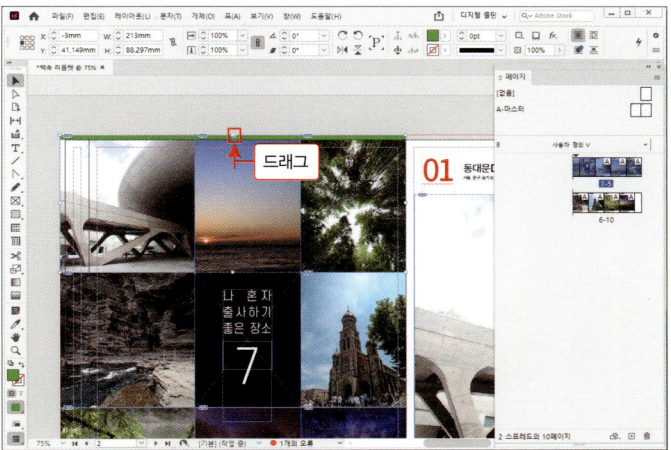

10 마찬가지로 Shift를 누른 상태로 상단에 위치한 3개의 사각형 프레임을 선택한 다음 위쪽 조절점을 위로 드래그하여 도련 영역까지 연장합니다.

11 도련 영역까지 확장한 사각형 프레임을 각각 선택하고 마우스 오른쪽 버튼을 클릭한 다음 **맞춤 → 비율에 맞게 프레임 채우기**를 실행하여 원본 이미지 크기를 조절합니다.

SECTION 05

절취선 삽입하고
인쇄용 PDF 만들기

📄 **완성 파일**: 09 \ 책속 리플릿 인쇄용.pdf, 책속 리플릿_완성.indd

제본을 위한 페이지를 만든 다음에는 절취선을 삽입해야 하며,
인쇄를 위한 PDF를 만드는 방법에 대해 알아봅니다.

01 도구 패널에서 선 도구(✏)를 선택하고
1페이지와 2페이지가 구분되는 위치에
드래그하여 선을 그립니다.

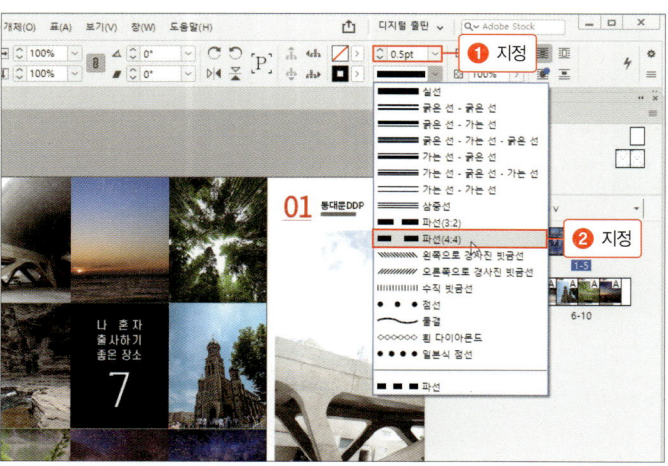

02 컨트롤 패널에서 선 두께를 '0.5pt', 선
유형을 '파선(4:4)'으로 지정하여 절취
선을 설정합니다.

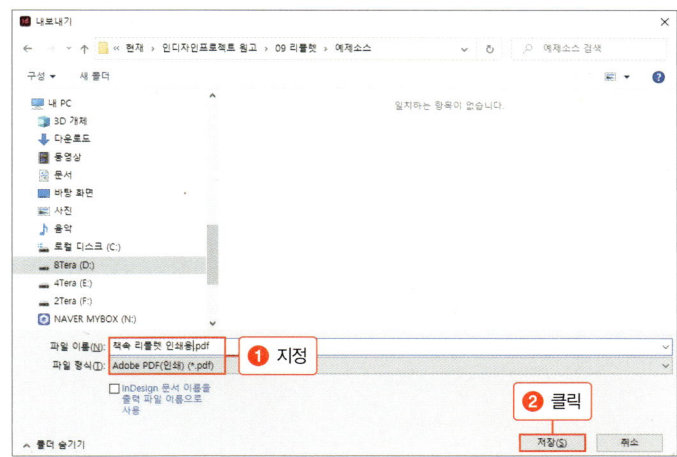

03 접지 리플릿 작업을 모두 완료했으므로 메뉴에서 (**파일**) → **내보내기**를 실행합니다.

내보내기 대화상자가 표시되면 파일 이름을 '책속 리플릿 인쇄용', 파일 형식을 'Adobe PDF(인쇄)'로 지정한 다음 〈저장〉 버튼을 클릭합니다.

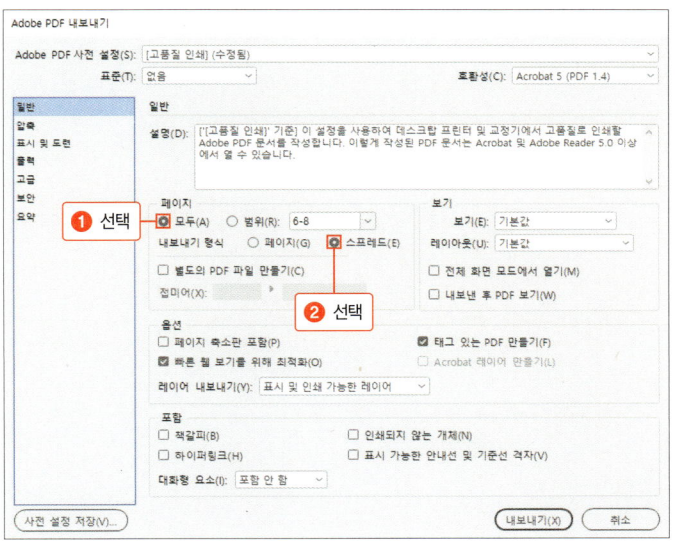

04 Adobe PDF 내보내기 대화상자가 표시되면 페이지에서 '모두'와 '스프레드'를 선택합니다.

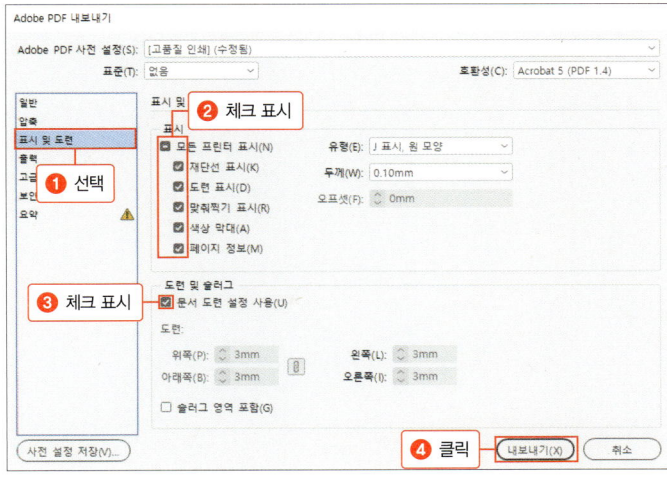

05 '표시 및 도련'을 선택하고 표시에서 모든 항목을 체크 표시합니다. 도련 및 슬러그에서 '문서 도련 설정 사용'을 체크 표시하여 도련의 모든 방향을 '3mm'로 설정한 다음 〈내보내기〉 버튼을 클릭합니다.

PROJECT 10
칼선이 포함된
부록 도안 디자인

어린이 종이접기 책에서 볼 수 있는 전개도 형식의 뜯어서 사용할 수 있는 부록 페이지 작업 과정을
알아보겠습니다. 일러스트레이터에서 전개도와 일러스트를 제작하고 인디자인에서 절취선이나
기본 텍스트를 입력하여 정리합니다. 전개도의 경우 칼로 자르지 않고 뜯어서 사용할 수 있도록
하려면 인쇄 공정에서 칼선을 넣게 되며, 인쇄물 PDF와 칼선 PDF를 별도로 인쇄소에 전달해야 합니다.

작업 의뢰서

- 판형 : 190×257mm

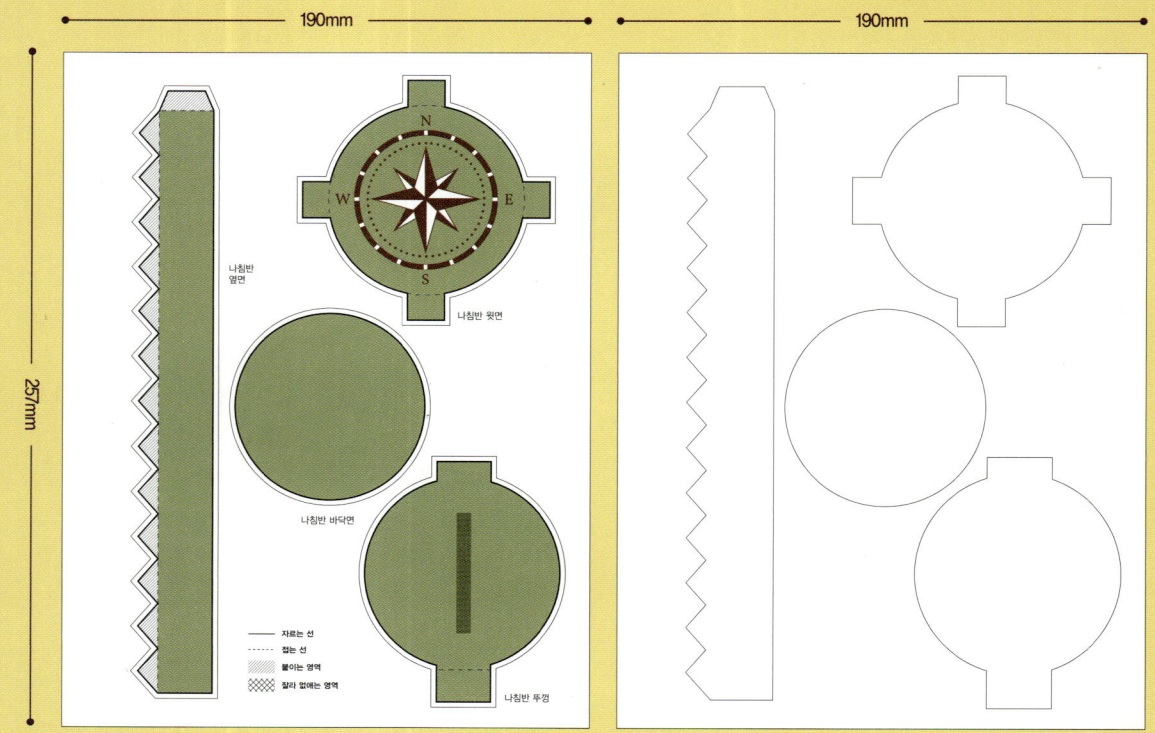

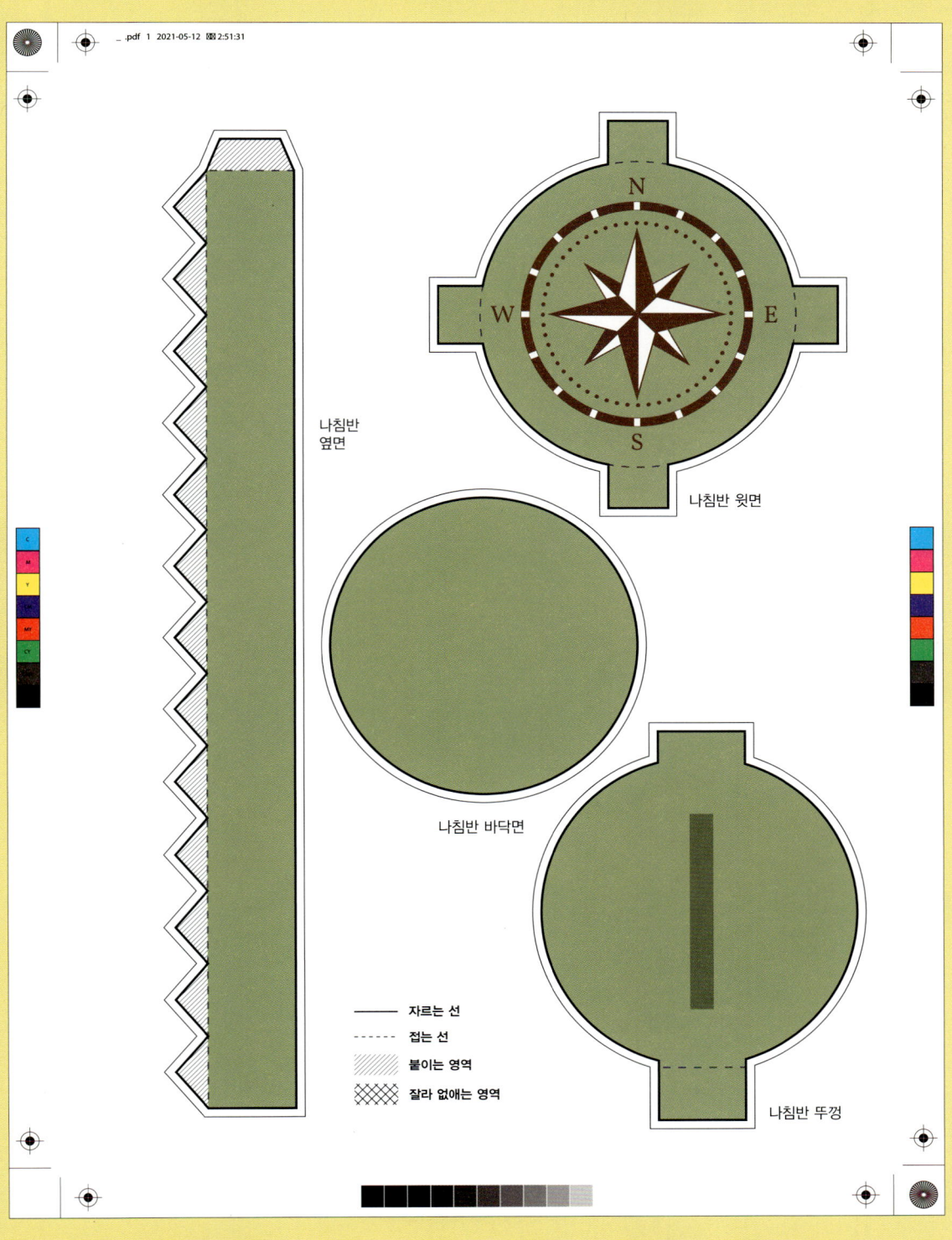

나침반
옆면

나침반 윗면

나침반 바닥면

나침반 뚜껑

——— 자르는 선
------- 접는 선
◿◿◿ 붙이는 영역
▨▨ 잘라 없애는 영역

DESIGN
PROCESS

디자인 작업 과정

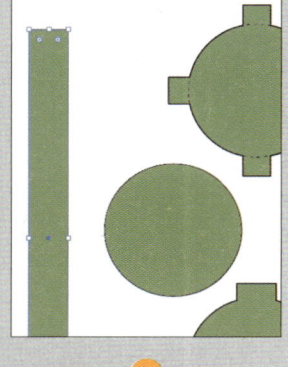

1

일러스트레이터에서 나침반 종
이 접기 도안 만들기

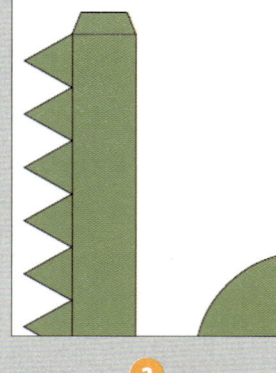

2

일러스트레이터에서 나침반 옆
면 도안 만들기

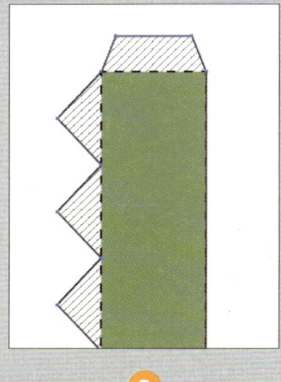

3

일러스트레이터에서 패턴 기능
으로 빗금 요소 만들기

4

나침반 일러스트 완성하고 배치
하기

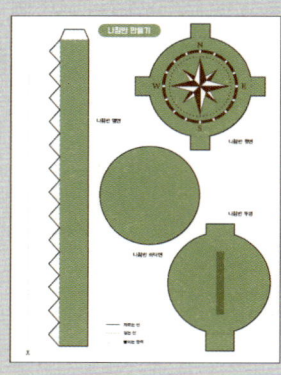

5

인디자인에서 종이접기 전개도
만들기

6

종이접기 전개도 칼선 PDF 만
들기

SECTION 01

원과 사각형을 이용하여 종이접기 도안 만들기

종이접기 도안을 제작하는 데 있어서 중요한 점은 종이를 접었을 때 정확한 형태가 나와야 하는 것입니다. 이때, 정확한 수치가 중요하므로 기획, 설계 단계에서 미리 수치를 계산해야 합니다. 수치를 정확하게 설정하여 형태를 제작할 수 있는 일러스트레이터는 전개도 작업을 하는 데 최적의 도구입니다.

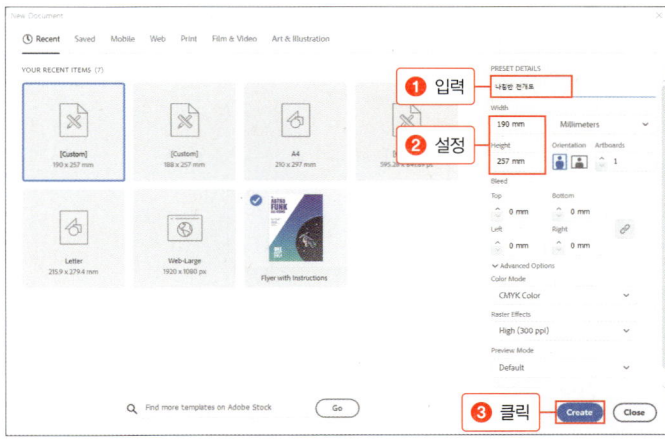

01 일러스트레이터를 실행한 다음 〈Create New〉 버튼을 클릭합니다. New Document 대화상자가 표시되면 파일 이름을 '나침반 전개도'로 입력하고 Width를 '190mm', Height를 '257mm'로 설정한 다음 〈Create〉 버튼을 클릭합니다.

02 Tools 패널에서 면 색을 더블클릭하여 Color Picker 대화상자가 표시되면 C를 '50%', M을 '25%', Y를 '71%', K를 '0%'로 지정한 다음 〈OK〉 버튼을 클릭합니다.

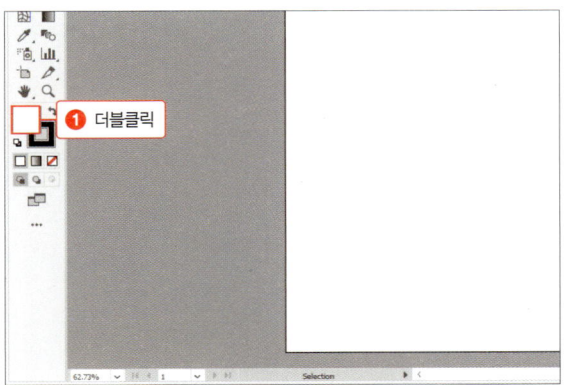

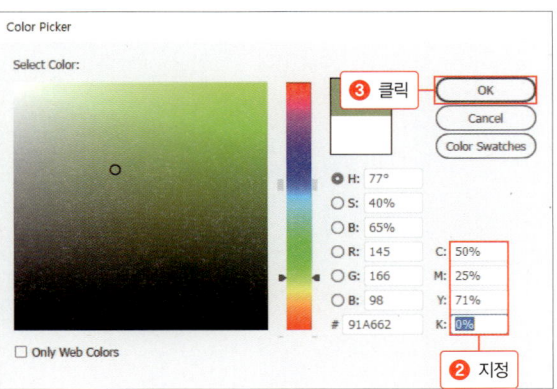

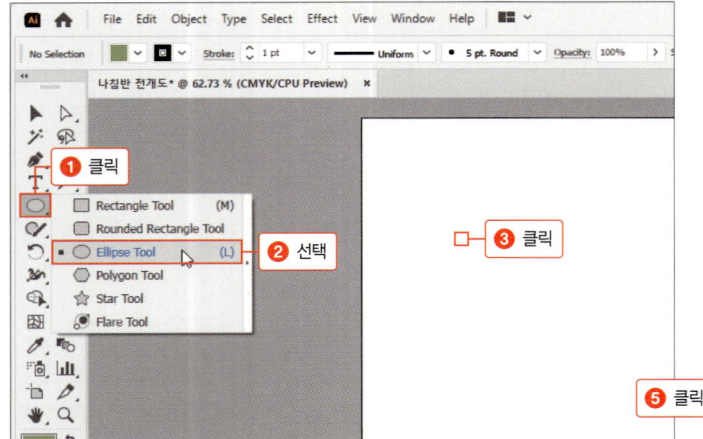

03 Tools 패널에서 원형 도구(◌)를 선택하고 캔버스를 클릭합니다. Ellipse 대화상자가 표시되면 Width를 '70mm', Height를 '70mm'로 설정한 다음 〈OK〉 버튼을 클릭합니다.

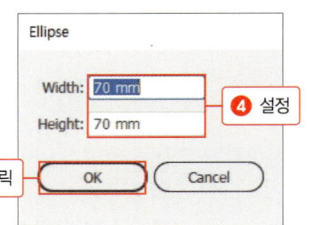

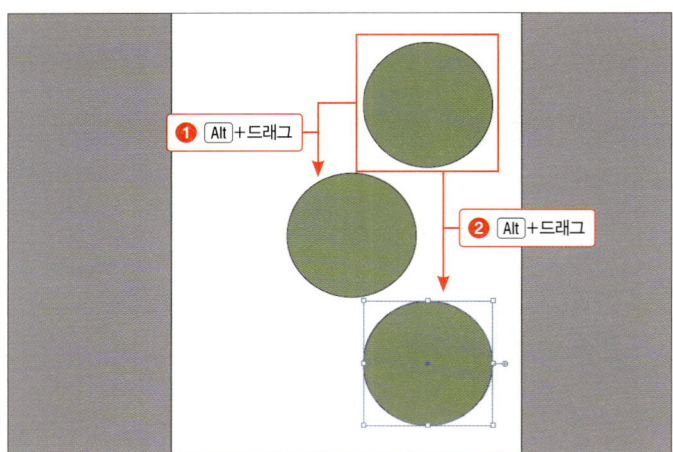

04 캔버스에 가로, 세로 70mm인 원이 생성됩니다. 원을 선택하고 Alt 를 누른 상태로 드래그하여 2개 더 복제합니다.

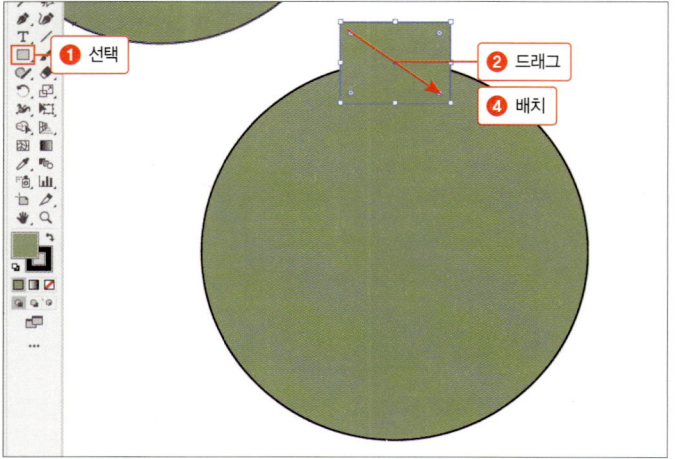

05 Tools 패널에서 사각형 도구(▢)를 선택하고 캔버스에 드래그하여 사각형을 그립니다. Properties 패널의 Transform에서 W를 '20mm', H를 '15mm'로 설정한 다음 원 상단 중심에 맞게 배치합니다.

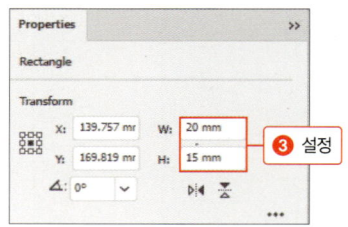

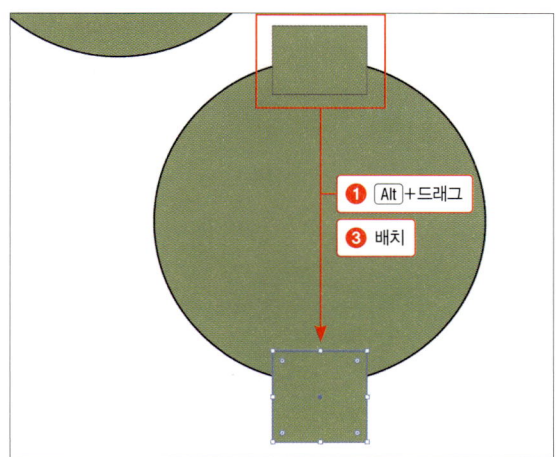

06 Alt 를 누른 상태로 사각형을 드래그하여 원 하단에 한 개 더 복제합니다. Properties 패널의 Transform 에서 W를 '20mm', H를 '20mm'로 설정한 다음 그림과 같이 배치합니다.

① Alt +드래그

③ 배치

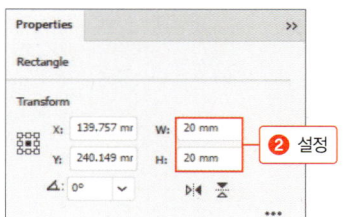

② 설정

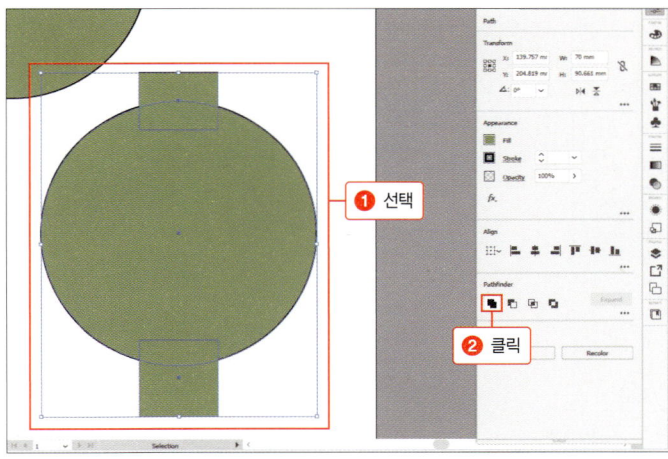

① 선택

② 클릭

07 원과 사각형 2개를 모두 선택하고 Properties 패널의 Pathfinder에서 'Unite' 아이콘(▣)을 클릭하여 3개의 오브젝트 를 합칩니다.

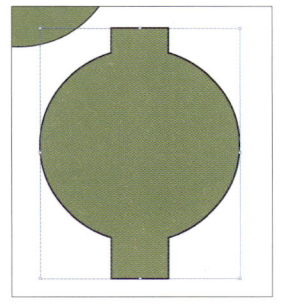

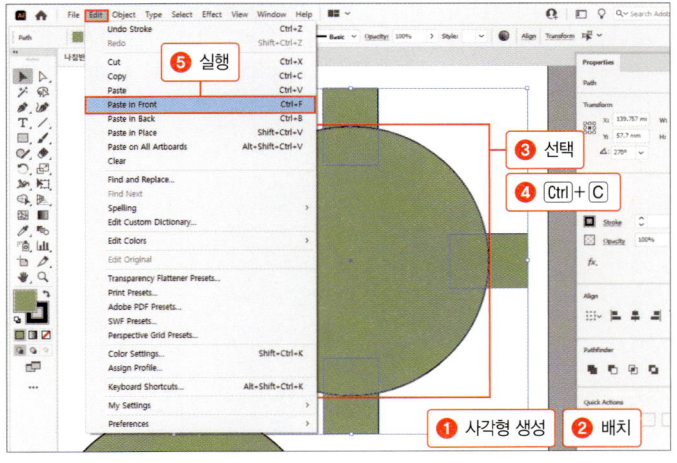

⑤ 실행

③ 선택

④ Ctrl + C

① 사각형 생성

② 배치

08 위쪽의 원에 W가 '14mm', H가 '20mm' 인 사각형을 4개 생성하여 상하좌우에 배치합니다.
4개의 사각형 중심에 있는 원을 선택하고 Ctrl +C를 눌러 복사한 다음 메뉴에서 〔Edit〕 → Paste in Front를 실행하여 같은 위치에 원을 한 개 더 복제합니다.

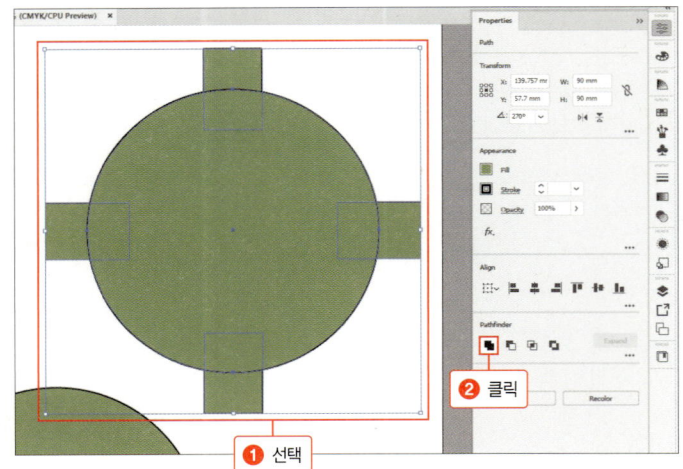

09 사각형 4개와 뒤에 있는 원을 선택하고 Properties 패널의 Pathfinder에서 'Unite' 아이콘(🔲)을 클릭하여 5개의 오브젝트를 합칩니다.

① 선택
② 클릭

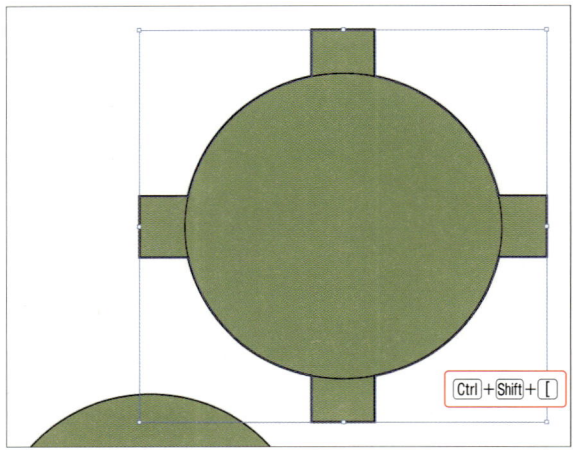

10 합친 오브젝트가 선택된 상태에서 `Ctrl`+`Shift`+`[` 를 눌러 맨 뒤로 이동합니다.

`Ctrl`+`Shift`+`[`

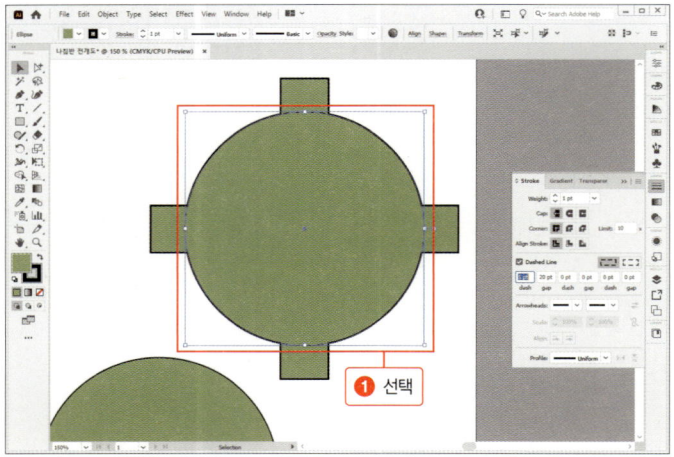

11 앞에 있는 원을 선택하고 Stroke 패널에서 'Dashed Line'을 체크 표시한 다음 dash를 '5pt', gap을 '20pt'로 설정하면 원의 외곽선이 점선으로 표시됩니다.

① 선택

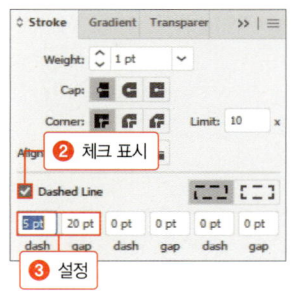

② 체크 표시
③ 설정

SECTION 02

●

사각형을 변형하고 삼각형을
추가하여 도안 완성하기

종이 접기 고리 형태의 접착제를 붙이는 부분은 삼각형 형태로
디자인되어야 실제로 접착제를 이용하여 붙일 때 문제가 없습니다.
삼각형과 사각형을 이용하여 도안을 완성해 봅니다.

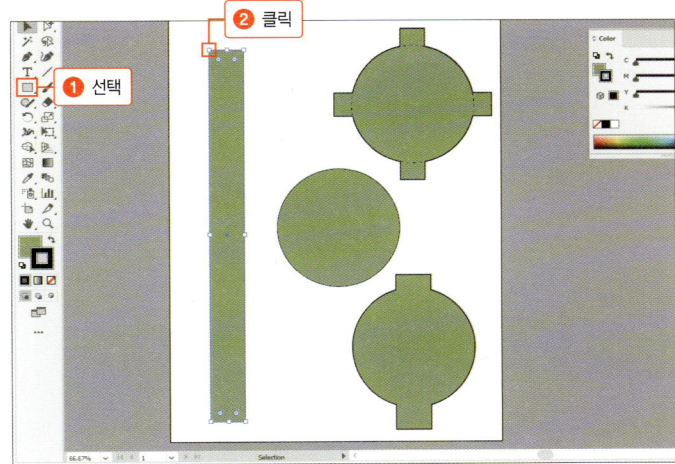

01 Tools 패널에서 사각형 도구(□)를 선
택한 다음 캔버스를 클릭합니다.
Rectangle 대화상자가 표시되면 Width를
'20mm', Height를 '220mm'로 설정한 다음
〈OK〉 버튼을 클릭하여 긴 사각형을 생성합니다.

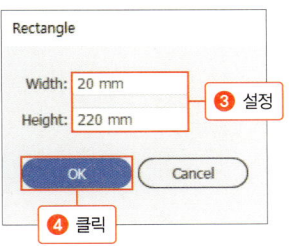

02 다시 Rectangle 대화상자를 표시하여 Width를 '20mm', Height를 '7mm'로 설
정한 다음 〈OK〉 버튼을 클릭하여 사각형을 하나 더 생성합니다.

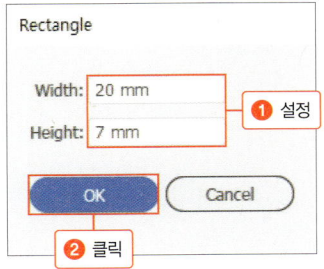

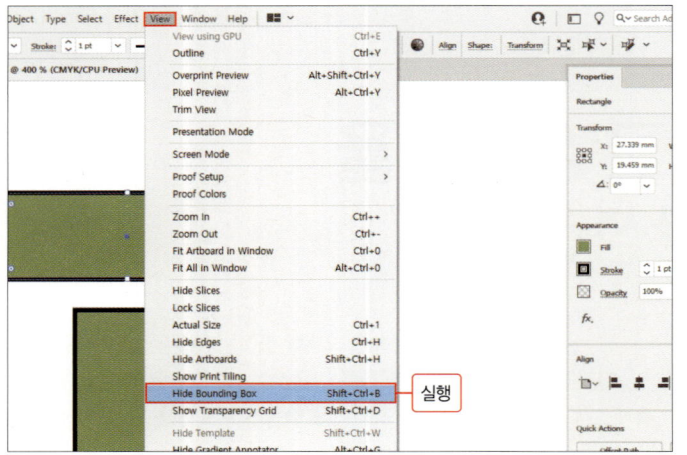

03 작은 사각형과 긴 사각형을 정확하게 겹쳐서 배치하기 위해 메뉴에서 〔View〕 → Hide Bounding Box를 실행하여 바운딩 박스가 안 보이게 합니다.

TIP 바운딩 박스가 안 보이게 되면 도형의 조절점을 정확하게 선택할 수 있습니다.

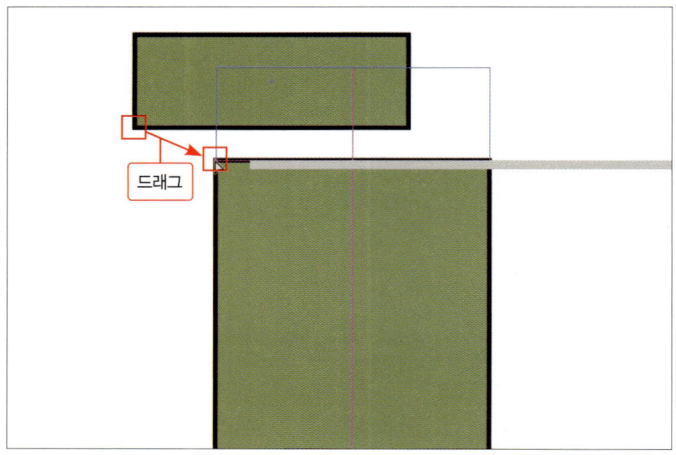

04 작은 사각형의 왼쪽 하단 조절점을 긴 사각형의 왼쪽 상단 조절점으로 드래그하여 커서가 흰색이 될 때 마우스를 놓으면 서로 맞물리게 배치할 수 있습니다.

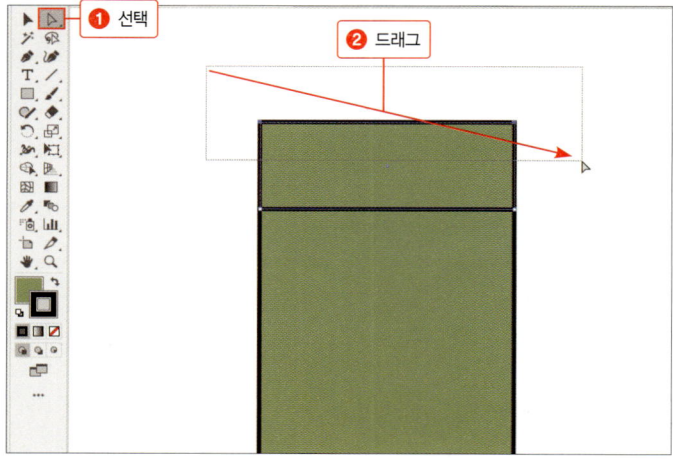

05 Tools 패널에서 직접 선택 드구(▷)를 선택합니다. 작은 사각형의 위쪽 조절점만 드래그하여 선택합니다.

06 Tools 패널에서 크기 조절 도구(⊞)를 선택합니다. Shift를 누른 상태로 오른쪽에서 왼쪽으로 드래그하면 수평이 유지된 상태로 조절점을 이동할 수 있습니다. 드래그하여 사각형을 사다리꼴 형태로 변형합니다.

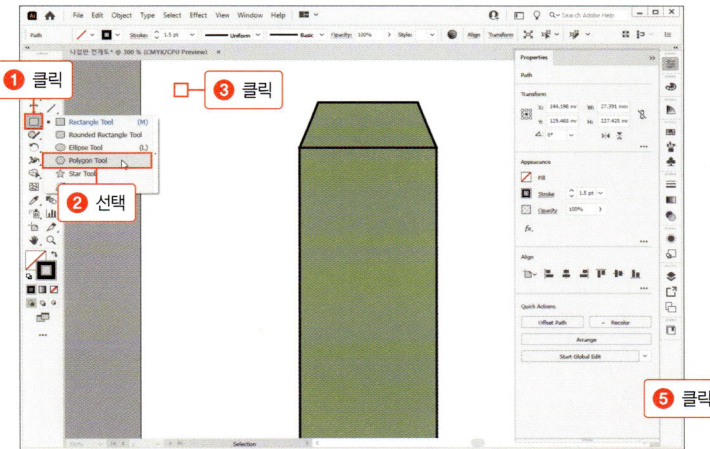

07 Tools 패널에서 다각형 도구(◯)를 선택한 다음 캔버스를 클릭합니다. Polygon 대화상자가 표시되면 Radius를 '10mm', Sides를 '3'으로 설정한 다음 〈OK〉 버튼을 클릭하여 삼각형을 만듭니다.

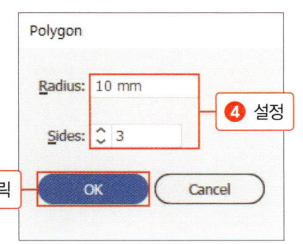

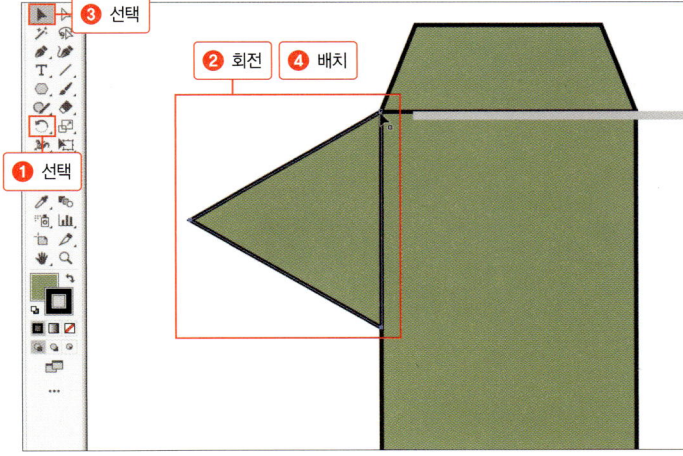

08 Tools 패널에서 회전 도구(↻)를 선택합니다. Shift를 누른 상태로 삼각형을 왼쪽으로 드래그하여 회전합니다. Tools 패널에서 선택 도구(▶)를 선택하여 그림과 같이 삼각형을 긴 사각형과 맞닿게 배치합니다.

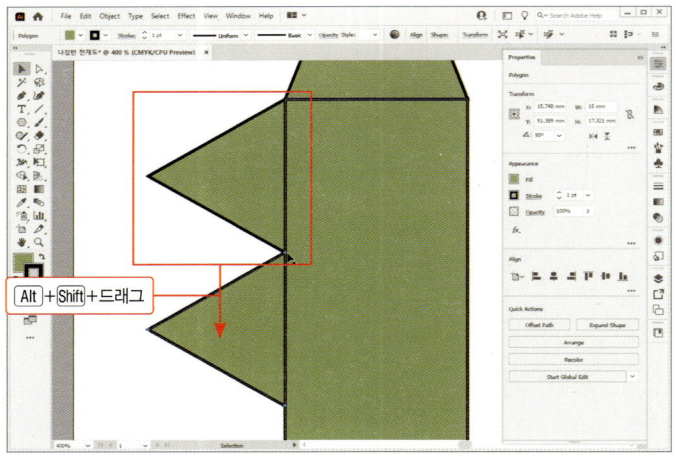

09 Alt + Shift를 누른 상태에서 삼각형을 아래로 드래그하여 한 개 더 복제합니다.

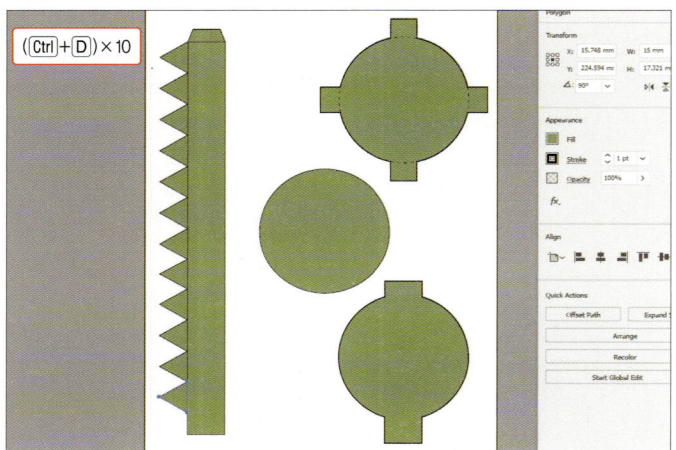

10 Ctrl + D를 10번 누르면 이전 과정과 동일하게 삼각형이 10개 복제됩니다.

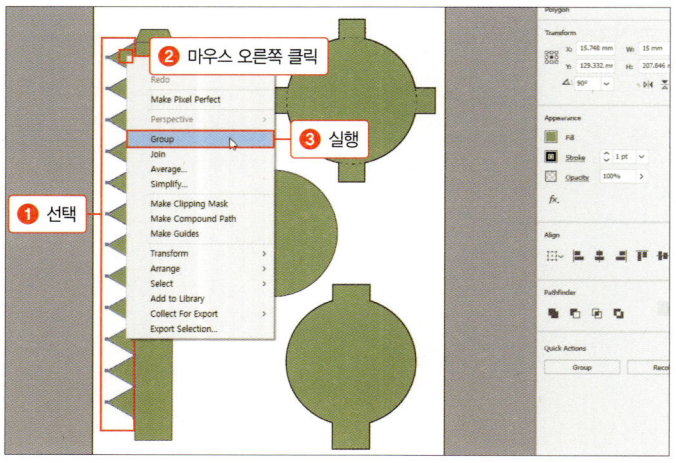

11 삼각형을 드래그하여 선택하고 마우스 오른쪽 버튼을 클릭한 다음 Group를 실행하여 그룹으로 지정합니다.

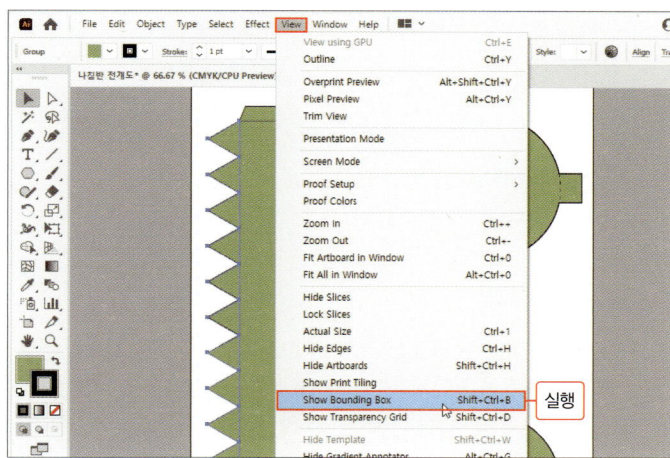

12 그룹으로 지정한 삼각형을 한 번에 변형하기 위해 메뉴에서 (View) → Show Boun ding Box를 실행하여 바운딩 박스가 보이게 설정합니다.

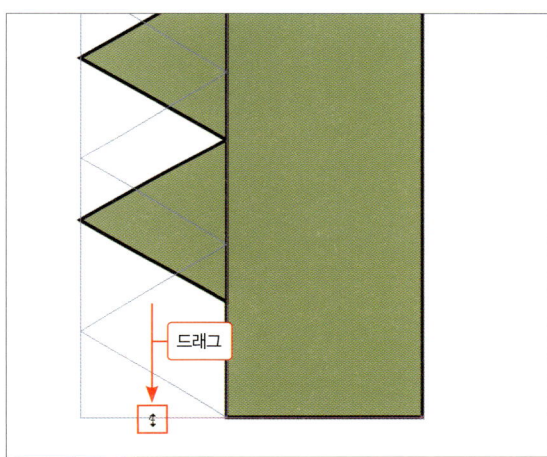

13 그룹으로 지정한 삼각형을 선택하면 바운딩 박스가 보여 쉽게 변형할 수 있습니다. 하단의 조절점을 아래로 드래그하여 긴 사각형의 길이와 동일하게 변형합니다.

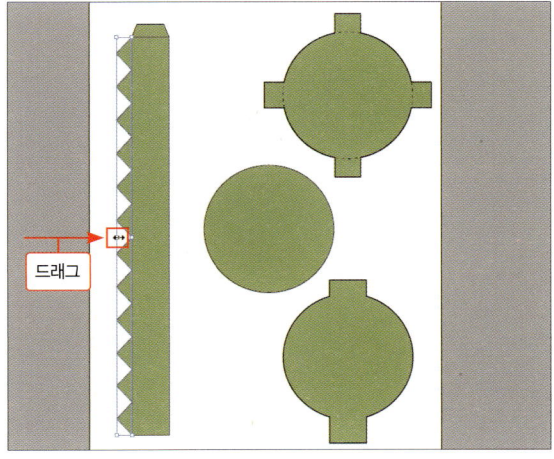

14 그룹으로 지정한 삼각형을 선택하고 왼쪽 조절점을 오른쪽으로 드래그하여 삼각형의 폭을 좁게 변형합니다.

SECTION 03

패턴을 이용하여
빗금 요소 만들기

종이접기 전개도에는 종이를 쉽게 접을 수 있는 안내가 있어야 합니다. 종이를 자르는 부분,
종이를 접는 부분, 풀로 붙이는 부분 등 표시가 있어야 쉽게 접을 수 있습니다. 이런 부분도
이미지에 포함해야 하므로 일러스트레이터에서 제작하는 방법을 알아봅니다.

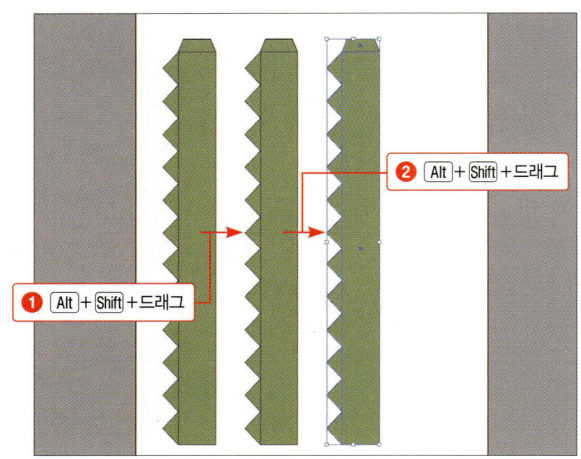

01 만든 오브젝트를 모두 선택한 다음 Alt + Shift 를 누른 상태로 오른쪽으로 드래그하여 2개 더 복제합니다.

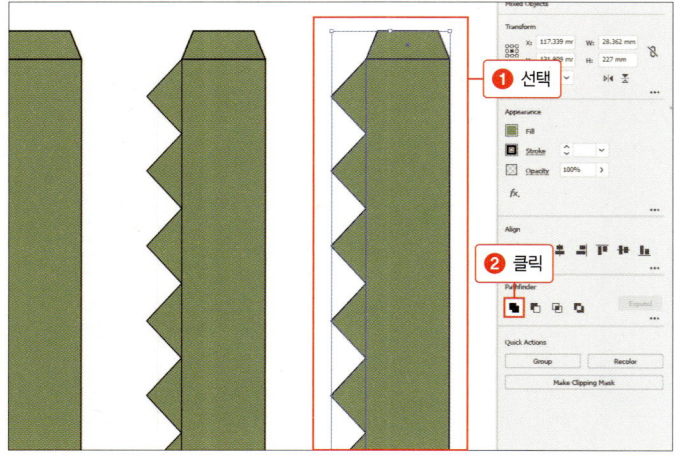

02 복제한 세 번째 오브젝트를 선택하고 Properties 패널의 Pathfinder에서 'Unite' 아이콘(■)을 클릭하여 형태를 합칩니다.

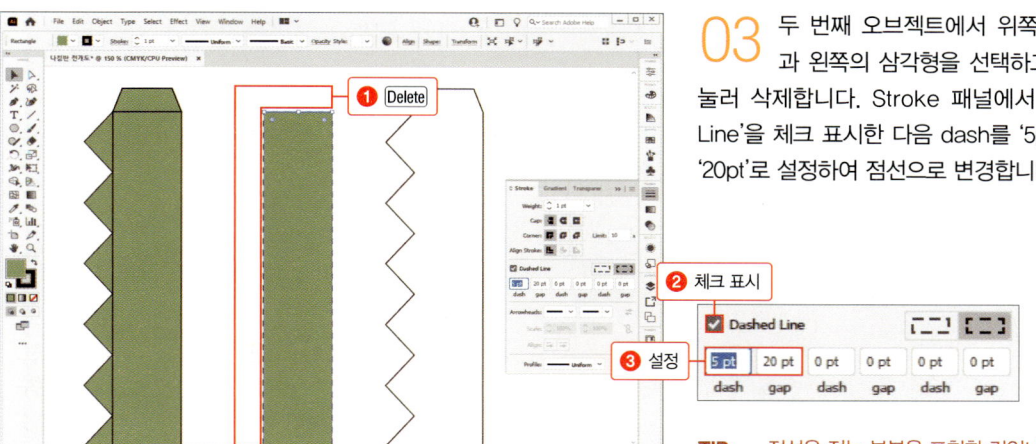

03 두 번째 오브젝트에서 위쪽의 사각형
과 왼쪽의 삼각형을 선택하고 Delete를
눌러 삭제합니다. Stroke 패널에서 'Dashed
Line'을 체크 표시한 다음 dash를 '5pt', gap을
'20pt'로 설정하여 점선으로 변경합니다.

TIP 점선은 접는 부분을 표현한 것입니다.

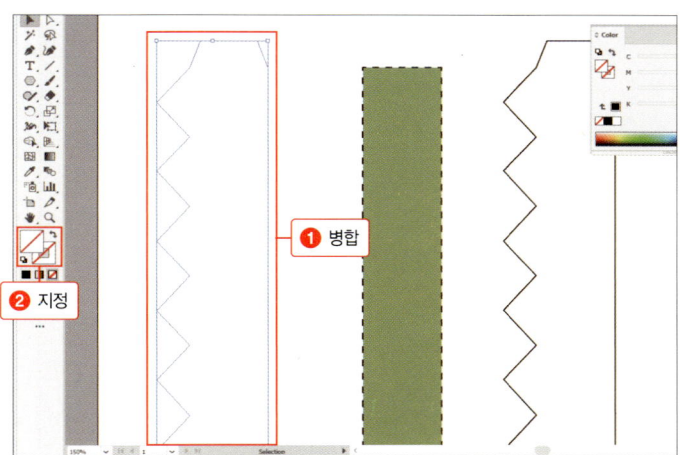

04 첫 번째 오브젝트를 선택하고 Proper-
ties 패널의 Pathfinder에서 'Unite' 아
이콘(🔳)을 클릭하여 오브젝트를 합칩니다. 합
친 오브젝트의 면 색과 선 색을 'None'으로 지
정하여 색상을 적용하지 않습니다.

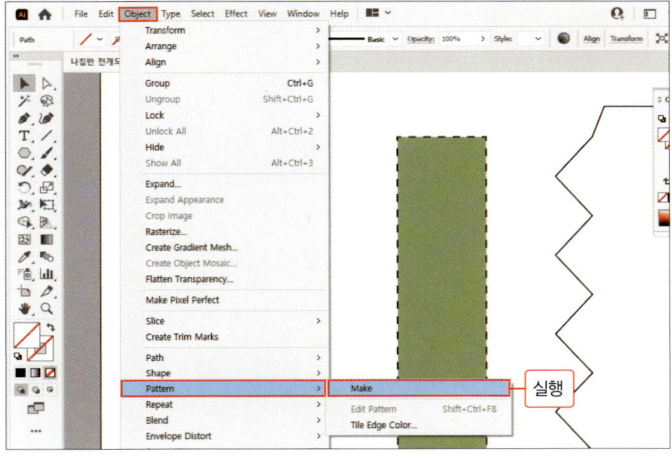

05 풀로 붙이는 영역을 빗금으로 표현하
기 위해 패턴을 이용합니다. 메뉴에서
(Object) → Pattern → Make를 실행합니다.

06 패턴 편집 모드로 전환되고 Pattern Options 패널이 표시되면 Width를 '1.5mm', Height를 '1.5mm'로 설정합니다.

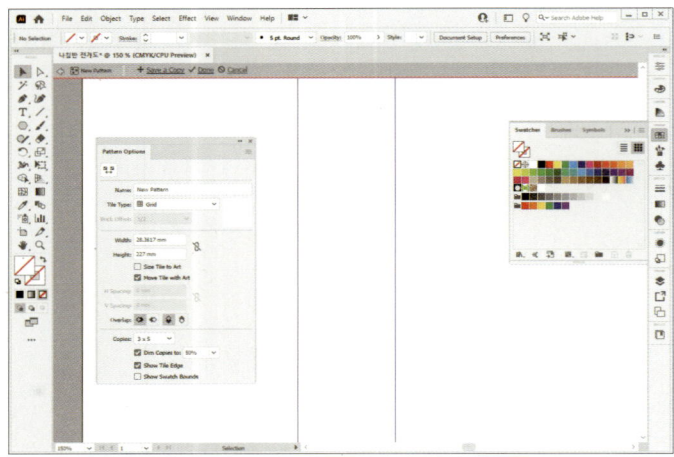

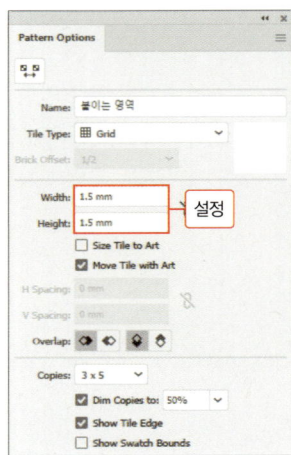

07 패턴 타일 크기가 작아지므로 화면을 확대합니다. Tools 패널에서 선 도구(/)를 선택하고 드래그하여 대각선을 그립니다. Stroke 패널에서 Weight를 '0.2pt'로 지정하여 선 두께를 변경한 다음 'Done'을 클릭하여 패턴 만들기를 종료합니다.

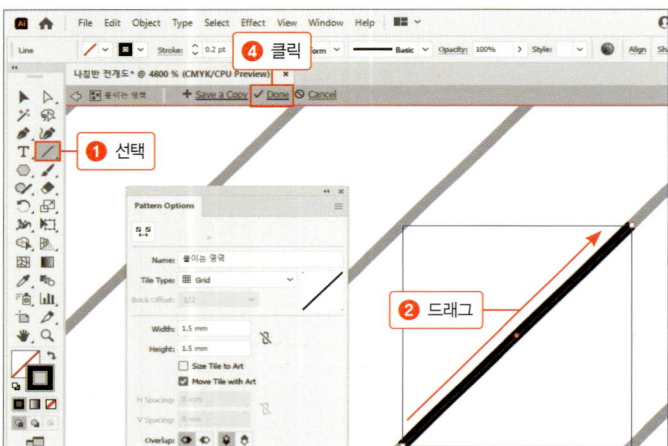

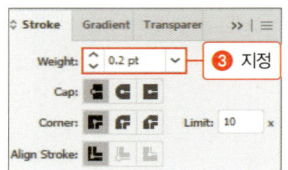

08 패턴 만들기 작업을 마치면 자동으로 Swatches 패널에 등록되며 클릭하여 선택된 오브젝트에 패턴을 적용할 수 있습니다.

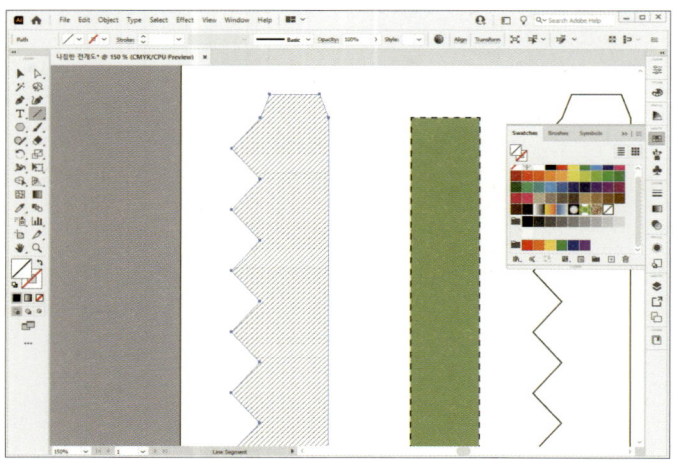

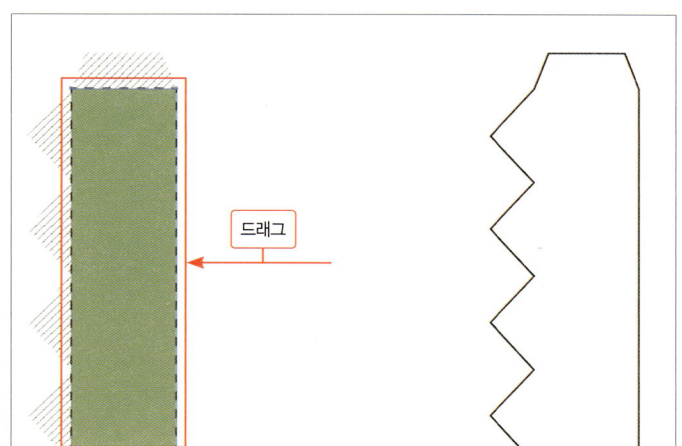

09 그림과 같이 사각형을 패턴 오브젝트
로 드래그하여 배치합니다.

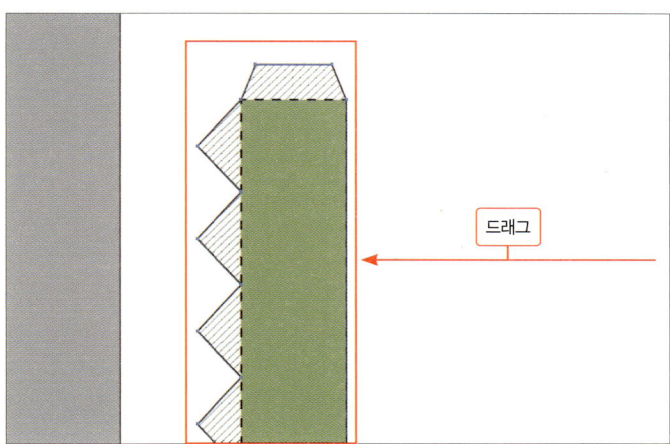

10 오른쪽에 선 오브젝트도 패턴 오브젝
트로 드래그하여 배치합니다. 이와 같
이 일러스트 부분, 접는 선, 붙이는 영역을 표현
할 수 있습니다.

11 이렇게 수치가 정확한 전개도도 일러
스트레이터에서 제작할 수 있습니다.

SECTION 04

나침반 일러스트 제작하기

종이접기 전개도뿐만 아니라 전개도에 이미지나 일러스트를 추가하면 결과물의 품질을 향상시킬 수 있습니다. 일러스트레이터에서 일러스트를 제작하여 전개도에 추가하는 방법에 대해 알아보도록 하겠습니다.

01 일러스트레이터의 Tools 패널에서 면 색과 선 색을 더블클릭하여 Color Picker 대화상자가 표시되면 C를 '57%', M 을 '78%', Y를 '100%', K를 '36%'로 지정한 다음 〈OK〉 버튼을 클릭합니다.

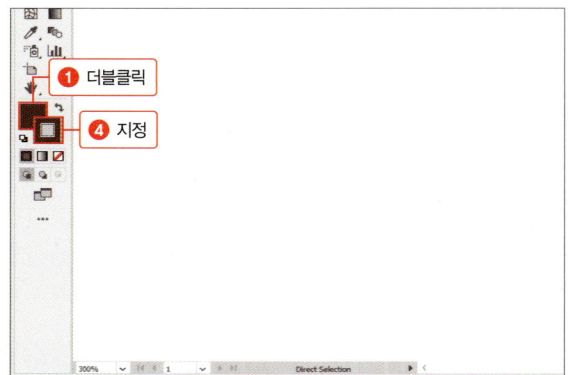

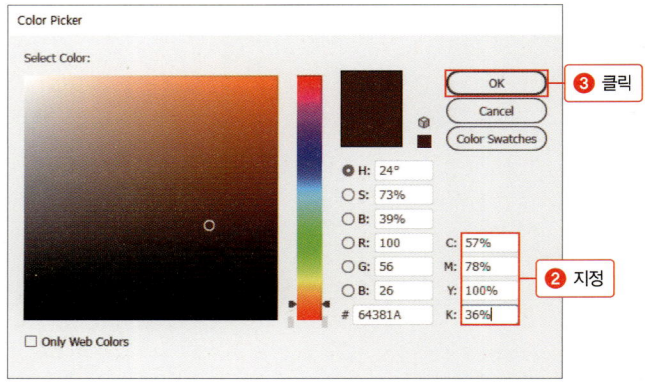

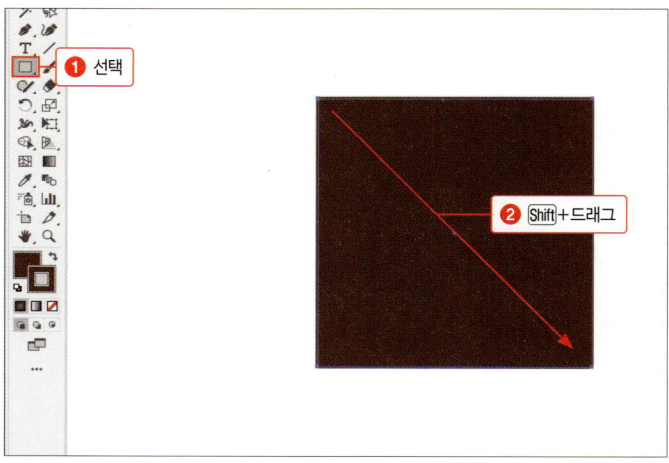

02 Tools 패널에서 사각형 도구(▢)를 선 택하고 Shift를 누른 상태로 드래그하여 정사각형을 그립니다.

03 Tools 패널에서 회전 도구(⟳)를 선택한 다음 Shift를 누른 상태로 드래그하여 45° 회전합니다.

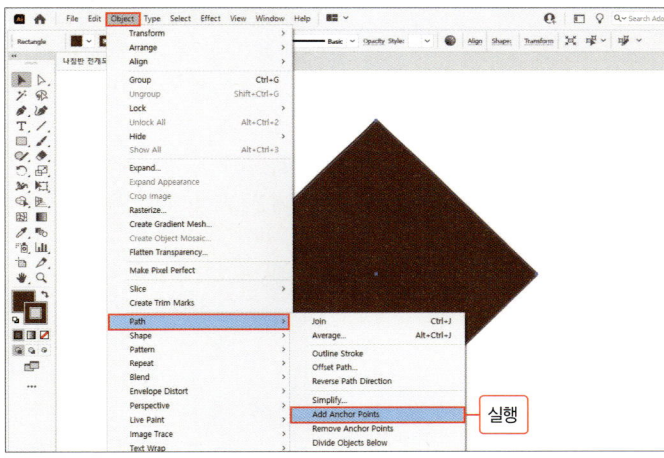

04 오브젝트가 선택된 상태에서 조절점을 추가하기 위해 메뉴에서 (Object) → Path → Add Anchor Points를 실행합니다.

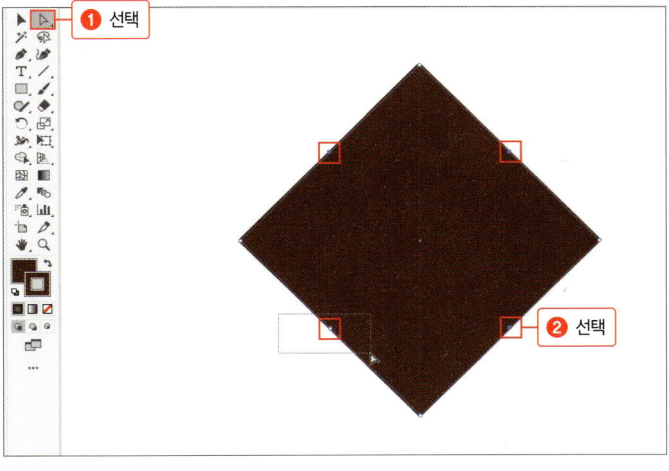

05 Tools 패널에서 직접 선택 도구(▷)를 선택한 다음 Shift를 누른 상태로 중간에 추가된 조절점을 모두 선택합니다.

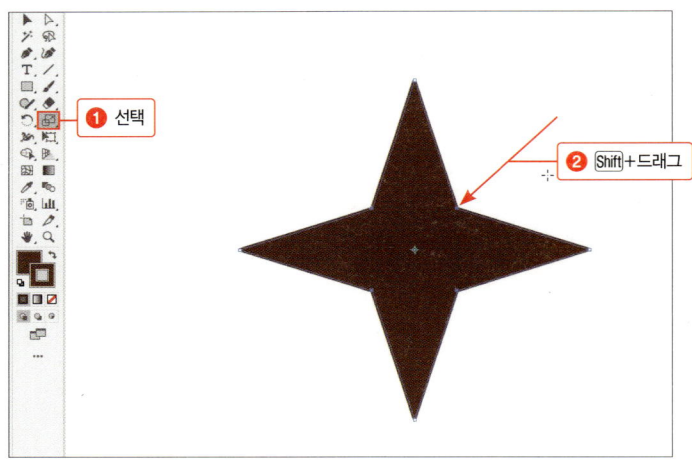

06 조절점이 선택된 상태로 Tools 패널에서 크기 조절 도구(⊞)를 선택한 다음 Shift를 누른 상태로 안쪽으로 드래그하여 형태를 변형합니다.

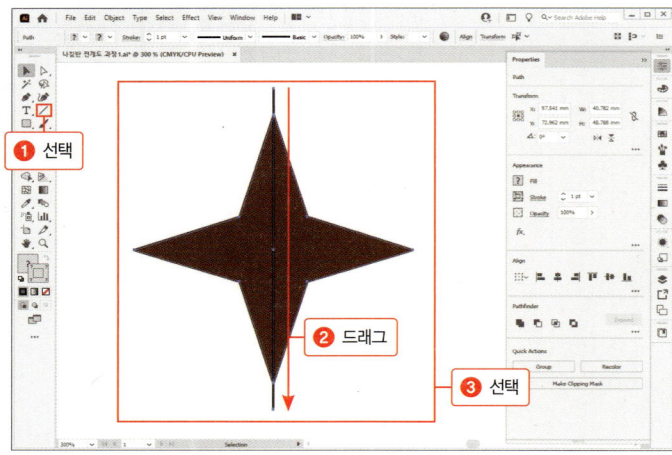

07 Tools 패널에서 선 도구(╱)를 선택한 다음 Shift를 누른 상태로 아래로 드래그하여 직선을 그립니다. 별 오브젝트보다 길게 선을 그려야 합니다.
별 오브젝트와 선을 모두 선택한 다음 Align 패널에서 'Horizontal Align Center' 아이콘(♣)과 'Vertical Align Center' 아이콘(♣)을 클릭하여 두 개의 오브젝트를 정확히 중심에 맞춥니다.

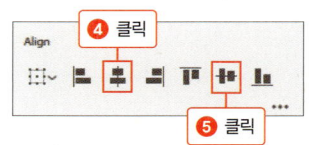

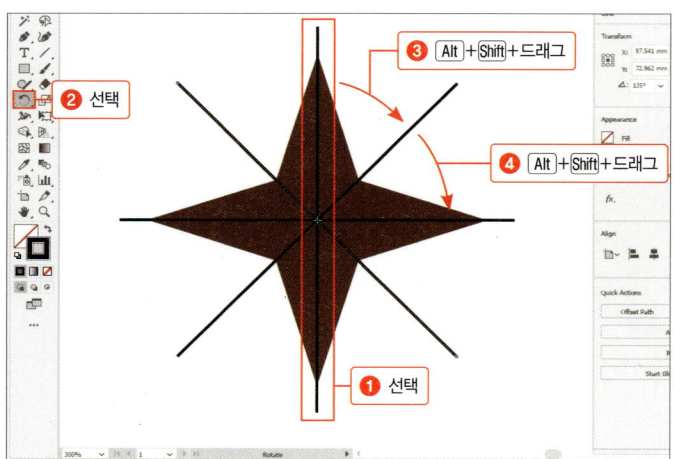

08 선을 선택하고 Tools 패널에서 회전 도구(↻)를 선택한 다음 Alt+Shift를 누른 상태로 드래그하여 45°씩 회전하면서 선을 복제합니다.

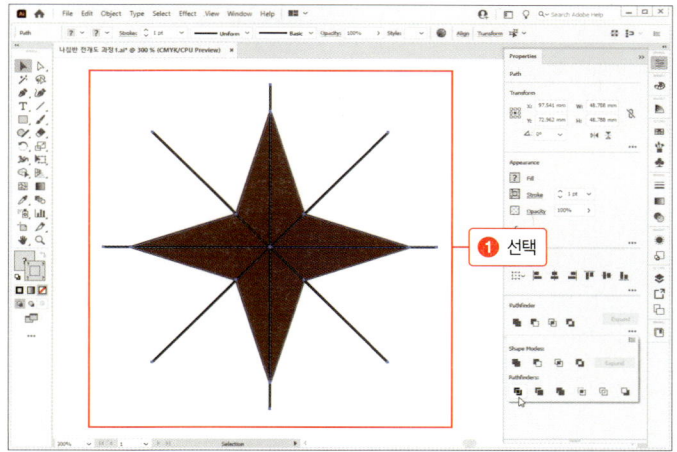

09 오브젝트를 모두 선택한 다음 Prop-ertise 패널의 Pathfinder에서 'Divide' 아이콘(⬚)을 클릭하여 선택한 오브젝트를 분리합니다.

① 선택

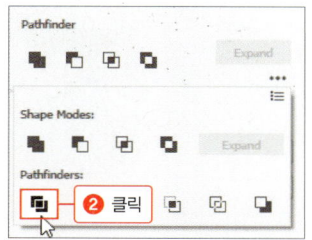

② 클릭

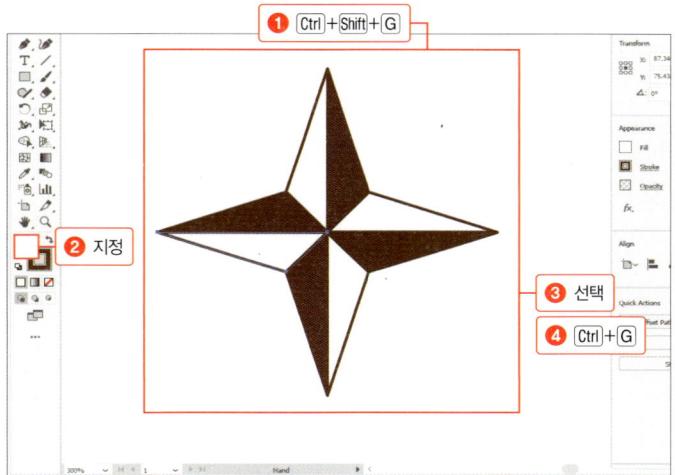

① Ctrl+Shift+G
② 지정
③ 선택
④ Ctrl+G

10 분리된 오브젝트가 선택된 상태에서 Ctrl +Shift+G를 눌러 그룹을 해제합니다. 각각 오브젝트를 선택하고 그림과 같이 면 색을 '흰색'으로 지정합니다. 오브젝트를 모두 선택한 다음 Ctrl+G를 눌러 그룹으로 지정합니다.

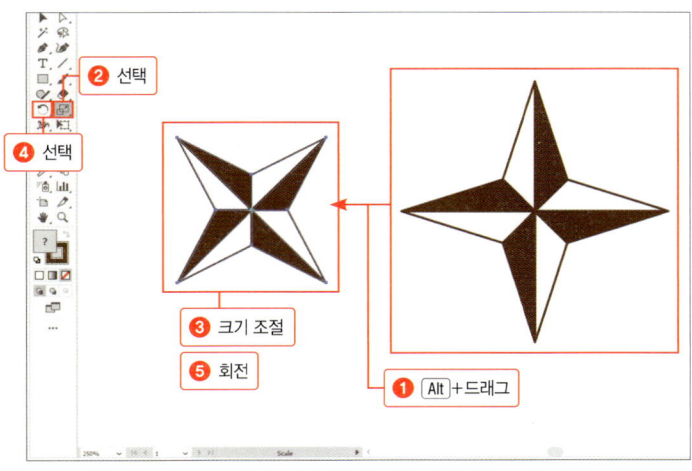

② 선택
④ 선택
③ 크기 조절
⑤ 회전
① Alt+드래그

11 Alt를 누른 상태로 오브젝트를 드래그하여 한 개 더 복제합니다. Tools 패널에서 크기 조절 도구(⬚)를 선택하고 Shift를 누른 상태로 드래그하여 크기를 작게 조절합니다. Tools 패널에서 회전 도구(↻)를 선택하고 Shift를 누른 상태로 드래그하여 45° 회전합니다.

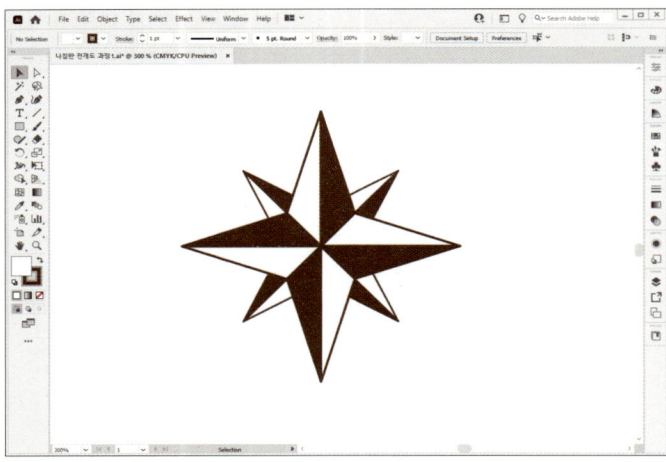

12 2개의 오브젝트를 겹쳐서 나침반의 방위표 일러스트를 완성합니다.

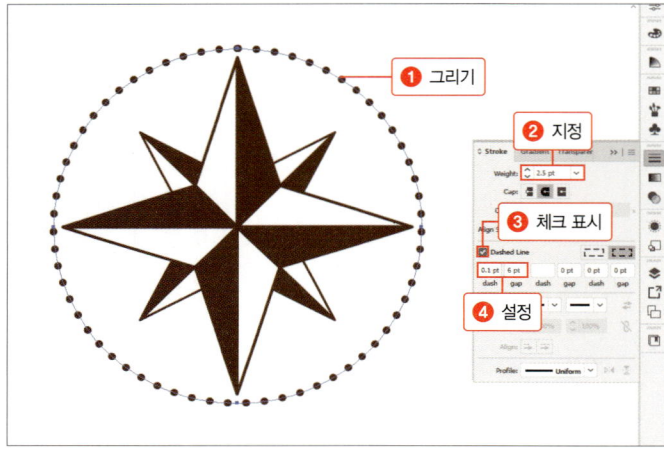

13 Tools 패널에서 원형 도구(◯)를 선택한 다음 방위표 일러스트 중심에 커서를 위치하고 Alt + Shift 를 누른 상태로 드래그하여 원을 그립니다.
Stroke 패널에서 Weight를 '2.5pt'로 지정하고 'Dashed Line'을 체크 표시한 다음 dash를 '0.1pt', gap을 '6pt'를 입력하여 점선으로 설정합니다.

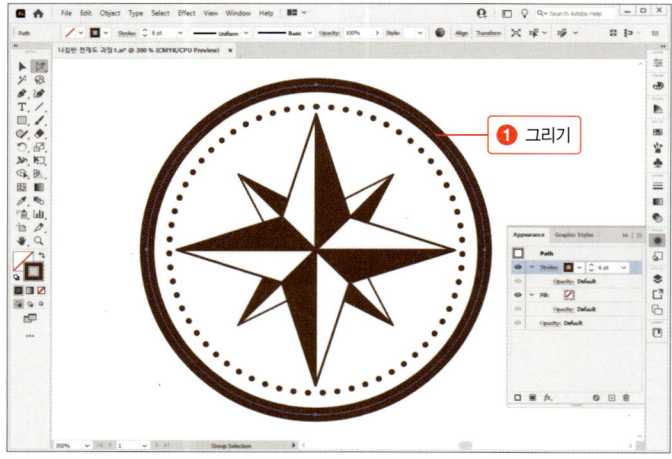

14 Stroke 패널에서 'Dashed Line'을 체크 해제하고 원을 한 개 더 그립니다. Appearance 패널에서 Stroke를 '6pt'로 지정합니다.

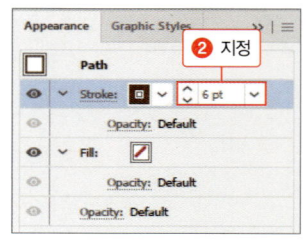

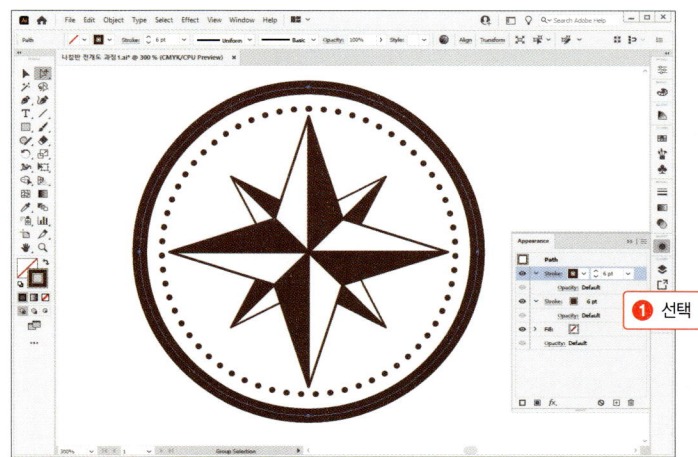

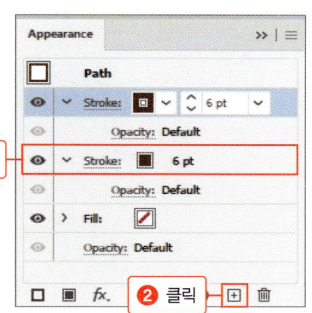

15 Appearance 패널에서 'Stroke' 항목이 선택된 상태에서 'Duplicate Selected Item' 아이콘(⊞)을 클릭하여 Stroke를 한 개 더 복제합니다.

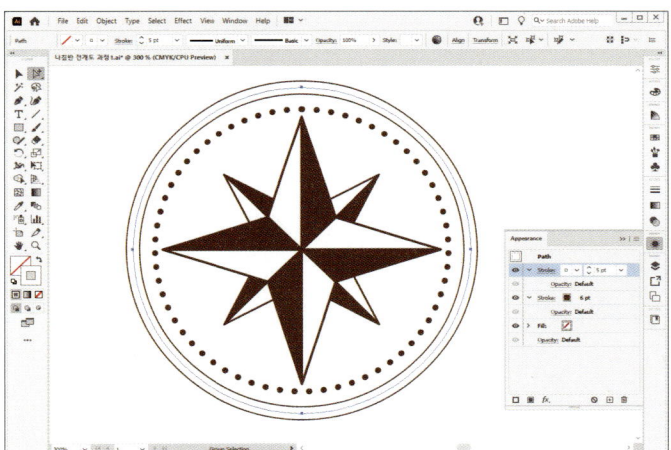

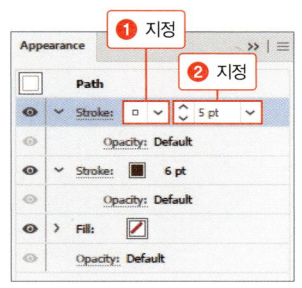

16 새롭게 복제되어 위쪽에 배치된 Stroke에서 선 색을 '흰색'으로 지정한 다음 '5pt'로 지정합니다.

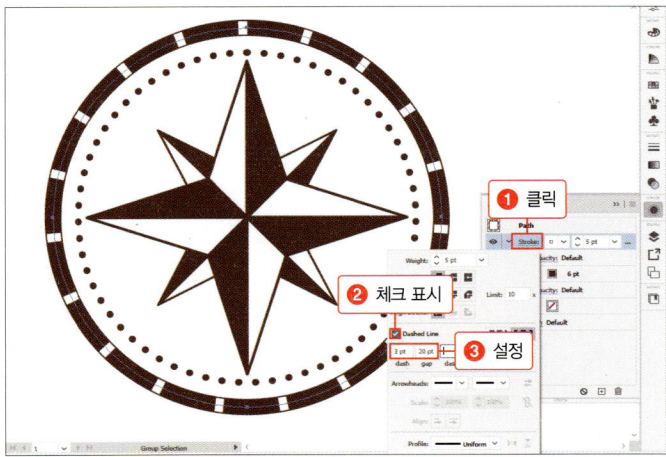

17 'Stroke'를 클릭하여 표시되는 Stroke 패널에서 'Dashed Line'을 체크 표시한 다음 dash를 '3pt', gap을 '20pt'로 설정하여 간격이 넓은 점선 스타일로 변경합니다.

SECTION 05

나침반 일러스트 배치하고 저장하기

완성 파일: 10\나침반 전개도.ai, 나침반 전개도.pdf

제작한 일러스트와 텍스트를 입력하고 배치하여 전개도를 완성하고 저장합니다.

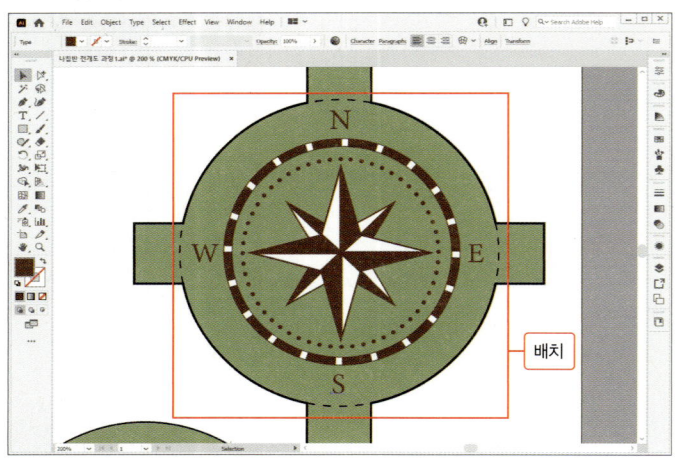

01 완성된 나침반 일러스트를 그림과 같이 나침반 전개도 중앙에 배치합니다.

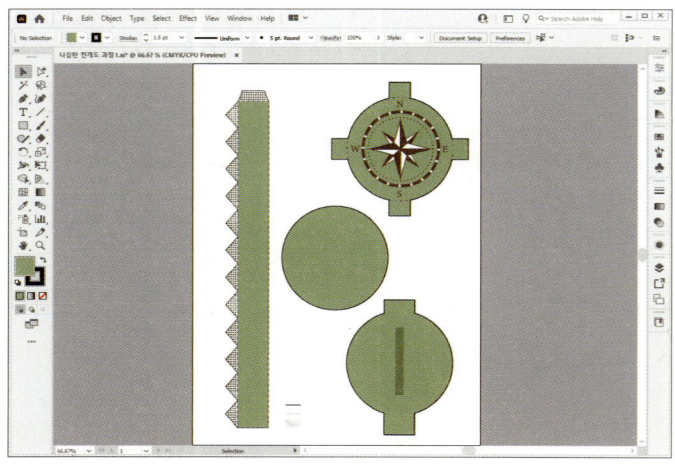

02 'N', 'E', 'S', 'W'를 입력하여 전개도를 완성합니다.

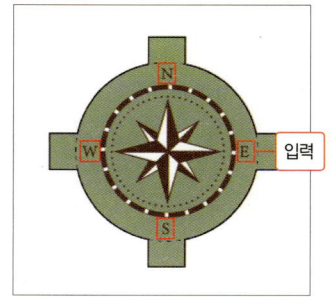

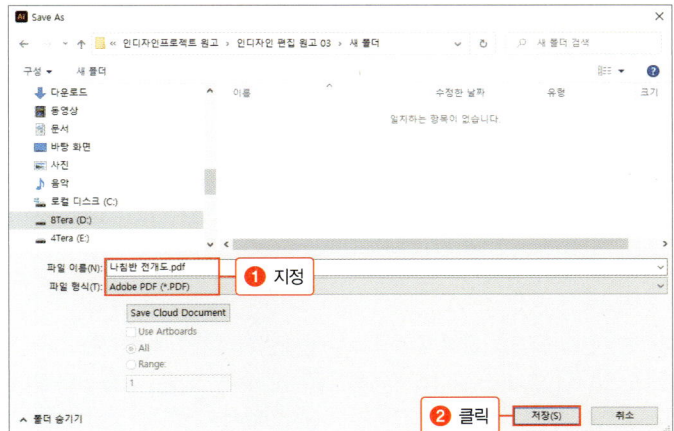

03 Ctrl+Alt+S를 눌러 Save As 대화상자가 표시되면 파일 이름을 '나침반 전개도', 파일 형식을 'Adobe PDF'로 지정한 다음 〈저장〉 버튼을 클릭합니다.

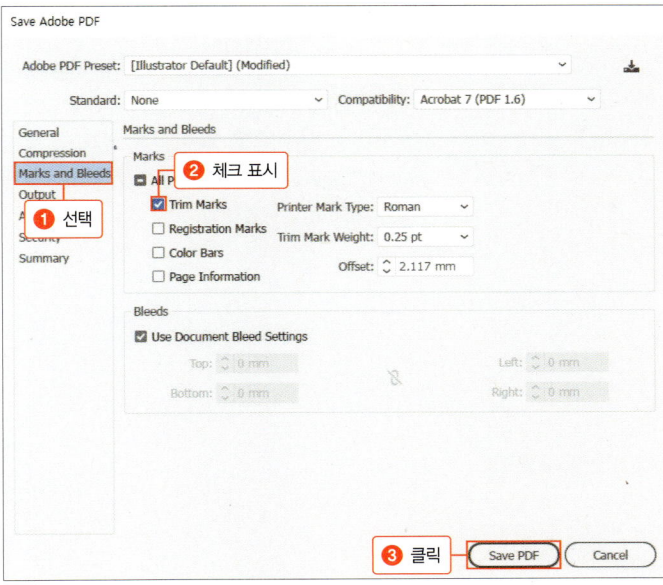

04 Save Adobe PDF 대화상자가 표시되면 'Marks and Bleeds'를 선택하고 'Trim Marks'를 체크 표시한 다음 〈Save PDF〉 버튼을 클릭합니다.

TIP 전개도와 칼선을 일치시키기 위해 여기서는 Trim Marks 기능을 사용합니다.

SECTION 06

종이접기 전개도 페이지 만들기

📄 **예제 파일:** 10\나침반 전개도.pdf, 가위.ai

일러스트레이터에서 제작한 전개도를 인쇄물에 추가하기 위해서는 서적 편집에 최적화되어 있는
인디자인으로 가져와 사용할 수 있어야 합니다. 일러스트의 형태를 수정하는 작업은 일러스트레이터,
인쇄물에 포함되거나 텍스트 작업을 병행할 경우는 인디자인에서 사용하는 것이 좋습니다.

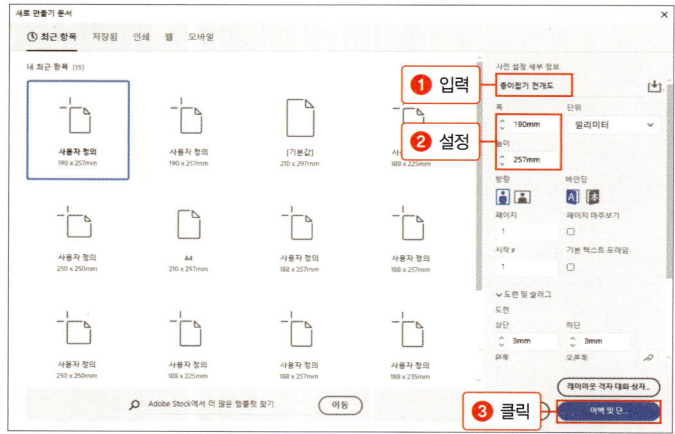

01 인디자인에서 〈새로 만들기〉 버튼을 클릭하여 새로 만들기 문서 대화상자가 표시되면 파일 이름을 '종이접기 전개도', 폭을 '190mm', 높이를 '257mm'로 설정한 다음 〈여백 및 단〉 버튼을 클릭합니다.

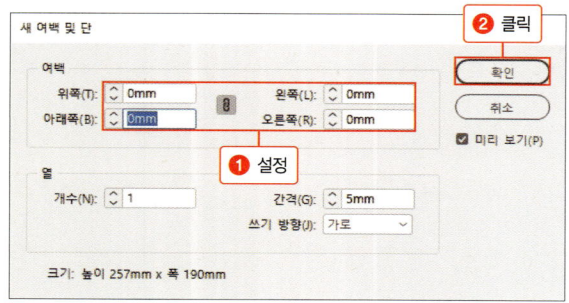

02 새 여백 및 단 대화상자가 표시되면 위쪽, 왼쪽, 아래쪽, 오른쪽을 '0mm'로 설정하고 〈확인〉 버튼을 클릭합니다.

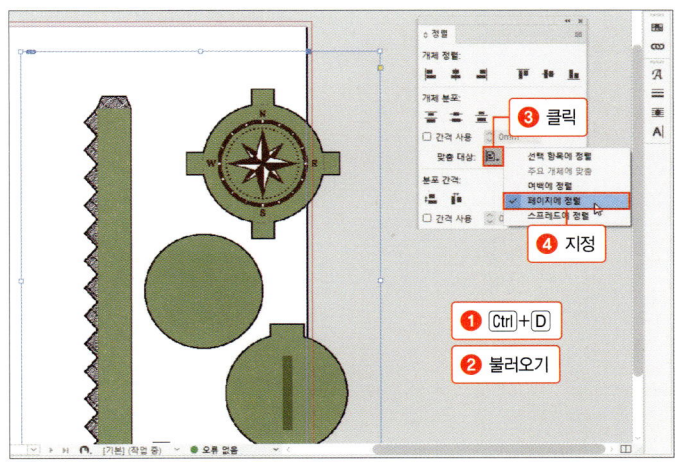

03 Ctrl+D를 눌러 일러스트레이터에서 만든 '나침반 전개도'를 불러옵니다. 정렬 패널에서 맞춤 대상을 '페이지에 정렬'로 지정합니다.

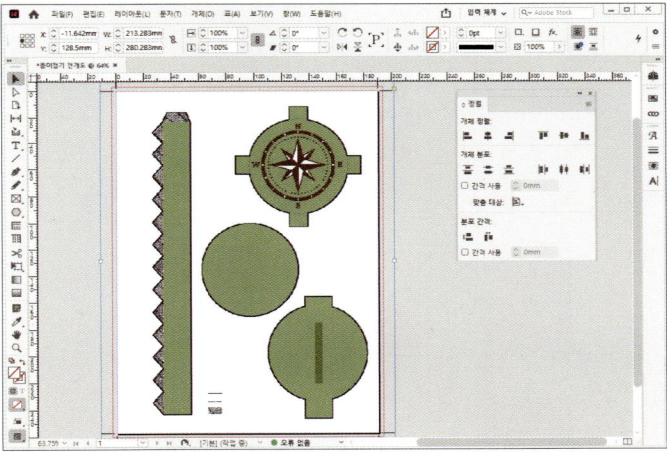

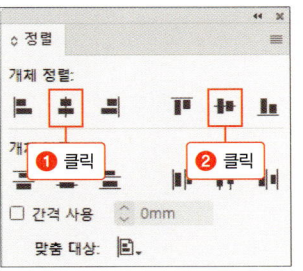

04 정렬 패널에서 '수평 가운데 정렬' 아이콘(■)과 '수직 가운데 정렬' 아이콘(■)을 클릭하여 중앙에 배치합니다.

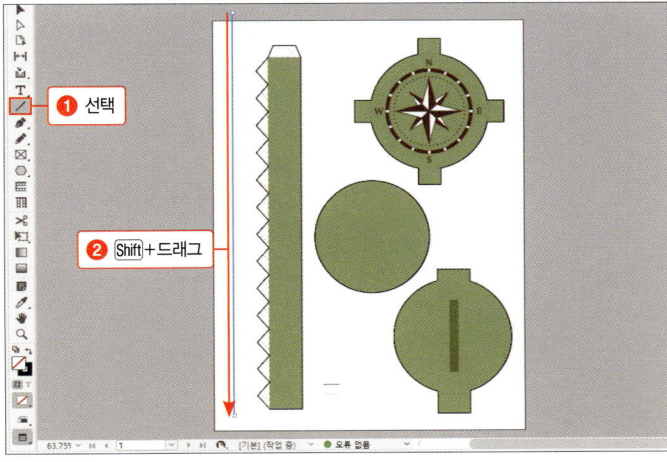

05 Tools 패널에서 선 도구(▨)를 선택한 다음 Shift를 누른 상태로 아래로 드래그하여 수직선을 그립니다.

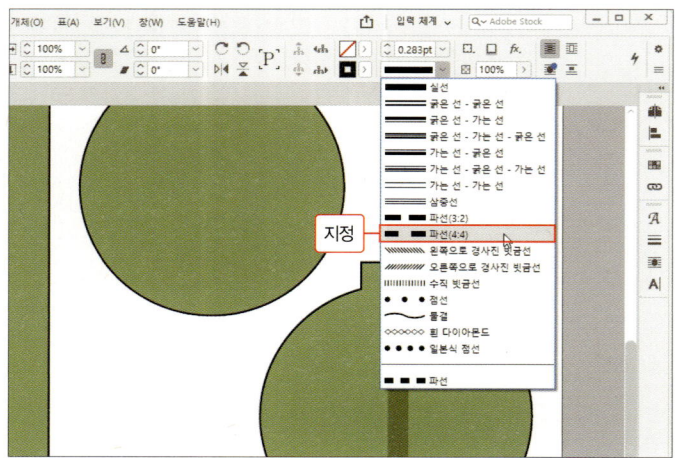

06 수직선이 선택된 상태로 컨트롤 패널에서 선 형태를 '파선(4:4)'으로 지정하여 점선으로 변경합니다.

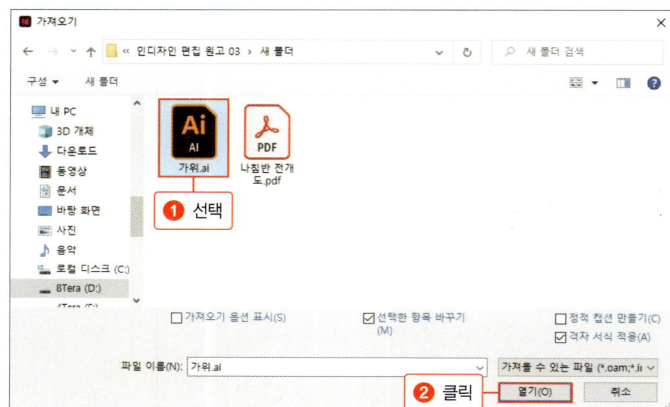

07 Ctrl+D를 눌러 가져오기 대화상자가 표시되면 10 폴더에서 '가위.ai' 파일을 선택한 다음 〈열기〉 버튼을 클릭하여 가위 아이콘을 불러옵니다.

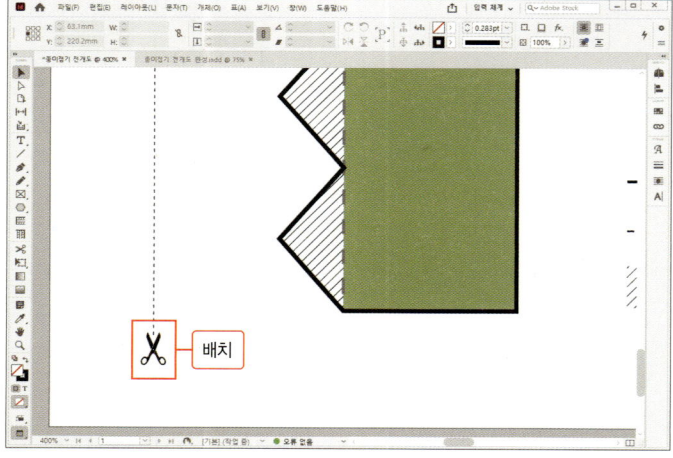

08 불러온 가위 아이콘을 점선 하단에 배치하여 절단선 도움 표시를 만듭니다.

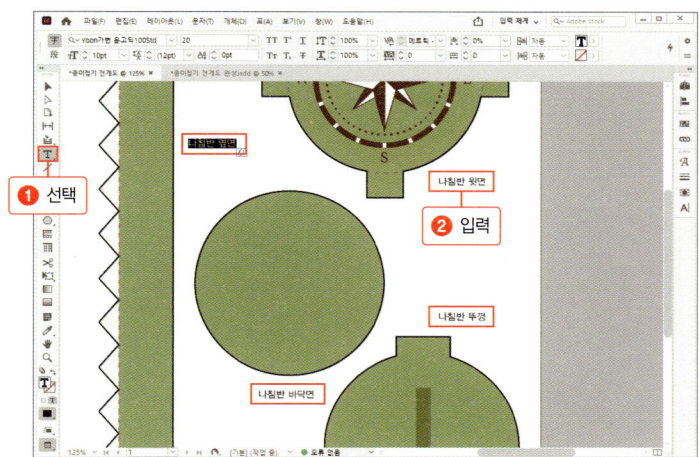

09 도구 패널에서 문자 도구(T.)를 선택한 다음 문자 상자를 만들고 그림과 같이 텍스트를 입력합니다. 컨트롤 패널에서 글꼴을 'Yoon가변 윤고딕100Std', 글꼴 스타일을 '20', 글꼴 크기를 '10pt'로 지정합니다.

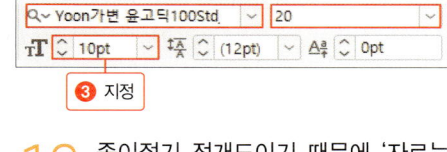

10 종이접기 전개도이기 때문에 '자르는 선', '접는 선', '붙이는 영역' 텍스트도 입력하여 배치합니다.

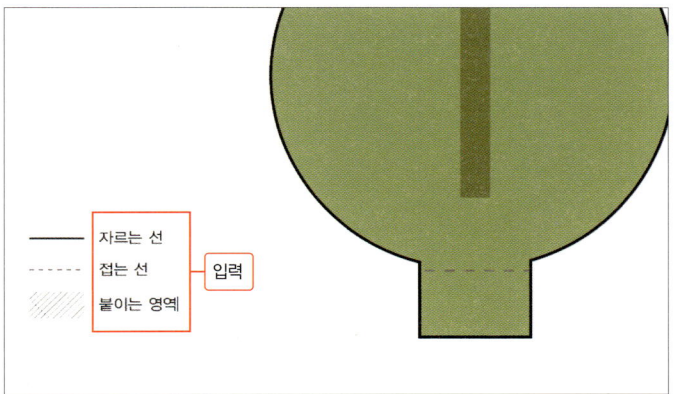

TIP 해당 텍스트 옆에 자르는 선, 접는 선, 붙이는 영역은 선 도구를 이용하여 그려도 좋습니다.

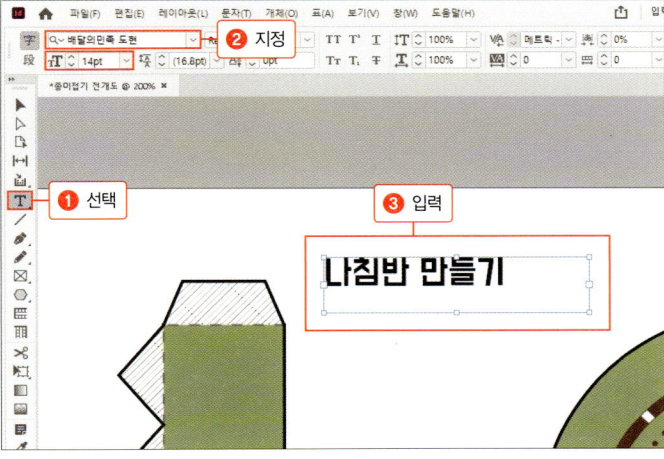

11 도구 패널에서 문자 도구(T.)를 선택한 다음 컨트롤 패널에서 글꼴을 '배달의 민족 도현', 글꼴 크기를 '14pt'로 지정하여 '나침반 만들기'를 입력합니다.

12 '나침반 만들기' 텍스트에 커서를 위치하고 속성 패널의 단락에서 '가운데 정렬' 아이콘(≡)을 클릭합니다.

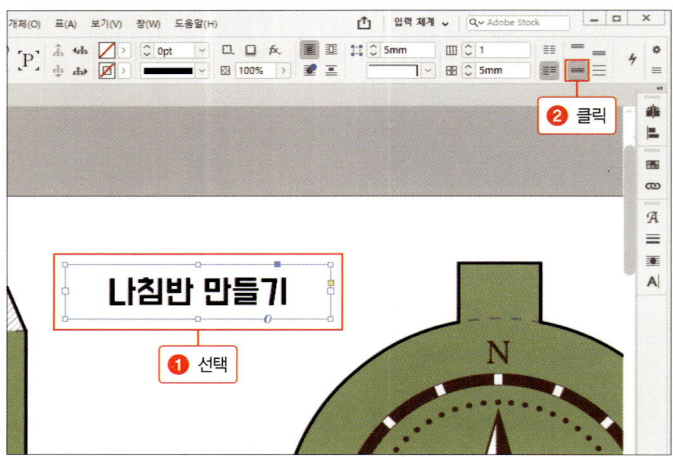

13 '나침반 만들기' 문자 상자를 선택한 다음 컨트롤 패널에서 '가운데 정렬' 아이콘(▭)을 클릭하여 문자 상자에서 텍스트가 중앙에 위치하도록 합니다.

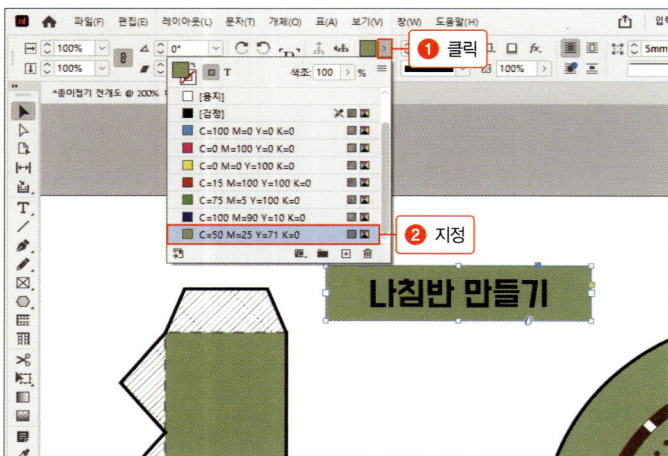

14 문자 상자가 선택된 상태에서 칠을 'C: 50, M: 25, Y: 71, K: 0' 색상으로 지정합니다.

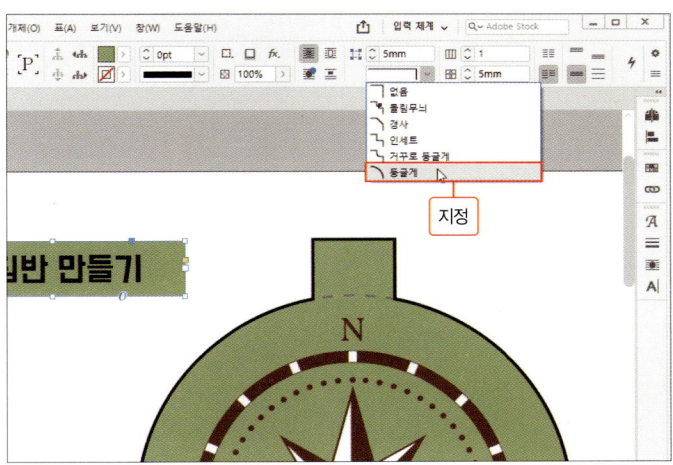

15 문자 상자가 선택된 상태에서 모퉁이 옵션을 '둥글게'로 지정하여 좌우를 둥근 모양으로 변경합니다.

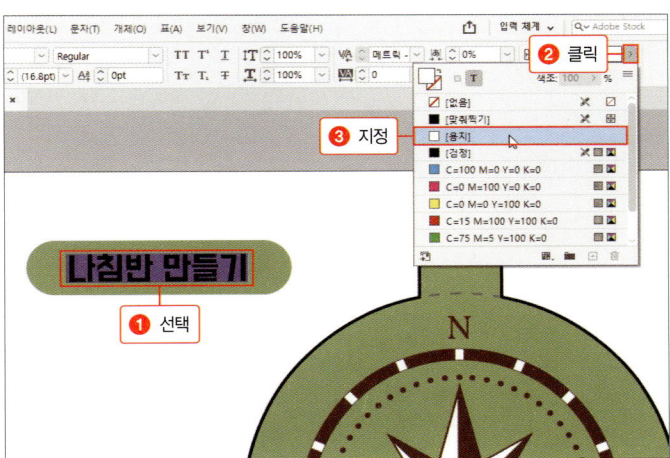

16 '나침반 만들기' 텍스트를 드래그하여 선택한 다음 칠을 '용지'로 지정합니다.

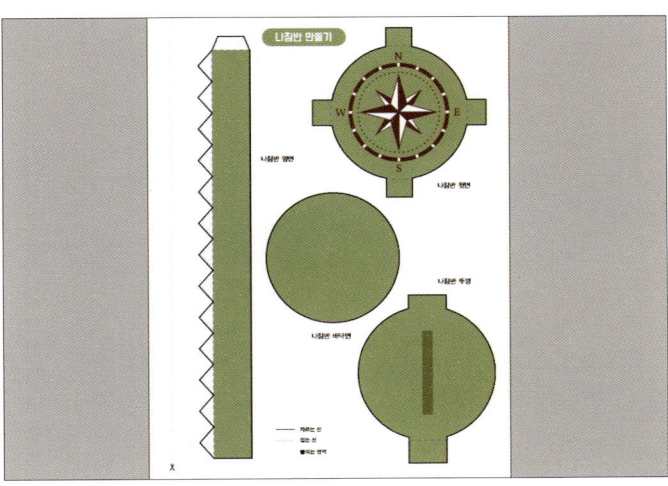

17 그림과 같이 종이접기 전개도 페이지를 완성합니다. 제작된 인쇄물은 손쉽게 뜯어서 사용할 수 있도록 칼선을 넣을 수 있습니다. 칼선이 있는 인쇄물을 제작하기 위해 칼선만 있는 PDF 문서를 인쇄소에 같이 전달해야 합니다.

SECTION 07

종이접기 전개도 칼선 PDF 만들기

📄 **완성 파일:** 10\나침반 전개도 칼선.pdf, 종이접기 전개도 인쇄용.pdf, 종이접기 전개도_완성.indd

종이접기 책에는 디자인만 제공되어 독자가 직접 가위를 사용하여 오리는 경우가 있지만, 칼선을 넣으면 독자가 손쉽게 뜯어 바로 사용할 수 있습니다. 인쇄물과 칼선의 위치를 정확히 일치시키기 위해 필요한 방법을 알아봅니다.

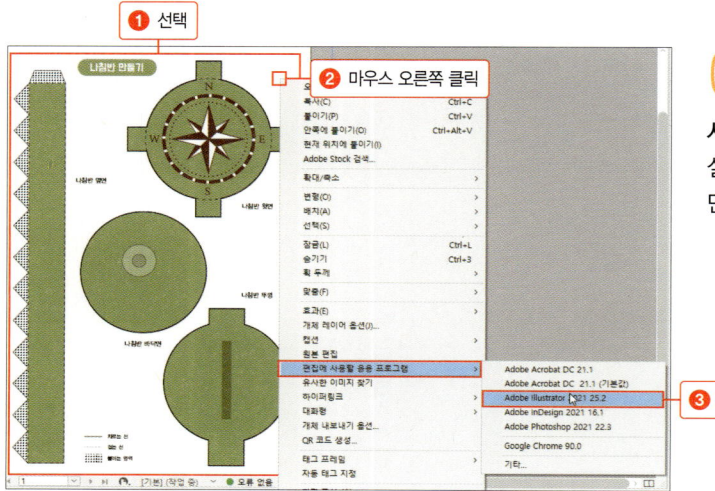

01 인디자인에서 전개도를 선택하고 마우스 오른쪽 버튼을 클릭한 다음 **편집에 사용할 응용 프로그램** → Adobe Illustrator를 실행합니다. 일러스트레이터가 자동으로 실행되면 해당 전개도가 표시됩니다.

TIP 일러스트레이터에서 만든 전개도와 별도로 칼선만 있는 파일이 필요합니다. 칼선으로 인해 전개도에서 삭제되는 부분이 없어야 하며 인쇄 공정상 정확하지 않을 수 있기 때문에 칼선은 해당 전개도에서 '2mm' 바깥쪽에 위치해야 합니다.

02 일러스트레이터의 Layers 패널에서 이름 부분을 더블클릭하여 '전개도'로 변경합니다. 하단에 'Create New Layer' 아이콘(□)을 클릭하여 레이어를 한 개 더 추가한 다음 이름을 '칼선'으로 변경합니다.

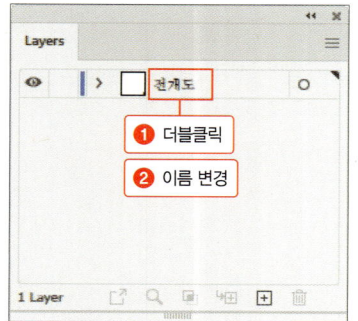
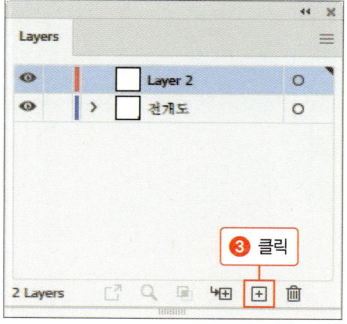
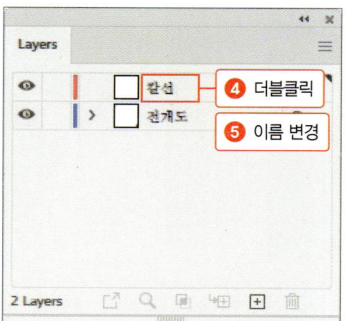

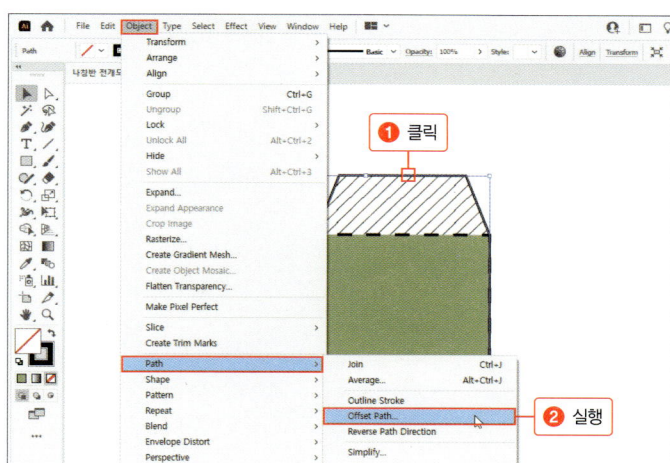

03 전개도 오브젝트 중 가장 바깥쪽의 굵은 선을 클릭하여 선택한 다음 메뉴에서 (Object) → Path → Offset Path를 실행합니다.

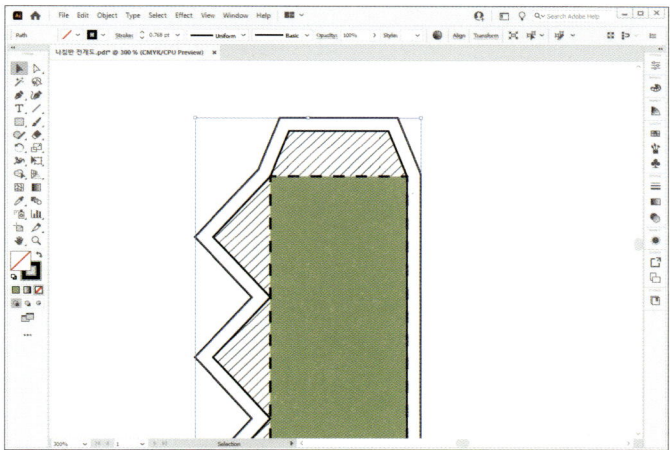

04 Offset Path 대화상자가 표시되면 Offset을 '2mm'로 설정한 다음 〈OK〉 버튼을 클릭합니다. 선택된 오브젝트를 기준으로 2mm 확장된 오브젝트가 생성됩니다.

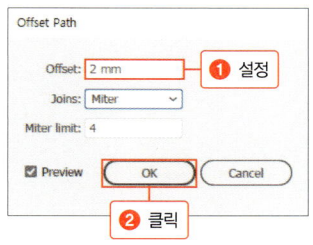

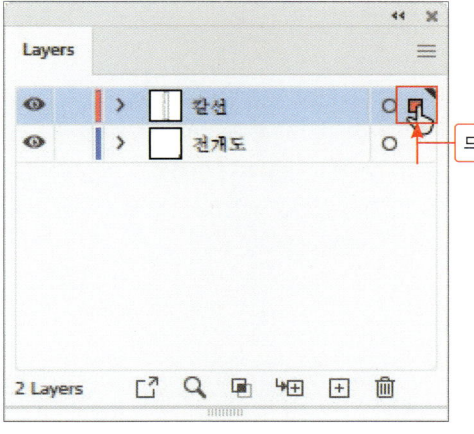

05 확장된 오브젝트가 선택된 상태로 Layers 패널에서 '전개도' 레이어의 오른쪽에 있는 사각형을 '칼선' 레이어로 드래그하면 선택된 오브젝트의 레이어 위치가 변경됩니다.

06 **03**번 – **05**번 과정과 같은 방법으로 나머지 오브젝트도 Offset Path 기능을 사용하여 확장한 다음 레이어의 위치를 변경합니다.

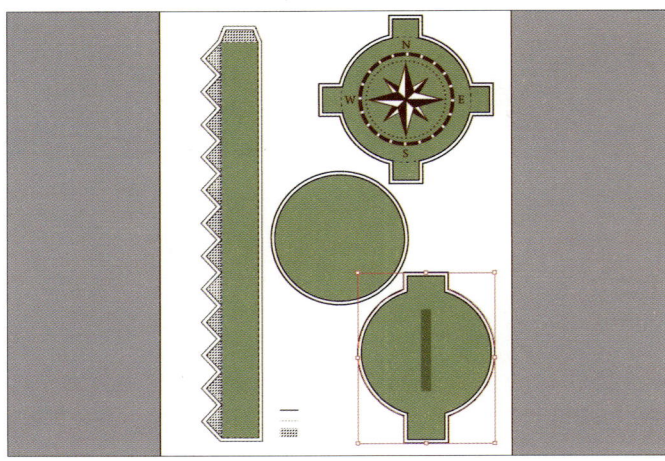

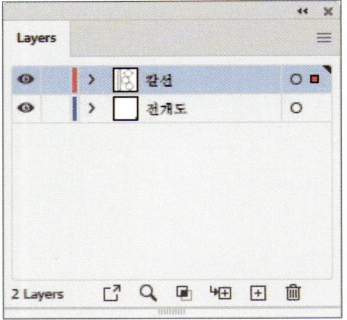

TIP 새롭게 추가한 '칼선'은 모두 '칼선' 레이어로 이동해야 합니다.

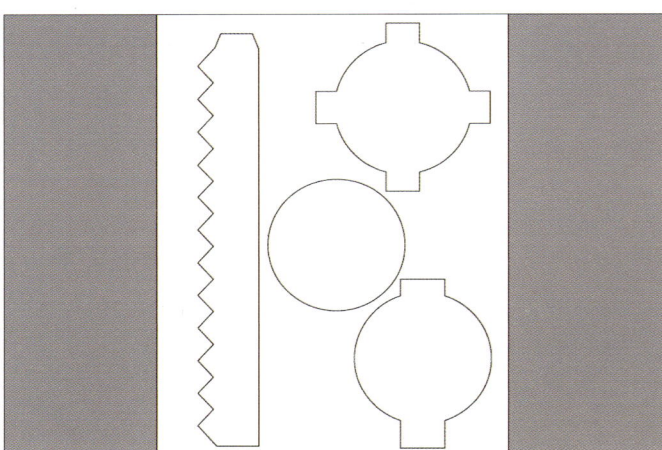

07 Layers 패널에서 '전개도' 레이어의 '눈' 아이콘(👁)을 클릭하여 비활성화하면 캔버스에 칼선 이미지만 표시되게 할 수 있습니다.

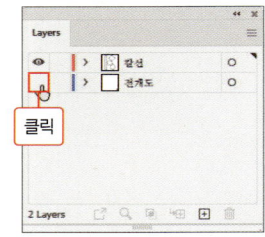

클릭

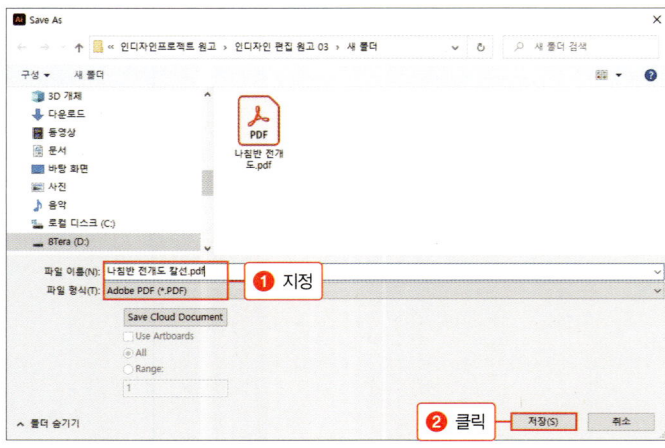

08 작업이 완료되면 메뉴에서 (File) → Save As를 실행합니다. Save As 대화상자가 표시되면 파일 이름을 '나침반 전개도 칼선', 파일 형식을 'Adobe PDF'로 지정한 다음 〈저장〉 버튼을 클릭합니다.

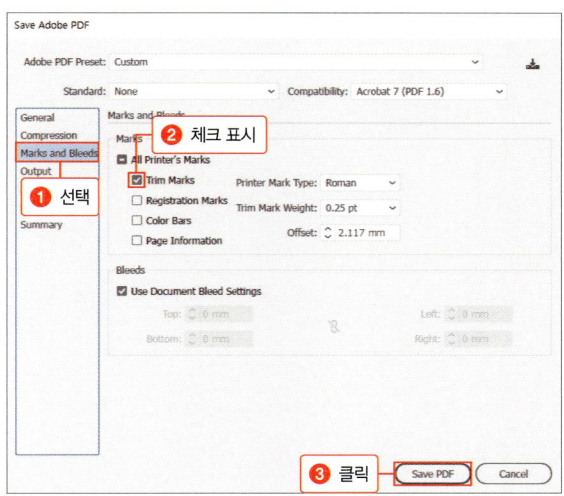

09 Save Adobe PDF 대화상자가 표시되면 'Marks and Bleeds'를 선택하고 'Trim Marks'를 체크 표시한 다음 〈Save PDF〉 버튼을 클릭합니다.

10 인디자인에서 전개도를 선택한 다음 메뉴에서 [편집] → 복사를 실행하여 이미지를 복사합니다. 메뉴에서 [편집] → **현재 위치에 붙이기**를 실행하여 전개도 이미지를 같은 위치에 붙여 넣습니다.

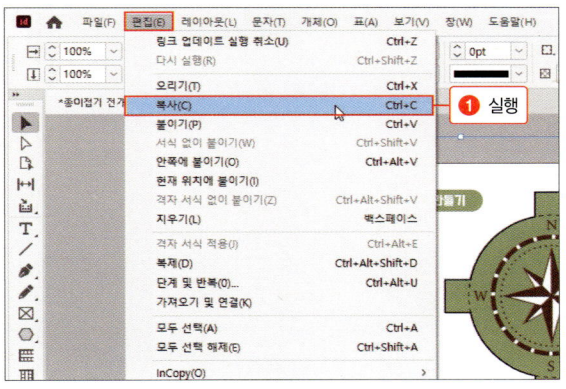
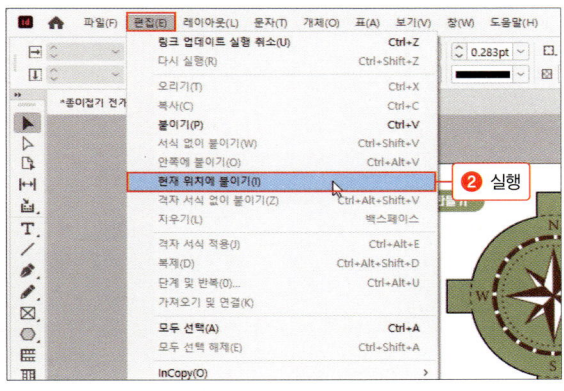

11 전개도를 클릭하면 2개의 같은 전개도 중 앞에 위치한 전개도가 선택됩니다. 메뉴에서 [파일] → **가져오기**를 실행하여 가져오기 대화상자가 표시되면 일러스트레이터에서 만든 '나침반 전개도 칼선.pdf' 파일을 선택한 다음 〈열기〉 버튼을 클릭합니다.

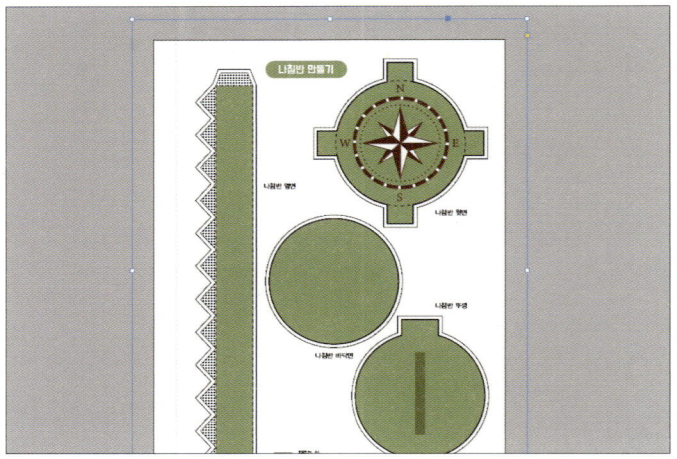

12 칼선 이미지를 불러오면 전개도와 칼선 이미지가 겹쳐집니다. 전개도와 칼선이 정확한 위치에 배치되었는지 확인합니다.

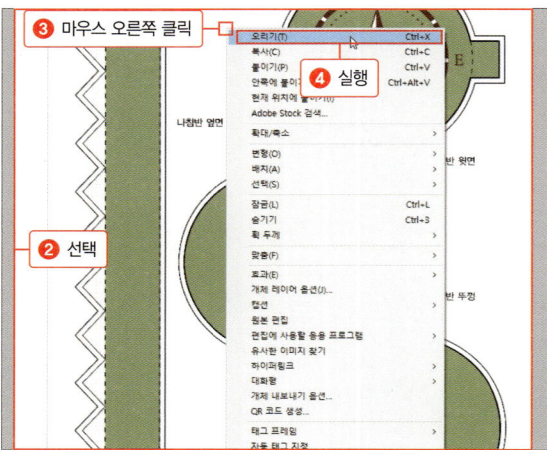

13 페이지 패널 하단에 '새 페이지 만들기' 아이콘(⊞)을 클릭하여 페이지를 추가합니다. 1페이지에 있는 칼선 이미지를 선택하고 마우스 오른쪽 버튼을 클릭한 다음 **오리기**를 실행하여 칼선 이미지를 오려 둡니다.

14 '2'페이지로 이동하고 마우스 오른쪽 버튼을 클릭한 다음 **현재 위치에 붙이기**를 실행하여 칼선을 붙여 넣습니다. 1페이지에 있을 때와 같은 위치에 칼선만 붙여 넣을 수 있습니다.

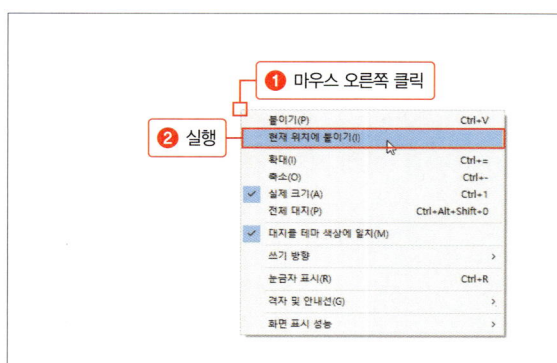

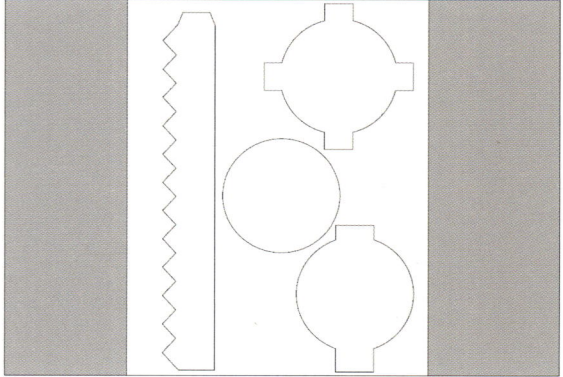

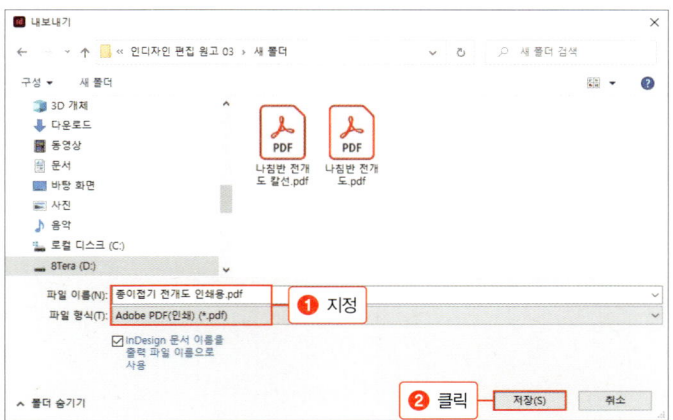

15 메뉴에서 (파일) → **내보내기**를 실행합니다. 내보내기 대화상자 표시되면 파일 이름을 '종이접기 전개도 인쇄용', 파일 형식을 'Adobe PDF(인쇄)'로 지정한 다음 〈저장〉 버튼을 클릭합니다.

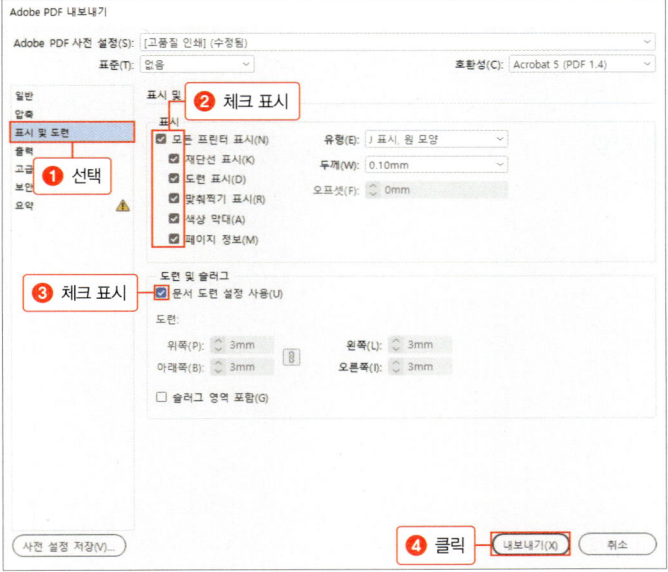

16 Adobe PDF 내보내기 대화상자가 표시되면 '표시 및 도련'을 선택하고 표시에서 모든 항목을 체크 표시합니다.
도련 및 슬러그에서 '문서 도련 설정 사용'을 체크 표시하여 도련의 모든 방향을 3mm로 설정한 다음 〈내보내기〉 버튼을 클릭합니다.

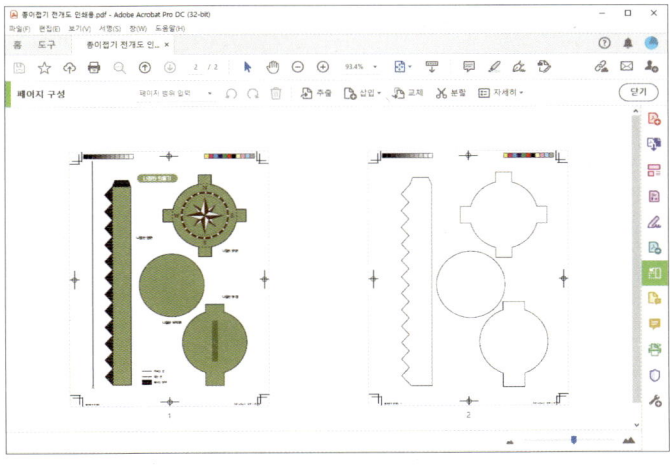

17 저장된 '종이접기 전개도 인쇄용.pdf' 파일을 더블클릭하여 열면 1페이지에 전개도 인쇄본이 있고 2페이지에는 칼선 인쇄본이 위치해 있습니다.

찾아보기

INDEX **431**

Foreign Copyright:
Joonwon Lee   Mobile: 82-10-4624-6629

Address: 3F, 127, Yanghwa-ro, Mapo-gu, Seoul, Republic of Korea
            3rd Floor
Telephone: 82-2-3142-4151
E-mail: jwlee@cyber.co.kr

일 잘하는 편집 디자이너의

실무
인디자인
테크닉

2022. 2. 14. 1판 1쇄 발행
2024. 1. 10. 1판 2쇄 발행

지은이 | 문수민, 앤미디어
펴낸이 | 이종춘
펴낸곳 | BM ㈜도서출판 **성안당**

주소 | 04032 서울시 마포구 양화로 127 첨단빌딩 3층(출판기획 R&D 센터)
     | 10881 경기도 파주시 문발로 112 파주 출판 문화도시(제작 및 물류)

전화 | 02) 3142-0036
     | 031) 950-6300
팩스 | 031) 955-0510
등록 | 1973. 2. 1. 제406-2005-000046호
출판사 홈페이지 | www.cyber.co.kr
ISBN | 978-89-315-5838-8 (93000)
정가 | 29,000원

이 책을 만든 사람들
책임 | 최옥현
진행 | 조혜란
기획 · 진행 | 앤미디어
일러스트 | 김유진, 김한선
본문 · 표지 디자인 | 앤미디어
홍보 | 김계향, 유미나, 정단비, 김주승
국제부 | 이선민, 조혜란
마케팅 | 구본철, 차정욱, 오영일, 나진호, 강호묵
마케팅 지원 | 장상범
제작 | 김유석

■ 도서 A/S 안내

성안당에서 발행하는 모든 도서는 저자와 출판사, 그리고 독자가 함께 만들어 나갑니다.
좋은 책을 펴내기 위해 많은 노력을 기울이고 있습니다. 혹시라도 내용상의 오류나 오탈자 등이
발견되면 **"좋은 책은 나라의 보배"**로서 우리 모두가 함께 만들어 간다는 마음으로 연락주시기
바랍니다. 수정 보완하여 더 나은 책이 되도록 최선을 다하겠습니다.
성안당은 늘 독자 여러분들의 소중한 의견을 기다리고 있습니다. 좋은 의견을 보내주시는 분께는
성안당 쇼핑몰의 포인트(3,000포인트)를 적립해 드립니다.

잘못 만들어진 책이나 부록 등이 파손된 경우에는 교환해 드립니다.